주자학, 본체에서 일상으로

주자학,

본체에서 일상으로

주광호 지음

차례

저자의 말

내가 주자학 공부를 시작한 30년 전이나 지금이나 국내에 주자학을 소개하는 대중서 중에서 가장 많이 팔리는 것은 여전히 일본사람들이 쓴 책이다. 학술서의 상황도 별반 다르지 않다. 전공자들이 꼭 보는 책은 주로 중국인들이 쓴 책이다. 이제 그 책임을 피할 수 없는 연구자의 한 사람으로서 나는 이 현실이 부끄러웠다. 게다가 나는 이 '번역서'들로부터 그다지 친절한 안내를 받지 못했다.

우리가 읽었던 책들에 의하면 주자는 '성리학자'다. 소위 이기·심성·수양이라는 키워드로 설명되는 도덕형이상학 혹은 도덕심리학이 주자학이다. 이런 지침 속에서 30년쯤 헤매었는데, 정작 내가 직접 읽은 주자는 그런 것이 아니었다. 나름의 방향감으로 기존의 '안내서'들을 다시 보니 소략함의 한계보다 더 큰 문제는 그들이 보이는 관심의 편중이었다. 대중서든 학술서든 우리가 보아온 것들은, 주자가 살았던 12세기도 그렇다고 우리가 살고 있는 21세기도 아닌 그냥 20세기의 책들이었다.

나는 쉬운 우리말로 주자학을 소개하고 싶었다. 20세기적 관심에 의해 '선택된' 주자학이 아닌 주자학의 전모를 소개하고 싶었다. 그러자니 원래 주자학이 그런 것만큼이나 이 책 역시 주제의 폭이 넓어졌다. 그리고 일정한 관심에 의해 주목된 익숙한 개념이나 명제들을 분석하는 것에서 그치지 않고 생생한 주자의 목소리를 전하고 싶었다. 그래서 『주자어류』처럼 주제 중심으로 잘 정리된 언설뿐만 아니라 서문序文이나 상소문 같은 주자의 명문을 처음부터 끝까지 가능한 온전히 소개하고 싶었다.

하지만 있는 그대로의 주자를 소개하는 것은 그저 12세기로 돌아가 주자를 만나는 것으로 완성되지 않음을 깨달았다. 그것은 20세기의 '해석'을 논박한 뒤 나의 해석을 투영하는 것이 아닐 수 없었다. 나는 이기·심성·수양의 도덕형이상학이 아니라 '예악형정禮樂刑政'의 구체성·일상성·체계성에 주자학의 특장이 있다고 생각한다. 만약에 인仁 본체나 양지良知 같은 도덕형이상학이 다였다면, 『사서장구집주』나 『의례경전통해』와 같은 방대한 텍스트 그리고 서원·향약·사창 등과 같은 정치한 장치들은 아예 필요치 않았을 것이다. 물론 주자 역시 '본체'를 말한다. 그러나 그의 본체는 오직 '일상' 속에서 구현된다. 때문에 주로 본체만을 얘기했던 20세기의 '주자철학'은 편면적이라 할 수밖에 없다. 주자는 내면의 철학자가 아니다.

나는 더 나아가 주자가 강조하는 구체성·일상성·체계성이야말로, 21세기 새로운 문명전환의 시대에 참으로 요구되는 '원칙'들이라고 생각한다. 책임·관계·공존은 유학 일반의 메시지다. 주자학도 여기서 다르지 않다. 하지만 주자의 공헌은 그것들을 입증하기 위한 사상의 '체계'와 더불어 그것들을 일상에서 구체적이고 체계적으로 구현하기 위한 다양한 '방법'들을 제시했다는 데에 있다. 그리고 그것이야말로 주자학이 동아시아 800년을 지배할 수 있었던 까닭이며, 우리가 여전히 주자학을 주목해야 할 이유이기도 하다.

여는 말: 주자학의 안과 밖

국내외 주자학 관련 연구 성과가 이미 넘쳐남에도 불구하고 주자학을 다시 전면에서 다룰 필요가 있을까? 나는 여전히 필요하다고 생각한다. 그간의 연구 성과에서 다음과 같은 간과할 수 없는 아쉬움을 확인하기 때문이다.

첫째, 연구자의 관심에 따라 지나치게 '분과적'이어서 종합적 이해를 방해한다. 특정 주제를 표방하는 연구 성과는 차치하더라도[1], '주자철학 일반'을 표방하는 대부분의 저작은 이기·심성·수양이라고 하는 소위 도덕심리학 혹은 도덕형이상학의 문제로 한정되어 있다.[2] 이런 시각에서는 주자가 살았던 정치적 현실과 사상사적 맥락 그리고 주자 자신의 방대한 저작과 학술적 논쟁 등에 대한 종합적 접근이 불가능하다.[3] 반면 '사상사적 시각'의 저작은 주자가 처한 외부 환경에 집중한 나머지 주자 자신의 사유를 깊이 있게 다루지 못한다는 아쉬움이 있다.[4]

둘째, 시대적 배경과 사상적 지향을 비교적 균형 있게 다루었다 하더라도, 주자학의 제 구성요소들이 왜 거기서 필요했던 것인지 또 어떻게 서로 연결되는지에 대한 충분한 설명이 부족한 경우가 많다.[5] 이런 아쉬움은 여러 명의 필자가 참여한 공동 집필의 경우 더욱 그렇다. 전체적으로 본다는 것이 딱히 전부를 말해야 하는 것은 아니다. 하지만 방대한 주자학을 일목요연하게 가늠하기 위해서는, 개별의 각론을 전체에 대한 조망 속에서 입체적으로 연결시킬 수 있어야 하고 그것을 통해 사상가의 지향과 성격이 분명히 드러날 수 있어야 한다. 주자학의 방대한 규모와 체계는 독자로 하여금 너무나 쉽게 길을 잃게 만들곤 한다.

셋째, 20세기적 해석의 굴레에서 벗어나 주자 본연의 모습을 만나고 그것이 어떻게 21세기적 상황으로 재해석 될 수 있을지 새롭게 고민해야 하기 때문이다. 지금 국내 학계의 주자학에 대한 성격 규정은 1980~90년대의 철학사적 인식에서 그다지 앞으로 나아가지 못한 것이 현실이다. 소위 '대가'들의 해석을 교과서적으로 답습하면서 그 미진한 빈틈을 매우거나, 아니면 현대 사회의 이런저런 문제들에 대한 대안으로 꾸며내는 것이 그나마 지금의 연구자들이 할 수 있는 일이라고 생각하는 것 같다.

그래서 이 책은 주자학을 안과 밖이라는 대비의 구도 속에서 읽는다. 그러나 최종적으로는 그 경계를 허물고 하나의 종합을 그려내려고 한다. 여기서 말하는 '안과 밖'이란 대략 세 가지 차원의 의미를 지니는데, 그 세 차원은 다시 환원적으로 서로 영향을 미친다.

첫째, '안과 밖'은 주자학 자체와 그것을 보는 시선의 관계가 된다. 이 책은 주자학 본연의 모습을 보여주고자 기획되었지만, 동시에 주자학을 바라보는 다양한 연구사적 시각을 메타적으로 조명한다. 그간 우리는 각각의 분과학문 그리고 연구자마다의 관심에 따라 주자학을 이런저런 '영역' 혹은 '시각'에서 접근해왔다. 이러한 접근방식은 주자학의 실체를 효과적으로 드러내주었던가? 혹여 연구자들이 보고 싶은 것만을 '추려서' 본 것은 아니었던가? 특히 19세기 이래 서세동점의 맥락 속에서 '서양식 학문'으로 재정의 되는 과정에서 '우리에게도 철학은 있다'고 항변하려던 것은 아니었던가? 그런 과정에서 우리는 무엇을 얻고 무엇을 잃었던가? 그러한 '재정의'에 우리는 여전히 동의해야 할까?

둘째, '안과 밖'은 주자의 직접적인 언설과 주자가 살았던 역사적·정치적 맥락의 관계가 된다. 소위 '철학적' 시각은 주자의 언설 그 자체에 주목하고, '사상사적' 시각은 주자가 살았던 시대와 맥락에 주목한다. 그런데 과연 이것이 구분될 수 있을까? 철학으로서의 '보편'을 확보하자고 역사적 정치적 맥락을 탈각할 때 주자의 언설은 내면의 도덕성에 주목하는 관념철학이 되어버리고, 또 그 반대로 맥락만을 바라볼 때 주자는 그저 도덕을 팔아 정치적 이익을 챙기려던 정치꾼이 되어버린다. 주자와 주자학에 대한 균형 잡힌 관점을 확보하기 위해서는 너무나 당연하게도 주자의 언설과 더불어 주자의 시대를 함께 고려해야 한다. 몇몇 개념어나 명제를 단절적으로 보는 것이 아니라, 문장 전체를, 전후 관계를, 시대적 맥락을 모두 고려할 때라야 주자와 주자의 사유는 온전히 복원될 수 있다.

셋째, '안과 밖'은 주자가 바라본 두 개의 세계 즉 주체(내성)와 세계(외왕)의 관계가 된다. 송명 유학은 선진·한당 유학에 비해서 분명히 내면화 경향을 보인다. 여기에는 불교의 영향, 송명 왕조의 정치적 분위기, 위학僞學 당금과 도학파[6]의 정치적 현실 등 다양한 원인이 고려될 수 있다. 그래서 전통시기 주자학에 대한 이해 역시 이러한 내면화 경향으로부터 자유롭지 않다. 황종희 『학안學案』의 논쟁점이나 퇴계 이황의 『성학십도聖學十圖』 구조가 대표적이다. 한편 이러한 경향은 서세동점의 충격 속에서 동도서기東道西器의 구호 아래 동양만의 '정신적 가치'를 옹호하려던 근대 지식인으로부터, 사회학이나 정치학처럼 '분과학문'으로서 철학의 의의를 내적 영역으로 한정하려는 현대 연구자들에게까지 지속된다. 하지만 주자학의 특징은 결코 '내성'으로 한정되지 않는다. 오히려 그는 당대 도학파의 내면화 경향을 수없이 비판한다. 내성과 외왕의 합일은 유학의 일반적인 특징이었지만, 주자에게서는 그 상호적 융섭의 관계가 극대화 된다. '행위의 주체와 그 대상'의 관계로 설명될 수 있는 내성과 외왕은 행위의 '관계성'이 본래 그러하듯, 실제 분리될 수 없다. 주체의 인격적 완성(내성)은 타자와의 관계 속에서만 완성되기에 외왕이 곧장 내성이고 내성이 그대로 외왕이다. 따라서 주자학에서 '철학적' 혹은 '정치적' 독해와 같은 분절적 이해는 근본적으로 성립될 수 없다.

그래서 이 책은 주자학의 '안과 밖'이라는 대대적待對的 구도를 줄곧 의식하면서도 최종적으로는 그 경계를 허물고자 하는 것이다.

이러한 기획 하에, 이 책은 다음과 같이 구성되었다.

서론에서 1장은 먼저 주자와 주자학에 대해 개괄적으로 설명하고, 주자학을 주목해야 할 이유를 현재적 맥락에서 탐색한다. 2장은 방대하고 복잡한 주자학을 어떻게 읽어야 할 것인가를 논한다. 이에는 앞에서 말한 것과 같은 주자학의 구조적 복잡성·편향된 관심 그리고 역사적 전개의 특수성 등과 같은 문제가 거론된다. 그래서 주자학의 본래 모습을 재현하고 그에 대해 온당한 평가를 내리기 위해서는 어떻게 접근해야 할 것인지를 다룬다.

본론 13개 장은 유기적으로 연속되지만 다시 세 개의 파트로 구분될 수 있다.

첫째 파트(3장~7장)는 도덕을 인간의 본질로 규정하려는 주자의 노력을 다룬다. 외재하는 강제적 법보다 내면의 자발적 도덕의지를 강조하는 것은 유학의 오래된 전통이지만, 불성론佛性論의 영향과 그 극복 속에서 송명 도학자들이 도덕을 설명하기 위해 주목한 첫 열쇳말이 바로 '본성'이었다. 그래서 그들은 언제나 도덕과 본성을 함께 말한다. 주자 역시 이러한 전통 위에 서 있다.

그러나 주자의 특이점은 '도덕 본성' 그 자체에만 의지하지 않았다는 것이다. 주자의 이기론理氣論은 인간의 도덕 본성과 동시에 현실 속의 나약한 인간을 설명한다. 주자의 관점에서 도덕 본성 그 자체만으로는 현실의 나약한 인간을 구원할 수 없다. 육왕심학과 비교할 때 그 의미가 분명해지는, 사회적 제도·체계적 교육·경전 주석 등 그가 제시하는 수많은 외재적 장치가 필요한 이유다.

한편 주자의 세계 이해는 이기론이 다가 아니다. 그는 '유행流行'과 '대대待對'라고 하는 『주역』의 두 세계관을 동원해서, 모든 존재자의 존재에 대한 의지[生意]와 더불어 법칙적·질서적 세계 모식을 설명한다. 이것이 그의 태극설이다.

주자는 〈태극도설太極圖說〉에서 태극으로부터 음양 이하로의 과정을 '천명의 유행[天命流行]'이라고 규정했는데, 이는 우주 본체가 현재적이고 지속적으로 작용함을 설명하려는 주자의 핵심 관념이다. 유가의 도덕 혹은 인仁을 모든 존재자의 존재의지 즉 생의生意로 설명하는 방식은 북송 도학자들에게서 이미 시작되었다. 주자는 그 계승에 머물지 않고 여기에 『주역』의 '유행' 개념을 동원하여 천명유행이나 천리유행이라는 관념을 만들어 내어 존재 전체의 도덕 본성을 '현재적'으로 강조한 것이다.

뿐만 아니라 주자는 다시 〈선천역학先天易學〉과 〈하도낙서河圖洛書〉를 내용으로 하는 그의 상수역학으로부터 대대의 개념을 추출해 세계의 체계성·법칙성·질서성을 주장한다. 유행이 생물학적 시간적이라면 대대는 기하학적 공간적이다. 주자 세계 이해의 특이점은 유행보다는 오히려 여기 대대에 있다. 유행은 북송 도학자들부터 명대 심학자들까지 모두 말하지만 대대는 주자 철학의 독특한 지점이다. 그의 태극설은 유행과 대대의 종합이며, 그렇기 때문에 그의 철학체계에서 가장 처음에 해당한다.

둘째 파트(8장~10장)는 나약한 실존적 존재가 도덕 본성을 실현하기 위해 필요한 '공부' 문제를 다룬다. 주자 공부론의 특징은 내면 반성적인가 아니면 텍스트 중심적인가 즉 존덕성尊德性인가 도문학道問學인가라는 강조점의 문제이기보다, 일상의 구체적인 대상과 사태에 관심을 기울여 적절히 대응할 것을 강조한다는 점에 있다. 즉 주자의 윤리학은 주체로 회귀하지 않고 대상을 향한다.

주자는 인仁이라고 하는 도덕 본성을 실체화하고 그것을 주체 내면에서 찾아 확보해야 할 것으로 주장하는 도남학道南學이나 호상학湖湘學 등 당대 학술에 넓게 스며있는 내면화 경향에 반대한다. 진정한 성학聖學은 다가오는 대상과 사태에 적절히 대응하는 것[處事物之當]이지 내면의 도덕성을 체험하는 것이 아니라는 말이다. 때문에 장구성張九成이나 육구연陸九淵의 주장처럼 내면을 들여다보는 것만으로는 부족하고, 다가오는 모든 대상을 하나하나 연구해서 이해해야 한다. 이것이 주자의 격물설格物說이다. 격물은 주체가 세계와 만나는 창구이고, 세계는 이때 조수초목까지도 모두 윤리적 '대상'이 된다.

셋째 파트(11장~15장)는 주자학의 이념을 구체적으로 구현해 내는 장으로서의 '현실'이다.

그 첫 번째 공간은 '텍스트' 즉 경전이다. 주자에게서 경전은 유학의 가치를 예시해주는 범례範例이자 내면의 도덕성을 검증할 수 있는 시금석이다. 송대 유자들은 왕의 텍스트인 〈오경五經〉으로부터 지식인의 텍스트[子書]인 〈사서四書〉로 경전적 권위를 전환하는데, 그 체계를 완성한 것이 바로 주자다. 공자로부터 맹자로 이어지는 〈사서〉의 저자는 송대의 현실 참여적 사대부들에게 롤모델이 되어 주었으며, 〈사서〉에서 일관되게 주장되는 도덕에 기반한 공감과 소통의 정치는 그대로 송대 도학파의 정치적 구호가 되었다.

주자학의 이념이 구체화 되는 두 번째 공간은 '정치'다. 12장~13장은 도덕과 그 담지자로서 사대부가 현실 속에서 어떻게 분투하고 또 수용되는지를 다룬다. 선진 유학의 전통과 공치천하共治天下의 이념 하에, 주자를 비롯한 송대 도학자들은 대담하게도 황제만이 아니라 아니 황제보다도 오히려 사대부 자신들이 진정한 문명의 담지자임을 주장하기에 이른다.

주자학의 이념이 구체화 되는 세 번째 공간은 '일상적 지배'로서의 지역사회다. 도학파의 정치적 주장은 중앙무대에서 그다지 성공적으로 수용되지 못했고, 주자는 지역 공동체 속에서의 일상적 지속적(역사적) 지배라는 새로운 구상을 구체화해 간다. 그것이 바로 14장과 15장에서 다루게 될 예학·서원·향약·사창 등이다. 주자는 지역 사회에서 사대부 주도에 의한 도덕의 왕국을 건립하고자 했던 것이다.

본론의 구성과 내용은 내가 지난 삼십년 간 지속적으로 연구해 온 문제들을 종합한 결과다. 지금까지 다분히 분과적으로 다루어져 왔던 제 문제들이 어떻게 하나의 맥락으로 연결되고 상호 의미를 제공하는지 보여주는 것이 이 책의 기획 의도다.

이 책의 본론 전체는 주자학의 전체 구조와 지향이 본체로부터 구체의 일상을 향하고 있음을 보여준다. 대부분의 도학자들이 내면의 본체를 향해 파고 들어갈 때 주자는 일상의 대상과 사태를 향해 밖으로 달려 나갔다. 그리고 주자는 그 대상과 사태를 적절하게 처리하기 위한 구체적이고 체계적인 장치들을 고안해 나갔다. 그는 왜 당대의 도학자들과는 다른 길을 걸었던 것일까? 본체만으로는 해결되는 것이 아무 것도 없기 때문이다. 본체는 모든 것의 전제요 지향이다. 그러나 전제와 지향은 출발일 뿐 결코 종착이 아니다. 때문에 주자는 그 많은 장치들을 만든 것이다.

주자학이 현대사회에 줄 수 있는 기여는 무엇일까? 12세기 맥락에서 제기된 주자의 생각을 21세기에 그대로 가져다 쓸 수는 없다. 그럼 우리가 여전히 주목해야 할 것은 무엇일가? 나는 주자학의 내용보다 오히려 그가 제시하는 체계성·구체성·일상성의 '원칙'에 주목하고자 한다. 이것은 주자가 강조하는 진리 구현의 방법이자 동시에 그가 생각하는 진리의 소재다.

1장

왜 주자학인가?

주자학은 단순한 사유체계가 아니라 전통시기 지식인들의 '언어' 그 자체였다. 그들은 주자학의 관심 내에서 주자학의 용어와 주자학의 문법으로 사유했다.

위상과 평가

누구는 주자학이 동아시아 800년을 지배했다고 하고 누구는 또 주자학 때문에 조선이 망했다고 한다. 얼마나 훌륭했으면 800년을 지배할 수 있었으며 또 얼마나 형편없었으면 한 나라를 망하게 했을까? 이 말들의 진위를 따지기에 앞서서 이 극단적 포폄은 그 상반된 내용에도 불구하고 공히 주자학의 절대적 위상을 말해준다. 아무리 형편없다 하더라도 한 나라가 그 때문에 망할 정도면 온통 그것에 의지하고 있었음을 의미하기 때문이다. 어찌됐든 주자학은 과거 동북아 사회와 떼래야 뗄 수 없는 관계에 있다.

시험 삼아 지금 국가 하나를 만든다고 생각해보자. 국가를 세우려면 우선 국가의 존재 이유를 포함하는 기본적인 가치와 질서의 체계가 필요하다. 그래서 국가의 기본적인 이념과 질서를 규정해 놓은 것이 헌법이다. 헌법 밑에는 법률과 조례 그리고 다양한 층위의 규칙이 있고, 그에 더해 보이지 않는 수많은 상식과 규범들이 존재한다. 결혼식에는 누구까지 부를 것이며, 누군가 돌아가셨을 때 조의금은 얼마를 넣어야 할지에 대해서까지도 사회적 근사치는 존재한다. 이렇게 한 사회가 적절히 꾸려지기 위해서는 보기보다 겹겹의 그리고 촘촘한 규칙들이 필요하고 또 존재한다.

만약 이 규칙들을 어느 한 사람이 다 만들려고 한다면 어떨까? 그 방대함뿐만 아니라 체계성과 정합성 그리고 실효성 면에서 무한한 고민과 노력이 필요할 것이다. 만약 동아시아 800년이 정말 주자학에 의해 지배되었다고 한다면 아마도 주자는 이 모든 것을 해냈거나 최소 자신의 역할로 의식하고 있었음이 분명하다. 그런데 그의 저작에 담겨 있는 학문적 범위를 살펴보면 정말로 그는 이 모든 일들에 대해 관심을 갖고 있었던 것으로 보인다. 주자학의 방대함과 체계성에 대해서만큼은 그 어느 누구도 부정하지 않는다.

물론 주자도 이 많은 일들을 백지에서 시작하지는 않았다. 1130년 중국 남송에서 태어난 그는 당대의 지적 전통을 충실히 학습하면서 전통사상인 유학의 세례를 받았다. 게다가 당송唐宋 시기 지식인 집단과 민간에서 광범위하게 영향을 미치던 외래사상인 불교의 영향도 많이 받았다. 그래서 많은 연구자들은 심지어 주자학의 핵심은 불교의 사유로부터 빌려온 것이라고 평가하기도 한다. 그런가하면 그는 도교에 대한 관심에서 몇몇 저작을 남기기도 했다. 그리고 예수의 앞길을 준비했던 세례 요한과 같은 선지자가 주자에게도 있었다. 주자는 북송 시기의 유학자 다섯 명을 자신을 위한 선구자로 서임하는데, 북송오자北宋五子라고 불린 주돈이周敦頤[1]·장재張載[2]·소옹邵雍[3]·정호程顥[4]·정이程頤[5]가 그들이다. 이렇게 주자는 손오공처럼 어느 날 갑자기 바위틈에서 생겨나지는 않았다.

중국에는 '북쪽에는 공자, 남쪽에는 주자[北孔子, 南朱子]'라는 표현이 있다. 지금의 산동성山東省에 해당하는 노魯나라에서 태어난 공자가 춘추전국시기의 선진유학先秦儒學을 대표한다면, 복건성福建省 우계현尤溪縣에서 태어난 주자는 송대 이후의 유학을 대표한다는 의미이다. 물론 유학 내부에 선진유학과 송대유학만 있는 것은 아니고, 그 대표자가 공자와 주자만 있는 것도 아니다. 그러나 이 두 사람이야말로 유학을 이전 시기와는 결정적으로 다르게 만들었다고 할 수 있다. 유학사에서는 흔히 이 두 사람의 이러한 역할과 특징에 대해 '집대성集大成'이라는 명칭

민중니산閩中尼山
'복건의 니산'이라는 뜻으로 주자의 탄신지를 공자의 탄신지 니산에 비견한 것이다.

을 부여한다.

'집대성'과 더불어 주자학을 설명하는 가장 일반적인 규정이 '성리학'일 것이다. '집대성'이란 이전의 것을 수합 정리함으로써 일정한 체계를 만들었다는 뜻이고, 성리학이란 인간의 도덕 본성과 그 존재적 근원에 대한 학문이라는 뜻이다. 나는 이 두 규정이야말로 깨부숴야 할 주자학에 대한 편견이라고 생각한다.

'집대성'이란, 말 그대로 이것저것을 긁어모아 큰 덩어리를 이루었다는 뜻이다. 즉 이전 시기의 성과를 잘 정리해서 하나의 체계를 완성했을 때 흔히 붙여지는 표현이다. 공자는 말년에 유학의 경전을 정리했고, 주자도 앞에서 말한 것처럼 이전 시기의 성과를 적극적으로 학습하고 수용했다. 예컨대 원나라 이후 줄곧 과거 시험 교재의 권위를 유지했던 주자의 〈사서四書〉 주석이 바로 『사서장구집주四書章句集注』다. '집주'란 이전 시기, 특히 송대 주석을 '모았기[集]' 때문에 주자 스스로 붙인 이름이다.

하지만 공자도 주자도 이전 시기의 성과를 충실히 정리해두기만 한 것은 절대 아니다. 오히려 이 둘은 과거의 것에 대한 새로운 해석을 통해 새 시대를 연 변혁적 사상가라고 할 수 있다.

공자는 입만 열면 주나라 문명의 창시자인 주공周公을 언급하곤 했다. 그리고 스스로를 은나라의 유민이라고 주장하기도 하고, 하은주夏殷周 삼대의 문화를 계승했다고 말하기도 한다. 하지만 공자의 유학은 이전 시기의 것과는 많이 다르다. 무엇보다도 공자의 유학은 왕자王者의 학문이 아닌 지식인의 학문이라는 것이 가장 큰 차이점이다. 그리고 바로 이 점이 주자를 비롯한 송대 사대부들이 『논어』를 비롯해 〈사서〉를 중시한 이유다. 〈사서〉 중 『대학』의 저자 증자曾子는 공자의 제자이고 『중용』의 저자 자사子思는 공자의 손자이며 맹자孟子는 스스로 공자를 계승했다고 주장하는데, 이들은 모두 하급귀족 즉 사 혹은 대부다. 이렇게 송대의 사대부는 선진의 사·대부를 발굴한 것이다.

공자에 의해 정초된 선진유학은 본질적인 의미에서는 변화를 보이지 않다가, 송대에 와서야 드디어 대대적인 변화를 보이게 된다. 많은 연구자들은 그 변화를 형이상학적 이론의 심화 혹은 내면 본성 문제로의 집중으로 이해한다. 즉 천도天道나 본성本性에 대한 언급이 상대적으로 부족했던 유학이 불교의 영향 속에서 우주론·심성론·공부론을 발전시킬 수 있었고, 드디어 유학을 도덕심리학 혹은 도덕형이상학의 체계로 만들었다는 것이다.

나는 이러한 평가가 송대 유학 그 중에서도 도학道學이라고 불린, 북송오자와 그 사상적 사승 관계에 위치한 많은 유자들에게는 상당히 부합한다고 생각한다. 주자 역시 누구 못지않게 우주론·심성론·공부론 문제에 대해 정치한 사유를 전개했다. 뿐만 아니라 주자 이후의 대부분의 유자들 역시 서양 문명의 충격 이전까지는 본질적으로 이러한 문제의식에서 벗어나지 않았다. 주자 이후 사상사적으로 가장 영향력 있는 유학자였던 명대明代의 왕양명王陽明[6] 역시 내면의 도덕성 문제에 집중했다는 점에서는 송대 도학의 문제의식에서 전혀 다르지 않다. 이렇게만 볼 때 주자는 그야말로 계왕개래繼往開來, 즉 과거의 것을 계승해서 뒤의 것을 열어준 '집대성자'이자 '성리학자'라고 할 수 있다.

하지만 나는 주자의 위대성은 이 '내면의 철학'을 완성한 데에 있지 않다고 생각한다. 아울러 공자 이래의 유학을 새롭게 만든 전환점 역시 여기에 있지 않다고 생각한다. 그의 위대성과 특이점은 오히려 내면의 도덕성을 어떻게 일상에서 구체화할 것인가에 대한 관심에 있다고 생각한다. 그리고 그 구체화의 과정은 지극히 단계적이고 체계적이어서, 개인의 일상으로부터 사회문제 결국에는 세상 모든 일로 확장된다.

그 평가의 내용이야 어찌됐든 유학사에서 주자가 공자만큼의 위상을 지니고 있다는 데에 반대할 사람은 별로 없어 보인다. 특히나 원대 이후 동북아 사회는 시험의 교재와 교육의 체제 그리고 사회의 질서 체계와 정치 이념에 이르기까지 모두 주자의 구상에 의해 지배되었다. 이러한 '지배'를 정당화 하기 위해 주자는 끊임없이 공자를 비롯한 원시유학으로부터 그 권위를 끌어오지만, 실상 그것은 주자에 의해 재해석된 것이었다. 예컨대 모두들 〈사서〉를 본다고 생각했지만 실상은 『사서장구집주』를 본 것이다.

그런데 문제는 바로 여기, 『사서장구집주』와 〈사서〉가 충분히 구분되지 않았다는 데에 있다. 요컨대 공자와 주자 혹은 선진유학과 주자학은 정당하게 변별되지 못해왔다. 이는 나의 직접적인 경험이면서 동시에 나만의 경험은 아닐 것이다. 나는 대학에 들어와서 『맹자』로 시작해 차례로 〈사서〉를 읽었지만, 언제나 그 해석은 주자의 『사서장구집주』에 의한 것이었다. 그러면서도 『사서장구집주』와 〈사서〉, 혹은 주자와 공맹의 차이를 충분히 의식하지 못했다.

이런 현상은 아마도 원대 이후 대부분의 학인들이 겪었을 테지만, 지금 당장 서점에서도 확인할 수 있다. 〈사서〉에 대한 책은 정말 많다. 그러나 『사서장구집주』에 대한 책은 거의 찾을 수가 없다. 놀라운 것은, 그러면서도 또 그 많은 〈사서〉는 거의 대부분 주자의 주석에 의존하고 있다는 점이다. 주자에 의지해 해석함으로써 공맹을 주자식으로 이해하게 되고, 그러면서도 정작 주자는 사라지고 마는 것이다. 분명히 공맹에게도 주자에게도 억울한 일이다. 억울하기로 치자면 〈사서〉의 공맹은 이름이라도 있지만, 『집주』의 주자는 지금은 그 이름도 아는 이가 많지 않으니 더욱 억울할 일이다.

이런 왜곡현상은 주자학 내부에 대한 관심의 편중에서도 반복된다. 사실 주자의 저작은 이기나 심성과 같은 도덕형이상학에 대한 것보다 〈사서〉 등 경전 주석 작업이 대부분이다. 주자의 어록인 『주자어류』의 분량만 놓고 보면 초반의 이기理氣·귀신·성리·학學 조목은 7.4%(248쪽/3343쪽)에 불과하다.[7] 그 뒤에는 『대학』·『논어』 등 〈사서삼경〉에 대한 해설이 대부분을 차지한다. 때문에 도덕심리학 혹은 도덕형이상학에 대한 연구서와 논문은 해마다 수백 수천이 쏟아지는 상황에서 『장구집주』 등 주석서에 대한 연구서를 찾아보기는 어려운 현실은 어쩌면 주자를 더욱 억울하고 답답하게 만드는 것일 수 있다.

이제는 좀 더 균형 있게 주자학을 다루어야 한다. 매번 똑같은 자료를 다루면 뻔한 결론에서 벗어나기가 어렵다. 일부의 자료만을 보고서 이게 다라고 하거나, 후대 연구자의 관심사에 의해 편면적으로 해석되어서는 안 된다. 이제 주자 자신이 관심을 두었던 문제들을 전면적으로 추적하고, 그의 저작을 전체적으로 검토함으로써 그의 위상이 좀 더 정당하게 즉 사실에 입각하여 평가되어야 한다.

주자탄생지인 복건성 우계현의 남계서원

주자가 탄생한 복건성 우계현에는 주자가 생전 건립했던 〈남계서원〉이 복원되어 있다.

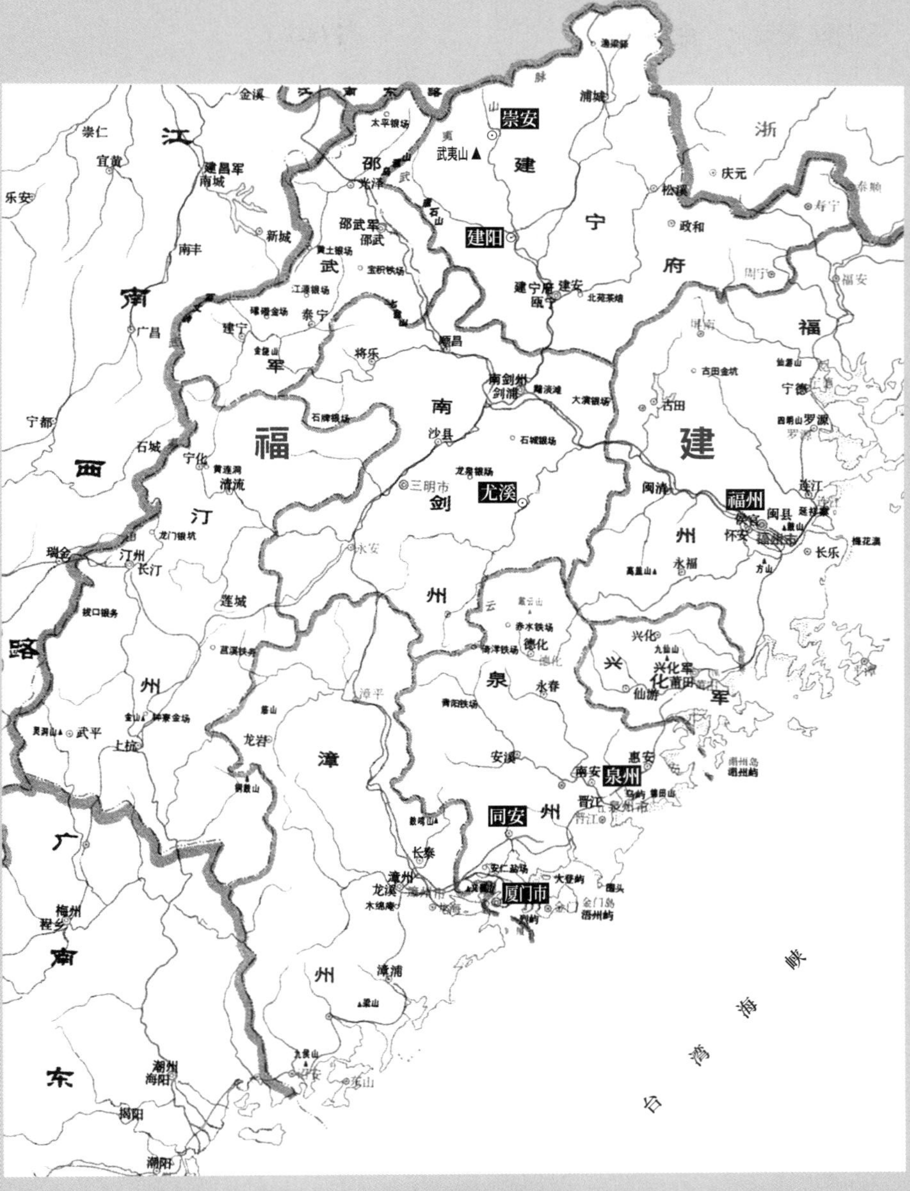

송대 복건지역지도

이 지도는 지금의 복건성에 해당하는 송대 복건로 지역의 지도다. 주자와 관련 있는 지역들을 표시했다.

전기와 저작

주자의 일생에 대한 자료로는 그의 제자이자 사위인 황간黃幹이 작성한 「행장行狀」과 송대의 정사正史인 『송사宋史』의 「주자전朱熹傳」 그리고 후대의 학자들이 작성한 연대기인 『주자연보朱子年譜』 등을 참고할 수 있다. 그 중에서도 청나라 사람 왕무횡(王懋竑, 1668~1741)의 것을 많이 본다. 최근에는 중국의 주자학 연구자 수징난束景南 교수의 『주자대전朱子大傳』(福建教育出版社, 1992.)[8]과 『주자연보장편朱熹年譜長編』(華東師範大學出版社, 2001.)을 많이 참고한다.

주자는 1130년인 남송 건염建炎4년 9월 15일에 남검주南劍州 우계현(尤溪縣, 지금의 복건성 우계현)에서 아버지 주송朱松[9]과 어머니 축씨祝氏 사이에서 3남 1녀의 막내아들로 태어났다. 이름은 희熹, 자는 원회元晦 혹은 중회仲晦, 호는 회암晦庵이다. 조상은 대대로 휘주徽州 무원현(婺源縣, 지금의 안휘성 무원현)에서 살았다. 이 무원현의 옛 이름이 신안新安이어서 주자는 자신을 '신안 주씨'라고 불렀다. 지금도 주자의 후손들을 '신안 주씨'라고 부른다. 주자는 어려서 부모를 따라 여기저기 떠돌다시피 하다가, 주로 건주建州 숭안(崇安, 지금의 복건성 숭안현)과 건양(建阳, 지금의 복건성 건양현)에서 성장했다.

주자 14세 때 아버지 주송이 사망하는데, 임종 전에 주송은 아들의 학문을 무이武夷 삼선생 즉 적계籍溪 호헌胡憲[10], 백수白水 유면지劉勉之[11], 병산屛山 유자휘劉子翬[12]에게 맡긴다. 이에 주자 모자는 숭안현 오

복건성 우계현의 주자고택 자양서원

부리五夫里로 이사한다. 주자는 막내아들이지만 앞의 두 형이 요절했기 때문에 사실상 어머니를 홀로 모셔야 하는 처지가 된다. 지금 숭안현 오부리에는 주자의 고택이 〈자양서원紫陽書院〉의 이름으로 복원되어 있다. 19세에 유면지의 장녀 유청사劉淸四를 아내로 맞았으며, 그 해에 과거에 급제한다.

22세에 남송의 수도인 임안(臨安, 지금의 절강성 항주)으로 가서 좌적공랑左迪功郎에 제수되고, 천주泉州 동안현(同安縣, 지금의 복건성)의 주부主簿를 발령받아 대기하다가 24세에 부임하게 되니, 그의 첫 관직이었다. 이후 이런저런 사록관을 역임하지만 이는 실질적인 권한이 없는 장학생 같은 직책이었고, 실제로는 지방관 9년 경력과 황제의 시강侍講 46일을 역임했을 뿐이다.

이러한 주자의 공적 경력에 대해서는 상반된 평가가 존재한다. 실질적

복건성 우계현의 주자고택 자양서원

인 권한이 없는 한직으로 돌았으니 정치적 의미는 없다는 시각과 더불어, 그럼에도 불구하고 적극적으로 정치적 이념을 실현시키기 위해 온 힘을 다 했다는 평가가 병존한다. 아마도 이 두 평가는 모두 옳다고 해야 할 듯하다. 그의 행적을 볼 때 주자는 영리榮利로서의 관직을 탐하지는 않은 것으로 보인다. 하지만 일단 관직을 맡고서는 최선을 다 한다. 상소문 중에는 수해나 기근이 든 지방의 사정을 중앙정부에 보고하면서 세금 감면을 요청하거나 중앙의 보조금을 신청하는 등의 내용이 많다. 혹은 당대의 정치적 급무를 해결하기 위해 적극적으로 황제에게 상소를 올리기도 한다. 특히 황제의 시강으로 근무했던 것과 관련하여 위잉스[余英時] 등 재미 사상사학자들은 주자를 비롯한 당대의 도학자들이 정치적 현실에 대해 아주 적극적이었다고 밝히고 있다. 이에 대해서는 13장에서 다룰 것이다.

무이 삼선생에게서 배웠다고 하지만, 학문 형성과 관련하여 주자는 연평延平 이동李侗[13]을 자신의 진정한 스승으로 인정한다. 주자는 24세에 첫 임지로 부임하는 길에 남검南劍에서 이동을 처음 찾아뵙게 되는데, 이동은 북송 도학의 핵심 인물이라 할 수 있는 이정二程, 즉 정호程顥와 정이程頤 형제의 학맥을 이은 사람이다. 젊은 시절 주자는 불교에 심취하기도 했었는데, 이동을 만나고부터는 그의 가르침에 따라 유학에 전념하게 되었다고 한다. 주자 34세에 이동이 사망하기까지 주자의 학술 형성, 특히 도학 전통에 대한 이해와 계승은 기본적으로 이동을 통해 진행되었으며 주자는 그 과정을 『연평답문延平答問』으로 정리했다.

주자의 도반으로는 여조겸呂祖謙[14]과 장식張栻[15]을 들 수 있다. 주자는 이들을 34세에 처음 만나 그들이 사망하기까지 지속적으로 학술 교류를 이어간다. 여조겸과는 북송오자에서 소옹을 뺀 도학자 네 명의 저작을 편집해 『근사록近思錄』을 만들었고, 장식과는 감정의 발현에 따른 공부의 문제를 다룬 중화설中和說을 논의했다. 이에 대해서는 2장과 9장에서 각기 다룬다. 주자는 어려서 아버지를 잃고 아버지의 친구에게 어머니와 함께 의탁되어 자라난 그야말로 한미한 집안 출신이었지만, 여조겸과 장식은 학술적으로도 정치적으로도 쟁쟁한 집안이었다. 연구자들 중에는 주자가 도학 내에서 자신의 입지를 다지기 위해 쟁쟁한 집안의 자제들과 의식적으로 교유를 유지했다고 보는 사람도 있다.

재미 사상사학자 호이트 틸만은 주자의 사상적 경쟁자로 장식과 여조겸 이외에 진량[16]과 육구연[17]을 든다.[18] 주자와 진량은 55세에 왕패의리논쟁을 벌이는데, 틸만은 이 논쟁을 결과주의 대 동기주의의 대결로 그리고 있다.[19] 이에 대해서는 13장에서 다루었다. 육구연과 주자는 주돈이周敦頤의 「태극도설太極圖說」에 등장하는 무극無極과 태극太極 개념에 대해, 그리고 『중용』에서 제시된 공부방법인 존덕성尊德性과 도문학道問學

복건성 건양현의 고정서원

에 대해 격렬한 논쟁을 벌인다. 대만의 모우쭝산[牟宗三]은 육구연의 존덕성 중시의 태도를 유학의 정통으로 평가하면서, 도문학을 강조한 주자를 유학의 방계[別宗]라고 불렀다.[20] 이에 대해서는 2장과 9장에서 다루었다.

모우쭝산과 천라이[陳來] 등 대다수의 주자학자들은 주자 나이 40세 전후로 전개된 중화구설中和舊說로부터 중화신설中和新說로의 변화 과정을 주자의 학술이 독자성을 구축해간 시기로 본다. 이러한 평가는 대체로 사실에 부합하지만, 그것을 단지 공부방법이나 감정과 주체의 관계에 대한 문제로 한정할 필요는 없다. 그보다는 정이 이래 도학 내부의 학술 전반에 대해 주체적으로 평가하고 취사할 수 있는 독자적 관점이 형성되는 과정으로 이해하는 것이 좀 더 정확하다.

주자의 사상을 기술함에 있어서 북송의 정이(程頤, 1033~1107, 호는 이천

伊川)를 언급하지 않을 수 없다. 정이는 앞에서 들었던 '북송오자'의 한 명으로서 그의 형 정호(程顥, 1032~1085, 호는 명도明道)와 함께 정자程子 혹은 이정二程이라고 불리기도 한다. 형 정호는 비교적 이른 나이에 서거했기에, 정문程門 제자들은 정이에게서 좀 더 오래도록 배우게 된다. 하지만 그 제자들이 딱히 정이의 학술만을 계승한 것은 아니다. 일반적으로 정호가 조화로운 경지를 강조했다면 정이는 분석적인 이론을 강조했다고 이해된다. 그래서 육왕심학陸王心學 즉 육상산과 왕양명으로 이어지는 심학心學 계열이 정호를 계승했다면, 주자의 이학理學은 정이를 계승했다고들 말한다. 실제로 주자는 이정 중에서 정이의 관점을 좀 더 많이 인용한다. 그래서 학술사적으로는 '정주程朱 계열' 혹은 '정주학程朱學'이라고 말하는데, 이때의 '정자'는 물론 정이를 가리킨다. 그러나 정작 주자 자신은 언제나 이정二程을 병칭한다. 주자는 결코 정호를 배척하지 않았음을 일단 확인해둘 필요가 있다.

'정주학' 즉 정이와 주자 사이의 사상적 연속성은, 소위 '도통道統'을 주장하면서 주자가 그 계열의 끝에 정이를 두었기 때문에 부정될 수 없어 보인다. 도통이란 스승의 의발을 전수받음으로써 적통을 계승했음을 주장하는 선불교 전통의 영향 하에 주목된 관념으로서, 진정한 유학의 정신을 계승한 유자(혹은 성인)들의 계보를 말한다. 그러나 그 전통은 요임금과 순임금의 선양禪讓 즉 신분에 의하지 않은 정권 전승을 기술한 『논어』나 500년 주기로 성왕이 출현한다했던 『맹자』에서 이미 시작된 것이다.

주자는 이 도통론을 주장함으로써 자신의 학술이 유학의 정통을 잇고 있다고 주장하는데, 도통론은 사실 좀 더 면밀하게 고찰할 필요가 있다. 그것은 기술된 것처럼 위에서부터 내려오는 전통을 충실하게 계승한 것이라기보다는 자신의 관점에서 유학의 전통을 재해석 한 것에 가깝기 때문이다. 그런 점에서 '정주학'이라는 용어의 적실성 역시 다시 검토될 필요가 있다. 많은 연구자들은 주자가 정자의 사상을 잘 '계승'했다고 보지만, 정자의 특정한 면모를 강조함으로써 정자를 일정한 방향으로 끌고 가 규정하는 측면이 분명히 있다. 이 문제에 대해서는 경전의 문제를 다루는 11장과 도통론의 정치적 성격을 다루는 12장에서 다룬다. 여기서는 우선 정자의 사상적 유산에 대한 주자의 계승과 극복 과정만을 간략하게 정리해보자.

정씨 형제는 낙양洛陽에서 살았기 때문에 그들의 학문을 낙학洛學이라고 불렀는데, 낙학은 소식蘇軾[21]을 대표로 하는 촉학蜀學과 왕안석王安石[22]을 대표로 하는 신학(新學, 혹은 형공학파荊公學派) 그리고 구양수歐陽修[23]를 대표로 하는 속수학(涑水学, 혹은 온공학파溫公學派)과 더불어서 북송 학술계를 대표하는 주요한 하나의 학파였다. 이정의 제자 중에서는 여대림呂大臨[24]·사량좌謝良佐[25]·윤돈尹焞[26]·유작游酢[27]·양시楊時[28] 등이 유명한데, 이들의 학문은 남송까지 이어져 도남학파道南學派와 호상학파湖湘學派 등을 형성하고 주자는 이들을 통해서 정자의 학문을 배우게 된다.

삼십대의 주자에게 가장 많은 영향을 미친 이동은 도남학 계열의 전통에 있었고, 장식은 호상학 전통을 계승했다. 그러던 그가 40세에 〈이발미발설已發未發說〉을 지어 소위 중화신설을 완성하게 됨으로써 도남학과 호상학을 모두 극복하게 된다. 그는 더 나아가 41세에 『정씨유서程氏遺書』 등 정이의 저작을 직접 정리 출판하고, 정호 정이 형제 이래 정문程門의 〈사서四書〉에 대한 주석을 정리하여 43세에 『논맹정의論孟精義』를 54세에 『중용집략中庸輯略』을 완성한다. 하지만 이들 정문 주석서는 주자에 의해 산정刪定된 것으로서 주자가 동의하지 않은 상당수의 내용은 삭제되었다.

정문程門 주석에 대한 비판과 극복은 동시에 자신의 관점이 완성되어 감을 의미하는데, 그것은 특히 〈사서〉 주석서의 형태로 드러난다. 주자는 43세 무렵 『대학장구大學章句』와 『중용장구中庸章句』의 초고를 완성하여 장식 여조겸 등과 토론하고, 48세에는 『사서집주四書集註』와 『사서혹문四書或問』이 완성되었으며, 53세에는 『사서집주』를 무주에서 출판함으로써 '사서'라는 용어가 처음 등장했다.

특히 『사서혹문』은 '혹자의 질문'이라는 형식을 빌려 〈사서〉에 대한 자신의 관점을 기술한 책인데, 그 내용은 〈사서〉의 주요 논제에 대한 자신의 관점 설명과 정문 주석에 대한 평가와 비판으로 구성된다. 따라서 『사서혹문』은 정문 주석으로부터 〈사서〉에 대한 자기 주석의 완결판인 『사서장구집주四書章句集注』가 완성되기까지의 과정과 그 의미를 정리한 것이라 할 수 있다. 모우쫑산 등이 주목한 중화설 형성 과정은 이 거대한 전환의 서막이자 일부분일 뿐이다.

정문 주석에 대한 주자의 비판은 주로 그 신비화 경향과 내면화 경향에 대한 것으로 요약된다. 신비화 경향이란 일상적이고 쉬운 것을 지나치게 어려운 것으로 만들어버리는 태도다. 내면화 경향이란 일상의 윤리적 관계나 주체의 구체적인 행위로부터 떨어져 나와 '도덕 그 자체' 즉 도덕성을 내면에서 추구해 가는 것을 의미한다. 예컨대 부모에 대한 일상적 효행으로부터 '효' 그 자체를 관념화하고, 효로부터 다시 그 일반화로서의 도덕성 즉 '인仁'을 추상화하고 실체화해서 추적해 가는 것이다. 그리고는 내면에서 나온 모든 것이 곧장 도덕성의 발현이라고 규정해버리는 것이다. 중화신설에서 주자가 비판하는 도남학과 호상학의 문제점 역시 이런 것이다.

정문의 내면화 경향이나 신비화 경향에 대한 비판은 역으로 주자의 사상적 성격이 어떤 것인가를 설명해준다. 즉 내면화와 신비화의 반대편에는 일상성·체계성·관계성 등에 대한 강조가 자리한다. 그는 내면의 신비한 도덕본체가 아니라 구체적 일상 속에서의 실천을 강조했다. 일상 속 실천이란 필연적으로 타자와의 관계를 전제로 하기에 주자의 도덕철학은 철저히 관계적이라고 할 수 있다. 내면을 들여다보기와 같은 개인의 주관적 방법이 아닌 독서와 예를 통한 교정적이고 누적적인 학습을 강조하기에, 그는 〈사서〉와 같은 교재 그리고 그것을 교육하는 서원 같은 '외재적 장치'들을 중시한다. 이에 대해서는 11장과 14장에서 다룬다.

46세에 육구연 형제와 벌인 연산鉛山 아호사鵝湖寺에서의 공부 방법에 대한 논쟁 역시 이 내면화 경향 비판과 동일선상에 있다. 송대에 흥기한 불교는 주로 간화선看話禪과 묵조선默照禪 계열의 선종禪宗이었는데, 정문을 포함하여 당대의 유자들은 이 영향을 받아 내면의 도덕 본성을 발견하고 확인하는 것을 공부의 목적으로 삼는 경향을 보이게 된다. 따라서 정문과 육구연 심학心學에 대한 비판은 주자의 선불교 비판과 더불어서, 일체의 절차적·지적 공부[道問學]를 배제한 채 곧장 내면의 도덕 본성(혹은 불성)을 찾아 움켜쥐려고 하는 당대의 사상적 경향을 정조준하고 있다.

수징난 교수는 1177년 48세를 주자 학문의 1차 총결이라고 보고, 1189년 60세를 제 2차 총결로 보고 있다. 그가 본 1차 총결의 주된 내용은 『사서집주』의 완성이고 2차 총결의 주된 작업은 〈선천학先天學〉과 〈태극설太極說〉의 완성이다.[29] 하지만 〈선천학〉과 〈태극설〉은 젊은 시절부터 줄곧 관심을 기울여 왔던 작업이다. 때문에 딱히 이 해에 결정적인 전환이 있었다고 보기는 어렵다. 그러나 〈선천학〉과 〈태극설〉을 연계시켜 이해하는 것은 무척 중요한 문제다. 특히 57세에 완성되는 『역학계몽易學啟蒙』은 그의 역학 체계에 대한 이해를 넘어서 그의 세계에 대한 존재론적 이해와 깊은 관련을 갖는다. 이에 대해서는 7장에서 다룬다.

주자묘

주자는 일생 중 여러 차례 상소를 올린다. 33세에 「임오응조봉사壬午應詔封事」를 비롯해 34세의 「계미수공주차癸未垂拱奏箚」 51세의 「경자응조봉사庚子應詔封事」 59세의 「무신연화주차戊申延和奏箚」와 「무신봉사戊申封事」, 그리고 65세의 「갑인행궁편전주차甲寅行宮便殿奏箚」 등이 대표적이다. 그의 상소는 당대의 급무를 논하는 내용과 군주가 지켜야 할 일반적인 규범에 대한 내용이 주를 이룬다. 다만 특별한 부분은 고종·효종·광종·영종으로 이어지는 남송 황가의 독특한 사정과 연관이 있다.

남송은 금나라의 침입으로 거의 망하다시피 하여 장강(長江, 양쯔강) 이북을 포기하고 남쪽으로 천도한 정부를 가리킨다. 남송의 첫 황제인 고종은 원우황후의 섭정이 끝난 뒤 재상 진회秦檜가 주도했던 화의를 깨고 금과의 전쟁을 감행한다. 그러나 1162년 전쟁에서 패한 뒤 그 책임을 지고 효종에게 선위한다. 하지만 고종이 사망한 것은 1187년이었기에 고종의 오랜 막후 정치로 인해 자연스럽게 고종과 효종의 관계는 나빠지게 된다. 효종은 1190년 광종에게 선양하지만 광종은 정신질환을 앓았고, 1194년 효종이 사망하면서 황위는 영종에게 넘어간다. 광종과 효종의 관계는 극단적으로 좋지 못했고, 이런 상황에서 주자는 황실의 화목과 안녕을 수없이 주문하게 된다.

고토 회복을 열망하는 황제들에 의해 때때로 주전파가 득세하기도 하지만 정권은 주로 현실을 직시하는 주화파가 담당하게 된다. 역사서에서 주화파는 주로 '역적'으로 그려지고 주자 역시 이들을 비판하면서 오랫동안 항금杭金을 주장한다. 전쟁의 실효성에 대한 평가와 무관하게 이러한 남송의 정치적 현실은 자연스럽게 당파를 형성하게 되고, 정호 정이 형제 이래의 도학은 당쟁의 희생물이 되어 왔다. 현실타협적이기보다 원칙을 강조하는 도학의 태도는 정적을 만들기 쉬웠고, 이러한 경향은 주자에게서도 재현된다. 1182년 중앙정부의 재상과 밀접한 관계에 있던 당중우唐仲友의 비리를 탄핵하면서부터 주자는 정치적 시련을 맞게 되고, 1196년엔 최종적으로 위학당금僞學黨禁에 처하게 된다. 즉 주자의 학문은 거짓 학문이며, 그의 당파는 금지된다는 처분이다.

주자 67세가 되는 이 해에 그는 '위학의 괴수'로 지목되고 『사서집주』 등 그의 저작은 출판과 열람이 금지된다. 그의 많은 제자들은 뿔뿔이 흩어지고 탄압을 받게 된다. 그러나 힘겨운 말년에도 주자는 저술 활동을 그만두지 않고 『주역참동계고이周易參同契考異』나 『초사집주楚辭集注』 등을 완성하다가, 1200년 3월 9일 71세의 일기를 마지막으로 사망하게 된다. 서거 사흘 전까지 『대학장구』를 고쳤다는 일화는 아주 유명하다.

그가 일생 동안 남긴 저작은 실로 방대하다. 중국 화동사범대학華東師範大學의 쭈지에런[朱傑人] 교수가 주편한 『주자전서朱子全書』[30]에 수록된 그의 저작은 모두 25책이고 부록까지 합해 27책이다.[31] 그 내용은 다음과 같다.

『주역본의周易本義』, 『역학계몽易學啟蒙』, 『시집전詩集傳』, 『의례경전통해儀禮經傳通解』, 『사서장구집주四書章句集注』, 『사서혹문四書或問』, 『논맹정의論孟精義』, 『가례家禮』, 『자치통감강목資治通鑑綱目』, 『팔조명신언행록八朝名臣言行錄』, 『이락연원록伊洛淵源錄』, 「소희주현석존의도紹熙州縣釋尊儀圖」, 「태극도설해太極圖說解」, 「통서주通書注」, 「서명해西銘解」, 『근사록近思錄』, 『연평답문延平答問』, 『동몽수지童蒙須知』, 『소학小學』, 『음부경주陰符經注』, 『주역참동계고이周易參同契考異』, 『주자어류朱子語類』, 『초사집주楚辭集注』, 『창려선생집고이昌黎先生集考異』, 『회암선생주문공문집晦庵先生朱文公文集』.

방대한 그의 저작은 연구자들로 하여금 그의 학문을 체계적으로 접근하는 것을 어렵게 만든다. 주자 자신이 워낙에 다양한 방면에 관심을 기울였기에 그 관심을 하나로 꿰어내는 것이 과연 가능할지 의구심이 들 정도다. 그래서 연구자들은 주자의 관심사가 아닌 주로 자신의 관심사에 입각해 주자학을 접근하게 마련이다. 이 문제에 대해서는 다음 장에서 본격적으로 논할 것이다. 여기서 열거한 주자의 저작을 주자학의 체계 구성을 위해 어떻게 배치할 수 있을지에 대해서도 다음 장에서 설명한다.

주자는 생을 다할 때까지 해금을 받지 못했다. 그러나 그의 사후 불과 9년만인 1209년에 문인으로서는 최고의 시호인 '문文'을 시호로 받는다. 이 때문에 지금도 '주문공朱文公'으로 불린다. 1212년에는 그의 『사서장구집주』가 국학國學의 교재로 받아들여지고, 1230년에는 휘국공徽國公에 추증되는데 '공公'은 작위 중에 가장 높은 벼슬이다. 1269년에 도종度宗 황제는 주자의 고향인 무원의 주씨 집안 옛터에 '문공궐리文公闕里'라는 이름을 지어주어 산동의 '공자궐리孔子闕里'와 병칭되도록 하였다.[32]

원나라 인종仁宗 황경皇慶 2년(1313)에 『사서장구집주』는 국가가 인정하는 과거시험의 텍스트가 되었으며, 주자는 1335년에 문묘文廟에 배향되었다. 그 자신과 그의 학문이 최고의 권위를 획득하게 된 것이다.

학문은 학문으로 끝나지 않는다. 주자학의 방대한 체계와 그의 원대한 기획이 본래 그러하듯, '주자학'은 세계와 인간에 대한 이해나 개인의 도덕적 완성을 위한 권위 있는 지침서 정도에 머물지 않고, 국가와 사회의 곳곳을 지배하는 체계적인 지배이데올로기가 되었다. 조선을 예로 들어보자. 사대부 집안의 사내아이는 8세가 되면 주자의 『소학』을 배우기 시작해서 15세가 되면 주자의 『대학』을 배운다. 그의 집안은 주자의 『가례』에 의해 제사도 지내고 혼례도 치른다. 그가 사는 향촌은 엄연히 지방관이 있음에도 불구하고 주자가 정한 규약인 〈향약鄕約〉에 의해 다스려진다. 누군가 부도덕한 일을 저지르면 지방관이 아닌 사대부들이 모여 그를 징치한다. 서당이 되었든 향교가 되었든 서울의 성균관이 되었든 학교에서 배우는 교재는 모두 주자의 저작이고, 과거 역시 주자의 교재에 의해 주자의 사상을 묻는다. 학자들 사이에서 진행되는 거의 모든 담론은 누가 더 주자의 '원의原意'에 가까운지가 평가의 기준이 된다. 이렇게 주자학에 의해 교육받고 규율되는 것은 아무리 왕이라 하더라도 예외일 수 없다.

지금 왜 주자학인가?

지금까지 우리는 방대한 주자학의 세계를 조망하면서 주자학이 과거에 얼마나 위대한 것이었던가, 그래서 그것이 어떻게 속속들이 동아시아를 지배해 왔는가를 간략하게 검토했다. 하지만 이것은 '과거'의 이야기일 뿐이다. 과거의 주자학이 오늘의 우리에게도 의미를 지닐 수 있을까? 즉 주자학은 '오늘의 주자학'이 될 수 있을까?

조선말의 개화파 지식인들은 흔히 '유교망국론'을 설파했다. 지금도 우리 사회에 남아 있는 이런저런 전근대적 요소에 대해 흔히들 '유교적 전통'이라고 규정한다. 조선을 지배했던 '유교'는 좀 더 정확히 말해 주자학이었으니 '유교망국론'은 '주자학망국론'이라고도 할 수 있다. 과연 주자학은 조선을, 더 나아가 동아시아를 망하게 했던가? 주자학망국론은 다음의 세 가지 의미에서 검토될 수 있다.

첫째, 주자학은 관학官學 즉 당대 사회의 지배이데올로기였으니 국가 패망에 책임이 있다는 의미로 해석될 수 있다. 그런데 동양은 '이념'이 아닌 총칼에 의해 패망했다. 때문에 이념으로서의 주자학이 곧장 패망의 원인이 될 수는 없다. 이는 마치 십자군전쟁을 교회가 일으켰으니 기독교의 이념에는 문제가 있다고 말하는 것과 비슷하다. 하지만 교황을 비롯한 기독교인에게는 분명 책임이 있다. 때문에 주자학이 아닌 주자학자에게 책임이 있다고 한다면 나는 일정정도 동의할 수 있다.

둘째, 주자학 자체 내에 전근대적 요소가 패망으로 이끈 것이라고 해석될 수 있다. 전근대성이라면 흔히들 '봉건적'이라고들 말하고, 그것은 신분제적 성격을 의미한다. 또 장유유서·남녀유별 등으로부터 '너 몇 살이야'나 '여자가 어딜'과 같은 비민주성을 읽어낼 수 있다. 이런 비민주성은 물론 극복되어야 할 것들이다. 그리고 주자학과 유학 내에는 이런 전근대적 성격이 분명 있다. 하지만 그것은 시대적 한계이지 이념적·이론적 한계가 아니다. 우리는 흔히 고금古今의 문제를 동서東西의 차이로 읽곤 한다. 전근대적이기로 치자면 서양 역시 못지않다. 영국을 비롯한 유럽의 많은 나라에는 아직도 왕과 귀족이 건재하고, 여성의 참정권 역시 겨우 20세기에 들어와서야 본격적으로 인정되었다. 주자학의 전근대성은 주자학만의 문제가 아니다. 유럽과 북미의 그 오랜 인종차별을 생각해보라. 동아시아 패망의 직접적 원인이 서구의 군사적 침탈에 의한 것이었음을 고려하고 당대의 서구 역시 못지않게 전근대적이었다는 이유에서 이러한 비난은 설득력을 지닐 수 없다. 특히 세계사적으로 전무후무한 800년이라는 그 내적 구속력은 주자학적 세계 통치 구상의 내부적 결함에 대해 의구심을 갖게 만든다. 여러 왕조가 명멸하는 동안에도 주자학은 지배력을 지속할 수 있었다. 동아시아는 신분제나 남녀차별과 같은 전근대성 때문이 아니라 대포와 함선에 의해 망했다.

셋째, 내면의 문제에만 천착함으로써 일상의 현실 문제에 대해서는 등한히 한 것이 주자학의 책임이라는 말로 해석될 수 있다. 이런 맥락에서 동아시아에서는 왜 산업혁명이나 대항해 시대가 없었는가라는 질문이 가능하다. 그리고 그 이유를 일상의 물질적 조건보다 규범적 가치를 우선시했던 주자학에서 찾을 수도 있다. '주자학' 하면 먹고 사는 문제는 주변에 맡겨둔 채 고담준론이나 읊조리는 고고한 선비와 같은 이미지가 떠오르기도 한다.[33] 그리고 주자학을 비롯한 송대 이후의 신유학은 분명 내면의 도덕성에 관심을 집중했던 것도 사실이다.

정이를 계승한 주자는 인간의 본성이 도덕성을 갖추고 있다고 보았으며, 이를 성즉리性卽理라고 부른다. 본성이 곧 이치라는 말이다. 그런데 여기서 말하는 '이치[理]'라는 것은 지극히 '도덕적' 개념일 뿐, 경제학의 원리原理나 물리학의 원리와 같은 '도덕과 무관한 이치[理]'가 아니다. 인간의 도덕 본성의 문제를 더욱 중시했기 때문에 송대 도학을 다른 이름으로는 '성리학性理學'이라고 부른다. 주자를 비롯한 성리학자들은 분명 물리보다 성리의 문제에 더 많은 관심을 기울였다.

도덕과 무관한 이치는 성리性理와 대비하여 물리物理라고 부를 수 있다. 여기에서의 '물物'은 물론 물질이나 물건만을 의미하지 않고 시공간을 차지하는 모든 대상과 사태를 의미한다. 명대 후기로부터 청대에 그리고 조선 중후기에 유행한 실학實學은 인간의 삶에 있어서 성리만이 아니라 물리 역시 중요하다고 보았다. 이들의 사유에는 분명 교조화 된 주자학의 도덕지상주의를 타파하고 서양 문명의 충돌 속에서 자체적인 근대화를 이루어보려는 문명사적 의의가 충분하다. 그에 비하자면 실학 이전의 성리학은 분명 관념적·교조적·규범적 성격이 강하다.

다만, 주자 자신이 과연 도덕지상주의자였던가 하는 문제는 다시금 검토되어야 한다. 주자의 어록집인 『주자어류』 등에는 자연과학적 현상이나 지식에 대한 관심이 무척 많이 기록되어 있다. 즉 성리가 아닌 물리에 대한 것이다. 야마다 게이지의 『주자의 자연학』이나 김영식의 『주자의 자연철학』은 이러한 문제를 다루고 있다.[34] 하지만 나는 이들 연구서가 다루고 있는 우주·천문·기상·지질 등 자연과학 영역에 대한 주자의 관심보다 더 주목되어야 하는 것은 주자의 철학적 세계인식이라고 생각한다.

소위 성즉리는 태극으로 명명되는 우주의 '보편적' 본질을 전제로 한다. 주자 역시 이 보편의 태극을 중시한다. 그러나 그는 여기서 멈추지 않고 구체적 개별자에 주목한다. 보편은 구체를 얘기하기 위한 전제일 뿐이다. 지금까지 많은 연구자들이 주자학을 보편의 철학으로 보아왔다면, 나는 차라리 주자학이 구체의 철학에 가깝다고 얘기하고 싶다. 이념의 철학자이기보다 현실의 철학자라고 규정하고 싶다. 때문에 주자학망국론의 세 번째 시각에 대해서도 나는 동의할 수 없다. 이 문제는 매우 복잡하고 다분히 논쟁적이다. 때문에 이 책 전체를 통해 조심스럽고 섬세하게 접근해갈 것이다.

주자학과 유학의 본질은 내면의 도덕성 확보에서 그치지 않는다. 도덕성을 일상에서 구현하고, 인격자들이 모여 성숙한 사회를 만드는 것이 유학의 궁극적 지향이다. 역사 속 유자들 역시 결코 골방의 성인은 아니었다. 그들 역시 철저히 사회 속에서 호흡하고 절충하며 경쟁하고 모색했다. 오히려 문제는 이런 측면은 외면한 채 내면의 도덕성에 대한 담론만을 철학이라고 생각하는 현대의 연구자들에게 있다. 철학과 담론은 일상 속에서 확인된다. 그런 점에서 철학과 철학자는 분리될 수 없다. 이 책이 주자와 주자학의 '종합적인' 혹은 '실제적인' 모습을 그리려고 노력하는 이유가 여기에 있다.

'주자학망국론'은 그렇다 치고, 이제 20세기도 다 지나간 지금 우리가 주자학에 다시 관심을 기울여야 할 이유는 무엇일까?

한국사회가 더 그렇지만 세계적으로 21세기 전반을 규정하는 두 개의 키워드는 아마도 능력주의와 팬데믹이 될 것이다. 일견 별로 상관이 없어 보이는 이 두 개의 키워드는 놀랍게도 '타자와의 관계' 그것도 '침탈적·배제적 관계 맺기'라는 공통점을 지니고 있다.

능력주의는 인간을 능력으로 판단할 수 있고 또 그래야 한다는 생각이다. 한 인간을 능력으로 판단한다는 것은 그를 신분이나 출신으로 평가하지 않고 그 자신의 고유한(선천적+후천적) 능력에 의해 대우해야 한다는 생각이어서 일견 합리적인 면이 있다. 그러나 그것은 모든 인간을, 더 나아가 모든 것을 기능적으로 대한다는 의미가 되고 그렇기에 도구적 세계관이 된다. 도구적 인간관 혹은 능력주의 하에서는 끊임없이 자신의 능력과 기능을 입증해보여야 하고 그 속에서 역할을 부여받음으로써 도구로서의 존재를 충실히 살아가야 한다. 능력과 기능을 입증하는 과정은 우리를 경쟁의 링으로 몰아넣었고, 경쟁은 타자의 제거를 목표로 한다. 능력과 기능이 입증되지 않으면 자신에 대한 차별이나 '제거' 역시 당연한 것이 된다.

팬데믹은 사회가 점차 극단적인 개인주의로 흘러가는 상황에서 발생했다. 타자와의 유대가 그다지 필요 없어 보이던 이때에 팬데믹은 아이러니하게도 우리가 얼마나 서로와 밀접하게 연결되어 있는지, 더 나아가 서로와의 연결 없이는 우리가 얼마나 나약한지를 확인하게 되었다. 팬데믹 초기 어느 사회랄 것도 없이 마스크는 품귀였다. 저마다 자신의 입을 막으려고 애를 썼지만 사실은 모두의 입을 막아야 하는 것이 팬데믹이었다. 팬데믹은 말 그대로 모두의 일이고 우리는 그 모두로부터 결코 벗어날 수 없음을 확인해야만 했다. 우리가 모든 것과 연결되어 있음은 사실 팬데믹의 기원으로부터 반드시 읽어야 할 것이었다. 팬데믹 이전에 이미 수차례 경험한 인수공통전염병은, 자꾸만 인간 아닌 것들의 영역을 침탈하는 인간에 대한 자연의 경고였다. 이러한 경고는 기후위기 등 전방위적으로 확대되고 있다. 이 경고는 인간에게 유용한 자연은 이용되고 유용하지 않은 자연은 제거되면 그만이라는 생각이 그다지 지속될 수 없는 것임을 계속해서 말해주고 있다.

능력주의와 팬데믹은 타자를 그저 '사용'해도 좋을 도구 정도로 생각하는 세계관과 가치관에 근거한다는 공통점을 지닌다. 이런 관념 하에서는 '공동체'라는 관념과 관심은 당연히 존재할 수 없으며, 대등한 관계 혹은 존엄한 존재라는 관념 역시 들어설 여지가 없다. 현대사회는 도구주의이고 탈공동체주의이며 비공존주의 그리고 불평등주의다.

그에 비해 인류 문명의 위대한 지적 전통은 공통적으로 존엄주의·공존주의·평등주의다. 존재하는 모든 것들은 그 자체로 존엄하고 평등한 존재로서 함께 살아가야 한다. 나의 이익을 위해 타자를 이용하고 침탈하는 것은 용납될 수 없다. 이러한 공동체주의·생태주의·공존주의·존엄주의적 사유는 자본주의 이전 동양과 서양에서 공히 유지되던 전통적 세계관·가치관이었다.

성경에서 예수는 거지를 먹이고 창녀를 감싸준다. 톨스토이는 거지와 창녀에게 한 행위가 바로 하나님에게 한 것이라고 말한다. 그래서 심지어 원수를 사랑하라고 말한다. 불교에서는 한 생명이 우주를 담고 있고 그래서 서로는 서로를 담고 있다고 말한다. 즉 서로는 연결되어 있다. 유가에서는 자신만을 챙기는 태도와 남도 함께 고려하는 태도를 공公과 사私라는 개념으로 대비시킨다. 유가의 세계관에서 개인은 타자와의 관계를 떠나서 살아갈 수 없다. 독일의 철학자 야스퍼스는 기원전 500년 무렵부터 인류는 이렇게 갑자기 타인을 고려하기 시작했다고 말한다. 즉 윤리의 출현이다.

문제는 거지와 창녀다. 도대체 우리는 왜 남을 고려해야 할까? 자본주의의 영속을 위해서? 혹은 잠재적인 사회적 문젯거리를 미연에 방지하기 위해서? 기계가 모든 것을 대체할 수 있다는 오늘날 〈설국열차〉 기관실의 좁은 공간에 들어갈 꼬리칸의 아이는 더 이상 필요하지 않아 보인다. 거지와 창녀는 여전히 고려되어야 할까?

위대한 석학들은 인간을 규정하는 많은 키워드들을 만들어냈다. 언어의 존재·유희의 존재·생각하는 존재 등등. 기원전 3세기 전국시기 중국의 법가法家처럼 토머스 홉스·존 로크·장 자크 루소 등은 인간에게서 '욕망'을 읽어냈다. 그 '욕망'은 성적인 것일 수도 있고 자기표현을 위한 의지일 수도 있겠지만, 우리에게 가장 익숙한 '욕망'은 역시 자본주의적인 것이다. 자본주의는 이기적인 개인을 전제로 한다. 얼마나 자신을 이롭게 할 수 있는지가 바로 도구적 이성이 말하는 능력이다. 이기利己를 위해서는 타자를 이용해도 좋다. 타자에는 노동력·토지·자본이 들어가지만, 사실상 존재하는 모든 것들이 포함된다. 그것은 자연일 수도 있고 미래일 수도 있다. 그래서 우리는 핵연료도 쓰고 일회용 플라스틱 용기도 쓴다. 과학의 발전과 더불어 자유주의·능력주의는 끊임없이 우리의 이러한 '사용'을 독려한다.

꼬리칸의 창녀와 거지만이 아니라, 기후위기·탄소배출·환경파괴 등 이제는 지구 전체가 문제라고들 한다. '발전'을 말하는 과학자들과 정치인들의 목소리는 이제 그다지 설득력이 있어 보이지 않는다. 문제는 여전히 '타자와의 관계'다. 가습기살균제 사태, 금융위기에서 월가의 도덕적 해이, 미국과 이라크의 전쟁 등등, 윤리적 사회학·윤리적 정치학·윤리적 세계관계가 없을 때의 현실을 목도하는 것만으로도 윤리학의 역할과 소구력은 입증된다.

타자를 제거의 대상으로 볼 것인가? 아니면 공존의 대상으로 볼 것인가? 타자를 제거의 대상으로 간주하면 그 타자 역시 나를 제거의 대상으로 삼을 것임은 너무나 자명하며, 그 경쟁에서 언제나 나의 능력이 우세할 것이라고 그래서 모든 것을 다 이길 수 있다고 생각하는 것은 지나친 낙관주의다. 우리는 거대한 쓰나미 만큼이나 작은 바이러스도 이기지 못했다.

모든 윤리적 목소리는 타자에 대한 배려를 의미한다. 그 점에서는 모든 위대한 사상이 동일하다. 다만 기독교는 천국을 말하고 불교는 내세를 말한다. 반면 유가는 창녀와 거지 그리고 바이러스까지도 모든 것을 '관계'로 설명하면서 지금 여기를 말한다. 그런 점에서 유가는 종교적이기보다 철학적이고 사회적이다. 그래서 '유교儒教'의 '교'는 종교를 의미하지 않고 '가르침'을 의미한다.

이 세계 속에서의 윤리를 말한다는 점은 공맹孔孟의 선진유학先秦儒學이나 송대의 주자학이나 마찬가지다. 다만 주자학은 선진유학이 비견할 수 없을 만큼 구체적이고 체계적이다. 사상이 얼마나 심오하고 매력적인가에 대한 평가는 사람마다 다를 수 있다. 하지만 적어도 방대한 체계와 체계 내 각 영역 간의 이론적 긴밀성에 있어서만큼은 유가철학에서 주자학이 가장 수위에 있다. 주자학의 특징이기도 한 그 소구력은 그것이 실제 동북아 사회에서 오랫동안 적용되었다는 점이다. 주자학은 타자와의 관계 즉 윤리의 문제를 가장 실천적이고 실제적으로 구체화한다.

결론적으로 두 가지 지점에서 나는 오늘 우리가 주자학을 다시 주목할 이유가 있다고 생각한다. 첫째, 주자학은 모든 윤리학이 그런 것처럼 타자에 대한 배려를 말한다. 둘째, 주자학은 그 어떤 윤리학보다 구체적이고 실제적이며 실천적이다. 게다가 '적용'의 경험이 풍부하다. 만약 기후위기와 무한 경쟁 속에서 새로운 인간관 새로운 세계관이 필요하다면 이제 우리는 오래된 주제 즉 관계의 문제를 다시금 들여다보아야 할 것이다. 거기서 주자학은 인류의 위대한 지적 유산이 되어줄 것이다.

아담 맥케이 감독의 영화 〈돈룩업〉이 그린 것처럼 사실은 가치를 결정하지 않는다. 가치와 지향은 '선택'이자 '동의'일 뿐이다. 인류의 절반이 물에 잠긴다 해도 나의 능력이 나를 살려줄 것이라고 생각하는 한 인간은 계속해서 탄소를 배출한다. 지구가 망한다는 사실은 우리를 변화시키지 않는다. 가치와 지향, 책임과 배려는 '선택'이다. 나는 이 '선택'에서 철학이 동양철학이 주자학이 우리를 좀 더 현명한 지점으로 인도할 것이라고 생각한다.

2장

주자학, 어떻게 읽을 것인가?

역사적 시선: 성학·국학·관학

그런데 주자학이 동북아에서 800년간 국가와 사회의 지배이데올로기였던 것이 과연 주자의 의도에 부합하는지를 판정하는 것은 그리 간단한 문제가 아니다. 주자학은 '성학聖學' 즉 성인됨을 목표로 하고, 주자가 생각하는 성인이란 성숙한 인격으로 사회적 현실에 적극 참여하는 실천적 지식인이다. 그래서 주자학의 모든 단계는 개인과 사회에 대한 '도덕의 지배'를 위한 것이라고 할 수 있다.[1]

하지만, 동아시아에서 지배이데올로기가 된다는 것은 사실상 '국학國學'으로서 과거科擧 시험의 전거가 된다는 것을 의미했고, 아이러니하게도 과거 시험으로 '전락'하고나면 이제 그것은 더 이상 순수한 '성학'이 될 수 없다. 주자의 성인은 사회적 실천 속에서 완성되지만 어디까지나 내면의 도덕적 인격을 전제로 한다. 그런데 사회적으로 참여하기 위해서는 과거시험을 봐야 하는데, 과거 시험으로는 개인의 인격 성숙 여부를 확인할 수 없기 때문이다. 즉 성인됨을 목표로 하지 않더라도 과거 시험을 통해 현실 정치에 참여할 수 있는 것이다. 즉 동서고금을 막론하고 모든 공직자가 그런 것처럼, 주자학이 관학이 된 상황에서 입신출세를 위한 세속적 동기와 성학의 구현이라는 소명의식은 객관적으로 판정될 수 없다.

과거 응시 문제는 이미 양송 도학자들에게도 이율배반적 모순으로 인식되었다. 주자의 사상적 스승인 정이는 단 한 번 과거 시험을 본 뒤로는 더 이상 과거 공부를 하지 않았다. 주자 역시 성인의 학문과 과거시험을 위한 학문을 구분하고서 입신양명을 목적으로 하는 공부를 경계했다. 부모 봉양을 위한 어쩔 수 없는 생계형 출사出仕는 인정했지만, 과거제도가 개인의 공부에도 국가차원에서의 참된 인재 등용에도 도움이 되지 못한다고 그는 생각했다.

물론 이러한 경계는 일찍이 위기지학爲己之學과 위인지학爲人之學[2], 즉 자기 성숙을 위한 학문과 남에게 보여주기 위한 학문을 구분하고서 후자를 비판했던 선진 공맹 유학으로부터 시작된 것이다. 맹자는 평소 지식인의 정치적 참여를 적극 주장했지만, 정작 그의 제자들이 정치 참여를 종용할 때는 이런 저런 구실을 대며 현실 참여를 회피했다. 소위 '출처出處' 혹은 '진퇴進退'로 요약되는 지식인의 현실참여는, 그 당위성에도 불구하고 유학의 정치적 이념이 받아들여지지 않았을 때 직면하게 될 현실적 부작용 때문에 줄곧 심각하게 제한되어 왔다.

그래서 정이도 주장했던 공치천하共治天下, 즉 왕과 사대부가 함께 천하를 다스려야 한다는 이상은 북송 신종의 전폭적인 지지를 확보했던 왕안석이나 조선 이성계의 신뢰를 얻었던 정도전 정도만이 실현 가능한 것이었다. 따라서 현실정치에 참여하는 것은 매우 조심스러운 일일 뿐만 아니라, 경우에 따라 청정한 자신의 삶을 희생하는 '부득이한' 것으로 그려지기도 했다. 즉 그들에게서 정치는 '소명'이었다. 따라서 선진 유학으로부터 송대 도학자들에 이르기까지 유학자의 현실참여에 있어서 그 기준은 언제나 개인의 정치적 현달이 아닌 '도의 실현 가능성'이었다. 그래서 정이는 이렇게 말한다.

> 대인은 꽉 막힌 세상을 만나면 스스로 도에 머물기를 원할 뿐이지, 어찌 자신과 도를 굽혀 윗사람에게 신임을 받으려 하겠는가?

> 오직 그 스스로 꽉 막힌 세상을 버텨낼 뿐이다. 때문에 그 자신이 꽉 막힌 것이 오히려 도의 입장에서는 형통한 것이 된다.[3]

이정도가 되면 개인은 도의 실현을 위한 도구로 전락하고 마는 것이 아닌가 하는 생각이 들 정도다. 하지만 도를 이념이나 신념 정도로 번역한다면 이해하지 못할 것도 없다. 그들은 유가적 가치를 이 세계에서 '언젠가는 기필코' 구현해야 할 것으로 생각했던 것이다. 그렇지 않았다면 꽉 막힌 세상을 힘들게 버텨낼 이유도 없었을 것이다. 요컨대 그들에게서 현실참여는 권력이 아니라 '소명'이었다.

때문에 성학聖學은 국학國學 즉 국가와 사회의 지배이념이 되기를 지향하면서도 어용의 관학官學으로 함몰되지 않아야 하는 긴장 속에 있다. 관학이 되었다 해서 국학이 완수되는 것은 아니다. 원나라 이후 주자학은 관학의 지위를 차지했고, 이것이 동아시아 800년을 책임져야 할 시작이 되었다. 그러나 주자는 성학의 순수성을 상실한 원대 이후 '관학으로서의 주자학'은 그저 과거지학科擧之學에 불과하다고 일언지하에 내쳤을지도 모를 일이다. 그것 때문에 나라가 망했다는 비난의 대상이 만약 국가에 의해 '소비'되었던 관학으로서의 주자학이라고 한다면, 아마도 주자는 무척 억울할 것이다. 우리가 국학의 이념과 관학의 역사를 구분해야 하는 이유이다.

구조적 시선: 내성·외왕

앞 장에서 잠시 거론했던 성리와 물리의 문제는 생각보다 중요하다. 성리는 인간의 도덕 본성에 대한 이야기이다. 그런데 '도덕 본성'은 내면의 문제요 개인의 문제다. 만약 주자학을 '성리학'이라고 규정한다면 자칫 주자학을 '내면의 철학'으로 한정할 우려가 있다.

나는 내면의 도덕성을 인정한 것보다 그것을 어떻게 일상에서 구체화할 것인가에 대한 관심과 연구에서 주자학의 위대성이 드러난다고 했다. 그리고 그 구체화의 과정은 지극히 단계적이고 체계적이어서 개인의 영역으로 국한되지 않고 사회의 문제, 결국에는 세상 모든 일로 확장된다. 내 앞의 구체적 상황이나 대상에 어떻게 적절히 응대할 것인가로부터 사회와 국가를 어떻게 합리적으로 만들어갈 것인가 하는 문제는 결코 내면의 도덕성을 확인하는 것만으로 해결되지 않는다는 것이 주자의 생각이다.

이러한 문제는 물론 내 내면의 도덕성을 구현해감으로써 가능한 일이지만 구체적 대상과 현실에 대한 이해와 조율 없이는 불가능하다.[4] 때문에 '공부'해야 한다. 여기서의 공부는 따라서 내면의 도덕 본성에 대한 공부로 한정되지 않고 구체적 대상과 사태에 대한 탐구를 의미한다. 이것이 주자가 말하는 격물格物, 즉 대상에 대한 탐구다. 이에 대해서는 10장에서 다룰 것이다. 많은 연구자들은 주자 격물의 목적을 개인 내면의 도덕성 확인 혹은 그것의 고양이라고 생각한다. 그러나 나는 이에 반대한다.

주자 공부론에 대한 이해의 차이는 주자의 관심사가 무엇인가 즉 그의 궁극적 지향이 어디에 있는가에 대한 문제로부터 연유한다. 즉 이 책의 8장부터 10장에서 다룰 주자의 공부론은 주자학 전체에 대한 이해와 연동된다. 만약 주자의 관심이 내면의 도덕 문제로 한정된다면 그의 '공부' 역시 자연히 내면의 문제에 대한 것일 테지만 만약 주자의 관심을 개인의 도덕성과 그것의 사회적 구현으로 확장해서 이해한다면 그의 '공부' 역시 좀 더 포괄적인 것일 수밖에 없다.

공맹 이래의 유학은 언제나 도덕적 개인의 완성과 그들이 모여 만드는 이상적인 사회라는 이념을 추구해 왔으며, 송대 도학자들로부터 조선의 유자들까지 이러한 기본 노선은 전혀 다르지 않았다. 이것을 유학자들은 내성內聖과 외왕外王, 혹은 수기修己와 치인治人이라고 불렀다. 자기 수양도 되지 않은 상태에서 사회적 역할을 수행하겠다고 나서는 것은 무척이나 위험한 일이지만, 사회적 책임과 역할을 방기한 도덕적 완성이란 맹목적일 뿐만 아니라 가능하지도 않다. 유가 윤리는 언제나 사회적·관계적이기 때문이다.

주자 역시 이러한 유가 전통에 지극히 충실했던 인물이다. 아니 충실의 정도를 넘어서서 그 누구보다도 더 열심히 내외의 균형을 맞추려고 노력한 사상가였다. 앞에서 설명한 것처럼 양송 도학자들은 분명히 이전 시기의 유학보다 좀 더 내면의 문제에 천착했다. 그리고 이러한 경향성은 주자 이후 원명元明과 조선의 유학에서도 크게 다르지 않다. 그러나 이러한 평가는 주자에게서만큼은 좀 더 조심스러워야 한다.

체계와 구체의 철학으로서 주자학은, 내성의 영역에서도 결코 그 누구보다 이론적 엄밀성과 구체성에서 뒤지지 않는다. 그러나 그럼에도 불구하고 주자학의 보다 큰 특징과 의의는 도덕의 문제를 사회적으로 구체화 하는 문제에 많은 관심을 기울인 데에 있다고 하겠다. 그것이 바로 주자가 강조한 『대학』 팔조목八條目의 체계다. 팔조목은 격물치지格物致知로 시작해서 성의정심誠意正心으로 발전하지만 수신제가修身齊家로 확장되고 최종적으로 치국평천하治國平天下로 귀결된다.[5] 격물치지와 성의정심이 내성의 영역에 해당한다면 수신제가와 치국평천하는 외왕의 영역에 해당한다.

『대학』 팔조목의 구조를 그대로 가지고 온 것이 주자가 여조겸과 함께 편집한 『근사록』이다. 『근사록』의 목차는 1) 도의 본체[道體] 2) 학문[爲學] 3) 앎을 이룸[致知] 4) 보존하여 기름[存養] 5) 자신을 극복함[克己] 6) 집안의 도리[家道] 7) 정치적 참여[出處] 8) 정치의 강령[治體] 9) 정치의 방법[治法] 10) 정치의 구체[政事] 11) 교육[教學] 12) 경계할 것들[警戒] 13) 이단 변별[辨異端] 14) 성현 배우기[觀聖賢][6] 등이다. 1권부터 5권까지가 내성의 영역에 해당한다면 6권부터 10권까지는 외왕에 해당한다. 11권부터 마지막까지는 특별히 교육의 목적과 그 깊이에 대해 논하고 있다. 『근사록』은 북송 도학자들의 저작에서 발췌한 것이니만큼 주자 본인의 저술은 아니다. 때문에 주자를 이해하기 위해서는 『근사록』의 내용보다 그 구조, 즉 내성과 외왕의 체계성에 더 주목해야 한다. 주자의 관심은 결코 내성에 한정되지 않는다.

이러한 대비는 『중용』에 대한 이해에 있어서도 반복된다. 『중용』은 첫 구절부터 천명天命과 본성을 말하고 인간의 당위[道]와 그것의 구체화[敎]로 연결된다. 여기서 양송 도학자들은 비교적 천명과 본성의 문제에 집중한다. 그래서 본성의 구체화로서 '교육[敎]'에 대해서도 정이는 이렇게 말한다.

'도를 내면화 하는 것이 교육이다[修道之謂敎]'라는 말은 오로지

> 인간의 경우에 대해 한 말이다. 자신의 본성을 잃었기 때문에 만약 그것을 회복하려고 한다면 학교에 들어가는 것이다. 처음부터 잃지 않았다면 뭣 하러 내면화하는 과정이 필요하겠는가?[7]

그가 말하는 '교육'은 그야말로 인간 내면의 도덕 본성을 회복하는 '개인적' 차원의 일, 즉 성리에 대한 것이다. 반면 주자는 이 구체화를 '예악형정禮樂刑政'이라고 구체화한다.[8] 규범·문화·형벌·정치 등으로 번역될 수 있는 예악형정은 이미 개인의 차원을 넘어선 사회적 영역이다. 개인 내면의 문제로 국한되지 않는 구체적 대상과 현실에 대한 것 즉 물리의 문제다. 물리는 성리의 구체화이지만 성리만을 알았다고 해서 일상의 물리를 모두 깨우칠 수 있는 것은 아니다. 이것이 바로 주자가 말하는 격물이자 도문학이다.

결론적으로 주자의 관심은 내외를 아우른다. 그래서 중국의 짜오펑[趙峰] 교수는 『주자의 궁극적 관심』이라는 저작에서 개인의 인격적 완성과 사회적 실천의 문제를 주자학의 궁극적 지향이라고 규정한다.[9] 짜오펑 교수의 스승은 중국사회과학원의 위둔캉[余敦康] 교수이고, 위 교수의 대표작인 『내성외왕의 관통』은 북송 역학易學을 내성과 외왕의 연속과 균형이라는 키워드로 일필휘지 일이관지한다.[10]

앞에서 우리는 조선을 대표하는 유자인 퇴계 이황의 『성학십도』가 비교적 내성의 문제에 집중하고 있음을 보았다. 그런데 조선을 대표하는 또 한 명의 유자인 율곡 이이(李珥, 1536~1584)의 『성학집요聖學輯要』는 수기修己·정가正家·위정爲政·성현도통聖賢道統 등을 다루고 있다. 이는 『대학』과 『근사록』의 구조를 그대로 이어받은 것이다. 나는 이들의 관점에 동의한다.

분과적 시선: 철학·사상사·경학

하지만 모든 연구자들이 이들의 관점과 내 생각에 동의하는 것은 아니다. 오히려 많은 연구자들은 인간 내면의 도덕 본성에 대한 문제 즉 내성의 문제에 좀 더 관심을 기울인다. 그리고 이것이야말로 유학이요 주자학이라고 말한다. 좀 더 정확히 말하자면 소위 '주자철학' 즉 주자학을 '철학'의 입장에서 다루는 연구자들이 주로 그렇게 생각한다.

대표적인 것이 대만의 모우쫑산 교수다. '철학'에는 분명 사회철학이나 정치철학도 있으련만, 그가 주자와 송대 도학자들에게서 찾은 '철학'은 인간의 도덕 본성에 대한 것으로 한정된다. 그래서 모우쫑산 교수의 대표작인 『심체와 성체』에서는 송명유학의 핵심과제를 '도덕형이상학'의 구축으로 본다. 그가 주자철학에서 다룬 문제 역시 중화설中和說, 인설仁說 및 심성정心性情에 대한 형이상학적 해석 등이다.[11] 여기서는 도덕 본성이 어떤 경로를 통해 감정화되고 또 통제될 수 있는가의 문제를 다룬다. 즉 도덕형이상학 혹은 도덕심리학이 그들이 말하는 주자철학 혹은 송명유학이다. 모우쫑산 교수의 학맥은 지금도 대만 철학계의 주류를 이루고 있다. 나를 비롯해 국내 대부분의 주자학 연구자들은 아마도 학창시절에 모우쫑산의 이 난삽한 책을 이해하기 위해 골머리를 앓았을 것이다.

그보다는 좀 더 쉽고 대중적인 것이 소위 『중국철학사』 계열인데, 대만의 라오쓰꽝[勞思光] 교수가 지은 『중국철학사』에서는 주자학을 ①우주론(理·氣·無極·太極) 혹은 존재문제 ②가치론 및 도덕 실천이론(공부론) ③문화관 및 역사관(불교 비판) 등의 문제를 통해 다루고 있다. 이 책은 국내에서 번역되어 국내 연구자들 사이에서 펑요우란[馮友蘭]의 『중국철학사』와 더불어 가장 많이 읽혔다.[12]

중국 현대 철학계의 대표자라고 할 수 있는 펑요우란 교수는 미국 유학 시절 중국에도 '철학'이 있음을 강변하고자 『중국철학사』를 썼고, 그 주요 내용은 인생론·우주론·지식론이라고 했다. 그가 주자철학에서 다룬 내용은, ①리와 태극 ②기 ③천지와 인간 및 만물의 생성 ④인간과 만물의 본성 ⑤도덕 및 수양의 방법 ⑥정치철학 ⑦불교에 대한 비판 등이다.[13] 목차만 놓고 보면 라오쓰꽝의 『중국철학사』와 크게 다르지 않다.

펑요우란 교수의 제자로서 본격적인 주자학 연구서 시대를 연 것이 천라이[陳來] 교수다. 그의 주저 『주자철학연구』는 ①전론: 주자 초년 사상의 발전 ②본론1: 이기론 ③본론2: 심성론 ④본론3: 격물치지론 ⑤후론: 주자와 육구연의 논변으로 구성되어 있다.[14] 여기서 본론만을 놓고 보면 정확히 이기理氣·심성心性·수양修養의 구조를 보인다. 주자의 이기론은 존재의 방식과 구조에 대한 이야기이고 심성론은 인간의 본성과 심리에 관한 이야기인데, 그것들이 수양과 연결되는 것에서 알 수 있듯이 여기서 관심을 두는 존재와 본성 및 심리에 관한 이야기는 거의 전적으로 '도덕'과 관련된 한에서다. 따라서 천라이 교수가 주목한 존재론과 심성론은 여전히 도덕형이상학 혹은 도덕심리학이다. 이후 중국에서 주자철학의 이름으로 나온 전문 연구서들의 관심 역시 여기서 크게 다르지 않다. 천라이 교수는 북경대 철학과에 오랫동안 몸담았다가 지금은 청화대 철학과와 국학연구원에 재직하면서 중화주자학회中華朱子學會 회장을 맡는 등 중국 내외의 주자학 연구에서 절대적 지위를 차지하고 있다.

그런데 주자철학을 이렇게 이기·심성·수양의 구조로 요약하는 방식은 오랜 역사적 배경을 지니고 있다. 우선 명나라 영락제永樂帝의 명에 의해 호광胡廣 등이 편찬한 총서류 『성리대전性理大全』을 생각할 수 있다. 『성리대전』은 주자의 자료 이외에도 송대의 여러 저작을 수록하고 있는데 전반부에 태극·이기 등의 문제를, 후반부에 성리·도통·성현·학·치도 등을 다루고 있다. 체제의 통일성에 대한 비판도 있지만, 여하튼 이 책의 제목에서 우리는 그들이 관심을 둔 키워드가 '성리'였음을 확인할 수 있다.

명말청초의 유학자 황종희黃宗羲와 전조망全祖望에 의해 편집된 『송원학안宋元學案』은 가장 먼저 저술된 송원시기 유가철학사라고 할 수 있는데, 황종희의 명대 유가철학사인 『명유학안明儒學案』과 더불어서 전통시기 송명 유학에 대한 시각을 확인할 수 있는 중요한 자료다. 황종희는 '학안'의 이름으로 여러 유학자들의 사상을 계통적으로 조망하는데, 주자를 다룬 「회옹학안晦翁學案」에서 중요하게 다룬 자료는 중화설中和說·관심설觀心說·인설仁說 등이다. 이 중국 최초의 철학사가가 주자철학에서 관심을 둔 것이 무엇인지 확연하다.

이러한 관심은 조선 유자들도 마찬가지다. 조선의 대표적인 유자인 퇴계 이황李滉[15]은 도학의 주요 사상을 열 개의 그림과 그에 대한 설명으로 정리했는데, 이것이 『성학십도聖學十圖』다. 열 개의 그림은 다음과 같다. 태극도太極圖·서명도西銘圖·소학도小學圖·대학도大學圖·백록동규도白鹿洞規圖·심통성정도心統性情圖·인설도仁說圖·심학도心學圖·경재잠도敬齋箴圖·숙흥야매잠도夙興夜寐箴圖. 이 그림들은 대부분 주자의 학설과 관련을 갖는데, 그 내용은 여전히 이기·심성·수양으로 요약될 수 있다.

지금까지 본 것과 같은 관심의 편향은 현대의 연구자들에게 있어서도 별반 다르지 않다. 연구자들은 흔히 주자학 전체보다는 특정 주제에 착목하게 되고 이러한 '주제별 접근'은 왕왕, 주제별로 편리하게 분류되어 있는 『주자어류』나 『문집』의 잘 알려진 문장에 의존하는 경향을 만들었다. 하지만 이러한 '선택적' 접근은 각각의 언설이 지니는 맥락이나 관계를 무시할 뿐만 아니라, 원하는 것만을 보고 그에 따라 예견된 결과를 얻게 되는 재귀적 결론의 위험성을 지닌다. 해마다 수 십 편씩 쏟아지는 주자철학 관련 대다수의 논문은 여전히 이기·심성·수양의 문제를 다루고 있다.

물론 주자학 관련 모든 연구가 '주자철학'을 표방하고 있는 것은 아니다. 피터볼(Peter K. Bol)이나 위잉스[余英時]처럼 북미 학계에서 활동하거나 그들에게서 교육받은 국내외의 연구자들은 이기·심성·수양의 영역을 넘어서 좀 더 넓은 관심의 폭을 보여준다. 피터볼의 『역사 속의 성리학』은 과거시험·정치·학·믿음·사회 등의 목차로 구성되어 있고[16] 위잉스의 대작 『주희의 역사세계』는 정치·질서·당쟁·사대부·황극 등의 키워드로 구성되어 있다.[17]

이들은 주자나 도학자들의 직접적인 저술 이외에 그들이 살았던 시대를 구성하는 다양한 자료를 동원하여, 그들의 사유가 어떠한 역사·정치·사회·경제적 배경 속에서 출현했으며 그것들이 어떻게 가능했는지를 추적한다. 우리는 이들을 철학사가가 아닌 '사상사가'라고 부른다. 그리고 이러한 연구를 수행하는 연구자들은 대부분 철학과가 아닌 사학과에 속해 있다. 연구 현장에서 철학과 사상은 이렇게 실질적으로 구분된다.

한편 사상가의 '저술' 그 자체에 관심을 집중하는 경우도 있는데, 우리가 다루는 것들이 꽤 먼 옛날의 것이기에 '고전학'이라고 부를 수 있다. 그런데 동양의 고전 그 중에서도 특히 유가의 고전을 경전經典이라고 부르는데서 연유하여 이 고전학을 특별히 '경학經學'이라고 부른다. 여기에는 『사서집주』나 『주역본의』 등과 더불어서 흔히 철학과에서 다루지 않는 『시집전』 등에 대한 연구도 포함된다. 그런데 『사서집주』나 『주역본의』 등에서 출현하는 그 많은 철학적 담론을 어떻게, 또 왜 구별해서 경학이라고 해야 하는지는 불분명하다.

그런가하면 『주자가례』나 『의례경전통해』 등 예禮의 문제를 다루는 연구영역을 특별히 '예학禮學'이라고 부르기도 한다. 물론 이렇게 세분화하기로 하면 '주자 역학易學'이니 '주자 사서학四書學'이니 하는 말들도 가능할 것이다. 이 책 초반에서 언급한 것처럼 주자학은 그 자체로 너무나 방대하기 때문에 통일된 시각에서 입체적으로 조명한다는 것이 매우 어렵다. 그래서 각 영역별로 세분해서 이것은 다리 이것은 코 이것은 꼬리 하는 식으로밖에 그리지 못하는 것인지도 모르겠다.

하지만 이렇게 '나누어 접근하기'의 문제는 코끼리를 더듬는 장님이 그렇듯 각 영역별 연구가 곧잘 왜곡될 수 있다는 점이다. 영역별 주제별로 연구자가 관심을 두는 문제를 선택적으로 접근하는 것이야 뭐라 말할 수 없겠지만, 각 영역별 문제에 대한 이해가 전체적인 조망이 없을 때 왜곡되는 문제는 연구자에게 허용된 연구 영역 선택의 자유와는 다른 문제다.

이 문제와 관련하여 주자의 '격물'과 '선천역학先天易學'이라는 두 개의 예시를 들어보자. 위에서 간략하게 언급한 것처럼 주자의 '격물'은 도덕적 대상과 사태에 대한 연구만으로 한정되지 않고, 소위 '조수초목鳥獸草木'이라고 일컬어지는 존재하는 모든 것에 대한 탐구로 확장된다. 이는 도덕심리학이 아닌 체계의 철학으로서 주자학 안팎을 아울러서 바라볼 때 비로소 그리고 명증하게 확인되는 문제다. 아무리 조수초목이라 할지라도 나와의 관계 속에서 '윤리'는 발생한다.

한편, 주자학을 '체계의 철학'으로 볼 수 있는 이론적 체계가 바로 선천역학이다. 태극에서 양의로 양의에서 사상으로, 결국에는 만물로 확장하는 것이 주자의 선천역학 체계다. 이 '체계의 철학'을 이기론의 구조로 이해하면 태극은 리이고 음양은 기가 된다. 그런데 리로서의 태극과 기로서의 음양을 도덕심리학으로 이해하면, 리는 선이고 기는 악의 근원이 되어 태극은 선이요 음양은 악이 되고 마는 얼토당토않은 결론에 이르게 된다. 이 문제는 「태극도설해」의 태극과 음양 관계에서 발생한다고 보는 소위 '태극동정'의 문제와도 연관된다. 자세한 것은 5장과 6장에서 다룰 것이다.

때문에 연구자의 관심이 어디에 있는지와 무관하게 연구 대상을 입체적으로 전면에서 이해하는 것은 지극히 필요하다. 철학과에 속한 연구자라 하더라도 사상사나 경학에 대해 충분히 이해하고 있어야 하고, 사학과나 고전학과에 속한 연구자의 경우도 마찬가지다. 그래서 깊게 보는 것만큼 넓게 보는 것도 필요하다. 일단은 거칠게라도 코끼리라는 것을 확인해두고 세부적으로 다리와 코를 구분해서 점점 자세하게 그려나갈 필요가 있다. 다리와 코도 다 더듬지 못하는 초보자에게 전면적 이해를 요구하는 것은 물론 무리다. 이러한 '조감'의 작업은 기존의 연구자 그것도 '대가'가 해줘야 한다. 그래서 대가의 역할이 무척이나 중요하다.

이 지점에서 나는 모우쫑산 교수의 주자학에 대한 이해를 다시 한 번 검토하고자 한다. 모우 교수는 육구연 등 소위 심학 계열을 유학의 정통으로, 정이나 주자 등은 유학의 별종으로 규정했음을 앞에서 언급했다. 그는 육구연 등 정통 유학은 맹자의 성선설을 계승하여 주체의 자율적 도덕실천능력을 강조하는 '종관계통縱貫系統'임에 반해, 타율적 훈련과 교육을 강조하는 정이와 주자는 순자와 함께 '횡섭계통橫攝系統'이라고 규정했다.

나는 모우 교수의 관점에 모두 동의하는 것은 아니지만 주자철학에 있어서 그가 지적한 '훈련과 교육'의 문제는 매우 중요하다고 생각한다. 또한 그가 말하는 '횡섭'이라는 것이 '체계의 철학'으로 읽힐 수 있기에 충분히 동의될 수 있다고 생각한다. 아울러 맹자를 계승한 대다수의 유자들이 주자를 제외하고는 종관계통에 가깝다고도 생각한다. 바로 그렇기 때문에 더욱더 주자의 경우는 도덕심리학이나 도덕형이상학으로 한정해 이해되어서는 안 된다고 생각한다.

주자학, 어떻게 읽을 것인가? 이 질문에 대한 답은 아마도 연구자들마다 다를 수 있을 것이다. 하지만 나는 처음 주자학을 접하는 초학자들이라면 우선 '전면적'으로 볼 것을 권하고 싶다. 전체의 체계 속에서 이 개념과 명제 등이 어떤 맥락을 지니는지 추적할 때라야 왜곡이나 오해를 방지할 수 있다. '우리에게도 철학은 있다'고 강변하기 위해 필요한 것을 골라 뽑아내던 조급함은 이제 벗어날 때도 되지 않았을까?

이 말은 주자학을 철학적 시각에서 접근하기를 그만두라는 말이 아니다. 그리고 주자학 속에서 보편적이거나 시대 맥락적인 문제를 제기하지 말라는 말도 아니다. 대부분의 연구자들은, 특히 철학적 문제의식에 투철한 연구자들은 과거의 것에서 멈추려 하지 않는다. 과거의 것을 통해 자신의 언어를 세우고자 한다. 이는 당연하고도 바람직한 것이다.

하지만 우선은 그 '과거의 것'을 있는 그대로 부활시켜 직시할 필요가 있다. 그것이 학자적 양심이다. 과거의 것을 적당히 '윤색'하여 자신이 말하고 싶은 것의 증빙으로 삼는 것은 진실에 위배된다. 그런 것은 생명력을 지닐 수 없다. 참된 힘을 얻기 위해서도 우리는 우선 그 과거의 것을 있는 그대로 볼 수 있어야 한다.

그런 점에서 봤을 때, 나는 주자학을 비롯한 동양철학 혹은 고대 사상이 아직까지도 충분히 '복원'되지 않았다고 생각한다. 오히려 자신의 주장과 시선을 정당화하기 위한 '성급한' 시도들 때문에 꾀나 '오염'되거나 덧칠되었다고 생각한다. 우선 지금은, 과연 무엇이 '본래의 그것'인지에 대한 동의를 확보해야할 단계라고 생각한다. 있던 그대로의 것에서 새로운 언어를 구축해 내는 것이야말로 인문학자가, 철학자가 해야 할 일이라고 생각한다.

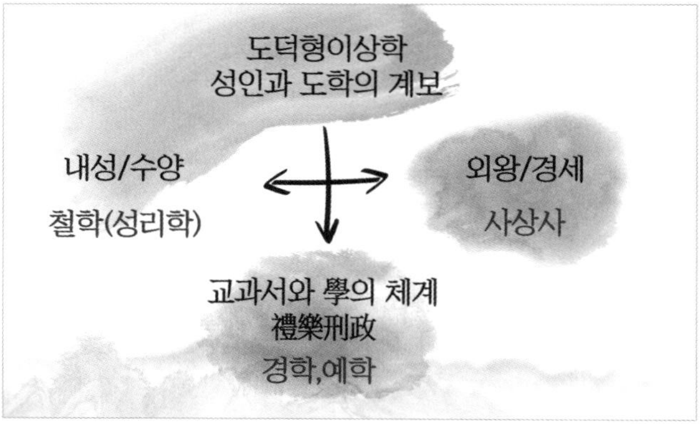

구체와 체계의 사회적 장치들

- 書院: 지식인 집단 양성 기구 ⇨ 학술적 정통으로
- 鄕約: 유가 윤리에 의한 향촌 통제 방식 ⇨ 지방정부를 침해
- 社倉: 농가 안정 정책 ⇨ 지역 경제 질서에 참여(經界法)
- 禮學: 가정과 사회에 대한 구체적 실질적 통제

⇨ 주자학의 800년: "성숙한 지식인의 사회적 참여"

이상의 논의를 정리하면 대략 위의 그림과 같다. 주자의 학술은 내성과 외왕 혹은 수양과 경세라고 하는 사상적 폭을 지닌다. 이것을 구현하기 위한 주자의 기획은 태극과 이기심성을 근간으로 하는 인론仁論·생의론生意論·본체론 등의 도덕형이상학으로부터 시작된다. 그것을 제시해준 이들이 성인과 도학의 계보이고, 그것을 구체화해서 성문화 한 것이 사서를 중심으로 하는 경전, 즉 교과서와 학의 체계다. 주자는 최종적으로 성인이 제시해준 가치 체계를 구체의 일상에서 구현하기 위한 수많은 장치와 제도들, 즉 예악형정을 만들어낸다.

앞에서 언급한 것처럼 철학 분과의 연구자들은 주로 도덕형이상학과 성인 및 도학의 계보, 그리고 내성/수양의 문제를 다룬다. 사상사 연구자들은 주로 외왕/경세의 문제를 다루고 경학 연구자들은 교과서의 학의 체계를 다룬다. 거기에 더해 예학 연구 등 다양한 분과적 연구가 있을 수 있다. 그러나 실제에 있어서 주자학이란 이 모든 것을 아우른다. 그것들은 각각 주자학의 머리 다리 꼬리지만, 전체 속에서라야 정당한 평가가 가능하다.

이제 그 체계를 하나하나 확인해보자.

3장

도덕적 인간 – 본성

도덕은 목적인가?

내성과 외왕의 폭에도 불구하고 주자학의 출발은 여전히 '도덕'이다. 아니, 출발만이 아니라 주자학 전체가 도덕에 의지한다고 해도 과언이 아니다. 주자학의 세계에서 모든 인간은 도덕적 존재로 태어난다. 개인은 성장 과정에서 다양한 방식과 절차에 의해 도덕적으로 교육된다. 도덕적으로 태어난 사람을 다시 도덕적으로 교육시켜야 하는 이유는 인간의 기질적 조건 때문이다. 때문에 도덕적으로 태어났다는 말은 사실상 가능성에서만 그렇다는 말이다. 교육과 훈련을 통해 도덕적으로 고양된 개인들이 모여 최종적으로 이 세계를 도덕적으로 운영한다. 즉 주자학 전체의 목적은 개인과 사회를 도덕적으로 만드는 데에 있는 것으로 보인다. 이렇게 주자학에서 도덕은 무척이나 중요하다. 아니 핵심 중에 핵심이다.

그러나 주자는 도덕 그 자체를 공부의 목적으로 두지는 않았다. 즉 도덕은 훌륭한 개인과 사회를 만들기 위한 도구일 뿐 그 자체가 목적이 되어 개인의 일상적 삶과 관계를 뛰어넘어 추구해야 할 절대의 것으로 상정되지는 않았다는 말이다. 주자 당대 도학의 전반적 분위기는 도덕 그 자체를 실체화하고 그것을 찾아 확보할 것을 주장하는 경향을 보였다. 주자 40대 초반에 작성된 「인설仁說」은 이러한 경향에 대한 비판의식에서 기획되었다.

『朱熹集』 권67(3279쪽) 「仁說」

天地以生物爲心者也. 而人物之生, 又各得夫天地之心以爲心者也. 故語心之德, 雖其總攝貫通, 無所不備, 然一言以蔽之, 則曰仁而已矣.

우주는 '만물을 낳는 것'을 마음으로 삼는다.[1] 때문에 그 속에서 태어난 인간이나 인간 아닌 것이나 모두 각각 이러한 천지의 마음을 부여받아 자신의 마음으로 삼는다. 때문에 '마음의 덕[心之德]'에 대해 말하자면 그것이 비록 모든 것을 아울러 관통함으로써 갖추지 않음이 없지만, 그것을 한 마디로 규정하자면 '인仁'이라고 할 수 있다.

請試詳之. 蓋天地之心, 其德有四, 曰元亨利貞, 而元無不統. 其運行焉, 則爲春夏秋冬之序, 而春生之氣無所不通. 故人之爲心其德亦有四曰: 仁義禮智, 而仁無不包. 其發用焉, 則爲愛恭宜別之情, 而惻隱之心無所不貫. 故論天地之心者則曰: 乾元坤元, 則四德之體用, 不待悉數而足. 論人心之妙者, 則曰: 仁人心也, 則四德之體用, 亦不待遍擧而該.

이를 좀 더 자세히 말하자면 이렇다. 우주의 마음에는 그 본질[德]이 넷이 있으니, 즉 원형이정元亨利貞[2]이다. 그러나 원元은 나머지를 아우른다. 때문에 그것이 운행함에 있어서 춘하추동의 순서에도 불구하고 봄날의 '낳는 기운'은 네 계절 속에 관통해 있는 것이다. 마찬가지로 인간의 마음에는 그 본질이 넷이 있으니 인의예지仁義禮智다. 그러나 인仁은 나머지를 모두 포괄한다. 때문에 그것이 표현될 때 사랑하고 공손하며 옳음과 분별을 추구하는 감정[情]이 됨에 있어서 측은해하는 마음은 그 모든 감정 속에 관통해 있게 된다. 때문에 우주의 마음을 일컬을 때 '건원乾元'이니 '곤원坤元'[3]이니 하면서 원元만을 말할 뿐 원형이정의 본체와 현용[體用]을 모두 말하지 않는 것이다. 마찬가지로 인간의 미묘한 마음을 말할 때 "인仁은 사람의 마음이다."[4]라고 할 뿐이어서 인의예지의 본체와 현용을 다 말하지 않아도 그것으로 모두 지칭할 수 있는 것이다.

蓋仁之爲道, 乃天地生物之心. 卽物而在. 情之未發而此體已具, 情之旣發而其用不窮, 誠能體而存之, 則衆善之源, 百行之本, 莫不在是.

인仁이라는 도는 우주의 '만물을 낳는 마음'이 개별 대상 속에 깃들어 있는 것이다. 그것이 감정으로 드러나지 않았을 때에는 그 본체가 이미 갖추어져 있고 감정으로 드러날 때는 그 현용이 끝나버리지 않기에, 진정으로 그것을 체득해 간직한다면 모든 선함의 근원과 모든 행위의 근본이 그것에 근거하지 않음이 없는 것이다.

此孔門之敎所以必使學者汲汲於求仁也. 其言有曰: "克己復禮爲仁." 言能克去已私, 復乎天理, 則此心之體無不在, 而此心之用無不行也. 又曰: "居處恭, 執事敬, 與人忠" 則亦所以存此心也. 又曰: "事親孝, 事兄弟, 及物恕" 則亦所以行此心也. 又曰: "求仁得仁" 則以讓國而逃, 諫伐而餓, 爲能不失乎此心也. 又曰: "殺身成仁" 則以欲甚於生, 惡甚於死, 爲能不害乎此心也.

이 때문에 공자의 문하에서는 언제나 배우는 이들로 하여금 인을 구하도록 한 것이다. 『논어』에서는 "자신을 이겨 예로 돌아가는 것이 인이다."[5]라고 했으니, 이는 자신의 사사로움을 이겨 천리를 회복할 수 있으며 이 마음의 본체를 온전히 간직하고 이 마음의 현용을 모두 행할 수 있다는 의미이다. 또 "평소에는 공손하게 있고, 일을 할 때는 공경하는 마음으로 하며, 남에 대해서는 진심으로 하라."[6]라고 했으니 이는 이 마음을 간직하는 방법이다. 또 "부모님을 효로 섬기고 형에게는 공손하며 남에게는 공감해야 한다."고 했으니 이는 이 마음을 행하는 방법이다. 또 "인을 구해 인을 얻었다."[7]라고 했으니 이는 나라를 버리고 도망가거나 전쟁을 말리다가 굶어죽는 경우가 모두[8] 이 마음을 잃지 않은 것이다. 또 "자신을 죽여 인을 완성한다."[9]고 했으니 이는 살기보다 더 바라는 것이 있고 죽기보다 더 싫은 것이 있음[10]이어서 이 마음을 손상시키지 않는 것에 해당한다.

此心何心也. 在天地則坱然生物之心, 在人則溫然愛人利物之心, 包四德而貫四端者也.

이 모든 곳에서 말하는 마음이란 도대체 어떤 마음인가? 우주의 차원에서는 '만물을 낳는 마음'이요, 인간의 차원에서는 '따뜻하게 남을 사랑하고 타자를 이롭게 해주려는 마음'으로서 인의예지 사덕을 포괄하고 측은·수오·사양·시비의 사단을 관통하는 마음이다.

或曰: "若子之言, 則程子所謂愛情仁性, 不可以愛爲仁者, 非與?" 曰: 不然. 程子之所訶, 以愛之發而名仁者也. 吾之所論, 以愛之理而名仁者也. 蓋所謂情性者, 雖其分域之不同, 然其脈絡之通, 各有攸屬者, 則曷嘗判然離絕而不相管哉? 吾方病夫學者誦程子之言而不求其意, 遂至於判然離愛而言仁, 故特論此以發明其遺意. 而子顧以爲異乎程子之說, 不亦誤哉?

그런데 어떤 이는 이렇게 말한다. "만약 그대의 말과 같다면, 정자程子께서 '사랑은 감정이고 인은 본성이다'라고 하시면서 사랑 그 자체를 인이라고 보아서는 안 된다고 하신 것이 틀렸단 말인가?" 이에 답하건대 "그렇지 않다. 정자께서는 사랑의 감정이 발출하는 것에 근거해서 인이라고 이름 붙이신 것이고, 나는 '사랑의 이치[愛之理]'에 대해 인이라고 이름붙인 것이다. 물론 감정[情]과 본성[性]은 개념적으로 같지 않지만 맥락의 차원에서 보자면 서로 통하기 때문에 완전히 분리되어 서로 아무런 관계도 없는 그런 것이 아니다. 나는 요즘 학자들이 정자의 말을 외우기만 할 뿐 그 속의 깊은 뜻은 생각지 않아 결국에는 사랑이라는 구체적인 감정을 떠나 인을 말하는 것을 안타깝게 여긴다. 그래서 특별히 이렇게 논함으로써 정자의 깊은 뜻을 드러내고자 한 것이다. 그런데도 당신은 나의 관점이 정자의 말씀과 다르다고 하니 이는 잘못된 것이다."

或曰: "程氏之徒言仁多矣. 蓋有謂愛非仁, 而以萬物與我爲一爲仁之體者矣. 亦有謂愛非仁, 而以心有知覺釋仁之名者矣. 今子之言若是, 然則彼皆非與?" 曰: "彼謂物我爲一者, 可以見仁之無不愛矣. 而非仁之所以爲體之眞也. 彼謂心有知覺者, 可以見仁之包乎智矣. 而非仁之所以得名之實也. 觀孔子答子貢博施濟衆之問, 與程子所謂覺不可以訓仁者, 則可見矣. 子尙安得復以此而論仁哉? 抑泛言同體者, 使人含糊昏緩而無警切之功, 其弊或至於認物爲已者有之矣. 專言知覺者, 使人張皇迫躁而無沉潛之味, 其弊或至於認欲爲理者有之矣. 一忘一助, 二者蓋胥失之. 而知覺之云者, 於聖門所示樂山能守之氣象尤不相似, 子尙安得復以此而論仁哉?" 因幷記其語, 作仁說.

또 어떤 이는 이렇게 말한다. "정자의 제자들 중에는 인에 대해 말한 이들이 많다. 그 중에는 사랑의 감정 그 자체는 인이 아니고, 만물이 나와 하나가 되는 경지라야 인의 본질이라고 하는 이가 있다. 그런가하면 사랑의 감정 그 자체는 인이 아니고, 마음에 지각이 있는 것으로 인을 규정할 수 있다고 하는 이도 있다. 그런데도 지금 당신은 이렇게 말하고 있으니 그렇다면 그들이 모두 틀렸다는 말인가?" 이에 답하건대 "만물이 나와 하나가 되는 경지를 통해서는 인이 '모든 것을 사랑함'이라는 것을 알 수는 있지만, 그것으로 인이 진정한 본질이 됨을 보일 수는 없다. 마음에 지각이 있음을 통해서는 인이 지혜[智]를 포괄함을 보일 수는 있지만, 그것으로 인이라는 규정의 실질을 보일 수는 없다. '널리 베풀고 대중을 구제함'을 질문한 자공에게 공자께서 답하신 내용과, 정자께서 지각으로 인을 규정해서는 안 된다고 하신 것을 통해서 알 수 있다. 그런데도 그대는 여전히 이런 것으로 인을 논한단 말인가? 만물과 내가 한 몸이 됨을 얼버무려 말하게 되면 사람들을 어리둥절하게 만들고 바짝 깨어있도록 하지 못해서, 그 폐단은 혹 남을 자기 자신이라고 여기게 되는 지경에 이르기도 한다. 그저 지각만을 말하는 경우는 사람들을 장황하고 조급하게 만들뿐 침착하게 만들지 못해서, 그 폐단은 혹 사적 욕망을 이치라고 여기는 지경에 이르기도 한다. 하나는 잊게 만들고 다른 하나는 조장하는 것이어서[11] 이 둘은 모두 오류를 범하게 한다. 하물며 지각을 말하는 것은 우리 유가에서 '산을 좋아함'[12]이나 '능히 간직함'이라는 기상[13]과는 더욱더 비슷하지 않다. 그대는 아직도 이런 것으로 인을 논한단 말인가?" 이런 언급을 함께 적어 「인설」을 작성한다.

주자의 「인설」은 이 책 9장에서 다룰 〈중화설中和說〉과 비슷한 맥락에서 전개되었다. 주자는 삼십 전후로 도남학道南學의 계승자 이동李侗에게서 수학하다가, 사십 전후로 호상학湖湘學의 대표 계승자인 장식張栻과 『중용』의 핵심 개념인 '중화中和'에 대해 논변을 전개한다. 호상학과 도남학은 모두 정호 정이 형제의 학맥을 계승한 도학의 분파다. 호상학은 정이의 제자 중 호안국胡安國[14]과 호굉胡宏[15] 부자가 창시하여 장식에게 계승된 학파로서, 찰식단예察識端倪 즉 도덕적 감정이 발출되는 그 순간 그것을 잘 관찰해서 도덕 본성을 확인해야 한다는 공부법을 종지로 삼았다. 한편 도남학은 정이의 제자 양시楊時가 창시하여 나종언羅從彦[16]을 거쳐 이동과 주자의 아버지 주송에게 전해진 학파로서, 미발체인未發體認 즉 감정이 아직 발출하지 않았을 때 내면에 있는 도덕 본성을 구해 얻어야 한다는 종지를 받들고 있다.

그런데 중요한 것은 구인求仁·체인體仁·식인識仁 등의 표현에서 알 수 있듯이 호상학파든 도남학파든 공히 내면의 도덕성인 '인'을 확인하고 체득해 얻을 것을 주장한다는 점이다. 주자의 「인설」은 「중화신설」과 더불어서 오랜 기간 골몰했던 도남학과 호상학의 관점을 극복하고서 비로소 자신만의 관점을 확립한 결과다. 그래서 「인설」 후반부는 전체가 도남학과 호상학 등 이정 문하의 인에 대한 관점을 비판하는 데에 집중되어 있다. 소위 "사랑이라는 구체적인 감정을 떠나 인을 말하는 것을 안타깝게 여긴다."는 것이 바로 이것이다.

주자의 관점에서 이정의 문하는 도덕 본성인 인을 절대화하거나 실체화하여 내면에서 그것을 발견해 확보하는 것이 공부의 목적이라고 생각하는 오류를 범하고 있다. 그래서 인이란 사실 「인설」 전반부에서 장황하게 인용하는 『논어』나 『맹자』의 구절처럼 아주 일상적이고 평이한 감정으로 설명될 수 있는 것인데, 그러한 감정을 뒤로 하고서 지나치게 관념화·실체화시켜 '도덕 본성'을 찾으려 한다는 것이다.

「인설」 후반부에서 주자가 비판하는 정문의 대표적인 두 가지 문제적 관점은 사실 정호에게서 이미 시작되었다. 정호는 "인이란 천지만물을 하나로 보는 것이니 이 모든 것이 자기 자신이 아님이 없다."[17]거나 "배우는 이는 모름지기 인을 알아야 한다. 인이란 막힘없이 만물과 한 몸이 되는 것이며, 의·예·지·신에는 모두 인이 들어 있다."[18]고 하였다. 이정 형제의 제자들 중 만물일체를 말하는 양시나 지각을 말하는 사량좌謝良佐는 사실 정호의 이러한 관점을 계승 발전시킨 것에 불과하다. 주자는 정호를 직접 비판하지는 않았지만, 정문程門의 이러한 신비화 및 내면화 경향에 대해서는 신랄하게 비판한다. 이에 대해서는 9장에서 좀 더 자세하게 다루고, 이 장에서는 우선 주자의 인 즉 주자의 도덕에 대한 입장을 개괄하고 그것의 맥락과 의미에 대해서만 다루고자 한다.

「인설」의 전반부, 즉 주자의 인에 대한 설명은 크게 네 가지로 요약될 수 있다. 첫째, 인간의 본질은 우주의 본질과 동일하다. 둘째, 우주와 인간의 본질은 타자를 사랑하고 이롭게 하려는[愛人利物] 의지다. 셋째, 이러한 인간과 우주의 본질이 결국 유가 전통에서 말하는 인仁이다. 넷째, 인은 인의예지 등 여타의 덕목을 포괄한다.

우주와 인간의 본질이 동일하다는 첫째 항목을 흔히 '천인합일天人合一'이라고 부르는데, 이에 대해서는 다음 장에서 본격적으로 다룬다.

둘째 이하의 내용을 종합하자면 이렇다. 존재하려는 의지 혹은 그러한 의지에 대한 존중[生意]이 곧 우주와 인간의 본질인데 그것이 바로 유가 전통의 모든 덕목을 포괄하는 인仁이다. 여기에는 ①인仁 즉 유가 전통의 덕목 ②생生 즉 존재하려는 의지와 그에 대한 존중 ③심지덕心之德, 즉 인간과 우주의 본질이라는 세 개의 항이 동원되었다. ②항은 ①항에 대한 새로운 '해석'이다. '생生' 혹은 '생의生意'는 『주역』「계사전」의 "우주의 본질은 생성이다.[天地之大德曰生]"라는 말에서 따온 개념이다. 주자는 이정 형제를 계승해서 『주역』의 '생' 개념으로 유가 전통의 덕목인 인을 새롭게 해석하고 있는 것이다. 이에 대해서는 6장에서 본격적으로 다룬다.

『논어』나 『맹자』 등 선진 유가의 전적에서는 인이 구체적으로 무엇을 의미하는지 명시적으로 개념화해서 밝히지 않았다. 「인설」 중반에서 주자가 인용한 것처럼 그저 다양한 용례들을 통해 인을 말할 뿐이었다. 그 대표적인 방식은 『논어』에서 말한 부모에 대한 사랑과 형제에 대한 존중[孝弟] 정도다.[19] 가족 내에서 발견되는 타자에 대한 자연스러운 사랑과 존중의 감정, 그것을 더 넓은 타자에게 확장하는 것이 선진 유학에서 말하는 인이다.

그러던 것을 송대 도학자들은 『주역』의 '생' 관념을 끌어와 '존재하는 모든 것들의 존재하려는 의지와, 그 존재하려는 의지에 대한 존중'으로 유가 전통의 '인'을 해석했다. 평범하고 일상적인 '감정'이 '존재'의 문제와 연결되었다. 아울러 부모 형제처럼 가까운 관계 내의 이야기가 '우주[天地]'처럼 극대화 되었다. 그리고 최종적으로 그것을 '증명'하기 위해 우주와 인간의 '본질[德]'이라는 개념이 동원됐다.

주자가 송대 도학의 비조鼻祖로 추앙한 주돈이는 창 앞에 핀 잡초를 제거하지 못하게 했다고 한다. 그 이유를 묻자 그는 "그것의 의지[意思]나 내 의지나 같기 때문이다."[20]라고 답했다고 한다. 창 앞의 이름 없는 잡초도 살아가려는 의지가 있고, 그것은 나를 포함한 우주 안의 모든 것들이 동일하게 지니고 있는 것이라는 말이다. 그들은 이렇게 존재 그 자체 혹은 존재하려는 의지가 모든 존재자의 본질이자 유가 고유의 가치[仁]라고 말한다.

그들에게서 살아가려는 의지는 그 자체로 참되고 아름답고 또 선하다. 소위 '진선미眞善美의 통일'이다. 법의 통제나 기독교적 윤리에 익숙한 우리에게서 '옳음' 즉 규범이란 흔히 '의무'와 동일시된다. 어떠한 경우라도 지켜져야 하는 '명령'과 같다. 하지만 도학자들은 '옳음'을 명령이나 의무로 설명하지 않았다. 그들에게서 옳음이란 그저 자신에게 부여된 삶을 온전히 구현해내는 것이었다. 때문에 그것은 오히려 '자연'에 가깝다. 생기발랄한 '바람(희구)'이지 무거운 의무가 아니다.

공자와 맹자는 인간의 도덕성을 '증명'하려 하지 않았다. 공자는 선언적으로 제시할 뿐이고, 맹자는 이러저런 예시들을 통해 도덕적 감정의 일상성을 주장할 뿐이었다. 우리는 흔히 맹자의 성선설性善說을 본성[性]에 대한 담론이라고 생각하지만, 엄밀히 말해서 맹자의 '성론性論'은 순자의 성과 마찬가지로 인간의 일반적 —이를 최대한 확장하면 보편적이라 할 수도 있겠지만— '경향성' 정도의 의미만을 지닐 뿐 훗날 송명 도학자들이 말하는 것과 같은 엄밀한 의미에서의 '본성론'은 아니다. 즉 『맹자』에서 '성性'은 '심心'과 엄밀히 구분되지 않는다.

공자도 맹자도 증명을 시도하지 않았던 인간의 도덕성을 송대 도학자들은 이제 증명하려고 하고 있다. 「인설」에서 내가 '본질'이라고 번역했던 한자 원문은 '덕德'이다. 덕은 선진시기부터 여러 학파와 맥락 속에서 다양한 의미를 함축했는데, 거기에는 지적·심미적·윤리적 의미 등이 포함된다.[21] 그러나 일반적인 의미는 역시 '덕행' 혹은 '덕성'으로서 '도덕적 행위나 습성' 정도로 번역될 수 있다. 그런데 '덕' 개념에 대한 주자의 해석은 그보다 더 확장된다.

"귀의 덕은 정확히 듣는 것이고, 눈의 덕은 밝게 보는 것이고, 마음의 덕은 인仁이다."[22] '들음'과 '봄'은 귀와 눈의 '기능'이고 '정확히 듣고 밝게 봄'은 귀와 눈의 기능이 최대로 적절히 수행된 것을 의미한다. 다시 말해 정확히 듣고 밝게 보는 것은 귀와 눈의 '존재의 이유'라고 할 수 있다. 제대로 듣고 보지 못한다면 그런 귀와 눈은 있으나 마나 하거나 혹은 오히려 방해가 되기 때문이다. 때문에 주자에게서 '덕'은 그것의 '본질'이라고 번역되어도 무방할 것이다. 특히 도학자들은 동음이의어 즉 음이 비슷한 다른 글자로 해당 글자를 해석하는 전통적인 해석 방법에 의거해, '덕德'을 줄곧 '득得'이라고 해석했다.[23] '득得'이란 '얻은 것' 즉 태어나면서부터 생득적으로 얻은 것이다. 아울러 후천적 학습을 통해 내면화

한 것 역시 '득得', 즉 얻은 것이라고 할 수 있다. 그러나 이때의 내면화란 사실 본인에게 원래 있던 것을 회복한 것에 불과하다. 때문에 이 역시 본래는 '생득적'이다. 때문에 '덕德'은 생득적 본질이라고 번역될 수 있다.

그렇다면 '마음'의 경우는 어떠한가? 마음의 기능은 생각하고 느끼고 판단하고 주재하는 것이다. 그런데 그것이 '최대로 적절히 수행되는 것'이 바로 '인'이라고 주자는 주장하는 것이다. 즉 마음이 존재하는 이유 그리고 마음이 응당 해야 할 것은 '인'의 원칙에 맞게 생각하고 판단하고 느끼고 주재하는 것이라는 말이다. 결론적으로 주자의 관점에서 사람 마음의 본질은 '인'이고, 우주의 본질은 '생'이다. 그런데 그 둘은 하나로 연결된다. 인간을 포함한 모든 것의 본질은 우주의 본질로부터 온 것이기 때문이다.

과연 인간의 본질이 '생'이나 '인'과 같은 도덕성인지는 알 수 없다. 주자가 아무리 경전의 권위나 경험의 예시를 끌어와 증명하려 했더라도 그것은 여전히 '주장'일 뿐 '증명'이 될 수는 없다. '보편적 본질'에 대한 주장은 그 보편성에 반하는 예시를 하나만 가지고 오면 곧 깨진다. 하물며 도덕성이 인간의 보편적 본질이라고 한다면 도대체 현실의 그 무수한 악은 어떻게 설명할 것인가? 그리고 주자학에서 그토록 강조하는 '도덕적 교육'은 또 왜 필요하단 말인가?

주자는 이러한 난제를 피하기 위해 '본성'과 '현실'을 구분했다. 즉 도덕성은 인간의 본성 혹은 본질이지만 인간에게는 이러한 본성 이외에도 악한 감정과 행동을 유발하는 '기질[氣]'이라고 하는 또 다른 본질을 지니고 있기 때문에 현실 속 인간은 선한 존재도 악한 존재도 될 수 있다고 말한다. 이것이 주자의 심성론心性論이고 이에 대해서는 8장에서 구체적으로 다룰 것이다.

문제는 본성에 대한 증명 없이도 천 여 년을 이어올 수 있었던 유학의 윤리학적 전통이 왜 송대에 들어서서 변화를 보이게 되었느냐는 것이다. 거기에는 불교의 도전과 영향이 작용했다. 한나라 때 중국에 들어온 불교는 도교와 더불어서 수당대 이후 황실과 민간에서 강력한 영향력을 갖게 되었고, 이러한 경향은 송대에도 크게 다르지 않았다.

송대에 유행하던 불교는 화엄종華嚴宗이나 천태종天台宗처럼 교리에 의지하는 교종이 아니었고, 화두를 참구하거나 내면을 가만히 들여다봄으로써 불성佛性을 단번에 확인하려는 선종禪宗이었다. 선종에서는 지적 기민함이나 누적적 학습이 없어도 단번에 불성을 확인할 수 있다고 보았고, 이러한 생각은 특히 민간에서 대단한 인기를 얻었다.

한편 이러한 사상사적 위기 속에서 당말부터 중국 고유의 전통과 사상을 부활시켜야 한다는 생각이 발전해 갔고 이것이 한유韓愈[24]와 유종원柳宗元[25]을 대표로 하는 고문운동古文運動이다. 송대의 도학은 문학 영역의 고문운동을 사상적 윤리적 영역에서 발전시킨 국학國學 운동이었다고 할 수 있다. 도학자들은 '노불老佛' 즉 도교와 불교를 이단이라고 규정하고서, 중국 고유의 사상인 공맹 이래의 유학을 개인과 사회를 이끌 수 있는 바람직하고 유일한 사상이라고 주장하게 된다.

송대 초기 유학자들의 불교 비판은 주로 불교의 현실 방기적 태도에 대한 것이었다. 즉 가족과 사회를 버려두고서 개인의 해탈과 성불을 최고의 가치로 삼는 불교의 태도에 비해 유학은 현실에 대해 책임의식을 버리지 않았음을 주장했다. 이러한 비판에 대해 불교 측에서는 '사회적 현실은 유학이, 그러나 내면의 해탈은 불교가'라는 식의 대응을 보였다.

그러던 것이 북송 후반으로 접어들면서 중요한 변화를 보이기 시작했다. 사대부士大夫 즉 교육받은 지식인들이 대량으로 증가함에 따라 과거 합격자 수도 기하급수적으로 늘었지만, 그와 더불어 과거에 합격하고도 관료로 임용되지 못하는 이들이 점차 누적되었다. 이런 분위기 속에서 왕안석처럼 사회적 제도를 개혁하려는 움직임도 있었지만 '내면의 깨달음의 철학'으로 전환하는 이들도 생겨났다. 정치적 신념의 실현도 중요하지만 인격적 완성자인 '성인聖人' 되기를 추구하면서 품위를 유지하고자 했던 도학은 분명 이러한 내면화의 경향 위에 서 있다. 이렇게 '내면화'한 유학에게 있어서 이미 개인의 내적 영역을 담당하고 있던 도교와 불교는 극복해야 할 경쟁자가 아닐 수 없었다.[26]

정이가 국립대학인 태학太學에서 공부할 때 "성인은 공부를 통해 달성될 수 있는가?[聖可學乎]"라는 질문에 "그럴 수 있다."고 답안지를 작성했다는 일화는 아주 유명하다. 사실 그전까지의 성인이란 경전 속에서만 만날 수 있는, 고대의 신성하고 상징화 된 인물에 불과했다. 따라서 공부 역시 곧장 '성인되기'를 목표로 할 수는 없었고, 고작해야 성인의 말씀인 경전을 제대로 학습하는 정도에 불과했다. 때문에 "공부를 통해 성인이 될 수 있다."고 한 정이의 대답은 성인관과 공부관에서 매우 혁명적인 것이었다. 이에 대해서는 9장에서 다시 본격적으로 다룰 것이지만, 여하튼 이러한 관점의 변화가 분명 불교, 특히 선불교의 영향 하에서 만들어진 것임은 분명하다.

이정 문하를 포함해 남송 도학의 전반적인 분위기는 노불을 비판하면서도 알게 모르게 그들을 학습하는 것이었다. 불교에 불성이 있다면 우리에게도 '본성'이 있다. 불교가 불성을 확인해서 부처가 됨을 말한다면 우리도 본성을 확인하고 체득해서 성인이 됨을 말한다. 이것이 바로 도남학과 호상학에서 말하는 체인·식인·구인이다.

송대 도학자들은 우리에게도 '내면'은 있다고 주장하는데서 멈추지 않고 그들처럼 '내면'을 확인하고 움켜쥐려는 경향으로 발전해 간 것이며, 그로부터 일상적 관계나 자연스러운 감정을 뒤로 한 채 감정과 관계 배면의 '도덕성' 그 자체를 추구하게 된 것이다. 이것이 바로 주자가 「인설」

에서 비판했던 내용이다. 당대 도학의 내면화 신비화 경향에 대한 주자의 비판은 그의 중화설이나 격물설 등 여러 영역에서 반복된다. 이런 측면에서 볼 때 정문의 내면화·신비화 경향에 대한 주자의 비판은, 그것이 동시에 불교에 대한 진정한 의미에서의 극복이었으며, 사상적 영역에서의 송대 국학 운동의 완성이었다고 할 수 있다.

도덕은 본성인가?

하지만 그렇다고 해서 주자가 내면의 도덕성을 인간의 본질로 보지 않았다는 말은 아니다. 위의 「인설」에서 본 것처럼 그 역시 유가 전통의 도덕성을 인간의 본질로, 그것을 넘어서 우주의 본질로 그리고 있다. 오히려 주자는 그 누구보다 인간의 도덕적 본질에 대한 '증명의 체계'에 관심을 기울였고, 그 결과 방대한 이론 체계를 완성했다. 이것이 5장과 6장에서 말하게 될 그의 본체론이다.

주자에게서 도덕은 '본성'이어야 했다. 주자는 본성으로서의 '인' 혹은 '생'을 일상적 주체로서의 '마음[心]'과 구분했다. 물론 이 도덕 본성은 일상적 마음과 거기서 나오는 감정을 통해 확인되는 것이지만, 도덕 본성 자체는 감정이나 마음과는 구분되는 것이다. 왜 이러한 '구분'이 필요한가? 그것은 악에 물들 수 있는 일상의 환경이나 경험으로부터 인간의 도덕적 순수성과 가능성을 이론적으로 보호하기 위해서였다.

아무리 악독한 사람일지라도 어린아이가 우물에 빠지려고 할 때 '어이쿠 저런' 하는 감정이 생기게 마련이라고 주장한 것이 맹자다. 맹자는 '도덕적 감정의 일상성'을 말하고 싶었던 것이다. 한나 아렌트가 '악의 평범성'을 말했다면, 맹자는 '선의 평범성'을 말한 것이다. 누구나 착한 사람은 아닐 수 있지만, 착한 감정은 누구에게서라도 심지어 악인에게서도 얼마든지 생겨날 수 있다는 말이다. 주자는 이제 그 도덕적 감정이 어떻게 가능한 것인지를 존재론적으로 설명하려는 것이다. 인간을 포함한 모든 존재는 그 내면에 우주로부터 부여받은 '생' 혹은 '인'이라고 하는 도덕적 본질을 지니고 있다는 주장을 통해서 말이다.

하지만 이러한 주장이 여전히 '증명'이 될 수 없음은 앞에서 이미 밝혔다. 사실 다음 장에서 장황하게 설명될 '천인합일' 혹은 인간 도덕 본성의 기원에 대한 이야기는 모두 '주장' 혹은 '믿음'일 뿐이다. 하지만 도학자들은 이러한 주장 혹은 믿음을 하도 수없이 반복해서 말하기 때문에, 또 개인과 가정과 사회와 국가 등 모든 단계에서 줄곧 도덕을 출발점이요 목적지로 삼기 때문에 도덕은 마치 논박될 수 없는 전제처럼 보인다.

이러한 태도는 이미 양송兩宋 당시에 '비현실적'이라는 비판을 사게 된다. '도덕지상주의'는 흔히 현실에 대한 비타협적인 태도로 비쳐졌고, '현실'을 담당하는 집정자들에게는 도학자들의 이러한 비타협적인 태도가 어리석은 것일 뿐만 아니라 좋은 평판을 얻으려는 가식이라고 여겨졌다. 그래서 주자가 사상적 스승으로 옹립한 정이와 그 학문은 북송 시기에, 또 주자 자신은 노년에 '위학僞學' 즉 '거짓된 학문'으로 낙인찍힌 것이다.

아마도 '비현실적'이라는 비판은 유학의 숙명이라고 해야 할 것이다. 『논어』에는 무도한 현실을 포기하고서 숨어 사는 소위 은자隱者들이 출현한다. 그들은 공자를 '아 그 안 될 것을 알면서도 억지로 하려고 하는 이'라고 조롱한다.[27] 아무리 도덕을 부르짖어봐야 현실은 그렇게 되지 않는다는 힐난이다. 실제의 역사에서도 분열된 전쟁의 시기를 통일한 진나라의 국가이데올로기는 유가가 아니라 법가였다. 단명해버린 진나라를 계승해 진정한 의미에서의 통일 문명을 완성한 한나라는 법가를 대신해 '유술독존儒術獨尊' 즉 유가만이 진정한 국가이데올로기라고 천명했지만, 실제 중국의 현실을 지배한 것은 '법치'였다. 때문에 어떤 이들은 '외유내법外儒內法' 즉 겉으로만 유가일 뿐 사실은 법가라고 평가하기도 한다. 중국과 동양의 역사는 법치 확장의 역사였다고 해도 과언이 아니다.

이러한 역사적 현실 속에서, 그리고 오늘날에도 피해갈 수 없는 '비현실적'이라고 하는 비판 속에서 주자와 도학의 도덕지상주의는 어떻게 해석되어야 할까? 이는 이 책에서 해명하고자 하는 주자학 전체 체계의 현실성 문제이자 동북아 800년 역사 속 지배이데올로기의 현실성에 대한 문제다. 만일 이 현실성이 설명되지 않는다면, 이 책에서 소개하는 주자학의 체계는 그저 과거에나 유용했을 '고물'에 불과할 것이고, 동북아 800년은 무척이나 어리석은 혹은 지독한 기만의 역사였다고 해야 할 것이다.

도덕은 왜 필요한가? 인간에 대한 관점이 어떠하든, 무질서와 폭력이 난무하는 사회를 좋다고 할 사람은 없을 것이다. 동서양을 막론하고 정치사상가들은 사회의 안정과 질서를 해치는 주요 원인으로 인간의 이기성을 지목한다. 인간을 선한 존재로 보든 악한 존재로 보든 사회의 부조리함은 인간의 이기성에서 연유한다. 이렇게 누구나 인정하는 인간의 이기성에도 불구하고, 이 이기성을 어떻게 극복할 것인가에 대한 입장에서 인간에 대한 시선은 둘로 나뉜다. 인간은 선한 존재인가 아니면 악한 존재인가?

선한 이데아나 기독교적인 도덕률을 부정하고 인간의 이기성을 긍정한 것이 홉스나 로크 같은 사회계약론자다. 이들은 이 이기적 개인을 가만 놔뒀다가는 거대한 폭력과 끝없는 무질서에 빠지고 말 것이기에 그것을 방지할 수 있는 국가권력이 필요하다고 생각했다. 이들에게서 인간은 통제되고 지배되어야 할 위험한 존재다. 순자와 순자의 제자들이 주축이 된 법가의 생각이 이들과 비슷하다. 인간 본질은 결코 도덕적이지 않다. 그러나 사회에는 도덕이 필요하다. 그러니 인간은 교정되고 통제되어야 한다.

반면, 인간 내면에 결코 사라지지 않는 착한 본성이 있다고 주장하는 많은 사상가들은 인간의 악함을 환경적인 것 혹은 우연적인 것으로 물려놓는다. 배고픈 조카들을 위해 빵을 훔친 장발장은 '레 미제라블' 즉 불쌍한 사람이지 악한 사람이 아니라는 말이다. 그가 악한 행동을 하는 것은 사는 게 힘들어서거나 아니면 몰라서다. 그러니 인간은 보호되고 교육되어야지 통제되고 억압할 것이 아니다.

이렇게 상반된 관점은 왜 생겨난 걸까? 인간의 본성이 선하거나 혹은 악하다고 각기 증명되었기 때문이 아니다. 그것은 인간을 대하는 시선과 사회의 문제를 풀어가는 방식에 있어서의 '선택'일 뿐이다. 이 '선택'에서 통제와 금지의 인간관은 인간을 일정한 선 안에 머물도록 한다. 반면 보호와 교육의 인간관 하에서 인간은 현실의 한계를 넘어설 것을 권장받는다. 즉 하나는 위축시키고 하나는 키워간다. 하나는 현재와 현상을 보지만 다른 하나는 미래와 성장을 말한다.

우리나라를 포함한 대부분의 현대 국가가 채택한 법률주의는 우리에게 무엇을 해서는 안 되는지에 대해서는 말하지만 무엇을 해야 하는지에 대해서는 적극적으로 말하지 않는다. 즉 법률은 최소한의 것이지 최대가 아니다. 법률은 하지 말라는 것만 하지 않으면 아무 말도 하지 않는다. 때문에 법률지상주의는 선만 넘지 않는다면 그가 무엇을 하든지 또 무슨 생각을 하든지 문제 삼지 않는다. 그래서 법률은 사람을 눈치보게 만들 뿐 성장시키지 못한다. 실제의 미국사회가 그랬고 또 많은 미국 영화에서 보듯, 통제가 사라진 지점에는 극심한 혼란과 충돌 즉 만인의 만인에 대한 투쟁만이 남는다.

법률이 언제나 합리적인 것도 아니다. 법률을 제정하는 것도 운용하는 것도 인간이다. 법의 제정과 운용이 불합리하거나 불공정할 가능성은 얼마든지 존재한다. 그래서 『예기禮記』는 "법률은 귀족에게 적용되지 않고, 예의는 평민에게 적용되지 않는다."[28]고 하였다. 때문에 현재적으로 통용되는 법률도 언제나 이성과 양심에 의해 의심되어야 한다. 통용되는 상식과 합리 역시 끊임없이 재고되어야 함은 마찬가지다. 그 재고의 기준은 아마도 '바람직함' 혹은 '인간다움'과 같은 지극히 추상적인 관념이 될 것이고, 유학은 그것을 인간의 본질 즉 인仁이라고 명명한 것이다. 이것을 담당하는 것이 바로 철학이요 윤리학이다. 인간과 사회는 '바람직함'에 대한 상상을 통해 발전한다.

법은 현실을 재단할 뿐 미래와 가치를 논하지 않는다. 법에서 유일하게 미래와 가치적 지향을 논하는 것이 헌법이다. "대한민국은 민주공화국이다." 우리나라 헌법 1조 1항이다. 여기서 민주와 공화는 우리나라가 추구하는 가치적 지향이지 현실이 아니다. 우리의 일상 속에서 민주와 공화가 구현되지 않았다고 해서 그것이 폐기되지 않는 것처럼 도덕은 그리고 유가의 가치적 지향은 실현되지 않았다고 해서 폐기되지 않는다. 그것이 바로 안 될 것을 알면서도 끝까지 포기할 수 없었던 공자의 이유다. 공자가 포기할 수 없었던 도덕을 이제 주자는 '본성'으로 만들어 내면에 박아 넣으려 한 것이다.

개인의 성장과 행복에 도덕과 통제가 각기 어떠한 역할을 하는지, 그리고 그 현실적 효용이 어떠한지에 대한 이해는 사상가들마다 또 독자들마다 다를 수 있다. 이에 대해서는 더 많은 관심과 연구가 따라야 할 것이다. 다만, 여기서 나는 사회의 통합적 기능에 도덕과 통제가 미치는 영향에 대해서만 짧게 보충하여 언급하고자 한다.

도덕의 본질이 '이타성[愛人利物]'에 있는 한 도덕은 사회적 통합의 기능을 수행함이 분명하다. 유학에서 도덕의 판정 기준으로 제시한 '공사公私', 즉 이기성과 이타성의 대비를 의미하는 이 개념은 유학의 도덕이 사회적 통합의 기능을 수행함을 웅변적으로 보여준다. '공公'이라는 글자의 아랫부분[厶]은 자기 울타리 내부[◌]를 가리킨다. 글자의 윗부분[八]

은 자기 울타리 밖의 공적인 영역을 가리킨다. 그에 비해 '사私'라는 글자는 이 자기 울타리 내부가 벼[禾] 즉 재화와 관계된 것임을 보다 명확히 표현한다.

'공적 영역'이란 '나만의 영역이 아닌 우리의 영역'이라는 말이다. '공사公私'라는 말은 이렇게 일차적으로는 나와 나를 넘어선 우리를 대비한다. 하지만 의미적·실제적 차원에서는 나를 넘어서 '우리'라는 영역을 인정할 것인가의 문제를 지시한다. 만약 나 이외의 모든 이들이 나와 이익을 다투는 관계라면 우리는 그들을 '우리'라고 부르지 않는다. 그냥 '적'이다. '공적 영역'은 이 타자를 적으로 만들지 않고 '우리'로 함께 살아가도록 만들어준다. 때문에 '공적 영역'은 보다 실제적으로는 '공존적 영역'이라고 할 수 있다. 그 누구도 '우리'에서 쫓겨나 혼자서는 살아갈 수 없다. 그래서 인류는 '우리'를 만들었다. '우리'는 '공존'을 목표로 한다. 공존을 포기한 '우리'는 더 이상 '우리'가 아니다.

유가적 입장에서도 사적 이익은 인정된다. 그러나 사적 영역 밖의 공적 영역 즉 공존적 영역이 인정되지 않으면, 모든 인간은 자신을 지키기 위해 무한투쟁을 해야 한다. 공존적 영역이 구비된 뒤라야 인간은 '자기 것'이 없거나 부족해도 극단적 투쟁이나 절대적 파탄으로 치닫지 않는다. 공적 영역을 인정한다는 것은 사적 이익의 유보를 의미하지만 동시에 사적 이익의 안전한 보장을 의미하기도 한다. 만약 모든 개인이 자신의 사적 욕망을 타자와 공공을 위해 자제하고 유보할 수 있다면 그런 사회는 분명 분쟁과 쟁탈보다는 공존과 안정이 더 많이 구현될 것이다.

이것이 『예기』에서 말하는 이상사회 즉 대동大同의 사회다. 자기 가족만을 챙기는 소강小康 사회와 달리 대동 사회는 환과고독鰥寡孤獨과 같은 사회적 약자도 충분히 살아갈 수 있다는데 그 특징이 있다. 공적 영역 속에서 사회적 약자가 배려될 때, 그들은 장발장처럼 남의 집 담을 넘지 않아도 된다. 선천적으로 또 후천적으로 재능과 환경이 다른 사람들이 함께 어울려 살아가는 것이 '공화共和'와 '공존共存'이다. 공화와 공존을 포기하면 남는 것은 극단적 투쟁뿐이다.

반면 통제의 철학은 사회적 통합과 무관하다. 내 사적 이익을 제한해야 하는 이유는 내 옆에 있는 사람의 행복이나 그와의 공존이 아니라 처벌에 대한 두려움이다. 때문에 타자와의 관계나 사회 전체는 고려의 대상이 아니다. 과속단속카메라나 교통범칙금통지서를 보면서 나의 교통 위반으로 피해를 입었을 혹은 잠재적 피해자나 사회를 생각하지는 않는다. 푸코가 『감시와 처벌』에서 말한 것처럼 통제와 복종의 관계에서 타자와 사회는 언제나 서로의 감시자가 될 뿐이다.

내성과 외왕, 즉 개인의 인격적 성숙과 그러한 개인이 모여 만드는 이상적 사회가 유가의 공통된 목적이라고 한다면, 도덕은 적어도 이러한 목적에 충실히 기여함을 확인할 수 있다. 아울러 이상적 사회를 위해 왜 개인의 인격적 성숙이 필요한지도 자명해진다. 모든 도덕주의는 사상가의 동기나 의도와 무관하게 이렇게 사회 통합적 기능을 수행한다. 그리고 사회의 최대치로서 국가의 통치에 동원될 수 있다. 주자의 의도와 무관하게 주자학이 동북아 800년의 지배이데올로기가 될 수 있었던 이유가 여기에 있다.

주자는 왕안석을 대표로 하는 국가주의에 반대한다. 왕안석은 황제를 정점으로 하는 정부가 사회적 통합과 통제의 주체가 되어야 한다고 생각했다. 그러나 주자는 정이의 생각을 계승해 공치천하共治天下, 즉 황제와 사대부는 함께 세상을 경영해야 한다고 주장했다. 왕안석이 주나라의 예법을 정리한 『주례周禮』를 중시한 반면 주자는 민간의 예법인 『의례儀禮』를 중시한 것 역시 이러한 배경을 지닌다. 황제가 사대부의 의견을 존중해야 하는 이유는, 황제 역시 도덕의 지배를 받아야 하며 그 도덕은 진정한 사대부들이 담당하기 때문이다. 따라서 주자에게 있어서 도덕은 무소불위의 황제권을 제약하는 기능을 수행한다. 이에 대해서는 13장 이후에서 본격적으로 다룬다.

이렇게 주자의 도덕에는 국가주의를 견제하기 위한 의도가 있었지만, 아이러니하게도 실제의 역사에서 주자학의 도덕주의는 국가주의를 위해 복무했다. 그리고 이러한 국가이데올로기로서의 도덕과 유학은 21세기 동양사회에서 다시금 '활용'되고 있다. 대표적인 것이 충효를 강조한 박정희 정부와 유학을 부활시켜 사회주의 이념을 대체시키려는 중국 시진핑 정부다. 과연 이러한 '활용'이 바람직한 것인지, 그것이 유학의 본질을 계승하고 있는지에 대해서는 맺음말에서 다시 다룬다.

본성이면 다 되는가?

주자는 도덕을 인간의 본성이라고 주장했다. 그리고 주자의 이러한 주장은 공맹 이래 유학의 전통에 부합한다. 인간의 도덕 본성에 대한 믿음은 특히 이정 형제 이후 송명 유학의 가장 핵심적인 뼈대를 이루고, 이러한 믿음은 18세기 대진戴震[29]을 대표로 하는 일단의 반도학적 사상가들이 출현하기 전까지 거의 동요되지 않았다. 하물며 대진 같은 반도학자들이 주자학을 몰아내고 사상계의 주류를 차지한 것도 아니다. 유학에 있어서 도덕은 줄곧 인간의 본성이었다.

그렇지만 인간의 도덕 본성이 현실 속의 인간과 사회를 도덕적이도록 보장해주지는 않는다. 주자를 비롯한 도학자들은 현실의 인간이 비도덕적인 이유를 기질氣質, 즉 육체적 조건에서 찾았다. 인간에게는 도덕적 본질이 있지만 동시에 육체적 조건이 있기 때문에 도덕적 감정과 의지만큼이나 비도덕적 감정과 의지도 가능하다는 것이다. 도학자들은 전자를 도심道心이라 부르고, 후자를 인심人心이라 불렀다. 인간의 본성이 선하다고 했지만, 현실의 차원에서는 선할 수도 악할 수도 있는 것이다.

우리는 흔히 맹자와 순자의 사유를 인간의 본성에 대한 상반된 입장으로 이해한다. 맹자는 인간의 본성이 선하다고 본 반면 순자는 악하다고 보았다는 것이 일반적 이해다. 그러나 현실의 인간이 악할 수 있다고 본 것이나 그럼에도 불구하고 선한 인간이 되기 위해 노력해야 한다는 측면에서는 둘이 다르지 않다. 차이점은 오직 인간이 선할 수 있는 근거로서의 선한 본성이 선천적으로 있느냐 없느냐의 차이일 뿐이다. 선한 본성을 인정한 맹자는 그것을 잘 가꾸고 회복하면 된다고 보았지만 선한 본성을 인정하지 않은 순자는 선함을 '가장[僞]'할 수 있을 뿐이라고 했다.

결국 맹자든 순자든 선한 본성이 있는지의 여부보다는 현실 속에서 어떻게 선함을 배양하고 확장시킬 것인가가 중요하다는 동일한 결론에 이르게 된다. 물론 그 배양과 확장의 방법에 있어서 둘은 꽤 달라질 수밖에 없다. 도덕 본성을 인정한 맹자는 우물에 빠지려는 아이를 보았을 때나 죽으러 가는 소를 보았을 때처럼, 내면에서 불쑥 불쑥 솟아나는 –비록 순간적이고 미미하지만– 도덕적 의지와 감정을 잘 관찰하고 확보할 것을 주장한다. 반면 그런 본성과 감정을 인정하지 않는 순자는 사회적 장치와 절차를 통한 교육을 강조한다. 하나가 내면을 향한 공부라고 한다면 다른 하나는 외부로부터의 공부라고 할 수 있다.

도학자들은 이 내면을 향한 공부와 외부로부터의 공부를 『중용』의 존덕성尊德性과 도문학道問學[30]이라는 개념을 끌어와 정식화 한다. 존덕성은 내면의 덕성을 존중하고 발전시키는 공부 방법이고, 도문학은 묻고 배우는 공부 방법으로서 주로 경전을 통한 공부를 의미한다. 도학자 중에 그 누구도 이 두 가지 공부 방법을 부인하는 사람은 없다. 그러나 둘 중에 무엇이 좀 더 중요한가 혹은 본질적인가 하는 입장에 있어서 도학자들 사이에는 분기가 발생한다. 이것이 바로 주자와 육구연 형제간에 진행된 공부 방법에 대한 논쟁이다.

이 논쟁은 강서성 연산의 아호사에서 진행되었기에 아호논쟁鵝湖論爭이라고 부른다. 주자가 두 가지 공부의 병행을 주장하면서도 도문학의 필요성을 강조했다면 육구연은 도문학에 대한 존덕성의 우선성 혹은 본질성을 강조한다. 주자는 내면의 도덕성을 인정하고 그것이 현실 속 의지와 감정으로 드러난다는 것을 인정하면서도, 현실의 의지와 감정이 과연 정말 도덕적인지에 대해서는 유보적 태도를 취한다. 즉 자기는 도덕적이라고 생각하지만 자기 생각만으로는 객관성을 확보할 수 없다는 말이다. 이에 대해서는 9장과 11장에서 다룬다.

다만, 내면에서 나온 감정을 설령 본인은 그것이 도덕적 감정이라고 여긴다 하더라도 과연 그것을 그대로 믿고 의지할 수 있을 것인가 라는 문제가 있음은 짚고 넘어가야 한다. 하물며 내면에 도덕 본성이 있고 그것이 때때로 감정과 의지로 발출된다 하더라도 그것 자체는 매우 미미해서 그것에만 기대기에는 너무나 불충분하고[道心惟微], 그러한 도덕적 감정이 있다 하더라도 현실의 존재를 추동시키는 이기적 욕망과 열악한 환경은 너무나 손쉽게 도덕 주체를 함몰시킬 수 있다고[人心惟危] 주자는 경고한다. 게다가 도덕적 감정이 생겼다 하더라도 그것을 상황과 대상에 알맞게 구현하는 것은 내면만을 들여다본다고 되는 것이 절대 아니라고 주장한다.

그러니 도덕 본성에도 불구하고 그것을 실현시키기 위해서는 외부의 장치와 절차가 필요하다. 이것이 바로 주자가 일생을 걸쳐 수립한 교육·사회·경제·정치적 장치다. 여기에는 경전을 비롯한 텍스트의 확정, 소학과 태학 그리고 서원과 같은 각급 학교 제도, 향약과 예학의 체계, 사창과 구휼, 그리고 황제권 제약을 목적으로 하는 다양한 정치사상 등이 포함된다. 이 모든 것이 그의 '외왕' 영역이며 이에 대해서는 12장 이후에서 구체적으로 다룬다.

이렇게 도덕의 문제는 주자학을 이해하는데 있어서 중층적으로 문제가 된다. 첫째, 주자학 혹은 유학을 어떻게 이해할 것인가에 있어서 그것을 '내면의 철학'으로 볼 것인가의 문제가 된다. 둘째, 도덕 본성을 일상에서 구현함에 있어서 외부적 장치와 절차를 얼마나 중요시할 것인가? 그래서 그것 모두를 포함하여 주자학이라고 규정해야 할 것인가의 문제가 된다. 그런데 주자학 규정의 문제는 다시 주자학 내부의 다양한 개념과 명제 및 개별 단위의 학술을 이해함에 있어서 환원적으로 작용하게 된다.

첫째 문제와 관련하여 우리는 앞에서 모우쫑산을 소환했었다. 모우쫑산은 도학 더 나아가 유학의 본질이 내면의 도덕 본성을 확보하는데 있다고 보았다. 그는 육구연이나 호굉처럼 내면의 도덕심을 보는 것으로 충분하다고 생각한 사람들을 유학의 주류라고 규정한다. 그런 면에서 외부적 학습과 절차가 필요하다고 본 주자의 경우는 정이와 더불어서 '별종別宗'이 된다. 즉 주류가 아닌 방계의 사유라는 말이다. 그러나 모우 교수가 주자를 비판 비난한 것이라고 단순화 할 수는 없다. 나는 모우 교수의 이러한 분석이 충분히 설득력을 지닌다고 본다. 주자는 맹자의 전통과 더불어 순자의 생각을 받아들였다고 할 수도 있다. 나는 아예 주자를 '양맹음순陽孟陰荀' 즉 이상의 측면에서는 맹자를 계승했지만 정작 현실의 측면에서는 순자를 계승했다고까지 생각한다.[31]

둘째 문제와 관련해서는 2장에서 살펴본, 주자를 이해하는 다양한 시각을 어떻게 종합할 수 있을 것인가의 문제와 연결된다. 이에 대해서는 앞에서 다루었으니 더 부연하지 않겠다.

마지막으로 주자학을 어떻게 볼 것인가라고 하는 시각은 그의 이기론·심성론·공부론 등 다양한 영역의 사유 그리고 그 속에서 동원되는 수많은 명제와 개념에 대한 이해와 관련을 맺게 된다. 나는 기존의 연구가 주자학을 주로 '내면의 철학'으로 제한해 이해함으로써 구체적인 영역들에서 제기되는 명제나 개념에 대한 이해에서 불필요한 많은 문제들을 야기했다고 말했다. 그 예시로 나는 태극과 음양 간의 선후 문제 혹은 동정動靜 문제 등을 제시했다. 세계의 체계성과 질서성을 설명하기 위한 그의 태극론을 이기론으로 치환하고서 인간의 도덕성에 대한 담론으로 이해하게 되면, 도덕 본성에 자발적 활동성이 있는가 혹은 이기적 욕망보다 우선성을 지니는가와 같은 얼토당토않은 질문들이 생겨난다. 주자학에서 도덕의 문제는 신중히 그리고 면밀히 검토되어야 한다.

4장

인간 본성 기원론 – 천인합일

주자를 비롯한 송대 도학자들이 말하는 인간의 '본성'이란 '도덕 본성'을 말한다. 즉 그들의 일관된 관심사는 인간의 도덕성, 즉 호모 모랄리스(homo moralis)에 있다. 인간을 규정하는 다양한 명칭에 따라, 인간은 직립보행하는 존재가 되기도 하고 언어를 사용하는 동물이 되기도 하고 생각하는 존재 혹은 유희를 즐기는 존재가 되기도 한다. 인간을 보는 다양한 시각에 따라 인간은 다양하게 규정되는 것이다. 그에 비해 송대의 도학자들은 인간을 일관되게 도덕적 측면에서 바라보았다.

이들은 앞 장에서 본 것처럼 도덕성을 인간의 본질이라고 주장한다. 도덕성은 인간의 '본래 그런' 본성이기에 '본연지성本然之性'이라고 부른다. 다시 한 번 강조할 것은 '본래 그런'이라고 해서 규범적·가치적 평가를 떠난 무채색의 것이 아니라는 점이다. 그들이 말하는 '본래 그런'이란 철저히 도덕적임을 의미한다.

물론 도덕 본성 말고도 이들은 인간의 '욕망적 본성'을 인정한다. 그들은 인간의 욕망이 신체적 조건에서 온다고 이해했고, 각자가 지니는 신체의 특성에 따라 각자의 욕망은 조금씩 차이가 발생한다고 생각했다. 그래서 이들은 식욕이나 성욕처럼 개체 보존을 위한 인간의 욕망적 본성을 '식색지성食色之性'이라고 불렀다. 주자는 '인욕人欲' 즉 식색과 같은 기본적 욕망을, 제거할 수 없는 본질적인 것이라고 보았다.[1] 주자의 사상적 스승인 정이가 인욕을 천리天理와 대비해서 위험하고 불온한 사욕私

欲으로 치부한 것과는 큰 차이를 보인다.[2] 그럼에도 불구하고 주자라고 해서 인욕을 정면에서 인정했다고 볼 수는 없다. 욕망은 인간의 도덕성을 훼손할 수 있는 위험한 것이다. 때문에 사회적으로 잘 조절될 필요가 있다.

인간은 도덕본성을 지니지만 육체성 즉 기질을 지니기에, 현실적으로는 '기질지성氣質之性'이 된다. 주자가 말하는 기질지성이란 인간이 기질, 즉 육체를 갖고 태어난 뒤 갖추게 되는 본성 전체를 말한다. 누구나 태어나면서 도덕 본성 즉 본연지성을 지니게 되지만 동시에 육체를 지니기에 기질적 조건 속에 던져지는 것이다. 이는 마치 주자도 들고 있는 비유처럼, 물이 어떤 그릇에 담기느냐에 따라 다르게 보이는 것과 같다.

결론적으로 본연지성은 어떠한 기질적 조건 속에서도 변하지 않는 '원초적' 도덕 본성이고, 기질지성은 각각의 기질적 조건 속에서 선한 측면도 악한 측면도 모두 지니고 있는 '현실적' 인간 본성이다. 때문에 도덕을 궁극의 무기로 삼는 도학자들에게는 인간의 현실성 속에서 어떻게 원초적 도덕성을 발굴해서 구현시킬 것인가가 중요한 문제가 되었고, 이것이 바로 그들이 말하는 '공부'다.

인간에게 육체적 욕망, 즉 자기 중심적 혹은 자기 보존적 욕망이 있음은 일상 속에서 끊임없이 확인된다. 때문에 이것의 존재를 증명해야 할 필요를 굳이 느끼지 못한다. 하지만 사회적 경제적 정책을 수립하는데 있어서야 인간의 욕망에 대한 이해는 필수적이다. 주자가 다른 도학자들과는 달리 인간의 욕망을 인정했다는 점은 그래서 그의 도학이 제 정책으로 구체화 한다는 특징을 설명하는데 중요한 논거가 된다. 반면 욕망을 정면에서 논할만한 것으로 보지 않은 여타의 도학자들은 그만큼 '비현실적'이라는 비판으로부터 자유로울 수 없다. '지향'뿐만 아니라 '현실'을 논의의 대상으로 삼을 때라야 그 사유는 구체성과 현실성을 지닐 수 있기 때문이다.

인간의 도덕 본성은 어디서 오는가? 기독교의 하나님은 인간에게 도덕을 '명령'하셨다. 때문에 도덕은 칸트에게서처럼 인간의 '의무'가 된다. 진화심리학에서는 자신의 유전자를 좀 더 효과적으로 퍼뜨리기 위해서라도 이타성은 필요했다고 설명한다. 여기서 도덕은 공리주의에서처럼 '필요'다. 주자를 비롯한 송대 도학자들은 앞 장에서 본 것처럼 도덕성을 인간의 본질이라고 주장한다. 도덕성은 인간의 '본래 그런' 본성이기에 '본연지성本然之性'이 된다.

하지만 그들은 '본래 그렇다'는 말만으로는 설득력이 부족하다고 생각한 것 같다. 인간이 본래 그런 이유를 다시 인간의 밖에서, 즉 우주의 본질에서 찾았다. 이것이 앞 장에서 본 「인설」의 출발점이다.

> 우주는 '만물을 낳는 것'을 마음으로 삼는다. 때문에 그 속에서 태어난 인간이나 인간 아닌 것이나 모두 각각 천지의 이러한 마음을 부여받아 자신의 마음으로 삼는다.

같은 부모에게서도 다양한 성격과 특징을 지닌 아이들이 태어나듯, 우주가 낳은 존재라고 해서 모두 똑같은 본질을 지니고 태어나라는 법은 없다. 게다가 우주의 본질이 '만물을 낳는 것'인지 역시 증명되지 않는다. 하지만 「인설」은 어쨌든 두 가지 전제로부터 이 논의를 풀어내고 있는 것이다. 즉 우주의 본질은 '만물을 낳는 것'이다. 또 인간은 우주 속에서 태어난 다른 모든 존재와 마찬가지로 우주의 이 본질을 자신의 본성으로 부여받았다. 그래서 우주 속에 존재하는 모든 것들은 우주와 본질을 함께 한다. 이것이 그 유명한 '천인합일天人合一' 사상이다.

이 천인합일 사상은 주자나 송대 도학자의 창작물은 아니고, 유가의 전통에서 더 나아가 인류의 거대한 지적 전통에서 무척 오래된 사유다. 종교신화학자 미르치아 엘리아데(Mircea Eliade, 1907~1986)는 우주의 창조를 흉내 냄으로써 그 생명력을 복원하고 재현하려는 종교적 행위가 인류사에 보편적으로 발견된다고 보고하고 있다. 예컨대 남태평양의 한 부족에서는 비가 내리지 않아 흉년이 들었을 때 추장이 신전에 올라 비가 올 때까지 자위를 하여 우주의 생명력을 복원시켜야 했고, 고대 로마에서는 춘분 시기 파종 전에 농장주 부부가 들판에 나와 성행위를 하거나 흉내 냄으로써 천지의 교접에 의한 생명의 번식을 촉구해야 했다.

중국에서도 한나라 시기 동중서董仲舒[3]는 같은 종류의 것들은 서로 영향을 미친다는 '동기감응설同氣感應說'을 주장했다. 그래서 그는 우주와 인간이 같은 기로 서로 연결되어 있기 때문에 서로 영향을 미칠 수 있음을[天人相感] 주장했다. 그래서 훌륭한 통치자는 하늘이 돕지만 나쁜 통치자의 치세에는 홍수나 한발 같은 자연재해가 끊이지 않는 것이다. 이런 '감응적' 사유는 『서경』 같은 고대 전적에서 쉽게 발견할 수 있으며, 이는 상고시대 요순堯舜과 같은 전설의 성왕들이 전수해준 정치철학의 핵심이기도 하다. 왕이나 정치철학이 아니더라도 개인의 윤리적 행위가 '천벌'이나 '천복'의 근거가 된다는 생각은 『주역』의 「계사전」에서도 자주 발견된다.

하지만 송대 도학자들이 말하는 '천인합일'은 이런 감응적 혹은 권선징악적 단계를 훌쩍 뛰어 넘는다. 그들은 우주와 인간의 연속성을 그저 행위나 권력에 대한 평가 정도가 아니라 '본성'의 차원으로 끌어올린다. 물론 여기에는 앞 장에서 본 것처럼 불교의 영향[月印千江]이 강하게 미쳤을 것이다. 하지만 송대 도학자들은 불교의 교리가 아닌 유가 자체의 근거가 필요했다. 그래서 그들이 찾은 경전적 권위가 바로 『주역』과 『중용』이다.

『주역』은 앞 장에서 본 것처럼 우주의 본질을 '생성'[天地之大德曰生]이라고 보았다. 그리고 『주역』은 시원으로부터 구체로의 과정, 즉 태극太極으로부터 음양·사상·팔괘·만물로의 전개 과정[易有太極, 是生兩儀]을 보여준다. 주자는 이러한 생각을 발전시켜 우주와 인간의 역동성과 더불어 그 체계성과 질서성을 주장한다. 이에 대해서는 5장부터 7장에서 본격적으로 다룬다.

천명과 본성

『중용』은 송대 도학자들이 특별히 중시한 문헌이다. 원래는 『대학』처럼 『예기禮記』의 한 편에 불과했었는데, 송대에 들어와서 특별히 주목받기 시작했고 정이는 이를 별도의 책으로 분리했다. 주자는 이렇게 분리된 『대학』과 『중용』을 기존의 『논어』·『맹자』와 합쳐서 〈사서四書〉로 만든 것이다. 『대학』은 공자의 제자 증자曾子가 썼다고 여겨졌으며, 『중용』은 공자의 손자 자사子思가 썼다고 알려져 있다. 『중용』의 첫 구절은 이렇게 시작한다.

> 天命之謂性, 率性之謂道, 修道之謂敎.
>
> 하늘이 명한 것을 일러 본성이라고 하고, 본성을 따르는 것을 도라 하며, 도를 내면화 하는 것을 가르침이라고 한다.

이 문장은 직접적으로 '하늘'과 '인간'의 연속성을 주장한다. 하지만 『중용』의 원문에서는 아직 본격적으로 '도덕성'에 대해서는 말하고 있지 않다. '본성'을 '성격'이라고 해도 안 될 것이 없다. 그래서 한대 때의 정현鄭玄[4]은 '본성'을 인의예지신仁義禮智信의 도덕성으로 설명하면서도, 하늘이 부여해준 각각의 차이에 따라 인간의 성격이 달라질 수 있는 것임을 말하고 있다. 예컨대 목木의 기운을 받고 태어나면 인仁의 성품을 지니게 되고, 금기金氣는 의義, 화기火氣는 예禮, 수기水氣는 신信, 토기土氣

는 지智가 된다.[5] 그래서 그가 이해한 '본성'은 그저 사람마다의 '바탕'으로서의 성격 혹은 특징 정도의 의미를 지닌다.

이러한 생각은 주자에게서 어떻게 변화 발전하는가? 『중용』에 대한 주자 주석의 최종본이라고 할 수 있는 『중용장구』는 이렇게 설명한다.

> 命, 猶令也. 性, 即理也. 天以陰陽五行化生萬物, 氣以成形而理亦賦焉, 猶命令也. 於是人物之生, 因各得其所賦之理, 以為健順五常之德, 所謂性也. 率, 循也. 道, 猶路也. 人物各循其性之自然, 則其日用事物之間, 莫不各有當行之路, 是則所謂道也. 脩, 品節之也. 性道雖同, 而氣稟或異, 故不能無過不及之差. 聖人因人物之所當行者而品節之, 以為法於天下, 則謂之教. 若禮、樂、刑、政之屬是也. 蓋人之所以為人, 道之所以為道, 聖人之所以為教, 原其所自, 無一不本於天而備於我. 學者知之, 則其於學知所用力而自不能已矣. 故子思於此首發明之. 讀者所宜深體而默識也.
>
> '명命'이란 명령의 뜻이다. '본성'이란 즉 이치다[性卽理]. 하늘이 음양오행으로 만물을 만들어내심에 기가 형체를 만들고 나면 거기에 이치[理]가 부여되니 마치 명령처럼 부여되는 것이다. 여기서 사람이든 사람이 아니든 태어날 때 각기 부여받은 이치에 의거해 건순오상의 덕으로 삼으니 이것이 '본성[性]'이다. '솔率'이란 따른다는 의미다. '도道'는 길의 뜻이다. 사람이든 아니든 각기 자신의 본성이 지닌 원래 그러함을 따르면, 모든 일상에서 당연히 따라야 할 방식이 있게 마련이니 이것을 일러 '도'라고 하는 것이다. '수修'란 적당하게 재단하는 것이다. 모든 이의 본성이 아무리 같다 하더라도 각자가 부여받은 기질은 다르게 마련이어서 지나치거나 부족

> 한 차이가 있게 된다. 성인께서 사람들이 당연히 따라야 할 방식에 의거해서 그것을 각자에게 맞게 재단하시어 천하에 법으로 제시하셨으니 이것이 바로 '교教'다. 즉 예禮·악樂·형刑·정政 등이 그것이다. 사람이 사람일 수 있는 근거나 도가 도일 수 있는 근거 그리고 성인이 가르침일 수 있는 이유 등은, 그 근원을 추적해보면 어느 하나라도 하늘에 근원하면서 내게 원래 갖추어진 것 아님이 없다. 배우는 이가 이것을 안다면 배워 아는 과정에서 쉼 없이 힘쓰게 될 것이다. 때문에 자사께서 『중용』 첫머리에 제일 먼저 밝혀두신 것이다. 『중용』을 읽는 이는 이를 깊이 이해하고 체득해야 할 것이다.

주자의 이 주석은 『중용』이 제시한 네 개의 키워드 즉 천명天命 – 본성本性 – 도道 – 교教의 연속성에 대한 해석을 중심으로 전개된다. 여기서 우선 우리가 주목할 것은 주자가 상정한 '본성'은 이치[理]라는 점이다. 이 이치는 우주의 원리인데, 이것이 개체에게 부여되면 '건순오상의 덕'이 된다. 건순健順은 『주역』에서 음양을 대표하는 건곤乾坤의 덕성으로 제시된 것이다. 오상五常은 인의예지신仁義禮智信이라는 유가의 전통적인 덕목을 의미한다. 이 전통적인 덕목에 '건순'을 추가한 것은, 앞에서 하늘이 '음양오행'으로 만물을 만들었다고 밝히고 있기 때문이다. 즉 2+5에 맞추기 위한 것이다. 요약하자면, 모든 개체가 음양오행이라는 기질을 받아 태어나게 되면 그 속에는 우주의 원리가 깃들게 되고 그것이 개체가 지니는 건순오상의 덕이 되는 것이다. '건순오상의 덕'이란 결국 '도덕적 품성'을 의미한다. 그것도 유가의 오래된 전통에서 얘기되는 인의예지와 같은 도덕적 규범이다. 때문에 주자가 여기서 생각하는 '본성'이란 역시 식색의 육체적 본능이 아니라 어디까지나 도덕 본성을 의미한다.

두 번째 우리가 주목할 것은, 이 '도덕 본성'을 사람이든 사람 아니든 모든 존재하는 것들은 동일하게 부여받았다는 점이다. 다만 각자가 타고난 기질의 차이에 의해 이렇게 동일하게 부여받은 도덕 본성을 온전히 실현시킬 수 있기도 하고 그렇지 않기도 하다는 점이다. 그것은 인간과 인간 아닌 것 간의 종적 차이일 수도 있고, 인간 내부에서의 우열의 차이일 수도 있다. 성인은 이러한 차이를 고려하여 지나친 것은 줄이고 부족한 것은 보태는 방식으로 각자에게 알맞은 방식을 제시했고, 이것이 바로 예악형정과 같은 '가르침[教]'인 것이다.

마지막으로 주목할 것은 도덕 본성과 그에 따른 행위방식 및 그것의 내면화 과정이라는 연쇄가 모두 천명에서 시작된 것이기는 하지만, 그것들은 어디까지나 내 내면에 원래부터 있던 것임을 강조한다는 점이다. 서양의 지적 전통에서 플라톤의 선의 이데아나 기독교의 하나님은 도덕의 근원이 되는데, 이는 인간 자신에게서가 아니라 외부 궁극의 시원에서 도덕의 근원을 찾았다는 공통점을 지닌다. 반면 데카르트로부터 시작되는 근대적 사유는 외부의 절대자가 아닌 인간 내면에서 궁극의 근원을 찾았다는 의의를 지닌다. 플라톤이나 기독교적 관점에서 주체는 절대자에 대한 '모사'일 뿐이고, 데카르트의 근대적 주체는 외부의 시원을 필요로 하지 않는 자족적이고 '단절된' 주체다.

그에 비해 주자학에서 주체의 도덕 본성을 천명의 '유출流出'이나 '모사'로 보는 것은 적절치 않다. '본성의 원래 그러함[自然]'이라는 표현에서 보이듯, 이 도덕 본성은 각자가 본래 지니고 있는 것 즉 외부에서 후천적으로 습득한 것이 아님을 주자는 계속해서 강조한다. 그렇다면 천명이라고 하는 '외부'는 어떻게 설명될 것인가?

그것은 불교적 영향에서 형성된 소위 '이일분수理一分殊'설과 연관을 갖는다. 본래적 이치는 하나지만 그것이 각각의 상황과 개체에 따라 달라진다는 의미인 이일분수는 공통과 다름 혹은 전체와 개별 간의 관계를 보여준다. 개별자는 다름[殊性] 속에 여전히 같음[共性]을 지니고 있게 된다. 여기서 천명은 '같음'의 근원이라는 의의를 지닌다. 이 '같음'은 다음 장에서 본격적으로 다루게 되겠지만, 존재계 전체 내부의 질서와 체계를 설명하는 근거가 되고, 개별자 간의 유대와 공감의 가능 근거가 되어 준다.

때문에 주자학에서의 도덕본성론은 플라톤이나 기독교와 같은 절대자 중심이나 데카르트식의 개별자 중심을 모두 지양하고, 전체와 주체를 유기적으로 연결한다고 해석될 수 있다. 이것이 천인합일에서 '합일'의 근본적 의미다. '합일'이란 일차적으로 '동일함'을 의미하지만, 기질적 제약을 극복하고 원래의 본성을 회복한다는 측면에서는 '동일해짐'의 의미가 된다. 그리고 최종적으로는 동일한 본성을 부여받은, 존재하는 모든 것들 간의 '화해和諧'와 '조화'를 의미한다. 너와 나는 다르지 않기에 언제든 조화롭게 만날 수 있는 것이다. [物我一體]

전근대적 사유에서 주체는 공동체를 떠나 홀로 존재하지 않는다. 유가의 도덕은 오륜五倫에서 보이는 것처럼 철저히 사회적이다. 송대 도학자들은 정호程顥를 필두로 하여 유가 고유의 도덕성인 인仁을 '공감'으로 해석하고 주자 역시 이를 적극적으로 계승한다. 정호는 한의학에서 수족마비를 '불인不仁'이라고 표현하는 것에서 착안하여 아무리 동일 신체라 하더라도 통하지 않으면 느낌이 없는 것처럼, 타자에 대해 공감하지 못하는 것은 도덕 본성이 제대로 구현되지 않은 것이라고 설명한다.

그런 의미에서 이들이 말하는 도덕 본성은 타자와의 끊임없는 유대와 공감이라고 할 수 있다. 데카르트로부터 시작되는 근대적 사유에서의 주체가 라이프니츠의 모나드monad처럼 '창 없는 닫힌 존재'라는 점과 비교할 때[6], 주자학의 주체는 끊임없이 '열림'을 지향하고, 그 열림 속에서 타자와 연대하는 주체라고 할 수 있다. 즉 '열림'과 '연결' 속에서만 그 주체의 본성은 제대로 구현될 수 있는 것이다. 유가에서 말하는 '도덕'은 곧 타자와의 연대·화해·공존 그 이상도 이하도 아니니다.

'열림'과 '연결'은 자기만 알던 '소아小我'가 공동체의 일원으로서 타자와 연대할 수 있는 '대아大我'가 되는 과정을 의미한다. 사회화를 배우기 이전의 아기들은 오직 자기만을 안다. 철저히 자신의 욕구와 생존에 집중하기 때문에 육체적·일차원적·동물적·생존적 존재라고 할 수 있다. 하지만 다 큰 어른이 되어서도 여전히 자기 자신이나 자신의 확장에 불과한 자기 가족만을 생각한다면 그런 존재는 가치적·의미적 차원에서는 갓난아기와 조금도 다르지 않다. 자본주의는 이 일차원적·욕구적·생존적 존재를 전제로 한다. 현대사회의 제반 정책과 제도는 시종 이 전제를 벗어나지 않는다. 현대사회적 시각에서 인간은 갓난아기로부터 노인에 이르기까지 조금도 '성장'하지 않는다. 때문에 사회가 유지되기 위해서는 자발적인 연대·화해·공존이 아니라 타율적인 통제·경쟁·의무만이 요구된다.

반면에 주자학을 포함한 유학은 언제나 인간의 '성장'을 말한다. 삶 자체가 타자와의 연대이자 화해이며, 그것을 위해 개인은 지금의 모습을 부정하고 끊임없이 성장해야 한다. 좋은 사회란 개인의 성장을 독려하고 완성해주는 사회다. 그렇게 성장한 개인이 모여 만드는 성숙한 사회에서는 어떠한 사회적 약자도 소외받지 않는다. 이것이 『예기』에서 말하는 '대동사회'다.

이제 『중용혹문』에서 전개되는 주자의 좀 더 상세한 설명을 따라가 보자.

『중용혹문』

或問: "天命之謂性, 率性之謂道, 修道之謂教, 何也?" 曰: "此先明性道教之所以名, 以見其本皆出乎天而實不外於我也.

혹자가 이렇게 물었다. "하늘이 명한 것을 일러 본성이라고 하고, 본성을 따르는 것을 도라 하며, 도를 내면화 하는 것을 가르침이라고 한다는 말은 무슨 뜻인가요?" 답했다. "이는 먼저 본성·도·가르침에 대한 의미를 밝히고서, 그것이 본래 모두 하늘에서 나온 것이지만 실상은 나에게 본래 있는 것임을 보이려고 한 것이다.

天命之謂性, 言天之所以命乎人者, 是則人之所以爲性也. 蓋天之所以賦與萬物而不能自已者命也. 吾之得乎是命以生而莫非全體者性也. 故以命言之則曰元亨利貞, 而四時五行庶類萬化莫不由是而出. 以性言之則曰仁義禮智, 而四端五典萬物萬事之理無不純於其間. 蓋在天在人雖有性命之分, 而其理則未嘗不一. 在人在物雖有氣稟之異, 而其理則未嘗不同. 此吾之性所以純粹至善, 而非若荀揚韓子之所云也.

'하늘이 명한 것을 일러 본성이라 한다'는 말은, 하늘이 인간에게 명령한 것을 인간은 본성으로 삼는다는 뜻이다. 하늘이 만물에게 부여해주어 그만둘 수 없는 것을 일러 '명'이라고 한다. 내가 이 명을 얻어 온전히 갖추게 된 것이 '본성'이다. 때문에 '명'의 측면에서 말하자면 『주역』에서 말하는 원형이정元亨利貞이 그것이지만, 네 계절과 오행의 만남에 의해 발생하는 모든 변화들이 실상 여기로부터 생겨난 것이다. '본성'의 측면에서 말하자면 인의예지가 그것이지만, 사단四端과 오전五典으로부터 만사 만물의 이치가 모두 거기서부터 나오는 것이다. 하늘의 단계냐 인간의 단계냐에 따라 본성과 명이라는 구분이 있지만, 그 이치는 언제나 하나였다. 인간이냐 인간 아닌 것이냐에 따라 비록 부여받은 기질이 다르지만 그 이치는 언제나 같다. 이것이 바로 인간의 본성이 순수하여 지극히 선한 까닭이며, 따라서 이는 순자나 양웅 혹은 한유가 말한 것과는 다르다.

率性之謂道, 言循其所得乎天以生者, 則事事物物莫不自然, 各有當行之路, 是則所謂道也. 蓋天命之性, 仁義禮智而已. 循其仁之性, 則自父子之親以至於仁民愛物皆道也. 循其義之性, 則自君臣之分以至於敬長尊賢亦道也. 循其禮之性, 則恭敬辭讓之節文皆道也. 循其智之性, 則是非邪正之分別亦道也. 蓋所謂性者, 無一理之不具, 故所謂道者, 不待外求而無所不備. 所謂性者, 無一物之不得, 故所謂道者, 不假人爲而無所不周. 雖鳥獸草木之生, 僅得形氣之偏, 而不能有以通貫乎全體, 然其知覺運動, 榮悴開落, 亦皆循其性, 而各有自然之理焉. 至於虎狼之父子, 蜂蟻之君臣, 豺獺之報本, 雎鳩之有別, 則其形氣之所偏, 又反有以存其義理之所得尤可以見. 天命之本然初無間隔, 而所謂道者, 亦未嘗不在是也. 是豈有待於人爲, 而亦豈人之所得爲哉!

'본성을 따르는 것을 도라 한다'는 말은 하늘로부터 얻어서 생겨난 것에 의거하면 모든 사태와 대상이 언제나 '본래적 질서[自然]'에 부합하게 되어 각기 응당 행해야 할 방식이 있게 마련이니 이것이 바로 '도'라는 뜻이다. 하늘이 명해준 본성이란 인의예지일 뿐이다. 그 인仁의 본성을 따르면 부모와 자식 간의 사랑으로부터 사람을 사랑하고 모든 것을 사랑하는 것까지 모두 도가 된다. 의義의 본성을 따르면 군주와 신하 간의 질서로부터 윗사람을 우대하고 현명한 이를 존중하는 것까지 모두 도가 된다. 예禮의 본성을 따르면 공경하고 사양하는 예법이 모두 도가 된다. 지智의 본성을 따르면 옳고 그름 사특함과 정당함의 분별이 모두 도가 된다. 본성에는 어떠한 이치도 갖추어지지 않음이 없으니 여기서 말하는 도는 주체 밖에서 구할 필요가 없이 자신에게 온전히 갖추어진 것이다. 본성은 그 누구라도 지니고 있는 것이니 여기서 말하는 도는 어떠한 인위적인 노력에 기댈 필요 없이 그 자체로 충분한 것이다. 아무리 조수초목이 치우친 기질을 얻어 전체에 관통할 수 없는 것이라 하더라도, 그들이 지각하고 운동하거나 활짝 폈다가 지는 일체의 과정이 모두 자신의 본성을 따른 것으로서 모두가 각기 본래적 이치를 갖추고 있다. 예컨대 호랑이나 이리에게 부모 자식 간의 질서가 있고, 벌이나 개미에게 군신 간의 질서가 있고, 승냥이나 수달이 조상의 은덕에 보답할 줄 알고, 물수리나 기러기가 부부의 질서가 있다는 사실로부터, 아무리 그것들이 기질적으로 치우쳤다 할지라도 오히려 그것들에게 도덕 본성이 있음을 확인할 수 있는 것이다. 본래부터 갖추고 있는 천명은 결코 끊어짐이 없기에 도 역시 언제나 여기에 있는 것이다. 어찌 여기에 인위적인 노력이 있을 수 있으며, 또 인간이 어떻게 변경시킬 수 있는 것이 있겠는가?

修道之謂教, 言聖人因是道而品節之, 以立法垂訓於天下, 是則所謂教也. 蓋天命之性, 率性之道, 皆理之自然, 而人物之所同得者也. 人雖得其形氣之正, 然其清濁厚薄之稟, 亦有不能不異者. 是以賢知者或失之過, 愚不肖者或不能及, 而得於此者亦或不能無失於彼, 是以私意人欲或生其間, 而於所謂性者, 不免有所昏蔽錯雜, 而無以全其所受之正. 性有不全, 則於所謂道者因亦有所乖戾舛逆, 而無以適乎所行之宜. 惟聖人之心, 淸明純粹, 天理渾然, 無所虧闕. 故能因其道之所在, 而爲之品節防範, 以立教於天下, 使夫過不及者有以取中焉. 蓋有以辨其親疏之殺, 而使之各盡其情, 則仁之爲教立矣. 有以別其貴賤之等, 而使之各盡其分, 則義之爲教行矣. 爲之制度文爲, 使之有以守而不失, 則禮之爲教得矣. 爲之開導禁止, 使之有以別而不差, 則知之爲教明矣.

'도를 내면화 하는 것을 가르침이라고 한다'는 말은 성인께서 이 도에 의거해서 제도화 하여 천하에 법과 본보기로 밝혀주셨으니 이것이 가르침이라는 말이다. 하늘이 명해준 본성과 그 본성을 따름으로서의 도는 모두 본래적 이치이며 사람이든 아니든 모두 같이 부여받은 것이다. 이 중 사람이 아무리 반듯한 기질을 부여받았다고 하더라도 그 속에는 맑으냐 탁하냐 혹은 충분하냐 부족하냐의 차이가 있을 수밖에 없다. 때문에 현명한 사람들은 혹 지나침에서 오는 오류가 있을 수 있고, 어리석은 이들은 혹 부족함에서 오는 잘못이 있을 수 있다. 그런가 하면 이 경우는 잘 하지만 혹 저 경우는 잘 못할 수도 있게 마련이다. 이 때문에 그런 과정에서 사사로운 생각이나 인욕이 개입함으로써, 본성에 탁함 잡스러움 가려짐 등이 생겨 처음 받은 그 반듯함을 온전히 할 수 없는 경우가 발생한다. 이렇게 본성이 온전하지 못하면 그로부터 연유한 도 역시 어그러짐이 발생하여 마땅히 지켜야 할 행동방식에 부합하지 않을 수도 있게 된다. 오직 성인의 마음만이 청명하고 순수해서 천리天理를 온전히 갖추어 조금의 결여도 없을 수 있다. 때문에 도에 입각해 제도화하고 법제화 하여 천하에 가르침으로 세울 수 있는 것이니, 이로부터 지나치거나 부족함에서 오는 오류를 바로 잡아 적당함[中]을 찾을 수 있는 것이다. 예컨대 친소의 차등을 잘 밝힘으로써 각각의 처지에 맞게 자신의 감정을 온전히 드러낼 수 있게 함이 인仁의 가르침을 세운 것이다. 귀천의 차등을 구별하여 각기 자신의 분수를 다할 수 있으면 의義의 가르침이 행해진 것이다. 제도와 문화를 확립함으로써 모두가 그것을 지킬 수 있게 되면 예禮의 가르침이 실현된 것이다. 계도하거나 금지시킴으로써 모두가 분별함에 오류가 없을 때 지知의 가르침이 밝혀진 것이다.

夫如是, 是以人無知愚, 事無大小, 皆得有所持循據守, 以去其人欲之私, 而復乎天理之正. 推而至於天下之物, 則亦順其所欲, 違其所惡, 因其材質之宜以致其用, 制其取用之節以遂其生, 皆有政事之施焉. 此則聖人所以財成天地之道, 而致其彌縫輔贊之功. 然亦未始外乎人之所受乎天者而强爲之也.

대체로 이렇기 때문에 사람이 지혜롭건 어리석건 상관없이 또 일이 크건 작건 관계없이 모두 준수하고 의거할 바가 있어 사사로운 인욕을 제거하고 반듯한 천리를 회복할 수 있는 것이다. 이것을 천하로 확대하자면, 각자 바라는 것을 따르고 싫어하는 것을 거스르지 않음으로써 각각의 특성에 의거해 쓰고, 시기와 정도에 맞는 사용의 법칙을 제정함으로써 각각의 본성을 온전히 실현시켜주어야 하니, 여기에 모두 적절한 정책이 확립되는 것이다. 이것이 바로 성인께서 천지의 도에 의거해 적절한 성과를 만들어낼 수 있는 방법이다. 하지만 이 모든 것에는 결코 하늘로부터 부여받은 것을 넘어서 억지로 함이 있을 수 없다."

『사서혹문』은 주자가 48세 때 지은 책인데, Q&A의 형식으로, 즉 설정된 질문과 그에 대한 답변의 형식으로 〈사서〉를 해설한 책이다. 때문에 인용한 『중용혹문』의 이 구절 역시 『중용장구』의 내용을 부연해서 설명한 것이어서 내용에서 『중용장구』와 다를 것은 없다. 다만 『중용장구』보다 좀 더 자세하게 부연되는 설명들에 주의를 기울일 필요가 있다.

우선 주자는 천명의 '명령적 성격'을 강조한다. "하늘이 만물에게 부여해주어 그만둘 수 없는 것을 일러 '명'이라고 한다." 본래 '천명'은 하늘이 왕에게 부여해주는 통치의 정당성을 상징하는 개념으로서 『서경』이나 『시경』 같은 고대 문헌에서 많이 출현한다. 그러던 것을 맹자는 은나라에서 주나라로 통치권이 이양되듯이 한 정권에 대한 하늘의 지지가 끝나고 다른 정권에게로 옮겨갈 수 있는 것이라고 주장하게 된다. 이것이 그가 『시경』에서 인용한 '천명미상天命靡常' 즉 하늘의 명은 언제나 한결같지 않다는 생각이다.[7] 그런 의미에서의 천명은 언제라도 가변적일 수 있는 정치적 성격을 지닌다. 그러던 천명이 이제 왕 한 사람이나 한 정권의 문제가 아닌 존재하는 모든 것들의 문제로 확장된 것이다. 아울러 정치적 성격의 개념을 도덕적 성격의 것으로 전환하고 존재의 본질 차원으로 확장한 것이다. 그래서 천명은 '그만둘 수 없는 것[不能自已]'이 된다.

'그만둘 수 없다'는 말은 그것이 이미 개체의 본질이 되었기 때문에 그것으로부터 벗어날 수 없다는 의미가 된다. 아울러 주자는 이 하늘의 명이 끊임없는 지속성을 지님을 강조하는 것이다. 주자는 「태극도설해」에서 태극의 운동[動靜]을 '천명의 유행[天命流行]'이라고 주석했는데, '천명유행'이라는 표현은 주자 이전에는 거의 일반화되지 않았었다.[8] 주자 이전까지는 일반적으로 천명에 대해 이렇게 지속성이나 역동성으로 표현하지 않았다. 『서경』이나 『맹자』 같은 고대 문헌에서 천명은 주로 군주에게 주어지는 것이었다. 그래서 천명의 지속성[天命不已·天命未絶]이라는 것도, 천명을 받는 동안은 군주의 정당성이 유지된다는 정도의 정치적 의미였다. 『중용』은 정치적 천명을 도덕적 의미로 전환하고, 천명의 대상을 군주에서 존재자 일반으로 확장했다. 정치적 정당성은 언제든 변할 수 있지만 도덕적 본질은 결코 중단되지 않는다. 주자는 이에 더해 그 천명이 결코 개체가 태어날 때 일회적으로 주어지는 것이 아니라 계속해서 끊임없이 주어지는 것이라고 강조하는 것이다. 즉 모든 개체와 더불어 이 우주에는 언제나 천명이 흘러넘치는 것이다. 그것이 바로 생의生意라고 하는 우주적 본질의 지속성이요 역동성이다. 이에 대해서는 6장에서 다룬다.

여기서 잠시, 왜 '지명地命'이 아니고 반드시 '천명天命'이어야 할까 의문이 들 수 있다. 『주역』이 제시하듯, 동양의 오랜 사유에서 하늘은 아버지로 땅은 어머니로 유비된다. 그래서 부생모육父生母育처럼 하늘은 만물을 낳고 땅은 그것을 기르는 존재로 상정된다. 즉 생성의 출발은 땅이 아니라 하늘이다. 이런 관념은 어떻게 생겨난 것일까? 아마도 그것은 『주역』에서 그리는 것처럼, 비바람과 천둥의 근원을 땅이 아닌 하늘에 둠으로써 생성과 변화의 출발을 하늘에 둔 오래된 관념의 소산일 수 있다. 거기에 더해 죽은 왕[帝]이 하늘로 올라가 하느님[天帝, 上帝]이 된다고 주장했던 은나라의 정치적·종교적 믿음과도 연관이 있을 것이다.[9]

어찌됐든 천명을 내리는 주체인 하늘은 기하학적으로 '위'에 있다. 그래서 종교적 제단이나 정치적 옥좌가 '위'에 있게 되는 결과를 낳았다. 에른스트 카시러에 의하면 '위'와 같은 공간 개념은 시간이나 수數와 더불어서 중요한 신화적 상징이 된다.[10] '위'는 그 자체로 신성함을 의미한다. 출발·생성이 이 기하학적인 의미와 연결될 때 '위'는 생성의 기원이 되고 모든 신성함과 본래적 질서[自然]의 근거가 된다. 이러한 생각이 다음 장에서 다루게 될 소위 '본체론本體論'의 자료가 되어준다. 즉 송대 도학자들은 인간의 도덕 본성을 우주적 본성으로 상정하고서 그것이 모든 신성함과 질서의 근원이라고 생각하는 것이다. 때문에 본체론은 기본적으로 하향의 기하학적 방향성을 보인다. 이 모든 관념이 여기 '천명'에서부터 시작되는 것이다.

이러한 천명은 인간을 비롯한 개별 존재자들에게 내려와 본성이 된다. 그런데 주자는 이 본성이 바로 인의예지신과 같은 도덕성이라고 주장하면서도 그 근거는 제시하지 않았다. 그냥 주자의 주장일 뿐이다. 물론 이러한 주장은 주자가 처음 제기한 것은 아니고 공맹 이래 유가의 오랜 전통이다. 다만, 주자도 밝히고 있는 것처럼 인간의 본성이 선한 것만은 아니라고 생각한 많은 철학자들이 있었다. 순자는 인간의 본성이 악하다고 했고 양웅[11]은 백지와 같다고 했으며 한유는 세 가지 등급이 있다고 했다. 그래서 주자는 이들을 위대한 성인의 계보, 즉 도통道統에 포함시키지 않은 것이다. 주자는 여타의 송대 도학자들처럼 이념적으로는 성선을 주장한 맹자를 계승한다.

본성과 악한 현실

하지만 유자라면 누구나 교육을 통해 인간은 선한 존재가 되어야 한다고 주장한다. 성악설로 유명한 순자도 예외가 아니다. 다만 순자를 비롯한 '현실론자'들은 일상 속 경험적 인간이 얼마든지 악한 존재일 수 있음을 주장하는 것이다. 그래서 '확인될 수 없는' 선한 본성이 중요한 것이 아니라 개선되어야 할 목전의 악한 현실이 더 중요하다고 생각하는 것이다. 선한 본성에도 불구하고 기질적 차이에 의해 현실 속 존재는 누구라도 악한 존재일 수 있음은 '가르침[教]'의 단계에서 주자도 인정하는 것이다. 그렇다면 '본래적 모습'이야 어떻던 현실의 모습이 중요한 것이 아닐까? 어차피 현실의 인간은 성인이 아니고서는 누구나 제한적 존재이니 교육을 받아야 하고 사회화 되어야하니 말이다.

그러나 주자는 끊임없이 도덕성이 본래적 질서[自然]임을 강조한다. 그래서 모든 존재자들[事物]의 행위방식[道]이 그래야 하는 것은 '인위적인 노력이 끼어들 수 없는, 또 인간이 어떻게 변경시킬 수 있는 것'이 아니라고 한다. 이렇게 현실의 존재[氣質之性]를 도덕적으로 인정하는 것이 아니라, 본래적 존재[本然之性] – 혹은 이념적·요청적 존재 – 를 도덕적으로 규정한 것이 바로 『중용장구』 첫머리에서 말한 '성즉리性卽理' 즉 '본성이란 즉 이치다[性卽理]'라는 말의 의미다.

'성즉리'에서 즉卽은 '동일함'을 표현한다. 때문에 '본성[性]이 곧 이치[理]'라는 말이다. 그러나 만약 두 개념이 이렇게 동일시 될 수 있는 것이라면 굳이 두 개념을 연결해서 설명할 필요도 없었을 것이다. 어디까지나 본성은 본성이고 이치는 이치다. 지금 주자는 인간의 본성을 '이치'와 결부시키고 있는 것이다. 때문에 '성즉리'는 "인간의 본성에는 이치로서의 성격이 있다" 혹은 "이치는 인간의 본성에서 찾아질 수 있다"라는 정도의 의미가 된다.

그래서 이 말은 두 가지 맥락으로 분석될 수 있다. 첫째, 주자가 말하려는 '본성'은 '이치' 즉 도덕성 이외의 것이 아니라는 말이다. 즉 식색과 같은 자기 보존적 욕구는 아무리 그것이 보편적이라 할지라도 논의의 대상이 아니라는 말이다. 그가 말하려는 '본성'은 철저하게 도덕적 맥락 안에서의 의미다. 둘째, 당대의 논적인 육구연 등 심학파가 주장하는 '마음이 곧 이치다[心卽理]'라는 명제에 대한 차별화의 의미를 지닌다. 즉 합리성과 도덕성의 근거를 마음[心]이 아닌 본성[性]에 두어야 한다는 의미다. 주자에게서 마음은 이미 기질적 조건, 즉 육체성 속에 있는 것[心統性情]이기 때문에 이 현실적·현상적 존재에 도덕성과 합리성의 근거를 둘 수는 없다고 생각했다.

> 인간이 태어나는 것은 본성[性]과 기질[氣]이 합쳐져서 되는 것이다. 때문에 이미 합쳐져서 태어난 뒤에 그것을 분석적으로 보면, 본성은 이성[理]에 기반하고 육체성[形]이 없다. 반면에 기질은 육체성에 기반한 몸뚱이를 지닌다. 본성은 이성에 기반하고 육체성이 없기 때문에 공적[公]이고 선하지 않음이 없다. 기질은 육체성에 기반하고 몸뚱이를 지니기에 사적[私]이고 혹 선하지 않을 수도 있다. 본성은 공적이고 선하기에 그것으로부터 나온 것은 모두 천리가 실현된 것이라고 할 수 있다. 기질은 사적이고 혹 선하지 않을 수 있기 때문에 그것으로부터 나온 것은 모두 인욕이 실현된 것이

> 라고 하겠다. 이것이 바로 순임금이 우에게 경계해 준 인심과 도심의 차이다. 근본적으로 이미 그런 것이지 기의 실현에서 과불급과 같은 오류가 있은 뒤에 인욕이 되는 것이 아니다.[12]

육체[小體]에는 타자에 대해 이성적으로 고려할 수 있는 기능이 없기 때문에 그 자체로는 욕망을 제한할 이유도 근거도 가능성도 없다. 반면 주자가 말하는 이성[理]은 육체성을 부여받기 이전[天命]부터 이미 그런 것이어서, 이성 그 자체에는 자신(의 육체성)을 보존하려는 욕구가 없다. 이성에게는 사적 영역[私]이 없기 때문에 오직 도덕률로서 일정한 경향성[愛人利物]만이 존재한다. 때문에 악으로 흐를 가능성 자체가 없다[無不善]. 타자에 대한 고려는 이 반성적 이성[大體]에 의해서만 가능하다.

'성즉리', 즉 주자가 인간의 본성을 도덕성[理]으로 제한하고 또 그 도덕성을 현실적 존재가 아닌 본래적 존재로 제한한 이유가 바로 이것이다. 아무리 열악한 기질을 타고났다 하더라도 누구나 그 본래적 본성은 선한 것이기에 그만큼 누구나 선한 존재가 될 수 있는 가능성을 지니고 있음을 주장하기 위한 것이다.

한편 그것을 심학파의 '심즉리'와 비교하자면, 오히려 인간의 현실적 처지를 보다 인정했다는 평가가 가능하다. 아무리 본래적 본성은 선하다 하더라도 열악한 환경 속에서라면 인간은 얼마든지 악해질 수 있는 존재임을 인정하는 것이기 때문이다. 때문에 내면의 도덕적 의지[本心, 혹은 良知] 하나만으로 모든 현실을 극복할 수 있다고 생각하는 것은 너무나 낙관적이다. 그래서 현실적 인간성에 대한 우려[人心惟危]는 모든 교육적·사회적 장치와 절차에 대한 논의를 가능케 한다. 그것이 바로 '가르침[敎]'에 대해 『중용장구』에서 주자가 요약한 예악형정禮樂刑政이다. 만약 내면의 도덕 본성 하나만으로 모든 것이 가능하다면 이러한 구체적인 절차와 방식 그리고 장치들은 불필요할 것이다. 하지만 현실의 인간은 그렇지 않다. 부여받은 기질의 열악함에 따라 지나침이나 부족함에서 오는 오류가 있게 마련이기에 성인은 제도화와 법제화를 통해서 적절함[中]의 표준을 제시한 것이다. 이것이 이 책 후반부에서 다루는 '도덕 본성의 구체적 실현'으로서의 '외왕'이다. 주자가 당대의 도학자들과 달라지는 특색이 바로 여기에 있음을 나는 이미 2장에서 충분히 강조했다.

인용한 위의 『중용혹문』에서 다음으로 주목해야 할 것은 도道, 즉 행위방식의 '관계성'이다. 도에 대해 주자는 "모든 사태와 대상이 언제나 본래적 질서[自然]에 부합하게 되어 각기 응당 행해야 할 방식이 있게 마련이니 이것이 바로 '도'라는 뜻이다."라고 하였다. 그리고서 그는 부자·군신 등 다양한 관계에서 요구되는 행위방식을 예시로 든다. 심지어는 호랑이나 이리 등 동물들에게서도 이런 바람직한 행위방식이 목격된다고 주장한다. 인의예지의 도덕 본성을 따른 것이 도이니 그 도가 도덕적 행위방식임은 자명할 것이다. 그러나 그 도덕성은 언제나 '관계' 속에서 확인되는 것이다. 예컨대 부모의 도는 자식과의 '관계' 속에서만 의미를 지닌다. 때문에 도를 알아간다는 것은 관계 속에서의 행위방식을 터득한다는 의미다.

그것은 물론 내면의 본성으로부터 나오는 것이지만 타자를 도외시한 채 내면의 본성만을 들여다보는 것으로는 아무런 의미를 지닐 수 없는 그런 것이다. 3장에서 설명한 것처럼 북송대부터 주자 당대의 많은 도학자들은 불교의 영향 하에 일상적 현실을 도외시한 채 내면 탐색을 통해 도덕 본성을 확인하거나 체험하려는 경향을 보였다. 주자는 이러한 경향을 극렬히 비판하고, 도덕의 관계성 및 일상성을 강조한 것이다.

이러한 관계성은 심지어 조수초목鳥獸草木과의 관계에서도 일관되게 유지된다. 인용한 『중용혹문』의 마지막 부분에서 말하는 "각자 바라는 것을 따르고 싫어하는 것을 거스르지 않음으로써 각각의 특성에 의거해 쓰고, 시기와 정도에 맞는 사용의 법칙을 제정함으로써 각각의 본성을 온전히 실현시켜주어야 한다."는 말은 이것을 의미한다. 예컨대 새끼 밴 어미를 죽여서는 안 되고, 싹이 움트는 봄에 가지를 꺾어서는 안 된다. 가지를 치고 사냥을 하더라도 적절한 시기에 적절한 정도로 해야 한다. 그것이 우주의 본래적 질서에 부합하는 것이다.

이렇게 우주와 주체 그리고 우주 내의 모든 것들과의 연속성과 유대를 한편의 시적 언어로 멋지게 표현한 것이 장재의 「서명西銘」이다. 「서명」의 첫 부분은 이렇게 시작한다.

> 乾稱父, 坤稱母. 予玆藐焉, 乃混然中處. 故天地之塞, 吾其體, 天地之帥, 吾其性. 民吾同胞, 物吾與也.
>
> 大君吾父母宗子, 其大臣宗子之家相也. 尊高年所以長其長, 慈孤弱所以幼吾幼.
>
> 聖其合德, 賢其秀也. 凡天下疲癃殘疾惸獨鰥寡, 皆吾兄弟之顚連而無告者也.
>
> 하늘은 아버지이고 땅은 어머니다. 나는 이렇게 꾀죄죄한 모습으로 그 사이에서 태어났다. 그러므로 하늘과 땅 사이에 가득 찬 것은 곧 나의 몸뚱이이고, 하늘과 땅의 질서는 나의 본성이다. 백성들은 나와 한 형제이고 천지 속의 모든 것들은 나와 같은 부류이다. 군주는 우리 부모의 맏아들이고 대신은 맏아들의 가신이다. 나이 많은 사람을 존중하니 이것은 나의 부모를 존중하는 것이요, 어리고 약한 이를 사랑하니 이는 나의 아이들을 사랑하는 것이다.

> 성인은 천지와 그 덕을 합치한 이요, 현인은 사람들 중에서 아주 뛰어난 사람이다. 이 세상의 모든 외롭고 힘든 이들은 내 형제들 중에서 어려움을 겪어도 누구에게 하소연할 곳 없는 그런 사람이다.

천지는 나의 부모다. 그래서 내가 아무리 이렇게 꾀죄죄하더라도 나는 천지의 몸뚱이와 천지의 질서를 부여받아 태어난 천지의 당당한 자식이다. 나뿐만이 아니다. 모든 사람들은 나처럼 천지의 기운과 질서를 부여받아 태어났다. 때문에 나와 완전히 동일한 존재들이고 그래서 내 형제라고 할 수 있다. 차이는 있지만 사람 아닌 다른 일체의 것들도 천지의 기운과 질서를 부여받아 태어나기는 마찬가지다. 그래서 나와 '같은 부류'라고 한 것이다. 여기까지는 존재와 질서의 시작을 다룬다. 그리고 모든 존재자들 간의 유대와 연속을 이야기한다.

두 번째 단락은 사회적 단계다. 인간 중에 가장 큰 자인 군주는 형제 중 맏이에 해당한다. 정치적 사회적 질서 역시 한 집안 내에서의 질서라고 볼 수 있다. 그래서 주자는 "천하가 한 집안이요, 온 나라가 한 사람이다"라고 주해했다. 이렇게 모두가 연결된 한 집안이기 때문에 나와 무관한 거리의 노인을 존중하고 대우하는 것은 곧장 나의 부모에게 잘 하는 것과 같다. 우리 집 아이가 아니더라도 사랑하고 돌보는 것이 곧장 나의 아이를 보호하는 길이 되는 것이다.

세 번째 단락은 실천의 단계다. 이런 공감과 공존의 도를 가장 잘 체득하고 실천한 사람이 성인이요 현인이다. 이 도는 사회적으로 가장 힘없고 소외된 자들에 대한 사랑으로 표현된다. 왜냐하면 그들은 결국 나의 형제이기 때문이다. 물론 이런 연대와 공감의 사상은 『예기』의 대동사상을 계승한 것이다. 지식인이라면 우주가 만물을 낳고 기르듯이 우주와 그 속의 모든 것들이 잘 살아갈 수 있도록 자신의 최선을 다해야 한다. 이것이 『중용』에서 말하는 참찬화육參贊化育, 즉 우주의 낳고 기르는 일에 참여하여 돕는 것이다.

> 오직 천하의 지극한 성실함이라야 능히 자신의 본성을 다 구현할 수 있다. 능히 자신의 본성을 다 구현해야 남들의 본성을 다 구현할 수 있다. 남들의 본성을 다 구현해야 모든 것들의 본성을 다 구현할 수 있다. 모든 것들의 본성을 다 구현한다면 천지가 만물을 낳고 기르는 일을 도울 수 있다. 천지가 만물을 낳고 기르는 일을 도울 수 있다면 가히 천지에 참여한다고 할 수 있다.[13]

이렇게 인간은 우주의 본질을 계승해서 태어났을 뿐만 아니라 우주의 하는 일에 동참하는 존재가 된다. 물론 그 일이란 천지 속에서 태어나 존재하는 모든 것들이 원만히 그들의 삶을 꾸려갈 수 있도록 돕는 것이다. 유가적 의미에서 인간이 만물의 영장이라는 말은, 지배와 사용의 의미가 아니라 공감과 협력의 책임을 가장 많이 진 자라는 뜻이다. 책임이 가장 많은 이유는 인간이 가장 훌륭한 기질적 조건을 부여받아 태어났기 때문이다.

이 장에서는 인간의 도덕적 본질이 어디서 왔는지에 대해 주로 논했다. 그러나 그 도덕적 본질은 가능성의 차원일 뿐 현실의 차원이 아님도 확인했다. 그렇다면 이 가능성의 차원을 교육과 훈련을 통해 현실의 차원으로 구현하는 것이 필요하다. 이것은 주체와 공부의 문제가 된다.

5장

존재를 읽는 두 개의 시선 – 태극음양론

대대와 유행

앞 장에서는 인간의 도덕 본성이 자연[天] 혹은 존재계로부터 연유했다는 도학의 목소리를 확인했다. 이 장부터 세 개의 장에서는 주자가 도덕성의 근원으로서 자연 혹은 존재계를 어떻게 인식했는지에 대해 본격적으로 다룬다. 3장에서 본 것처럼 도학자들은 우주의 본질을 '생' 혹은 '생의'라고 새롭게 해석했고, 주자는 이런 생각을 종합 발전시켰다. 그런데 동시에 주자는 역학易學에 대한 재해석을 통해 우주의 본질이 지극히 체계적이고 질서적이라고 읽는다.

'생'이나 '생의'가 발생학적이고 유기체적인 느낌을 준다면 체계와 질서는 기하학적 공간 배치의 느낌을 준다. 주자는 이것을 '유행流行'과 '대대待對'라고 명명했는데, 이 두 관념은 모두 그의 『주역』관에서 가져온 것이다. 주자는 시종 『주역』의 태극太極과 음양陰陽 이하 간의 관계 설명을 통해 그의 존재에 대한 관점을 완성시킨다. 그래서 존재의 본질과 구조에 대한 주자의 생각은 그의 태극음양론으로 압축된다.

한편 그의 존재론이라고 익히 알려진 '이기론理氣論'은 실제로는 단순한 존재론이라고 하기 어렵다. 이기론은 존재를 설명하기도 하지만, 그보다는 도덕적 주체로서 인간의 심리와 감정을 설명하는데 동원된다. 이때의 리는 선의 근거이고 기는 악의 근거다. 이렇게 도덕심리학의 존재론적 근거로서의 의미일 때의 리와 기는 결코 태극과 음양의 관계와 같지 않다. 어떠한 경우에도, 태극은 선 음양은 악이 될 수 없기 때문이다. 선악의 문제는 오직 의지를 지닌 개별자의 단계에서만 유의미하고 존재 전체의 차원에서는 논해질 수 없다. 개별자가 아닌 존재계 전체를 설명할 때 주자는 언제나 이기론이 아닌 태극음양론을 전개한다. 태극음양 관념은『주역』에서 나왔으니 이야기는『주역』의 세계관으로부터 시작하지 않을 수 없다.

『주역』은 세계를 서로 다른 두 개의 성질이 마주하는 것으로 해석한다. 남자와 여자·하늘과 땅·좌와 우·추위와 더위 등등이 그것이고,『주역』은 이것을 '음陰과 양陽'이라고 개념화 했다. 즉 세계는 음과 양이라는 두 개의 서로 다른 성질의 것이 함께 마주하고 있다는 것이다. 이것이 주자가 말하는 '대대'인데 대대는 대립이 아니다. 대립은 상대의 소멸을 목표로 하지만 대대는 상대의 존재가 자기 존재를 떠받친다. 때문에 대대는 병존竝存이기보다 공존共存이다. 네가 없으면 나도 없다. 우리나라 태극기의 태극에서 빨간색과 파란색이 위아래로 마주하고 있는 것은 이것을 상징한다.

공존이기에 마주하는 둘은 결코 그냥 그렇게 별개로 존재하지 않는다. 언제나 이 둘은 상호 관계 속에서 서로에게 영향을 미치고 작용하며 심지어는 상대의 것으로 전화된다. 이것이 바로 주자가 말하는 '유행'인데, 하늘과 땅이 만나 비바람을 일으키고 만물을 낳는 것이나 남자와 여자가 만나 가정을 이루고 아이를 낳는 것이나 낮은 밤이 되고 밤은 다시 낮이 되는 것이 이에 해당한다. 태극기에서 빨간색과 파란색이 서로의 꼬리를 물고서 점점 커지거나 줄어드는 것은 유행의 역동성을 표현한다.

세계는 이렇게 서로 다른 성질의 것이 마주하면서도 끊임없이 상호 작용한다. 즉 대대와 유행은 우주와 그 안에 있는 모든 것들의 존재방식이다. 그렇다면 그것을 그렇게 만드는 무엇이 있지 않을까?『주역』의「계사전繫辭傳」은 그것을 '우주의 원리' 혹은 '역의 원리'라고 읽었고, '태극太極' 이라고 명명했다.

> 易有太極, 是生兩儀, 兩儀生四象, 四象生八卦, 八卦定吉凶, 吉凶生大業.
>
> 역易에는 태극이 있고, 이것은 양의(음양, ⚊, ⚋)를 낳고, 양의는 사상四象(⚌, ⚍, ⚎, ⚏)을 낳고, 사상은 팔괘를 낳고, 팔괘는 길흉을 정하고, 길흉으로부터 위대한 결과가 생겨난다.

여기서 말하는 '역易'은 책으로서의 『주역』일 수도 있고, 해와 달이 교차하는 이 세계일 수도 있다. '역易'은 본래 피부색을 바꾸는 카멜레온을 상형한 글자지만, 전통적으로는 오랫동안 해[日]와 달[月]의 합성어로 이해되어왔다. 그래서 태극은 『주역』의 원리일 수도 있고 이 세계의 원리일 수도 있다. 그러나 '원리'라는 말은 그리 간단치가 않다. 역대로 태극 개념에 대한 이해에는 다양한 갈래가 있어 왔다.

첫째, 서법론적筮法論的 해석이다. 『주역』은 본래 점치기 위한 책이니 서법론에서 태극은 점칠 때 동원되는 원리를 의미한다. 위의 문장이 길흉과 대업으로 끝나는 것에서 알 수 있다. 둘째, 우주발생론적 해석이다. 음양이 하늘과 땅 혹은 낮과 밤이라면, 그렇게 분화되기 이전 우주의 최초 단계 즉 원기元氣가 바로 태극이라는 관점이다. 셋째, 존재론적 해석이다. 하늘과 땅·낮과 밤 등 존재하는 모든 것들을 그렇게 되도록 만드는 현상 배후의 원리라는 관점이다. 우리가 '이 세계의 원리'라고 했던 그런 관점이다.

그런데 어려운 문제는, 주자가 태극을 주로 이 존재론적 개념으로 사용하지만 서법론적 관념과 우주론적 관념 역시 배제하지 않았다는 점이다. 여기서 문제가 되는 것은 우주발생론적 관념에서의 '원기元氣'와 존재론적 관념에서의 '원리原理'는 이론적으로 서로 충돌한다고 생각된다는 점이다. 하나는 기氣이고 다른 하나는 리理여서, 기와 리는 서로 환원되지 않는다는 주자의 이기론적 체계로는 해명이 되지 않기 때문이다. 드물지만 주자는 분명 태극을 원기 개념으로도 사용한다.

태극으로부터 음양 이하로의 과정을 설명하는 주자 태극음양론의 주요 텍스트에는 두 종류가 있다. 주돈이의 「태극도설」에 대한 해설인 「태극도설해太極圖說解」와, 유목의 〈하도낙서〉와 소옹의 〈선천역학〉에 대한 해설이 주를 이루는 『역학계몽易學啟蒙』이 그것이다. 많은 연구자들은 「태극도설해」를 『역학계몽』과 분리해서 특별히 강조하지만, 「태극도설」 자체가 『주역』에 대한 주돈이의 해석이고 주자는 「태극도설」·〈하도낙서〉·〈선천역학〉이 서로 관통된다고 강조한다. 그것들이 모두 『주역』과 관련 있다고 보는 것이다. 이렇게 그의 세계관은 철저하게 『주역』에 의지한다.

주자는 「태극도설해」에서 태극으로부터 음양으로의 과정을 '천명의 유행'이라고 해석하는데, 여기서의 '천명(혹은 천리)'이란 『중용』(誠者, 天之道也)을 계승하여 주돈이가 '성실성[誠]'이라고 밝혔던 바로 그 우주의 원리다. 우주적 성실성이란 곧 3장의 「인설」에서 확인했던, 우주의 끊임없이 낳고 낳는 생명의 연속 혹은 생의의 지속이다. 그리고 주자는 『주역』의 관점[一陰一陽之謂道, 繼之者善也, 成之者性也.]을 계승하여, 그 천리(천명)가 인간의 본성이 된다고 보았다. 그래서 「태극도설해」의 주제는 천도의 인도화이고, 그 전체로서의 천도는 기본적으로 '천명의 유행'이며 '유행'은 '생의'를 설명한다.

한편 〈하도낙서〉와 〈선천역학〉은 공히 태극으로부터 음양 이하로의 과정을 기하학적 대수학적 균형과 질서로 설명한다. 이로부터 주자는 이 세계가 얼마나 체계적이고 질서적인지를 주장한다. 즉 '대대'의 세계관이다. 일반적으로 연구자들은 주자의 '생의철학生意哲學'을 보다 강조하고, 주자의 〈하도낙서〉와 〈선천역학〉 즉 그의 상수학象數學은 그다지 주목하지 않았다. 심지어는 이 둘은 별개의 체계라고 보는 것 같다. 하나는 도덕의 우주적 내원에 대한 이야기 즉 도덕본체론임에 반해, 다른 하나는 역학 이론 즉 경학의 일부라는 이해다.

물론 이 둘은 서로 다르다. 하나는 발생론적·생물학적 언어체계이고 다른 하나는 기하학적·대수학적 언어체계다. 하지만 이 둘은 대대와 유행이라고 하는 그의 역학관으로부터 분화 발전되어 온 것으로서, 공히 주자의 세계 이해를 설명한다. 여기서 대대와 유행은 서로 충돌하지 않는다. 즉 세계는 생의라고 하는 우주적 본질에 의해 끊임없이 발생하고 운행되지만, 그것은 언제나 엄밀한 질서와 체계로 구현된다는 의미다.

나의 책 『역학과 주자학』은 북송 도학자들의 세계관이 '전체와 법칙'에 대한 관심이었으며, 주자의 역학은 그것을 발전시킨 '균형과 질서'였고, 그러한 역학관으로부터 설정된 주자의 세계관은 '관계와 체계'라고 규정했다.[1] 이 키워드들에서 분명히 보이듯이 내가 주목한 주자의 역학은 '균형과 질서'로서의 '대대'였다. 주자 상수학과 그것에 기반하여 출발한 주자철학의 '체계성'을 강조하기 위해서였다. 하지만 그러다보니 주자 역학의 또 다른 축인 '유행'에 대해서는 충분히 다루지 못했다. 특히 「태극도설해」의 '천명유행'을 그의 역학 관념인 유행과의 관계 속에서 충분히 드러내지 못했다. 이 문제는 주자의 존재론을 이해함에 있어서 매우 중요한 문제다.

「태극도설해」의 '유행'과 주자 상수학의 '대대'는 종횡의 구조로 배치해 독해되어야 한다. 물론 「태극도설해」에 대대가 없고 〈하도낙서〉·〈선천역학〉에 유행이 없는 것은 아니다. 유행과 대대는 분절적일 수 없다. 낮과 밤이 대대하면서도 동시에 그것이 상호 전이의 유행을 보이는 것에서 알 수 있듯이, 모든 대대와 유행은 동시에 존재한다. 때문에 「태극도설해」의 태극부터 인의예지신의 오성까지는 발생적 흐름과 지속을 보여주면서도, 그 안에 양의·오행 등의 분화와 대대의 구조를 갖는다. 마찬가지로 〈선천역학〉·〈하도낙서〉의 태극·양의·사상·팔괘 등의 기하학적 구조 역시 파생과 확장이라는 일정한 흐름을 보인다. 이렇게 대대와 유행은 동시적이다.

하지만 그럼에도 불구하고 「태극도설해」의 강조점이 유행에, 주자 상수역학의 강조점이 대대에 있음은 확연하다. 따라서 「태극도설해」와 〈선천역학〉·〈하도낙서〉의 개별 도식들이 대대와 유행의 상호 교직 속에서 독해되어야함과 동시에 「태극도설해」의 유행과 주자 상수역학의 대대 역시 종횡의 구조 속에서 상호적으로 독해되어야 한다. 그래야 주자의 존재론을 입체적으로 읽을 수 있다.

유행과 대대의 상호 교직이야말로 주자 존재론의 특징이자 특이점이다. '생의'는 『주역』「계사전」 이래 도학자들의 공통된 세계이해다. 때문에 그 자체에 주자의 특수성이 있는 것은 아니다. 주자는 전통적인 '생의'를 『주역』적 관념인 '유행'과 연결해서 설명한다. '생의'는 생물학적·유기체적 뉘앙스가 강하다. 그에 반해 '유행'은 존재론적 성격이 강하다. 즉 '유행'은 강물이 흐르고 사계절이 바뀌는 것처럼 생명 있는 것의 범위를 넘어서 이 세계의 존재 방식을 설명한다. 이것이 6장에서 설명하게 될 주자 본체론의 특이점이다. 주자는 여기서 멈추지 않고 이 '유행'을 '대대'의 구조로 설명한다. 즉 태극으로부터 시작되는 '천명의 유행'은 아무리 그것이 '활발발活潑潑'한 생의의 드러남이라 하더라도, 결코 자유분방하고 산만하게 전개되는 것이 아니라 음양(양의) → 오행(혹은 사상) → 팔괘 → 만물 등으로 지극히 법칙적으로 전개된다는 것이다. 이 '체계성' 역시 주자 존재론의 특이점이며, 이 '체계성'은 더 나아가 주자철학 전체의 특징이 된다.

연구자들은 우주의 본질인 '생' 혹은 '생의'를 '본체'라고 부르고, 인간 도덕성의 우주적 내원에 대한 믿음의 체계를 '본체론'이라고 불렀다. 때문에 도학자들의 본체론은 언제나 '생의'와 연결되고 많은 연구자들은 이 '본체'와 '생의'의 문제에 주목한다. 하지만 이런 본체론 혹은 생의만으로는 주자의 세계관을 모두 설명할 수 없다. 주자는 그의 상수역학을 통해 여타의 도학자들과는 달리 질서와 체계로서의 세계관을 구축한다. 질서와 체계로서의 세계관은 비단 세계에 대한 설명으로 끝나지 않고, 주자의 공부론과 사회제도론 등 다양한 방식으로 확장 발전된다. 그래서 주자철학의 특징은 오히려 이런 구체성·체계성·엄밀성에 있는 것이다.

이 장에서는 우선 「태극도설」과 「태극도설해」를 중심으로 세계를 보는 주자의 두 개의 시선, 즉 유행과 대대가 어떻게 상하좌우로 조직되는지를 추적한다. 그리고 유행과 대대의 세계관은 각각 6장과 7장에서 보다 구체적으로 다룬다.

이기론의 두 얼굴 – 존재론과 본체론

「태극도설」을 이기론으로 읽었을 때에 발생하는 난점들은 사실 이기론 자체가 지니는 이중적 성격 때문이다. 일반적으로 철학사에서는 주자의 철학을 이기理氣 – 심성心性 – 수양修養의 순서로 기술한다. 즉 원리[理]와 시공간 내적 재료[氣]로 이루어진 세계를 설정하고, 그것으로부터 어떻게 도덕 본성이 생겨났는지, 마지막으로 그 도덕 본성을 어떻게 키워나가 현실화할 것인지의 순서다. 그래서 이기론은 존재론存在論이라고도 하고, 심성은 심성론心性論, 수양은 수양론修養論 혹은 공부론工夫論이라고 부른다.

하지만, 엄밀히 말해 주자를 비롯한 도학자들의 사유에서 세계에 대한 관심은 자연과학적인 것이 아니다. 『주자어류』 1권 '천지편'에는 주자의 자연과학적인 지식과 관심에 대한 기술이 많다. 하지만 이런 것들은 지금 말하는 '존재론'과 거의 아무런 관련이 없다. 주자의 존재론은 철저히 심성론 즉 인간의 도덕 본성과의 관계 속에서만 의미를 갖는다. 즉 인간의 도덕 본성이 자연의 차원 혹은 존재계의 차원에서 어떻게 설명될 수 있는지에 대한 의미만을 지닌다.

그에게서 도덕의 본성은 자연으로부터 온 것이기에 그 논리적 순서는 이기→심성이 되겠지만, 관심의 방향으로 말하자면 오히려 심성→이기의 순서가 옳다. 이것이 바로 앞 장에서 인용했던 『중용혹문』의 "그것이 본래 모두 하늘에서 나온 것이지만 실상은 나에게 본래 있는 것임을 보이려고 한 것이다.[其本皆出乎天, 而實不外於我也.]"의 의미이다. 언제나 관심과 논의의 중심은 도덕적 주체로서의 '나'에게 있지 그것의 근원으로서의 '존재'에 있지 않다.

도덕의 근원을 자연 혹은 존재계에서 찾으려고 하는 것은 천인합일이라고 하는 유학의 오래된 관념의 소산이다. 하지만 송대 도학자들이 특별히 이렇게 존재론을 강조하는 데에는 불교와의 대결 의식이 크게 작용했다. 즉 불교에서는 도덕을 포함한 일체의 것을 의지할 수 없는 공허한 것이라 주장한다. 때문에 현상에 대한 집착을 벗어나 자유를 찾으라고 말하는 것이다. 그러나 유학은 어디까지나 현실 내의 철학이다. 그래서 일체를 망상이라고 규정하는 불교에 대항해, 두 발을 딛고 있는 이 세계는 엄연히 실재하며 우리의 일상과 규범 일체는 이 실재하는 것들로부터 나왔음을 주장하려는 것이다.

그러나 그 실재함에 대한 인정과 그것으로부터 도출된 규범의 체계가 선진 공맹의 수준에 머물러 있을 수는 없었다. 불교의 고도한 형이상학 체계에 맞설 수 있으려면 유학 나름의 형이상학적 체계가 필요했다. 이것이 바로 주자학에서의 존재론이고, 그것은 주로 이理와 기氣에 의한 설명 즉 이기론이라고 알려져 있다. 주자의 이기론 체계는 불교 화엄종의 법계관法界觀 즉 이사관理事觀에서 빚진 바가 크다.

화엄과 성리학에서 말하는 리理는 '원리·법칙'의 의미를 지니고 사事 혹은 기氣는 시공간 내에서 벌어지는 일체의 현상을 의미한다. 주자학에서 존재하는 모든 것은 현상으로서의 기와 그것을 그렇게 만드는 원리로서의 리로 구성되어 있다. 하지만 원리로서의 리는 시공간을 점유하지 않는 '형이상'의 것이기에 '구성'되어 있다는 말은 오해를 살 수 있다. 우리가 보고 만지고 느낄 수 있는 모든 것은 기이고, 그것의 원리로서 리는 그것의 배후에 즉 시공간 초월적으로 존재한다.

과거의 철학사는 대체로 이 리와 기의 개념적 이해를 위해 지면을 많이 할애했다. 그것은 주로 중국 학계가 유물론적 해석에 경도되어 있던 20세기 상황과 관련이 있다. 하지만 정작 주자의 저작을 통해 볼 때 주자는 리와 기에 대한 개념적 이해에 그다지 관심을 기울이지 않은 것으로 보인다. 일본 학자 고지마 쓰요시에 의하면 리나 기라는 개념어는 송대에 이미 일반적으로 쓰이던 용어라고 한다. 때문에 주자의 이기론은 리와 기에 대한 이론이라기보다는 리와 기의 '관계'에 대한 이론이라고 그는 말한다.[2] 이러한 이해는 매우 타당해 보인다. 주자는 리나 기에 대한 개념적 이해에 별 관심이 없다. 그보다 더 중요한 것은 역시 리와 기의 관계 문제다.[3]

위에서 말한 것처럼 리와 기는 주자학에서 존재자와 존재의 원리라는 관계를 지니지만, 그보다 더 빈번하게 그리고 그만큼 더 중요하게는 선과 악의 관계로 설명된다. '성즉리性卽理' 즉 도덕 본성과 연결될 때 리는 선善의 근거가 되고, 자기중심적 욕망의 근거로서 신체와 연결될 때 기는 악惡의 근거가 된다. 도덕적 감정·의지와 비도덕적 감정·욕구는 심성론과 수양론의 가장 기본적인 구조이기에, 그것들의 근거로서 도덕 본성[理]과 육체[氣]는 이기론의 핵심적이고 실재적인 내용이 된다.

그런데 문제는 여기에 있다. 주자학에서 말하는 리는 존재자의 존재 원리이기도 하고 동시에 선의 근거로서 도덕 본성이기도 하다는 점이다. 앞의 것은 전통적으로 형구지리形軀之理라고 불렀고, 간단히 물리物理라고도 부를 수 있다.[4] 뒤의 것은 전통적으로 성명지리性命之理 혹은 간단히 성리性理라고 부른다. 편의상 나는 앞으로 이 간칭들을 쓰겠다.

대만의 연구자들을 비롯해 대부분의 연구자들은 이 두 이론 체계를 하나로 섞어서 말하곤 한다. 연구자들은 일반적으로 도덕의 존재적 근원을 '본체本體'라고 부른다. 그래서 그들은 이기론 혹은 존재론을 '본체론本體論'이라고 부르기도 한다. 그들이 말하는 '본체'는 분명 도덕의 근거다. 그러나 동시에 시공간 속에 존재하는 자연계의 본질이기도 하다. 이런 이해가 가능한 이유는 도덕의 근거가 자연 혹은 존재계에서 왔다고 믿기 때문이다. 때문에 그들의 논의에서 형구지리(물리)와 성명지리(성리)는 시종 구분되지 않는다. 하지만 그럼으로써 많은 불필요한 논쟁과 오해를 불러 일으켰다.

논의의 편의를 위해 나는 존재자와 존재 원리의 관계에 대한 이론 체계를 '존재론'으로, 도덕 본성과 그것의 우주적 연원에 대한 믿음의 체계를 '본체론'으로 나누어서 명명하고자 한다. 예컨대 나에게 도덕 본성이 있고 그것이 우주적 존재계에서 왔다는 믿음은 본체론에 해당하고, 내가 자고 먹어야 하는 원리의 지배를 받고 있음은 존재론에 해당한다.

그런데 문제는 현대의 연구자들만이 아니라 주자를 비롯해 전통시기 도학자들 역시도 이 둘을 명확히 구분하지 않았다는 점이다. 도학자들이 말하는 '도덕성'이란 앞 장에서 말한 것처럼 존재하려는 의지와 그에 대한 존중으로서의 생의生意이다. '연비어약鳶飛魚躍', 기러기는 날고 물고기는 헤엄친다. 도학자들은 너나 할 것 없이 『시경』의 이 구절을 무척 애용했다. 기러기가 날고 물고기가 헤엄치는 이 지극히 자연스러운 현상(존재론)이 곧 그들 각자에게 부여된 생의가 드러난 것(본체론)이라고 보았고, 이 생의는 우주와 우주 내에 사는 모든 것들이 공통으로 갖고 있는 것이어서 우주의 본질이라고 할 수 있다는 것이다.

그러나 물고기는 날지 않고 기러기는 헤엄치지 않는다. 물고기에게는 나는 이치가 없고, 기러기에게는 헤엄치는 이치가 없기 때문이다. 그래서 둘은 서로 다르다. 이것은 나의 영역 구분에 의하면 존재론 차원의 문제에 해당한다. 기러기를 물고기와 구분시켜 날 수 있도록 만들어주는 원리 그것은 기러기의 물리다. 때문에 이것은 존재론에 해당한다. 그러나 기러기가 나는 것이나 물고기가 헤엄치는 것이나 모두 자신의 '존재 의지'의 표현이다. 때문에 이 자체가 도덕성의 구현이고 이는 본체론 차원의 문제이기에, 기러기의 나는 이치는 물고기의 헤엄치는 이치와 마찬가지로 동시에 성리이기도 하다.

차이점은 어디에 있는가? 본체론, 즉 기러기든 물고기든 누구나 부여받은 도덕 본성으로서의 존재 의지에 대한 담론은 같음[共性]의 영역이다. 반면 존재론, 즉 기러기는 헤엄칠 수 없고 물고기는 날 수 없는 존재 방식과 원리에 대한 담론은 다름[殊性]의 영역이다. 이것을 도학자들은 불교의 관점을 차용하여 리일분수理一分殊라고 불렀다. 즉 리는 하나로 모두 같지만, 각각의 개별자 차원에서는 서로 달라진다는 말이다.

때문에 본체론에서의 리는 같음으로서의 '하나의 리[一理]' 혹은 도덕 본성으로서의 성리에 해당하고, 존재론에서의 리는 다름으로서의 '달라진 리[分殊理]' 혹은 개별의 존재 방식으로서의 물리라고 부를 수 있다. 그런데 도학자들은 너무나 확연하게도 이 공통성으로서의 성리에(만) 관심을 기울였지 개별자들마다의 다름으로서의 물리에는 거의 관심을 기울이지 않았다.

앞에서 밝힌 것처럼 주자를 비롯한 도학자들은 불교와의 응전 속에서 도덕 본성의 근원을 존재계에 두고자 했다. 때문에 도학자들의 존재에 대한 관심은 일관되게 '도덕 본성의 근원'으로서의 의미로 한정된다. 이들이 말하는 원리 역시 '도덕적 원리'로 한정된다. 다만 그러면서도 그 도덕적 원리가 '존재계'로부터 연유했음을 말하려고 한다. 아니 자연의 '존재' 혹은 '존재 의지' 그 자체를 도덕의 근원이라고 상정하는 것이다. 즉 그들은 인간의 도덕성을 설명하기 위해 자연을 도덕의 것으로 만들어버린 것이다.

여기서 '존재(sein)'와 '당위(sollen)'의 관계 문제가 발생한다. 도학자들은 '연비어약'의 존재 자체가 '생의' 즉 당위의 구현이라고 보았다. 이렇게 보자면 그들은 존재와 당위를 일치시킨 것이다. 존재로부터 당위를 끌어내려는 시도를 자연주의적 오류(Naturalistic fallacy)라고 부른다. 자연적 존재 혹은 현상 그 자체를 도덕적이라고 규정하게 되면 천재지변도 살인도 정당화될 수 있다. 적지 않은 연구자들이 송명 도학의 관점을 자연주의적 오류에 해당한다고 지적해왔다.

하지만 주자의 관점에서 이러한 비판은 오히려 선불교에 해당하는 것이고, 바로 그 점에서 유학은 그들과 구분된다. 선불교에서는 물 긷고 나무 하는[運水搬柴] 그 자체가 도라고 말한다. 즉 현상 그 자체가 불성의 표현인 것이다[作用是性]. 하지만 주자는 현상 그 자체가 아니라 현상 배후의 규범성이 도라고 주장한다. 예를 들어 걷는 것 그 자체에도 불성은 깃들어 있다고 보는 것이 선불교라면, 아무렇게나 걷는 것이 아니라 어른을 존중하는 의미에서 어른보다 조금 뒤로 걷는 것이 도라고 보는 것이 주자다.

그렇다면 기러기가 날고 물고기가 헤엄치는 그 자체가 생의 즉 도덕성의 표현이라고 하는 말은 또 어떻게 이해되어야 할까? 연비어약鳶飛魚躍은 작용시성作用是性이 아닐까? 존재 그 자체가 당위인가 아니면 존재 배후의 규범성이 당위인가? 건강한 청년이 어른보다 앞서서 생기 있게 나아가는 것은 생의의 표현이 아니란 말인가? 더 나아가 홍수가 나고 가뭄이 드는 것 역시도 우주 생의의 표현이 아닐까?

주자는 단연 아니라고 말한다. 주자의 관점에서 그것은 무지의 소산이거나 자기중심적인 욕망의 표출이다. 무의지적인 자연현상의 경우는 기의 우연적이고 잘못된 응결일 뿐이다. 인간이든 자연이든 이것은 이치의 탓이 아니다. 즉 비리非理와 부조리不條理는 말 그대로 이치에 부합하지 않는 것이다. 주자의 관점에서 이 부조리성의 원인은 언제나 기에 있지 리에 있지 않다.

결론적으로, 주자를 비롯한 도학자들은 연비어약을 말하지만 실제에 있어서는 기러기와 물고기에게마저도 인간의 규범을 들이미는 것이다. 즉 기러기와 물고기의 존재로부터 규범을 읽어내는 것이 아니라 인간의 규범성을 기러기와 물고기의 존재에 투사하는 것이다. 그래서 주자는 개미나 벌에게 군신君臣의 예가 있다거나 이리나 호랑이에게 부자父子의 정이 있다고 주장한다.[5] 만약 늙은 수컷 호랑이가 무리에서 쫓겨나는 것을 주자가 보았다면, 그는 그것은 호랑이의 '자연성'이 아니라고 했을 것이다. 그것은 호랑이가 부여받은 안 좋은 기질 때문에 발생하는 문제여서, 호랑이도 부여받은 도덕 본성이 '자연스럽게' 구현되는 것을 방해한다고 설명했을 것이다.

때문에 도학자들의 관점은 오히려 도덕주의 오류(moralistic fallacy)에 가깝다고 할 수 있다. 즉 군신의 예나 부자의 정과 같은 도덕성을 구현하는 것이 그들의 '자연성'이라고 주장하는 것이다. 더 나아가 기질적 제한성을 극복하여 일체의 도덕성을 구현하는 것이 그들의 '본질'이라고 주장하는 것이다. 즉 개에게도 도덕성은 있다.[6] (주자의 관점에서) 불교가 보는 개의 '불성'은 존재 그대로이지만, 유가가 보는 개의 '도덕성'은 인간에 대한 의리로 한정된다.

여기서 우리는 주자학에서 말하는 '본성'이 실제 무엇을 가리키는지 엄밀해질 필요가 있다. 주자는 늙은 수컷을 무리에서 쫓아내는 것이 호랑이의 본성이 아니라 부모를 위해 먹이를 양보하는 것이 호랑이의 본성이라고 주장하는 것이다. 마찬가지로 이기적 욕망에 빠진 모습이 아니라 타자를 배려하고 공감하는 것이 인간의 본성이라고 주장하는 것이다. 그런 의미에서 그가 말하는 '존재'는 존재하는 그대로의 것이 아니라 이미 도덕의 옷을 입은 '포장된 존재'다.

맹자는 선함이 인간의 본성이라고 주장했다. 다만 현실적 제약에 의해 그 본연의 선함은 제대로 구현되지 못한다는 것이다. 맹자의 본성설은 현실적 제약 '이전의 단계'를 설정한 것이다. 그리고 그것이 인간의 '원래의 모습' 즉 '본질'이라고 주장하는 것이다. 그래서 송대 도학자들은 인간의 이 '현실적으로 오염된 존재'로부터 '원래의 참된 존재'로 돌아가는 것을 '회복[復]'이라고 불렀다. 그들은 『주역』 복괘復卦 괘사 "복괘에서 천지의 마음을 볼 수 있다.[復其見天地之心乎]"는 구절을 근거로 하여, 이 '회복'하려는 모든 것들의 의지를 본질로서의 '생의'로 읽은 것이다. 지금 있는 그대로가 아니라 회복해야 할 그것이 '본래적'인 것이며, 그래서 그것만이 '본질'이고 '본체'고 '본성'이다.

과연 어떤 것이 인간과 만물의 '본래 모습'인가에 대한 이해는 보는 각도에 따라 다를 수 있다. 어쩌면 순자나 홉스 같은 이들이 말하는 것처럼 욕망적 존재가 즉 '현실의 존재'가 '본래적 존재'에 좀 더 가까울 수 있다. 아니면 '본래 모습'이란 애당초 존재하지 않는지도 모른다. 중요한 것은 맹자나 순자 혹은 로크나 홉스 같은 철학자들이 왜 그렇게 말하는지 그 철학적 의미가 중요하다. 순자나 홉스는 현실 속 욕망의 존재를 통제하고 규율해야 할 급박한 존재로 보는 반면에, 맹자나 주자처럼 인간의 도덕성을 본래 모습이라고 주장하는 사람들은 그러한 '요청' 속에서 인간의 자발적 성장을 기대하는 것이라고 할 수 있다.

태극론인가 이기론인가?

도덕성의 자연적 기원을 아주 진지하게 주장한 것이 염계濂溪 주돈이周敦頤의 「태극도설」이다. 주자가 친구 여조겸과 함께 편집한 도학 입문서인 『근사록』은 주돈이의 「태극도설」을 가장 앞에 수록하고 있다. 주자와 여조겸은 『근사록』의 첫 편을 '도체편道體篇'이라고 이름 지었는데, 도체란 '인간을 포함한 우주의 가장 근원적인 본질'이라는 정도의 의미다. 그만큼 주자의 사유체계에서 「태극도설」은 중요하다.

기존의 철학사는 대부분 주돈이와 주자 두 사람의 태극 개념을 우주론과 존재론(혹은 본체론 – 많은 철학사가들은 이 둘을 구분하지 않는다.)으로 나누어 기술하고 있다. 주돈이의 태극론은 우주의 발생과정을 그린 것임에 반해 주자는 태극과 무극을 리로 해석함으로써 존재론(본체론) 체계로 재해석해 내었고, 이것이 곧 주자 존재론(본체론)의 완성이자 북송 우주론 도식에 대한 극복이라는 것이다.[7]

물론 주자가 완성한 존재론 체계가 중국철학사에서 갖는 의의는 결코 경시될 수 없다. 하지만 주돈이가 「태극도설」을 쓴 목적이 유가의 우주 발생론을 정리하는 데에 있지 않았듯 주자 태극론의 목적 역시 유가 존재론의 완성에 있지 않았다. 우리는 물론 두 사람이 공통으로 사용하는 개념 속에 존재하는 함의의 차이와, 그로부터 발생하는 두 사람의 학술사적인 위상의 차이를 규명할 필요가 있다. 하지만 그보다는 좀 더 그 둘이 서로 주고받는 주제의식, 즉 인간을 포함한 우주에 편만한 끊임없는 생명력과 끊임없는 생명·생성에 대한 의지에, 그리고 그러한 생명의 지속과 생명에 대한 의지는 우주의 본성이자 인간의 본성이라는, 따라서 인간과 우주는 본질적으로 합일된다는 주제의식에 주목해야 한다.

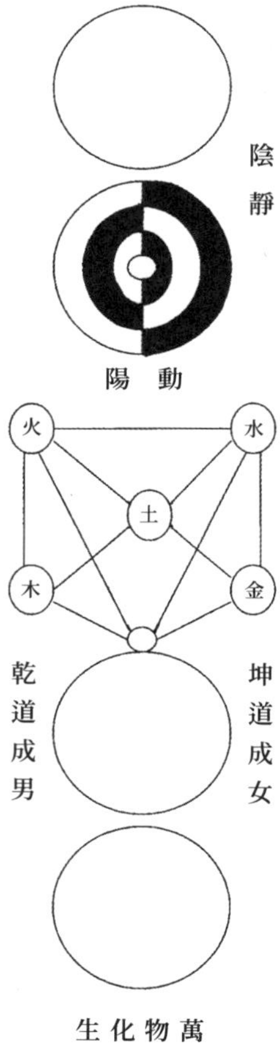

『한상역전』 수록본 〈주씨태극도〉

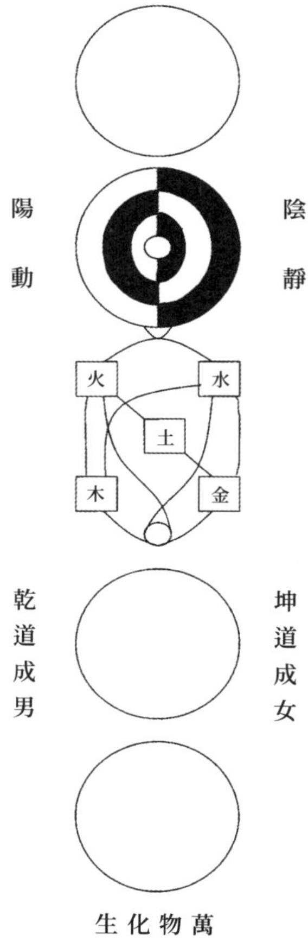

『주자전서』 수록본 〈태극도〉

「태극도설」

無極而太極. 太極動而生陽, 動極而靜; 靜而生陰, 靜極復動. 一動一靜, 互爲其根, 分陰分陽, 兩儀立焉. 陽變陰合, 而生水火木金土. 五氣順布, 四時行焉. 五行一陰陽也, 陰陽一太極也, 太極本無極也. 五行之生也各一其性. 無極之眞, 二五之精, 妙合而凝. 乾道成男; 坤道成女. 二氣交感, 化生萬物. 萬物生生, 而變化無窮焉.

무극이며 태극이다. 태극은 움직여서 양을 낳고, 그 움직임이 극에 달하면 다시 고요해진다. 고요해지면 음을 낳고, 그 고요함이 극에 달하면 다시 움직인다. 이렇게 한 번 움직이고 한 번 고요해짐이 서로의 뿌리가 되는데, 음과 양으로 나뉘어 양의兩儀가 형성된다. 양과 음이 변하고 합하여져 수·화·목·금·토의 오행을 낳게 되니, 이 다섯 가지 기가 적절히 자리를 잡으면 네 계절이 운행한다.[8] 오행은 결국 하나의 음양이며 음양은 결국 하나의 태극이고 태극은 본래 무극이다. 오행이 만들어지면 각기 하나의 본성을 지니게 된다. 무극의 참됨과 이기二氣 오행의 정수가 오묘하게 합하여져 응결된다. 건도乾道는 남성성(수컷)을 이루고 곤도坤道는 여성성(암컷)을 이룬다. 이 두 기가 교접하여 만물을 만들어내니, 만물은 낳고 낳아 그 변화가 무궁하다.

惟人也得其秀而最靈. 形旣生矣, 神發知矣. 五性感動, 而善惡分, 萬事出矣. 聖人定之以中正仁義而主靜(無欲故靜), 立人極焉. 故聖人與天地合其德; 日月合其明; 四時合其序; 鬼神合其吉凶. 君子修之, 吉. 小人悖之, 凶. 故曰: "立天之道曰陰與陽; 立地之道曰柔與剛; 立人之道曰仁與義." 又曰: "原始反終, 故知死生之說." 大哉易也, 斯其至矣.

오직 사람만이 빼어난 기를 받아 가장 영험[9]하다. 형체가 만들어지면 정신에 의해 지각 작용이 생기게 되고[10], 다섯 가지 본성[11]이 움직여 선과 악이 나뉘게 되어 숱한 일들이 생겨나게 된다. 성인은 인류의 행위가 선을 향하고 악을 제거하도록 하기 위해 '인의중정'의 원칙을 확립하시면서, 더불어 정靜을 주로 하시어[12] 인간 행위의 최고 준칙[人極]으로 삼으셨다. (원주: 욕망이 없기 때문에 고요할 수 있다.)[13] 그러므로 성인께서는 그 덕이 천지天地와 같으시며, 그 밝으심은 해와 달과 같고, 그 조리 있음은 네 계절과 같고, 그 길흉을 판정하심은 귀신과도 같다.[14] 군자는 이것을 따라 수양하기 때문에 길하고 소인은 이것을 무시하고 제멋대로 하기 때문에 흉하다. 그래서 『주역』에서는 "하늘의 도를 세웠으니 음과 양이요, 땅의 도를 세웠으니 유순함[柔]과 강직함[剛]이요, 사람의 도를 세웠으니 인과 의이다."[15]라고 했다. 또 "그 시작을 살피고 끝을 돌아보니 이에 삶과 죽음의 도리를 알 수 있다."[16]라고 했다. 아 위대하도다 『주역』이여, 이렇게 지극하도다.

「태극도설」의 저자 주돈이는 북송 도학의 비조鼻祖로 일컬어진다. 주자는 자신이 특별히 추앙해 마지않는 이정二程 즉 정호 정이 형제가 어려서 주돈이에게 배웠다고 주장했지만, 사실상 주돈이는 주자가 이 글을 통해 북송 도학의 개창자로 추숭하기 전까지는 그다지 학술계에서 유명한 사람은 아니었다. 『연보』에 의하면 주자는 주돈이의 「태극도설」을 23세에 처음 읽었고, 41세에 「태극도설해太極圖說解」가 완성되기 이전에도 그는 수차례 주돈이의 「태극도설」과 『통서』를 정리 출판한다. 50대에도 계속해서 「태극도설」에 대한 주석을 수정하다가, 56세에는 육구연의 형 육구소陸九韶와 59세에는 육구연과 '무극태극논쟁'을 전개했다. 사실상 그는 일생동안 「태극도설」을 연구했다고 해도 과언이 아니다. 그만큼 「태극도설」은 주자의 사상 체계에서 중요한 문장이며, 주자가 이 글을 중요하게 생각한 만큼 주돈이 역시 송대 도학의 계보에서 중요한 인물로 부상하게 되었다.

하지만, 주돈이는 정작 「태극도설」에 대해 별다른 해석이나 부연 설명을 하지 않았다. 그의 또 다른 전문 저작인 『통서通書』에서 약간의 도움을 받을 수는 있지만 극히 제한적이기에, 「태극도설」에 대한 해석은 어쩔 수 없이 주자의 해설 즉 「태극도설해」에 의존하지 않을 수 없다. 그런데 문제는 여기서 생긴다. 주자의 해설이 과연 주돈이의 원의에 부합하는지에 대한 논란이 있을 수밖에 없다. 그 문제는 특히 첫 번째 구절과 두 번째 구절에 집중되어 있다.

먼저 첫 구절 '무극이며 태극이다[無極而太極]'에서 주자는 무극과 태극을 동일체로 간주했다. 즉 무극과 태극은 같은 것의 다른 이름일 뿐인데, 무극은 그것이 형체가 없는 형이상자임을 태극은 그것이 그럼에도 불구하고 분명히 존재하는 이치임을 표현할 뿐이라는 것이 주자의 설명이다.[17] 그러나 주자도 보았다는 다른 판본에는 '무극으로부터 태극이 되었다[自無極而爲太極]'거나 '무극이 태극을 낳았다[無極而生太極]'고 되어 있다.[18] 이는 분명 무극과 태극이 다른 것임을 지시한다. 그럼에도 불구하고 주자는 무극과 태극의 차이를 극구 부인한다.

이와 관련해서 주자의 논적이었던 육구연은 주돈이의 태극이 무극으로부터 연유했음을 근거로, '무無'를 시원으로 삼은 주돈이의 학술이 도가적이라고 주장한다. 육구연뿐만 아니라 청대까지 많은 사람들이 주돈이의 「태극도설」이 도교의 연단술이나 내단술을 설명한 것이라고 주장했다. 하지만 최근에는 도교기원설이 오히려 잘못되었다는 주장이 대세를 차지한다. 이는 주돈이 사상의 사상사적 위치에 대한 문제다. 하지만 보다 큰 문제는 두 번째 문장에 대한 해석에 있다.

「태극도설」의 두 번째 구절은 "태극은 움직여서 양을 낳고, 그 움직임이 극에 달하면 다시 고요해진다. 고요해지면 음을 낳고, 그 고요함이 극에 달하면 다시 움직인다.[太極動而生陽, 動極而靜; 靜而生陰, 靜極復動.]"고 하면서 아주 분명히 '태극의 움직임[動靜]'을 말한다. 그런데 주자는 태극을 리理라고 보았고, 주자의 리는 형이상의 존재로서 실제적인 움직임[動靜]이 있을 수 없기 때문에 태극과 음양의 관계에 대한 정합적 이해가 어렵다는 것이 많은 연구자들의 생각이다.

이는 주돈이 원작에 대한 주자 해석의 정합성 문제이면서 동시에 주자 사상체계 내의 정합성 문제다. 즉 이/기는 태극/음양처럼 생성과 피생성의 관계인가? 아울러 이/기 사이에는 시간적 선후의 관계가 성립하는가 등의 문제가 된다. 그런데 이런 문제는 모두 태극/음양과 이/기를 같은 것으로 보았기 때문에 발생한 것이다.

그 대표자가 중국 칭화대학의 천라이[陳來] 교수다. 천라이의 대표작 『주자철학연구』의 본론은 존재의 문제(이기론)·인간의 도덕성 문제(심성론)·도덕적 수양론(격물치지론)인데, 그가 다룬 존재의 문제는 이기선후理氣先後·이기동정理氣動靜·이일분수理一分殊·이기동이理氣同異 등을 주요 내용으로 한다.[19] 이러한 문제들 중 특히 앞 세 문제가 발생한 원인은 그가 이/기 관계를 태극/음양의 관계로 설명했기 때문이다.

그런데 주자의 태극/음양을 이/기 관계로 이해한 것은 현대의 연구자들만이 아니고 선생의 어록을 정리해 『주자어류』로 만든 그의 제자들에게서 이미 발견된다. 『주자어류』의 첫 장은 '이기편理氣篇'인데, 그 내용은 '태극'으로 시작되기 때문이다. 그들은 태극론을 이기론으로 이해한 것이다. 이 주자철학의 논리적 정합성에 대한 탐구는 조선 유학에서 크게 발전했는데, 사단칠정四端七情 논쟁이나 인심도심人心道心 논쟁 등 주요한 논쟁의 핵심이 바로 이 문제에서 시작한다. 이런 문제들 때문에 주자의 철학, 특히 존재론은 매우 복잡한 것으로 혹은 다소 정합적이지 않은 것으로 이해되기도 한다.

이런 문제들을 해결하기 위해서는 우선 주돈이 「태극도설」의 주제와 내용을 이해할 필요가 있다. 「태극도설」의 구조는 위의 인용문에서 나눈 것처럼 크게 두 단락으로 나눌 수 있다.

첫째 단락은 태극부터 만물까지의 우주 탄생 과정이다. 그 과정은 〈태극도〉에서도 보이는 것처럼 태극 – 음양 – 오행 – 남녀 – 만물의 하향적 단계를 지닌다. 여기서 태극과 음양 그리고 오행 등은 『주역』과 『서경』 등 중국 고대 문헌에서 출현한 개념으로서 우주의 시원과 구조를 설명한다. 또 「태극도설」에서 주돈이가 말하는 '남녀'는 인간 중 남자와 여자만을 의미하지 않고, 모든 생명 있는 것의 '남성성(male)'과 '여성성(female)'을 말한다. 이 남성성과 여성성이 만나 자식을 낳음으로써 만물이 생겨난다.

이 과정은 지극히 단계적이고 생물학적이라고 할 수 있다. 아담이 가인과 아벨을 낳고, 가인은 누굴 낳고 하는 식이다. 그리고 이 생성의 과정은 '시간 내적' 전개라고 생각하는 것이 자연스럽다. 즉 태극이 음양을 낳은 뒤에 음양은 오행을 낳는다. 이러한 구조는 사실 6장에서 다루게 될 『주역』의 괘 생성 과정에 대한 관점에서 차용해 온 것이다. 『주역』은 이렇게 말한다. "역易에는 태극이 있으니, 이것이 양의兩儀(음양, ⚊, ⚋)를 낳고, 양의는 사상四象(⚌, ⚍, ⚎, ⚏)을 낳고, 사상은 팔괘八卦를 낳고 … 만물을 낳는다."[20] 주돈이는 사상과 팔괘 자리에 대신 오행을 넣은 것뿐이다.

두 번째 단락은 인간의 탄생을 말하고 있다. 인간은 우주가 만들어낸 모든 것 중에서 가장 뛰어난[最靈] 존재다. 그래서 주자는 인간이야말로 도덕성을 구현하기에 가장 좋은 기를 부여받아 태어났다고 말한다. 모든 것들이 그렇지만 인간은 우주의 존재방식을 그대로 이어받아 자신의 존재방식으로 삼았다. 그래서 우주에 태극이 있는 것처럼 인간에게는 인극이 있고, 오행이 있는 것처럼 인간에게는 오성(五性, 仁義禮智信)이 있고, 남녀에 해당하는 선악이 있고, 만물에 해당하는 만사萬事가 있다.[21] 그래서 「태극도설」은 우주와 인간의 같음에 대한 찬양으로 끝을 맺는다.

이렇게 볼 때 「태극도설」의 집필 목적은 매우 분명하다. 그것은 주자도 주장하고 여타의 도학자들도 모두 인정하는 '천인합일'이다. 즉 인간의 본성과 덕목이 우주의 존재방식으로부터 연유된 것임을 주장하기 위한 것이다. 때문에 나는 이 글의 소재가 도가적 연원을 지니는가와 무관하게 글의 목적이 연단술이나 도가적 세계관을 설명하려고 한 것은 절대 아니라고 생각한다.[22] 주자가 「태극도설」을 중시한 이유 역시 여기에 있다. 「태극도설」은 앞에서 우리가 보았던 「서명」보다 좀 더 적극적으로 천인합일을 설명하고 있다. 「서명」이 비유적이거나 선언적이라면 「태극도설」은 체계적이고 이론적이다. 이렇게 천인합일을 진지하게 이론적으로 설명한다는 점에서 「태극도설」은 주자에게서 경전적 권위를 지닌다.

그런데 문제는 이렇게 '이론적'이 되면서부터 논리적 정합성을 따지지 않을 수 없게 되었다는 점이다. 대표적인 것이 무극 – 태극 – 음양 – 오행의 관계다. 이 과정은 그림에서 보는 것처럼 단계적이고 순차적이다. 그런데 건곤乾坤의 남성성과 여성성을 만드는 과정은 다시 "무극의 진수와 이기오행의 정수가 오묘하게 합하여 응결됨으로써 생긴다." [無極之眞, 二五之精, 妙合而凝. 乾道成男, 坤道成女.]고 말하고 있다. 그렇다면 무극은 태극 – 음양 – 오행으로 전개된 이후에도 여전히 존재한다는 말인가? 주자 이전에는 음양과 오행 그리고 태극까지도 '기'로 이해되어 왔다. 태극은 음양의 두 기로 나뉘기 이전의 원기元氣로 이해하는 것이 일반적이었다. 그렇다면 주돈이의 무극은 과연 기인가 리인가? 기라면 태극 – 음양 – 오행으로 전개된 이후에도 어떻게 여전히 존재할 수 있는 것일까? 물론 우리는 이에 대한 주돈이의 직접적인 해설을 확보할 수 없다.

우리는 오직 주자의 해설을 분석할 수 있을 뿐이다. 주자는 무극과 태극을 같은 것으로 보고, 그것을 리로 규정한다. 반면 음양 – 오행 이하는 모두 기다. 그래서 주자에게서는 무극/태극의 진수로서 리와, 이기오행의 정수로서 기가 만나 개체를 이루는 것으로 이해될 수 있다. 하지만 리인 무극/태극의 운동[動靜] 문제는 여전히 해명이 필요하다. 거기에 더해 무극/태극의 리가 음양의 기를 '낳는다[生]'는 것은 또 어떻게 가능한지 등이 해명되어야 한다.

이기론에서 유행과 대대로

「태극도설해」 (일부)

太極之有動靜, 是天命之流行也, 所謂'一陰一陽之謂道'. 誠者'聖人之本'·'物之終始', 而命之道也. 其動也 誠之通也, '繼之者善', 萬物之所資以始也. 其靜也誠之復也, '成之者性', '萬物各正其性命'也. 動極而靜, 靜極復動. 一動一靜, 互爲其根, 命之所以流行而不已也.

태극에 동정이 있음은 천명이 유행함이다. 소위 '한 번은 음이었다가 한 번은 양이었다가 하는 것을 일러 도라고 한다'는 것이다. (주돈이는) "성誠은 성인의 근본이다."라고 했고 "만물의 처음이자 끝이다."라고 했으니 천명의 도이다. (태극의) 움직임은 '성誠의 형통함'이니 '그것을 잇는 것을 선이라고 한다'에 해당하고, 만물이 이것에 의지해 시작된다. (태극의) 잠잠함은 '성誠의 회복됨'이니, '그것을 이룬 것이 본성이다' 혹은 '만물이 각기 자신의 본성과 천명을 반듯하게 한다'라는 의미다. 움직임이 극에 달해 잠잠해지고, 잠잠함이 극에 달해 다시 움직여, 움직임과 잠잠함이 서로 갈마들며 서로의 뿌리가 되어주는 것은 천명이 유행하여 그침이 없을 수 있는 이유다.

4장에서 본 것처럼 주자는 「태극도설」의 '태극의 동정'을 '천명의 유행'이라고 주석한다. 그리고 그는 '천명의 유행'을 『주역』의 다음 문장을 기본 축으로 하여 설명한다.

> 一陰一陽之謂道, 繼之者善也, 成之者性也.
>
> 한 번 음이 되었다가 한 번 양이 되게 하는 것을 일러 도라고 한다. 그것을 잇는 것을 선이라 하고, 그것을 완성하는 것을 본성이라고 한다.

이 구절은 '일음일양'의 천도가 개체의 단계, 특히 인간에게로 내려와 본성을 이루는 과정을 보여준다. 때문에 「태극도설해」에서 주자가 말하는 '천명의 유행'은 기본적으로 우주로부터 개체가 생겨나는 과정이 된다. 실제 주자의 다른 저작들에서 '천명유행'의 용례를 검토해보면, 그는 개체의 탄생에서 도덕 본성을 우주로부터 부여받는 과정에 대한 의미로 거의 일관되게 사용하고 있음을 확인할 수 있다.[23]

그런데 만약 '천명의 유행'을 이렇게 개체 탄생의 과정으로만 이해한다면, 천명은 개체가 처음 태어날 때 일회적으로 부여되는 것으로 생각될 수 있다. 마치 세탁기가 공장에서 일정한 소프트웨어를 탑재하고 출고되는 것처럼, 한 번 부여된 천명을 본성으로 삼고 계속해서 그렇게 살아가는 것으로 보일 수 있다. 하지만 주자의 '천명'은 일회적이지 않다. 주돈이가 『중용』을 계승해서 우주의 본질이라고 밝힌 '성誠'이 형통함과 회복함을 반복하는 것처럼 우주의 본질은 『주역』에서 본 것처럼 '일음일양'의 갈마듦이요 그 지속성이기 때문이다.

주자는 『주역』의 '一陰一陽之謂道'를 "한번은 음이었다가 한번은 양이었다 하는 것이 바로 도이다."라고 해석하지 않고, "한 번 음이 되었다가

한 번 양이 되게 하는 것을 일러 도라고 한다."고 해석한다. 즉 음양 그 자체가 도가 아니라 음양이 그렇게 되도록 만드는 (배후의) 원리가 도라고 설명하는 것이다. 때문에 「태극도설」에서 '태극이 동정한다'는 말은 '태극이 실제 운동한다'는 말이 아니라 이 세계의 운행[動靜]을 가능케 하는 원리가 있다는 말이라고 설명한다.

태극은 리로서 그 자체 움직이지 않는다. 그러나 그 리는 음양의, 좀 더 구체적으로는 일음일양의 '운동'의 리이다. 즉 『주역』 이래 도학자들은 현상의 세계를 끊임없는 운동으로 읽은 것이고, 주자는 그 운동의 원리를 태극이라고 읽은 것이다. 즉 태극은 '끊임없는 운동의 원리'다.

따라서 '천명의 유행' 역시 그 운동의 현재성과 지속성을 의미하게 된다. 일회적으로 탑재되어 출고되는 그런 것이 아니라, 우주와 우주 내의 모든 개체에게 지속적으로 작용하고 기능하는 그런 '유행'이다. 그래서 주자는 '천명이 유행하여 그침이 없는'이라고 한 것이다. 앞에서도 밝힌 것처럼 '천명유행' 혹은 '천리유행' 등의 표현은 주자 이전에는 거의 사용되지 않던 것이다. 『중용』의 '하늘이 명한 것을 일러 본성이라 한다[天命之謂性]'에 비해 '천명유행'은 분명히 그 기능함의 지속성과 현재성을 강조한다.

이렇게 되면 『주역』에서 도와 음양의 관계가 그런 것처럼 「태극도설」의 태극과 음양의 관계는 결코 일회적인 우주발생론적 사건이 될 수 없다. 음양의 갈마듦 속에서 태극은 지속적으로 기능한다. 뿐만 아니라 『주역』은 그러한 지속성이 개체에게 와서 본성이 된다고 보았다. 때문에 주자의 이해에서 「태극도설」의 '태극동정'은 '천명유행'이 되어 개체의 본성 성립 과정을 설명하며, 동시에 개체의 본성 속에서 지속적으로 기능함을 의미하게 된다.

때문에 주자의 '천명유행'은 주돈이의 '천인합일'과 그 주제에 있어서 전혀 다르지 않다. 많은 연구자들은 주돈이의 「태극도설」을 우주발생론으로 주자의 「태극도설해」는 본체론으로 설명하지만, 정작 둘은 모두 천도로부터 인도로의 과정을 말한다는 점에서 일치한다. 사실상 그들에게서 '천지'는 '천명'을 읽기 위한 도구일 뿐이다. 그리고 천명은 현재적으로 유행한다.

주자는 주돈이의 「태극도설」이 함축하는 우주발생론적 함의에도 불구하고, 전체 「태극도설」의 구조는 '생생법칙'을 그 내용으로 하는 유가의 천인합일사상을 보여주기에 충분하다고 여겼다. 천도(무극/태극)로부터 인도(인극)로의 연속을 주자는 '천명의 유행'이라고 해석함으로써 주자는 이 '합일'을 '생생'의 현재적 상황으로 만든 것이다. 아울러 태극으로부터 만물로의 과정 혹은 인극으로부터 만사로의 과정은 그 자체로 유행이자 대대로서 주자의 종합적 세계관을 보여주기에 충분했다. 때문에 그는 그 속의 몇 가지 개념들이 갖는 이단 혐의에도 불구하고, 「태극도설」을 천 여 년 간 전해지지 못한 유가의 정맥을 잇는 저작이라고 숭앙한 것이다.

사실 주자에게 있어서 육씨陸氏 형제와 벌였던 무극과 태극의 관계에 대한 논쟁은 「태극도설」의 핵심문제가 아니었다. 주자는 「태극도설해」에서 이미 주돈이의 무극과 태극 개념을 '별개의 사물도 아니고[非一物]' 그렇다고 '텅 비어 아무 것도 없는 것이 아닌[非空寂]' 우주의 본체라고 설정하였다. 그 본체란 전체 우주와 개체의 본성에 내재된 법칙 즉 생성력 혹은 생생에 대한 의지다.[24] 때문에 무극이 도가류의 개념이라거나, 무극에서 태극으로의 과정이 발생론적 함의를 지니고 있다는 육씨 형제의 문제제기는 주자에게 있어서는 이미 부차적인 문제에 불과했다. 주자는 그보다 천도와 인도의 공통성, 즉 '생생'의 원리와 그 유행/대대의 전개에 주안을 두었다.

하지만 주돈이의 이 복잡한 그림과 설명은 여전히 남는다. 만약 단순히 '천인합일'만을 얘기하고자 했다면 이렇게 불친절하고 공격받기 좋은 문장은 필요치 않았을 것이다. 주자는 '천인합일' 이상의 그 무엇이 필요했다. 그것은 바로 이 세계가 얼마나 정합적이며 체계적인가, 그래서 거기로부터 도출된 인간의 제반 규범 체계는 또 얼마나 합리적이고 '자연적'인가를 주장할 수 있는 근거였다.

이 문제를 해결하기 위해서는 우선, 주돈이의 발생론적 도식을 개정·극복할 필요가 있었다. 주돈이의 「태극도」와 「태극도설」은 전형적인 발생론적 도식이다. 무극이 태극을 태극은 다시 음양을 음양이 오행으로 그리고 그것은 최종적으로 만물로의 과정이다. 그것을 그림으로 나타내면 다음과 같다.

〈그림 1〉「태극도설」과 〈선천역학〉의 발생적 사유

앞에서도 밝혔지만, 사실 이러한 발생적 사유는 인간의 오래된 사유방식이고 이미 『주역』에서 동원된 방식이다. 즉 태극으로부터 양의(음양), 다시 사상과 팔괘 최종적으로 64괘와 만물에 이르는 과정이 그것이다.

주자는 우선 이러한 발생적 사유에서의 각 단계를 시간적 선후가 아닌 '구조의 단계'로 바꾼다. 즉 음양이 오행으로 분해되어 오행이 되고 나면 음양은 없어지는 그런 것이 아니고, 오행 속에는 여전히 음양이 있다는 식이다. 마찬가지로 음양 속에는 태극이 있다. 팔괘 속에 사상이, 사상 속에 양의가 있는 것도 마찬가지다. 예컨대 인간은 남자와 여자로 구분될 수 있고, 남자는 다시 남자 아이와 성인 남자로 여자는 다시 여자 아이와 성인 여자로 구분할 수 있는 것과 같다. 남자와 여자 밖에 따로 인간이 있거나, 남자 아이와 성인 남자 밖에 남자가 따로 있는 것이 아니다. 물론 남자가 먼저 있고, 그 다음에 남자 아이와 성인 남자가 있는 것도 아니다. 이렇게 시간적 선후를 제거하고 나면 위에서 아래로의, 혹은 단일에서 복잡으로의 '확장'과 '전개'의 방식은 사라지고 촘촘한 구조의 체계가 보이게 된다. 이것을 그림으로 그리면 다음에 가깝다.

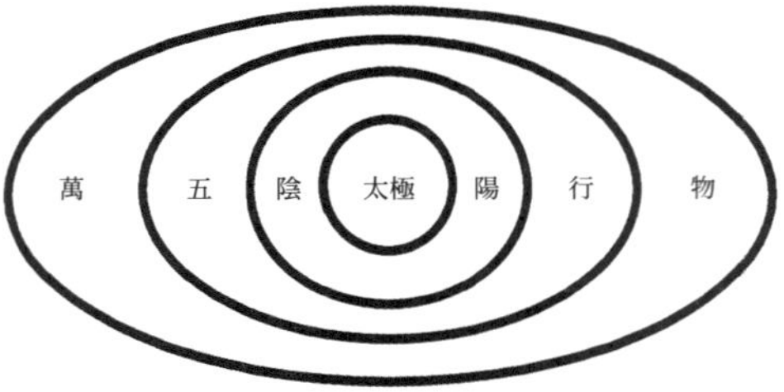

〈그림 2〉 주자의 구조론적 사유

주자는 이 체계를 〈선천역학〉에서 다음과 같이 표현했다. 이에 대해서는 다음 장에서 자세하게 다룬다.

〈그림 2〉도 그렇고 〈그림 3〉도 그렇고, 이것을 안에서 밖으로의 혹은 단일에서 구체로의 분화 과정으로 보면 안 된다. 다만 상위의 단계는 하위의 단계로 세분될 수 있다거나 혹은 하위의 단계는 상위의 단계로 갈무리 될 수 있다는 정도의 의미로 이해해야 한다. 요컨대 주자의 관점에서 각 단계는 '한꺼번에 동시에 있는 것'이다.

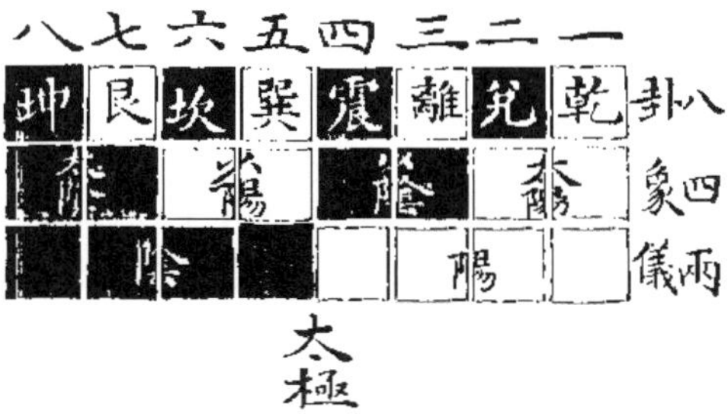

〈그림 3〉「복희선천팔괘차서도伏羲先天八卦次序圖」

「태극도설」식의 '발생적 사유'와 주자의 '구조론적 사유'의 가장 큰 차이점은 '선후'의 문제가 사라진다는 점이다. 발생적 사유가 우주와 같은 '전체'의 스케일로 커지면 흔히 '우주발생론'이라고 부른다. '우주'는 닫힌 공간으로서의 '전체'이기 때문에 우주발생론은 필연적으로 '전체의 시원' 문제와 연결된다. '시원'은 모든 것의 출발이자 원인이며 설명의 근거가 된다. 예컨대 기독교적 인간관에서는 태초의 인간 아담이 하나님의 형상을 본받아 만들어졌기에 모든 인간은 존엄한 존재일 수 있는 것이며, 그럼에도 불구하고 아담이 선악과를 먹고 죄를 지었기에 모든 인간은 원죄의 존재인 것이다.

하지만 그럼에도 불구하고 발생론 혹은 우주발생론에서의 '시원'은 어디까지나 '지금·여기'가 아니라 '그때·거기'다. 그러니 무극/태극이 원기라면 그것이 음양으로 분화된 것은 태초의 일회적 사건일 수밖에 없다. 때문에 주자가 「태극도설」에서 시간적 계기를 제거하고, 태극의 운동을 천명의 유행으로 해석한 것은 무극/태극→인극으로의 연속성을 한층 강화하는 효과가 있다. 모든 인간에게 부여된 인의중정의 인극은 내 부모와 그 부모로부터 물려받아 내려온 것이 아니고 곧장 우주의 원리인 무극/태극으로부터 온 것이다. 무극/태극이 이 우주를 항상적으로 지배하듯, 인극은 언제나 모든 인간을 현재적이고 직접적으로 규율한다.

아울러 발생론을 구조론으로 바꾸고 나면 최종적 개체는 태극의 '부분'이 아니라 그 전체를 온전히 부여받아 품고 있는 것이 된다. 발생적 사유가 피라밋 구조로서 확장형이기에 가장 아래의 최종 개체가 태극의 1/n만을 부여받는 것과는 다르다. 발생적 사유에서는 모든 개체를 총합해야 시원으로서의 전체를 구현할 수 있다. 하지만 구조적 사유에서의 개체는 그 자체로 우주의 모든 것을 함축하고 있다. 이는 마치 거대한 종중宗中에서 생물학적으로 나 하나는 아주 미미한 존재일 뿐이지만, 시조의 유전자를 온전히 받았다는 측면에서는 나 하나만으로도 전체를 대표할 수 있는 것과 같다. 이것이 앞 장에서 다룬 「서명」의 정신이다. 비록 나는 꾀죄죄하고 왜소한 존재지만, 천지를 부모 삼아 태어난 위대한 존재일 수 있는 이유는 이 작은 내가 천지의 '모든 것'[統體一太極]을 이어받았기 때문이다.

『주역』의 영향으로 형성된 주자의 기론에서, 현상은 언제나 음 혹은 양의 속성을 지닐 수밖에 없다. 물론 음 속에는 다시 음과 양의 속성이, 마찬가지로 양 속에도 다시 음과 양의 속성이 들어 있다는 것이 주자의 사유방식이지만, 시공간 내적 존재로서의 기의 세계는 어찌됐든 음양의 상대성 혹은 국한성을 지닐 수밖에 없다. 그 국한성을 뛰어 넘는 방법은 태극/인극을 기가 아닌 시공간 초월적인 리로 만드는 것이다.

세계는 언제나 일음일양一陰一陽 즉 음이었다가 양이었다가 하지만, 그렇게 만드는 도道는 음일 때도 양일 때도 언제나 존재하며 기능한다. 마찬가지로 태극/인극은 언제 어떠한 상황에서도 늘 존재하면서 우주와 인간에게 힘을 발휘한다. 이제 태극은 음양·오행 등과는 질적으로 다른 존재가 되어 세계를 규율하는 원리/원칙이 된다. 『주역』에서 처음 출현한 '형이상자·형이하자'라는 표현은 '형形' 즉 현상과 현상 너머의 존재에 대한 구분을 의미한다. 주자는 일체의 현상세계를 의미하는 음양오행의 기적 차원을 형이하자라고 부르고, 현상 너머의 원리/원칙으로서의 리의 세계를 형이상자라고 불렀다.[25] 현상과 현상 너머 존재의 관계를 억지로라도 그림으로 표현하자면 다음과 같다.

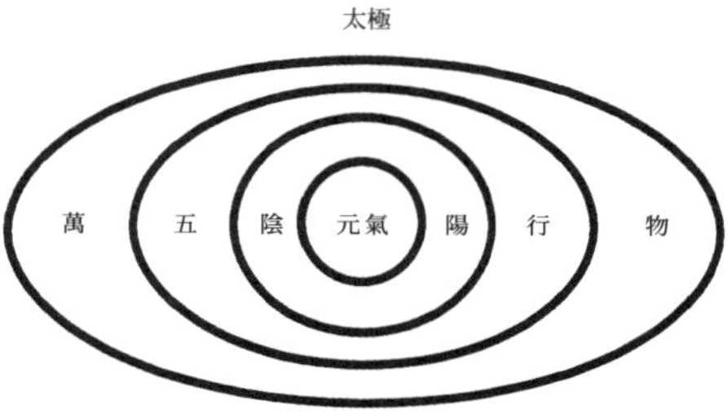

〈그림 4〉 주자의 이기론적 존재론

리로서의 태극은 이제 기로서의 음양·오행과 섞이지 않는다. 다른 차원의 것이기 때문이다. 그러나 시공간의 계기를 지니지 않는 리/태극은 언제나 시공간이라는 계기를 통해서만 구현될 수 있다. 주자는 이 세상의 모든 것이 없어진 상황에서도 리가 여전히 존재하는지의 여부를 묻는 제자들에게, 리는 기가 없이도 존재한다고 말한다. 하지만 그러면서도 그런 식으로 이해해서는 안 된다고 당부한다. 그 이유는 기가 없는 세계에서의 리란 사실상 아무런 의미를 지니지 않기 때문이다. 이렇게 리와 기가 호환되지도 않지만 그렇다고 분리되지도 않음을 주자는 '불리부잡不離不雜'이라고 불렀다.

주돈이 선생은 "태극이 움직여 양을 낳고 잠잠해져 음을 낳는다."고 했다. 이는 태극이 움직인 것이 양이고 움직임이 극에 달하면 다시 잠잠해져 잠잠한 것이 곧 음인 것처럼 보인다. 그러나 움직일 때는 곧 양의 태극이고 잠잠할 때는 곧 음의 태극인 것이다. 태극은 음양 속에 있을 뿐이다. 또 「계사전」에서 "역에 태극이 있으니 이것이 양의를 낳는다."고 한 것은 먼저 실재하는 리를 말한 것뿐이다. 만약 존재하는 것으로 말하자면 모두 한꺼번에 존재하고, 태극은 언제나 음양 속에 있다. 다만 그 순서를 특기해서 말하자면 먼저 이 리가 있고 나서 음양이 있다고 해야 할 것이다. 그 리는 하나다. 그러나 구체적인 사물에 드러난 측면에서 말하자면 음양이 태극을 담고 있다고 해야 하고, 그 본원의 측면에서는 태극이 음양을 낳았다고 해야 한다.[26]

하지만 문제는 여기서 발생한다. 앞에서도 설명한 것처럼 태극/음양을 리/기로 설명하면서 적잖은 논란이 발생하게 되었다. 태극이 실제로 운동하는가? 태극과 음양의 관계는 만든 이[能產者]와 만들어진 이[所產者]의 관계인가? 태극은 음양보다 상위의 존재라면 시간적으로 혹은 논리적으로 우선하는가? 등의 문제가 그것이다. 『주자어류』 94권은 주돈이 「태극도설」에 대한 논의를 모아 놓은 부분인데, 여기에는 위의 문제들에 대한 제자들의 숱한 질문이 수록되어 있다. 발생적 사유에 익숙하고 형이상·하의 구분에 아직 어두운 제자들에게 일일이 설명하면서 주자는 상당히 곤혹스러워 하는 모습을 보인다. 소위 "그런 방식으로 이해하면 안 된다."[27]는 것이다.

하지만 이것은 단지 제자들의 이해력 부족의 문제만은 아니다. 그보다는 「태극도설」과 그것을 가져다 쓴 주자의 맥락이 이기론의 맥락과는 다른 것이어서의 이유가 더 크다. 앞에서도 밝힌 것처럼 주자의 이기론은 존재자의 존재방식과 존재원리 간의 문제(존재론)이거나 도덕적 주체 내면의 도덕적 의지와 자기중심적 충동 사이의 갈등 관계를 설명하기 위한 사유 체계(人心道心의 도덕심리학)다. 반면 「태극도설」과 그에 대한 주자의 해설은 우주와 인간의 연속성에 대한 주장을 통해 인간 도덕본성의 자연적 시원을 설명하기 위한 것(본체론)이다. 아울러 그것은 '존재 전체'를 다루기에 이 우주의 체계성과 정합성을 설명하고 있다. 이렇게 서로 다른 맥락의 담론을 하나로 섞어버렸기 때문에 문제가 생기는 것이다.

실제 주자가 태극음양론을 다루는 일차 문헌은 「태극도설해」와 『주역본의』의 태극 관련 조목 그리고 『역학계몽』이 전부인데, 여기서 주자는 태극과 음양을 한 번도 리/기 관계로 설명하지 않는다. 두 담론 체계를 하나로 섞고서 이런저런 문제를 제기하는 것은 주자의 제자들이고 후대의 유자들이다. 물론 주자도 태극/음양을 이/기 관계로 설명하기도 하는데, 「태극도설」을 설명하는 『주자어류』 94권의 몇몇 조목이 대표적이다.[28] 그러나 이렇게 태극/음양을 이/기 관계로 설명할 때의 이/기 사이에는 역시 가치적 단절이나 충돌은 발생하지 않는다. 이때의 이기는 도덕심리학적 차원이 아니라 존재론적 차원의 담론이기 때문이다.

이기론과 태극론의 가장 큰 차이점은 그것이 존재 전체를 다루느냐 아니면 구체적인 어떤 존재, 특히 인간을 다루느냐의 차이다. 태극론은 언제나 전체를 담당하고, 이기론은 전체를 대상으로 하기도 하지만 주로 개체를 말한다. 그리고 태극/음양과 이/기의 관계에서 가치적 질적 절연이 발생하느냐의 여부다. 전체의 차원에서 리/기 혹은 태극/음양 사이에는 가치적 절연이 없다. 즉 리나 태극은 선, 기나 음양은 악이 될 수 없다. 전체의 차원에서 기나 음양오행은 어떤 단계에서도 결여나 제약을 의미하지 않는다. 음양오행(기)은 태극(리)을 실제로 구현해주는 매개자요 운동자일 뿐이다. 그러나 개체의 차원에서 기는 결여 혹은 제약의 근거가 된다. 이리나 호랑이가 열악한 기를 타고 낳기 때문에 여타의 도덕성을 구현할 수 없고 고작해야 부자의 정을 제한적으로 구현할 수 있다거나, 인간이 육체를 지니고 있기 때문에 본래적 도덕성을 제대로 구현할 수 없는 것 등이 그것이다.

그렇다면 개체의 열악함 혹은 악의 가능성은 존재론적으로 어떻게 설명되는가? 태극음양론에서의 음양과 오행은 처음부터 끝까지 악이 아니니 말이다. 주자는 그것을 개체 차원에서 기질 조합의 우연성으로 돌린다.[29] 그렇다면 이는 태극의 규율을 따르지 않는 그래서 '우연적인' 음양의 동정을 인정하는 것이 된다. '질서와 체계의 세계관'에서 이것은 가능한가? 결론부터 말하자면 주자 역시 이를 인정하기는 한다. 겨울에 덥고 여름에 추운 것과 같은 이상 기후 현상을 인정하면서 주자는 그러한 현상이 어떻게 가능한지 알 수 없다고 말한다. 이는 기상학적 무지의 고백이 아니라 태극으로부터 출발하는 그의 전체 존재론에서 부조리 발생 가능성에 대한 이론적 설명 불가능함에 대한 고충의 토로다.

태극으로부터 음양과 오행으로, 다시 만물의 단계까지 그의 태극론 체계에서 악의 가능 근거는 없다. 그럼에도 불구하고 이렇게 부조리한 현상이 발생하는 이유는 무엇일까? 주자는 그에 대해 대답하지 못했다. 다만 이러한 부조리한 현상은 극히 예외적인 우연한 것임에 분명하다. 게다가 이러한 악천후惡天候로부터 우리는 윤리적 의미에서의 '악'을 읽지는 않는다. 윤리적 의미에서의 악이 가능하기 위해서는 의도성이 전제되어야 한다. 태극은 죄가 없다. 그러나 음양오행에도 그 자체로는 죄가 없다.

그렇다면 굳이 「태극도설」의 발생적 사유를 살려둘 필요가 있었을까? 정이처럼 전체를 말하지 않은 채 선악 대비로 인간을 설명하거나 아니면 장재처럼 선언적 수준에서 천인합일을 천명하는 정도에서 그쳐도 되지 않았을까? 주자가 「태극도설」의 발생적 사유를 끝내 버릴 수 없었던 이유는, 그것이 근본적으로 『주역』의 '유행'과 그것으로부터 설명되는 존재의 '생의'를 드러내기 때문이다. 「태극도설」을 존재론의 체계로 한정해서 읽는다면 그것은 이기 관계로 '오해'될 수 있지만, 본체론의 체계로 읽는다면 태극과 음양의 관계는 우주의 끊임없는 생명력과 생명의 지속을 의미한다. 요컨대, 주자는 「태극도설」의 본체론적 사유를 계승하면서도 그것을 존재론적으로 설명하고자 한 것이다.

결론적으로 「태극도설해」를 이기론으로 이해하면 많은 문제가 발생한다. 그것은 두 체계의 입론 목적이 전혀 다르기 때문이다. 「태극도설해」는 천명의 유행 속에서 어떻게 이 존재의 세계가 질서 있게 펼쳐지는 지를 설명하고 있기에, 그것은 오히려 대대와 유행의 언어로 읽어야 한다. 유행은 생의와 생성을 말하고 대대는 질서와 체계를 말한다.

6장

본체와 생의 – 流行

3장의 「인설」에서 이미 확인한 것처럼 송대 도학자들은 『주역』의 '생生' 혹은 '생의生意' 관념을 가져와 유가의 '인仁'을 해석했다. 그렇게 함으로써 도덕의 존재론적 증명을 시도한 것이다. 주자 역시 다르지 않다. 이 시도가 설득력을 지니려면 우선 우주의 본질이 '생'인지 확인되어야 한다. 둘째, 우주의 일부로서 인간이 우주의 본질을 그대로 계승했는지 확인되어야 한다. 두 번째 문제는 소위 '천인합일'의 관념이고, 이에 대해서는 4장에서 이미 다루었다. 남는 것은 첫 번째 문제, 과연 우주의 본질이 '생'인지의 여부다.

일상적 경험을 통해 보았을 때 '생생불식', 즉 자연계 내 생명 현상의 끊임없는 지속은 부정되기 어려워 보인다. 올해도 새싹이 돋았고 내년에도 다시 돋을 것임을 우리는 안다. 그것으로부터 생명 있는 것들의 존재하려는 의지, 즉 '생의'를 읽는 것도 어렵지 않아 보인다. 도학자들은 그러한 '의지'를 개별 생명체뿐만 아니라 '가이아'처럼 우주 전체가 지닌다고 주장한다. 그리고 그러한 '의지'는 모든 개별자와 모든 현상 속에서 구현된다. 인간이 대표적인데, 인간은 우주의 이 '의지' 혹은 '천명'을 부여받아 자신의 본질인 도덕 본성으로 삼았으니 인의예지仁義禮智가 그것이다. 그래서 우주의 춘하추동 혹은 원형이정은 인간의 인의예지가 된다. 물론 이것은 주장일 뿐이다.

존재와 본체의 역동성

송대 도학자에게서 본체론의 핵심은 '생의'이고, 그 문헌적 전거는 주로 『주역』의 천지생물지심天地生物之心·천지지대덕왈생天地之大德曰生·복괘復卦 등이었다. 주자 역시 선배 도학자들의 『주역』관을 충분히 그리고 체계적으로 수용 발전시킨다. 그러나 '생의' 자체로는 '유행'에 비해 그 역동성이 약하다. 주자는 『주역』 등의 '생의'에서 '유행'의 역동성을 읽어낸다.

> 제자가 '복괘復卦에서 우주의 마음을 볼 수 있다'라는 문장의 의미에 대해 물었다. 답했다. "음력 10월은 음만 있는 달로서 곤괘坤卦에 해당하지만 그렇다고 양이 전혀 없는 것은 아니다. 음양의 기로 말하자면 그 안에서는 줄어들기도 하고 늘어나기도 한다. 하지만 음양 존재와 운동의 리로 말하자면 그 안에는 줄어듦도 늘어남도 없다. 이 이치를 깨달을 수 있으면 곧 우주의 마음을 알 수 있게 된다. 때문에 내가 받은 마음에 있어서도 결코 끊어짐이 있어서는 안 된다." '복괘에서 우주의 마음을 볼 수 있다'는 말을 또 물었다. 답했다. "우주가 운행하며 쉬지 않는 것은 무슨 일을 하는 것인가? 바로 만물을 만들어내는 것일 뿐이다. 봄날에 만물이 생성하여 여름에는 성장하고 가을이 되면 만물은 모두 여물게 되어 결실을 맺게 된다. 이는 점차로 그 근원인 뿌리로부터 떨어져 나가고 싶어 하는 시기가 되었음을 의미한다. 열매가 완전히 익으면 모든

열매에는 각각 생명의 원리가 담겨지게 된다. 소위 '큰 열매는 먹히지 않는다'는 것이다. 열매가 생명의 원리를 오롯하게 간직하고 있는 것은 개개가 그 생명을 계승하는 것이 된다. 그러나 그러한 과정 속에서도 사물이 시들어 뿌리로 돌아가는 현상은 여전히 계속된다. 우주는 만물을 끊임없이 낳는 것으로 자신의 마음을 삼는다는 말을 여기서 확인할 수 있다."[1]

주자는 씨앗의 비유를 들어, 발산과 수렴 혹은 생성과 소멸이라는 현상계의 순환과정과는 무관하게 우주의 생명력 혹은 생명의 의지는 계속해서 이어진다고 주장한다. 이것이 곧 아무런 생명현상도 생명에 대한 의지도 없을 것 같은 엄동설한의 음력 동짓달을 생명력 회복의 시점으로 규정한 『주역』의 관점이라는 것이다. 주자의 관점에서 다섯 개의 음효에 눌려 있는 제일 아래의 양효는 꺼져가는 생명력을 의미하는 것이 아니라, 저 땅속 씨앗이 두터운 어둠과 추위를 뚫고 틔어오는 생명에 대한 의지다.[2] 우주의 본질은 양의 움직임, 즉 그 역동성이다.

주자는 정이와 소옹의 영향 하에서, 음과 양의 이러한 부단한 순환과정 중에서 발견되는 우주의 영원한 생명의 의지 곧 우주의 '생물지심生物之心'이 우주와 만물의 가장 근본적인 본질이라고 주장한다.

'복괘에서 우주의 마음을 볼 수 있다'라는 말을 나는, 끊임없이 사물을 만들어내는 것을 우주는 자신의 마음으로 삼는 것이라고 이해한다. 기氣는 열리고 닫힘이 있고 사물은 모이고 흩어져 차고 빔이 있지만, 우주의 마음은 예나 지금이나 조금의 간단도 있지 않다. 때문에 양이 바깥쪽에서 다하면 다시 안에서 생겨난다. 성인은 이러한 현상에서 우주의 마음을 볼 수 있다고 한 것이다. 그

회복되는 주체는 기이지만 회복되는 현상에는 원인이 있게 마련이다. 만일에 우주의 마음이 낳고 낳아 끊임이 없는 것이 아니라고 한다면 양이 바깥쪽에서 다해 버리면 다시금 그것을 잇는 것이 없을 것이니, 어떻게 안에서 다시 생겨나 끊임없는 우주의 운동 변화가 있을 수 있겠는가? 이것이 바로 정이가 말하던 '움직임의 단초'라는 것이니, 하나의 양이 움직인다는 것은 하나의 양이 움직여서 이미 생겨버린 것을 말하는 것이 아니다. 야기夜氣 자체는 우주의 마음이라고 부를 수 없다. 하지만 야기에서 기가 회복되는 것을 볼 수 있으니, 그 원인과 까닭을 잘 살펴본다면 그 속에서 우주의 마음을 볼 수 있을 것이다.[3]

존재의 본질을 '생성' 혹은 '생의'로 보는 것은 그의 선배들과 다를 것이 없다. 하지만 주자 생의철학生意哲學의 특징은 그 간단없는 역동성을 강조한다는 점이다. 여기서의 '생성'과 '생의'는 양의 활동성만을 의미하지 않는다. 음의 수렴성마저도 존재의 본질로서 생의의 표현이다. 즉 '일양'만이 아니라 '일음'도 모두 도로서 생의의 표현이다. 문제는 일음과 일양이 끊임없이 반복함으로써 지속된다는 것이다. 반복의 역동성 속에서 천리는 구현된다.

주자 존재론의 역동성은 그의 태극이기론에서 보다 집중적으로 표현된다. 주자 태극론에는 앞장에서 본 것처럼 서법론·우주발생론·존재론·본체론적 함의가 들어있다. 이 개념들은 오랜 지성사적 발전 과정 속에서 생산·변화·융합된 것들인데, 그러다보니 주자의 태극론을 이해하는 것이 쉽지 않게 되었다. 하지만 어떤 차원에서든 주자의 태극론은 운동과 생성 혹은 생명을 의미한다.

우선 서법론筮法論이다. 서법이란 점치는 법을 말한다. 서법론 중의 태극은 양의·사상·팔괘 등 구체적인 괘효의 생성과 확장의 총 근거이자 내부의 법칙이다. 주자의 서법론은 소옹邵雍의 일분위이법一分爲二法, 즉 하나가 둘로 나뉜다는 이론의 영향 하에 형성되었다. 때문에 그 기본적인 구조는 통합의 시원에서 구체적이고 개별적인 현상으로의 확산과 파생이라는 특징을 보인다. 다만 주자의 서법론은 복희伏羲가 괘를 그렸다는 상고시대에 대한 역사기록은 아니다. 그는 '지금 여기에서' 괘를 얻어 미래를 예측할 수 있는 근거로서의, 즉 '현재화된 의의'로서의 역易의 원리를 보여주려 한다. 때문에 그의 서법론의 출발이자 내재적 원리인 태극은 '지금 여기에서' 끊임없이 작용하는 존재다.

다음은 우주발생론이다. 우주발생론 중의 태극은 음양이 아직 나눠지지 않았을 때의 일원一元의 기를 의미한다. 이 일원의 기는 시공간적인 조건 속에서 음기와 양기라는 대대적 속성으로 나뉘고 그로부터 만물이 파생되어 나온다. 주자는 자신의 역학 이론 중에서 대대待對와 유행流行의 관점을 가져와 우주의 최초 상태를 음양이라는 대대적 속성의 기로 보면서도 동시에 태극이라는 일기一氣의 동정 즉 상대적 운동속성으로의 끊임없는 전이과정으로 규정하였다. 즉 최초상태의 우주는 일기이면서 동시에 이기二氣라는 것인데, 이는 주자가 우주발생론적 함의에서의 태극 역시 부단히 운동하고 있음을 강조하기 위해서였다. 일기로서의 태극은 그 본질이 끊임없는 운동성인데, 그 현상은 음 혹은 양인 둘로 드러난다는 말이다. 즉 주자 우주론의 출발점인 태극의 본성은 부단한 파생과 확장 및 운동과 변화이며, 이것은 '어떻게 할 수 없는[不得已焉]' 우주의 대전제에 해당한다.

존재론 중의 태극은 현상계 일체 사물의 존재 근거이며 그 운동과 변화의 법칙이다. 주자는 현상계의 일체 사물은 모두 음양이라는 대대적 속성의 상호전이와 상호교섭을 통한 운동의 과정에 있다고 보고 있다.

존재론 중의 태극은 바로 이 음양 상호전이의 내재적 법칙인 리理다. 리로서의 태극은 스스로는 운동하지 않는다. 하지만 일체 현상계의 운동·변화는 모두 이 내재적 법칙에 의거해 발생한다[陰陽動靜之理]. 때문에 "태극이 곧 동정의 운동이다."라고 말해서는 안 되지만, "태극에는 동정이 있다."라고 말 할 수 있는 것이다.[4] 때문에 태극 – 리는 바로 운동과 변화의 리라고 말할 수 있다. 물론 이 리는 시공간 초월적인 형이상의 범주로서 스스로가 움직이는 것은 아니지만, '운동과 변화의 리'인 것이다.

결론적으로 서법·우주발생론·존재론 차원에서의 태극개념은 언제나 파생과 확장 및 운동과 변화라는 공통점을 지니고 있다. 뿐만 아니라, 이러한 운동과 변화는 '현재적'으로 진행되고 있으며, 아울러 그러한 운동과 변화의 근거 혹은 원리 역시 '현재적'으로 기능하고 있다. 주자의 태극 개념이 어떠한 함의에서도 파생·운동·변화·생성의 함의를 지니고 있다면, 이는 주자가 세계를 끊임없는 운동과 변화 및 생성으로 이해하고 있음을 의미한다.

> '한 번 음이 되고 한 번 양이 되는 것을 일러 도道라고 한다'라는 것은 태극을 말한 것이다. '끊임없이 이어나가는 것이 바로 선善이다'라는 것은 낳고 낳아 끊임이 없다는 것이니 양陽에 속하고, '자신의 것으로 이루어낸 것이 본성이다'라는 것은 '각기의 본성[性命]을 이루어낸다'는 것이니 이는 음陰에 속한다.[5]

> (『통서』에서) '성誠은 성인의 근본이다'라고 한 것은 태극에 해당한다. '위대하도다 건원乾元이여! 만물이 그로 말미암아 시작하니 이는 성誠의 근원이다'라고 한 것은 음양 오행에 해당한다.[6]

주자는 우주의 이러한 끊임없는 생성의 지속을 우주의 '성실성[誠]'이라고 표현하였다. 이는 "성실함[誠]은 우주의 원리이며, 성실하고자 노력하는 것[誠之]은 인간의 원리다."[7]라는 『중용』의 사상을 계승한 것이며, 동시에 주돈이의 우주발생론적 도식의 중심축인 태극을 그의 대표작인 『통서』의 핵심개념인 성誠과 연결시킴으로써 우주 '생생'의 성실성이라고 독해한 것이다.

『주역』의 '생'을 유가의 '인'으로 해석한 것은 주자의 창작이 아니다. 주돈이가 '창 앞에 핀 잡초를 제거하지 말라'고 했던 것이나 정호가 수족이 마비된 것처럼 타자에 대해 느끼지 못하는 것을 불인不仁이라고 규정했던 것이 모두 '생의철학'이다. 하지만 정식으로 생생의 의지와 활동을 우주의 가장 근본적인 본질이라고 규정한 것은 주자의 해석이 처음이다.[8] 인간을 포함한 만물의 존재법칙과 행위준칙은 모두 우주의 이러한 '생생불식' 즉 그 끊임없는 생명연속의 성실성[誠]으로부터 연유했다는 것이다.

'생의'란 존재에 대한 의지 즉 생성과 파생 및 만물을 만들어 내는 의지다. 다만 여기서 말하는 '존재'란 유기물의 탄생과 죽음만을 의미하지 않는다. 그것은 일체 존재자의 끊임없는 생성과 변화 및 소멸을 포함한다. 또 여기서 말하는 '의지' 역시 사람의 유목적적이고 의식적인 활동만을 의미하지 않는다. 그것은 무기물을 포함한 모든 존재자의 자연스러운 경향성 혹은 진행의 방향을 의미한다. 주자는 우주의 근본 법칙을 '생생불식'하는 즉 끊임없이 만물을 만들어내는 일체의 자연스러운 경향이라 본다.

본체가 유행함이란

5장에서 이미 언급한 것처럼 '생의'는 본래 생물학적·유기체적 뉘앙스가 강하다. 주자는 거기에 더해 「태극도설해」에서 『주역』의 '일음일양一陰一陽' 관념으로부터 추출한 '유행流行' 관념을 추가함으로써 존재론적 성격을 강화했다. 동식물 세계에서 생명 현상이 지속되는 정도를 넘어서, 일체의 우주 운행을 포괄하는 것이 '유행' 관념이다. 사계절이 운행하고 낮밤이 바뀌는 것처럼 천도(천명)는 언제나 '유행' 속에 있다. 그러한 천도를 나누어받아 인간의 본성으로 삼은 것이 바로 유가 고래의 관념인 '인'이다. 때문에 인을 내용으로 하는 인간의 본성 역시 일상 속에서 끊임없이 '유행'한다. 이렇게 해서 주자는 북송 이래의 본체론을 완성한 것이다.

여기에서 우선 우리가 주목해야 할 점은, 주자의 '천명유행' 개념은 본체론적이면서도 존재론적이라는 점이다. 즉, 주자의 본체론은 북송 이래 도학자 중 그 누구보다도 존재론적 성격을 강화했다. 도학자들은 『주역』이나 『중용』 등 유관 경전으로부터 천도 이해의 실마리를 물색했지만 그것들은 대체로 선언적인 수준의 것이어서 체계를 갖추지 못했고, 도학자들의 수요 역시 인도를 설명하기 위한 보조적인 것이어서 그러한 선언적 이해면 충분했다. 그러나 주자는 달랐다. '일음일양'의 '천명유행'뿐만 아니라 〈하도낙서〉와 〈선천역학〉을 중심으로 하는 그의 상수역학 전체가, 그리고 「태극도설」의 구조와 내용이 모두 존재의 방식을 구체적이고 체계적으로 설명한다. 장재의 「서명」이나 정호의 '생의'를 비롯한 도학자들의 본체론에 대해서는 그 누구도 시비를 걸지 않는다. 그것은 『맹자』 이래 도학자들의 공통관념이기 때문이다. 하지만 주자는 본체론을 존재론적으로 해명하고자 했기 때문에 그 많은 논란이 생겨난 것이다.

우리가 주목해야 할 또 다른 문제는, 자신의 존재론에 힘입어 주자의 본체론은 무척 '역동적'이라는 점이다. 『중용』의 '천명지위성'과 달리 주자의 천명은 한 번 주어지고 마는 것이 아니라 존재 전체 속에서 끊임없이 기능하고 활동한다. 즉 천명은 끊임없이 유행한다. 천도의 본질 자체가 일음일양의 역동성이기 때문이다. [一陰一陽之謂道]

그런데 이 '유행함'은 일련의 연구자들이 말하는 '리理의 활동성(理發·理動·理到)'과 같은 의미가 아니다. 존재론으로서의 이기론에서 리는 원리·법칙의 의미를 지니는 형이상자다. 때문에 형이상자인 원리나 법칙이 시공간 내적으로(형이하학적으로) 실제적인 운동이나 활동을 한다는 것은 범주착오적인 이해다.

그럼 '천리유행'의 '천리'는 '리'가 아니란 말인가? 아니면 '유행'이 시공간 내에서의 실제적인 운동이 아니란 말인가? 아니다. 둘 다 맞다. 천리 역시 리이고, 유행은 실제의 시공간 속에서 벌어지는 일이다. 다만 천리가 유행함, 즉 천리가 드러남은 '원리·법칙'으로서의 천리가 유령처럼 떠다니는 것이 아니라 언제나 구체적인 시공간 속에서 구체적인 맥락과 상황으로 전개됨을 의미한다. 즉 '연비어약鳶飛魚躍'이다. 새는 날고 물고기는 헤엄친다. 새가 날고 물고기가 헤엄치는 그 자체가 천리의 유행이다. 즉 천리는 언제나 구체적인 현상 속에서 드러난다.

이를 좀 어려운 말로 하면, '체용일원體用一源, 현미무간玄微無間'이다. 이 말은 정이가 한 말인데, 체와 용은 그 근원이 같고, 드러남과 드러나지 않음 사이에는 간격이 없다는 뜻이다. 여기서 '체'는 본체·본질 등의 의미이고, '용'은 드러남·현상 등의 의미로서 불교에서 온 개념이다. 예컨대, 바닷물이 본질이라면 파도는 현상이다. 그래서 '체용일원 현미무간'은 즉 본질과 현상 사이에는 간격이 없다는 말이다. 즉 본질이 현상이요 현상이 본질이라는 말이다. 그것은 본질과 현상을 구분할 수 없다는 말이 아니라 현상 밖에서 본질을 찾으려 하지 말라는 의미다. 예컨대, 파도를 보고서 "저것은 바다의 본질이 아니니 나는 바다의 본질을 찾겠다."라고 하면서 파도를 모두 퍼내려고 하지 말라는 것이다. 파도를 다 퍼내도 바다는 보이지 않는다. 바람이 잠잠해지면 바다도 고요해지고 파도는 사라진다. 그럼 그것이 바다의 본질일까? 아니다. 잔물결의 바다 그것 역시 바다의 또 다른 현상일 뿐이다. 언제나 존재의 본질은 우리에게 현상으로 보일 뿐이다. 우리가 목도하고 체험하는 현상 너머의 순수한 본질이란 따로 존재하지 않으며 그렇기에 우리는 현상을 떠나 그것을 찾거나 확보할 수도 없다.

천리가 유행함은 존재계 어디서든 확인할 수 있다. 공자는 끊임없이 흐르는 시냇물에서 천리의 유행을 보았다. '흐름'이 '유행'이라 하니, 그럼 흐르지 않는 것은 유행이 아닌가? 아니다. 흘러도 멈춰도 존재하는 모든 것은 천리의 유행이다. 공자의 제자 증점은 화창한 봄날 친구들과 노닐다가 시를 읊조리며 돌아오고 싶다고 했다. 소위 유유자적이다. 노니는 것이 유행이 아니라 천지자연 삼라만상의 조화로운 운행을 증점은 느낀 것이며, 증점은 그것을 만끽하면서 그 자연스러움에 동참하고자 한 것이다. 이때의 천리는 화창한 봄날 속에서 그리고 친구들 속에서 또 증점에게서 모두 유행한다.

주체의 본성 역시 마찬가지다. '생의'와 '인'으로서의 본성은 주체의 내면 어딘가에 감추어져 있는 그런 것이 아니다. 우물에 빠지려는 아이를 보았을 때 문득 드는 연민의 감정이 바로 본성이다. 이 역시 본성과 감정을 동일시하려는 것이 아니다. 오직 본성은 감정과 행위 속에서 드러난다는 말이다. 내게 다가오는 구체적인 대상과 사태에 대해 적절하게 응대하는 것[應事接物], 그 자체가 바로 천명으로서의 본성이 유행하는 것이다. 때문에 구체적인 대상과 사태를 떠나 내면 어딘가에서 본성을 찾으려고 하는 것은, 눈으로 눈을 보고 입으로 입을 먹으려는 어리석은 짓이다. 이것이 중화신설에서 주자가 깨달은 내용이다.

조선의 유자들은 주체의 감정 중에서 도덕적 감정과 비도덕적 감정의 근원[所從來] 문제에 많은 관심을 기울였다. 그래서 도덕적 감정[四端]이 생기기 위해서는 그 근거로서의 본성이 작용한 것이라 보아야 한다고 적지 않은 유자들이 생각했다. 그렇다면 여기서 '본성의 작용'이란 어떤 성질의 것일까? 본성은 리인데, 그렇다면 이때의 리는 실제적으로 운동함으로써 작용하는 것이 아닐까?

이는 여전히 바다와 파도를 구분하려는 것이다. 주자가 말하는 천리와 본성의 유행은 일정한 경향성(도덕성)을 지니기에 바다보다는 시냇물의 비유가 더 적절해 보인다. 시냇물은 본질적으로 흐른다. 흐름 그 자체는 시냇물의 현상이고, 흐르려는 경향성은 시냇물의 본질이다. 시냇물이 바다라면 흐름은 파도다. 시냇물이 흐르려는 경향성은 천리와 본성의 '본질'이고 실제 흐름은 천리와 본성이 유행하는 '현상'이다. 시냇물이 흐르는 것을 보면서 그 흐름은 시냇물이 그렇게 만든 것이라고 말할 수는 없다. 시냇물과 흐름을 분리할 수 없기 때문이다. 시냇물의 본질은 흐름으로 드러난다.

그런데 만약 흐르는 시냇물을 돌과 나무로 막아 세운다면 시냇물도 멈춰 세울 수 있다. 이것이 주자가 말하는 외물의 간섭 혹은 기질의 제약이다. 하지만 돌과 나무를 제거하고 나면 시냇물은 다시 흐르게 되어 있다. 이것이 물욕과 기질적 제약의 제거다. 시냇물이 장애물 때문에 멈춰 있다가 다시 흐르는 것을 보면서 그것은 시냇물이 그렇게 만든 것이라고 말해서는 안 된다. 아무런 장애가 없을 때 언제나 시냇물이 흐르는 것은 '원래 그런 것'이다.

주자는 거울의 비유를 자주 든다. 깨끗한 거울은 다가오는 모든 것들을 있는 그대로 비춰준다. 거울의 비춰주려는 본성은 실제 비춰줌 속에서 실현된다. 비춰줌(비춰줌은 오직 대상을 통해서만 확인된다.)을 제거한 채 거울의 본질을 찾으려고 하는 것은 어리석은 짓이다. 그런데 시간이 지나 거울 위에 때가 끼면 거울은 있는 그대로 대상을 비추지 못한다. 하지만 거울을 잘 닦기만 하면 거울은 다시 처음처럼 대상을 있는 그대로 비춰준다. 이때 거울이 제대로 비춰주는 것을 보고서 거울이 작용했기 때문이라고 말하는 것은 이상하다. 거울은 본래 대상을 있는 그대로 비춰주려는 경향성을 자신의 본질로 하기 때문이다.

요컨대, 내 본성의 본질은 우주의 본질과 마찬가지로 시냇물처럼 끊임없이 흐르는 것이고, 또 별다른 제약이 없다면 실제 끊임없이 흐른다.

생명존중이 곧 도덕이다

인간이 반드시 자신의 본성을 인식하고 체득하며 결국에는 그것을 준수해야 하는 이유는 무엇인가? 인간과 우주의 본성은 다같이 '따뜻하게 타인을 사랑하고 존재자를 이롭게 해주는 마음[愛人利物]'[9]의 생명력과 생명의지이기 때문이다. 일체의 존재자들 역시 인간처럼 우주로부터 본성을 부여받았기에 생명에 대한 의지를 자신의 본성으로 삼고 있다. 따라서 타자의 존재를 인정하고 아껴주고 보호해주는 것은 자신의 본성과 전체 우주의 본성에 완전히 합치하는 행위가 된다.

인간은 누구나 '생생'의 법칙에 따라 행동해야 한다. 그렇게 하지 않는다면 이는 자신의 본성에 위배되는 것이어서 자신의 존재법칙에 위배될 뿐만 아니라 우주의 보편 원칙과도 어긋나는 것이 된다. 생생이라는 우주의 생명원칙에 어긋나는 것은 결국에는 자신과 타자의 존재를 파괴하는 결과를 초래한다. 예컨대 모든 생태환경의 파괴는 인간과 우주의 본성을 위배한 데서 기인한다. 더 나아가 현대의 인간성 상실, 가족의 해체, 물신숭배, 도구적 인간관계 등은 모두 자신을 포함한 일체의 존재를 그 자체로 인정하고 존중하며 아껴주라는 생생의 원리를 무시하고 위반함으로써 발생된 것이다. 사람에게는 '생의'가 있다. 만물에게도 '생의'가 있다. 때문에 자신과 타자의 그 '생의'를 아껴주고 보호해주는 것에 어떠한 억지와 모순도 있을 수 없다. 도덕은 곧 존재의 원리에 합치하는 것이다.

> 명도가 말하는 '의학에서 팔다리가 저리는 현상' 에서부터 '인仁의 참 모습을 알 수 있다'는 대목까지의 의미를 유추해보면 대략 다음과 같은 말이다. 인仁이란 이 우주가 끊임없이 만물을 만들어 내는 마음인데, 사람이나 사물이 이 마음을 얻어서 자신의 마음으로 삼으면, 곧 우주와 사람과 사물이 모두 이 마음을 함께 갖게 되는 것이어서, 마음의 덕은 언제나 서로 관통하게 된다. 비록 우주와 사람과 사물은 각기 다르다고 해도 그 내부에는 하나의 맥락이 서로 관통하고 있다. 때문에 이 마음을 체득해서 간직하고 길러나가면, 마음의 이치는 어디고 이르지 못할 것이 없어서 자연스럽게 모든 대상을 사랑하게 된다.[10]

인간은 만물과 더불어 우주의 본질인 인 즉 끊임없는 생명력과 생명에 대한 의지를 본성으로 부여받았기 때문에, 주체는 모든 객체와의 동질성과 유대감을 느낄 수 있다. 만약 타자에 대해 그것을 느끼지 못한다면, 그것은 혈관에 피가 흐르지 못하는 것처럼 병리적 상태라고 할 수 있다. 연쇄살인범이나 성폭행범만이 그런 것이 아니라, 폐기물과 무관심으로 죽어가는 생명들에 대해 아무렇지도 않은 우리 모두는 어쩌면 이미 병이 깊은 상태인지도 모른다.

그래서 주자는 일체 타자와의 유대감은 자신과 타자의 본성에 걸쳐 있는 동질성 및 연속성에 대한 반성의 결과로 생기는 것이 아니라 오히려 인간 본성의 자연스러운 발현이라고 주장한다.

> '인간 본질의 근원에서 보자면 차마하지 못하는 마음으로서 그것이 바로 끊임없이 낳고 낳는 것'이라는 말은 잘못되었다. 그 근원상에는 차마하지 못할 뭔가도 아직 없고, 차마하지 못한다고 말

> 할 수 있는 것도 없다. 그저 음양과 오행이 열리고 닫히며 움직이고 정지하는 운동이 있을 뿐이니, 이로부터 저절로 만들어지는 것이지 뭔가를 만들려고 하는 것도 아니다. 만물을 만들어낸다 라고 말할 수 있는 때는 역시 움직인 다음이다. 이 기가 움직이며 결코 멈추지 않을 때에, 그 속에서 저절로 만물이 생겨나는 것이고 저절로 그것들에 대한 사랑의 마음이 생겨나는 것이다. 가령 이 우주 안에 모든 사물이 없어지고 오직 어떤 것 하나만 남는다고 해도, 그것은 스스로를 사랑하게 될 것이다. 또 모두 이 기를 받았고 이 리를 받았으니 그것을 사랑해야 한다는 말도 여기에 해당하는 말이 아니다. 이것은 후차적으로 그렇게 한다는 말이다. 인仁의 리理가 사랑한다는 것은, 마치 봄날의 따뜻함과 같아서 태어나면 자연스럽게 그런 것이다. 또 불과 같아서 구우면 자연스럽게 익는 것이지, 굽는 것과 별개로 또 그것을 익게 만드는 것이 있는 게 아니다.[11]

만일 일체의 윤리 규범을 인에 통섭시켜놓고서, 그것을 자신의 본성에서 우러나오는 끊임없는 생명력의 표현과 생명의지 이외의 것이 아니라고 본다면, 그 안에는 어떠한 억지스러움도 수고로움도 있을 수 없고 일체의 존재자를 존재자 자체로 인정하고 보호하며 사랑해주는 자연스러움과 당연함만이 남을 것이다. 그러나 반대로 타자의 생명과 존재에 대한 인정과 사랑이라는 본질이 제거되었을 때의 일체의 규범은 맹목적인 의무와 형식으로 떨어진다. 주자는 그러한 규범이 갖는 위선성을 다음과 같이 지적한다.

> 측은지심·수오지심·사양지심·시비지심은 모두 하나의 '생의'이

> 다. 측은히 여겨야 할 때에 생의가 없다면 그 내면은 이미 죽어버린 것이니 측은한 마음이 드러날 수도 없다. 잘못을 부끄러워하거나 미워해야 할 때에 생의가 없다면 그 내면은 이미 죽어버린 것이니 부끄러워하고 미워하는 마음이 드러날 수도 없다. 내면에 생의가 없다면 사양하는 마음도 옳고 그름을 판단하는 마음도 드러날 수 없으니, 이는 마음이 전혀 살아 있지 못한 것이다.[12]

인의예지 등 일체의 도덕규범은 결국 인이라고 하는 끊임없는 생명력과 존재하려는 의지로 귀결될 수밖에 없기 때문에, 내면에 생명과 존재에 대한 의지가 없는 일체의 도덕규범은 결국 형식과 의무만이 남아, 인간을 포함한 일체의 존재자를 인정해주고 번영케 해주는 것이 아니라 오히려 사람을 얽어매는 수갑과 족쇄가 될 뿐이라는 것이다.

유가에서 말하는 규범이란 타자(존재)에 대한 존중 그 이상도 이하도 아니다. 타자에 대한 존중은 필연적으로 자신에 대한 검속檢束을 불러온다. 맛있는 것을 보면 먹고 싶고, 좋은 것을 보면 갖고 싶다. 하지만 내 것이 아니라면 나는 함부로 취할 수 없다. 왜냐하면 그것은 남의 것이기 때문이다. 타자에 대한 존중이 전제되지 않고서는 어떠한 탐욕도 폭력도 비난받을 필요가 없다. 딱히 빼앗고 차지하는 것만이 문제는 아니다. 아무리 내 것이라 하더라도 헐벗고 굶주린 옆 사람을 생각한다면 나는 함부로 먹고 쓸 수 없다. 지구 반대편과 우리사회의 곳곳에서 여전히 굶주리는 사람들을 놔두고서, 얼마나 많이 먹을 수 있는지를 뽐내는 '먹방'은 유가적 관점에서는 죄악이고 병이다.

이 생각을 발전시킨 것이 15장에서 다루게 될 주자의 예학禮學이다. 유학의 도덕성이란 자발적 자기규제 혹은 자발적 양보를 통한 공존을 목적으로 한다. 예는 그 자발적 공존에 대한 구체적 방식을 적시한 것이다. 어른보다 앞서 생기발랄하게 걸어 나가는 것은 분명 청년의 생의의 표현이다. 그러나 그 행위는 어른의 생의를 침해한다. 타자의 생의를 침해하는 것은 자신의 생의에도 위배된다. 생의는 자기만의 존재 의지를 의미하지 않고, 타자의 존재 의지에 대한 존중도 포함하기 때문이다. 때문에 진정으로 자신의 생의를 구현하기 위해서는 어른보다 조금 뒤로 걸어야 한다.

하지만 계모繼母를 위해 삼년상을 입어야 할까 아니면 일 년이면 족할까? 사별한 여인이 수절하는 것이 생의의 표현일까 아니면 개가해서 밝게 사는 것이 진정한 생의의 표현일까? 생의에 대한 해석은 철저하게 시대적일 수밖에 없고, 그래서 근본적으로 주관적이다. 때문에 중요한 것은 생의에 대한 믿음 혹은 존재에 대한 도덕적 투사가 아니고, 그것을 구체적으로 규정하는 절목으로서의 예禮다. 주자가 그토록 예악형정을 강조하고, 『주자가례』와 『의례경전통해』 등을 통해 '구체'에 대한 해석권을 확보하려고 한 이유가 여기에 있다.

생의의 역설과 공존

도학자들은 인도의 인仁이 천도의 생의에서 왔다고 했지만, 사실 인과 생 사이에는 건널 수 없는 간격이 존재한다. 그들이 말하는 '생'이란 철저히 '생생불식'의 생성과 확장에 방점이 놓여 있다. '생물지심生物之心'이나 '생생불식生生不息'이 대표적이다. 정이천 이래의 복괘에 대한 해석 역시 그렇다. 그러나 자연계에는 생성과 확장만이 있는 것이 아니라 경쟁과 죽음도 엄연히 존재한다. 때문에 도학자들이 말하는 '생'은 사실, 역으로 인도의 인仁에 의해 해석된 '생'이다.

쉽게 말해 도학자들은 우주 본질을 오로지 '낳고 낳는' 것으로 해석함으로써 자연 속에 존재하는 죽음과 소멸 내지는 투쟁과 살생의 일면을 감추거나 미화시켰다. 만약 자연계의 본질을 투쟁과 생존으로 읽는다면 인간의 본질은 오히려 법가나 마키아벨리 혹은 사회계약론자나 사회진화론자들이 더 잘 설명한 것이 된다. 그렇게 되면 인간의 본질은 결코 '타자를 사랑하고 아낌[愛人利物]'이 될 수 없다. 기껏해야 『노자』가 말한 '천지불인天地不仁'일 것이다. 요컨대 도학자들이 말하는 존재 전체의 본질 '생'은 있는 그대로의 모습이라기보다는 철저히 '해석된' 것이다.

그러나 그보다 문제는, 그들이 말하는 생성과 학장만으로는 아무런 윤리적 함의가 찾아지지 않는다는 데에 있다. 공맹의 인의仁義로부터 도학자들의 인의예지에 이르기까지 그 본질은 여전히 타자에 대한 존중과 배려[愛人利物]다. 타자에 대한 배려에는 우선, 주체와 타자 간의 '관계'가 필요하다. 그리고 그 관계에서 자신에 대한 자발적 양보와 절제가 요구된다. 그래야 윤리적 함의가 확보된다.

따라서 '생'으로부터 '인', 즉 윤리적 함의를 확보하기 위해서는 주체의 '생'에 대한 의지로부터 타자의 '생'에 대한 관심과 배려로 시각이 확장되어야 한다. 이것이 바로 효제孝弟의 가족윤리가 사회적으로 확장되어야 한다는 공자의 주장이다.[13] 그리고 타자의 '생'은 필연적으로 주체의 '반생反生', 즉 내 삶에 대한 침해와 위축 심지어는 단절과 소멸까지도 요구한다. 따라서 주체의 위축과 소멸을 말하지 않는 모든 '생의'에 대한 담론은 기만이다. 이것이 『주역』이 말하는 '일음일양'의 존재 질서다.

예컨대 뒤에 오는 사람을 위해 살짝 문을 잡아주는 배려를 베풀기 위해서는 살짝 수고로움을 감내해야 한다. 비닐봉지 때문에 죽어가는 바다생물들을 고려한다면 일회용기의 편리함을 포기할 수 있어야 한다. 탄소배출을 줄이려면 대중교통을 타거나 아예 걸어 다녀야 한다. 내 가족이 아니더라도 헐벗고 굶주린 이들을 위한다면, 성금이든 세금이든 내 돈을 내어놓아야 한다. 공존이란 아이러니하게도 내 삶의 자발적 위축과 단절을 전제로 한다. 도학자들이 말하는 '생의'가 윤리적 의미를 지니기 위해서는 그 방점이 내가 아니라 대상과 관계를 향해야 한다.

대만의 라오쓰꽝[勞思光]은 '생생불식'의 '생생'을 천도의 내용으로 규정함으로써 세계를 긍정하려고 한다면, 현상세계에서 생명과 생명의 파괴가 반드시 상호 의존적으로 발생하는 모순을 설명할 수 없게 된다고 주장한다.[14] 실제로 현상세계 속에서는 분명 '생명'과 '생명의 파괴'가 상호의존적으로 발생한다. 하지만 주자가 말하는 '생생' 현상이란 존재자의 생성과 성장만을 의미하지 않고, 쇠락과 소멸까지를 포함한다. 일체의 생생 현상에는 '발산'과 '수렴'이라는 두 단계가 존재한다는 것이다. 만일에 발산 즉 생성과 성장만을 생생의 전부라고 본다면 이것은 결코 주자가 말하는 '생생'사상의 본의일 수 없다. 주자는 심지어 수렴이 없이는 발산도 가능하지 않다고 주장한다.

> 인仁은 사단의 으뜸이다. 하지만 지智가 있음으로 해서 시작할 수도 끝맺을 수도 있는 것이다. 이는 마치 원元이 사덕의 으뜸이지만, 원 자체는 원에서 생겨나지 않고 정貞에서 생겨나는 것과 같다. 모든 우주의 변화에는 수렴이 없으면 발산도 있을 수 없다. 인과 지가 서로 만나는 지점이 바로 우주 일체 변화의 축이 된다. 이 이치는 끊임없는 순환으로써 정확히 맞아떨어져 조금의 차이도 있을 수 없다. 때문에 정이 없으면 원도 있을 수 없다.[15]

> 만일 밤이 없다면 낮은 분명하지 않았을 것이며, 겨울이 없다면 봄과 여름에도 만물은 자라나지 못했을 것이다. 이는 마치 사람이 종일토록 응대하였으면 조용한 곳을 찾아 조금이라도 쉬어야 정신이 맑아지는 것과 같다. 만물을 만들어내는데 겨울이 없이 계속해서 만들어만 낸다면 우주의 원기 역시 바닥나고 말 것이다. … 사계절에서 가을과 겨울에 수렴하기 때문에 봄과 여름에 태어나고 자랄 수 있는 것이다. 만일 계속해서 봄과 여름만 있어서 줄곧 낳고 자라기만 한다면 거기에 어떤 종결이 있을 수 있겠는가? 어떻게 그렇게 많은 원기가 있을 수 있겠는가? 때문에 '복復에서 천지의 마음을 볼 수 있다'라고 했다. 이는 고요함 다음에 볼 수 있는 운동을 말한 것이니, 이것이 참으로 좋다.[16]

주자의 생생사상에서 우리가 특기해야 할 중요한 점은, 우주의 끊임없는 운동을 동태動態나 정태靜態의 일면으로 보지 않고 움직임과 정지가 끊임없이 서로 갈마드는 것이라고 보았다는 점이다. 운동과 정지가 갈마들며 끊임없이 순환하는 것이 우주의 필연적인 법칙이다. 때문에 어떤 이가 영원한 생명이나 절대적이고 초월적인 평정을 추구한다면 이는 자연의 법칙에 위배되는 것이다. 자연의 법칙은 운동과 정지, 발산과 수렴의 끊임없는 순환이다. 때문에 사람의 생명과 생활 역시 운동과 정지가 교대하는[一動一靜] 자연의 법칙에 순응해야 한다.

주자가 상정하는 이상인격은 불교에서 말하는 세계에 대한 초월도 아니요, 도교에서 말하는 장생불사도 아니다. 그것은 운동과 정지가 변화무상한 현실 세계를 담담히 살아내며 그 속에 존재하는 우주와 인간의 법칙에 순응하는 자세다. '영원한 젊음' 혹은 '지속적인 성장'과 같은 것은 유가적 관점에서는 용인될 수 없다. 젊음이 지나가면 늙음을 인정하고 죽음까지도 받아들여야 한다. 타자도 환경도 생각하지 않는 '부단한 발전' 혹은 '불노장생'이란 존재하지 않는다.

그렇다고 그것이 허무주의이거나 쾌락주의는 아니다.

> 보내주신 편지에는 움직임과 정지 이외에 움직임에 상대되지 않는 고요함이 있고 또 정지에 상대되지 않는 움직임이 있다고 하셨는데, 이는 더더욱 이해되지 않는 점입니다. '동정' 두 글자는 서로 짝하는 것이어서 상대가 없을 수 없음이 우주의 자연스러운 이치로서 사람이 어떻게 할 수 있는 것이 아닙니다. 동과 짝하지 않는다면 그것은 정이라고 이름붙일 수 없으며, 정과 짝하지 않는다면 그 역시 동이라고 이름붙일 수 없습니다. 하지만 일반적인 사람들의 동이라는 것은 대부분 지나친 활동성으로 흘러버려 잠잠함이 없습니다. 또 그들의 정이라는 것은 대부분 지나친 침잠에 잠겨버려 아무런 활동성도 없습니다. 이것이 바로 주돈이 선생께서 말씀

하신 "사물은 통하지 않는다."는 것입니다. 오직 성인만이 사사로운 욕망이 없고 우주의 이치를 완벽하게 구현했기 때문에, 움직일 때에도 그 고요함의 이치가 없어지지 않고, 고요할 때에도 움직임의 원리가 사라지지 않을 수 있는 것입니다.[17]

성인이 우주의 이치에 순응할 수 있는 이유는 그가 아무런 욕심이 없기 때문이다. 하지만 이 '무욕無欲'은 – 불교나 도교처럼 – 아무런 '생생'의 의지도 없음을 의미하지는 않는다. 유자들은 어디까지나 '삶'을 말한다. 잘 살고 싶다. 그들이 말하는 '잘 삶'은 흔히 '경지境地'로 표현된다. 그들이 생각하는 이상적인 경지란 주어진 삶의 질서(운명)를 벗어나지 않으면서도 충분히 즐기는 삶을 의미한다. 이것이 『논어』에서 말하는 안빈낙도安貧樂道의 '즐거움[樂]'이다.

누구도 영원히 살 수 없는 것만큼이나, 누구라도 부귀와 공명을 누릴 수 있는 것은 아니다. 부귀와 장수는 모든 사람이 바라는 것이지만 언제나 삶이 바람대로 되는 것은 아니다. 누구도 가난함을 좋아하지는 않지만 그것은 운명이다. 하지만 자신의 '즐거움'은 이러한 운명적 '주어짐'에 의해 방해받지 않는다는 것이다. 공부함으로써 자신을 성장시킬 수 있으니 즐겁고, 친구가 찾아와주니 즐겁고, 남들이 알아주지 않더라도 내 인격을 유지할 수 있으니 즐겁다. 한마디로 나에게 주어진 삶 그대로를 오롯하고 살뜰하게 즐길 줄 아는 것이 경지다.

'욕심'과 '생의'는 어떻게 다른가? 생의는 있는 그대로의 삶을 즐기는 것이다. 때문에 생의는 노쇠와 죽음까지도 인정하고 받아들인다. 욕심은 있는 그대로를 즐기지 못하고 더 많은 것을 바람이다. 주어진 것에서 만족하지 못한다는 것은 타자의 것을 빼앗음을 의미한다. 생의는 공존을 전제하지만 욕심은 나를 우선한다. 그리고 나 중심의 개인주의에서 모든 타자는 도구로 전락한다. 나를 위해서라면 모든 것은 이용될 수 있고 심지어 제거되어도 좋다. 따라서 자기 우선의 본능을 극복하고서 타자와의 공존 속에서 삶을 즐기기 위해서는 오히려 주체의 성숙이 요구된다. 이것이 경지다.

주자를 비롯한 도학자들은 생기발랄한 생의를 구가한다. 하지만 자신의 생의를 위해 타자를 도구로 전락시키는 욕심은 동의하지 않았다. 주자는 존재자가 자신의 생명을 유지하려 할 때에 필요로 하는 일체의 조건을 인정한다. 그는 결코 인간의 '음식남녀飮食男女'라는 생리적 욕구를 부정하지 않는다. 하지만 그는 적절한 한도를 넘어선 욕망까지 만족시키기 위하여 타자의 생명의지를 파괴하거나 침해하는 일체의 행위를 반대한다.

이로부터 주자는 라오쓰꽝이 제기한 '생명'과 '생명의 파괴'가 필연적으로 상호의존해서 발생하는 문제에 대해 대답할 수 있게 된다. 자신의 생명을 유지하기 위해 타자를 파괴하고 침해하는 것은 용납될 수 있다. 하지만 이 파괴와 침해는 반드시 '부득이 한' 정도의 최소한으로 한정되어야 한다. 그렇지 않다면 이러한 파괴는 개인의 사사로운 욕망이나 물욕에서 기인한 '한도를 넘는 욕망'이며 우주의 생생법칙을 위배한 것이 된다.

말은 쉽다. 하지만 디테일한 현실은 어렵다. 어디까지가 '부득이'함이요 어디서부터가 사사로운 욕망일까? 이는 결코 쉽지 않은 문제다. 인간은 타자를 도구로 삼았기 때문에 과학을 발전시킬 수 있었다. 실험실의 쥐부터 마루타까지 혹은 화학비료부터 GMO까지, 모든 도구적 침탈이 있었기에 인간은 기아와 질병으로부터 좀 더 자유로울 수 있었다. 과학의 발전과 역사의 전개는 그 자체로 '자연스러움'이 아닐까?

하지만 이러한 논리는 어디까지나 인간중심적 사고임을 직시해야 한다. 실험실 쥐의 배를 가르고 아마존의 밀림을 밀어내는 것이 아무리 기아와 질병을 극복하는 위대한 여정이라 하더라도 그것은 어디까지나 인간만을 위한 것임을 인정해야 한다. 그리고 인간을 위해 타자를 침해하고 죽이는 것이 용인된다면, 나와 내 가족을 위해 타인을 침해하고 죽이는 것 역시 용인되어야 한다. 이렇게 세계관은 중요하다.

여전히 진실은 디테일에 있다. 만약 도덕본체·천명유행·생생불식만으로 모든 것이 해결되었다고 생각한다면 이는 너무나 낙관적인 것이거나 아니면 참된 진실을 외면한 것이다. 창 앞의 무명초를 존중했던 도학자들이지만 그들은 여전히 신분제 속에서 남녀의 차별을 인정했던 이들이다. 주자 역시 예외는 아니다. 우리는 주자의 모든 디테일에 동의할 필요는 없다. 하지만 본체는 어디까지나 일상에서 구체로 구현되어야 한다는 주자의 생각은 여전히 존중될 수 있다.

7장

질서와 체계로서의 세계 – 待對

주자학에서 역학의 역할

송대 도학은 불교와의 투쟁 속에서 유가 고유의 형이상학 체계가 필요했고, 『중용』과 더불어 『주역』으로부터 그 자료를 찾아냈다는 것이 일반적인 철학사의 시각이다. 앞 장에서 보았던 『중용』의 "하늘이 명한 것을 일러 본성이라고 한다.[天命之謂性]"와 『주역』의 "한 번 음이었다가 한 번 양이었다가 하는 것을 일러 도라고 한다. 그것을 잇는 것을 일러 선이라 하고, 그것을 완성한 것이 본성이다.[一陰一陽之謂道, 繼之者善也, 成之者性也.]" 같은 것이 대표적이다. 그 내용은 앞 장에서 본 것처럼 주로 천도天道와 인도人道의 연속성에 대한 표명이다.

주자 역시 『중용』과 『주역』을 중시했고, 위의 명제들 역시 그의 철학체계에서 매우 중요한 역할을 수행하고 있음도 앞에서 확인했다. 그러나 그의 역학易學, 즉 그의 『주역』학은 좀 더 거시적이면서도 면밀한 검토가 요구된다. 왜냐하면 그에게서 『주역』은 천인합일이라는 익숙한 관념의 범위를 훨씬 초과하여 그의 철학 사유에 매우 중요한 영향을 미쳤기 때문이다. 결론부터 말해, 나는 그것이 '질서와 체계로서의 세계관'이라고 생각한다.

5장에서 대략 밝힌 것처럼 주자의 『주역』관은 대대와 유행이고, 이 둘은 공히 주자의 세계 이해에 동원된다. 도학자들의 생의生意 철학은 그에게서 『주역』의 '유행'관을 발전시켜 '천명유행天命流行'이라는 관념이 되었다. 이것은 북송 이래 생의 철학의 총결이라고 할 수 있다. 때문에 그의의를 홀시할 수 없지만 그것이 주자만의 독창성이라고 할 수는 없다. 주자 세계관의 독창성은 오히려 '대대'에 있다. 즉 '질서와 체계로서의 세계관'이다.

이러한 관점은 비단 세계 이해에 머물지 않고, 공부의 방법과 체계 및 사회적 규율의 방법과 장치에 대한 그의 생각까지 더 나아가 그의 사상적 경향 일체를 지배하게 된다. 이 장에서는 주자의 역학, 그 중에서도 주자 스스로 역학의 강령이라고 생각한 〈하도낙서〉와 〈선천역학〉을 중심으로 그의 대대적 세계관을 구명한다.

역학 연구의 대가인 쭈보쿤[朱伯崑] 교수는 주자 역학의 특징으로 다음의 둘을 든다. 첫째, 이전해경以傳解經 즉 『역전易傳』으로 『역경易經』을 해석하는 관점에 반대함. 둘째, 상수와 의리를 결합함.[1] 우리가 지금 보는 『주역』은 크게 세 시기의 저작으로 구성되어 있다. 가장 오래된 것은 BC1000년 경 중국 주周나라 성립 무렵에 만들어진 『역경』이다. 그 내용은 주로 국가대사에 대해 점친 결과라고 여겨진다. 그 다음은 춘추전국시기에 만들어진 것으로 알려진 『역전』이다. 『역전』은 어느 한 시기 어느 한 사람에 의해 만들어지지 않았고, 여러 사람의 손을 거쳐 완성된 것으로 보인다. 그리고 그에 대한 역대의 여러 주석과 이론들이 있는데 이를 역학이라고 부른다. 역대 주석 중에서 가장 많이 읽힌 것은 북송 정이의 주석서인 『정씨역전程氏易傳』[2]과 주자의 『주역본의周易本義』다.

『역전』은 총 10편으로 구성되어 있기에 십익十翼이라고도 부른다. 거기에는 「단전彖傳」이나 「상전象傳」처럼 『역경』 구절을 풀어쓴 주석서도 있고, 「계사전繫辭傳」이나 「설괘전說卦傳」처럼 『역경』 전반에 대한 관점을 기술한 해설서도 있다. 성서시기로 보았을 때 『역경』과 대략 600~800년 정도 차이가 나기 때문에 『역전』, 특히 「계사전」 같은 해설서들에는 『역경』 고유의 사유에 더해 당대의 다양한 철학적 관점이 녹아들어 있다. 위에서 인용했던 문장 역시 「계사전」의 한 구절인데, 점친 내용에 해당하는 『역경』과는 그 분위기가 확연히 다르다는 것을 알 수 있다. 『역전』은 분명 『역경』보다는 이론적·관념적·철학적 혹은 형이상학적이다. 주자는 이에 대해, 『역경』은 점친 책 『역전』은 그로부터 연역할 수 있는 철학적 관점이라고 구분한다. 때문에 주자가 『역전』으로 『역경』을 해설하는 것에 반대했다는 쭈보쿤 교수의 분석은 매우 타당하다.[3]

> 공자께서는 "옛날에 성인께서 역을 지으실 때에는 상을 관찰하여 괘를 만드시고 말을 거기에 달아 길흉을 밝히셨다"라고 분명히 말씀하고 계신다. 이 얼마나 확연한가? 내가 늘 주장하는, 『주역』은 점치는 책이라는 말을 여기서 확인할 수 있다. 『주역』은 그저 괘상을 말함으로써 길흉을 밝힌 것에 불과하다. 그 이외에는 아무것도 없다. … 『주역』을 읽기 위해서는 응당 세 부분으로 나누어야 한다. 복희의 역은 복희의 역이고 문왕의 역은 문왕의 역이며 공자의 역은 공자의 역이다. 복희의 역을 읽을 때에는 아직 「단전」·「상전」·「문언전」과 같은 기술들이 없었다고 이해하고서 읽어야 한다. 그래야 그 본래의 의미가 점치기 위한 것임을 확인할 수 있다. … 문왕의 마음은 이미 복희만큼 그렇게 넓지가 못하다. 그래서 급하게 말해야 했다. 공자의 마음은 또 문왕의 마음만큼 넓지도 못했다. 그래서 더욱더 급하게 도리를 말해야 했던 것이다. 그래서 그 본래의 의미는 점차 사라지고, 성인께서 괘를 그리실 때의 원래의 의미를 더 이상은 생각지 않고서 각자 자기가 생각하는 도리를 말했다고 생각하게 되었다. 정이의 경우에도 마찬가지로 자신의 관점을 피력했는데, 어느 정도 공자의 역과 비슷하지만 좀 더 심한 면이 있다. 그래서 각자가 역에 대해 말하는 것이 복희로부터

정이에 이르기까지 네 개의 모양이 되어 버렸다. 나는 이러한 태도를 반복할 수 없어서 역이 지어진 그 본래의 의미를 추적하여 말한 것이니, 바로 이런 이유 때문이었다.[4]

위의 인용문에서 주자는 『역』의 단계를 넷으로 나눈다. 복희의 역·문왕의 역·공자의 역 그리고 후대의 역학이 그것이다. 복희의 역이란 음양의 괘효를 의미하고, 문왕의 역이란 괘효에 괘효사를 달아 『역경』을 완성한 것을 의미하고, 공자의 역이란 『역경』에 대한 주석과 해설에 해당하는 『역전』을 의미한다. 전통적으로 십익은 공자에 의해 작성되었다고 여겨졌다. 또 괘사는 문왕이, 효사는 그의 아들 주공周公이 썼다고 여겨졌다.

주자는 이 각 시대의 저자들이 각자의 입장과 처지에서 『주역』을 완성해갔지만, 그들은 모두 동일한 목표와 의도를 가지고 그 작업에 참여했다고 주장하고 있다. 이를 주자는 '사성일심四聖一心' 즉 네 명의 성인(복희·문왕·주공·공자)이 동일한 마음이라는 명제로 표현한다. 그런데 여기서 복희의 역은 분명히 '점치기 위한 것'으로 규정된다. 때문에 후대의 저자들 역시 복희의 이러한 의도와 목표에 부합한다고 이해해야 한다.

> 역은 본래 점을 치기 위한 책이다. 그래서 후대의 사람들은 그저 점을 치기 위한 복서卜筮에만 머물렀다. 왕필王弼에 이르러서 노장老莊사상으로 이를 해석하였는데, 그러자 그 뒷사람들은 또 오로지 철학적 의미로만 받아들이고는 점서占書로 이해하지 않게 되었으니 이 역시 잘못된 것이다. 당초에 복희가 괘를 그렸을 때에는 그저 양효는 길함을, 음효는 흉함을 의미하고 아무런 문자가 없었을 것이다. 분명한 근거가 있는 것은 아니지만 대략적인 의미는 그

렇다. 그 뒤 문왕이 그것만으로는 이해할 수 없다고 여겨 괘사를 지어 붙였다. 혹은 점을 쳐서 효를 얻은 경우에는 또 그 의미를 이해할 수 없었기에 주공이 효사를 지었다. 그러고도 이해할 수 없어서 공자가 십익을 지은 것이다. 이 모든 것은 당초의 의미를 해석하기 위한 것이다. 요즘 사람들은 괘나 효를 보지 않고 바로 「계사」를 본다. 이는 마치 형법 조문 자체는 보지 않고 형법의 서문만을 보는 것과 같다. 어떻게 이해할 수 있겠는가? 모름지기 『주역』은 점서로 보아야만 이해할 수 있다. 그렇지 않으면 『주역』을 볼 수가 없다.[5]

복희의 음양 부호부터 문왕의 괘효사 그리고 공자의 철학적 해설까지 사실은 모두 복서卜筮, 즉 점을 위한 것이라는 말이다. 때문에 주자의 『주역』관은 일관되게 복서를 넘어서지 않는다. 이를 도표화 하면 다음과 같다.

〈도표 1〉

목적	복서卜筮		
인물	복희	문왕 · 주공	공자
내용	괘 · 효	괘 · 효사	전문傳文
역할	복서의 시작	복서의 체계화	복서의 이론화

하지만 주자의 이러한 『주역』관이 상수의 문제와 연결되면 복잡해지기 시작한다. 그래서 쭈보쿤 교수가 주장한 주자 역학의 두 번째 특징, 즉 의리와 상수가 결합되었다는 이해에 대해서는 좀 더 면밀한 분석이 요구된다. 상수象數란 상象과 수數로 『주역』을 해석하는 태도를 말한다.

『주역』은 팔괘八卦 즉 여덟 개의 기본적인 괘상으로 구성되어 있고, 이 팔괘에는 하늘과 땅 바람과 연못 등 여러 상징들이 결부되어 있다. 그와 더불어 『주역』의 문장 즉 괘효사卦爻辭 속에서도 다양한 상징물과 수들이 출현한다. 이러한 것으로 『주역』을 해설하는 방식은 주로 『주역』의 문장을 점서적占筮的 관점에서 풀이하는 경향을 보이게 된다. 반면 의리義理란 『주역』의 제 상징들을 강건함[剛]이나 유순함[柔] 등의 '의미'로 푸는 방식으로서, 『주역』을 다분히 관념적·철학적으로 해설하는 경향을 보인다. 때문에 의리는 점점 추상화 하는 경향을 보이고, 상수는 구체화 하는 경향을 보인다.

괘체	☰	☱	☲	☳	☴	☵	☶	☷
괘명	건乾	태兌	리離	진震	손巽	감坎	간艮	곤坤
괘상	하늘(天)	연못(澤)	불(火)	우레(雷)	바람(風)	물(水)	산(山)	땅(地)
괘덕	강건함(剛)	기쁨(悅)	빛남(麗)	움직임(動)	들어감(入)	험난함(險)	멈춤(止)	유순함(柔)

의리든 상수든 그것이 『주역』, 정확히 말해 『역경』의 구절을 해설하기 위한 것이라는 점에서는 동일하다. 예컨대 『주역』의 제일 첫 괘인 건괘乾卦의 첫 문장인 '원형이정元亨利貞'을 강건함이라는 의미로 풀어내면 의리가 되고, 하늘이나 용과 같은 상징물로 풀어내면 상수가 된다. 하지만 어느 것이나 『역경』 구절을 풀기 위한 것이라는 점에서는 동일하다. 그런데 점서적 경향의 상수학은 점쳐야 할 구체적 사태와 대상이 『주역』에서 등장하는 것들보다 많다는 점, 그리고 괘효사에서 출현하는 상징과 괘효의 모양이 언제나 일치하는 것은 아니라는 점 때문에 다양한 해석

방식들이 출현하게 되었으니 비복飛伏[6]·호체互體[7]·납갑納甲[8] 등이 그것이다.

그런데, 주자는 『역경』 구절을 해설하면서 이러한 역대 상수학의 관점을 쓰지 않았다. 그는 지나치게 관념화된 당대 의리역학의 폐단을 비판하는 동시에, 또 지나치게 자의적으로 변해버린 한당漢唐의 상수학을 받아들이지도 않았다. 그렇다면 그가 상수와 의리를 결합했다는 평가는 어떻게 이해해야 할까?

주자의 『주역본의』 첫머리에는 아홉 개의 도상圖像이 출현하는데, 〈하도河圖〉·〈낙서洛書〉·〈복희팔괘차서지도伏羲八卦次序之圖〉·〈복희팔괘방위지도伏羲八卦方位之圖〉·〈복희육십사괘차서伏羲六十四卦次序〉·〈복희육십사괘방위伏羲六十四卦方位〉·〈문왕팔괘차서지도文王八卦次序之圖〉·〈문왕팔괘방위지도文王八卦方位之圖〉·〈괘변도卦變圖〉가 그것이다. 역시 역학 연구의 대가인 중국 사회과학원의 위둔캉[余敦康] 교수는 이 아홉 개의 그림이 『주역본의』의 강령에 해당한다고 보았다.[9] 『주역』의 근거와 원리에 대한 주자의 전문 역학 저작인 『역학계몽易學啟蒙』은 실제 모두 이 그림들에 대한 풀이다. 즉 주자는 위의 그림들이 『주역』의 근거이자 원리가 된다고 본 것이다. 때문에 이 그림들은 주자의 역학에서 가장 중요한 부분이라고 할 수 있다.

그런데 문제는 이 그림들이 지시하는 내용이 실제 『역경』 즉 괘효사의 내용을 해설하는 것과는 아무런 관련이 없다는 점이다. 뿐만 아니라 그 그림들은 실제 『역경』에서 출현하지도 언급되지도 않을 뿐만 아니라, 『역경』 괘효의 배치 순서와도 전혀 무관하다. 유일하게 『역전』 중 「계사전」에서 "황하가 도圖를 내고 낙수가 서書를 내니, 성인이 그것을 본받았다.[河出圖, 洛出書, 聖人則之.]"라는 구절이 있을 뿐인데, 여기에서 〈하도〉와 〈낙서〉라는 명칭이 처음 출현한다. 〈하도〉와 〈낙서〉는 고서에서 그 이름만 언급되었을 뿐[10] 실제 그 내용이 어떤지는 알려지지 않다가 북송의 유목劉穆이 그림을 제시한 것이 처음이다. 한편 〈복희역학〉을 흔히 〈선천역학先天易學〉이라고 부르고 〈문왕역학〉을 〈후천역학後天易學〉이라고 부르는데, 그것들 역시 북송 시기의 소옹邵雍에 의해 창안된 것이다. 때문에 주자가 『주역』의 강령이라고 중시한 아홉 개의 도상은 좀 더 솔직히 말하면 북송 시기에 창조 혹은 날조된 것들이다. 주자가 의리와 함께 중시했다는 상수란 비복·호체·납갑 등이 아니라, 이런 도상으로서의 상수를 의미한다.

그렇다면 실제의 『주역』과 거의 아무런 관련도 없는 북송 시기의 창작들을 주자는 왜 그토록 중시한 것일까? 주자는 실제의 『주역』을 점치는 책 이상도 이하도 아니라고 생각했다고 앞에서 말했다. 『역경』뿐만 아니라 『역전』 중 「계사전」의 상당 부분이 설시揲蓍, 즉 점치는 방법에 대해 논하고 있다고 그는 주장한다. 그렇다면 주자가 생각하는 『주역』의 강령들은 점치는 문제와 관련이 있을까? 마지막의 〈괘변도〉 말고는 아무런 관련이 없다.

주자는 『주역』적 사유의 기본 구조를 '대대待對'와 '유행流行'이라고 불렀다. 대대란 천지·남녀·부모처럼 이 세계의 모든 것이 두 개의 짝으로 이루어져 있다는 생각이고, 유행이란 부모가 남녀로 만나 자식들을 낳고 기르듯 혹은 하늘과 땅 사이에 비바람과 우레가 오고가듯 대대의 만남 속에서 다양한 변화가 생겨난다는 생각이다. 복희의 〈선천역학〉은 대대의 관념을 발전시킨 것이고, 문왕의 〈후천역학〉은 유행의 관념을 발전시킨 것인데, 주자는 소옹의 관점을 받아들여 유행의 〈후천역학〉보다는 대대의 〈선천역학〉을 훨씬 더 강조했다. 때문에 주자 상수 역학의 핵심 내용은 〈하도낙서〉와 〈선천역학〉이라고 할 수 있다.

〈하도낙서〉와 〈선천역학〉

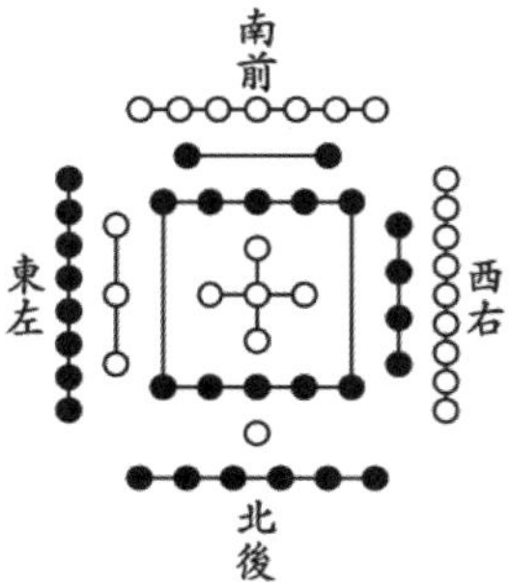

河圖

	7 2	
8 3	5/10	4 9
	1 6	

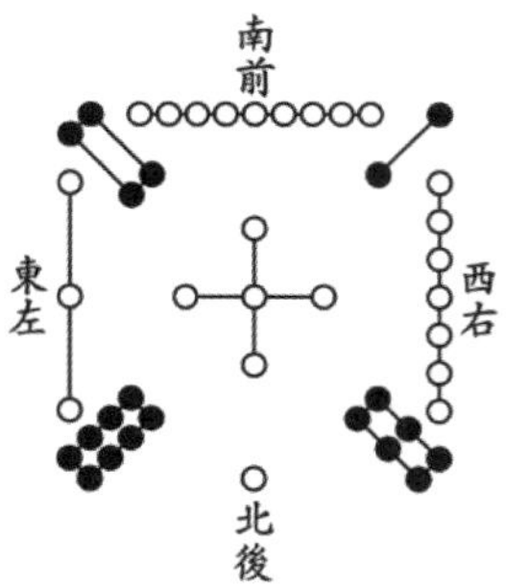

洛書

4	9	2
3	5	7
8	1	6

〈그림 1〉 하도와 낙서

〈그림 2〉 하도와 낙서의 수

〈그림 1〉은 『주역본의』와 『역학계몽』에 수록된 〈하도〉와 〈낙서〉다. 그런데 이 그림에서의 점들이 흑백이라거나 장방형이라거나 하는 것들은 주자의 역학에서 아무런 의미를 지니지 않는다. 그런 것들에 대한 언급

이 전혀 없기 때문이다. 다만 그 점들은 '개수'로서의 의미만을 지닌다. 그것을 수로 표현하면 〈그림 2〉가 된다. 주자는 『역학계몽』에서 이 그림을 해설하면서 먼저 "황하가 도圖를 내고 낙수가 서書를 내니, 성인이 그것을 본받았다.[河出圖, 洛出書, 聖人則之.]"라는 「계사전」의 구절을 인용한다. 그리고서 역시 「계사전」의 소위 '천지지수天地之數' 즉 "천1, 지2, 천3, 지4, 천5, 지6, 천7, 지8, 천9, 지10"을 인용하면서 이것이 〈하도〉의 수라고 주장한다. 즉 〈하도〉의 수적 배열이 「계사전」의 천지지수를 의미하며, 복희는 이 그림의 천지지수를 보고서 『주역』을 만들었다는 것이다.

이 주장을 그대로 받아들인다 해도 의문은 남는다. 본래 〈낙서〉는 『서경』의 「홍범구주」와 관련된 것으로 알려져 있다. 그렇다면 〈낙서〉는 『주역』과 아무런 관련이 없는 것이다. 그럼에도 불구하고 주자는 "낙서는 공자께서 비록 언급이 없으셨지만, 그 상과 설명이 이미 〈하도〉에 다 들어 있으니 서로 통한다고 할 수 있다. 그래서 유흠[11]은 이 두 그림이 씨줄과 날줄 혹은 겉과 속처럼 서로 밀접한 관련이 있다고 한 것이다."[12]라고 하면서 〈하도〉와 〈낙서〉의 연속성을 주장한다. 그리고서 최종적으로 "〈하도〉가 「홍범」의 수가 될 수도 있고 〈낙서〉가 『주역』의 수가 될 수도 있다."고 하면서 "가로·세로·사선으로 모두 통하니, 〈하도〉와 〈낙서〉 사이에는 사실상 아무런 차이도 없다."[13]고 결론 맺는다.

이 지나친 억지를 어떻게 이해해야 할까? 열쇠는 "가로·세로·사선으로 모두 통한다."는 말에 있다. 이 말은 〈낙서〉의 수를 가로·세로·사선으로 합했을 때 언제나 15가 된다는 의미다. 다만 〈하도〉의 수는 이에 해당하지 않는다. 그러나 주자가 보기에 〈하도〉든 〈낙서〉든 그것이 수적 질서를 표현하고 있다는 점에서는 동일하다. '1+9 = 3+7'처럼 수적 질서는 천년 전에도 천년 뒤에도, 또 미국에서도 한국에서도 언제나 일치하고 통용되는 질서이기에 수로 표현될 수 있는 모든 '질서'의 체계는 모든 것의 '근거'일 수 있다는 말이다. 게다가 〈하도〉와 〈낙서〉, 특히 〈낙서〉의 체계는 이 수적 질서가 기하학적 '균형'을 보이고 있음이 중요하다. 1~10의 중간에 해당하는 중궁수中宮數 5는 〈하도〉와 〈낙서〉에서 '중앙'에 위치하여 모든 수적 질서의 균형점이 되어주고, 이 5는 삼천양지參天兩地의 수 3과 2의 합이라는 것이 주자의 설명이다. 이러한 대수학적 기하학적 균형과 질서라는 관념은 〈선천역학〉에서도 반복된다.

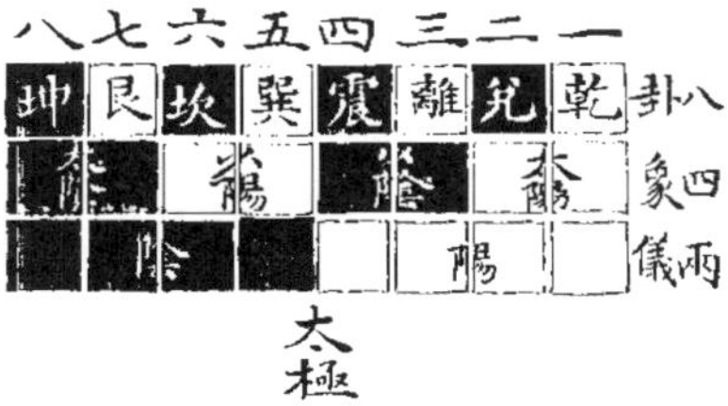

〈그림 3〉 복희선천팔괘차서도伏羲先天八卦次序圖

〈그림 4〉 복희선천팔괘방위도伏羲先天八卦方位圖

〈그림 3〉은 팔괘의 순서를 나타낸 것이고 〈그림 4〉는 팔괘를 방위에 배속한 것이다. 그것을 64괘로 확장하면 《64괘차서도》와 《64괘방위도》가 된다. 차서든 방위든 64괘도는 팔괘도의 확장판일 뿐이고, 이론적 논리적 변화는 전혀 없다. 이 〈선천역학〉은 「계사전」의 "역易에는 태극이 있으니, 이것이 양의兩儀(음양, ⚊, ⚋)를 낳고, 양의는 사상四象(⚌, ⚍, ⚎, ⚏)을 낳고, 사상은 팔괘八卦를 낳고 … 만물을 낳는다."[14]는 구절에 근거한 것이다. 그래서 〈그림 3〉은 아래에서부터 위로, 태극→양의→사상→팔괘의 분화 과정을 보여준다. 이것을 수로 표현하면 아래와 같다.

☷ 곤8	☶ 간7	☵ 감6	☴ 손5	☳ 진4	☲ 리3	☱ 태2	☰ 건1
노음4		소양3		소음2		노양1	
음				양			
태극							

여기서 노양·소음·소양·노음은 각기 1·2·3·4라는 위치[位]와 9·8·7·6이라는 수량[數]을 갖게 된다. 그런데 특기할 것은, 주자가 여기서 위치와 수량의 관계를 1+9 = 2+8 = 3+7=4+6을 의미했던 〈낙서〉의 기하학적 균형성으로 설명하고 있다는 점이다. 즉 그에게서 수량과 위상의 의미 차이는 중요하지 않다. 그보다 더 중요한 것은 그 다음이다. 팔괘의 단계에 오면 각 괘의 생김새가 정확히 좌우 대칭이라는 점이다. 이 괘상의 대칭성을 더욱 선명하게 보여주는 것은 물론 〈그림 4〉의 방위도이다. 이 대칭성을 좀 더 선명하게 보이기 위해 양효를 +로 음효를 −로 표시하면 팔괘는 아래의 모습이 된다. 이 표에서 두 번째 칸의 +−는 괘의 아래부터 표시한 것이다. 예컨대 ③의 리괘離卦(☲)는 아래에서부터 +−+의 순서가 된다.

⑧ ☷	⑦ ☶	⑥ ☵	⑤ ☴	④ ☳	③ ☲	② ☱	① ☰
− − −	− − +	− + −	− + +	+ − −	+ − +	+ + −	+ + +
① + ⑧ = ② + ⑦ = ③ + ⑥ = ④ + ⑤ = 0							

이 때 제일 우측 ①건괘(☰)의 '+++'와 제일 좌측 ⑧곤괘(☷)의 '−−−'

를 합하면 000가 된다. 마찬가지로 ②태괘(☱)의 '++−'와 ⑦간괘(☶)의 '−−+'를 합하면 역시 000이 된다. 이러한 대칭성은 팔괘의 경우에도 64괘의 경우에도, 네모의 방도方圖에도 원형의 원도圓圖에도 어느 경우에나 해당한다. 즉 〈선천역학〉은 어느 것이라도 『주역』의 괘가 중앙을 기점으로 상하좌우의 기하학적 대칭 관계에 있음을 표시한다.

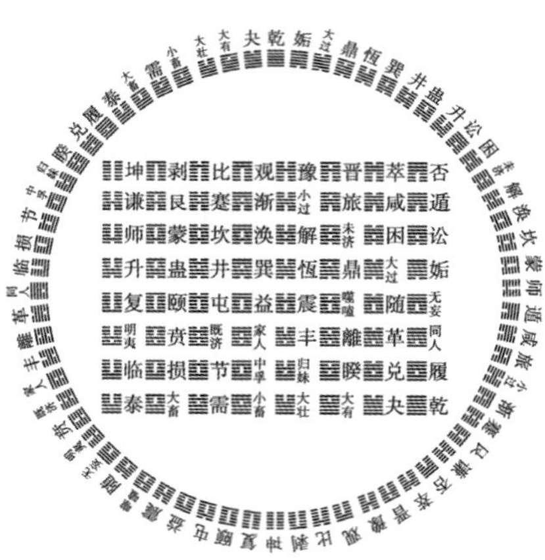

〈그림 5〉 복희64괘방원도

물론 이러한 관념은 실제 『주역』 괘효의 순서와 아무런 관련이 없다고 앞에서 이미 말했다. 실제 『주역』은 건괘(䷀)·곤괘(䷁)·준괘(䷂)·몽괘(䷃) … 등의 순이고, 때문에 『역전』 중의 하나인 「서괘전序卦傳」에서 시도한 괘 순서에 대한 설명이 오히려 텍스트에 부합한다. 그렇다면 소옹과 주자는 실제 『주역』의 순서와는 아무런 관련이 없이 기하학적 대칭성을 『주역』의 근본 원리라고 주장하고 있는 것이다. 주자에게서 이 대칭성은 어떤 의미를 지니는가? 그리고 그러한 관념은 『주역』이 점친 책에 불과하다고 한 자신의 『주역』관과 어떻게 조화될 수 있을까?

역리에서 성리로

「계사전」은 "역易은 이 우주와 정확히 일치한다.[易與天地準]"고 주장한다. 즉 『주역』은 이 세계의 존재와 운행을 정확하게 그리고 있다는 말이다. 「계사전」의 이러한 생각은 이후 중국 전통시기 지식인들의 상식이 되어, 천지·일월·방위·시간의 자연뿐만 아니라 군신·부자의 인륜적 세계까지 모두를 『주역』의 구조와 설명방식에 입각해 해명하려고 노력했다. 때문에 『주역』의 이치가 있다면 그것은 곧장 이 우주의 이치이면서 동시에 인간 세계의 이치이고 우주와 세계의 한 부분으로서 인간의 이치가 되기도 한다. 즉 『주역』의 이치 '역리易理'는 '천리天理'이자 '성리性理'가 된다.

앞 장에서 우리는 송대 도학자들의 관심이 기본적으로 '성리'에 집중되어 있다고 했다. 그리고 '성리'에 존재적 근거를 제공하기 위해 자연, 즉 '천리'를 끌어왔다고 했다. 그래서 『중용』은 '천명'을 말하고, 『주역』은 '일음일양一陰一陽'을 말했다. '천명'은 '하늘의 명령'이라는 의미만을 지닐 뿐 구체적으로 그 '명령'의 내용이 무엇인지는 제시되어 있지 않다. 『주역』 역시 일음일양의 유행流行과 변화를 말할 뿐이다.

그런데 지금 주자는 『주역』의 이치 즉 역리를 말하면서 '유행'이 아니라 〈하도낙서〉와 〈선천역학〉의 '대대待對'를 말하고 있는 것이다. 사실 〈하도낙서〉는 『주역』과 문헌학적 관련이 거의 없고, 〈선천역학〉은 「계사전」의 '태극 → 양의 → 사상 → 팔괘 → 만물'이라는 파생적 생성의 구조로부터 질서와 균형이라는 관념을 추출한 것이다. 앞 장에서 이미 본 것처럼 「계사전」의 이 구절은 사실 『주역』의 괘효 및 『주역』이 묘사하고 있는 이 세계가 어떻게 만들어졌는지에 대한 '생성의 과정'을 설명하고 있다. 그러나 주자는 주돈이의 「태극도설」에서와 마찬가지로 「계사전」의 이 구절에서 시간의 계기를 제거함으로써 '생성의 과정'을 '구조적 관계'로 전환한 것이다. 물론 주자가 읽은 이 '구조적 관계'란 〈선천역학〉의 대수학적 질서와 기하학적 균형이다. 그리고 이 질서와 균형은 〈하도낙서〉에서도 그대로 재현된다. 결국 주자가 〈하도낙서〉와 〈선천역학〉을 통해 역리에 부여한 내용은 '질서와 균형'이다. 이를 다시 도표화 하면 아래와 같다.

〈도표 2〉

목적	리理(易理 · 天理 · 性理) ⇨ 균형과 질서		
전개	역리易理의 표상화	역리의 예화	역리의 이론화
인물	복희	문왕 · 주공	공자
수행	상수象數	복서卜筮	의리義理
내용	〈하도낙서〉 · 〈선천역학〉	경문經文	전문傳文

당초 〈도표 1〉에서 '복서卜筮'로 일관되었던 역리는 이제 '질서와 균형'으로 전환되었다. 사실 '복서'로 읽은 역리는 주자의 문헌학적 결론에 해당하고, '질서와 균형'으로서의 역리는 주자의 철학적 결론에 해당한다. 일생동안 문헌학적 사실적史實的 근거를 중시한 주자이고 보면 이렇게 문헌학적 결론과 철학적 결론이 달라지는 것은 분명 문제가 있어 보인다. 하지만 문헌학적 근거가 없는 〈하도낙서〉와 〈선천역학〉을 중시할 때부터 이미 예견된 결과였다. 주자는 이러한 부정합성에도 불구하고 질

서와 균형으로서의 '철학적 결론'을 포기할 수 없었던 것이다.

3장에서 검토한 것처럼 송대 도학은 도불道佛과의 사상적 투쟁 속에서 유가 고유의 형이상학적 체계가 필요했고, 그들이 주목한 것이 『중용』과 『주역』이다. 그런데 많은 연구자들은 이 〈역용易庸〉으로부터 가져온 유가 고유의 형이상학적 체계가 '천인합일'이라고 보았으며, 나 역시 여기에 반대하지 않는다. 그러나 문제는 그 '천도'의 내용이 구체적으로 무엇이냐 하는 것이다. 〈태극도설〉에서 그것은 천명의 유행이었지만, 여기 〈하도낙서〉와 〈선천역학〉에서 주자가 읽은 천도란 곧 '균형과 질서'다. 그렇다면 이 '균형과 질서'로서의 천도는 주자의 사상 속에서 어떻게 인도로 구현되는가?

균형과 질서

이 세계가 '균형과 질서' 속에 있다는 말은, 한 마디로 이 세계가 촘촘하게 잘 짜인 하나의 체계라는 말이다. 중앙에 태극이 자리하고 좌우 혹은 사방으로 양의·사상 등이 기하학적 대칭을 이루어서 결국 그 속에 존재하는 모든 것들이 철저한 체계를 이루고 있다는 말이다. 때문에 인간과 인간이 만나 이루는 사회 역시 철저한 체계 속에 놓여 있다.

유가에서 개인은 데카르트의 '생각하는 주체'처럼 고립적으로 존재하지 않는다. 한 개인은 누군가의 자녀이고 누군가의 부모이며 형제다. 이 '관계'는 '윤리적 관계'를 의미한다. 즉 한 개인은 '부자유친'과 '부부유별' 등의 철저하고 엄밀한 '윤리적 관계'에 놓여 있으며, 그러한 윤리적 관계에서 요구되는 규범들은 인간의 본질적이고도 당위적인 삶의 방식 즉 '도리道理'가 된다. 그러한 도리를 수행하지 않는 인간은 참된 의미에서 이미 인간이 아니다. 때문에 이 윤리적 관계는 곧장 인간의 본질이라고 할 수 있다. 이렇게 유가적 인간은 지극히 '사회적 규범 체계 속에서의 인간'이다.

그런데 여기서 중요한 것은 한 개인에게 요구되는 규범은 단일하지도 않고 상호 호환되지도 않는다는 점이다. 즉 부모에 대한 바람직한 행위방식이 자녀에 대해서도 타당한 것은 아니다. 부모에게는 그에 맞는 행위방식이 있고 자녀에게는 또 자녀에게 맞는 행위방식이 있다. 물론 이 '관계적 규범'은 타자에 대한 존중과 배려라고 하는 동일한 도덕적 감정의 표현이지만, 각각의 행위방식은 서로 같을 수 없다. 이렇게 볼 때 각자의 역할과 위치에 따른 '정해진' 행위방식은 매우 엄정하며, 그 역할과 위치는 변동 불가한 개인의 본질을 규정한다. 이를 공자는 "군군君君, 신신臣臣, 부부父父, 자자子子" 즉 "군주는 군주다워야 하고 신하는 신하다워야 하며 부모는 부모다워야 하고 자식은 자식다워야 한다."라고 했다. 동어반복처럼 보이는 이 언술은 각각의 위치에 따른 역할을 강조하고 있으며, 그 역할을 넘어선 행위나 태도는 개인의 본질을 훼손할 뿐만 아니라 사회적 관계를 깨뜨릴 것이라는 경고다. 『논어』의 이 구절은 유가의 기본적인 역할 윤리를 표명하지만, 주자의 윤리적 관계가 갖는 체계성을 설명함에 있어서 필수적인 전고가 되어준다.

이렇게 각 관계마다 요구되는 바람직한 행위규범이 모두 다르다는 것은 그만큼 후차적 사회화의 과정 속에서 각각의 방식을 학습하고 훈련해야 함을 의미한다. 그것이 '예禮'다. 정이의 제자들로부터 주자 당대까지 대부분의 송대 도학자들은 선불교의 영향 하에, 대체로 주체의 도덕성이 방해받지 않고 표현되기만 하면 그것으로 충분하다고 생각했다. 그래서 부모에 대해서나 자식에 대해서나 결국 그것은 주체 내면의 사랑의 감정이 표현된 것이라고 한다면, '내 내면을 들여다보는 것으로 충분하다'고 주장할 수 있었던 것이다. 『맹자』의 "모든 것은 이미 내게 다 갖추어져 있다.[萬物皆備於我]"는 주장이나 『중용』의 '자신을 돌이켜보아 진실되지 않다면[反身不誠]'과 같은 표현들은 이러한 생각의 경전적 전거가 되어 주었다.

그러나 주자는 이러한 생각에 철저히 반대하고, 구체적 절목에 대해서는 경전 등을 통한 학습이 필수적임을 주장한다. 학습과 훈련은 철저히 단계적이고 체계적일 필요가 있다. 그것이 주자가 주장하는 '학學의 체계'다. 아이는 8세가 되면 소학小學에 들어가 기본적인 행위규범을 익힌다. 이때는 이론적 '이해'보다는 소위 쇄소응대灑掃應對, 즉 물 뿌려 청소하고 다른 사람에게 인사하고 응대하는 식의 몸으로 직접 수행하는 반복적 훈련이 요구된다. 그러다가 15세가 되면 대학大學에 들어가 '어른의 학문'을 익히게 된다. 이때는 좀 더 이론적인 이해가 요구되고, 제 행위규범들의 근거로서 상위의 원리들을 연구하게 된다. 내 마음을 들여다보고서 어느 날 갑자기 깨닫게 되는 그런 방식은 주자의 학적 체계에서 있을 수 없다. 주자의 공부는 철저하게 체계적이고 누적적이다.

예와 학적 체계가 내면의 도덕성과 비교할 때 '성문적成文的' 성격을 지님은 자명하다. 예와 학적 체계에는 객관화 될 수 있는 성문적 근거가 필요하고, 그것이 바로 유가의 경전과 경전을 근거로 작성된 다양한 예서禮書들이다. 주자는 일생에 걸쳐 유가 경전을 주석했다. 주석은 곧 해석을 의미하고, 권위 있는 주석서가 된다는 것은 유가 경전에 대한 그리고 경전 속에 기술된 유가적 가치에 대한 해석권을 획득함을 의미한다. 모두 동일한 인간이고 천 년 전의 성인이나 천 년 뒤의 성인이나 모두 동일한 도덕성을 지니고 있으니, 내 내면을 잘 들여다보는 것만으로 성인들의 경전을 충분히 이해할 수 있다는 심학자 육구연 등의 주장은 체계의 철학자 주자로서는 결코 동의할 수 없는 것이었다.

이렇게 주자학에서 개인은 철저하게 '전체와 체계' 속에 존재한다. 때문에 그러한 개인과 개인이 만나 만드는 사회 역시 철저히 체계적일 수밖에 없다. 그가 구상하는 세계는 잘 짜인 질서 속에서 사회의 제 요소들이 유기적으로 연결되어 있는 것이다. 남송의 정치적 현실에서 주자를 비롯한 도학자들이 중앙무대보다는 지역 공동체 문제에 좀 더 집중했다는 것이 피터볼을 위시로 한 재미 사학자들의 견해다. 주자가 제창한 향약鄕約·서원書院·사창社倉 등은 지역 공동체를 규범적·학술적·경제적으로 통제하기 위한 장치들이다.

이 책 2장에서 주자학을 어떻게 이해해야 할 것인가의 문제를 다루었다. 그리고 나는 주자학의 특징과 의의가 인간의 도덕 본성에 대한 정치한 사유 체계를 구상한 것에 있다기보다는 그 도덕 본성을 어떻게 일상에서 구체화할 것인가에 있다고 했다. 그것은 물론 주자학의 형이상학 체계가 다른 이들에 비해 엉성하다거나 지엽적인 문제였음을 의미하는 것은 결코 아니다. 오히려 주자는 역대 그 어떤 유학자보다 엄밀한 이론의 체계를 구축했다. 그것은 그 자체로 충분히 연구되어야 할 영역이며 기존의 많은 연구가 이미 이 영역에 집중해 있다.

그러나 문제는 이 형이상학이 전체 주자학의 체계에서는 '강령' 혹은 '설계도' 혹은 '전제'에 불과하다는 점이다. 마치 제대로 된 실천이성을 구축하기 위해 칸트가 어쩔 수 없이 순수이성부터 시작하지 않을 수 없었다는 것처럼 주자는 일상의 규범적 체계화를 위해 어쩔 수 없이 도덕형이상학의 문제로부터 시작하지 않을 수 없었다고 말할 수 있다. 관건은 그 종국적 관심이 어디에 있느냐 하는 것이다. 불교적 영향 하에 '내면의 문제'에 경도되었던 정이의 제자들로부터 육구연 형제 등 송대 도학자들의 일반적인 경향과 비교할 때 주자의 종국적 관심이 어디에 있었는지는 이제 너무나 분명해 보인다. 주자는 '체계의 철학자' 그리고 '구체의 철학자'였다. 때문에 주자학은 처음부터 끝까지 체계로 읽어야 하는 것이다.

존재(자연) ⇨ 본성 ⇨ 도덕(규범) ⇨ 도덕주체 ⇨ 공부 ⇨
경전(주석) ⇨ 예 ⇨ 제도와 정책

주자를 비롯한 도학자들은 불교의 영향 하에 유학의 오래된 규범들(인의예지)을 본성(성즉리)으로 끌어올리고 그것의 존재증명을 자연(천리) 혹은 존재계 자체로부터 읽어내었다. 그래서 그들이 발견한 혹은 발명한 자연의 본질은 '생의'였다. 그리고 그 경전적 근거는 주로 『주역』이었으며, 주자의 언어로는 '유행流行'이 된다. 그런데 주자는 이제 거기에 『주역』의 '대대待對'라는 원리를 보태어 자연의 본질을 '균형과 질서'로 읽어냈다. 이로부터 인간의 본성은 생의이자 균형과 질서가 되었다.

하지만 이러한 시도는 사실 거대한 사기극에 가깝다. 우선, 그 증명의 순서가 존재(자연) ⇨ 본성 ⇨ 도덕(규범)의 순이지만 사실상 그 내용에 있어서는 도덕(규범) ⇨ 본성 ⇨ 존재(자연)의 순서가 되기 때문이다. 그들은 자연과학적으로 그냥 자연을 관찰해서 그것으로부터 자연의 질서와 원리를 읽어낸 것이 아니다. 오히려 그들의 익숙한 규범들을 자연에 투사시킨 것이다. 예컨대 노자와 장자의 도가처럼 자연을 그냥 '있는 그대로'라고 읽는다면 주자식의 '증명'은 불가능하다. 노장철학이 소위 본질보다 실존이 앞선다고 보았다면 주자를 비롯한 유학은 개별자마다의 실존보다 도덕이라고 하는 보편의 성질 즉 본질이 우선한다고 읽는 것이다. 그러니 각자가 지니는 개성에도 불구하고 존재하는 모든 것들은 자신의 본질을 실현시켜야 할 의무가 주어져 있다.

둘째, 설령 우주와 인간의 본질을 '생의'와 '균형과 질서'로 읽는다 하더라도, 그것은 또 왜 반드시 인의예지여야 할까? 사실상 유학에서 말하는 인의예지란 '군군신신부부자자'의 역할 규범이고, 그 역할은 철저히 사회적·인습적·신분적이라고 할 수 있다. '부부자자'나 '남남여여'는 언제나 동어반복으로서 실제 그 속에 어떤 내용을 집어넣느냐가 문제이고, 역사 속에서 그 내용은 끊임없이 변해온 것이 사실이다. 그럼에도 불구하고 그들은 자신들의 익숙한 규범들을 천 년이 지나도 변하지 않을 영원한 우주의 본질이라고 규정하고 있는 것이다. 다시 말해 자연 ⇨ 본성 ⇨ 규범 ⇨ 예 등의 매 과정에서 그들의 자의적 '해석' 내지는 '규정'은 계속해서 침투해 들어갔다. 그만큼 '해석'의 권능은 대단하다.

셋째, 도학자들이 읽어낸 '생의'는 그래도 경전적 근거라도 있다. 『주역』의 '천지생물지심天地生物之心'이나 '천지지대덕왈생天地之大德曰生' 혹은 '생생지위역生生之謂易' 등이 그것이다. 그러나 주자가 균형과 질서의 근거로 제시한 〈하도낙서〉나 〈선천역학〉은 모두 북송 시기에 만들어진 것들로서 『주역』의 내용과는 아무런 관련도 없다. 사실상 '창조' 혹은 '날조'라고 말할 수 있다.

그런데 경전적 근거도 없이 '균형과 질서'를 우주와 인간의 본질로 삼았다면 역설적으로 이것이야말로 주자학의 특징이라고 읽어야 할 것이다. 〈하도낙서〉를 만든 유목이나 〈선천역학〉을 만든 소옹의 경우, 그들은 전혀 역학의 범위를 넘어서지 않았다. 하지만 주자는 그것들을 〈태극도설〉 등과 함께 엮어서 이제 세계 이해의 틀로 삼은 것이다. 이 세 도상들은 공히 『주역』을 경전적 전거로 삼는다.[15] 그러나 주자에게서 이 이론들은 단순히 『주역』 해석을 위한 것으로 한정되지 않고, 이 세계의 대수학적 기하학적 균형과 질서를 표증해준다. 주자가 본 세계는 그래서 체계적이며, 그에 따라 주자학 역시 지극히 체계적이다.

8장

윤리적 주체 – 마음

윤리적 주체 성립의 조건 – 선과 악

앞의 세 장에서는 인간 도덕본성의 근원으로서 '자연'의 문제를 다루었다. 그 '자연'은 어디까지나 인간의 도덕성을 입증하기 위한 것이었기에, 규범과 무관하게 '존재'의 영역을 다루는 소위 '자연과학'이나 '순수이성'의 대상이 아님은 자명하다. 그들의 관심은 시종 인간의 도덕성에 있다. 때문에 윤리적 주체의 내면에서 벌어지는 도덕본성의 현실화 과정, 즉 도덕적 감정과 의지의 가능 근거와 그 전개를 다루는 이 장은 주자를 비롯한 도학자들의 '내성' 체계에서 핵심적인 내용이 된다.

그런데 우선 분명히 짚어야 할 문제가 있다. '자연'과 '존재'로부터 인간의 도덕성을 설명한다고 해서 인간의 도덕성이 언제나 '자연스럽게' 구현된다고 생각해서는 '윤리적 주체'가 성립될 수 없다는 점이다. 즉 인간의 내면에 도덕 본성이 있고 그 본성은 어떠한 주체적 노력이 없이도 언제나 그대로 구현되는 것이라고 한다면 우선 이 세상에 존재하는 악의 문제를 설명할 수 없다. 하지만 그보다 더 중요한 것은 만약 그럴 경우 인간은 어떠한 상황에서도 윤리적으로 고뇌하고 결단할 필요가 없는 시계태엽과 같은 존재가 되어버린다는 점이다.

물론 그 반대도 생각해볼 수 있다. 만약 인간이 악한 본성을 지니고 있어서 주체의 어떠한 노력도 불가하고 언제나 악한 본성이 그대로 현실화 되는 것이라면, 이 세상은 온통 악인 천지겠지만 오히려 그 누구도 자신의 악행에 대해 책임질 필요가 없게 된다. 선을 행할 수 없는 존재에게 선을 요구할 수는 없기 때문이다. 때문에 윤리적 주체가 성립하기 위해서는, 실제 우리의 일상이 그러하듯 선도 악도 모두 행할 수 있어야 한다. 윤리적 주체란 선악의 양 갈래 길에서 끊임없이 고뇌하고 선택하고 행동하며 또한 후회하고 반성하는 혹은 좀 더 나은 인간이 되기 위해 노력하는 그런 존재다. 인간은 선도 악도 행할 수 있는 존재여야 한다.

인간은 어떻게 선도 악도 행할 수 있는 것일까? 선의 가능 근거는 이미 앞에서 확인했다. 그것은 인간의 '본성'이고, 그것은 자연의 본성에서 왔다. 그렇다면 악의 가능 근거는 무엇인가? 주자는 그것을 기질氣質, 즉 육체성으로 보았다. 앞의 「태극도설」에서 본 것처럼, 인간은 '무극(태극)의 진수'와 더불어 '이기 오행의 정수'를 부여받아 태어났기에 선도 악도 행할 수 있는 것이다.

그렇다면 인간의 '악함' 역시 자연성이라고 해야 하지 않을까? 그러나 주자를 비롯한 도학자들은 그것을 자연성이라고 인정하기를 꺼린다. 만약에 그것이 본래적임을 인정한다면 순자荀子나 법가法家가 될 것이다. 그렇게 되면 이기적 욕망을 제어해서 원만한 사회적 관계를 유지하려는 노력은 그저 공리적인 선택 혹은 사회적 요구에 머물게 된다. 하지만 주자는 타자에 대한 배려와 존중 그 자체가 자신의 본성이라고 주장함으로써 인간을 좀 더 적극적이고 자발적인 윤리적 주체로 만들고자 했다. 그래서 도덕성을 '본연의 본성[本然之性]'이라고 부른 반면, 비도덕적 가능성으로서의 신체는 '욕구적 본성[食色之性]'이라고 부르면서 끝내 그것을 '본래적 자연성'과 차별화 하였다.

다만 여기서 또 한 번 짚고 넘어가야 할 것은, 주자는 식욕이나 성욕과 같은 육체적 욕구 그 자체를 죄악시 하지는 않았다는 점이다. 이러한 욕구는 개체의 생존을 유지하기 위해 또 사회를 유지하기 위해 반드시 필요한 것이라고 인정했다. 때문에 기질 그 자체가 악은 아니다. 악은 선과 마찬가지로 오직 사회적 '관계' 속에서 발생한다. 욕구 그 자체는 악이 아니지만, 타자와의 관계에서 타자를 배려하지 않고 자신의 이기적 욕구만을 추구할 때 비로소 악은 발생한다. 그래서 주자는 기질 자체가 아니라 기질의 막힘[塞]·치우침[偏]·혼탁함[濁] 등에 악의 책임을 지운다.

주자는 이렇게 도덕 본성과 기질적 조건이라는 두 개의 근거를 확보함으로써, 선도 악도 행할 수 있는 '윤리적 주체'를 만든 것이다. 윤리적 주체는 이 두 개의 조건 속에 던져져 있으면서, 어떤 구체적인 사태에 직면하게 될 때 선을 혹은 악을 선택하게 되는 것이다. 그런데 유자들은 이 '선택'이 이성적인 판단이나 혹은 지적인 사고의 영역이 아니라 감정적인 것이라고 본다. 즉 어떤 구체적 사태에 직면하여 타자에게 공감하고 그를 배려하려는 감정이 생기거나 혹은 그러한 감정에도 불구하고 자신의 이익과 욕망만을 우선시하려는 감정이 생기는데, 거기서 주체는 어떤 감정의 길을 따를 것인지 선택한다는 것이다. 즉 그들에게 있어서 도덕은 '이성'이 아니라 '감정'이다.[1] 이제 도덕을 말하기 위해서는 선한 본성, 악의 근원일 수 있는 기질, 감정, 그리고 그것을 총괄하고 선택하는 윤리적 주체, 이렇게 다층적 키워드들을 고려해야 한다.

인간의 본성이 선하다고 명시적으로 제시한 것은 맹자가 처음이다. 하지만 맹자의 단계에서는 사실 본성과 감정 등이 명확히 구분되지 않았다. 주자가 말하는 기질적 원인 역시 거의 말하지 않았다. 주자의 도덕 본성과 감정에 관한 이론은 불교적 영향 하에 발전한 북송 시기 이론으로부터 많은 자원을 얻었다. 『맹자혹문』에는 공맹 이래 유학에서 도덕 본성과 도덕적 감정에 대한 이론이 어떻게 형성 발전되었는지에 대한 자세한 설명이 있다.

【맹자혹문孟子或問】

或問: "公都子問性, 而孟子以情與才者告之何也?" 曰: "性之本體理而已矣. 情則性之動而有爲, 才則性之具而能爲者也. 性無形象聲臭之可形容也. 故以二者言之. 誠知二者之本善, 則性之爲善必矣."

"공도자는 본성[性]에 대해 물었는데, 맹자는 감정[情]과 자질[才]로 대답한 것은 왜인가?" "본성의 본래 모습은 이치[理]일 뿐이다. 감정은 본성이 움직여서 실제로 어떤 작용을 하는 것이고, 자질은 본성이 그 속에서 갖추어져 실제적 적용을 할 수 있도록 하는 것이다. 본성은 그것을 형용할 수 있는 형태나 모습 혹은 소리나 냄새가 없다. 때문에 (맹자는) 감정과 자질로 그것에 대해 말한 것이다. 이 둘이 본래 선하다는 것을 참으로 안다면 본성이 선하다는 것 역시 자명하다."

曰: "然則程子何以言才之有不善也." 曰: "此以其禀於氣者言之也. 蓋性不自立, 依氣而形. 故形生質具, 則性之在是者, 爲氣所拘, 而其理之爲善者, 終不可得而變. 但氣之不美者, 則其情多流於不善, 才亦有時而偏於不善, 若其所以爲情與才之本然者, 則初亦未嘗不善也. 孟子程子之說, 所以小異而不害其爲同也."

"그렇다면 정이는 어째서 자질에 선하지 않음도 있다고 한 것인가?" "그것은 기질로부터 부여받은 것을 말한 것이다. 본성은 그 자체만으로는 존재할 수 없고 반드시 기질에 의거해서야 드러나게 된다. 때문에 형체와 기질이 형성되고 나면 그 속에 있는 본성은 기질에 의해 구속되게 마련이다. 그러나 이치로서의 본성이 선하다는 것은 결코 변하지 않는다. 다만 좋지 못한 기질을 타고 난 사람의 경우는 그 감정이 곧잘 선하지 않은 방향으로 흐르고 자질 역시 때때로 선하지 못한 방향으로 치우치게 마련이다. 그러나 감정과 자질의 본래적 모습은 여전히 선하다. 맹자와 정이가 말한 내용은 조금은 다르지만 그 본지에 있어서는 결코 다르지 않다."

曰: "孟子初未嘗有氣質之說也. 孔子雖以性之相近而言, 然亦不明言其爲氣質也. 程張之說亦何所據而云乎?" 曰: "孔子雖不言相近之爲氣質, 然其於易大傳之言性, 則皆與相近之云者不類, 是固不無二者之分矣. 但聖人於此, 蓋罕言之, 而弟子有不得而聞者. 故其傳者止是, 而無以互相發明耳. 孟子雖不言氣質之性, 然於告子生之謂性之辯, 則亦旣微發其端矣. 但告子辭窮無復問辯, 故亦不得盡其辭焉."

"맹자는 기질에 대해 말한 적이 없다. 공자 역시 비록 '본성이 서로 가깝다'라고 말하기는 했지만 그것이 기질을 의미한다고 명시적으로 밝히지는 않았다. 그렇다면 정이와 장재는 어떤 근거에 의해 기질에 대해 말한 것인가?" "공자는 비록 본성이 서로 비슷한 이유가 기질 때문이라고 말하지는 않았지만, 「계사전」에서 본성을 논한 것을 보면 '본성이 서로 비슷하다'는 설과는 약간 다름을 알 수 있다. 이렇게 두 가지 설명이 다른 것은 분명하다. 하지만 공자께서는 원래 본성에 대해서는 별로 많이 말씀하지 않으셨기 때문에 제자들이 자세히 들을 수 없었던 것이다. 때문에 전해진 것이 이 정도일 뿐이어서 두 가지 설명을 상호 참조할 수 없게 된 것이다. 맹자는 비록 기질지성에 대해 말하지는 않았지만 고자의 '태어난 모습 그대로가 본성이다'라는 주장에 대해 변론하면서 역시 그

단초를 드러내었다. 다만 고자가 말이 궁박해지자 더 이상 변론을 이어가지 않았기 때문에 맹자의 생각을 충분히 알 수 없게 된 것이다."

孟子旣沒, 學失其傳, 吾儒之言性者漫不省此, 而支離穿鑿之說滿天下. 學者方且昏迷眩瞀不知所定, 而爲釋氏者, 又鼓其荒誕之說而乘之, 雖其高妙虛無, 若不可詰, 然覈其實, 則所謂蠢動含靈皆有佛性之說, 所謂作用是性之說, 皆不過告子生與食色之餘論耳. 至於性之爲理, 與其仁義禮智之蘊, 惻隱羞惡恭敬是非之發, 則反以爲前程妄想而棄絶之. 及論智愚善惡之不齊, 則擧而歸之輪迴宿習, 不可致詰之地. 擧世之人亦且崇信而歸往之, 無有能異其說者.

"맹자가 사망한 이후 그의 학문은 전수되지 못했다. 그래서 우리 유가 중에 본성에 대해 말하는 이는 더 이상 자세히 살피지 못하게 되었고, 그러자 지리하게 천착하는 말들이 온 천하에 가득 차게 되었다. 이에 배우는 이들은 어리둥절하여 어떻게 이해해야 할지 알 수 없던 차에, 불교의 관점을 설파하는 자들은 황당한 말을 늘어놓게 되었다. 그들(불교)은 고원하고 오묘한 허무의 말을 늘어놓는데, 그것은 비판하기 어려워 보이지만 사실은 진실을 은폐한 것이다. 그들이 말하는 생명 있는 모든 것들은 불성을 지니고 있다거나 현상 그 자체가 불성이라는 관점 등은 실상, 처음 태어났을 때의 모습 그 자체나 육체적 욕망 자체가 본성이라고 했던 고자의 말과 다르지 않다. 그들은 본성이 인의예지를 본질로 하는 이치라거나 측은·수오·공경·시비의 감정으로 드러난다거나 하는 것들은 그저 인연에 의해 생겨난 망상에 불과하다고 여기면서 모두 끊어낼 것을 요구한다. 또한 현명함의 여부 혹은 선악의 다름 등 역시 모두 윤회의 결과라고 치부해버리고서, 거기에서 어떤 규범적 요구를 찾아낼 수 없다고 말한다. 온 세상 사람들이 모두 그들을 믿고 따르니 더 이상 그들의 잘못을 드러낼 수 있는 이가 없게 되었다."

及周子出, 始復推太極陰陽五行之說, 以明人物之生. 其性則同, 而氣質之所從來, 其變化錯揉, 有如此之不齊者. 至於程子, 則又始明性之爲理, 而與張子皆有氣質之說. 然後性之爲善者, 無害於氣質之有不善, 氣質之不善者, 終亦不能亂性之必爲善也. 此其有功於聖門, 而惠於後學也厚矣. 子尙安得以其無所據而爲疑耶?"

"주돈이 선생께서 나오시어 태극·음양·오행의 관계로부터 인간과 인간 아닌 것의 생성의 비밀을 밝히셨다. 그래서 인간과 인간 아닌 것들 사이에 그 본성은 비록 같지만 기질의 근원과 그것들이 변화하여 섞인 경과가 이처럼 다르다는 것을 보여주셨다. 정이 선생에 이르러서는 처음으로 본성이 이치라는 점을 밝히셨고, 장재 선생과 함께 기질에 대한 이론을 내셨다. 이런 다음에라야 본성의 선함은 결코 기질의 불선함에 의해 손상되지 않는다는 점, 또 기질의 불선함은 끝내 언제나 선한 본성을 방해할 수 없다는 점이 분명해졌다. 그들은 참으로 성인의 문하에 공을 세워 후학들에게 많은 은혜를 미쳤다고 할 수 있다. 그럼에도 불구하고 그대는 정이 선생과 장재 선생께서 아무런 근거도 없이 그렇게 말했다고 의심하는 것인가?"

曰: "孟子之言性也情也才也, 皆未嘗不善也. 而程子以來, 乃有以才爲有善不善者何也?" 曰: "以性而言, 則才與情本非有不善也. 特氣質之禀不齊, 是以才有所拘, 情有所徇, 而不能一於義理耳. 至於性, 則理而已矣. 其純粹至善之德, 不以氣質之美而加多, 不以氣質之惡而爲有損. 特其蔽之厚薄, 隨有不同耳."

"맹자는 본성이든 감정이든 자질이든 모두 선하다고 보았다. 그런데 정이 이래로는 자질에 선하거나 선하지 않음이 있다고 보았으니 그것은 왜인가?" "본성의 측면에서 보자면 자질이든 감정이든 본래는 선하지 않음이 없다. 그러나 부여받은 기질이 다르기 때문에 자질이 구애받는다거나 감정이 치우치게 된다거나 하여, 계속해서 규범에 맞도록 할 수 없는 상황이 발생하게 되는 것이다. 본성은 이치일 뿐이다. 때문에 그 순수하고 지극히 선한 덕성은 기질이 좋다고 해서 더해지거나 기질이 나쁘다고 해서 덜해지거나 하는 것이 아니다. 그저 기질이 좋은지의 여부에 의해 그것이 현상화됨에 있어서 차이가 발생하는 것뿐이다."

曰: "然則孔子之所罕言者, 孟子詳言之, 孟子之所言而不盡者, 周程張子又詳言之, 若是何耶?" 曰: "性學不明, 異端競起, 時變事異, 不得不然也."

"그렇다면 공자는 본성에 대해서 거의 말하지 않았음에 비해 맹자는 많이 말했고, 맹자가 말하지 않은 것에 대해서 주돈이 정이 장재 등은 상세히 말한 것은 또 왜인가?" "맹자 이후로 성인의 학문이 제대로 전수되지 못했고 때마침 불교와 같은 이단의 학설이 횡행했기 때문이니 상황과 맥락 상 어쩔 수 없었던 것이다."

> 曰: “程子嘗云佛亦言性本善. 然則所以異於吾說者何也?” 曰: “佛之所謂善, 空而無物之謂也. 若吾之所謂善者, 則彼固以爲塵勞妄想, 而爲不善之尤矣. 惜乎問者之不及此, 而不足以盡發程子之言也. 若其所謂性卽是理, 而原其所自未嘗不善者, 則自孟子以來未有及此者矣.”
>
> “정이는 ‘불교 역시 본성은 본래 선하다고 보았다’라고 했는데, 그렇다면 그들이 말하는 선함과 유가에서 말하는 선함에는 어떤 차이가 있는가?” “불교에서 말하는 선함이란 텅 비어 아무 것도 없음을 의미한다. 유가에서 말하는 선을 저들은 허깨비 망상이라고 여겨 선하지 못함의 근원이라고 생각한다. 그대는 이런 것을 이해하지 못하고서 정이 선생의 뜻을 제대로 이해하지 못했으니 참으로 애석하다. 정이 선생께서 말씀하시는 ‘본성은 이치라는 것’, 그리고 그것은 본래적으로 선하지 않은 적이 없다는 것은 맹자 이래 누구도 그렇게 적확하게 말한 적이 없다.”

본래 『혹문』은 스스로 설정한 질문에 답하는 형식이다. 때문에 인용한 글에서 다루어지고 있는 여러 질문들은 사실상 공맹시기부터 주자 당대까지 유학의 도덕본성론이 많이 달라지고 있음을 보여준다. 공맹의 단계에는 본성/기질의 대비가 없었다. 공자는 “본성은 서로 비슷하지만 후천적 과정에 의해 멀어진다.”[2]라고 말한 적은 있지만 송대의 이론만큼 정치하지는 않았다. 공자는 본래 본성과 같은 형이상학적 관념에 대해 말하는 것을 싫어했다.[3] 그러던 것이, 이제 맹자의 단계에 이르러서 인간은 누구나 선한 감정을 드러낼 수 있다고 주장하게 된 것이다. 그리고 그럴 수 있는 이유는 인간이라면 누구나 선한 본성을 지니고 있기 때문이라는 것이다. 하지만 앞에서 밝힌 것처럼 그에게서 본성과 감정은 명확히 구분되지 않았다.

당송 이후로 불교의 자극이 있기 전까지는 유학 내에서 본성에 대한 본격적인 담론이 없었던 것이 사실이다. 특히 선불교의 불성佛性 담론, 즉 현상 그 자체가 불성이라거나 내면의 본성을 보는 순간 부처가 될 수 있다는 이야기는 유가의 본성 담론에 막대한 영향을 미쳤다. 하지만 주자의 설명에 의하면 그들이 말하는 '선함'이란 유가에서 말하는 '도덕성'을 의미하지 않는다. 오히려 어떠한 관계나 욕구에도 구애받지 않는 '텅 빔'을 의미한다. 때문에 유자들은 오륜五倫을 골간으로 하는 유학의 '관계적 도덕규범'을 공증하기 위해 인간 도덕 본성의 담론을 독자적으로 구축해야 했던 것이다.

그 결론은 위에서 논한 것과 같다. 즉 인간의 도덕 본성은 어떠한 환경과 조건 속에서도 언제나 한결같다. 그러나 각자 부여받은 기질의 편차는 선한 도덕 본성을 방해하는 장애가 될 수 있다. 이 장애에도 불구하고 인간이라면 누구나 도덕 본성을 현실화 할 책임과 의무가 있고 또 그렇게 할 수 있다.

도덕적 결정론을 넘어서

하지만 윤리적 주체 문제는 그렇게 간단하지가 않다. 도덕 본성과 기질은 어디까지나 선과 악의 가능 근거일 뿐, 선과 악의 결정 요인이어서는 안 되기 때문이다. 예컨대 누군가는 도덕 본성이 좀 더 강해서 똑같은 상황에서도 선한 감정이 나오는 반면, 또 누군가는 기질적 요인이 더 강해서 악한 감정이 나온다고 한다면, 이는 다시 한유韓愈 등이 주장했던 '본성 등급론'이 되어버린다.[4] 이런 조건에서라면 역시 윤리적 주체는 성립될 수 없다.

결국 도덕 본성과 이기적 욕구의 갈등 속에서 스스로 선택할 수 있는 '주체'가 필요하다. 주자는 그것을 '마음[心]'이라고 불렀다. 우리의 일상 언어 속에서 '마음'은 무엇이고 어디에 있는가? 현대 뇌과학자들은 아마도 그것은 우리의 뇌 속에서 수행되는 인지·판단·감정의 기능이라고 할 것이다. 그러나 전통시기 동양의 사유에서는 그것이 뇌가 아니라 심장에서 수행된다고 생각했다. 그래서 심장을 의미하는 한자어 '심心'을 마음이라고 부르는 것이다.

그렇다고 심장과 마음이 동의어는 아니다. 심장은 장기로서 공간을 차지하지만, 마음은 텅 비어 있다고 말하고 주자는 그것을 '허령虛靈'이라고 불렀다.[5] 허령에서 '허虛'는 '텅 비었다'라는 뜻으로 공간적·질료적 속성이 없음을 의미하고, 더불어 외부적 자극에 대한 수용성을 표현한다. '령靈'은 일반적으로 영혼이나 신령함이라는 의미로 쓰이는 한자지만, 여기서는 도대체 어떤 방식으로 구동되는지 알 수 없음에 반해 그것이 수행하는 일은 온 천지를 다 감쌀 수 있을 만큼 대단함을 표현하기 위한 것이다. 한마디로 그 기능은 대단하지만 잘 모르겠다는 말이다.

그렇다면 윤리적 주체로서 마음[心]은 기氣인가 아니면 리理인가? 주자학의 존재론에서 존재하는 모든 것은 기와 리로 설명되어야 하기 때문이다. 결론부터 말하면 마음은 기다. 주자의 존재론에서 리는 형이상자라서 시공간을 점유하거나 실제적 운동을 하지 않는다.[6] 그러나 마음은 '허령'함에도 불구하고 '지각知覺'이라고 하는 기능을 수행하고, 이 지각은 분명 시공간 속에서 진행되는 것이기에 기라고 부를 수 있다. 그렇다고 심장처럼 질료적 속성을 지녀 만져질 수 있는 그런 기는 아니다. 그래서 주자는 '기 중에서도 가장 순정하고 깨끗한 것[氣之精爽]'이라고 규정한다.[7] 결국 기라고 밖에는 말할 수 없지만 그냥 기는 아니라는 말이다.

주자는 왜 마음을 그냥 편하게 기라고 부르지 못한 것일까? 그것은 마음이 도덕성을 구현하는 주체이기 때문이다. 즉 윤리적 주체로서의 마음은 도덕 본성 그 자체는 아니지만 도덕성을 구현할 수 있는 유일한 주체이기 때문이다. 그런데 마음을 그냥 기라고 한다면 마음은 도덕의 주체가 될 수 없다. 아무리 순정한 기라고 하더라도 기 자체에는 도덕성, 즉 도덕 실천의 근거가 없기 때문이다. 때문에 마음은 본성과 다르지만 본성과 가장 근접한 것이어야 한다. 그래서 주자는 "마음은 본성에 비해 약간의 '자취[跡]'가 있지만, 기에 비해서는 훨씬 더 신령하다고 할 것이다."[8]라고 하였다. 육체(기)보다는 도덕 본성(리)에 가깝다는 의미다.

마음의 기능인 '지각'은 느끼고 판단하고 선택하는 것이다. 여기서의 느끼고 판단하고 선택하는 것에는, 보고 들어 생각하는 등의 감각적 인지적 의미도 있지만 그보다 더 중요한 것은 타자에 대한 연민 혹은 사랑으로서의 생의生意 혹은 인仁을 느낌을 의미한다.[9] 역시 주자에게 더 중요한 문제는 도덕성의 구현이기 때문이다. 주자학에서 마음은 인지적 주체이기보다 윤리적 주체다.[10]

그렇다면 곧장 마음이 도덕성의 구현체라고 하면 안 될까? 주자학에서 도덕성은 리理라고 불린다. 그것이 우주적 단계일 때는 태극太極이라고 불리고, 이 도덕성이 개체에게 부여되면 본성[性]이라고 불린다. 그래서 '성즉리性卽理'가 되는 것이다. 그런데 마음은 이 도덕성을 구현하는 유일한 주체이니 '마음이 곧 본성이요, 본성은 이치이니, 마음이 곧 이치다'(心卽性 → 性卽理 → 心卽理)라고 하면 안 될까? 사실 이러한 사유방식이 바로 육구연 등 심학자들의 생각인데, 주자는 이에 단연코 반대한다.

앞에서도 본 것처럼 윤리적 주체로서의 마음은 도덕 본성과 이기적 욕구 속에서 갈등하며 선택하는 주체다. 때로는 도덕 본성의 명령을 따르기도 하지만 때로는 이기적 욕구에 굴복하고 마는 것이 주자가 본 '마음'이다. 그래서 실존적 마음에는 두 가지가 있다. 도덕 본성의 명령을 따라서 생겨난 도심道心과 이기적 욕구에 젖어있는 인심人心이 그것이다. 인심이 언제나 비도덕인 것은 아니지만 언제라도 허망하게 무너지고야 마는 위험성[人心惟危]을 지니고 있다. 반면에 도심은 자기중심적 욕구와 합리화 속에서 언제라도 무력해질 수 있다[道心惟微]. 때문에 현존하는 모든 마음을 도심이라고 단언할 수 없다는 것이 주자의 생각이다. 물론 육구연 등의 심학이라고 해서 마음을 '시계태엽'으로 보는 것은 아니다. 육구연이 말하는 '심즉리心卽理'에서의 '심'은 본래적 양심만을 의미한다. 하지만 주자의 이해에서 '마음이 곧 이치'라는 주장은 마음에서 쏟아내는 온갖 더러운 것도 이치의 구현이라고 주장할 수 있게 되는 도덕적 주관주의의 위험성을 갖고 있다.

윤리적 주체의 성립을 위해서도 필요한 일이지만, 마음은 도덕 본성 혹은 이치를 구현할 수 있는 주체이면서도 이치 그 자체는 아니다. 앞에서 마음을 가장 깨끗하고 맑은 기라고 부르면서 일반적인 기와 구분하려고 했던 것과 비슷하다. 즉 마음은 기이지만 기는 아니고 리에 가깝지만 리는 아니다. 이는 데카르트가 육체와 정신을 연결하는 매개로서 송과선이라는 특별한 기관을 주장했던 것처럼, 비도덕성(육체)과 도덕성(본성)의 매개자로서 마음을 규정하려 했던 주자의 고뇌의 산물이다.

훗날 조선의 유자들은 이 마음이 과연 기인지 아니면 리인지 대대적이고 진지하게 논쟁을 전개했다. 이들은 모두 마음이 윤리적 주체로서 도덕성의 구현자라는 점은 인정한다. 다만 '심시기心是氣' 즉 마음이 기임을 강조하는 사람들은 역동적인 주체로서의 심이 조작과 운동이 없는 리일 수는 없다고 주장한다. 아울러 그들은 마음이 곧 이치라고 생각한 심학자들의 주관주의적 오류에 대한 주자의 우려에 동조하는 것이다. 반면 '심시리心是理' 즉 마음의 리적 측면을 주장하는 사람들은 주체 내면의 자발적 도덕의지를 강조하는 것이다. '심시기'가 이론적 측면에서 주자의 원음原音에 가깝다면 '심시리'는 인간의 도덕적 가능성을 강조하는 주자의 원의原意에 근접했다고 할 수 있다.

다만 나는 주자가 마음을 리나 기 즉 존재론적 차원으로 설명하는 것을 애써 피해갔다고 생각한다.[11] 앞에서도 설명했지만, 리나 기는 도덕적 주체가 가능하기 위한 이론적 설정에 불과하다. 만약 리든 기든 그것의 '결정성'을 지나치게 강조하다보면 그것이 천사가 되었든 악마가 되었든 자칫 도덕적 결정론에 빠질 수 있다. 그렇게 해서는 윤리적 주체의 자율성이 설 자리가 없다. 관건은 마음이 기인지 리인지가 아니라 선도 악도 선택할 수 있는 '열린 주체'라는 점이다.[12]

도덕본성은 어떻게 현실화 되는가?

주자의 관심은 마음의 존재론적 해명보다, 도덕 본성이 어떻게 현실화 할 수 있는지 그리고 그 과정에서 요구되는 것은 무엇인지의 문제에 주로 놓여 있다. 주자학에서 도덕 본성[性]의 구체적 내용은 인의예지仁義禮智 혹은 생의生意이고, 그것이 현실 속에서 구체화 된 것이 측은惻隱·수오羞惡·사양辭讓·시비是非의 도덕적 감정[情]이다. 마음[心]은 이 도덕 본성[性]을 도덕적 감정[情]으로 현실화시키는 주체다. 이를 주자는 장재張載가 처음 제시했던 명제 '심통성정心統性情' 즉 '마음이 본성과 감정을 주재한다'는 구조를 차용하여 정식화 한다.

> 본성·감정·마음·인仁의 관계에 대해 물었다. 이에 선생께서는 이렇게 답하셨다. "장재 선생이 말씀하신 것이 가장 좋은데, 그는 '마음이 본성과 감정을 주재[統]한다'고 했다. 맹자는 '남을 측은하게 여기는 감정은 인仁에서 나오고 자신의 잘못을 부끄러워하고 남의 잘못을 싫어하는 감정은 의義에서 나온다'고 했으니, 본성·감정·마음에 대해 가장 분명하게 말씀하신 것이다. 본성[性]은 선하지 않음이 없다. 마음에서 나온 것이 감정[情]인데, 거기에는 혹 불선함도 있어서 불선함은 마음에서 나온 것이 아니다 라고 할 수는 없다. 그러나 어찌됐든 마음의 본래 모습[本體]은 본래 선하지 않음이 없다. 그것이 흘러가 선하지 않게 되는 것은 감정이 대상[物]

에 의해 왜곡[遷]되었기 때문이다. 본성이란 리理 전반을 의미하고 인의예지는 모두 리의 어떤 구체적인 특징에 대한 이름이다. 측은함·부끄러움과 싫어함·사양하는 마음·옳고 그름에 대한 마음 등은 감정으로 드러났을 때에 대한 명칭이다. 이것들은 모두 그 감정이 본성으로부터 연유하여 선한 것들이다. 그러한 선한 감정이 근원으로 하는 본성은 매우 미미할 뿐이고 그렇게 선한 감정으로 현실화 되는 것은 모두 이 마음 때문이다. 그래서 '마음이 본성과 감정을 주재한다'고 하는 것이다. 본성이란 마음속에 별도로 존재하는 어떤 것이 아니다. 마음은 이 본성과 감정을 모두 갖추고 있다. 만약 마음이 그 통제력[主]을 잃어버리면 때로 불선함이 발생하는 것이다. 예컨대 '내가 인仁을 바라기만 하면 인이 바로 여기에 있다'고 했으니, 만약 내가 인을 바라지 않으면 그 순간 인을 잃게 되는 것이다. 또 '안회는 삼개월동안 인에서 벗어나지 않았다'고 했으니 이는 그가 인에서 벗어나지 않았음을 말하는 것이지만 결국 그의 마음이 인에서 벗어난 때도 있음을 의미한다. '시도 때도 없이 들고나니 마음이 어디를 향하는지 알 수 없다'고 했으니 마음을 간직해 기르고 하나에 집중함으로써 잃지 않아야 거기서 나오는 감정이 모두 선이 될 수 있다."[13]

인용문은 '심통성정'이라는 명제를 통해 마음·본성·감정의 관계를 설명한다. 도덕적 감정은 맹자가 말한 것처럼 도덕 본성으로부터 나온다. 그러나 도덕 본성이 언제나 도덕적 감정으로 현실화 하는 것은 아니다. '본성은 매우 미미하기' 때문이다. 게다가 이런저런 외부[物]의 자극과 유혹에 의해 감정은 언제든지 왜곡될 수 있다. 따라서 본성과 감정의 통제자로서 마음을 다잡는 것이 매우 중요하다.

다시 말해 인간에게는 누구나 도덕 본성이 있지만 그 본성만으로는 윤리적 현실을 모두 감당할 수 없다. 공자의 수제자 안회마저도 삼 개월 이상은 그 도덕성을 유지할 수 없었다.[14] 도덕적 의지라는 것은 내가 하겠다고 마음먹으면 바로 지금 할 수 있는 것이지만, 반대로 말하면 그렇게 마음먹지 않으면 유지할 수 없는 것이기도 하다. 관건은 도덕 본성의 유무가 아니고, 그것을 실현시킬 주체의 의지로서 마음이다.

그렇다면 주체의 도덕적 선택은 어떻게 이루어지는가? 도덕적 욕구는 물론 도덕 본성으로부터 나온다. 그러나 그것만큼이나 혹은 그것보다 더 강력한 이기적 욕구도 지니고 있는 것이 인간이다. 우리가 일상생활에서 흔하게 경험하듯 우리의 마음은 두 가지 선택에서 주저하곤 한다. 이 선택의 상황에서 어떠한 힘이 우리로 하여금 도덕의 명령을 따르도록 추동하는가? 이는 마음이 리인가 아니면 기인가라는 존재론적 문제로의 환원을 의미하지 않는다. 마음이 기이든 리이든 아니면 제3의 속성이든 그것과 무관하게 도대체 마음은 어떤 과정을 통해 어떤 계기에 의해 윤리적 선택을 하게 되느냐의 문제다.

주자가 제시하는 그 계기는 역시 리와 기 둘 뿐이다. 이 마음은 리의 명령과 기의 충동 속에 놓여 있을 뿐이다. 주자의 사유에서 제3의 계기는 없다. 주자는 이 두 가지 계기 속에서 마음이 선택할 뿐이라고 설명한다. 그러나 그것이 구체적으로 어떻게 진행되는 것인지에 대해서는 정확히 알 수 없다고 말한다. 그것이 주자가 말하는 '허령'이다. 다만 주자는 리 즉 도덕 본성과의 친연성 혹은 연속성으로 윤리적 선택의 가능성을 설명한다. 마음과 본성은 본래 관통해 있는 하나라고까지 말한다. 그래서 인의예지의 도덕 본성을 지니고 있는 인간은 너무나도 자연스럽게 측은·수오·사양·시비의 감정을 지니게 된다는 것이다.[15] 6장의 '천리의 유행'에서 이미 언급한 그대로다.

그런데 여기서 다시금 문제가 제기된다. 측은·수오 등의 도덕적 감정이 있게 되는 근거로서의 인의예지라는 도덕 본성을 인정한다 하더라도, 주자학에서 본성 혹은 리는 그 자체로 운동하지 않는 형이상의 존재라는 점이다. 그렇다면 운동하지 않는 형이상의 존재가 어떻게 주체로 하여금 도덕적 선택을 하게 하는 추동력을 지닐 수 있는 것일까? 이에 대한 주자의 설명은 이렇다.

> 어떤 이가 마음과 본성의 차이에 대해 물었다. 이에 답하셨다. "이 문제는 참으로 설명하기가 어렵기에 비유도 어렵다. … 마음은 관료에 천명은 군주의 명령에 본성은 관료가 수행해야 하는 직분에 비견될 수 있다."[16]

윤리적 주체로서의 마음을 관료에 비유하면, 천명은 관료에 대한 왕의 명령이 되고, 이때 관료에게 왕의 명령은 자신이 수행해야 하는 직분이 되기에 그 직분은 본성에 비유될 수 있다는 말이다. 이를 현대적 상황으로 바꾸자면 이렇게 설명할 수 있다. 헌법을 비롯한 법률은 천명이다. 대통령은 헌법을 수호할 책임과 의무를 지닌다. 그런데 현실에서 대통령은 헌법 수호의 책임과 의무에도 불구하고 헌법을 지키지 않을 수 있다. 그렇다면 마음에 대한 본성의 통제 능력은, 혹은 대통령에 대한 헌법의 구속력은 과연 있는 것인가 없는 것인가? 역시 어려운 문제다. 본성은 종이 위에 써진 헌법과 마찬가지로 걸어 다니면서 직접적으로 권능을 행하지는 않는다. 그러나 어찌됐든 대통령은 헌법의 명령 속에 존재한다.

대만의 모우쫑산은 마치 헌법이 직접적으로 활동할 수는 없는 것처럼 주자의 본성은 '존재만 할 뿐 활동하지는 않는다[只存有, 不活動]'고 규정한다. 반면 조선의 퇴계 이황 같은 사람은 왕의 명령과 헌법의 권능을 강조하여 '리발理發' 즉 리의 적극적인 기능함과 역할을 인정한다. 조선 후기에 '심시리心是理' 즉 마음의 리적 측면을 강조하는 사람들 역시 인간 내면의 도덕 본성에게 적극적인 역할을 부여한다. 과연 헌법은 대통령을 구속하는 힘이 있는가 없는가?

앞에서도 말했지만 주자의 관심은 헌법보다는 대통령에게 가 있다. 그리고 주자가 보는 대통령은 헌법을 준수하고자 하는 착한 대통령이다. [心之本體本無不善][17] 때문에 특별히 외부의 자극이 없다면 이 대통령은 헌법을 잘 지킬 것이며 때문에 이런 경우에 있어서 대통령은 그 자체로 헌법의 인격화가 된다. (6장 참조) '마음과 본성은 서로 관통해 있다'는 주자의 말처럼, 대통령의 마음에 헌법을 준수하려는 생각이 있다는 말은 그만큼 헌법이 대통령에게 기능을 한다[天命流行·活潑潑]고 말할 수도 있는 것이다. 헌법이 없다면 아무리 착한 대통령이라도 구체적 상황에서 어떻게 하는 것이 옳은 것인지 알 수가 없다.

주자가 마음과 본성의 연속성을 강조하는 것은 그만큼 마음속에서 차지하는 본성의 성분을 강조하는 것이다. 주자는 특별히 외부적 자극이 없다면 내면에서 도덕적 감정이 자발적으로 싹터 나온다고 말한다. 이것이 천명(天命·天理)의 유행이다. 어린 아이가 우물에 빠지려고 할 때면 누구라도 깜짝 놀라며 불쌍하게 생각하는 감정이 생긴다는 『맹자』의 관점을 가져와 인간의 도덕적 감정이 지극히 '자연적'임을 주자 역시 강조한다.

이 '자연성'을 강조하기 위해 공맹 이래의 유자들은 전통적으로 도덕적 '판단'이나 '의무'가 아닌 도덕적 '감정'을 중시한 것이다. 판단과 선택이 주체의 능동적이고 적극적인 행위를 의미한다면 이에 비해 '감정'은 상대적으로 조건반사적인 것일 수밖에 없다. 그런데 조건반사적이라는 말은 그만큼 그것이 본래적이고 자연스럽다는 의미다. 맛있는 것을 보면 먹고 싶다는 욕구가 생기는 것처럼, 우물에 빠지려는 어린아이를 볼 때면 구하고 싶다는 욕구가 저절로 생긴다. 그것은 힘들게 고민하고 억지로 선택하는 그런 것이 아니라 자연스러운 내면의 욕구다.

이렇게 도덕적 감정이 내면에서 '자연스럽게' 발생하는 것에 대해 주자는 '활발발活潑潑'이라는 표현을 자주 쓴다. '활발발'이란 샘에서 물이 용솟음치듯 자연적이고 자동적으로 생겨나는 모습을 형용한 것이다.[18]

> 정이천 선생은 이렇게 말씀하셨다. "『중용』의 '연비어약鳶飛魚躍'은 『맹자』의 '필유사언이물정심必有事焉而勿正心', 즉 '반드시 그 일을 간직하고는 있지만 그렇다고 반드시 그것을 해야지 하는 마음은 없다'와 동일한 의미다. 활발발한 상태다." 지금 그 말을 해석해보자면, '필유사언'은 그 마음에 간직함[存主處]이 있음을 의미하고, '활발발'은 천리가 유행하되 어떠한 얽매임도 없음을 형용한 것이다. 도의 체용과 유행 발현에는 어떠한 간격도 쉼도 없지만, 사람의 일상에서 볼 때는 결코 마음을 벗어나지 않는다. 때문에 반드시 이 마음을 간직한 다음에야 천리의 온전한 모습과 그것이 드러남 또 절묘하게 운행됨이 활발발하여 조금의 얽매임도 없음을 볼 수 있다.[19]

주자가 본 『맹자』의 '필유사언必有事焉', 즉 '계속해서 그것을 마음속에 간직함'이란 주체의 내면에 도덕성을 간직한 모습이다. 그러나 '반드시 그것을 해야지' 하는 마음이 없음은, 그것이 어떠한 의지적이고 의무적인 수고로움이 아니라는 말이다. 그래서 기러기가 날고 물고기가 헤엄치는 것이 우주적 생의의 자연적인 표현이듯이 내 마음속의 도덕성 역시 지극히 자연적이라는 말이다. 이런 점에서 주자는 분명 맹자의 계승자다.

이렇게 보자면 주자는 확실히 리발理發이나 심시리心是理를 주장하는 사람들의 생각에 가까운 것 같다. 그러나 어찌됐든 이론적으로는 리발이나 심시리라고 말할 수는 없다. 때문에 심시기는 주자의 원음에 가깝고 심시리는 주자의 원의에 가깝다고 한 것이다. 그러나 그보다 더 중요한 것은, 주자는 마음을 리나 기의 존재론으로 환원하려고 하지 않았다는 점이다. 다만 심·성·기 간의, 특히 본성과 마음 간의 현실적 차원에서의 간격 없음을 계속해서 강조할 뿐이다. 리와 기라는 존재론적 결정성에 윤리적 주체를 맡길 수 없기 때문이다.

사실 이 말은 우리 마음에 도덕적 성향과 욕구적 성향이 둘 다 있음을 말하는 것에 불과하다. 그래서 욕구적 성향을 제거하거나 통제할 수만 있다면 우리 내면의 본래적 도덕 성향은 자연스럽게 드러나게 된다는 말이다.[20] 어린아이가 우물에 빠지려 할 때 '어이쿠 구해줘야지'라는 마음이 드는 것은 우리 내면의 도덕적 성향을 설명한다. 그런데 곧장 이어서 '착한 사람이라고 칭찬받겠지?'라는 마음이 드는 것은 우리 내면의 욕구적 성향을 설명한다. 이 상황에서 주체는 나중에 든 생각을 제거함으로써 윤리적 선택을 할 수 있는 것이다.

문제는 관심의 방향성이다. 도덕적 욕구는 과연 어디에서 오는 것이지? 내면의 도덕 본성이 기능을 하는 것인가 아닌가? 이와 같은 '내면'을 향한 이론적 실험실적 질문 자체를 주자는 거부한다. 그보다 더 중요한 것은 내게 그러한 도덕적 감정이 생겼다는 점이고, 실제 아이가 빠지려고 하는 현실이다. 즉 주자의 관심은 내면에서 일상으로, 일상의 구체적 대상으로 '외부'를 향해 있다. 이것이 10장에서 다루게 될 '윤리적 대상'의 문제다.

결론적으로 주자가 본 마음의 구조는 심통성정, 즉 마음이 도덕 본성을 구체적인 도덕적 감정으로 현현시킬 주체가 되는 것이었다. 그러나 이 명제는 어디까지나 도덕성의 구현이라는 목적에 입각한 규정이고, 실제 마음은 도덕적 성향과 욕구적 성향 간의 끊임없는 갈등 속에 놓여 있다고 해야 할 것이다. 그렇다면 좀 더 나은 윤리적 주체가 되기 위해서, 내면의 도덕적 성향은 좀 더 쉽게 발양될 수 있도록 길러주고 반면에 욕구적 성향은 내면의 도덕성을 방해하지 않도록 되도록 통제해야 할 것이다. 이를 주자는 '존천리存天理'와 '알인욕(遏人欲, 혹은 거인욕去人欲)', 즉 '천리를 보존하고 인욕을 제거한다'로 명명하였다. 이렇게 '공부'가 시작된다.

9장

공부란 무엇인가? – 성인

공부의 목적

'존천리存天理'와 '알인욕遏人欲', 즉 천리를 보존하고 인욕을 제거하기는 분명 마음에서 벌어지는 '마음공부'임에 분명하다. 그러면 주자가 생각하는 공부는 이것으로 족한가? 이 문제를 해명하기 위해서는 우선 그가 생각하는 공부의 '목적'이 무엇인지 확인할 필요가 있다. 공부의 목적에 따라 그 방법 역시 달라질 수밖에 없을 것이기 때문이다.

잘 알려진 것처럼 주자가 생각하는 공부의 최종 목표는 '성인聖人'이 되는 것이다. 주자가 진정한 스승으로 인정하는 정이가 처음 태학에서 공부할 때 받았다는 질문이 "성인은 배워서 될 수 있는가?"였다고 한다. 이에 대해 정이가 "될 수 있다"고 대답한 것은 이들 공부의 목표가 성인임을 밝힌 것이다. 한당대까지는 요순堯舜이나 공맹孔孟 같은 유가의 성인은 가 닿을 수 없는 너무나 위대한 존재였다. 그래서 후학들로서는 그저 성인이 남긴 경전을 착실히 학습해서 자구 하나하나를 정확히 이해하는 것이 공부의 전부였다. 그러나 송대에 들어서 공부의 목적은 이제 경전 너머의 성인을 직접 만나고 그 스스로 성인이 되는 것으로 전환된 것이다.

그렇다면 주자가 생각하는 성인이란 또 어떤 존재인가? 〈오경〉의 주인공 즉 〈오경〉의 성인은 문왕이나 무왕처럼 고대의 '왕'이다. 물론 이들 왕은 훌륭한 인격을 갖추고 있지만 어디까지나 그들은 권력을 소유한 제왕이다. 반면 〈사서〉의 주인공으로서 도학자들이 추숭한 〈사서〉의 성인은 공자나 맹자 혹은 증자나 자사처럼 왕이 아니다. 그들은 송대 도학자들이 그런 것처럼 교육받은 하급귀족 즉 '사대부'다. 주자 『사서집주』의 주된 내용은 이들 〈사서〉의 '성인'에 대한 해석이다. 〈사서〉 중 하나인 『대학』은 주자가 생각하는 성인상을 압축적으로 보여주는데, 『대학』의 첫 구절은 이렇게 시작한다.

> 大學之道, 在明明德, 在親民, 在止於至善.
>
> 대학의 도는 명덕을 밝히고, 백성을 친하게 하며 지극한 선에 머무는 데에 있다.

주자는 '명덕明德' 즉 '밝은 덕성'을 이렇게 주석한다. "명덕이란 하늘로부터 사람이 얻은 것으로서, 텅 비고 신령해서 어둡지 않고, 모든 이치를 갖추고[具衆理] 모든 일에 대응하는[應萬事] 것이다.[明德者, 人之所得乎天, 而虛靈不昧, 以具衆理而應萬事者也.]" 즉 명덕이란 앞 장 마음의 구조에서 본 것처럼 도덕 본성을 부여받은 주체로서 마음이 할 수 있는 뛰어난 능력을 의미한다. 특히 동물처럼 열악한 기질적 조건이 아닌 가장 훌륭한 기질을 받아 태어난 인간의 마음으로서, 본성의 도덕성을 최대한 실현시킬 수 있는 능력을 의미한다. 그래서 '텅 비고 신령해서 어둡지 않다[虛靈不昧]'라고 한 것이다. 그런데 이 기능의 주요한 측면은 '모든 이치를 갖춤[具衆理]으로써 모든 일에 대응[應萬事]할 수 있다'는 것이다. 이에 대해서는 뒤에서 좀 더 자세히 다루도록 하고, 일단은 『대학』의 첫 문장에 대한 해석을 이어가보자.

'명덕을 밝힌다'는 것은 자기 자신에게 해당하는 일이다. 그러나 그 명덕을 밝히는 일은 자기 자신에서 머물지 않고 백성과의 관계로 확장된다. 역시 『대학』의 주체는 통치자다. 그런데 주자는 『대학』 원문의 '친민

親民'을 '신민新民'으로 읽었다. 그리고서 '백성을 새롭게 함' 즉 신민을 타인의 명덕을 밝혀주는 일로 해석했다. 이렇게 자신과 타인의 명덕을 밝히는 일이 최대치까지 끌어올려질 때 '지극한 선에 머묾'이 되는 것이다.

그런데 '친민'으로부터 '신민'으로의 전환에는 중요한 기획이 숨어 있음에 주목해야 한다. 『대학』 원문의 '친민'은 분명히 통치자만의 몫인 반면에 주자의 '신민'은 그것이 정치적 행위만이 아니라는 점에서, 그 주체가 딱히 통치자로 한정될 필요가 없다는 점이다. 그것이 오히려 스승[師]의 일에 해당한다. 군사부君師父를 하나로 보아 통치와 교육을 동일시하는 도학자들의 오랜 전통이기는 하지만, 이를 역으로 해석하면 진정한 스승이야말로 진정한 통치자일 수 있다는 말로 해석될 수 있다. 이는 정통政統을 도통道統으로 전환시킨 주자의 도통론과 밀접한 관련을 지닌다. 이에 대해서는 12장에서 다룬다.

『대학』은 이 구절에 이어 그것을 실현하기 위한 여덟 가지 단계를 말한다.

> 古之欲明明德於天下者, 先治其國; 欲治其國者, 先齊其家; 欲齊其家者, 先脩其身; 欲脩其身者, 先正其心; 欲正其心者, 先誠其意; 欲誠其意者, 先致其知; 致知在格物. … 自天子以至於庶人, 壹是皆以脩身爲本. 其本亂而末治者否矣, 其所厚者薄, 而其所薄者厚, 未之有也!"
>
> 옛날부터 명덕을 '천하'에 밝히고자 하는 이는 먼저 나라를 다스리고, 나라를 다스리고자 하는 이는 먼저 자신의 집안을 다스리며, 자신의 집안을 다스리고자 하는 이는 먼저 자신을 수양한다. 자신을 수양하고자 하는 이는 자신의 마음을 반듯하게 하고, 마음을 반듯하게 하고자 하는 이는 먼저 자신의 의지를 진실되게 한

> 다. 자신의 의지를 진실되게 하고자 하는 이는 먼저 그 앎을 지극하게 한다. 앎을 지극하게 하기는 대상에 대한 연구에 달려 있다. … 천자로부터 백성에 이르기까지 모두다 자신에 대한 수양을 근본으로 하니 그 근본이 엉망인 채 후차적인 일들이 잘 될 리는 없다. 더 마음을 많이 써야 할 대상에게 야박하게 하고서 마음을 덜 써도 되는 이에게 넉넉히 한다는 것은 불가능하다.

이상을 『대학』의 삼강령(명명덕, 신민, 지어지선)과 팔조목(격물, 치지, 성의, 정심, 수신, 제가, 치국, 평천하)이라고 부른다. 팔조목에서 수신을 기점으로 이전 단계가 명명덕에 해당한다면 수신 이후의 단계는 신민에 해당한다. 그리고 그것들이 최상의 상태에 도달한 것이 지어지선이다. 이렇게 『대학』의 구조와 내용으로 볼 때, 공부의 목표가 성인이 되는 것이라면 공부의 목적은 내성과 외왕의 실천이다. 군주이든 스승이든 주자의 성인은 내성과 외왕을 실현시키는 존재다.

그렇다면 앞서 보았던 '존천리, 알인욕'의 마음공부로 이 모든 것이 가능할까? 인간에게는 누구나 성인과 동일한 도덕 본성이 있다고 했으니 마음의 도덕성을 잘 발현시키고 그것을 방해하는 이기적 욕망을 제어함으로써 '내성'은 이룰 수 있을지 모른다. 그러나 '외왕'의 경우는 어떠한가? 외왕을 현대적 언어로 풀어보자면, 사회·문화·교육·경제·정치·외교 등 제반 공적 영역에서의 성공적인 수행이 될 것이다. 과연 내면의 도덕성을 키우는 것만으로 이러한 일들을 다 수행할 수 있을까? 만약 그것이 가능하다고 생각하는 사람이 있다면 그는 '도덕 만능주의자'라고 불러야 할 것이다.

누군가 성인이나 외왕이 너무 큰 이야기여서 우리같이 평범한 개인에게는 해당하지 않는다고 한다면 어떨까? 그렇다면 평범한 개인이 이루어가는 일상은 내면의 도덕 본성을 키우는 것만으로 모두 해결 가능한가? 일해서 가족을 부양하고 사회의 일원으로 책임을 다하며 살아가는 것은 평범한 개인에게도 무척 중요한 일이다. 이런 것들은 과연 내면 공부만으로 모두 가능한 것들일까? 결코 그럴 수 없다. 내면공부만으로 입시도 붙고 취업해서 살 수 있다고 말한다면 그 누가 동의할 수 있겠는가?

누군가는 도학자들의 근본 관심은 윤리적 문제였으니 논의를 윤리적 차원으로 한정해야 한다고 할 수 있을 것이다. 우리는 내면의 문제를 들여다보는 것만으로 윤리적 존재가 될 수 있을까? 모든 윤리적 문제는 '관계'에서 발생한다. 나는 누군가의 배우자이고 또 동시에 누군가의 자녀이고 부모이기도 하다. 게다가 커피 한 잔을 마시는 것으로부터 일회용 용기를 쓰는 것까지 우리의 일상은 언제나 타자와의 관계에서 윤리적 문제로 해석될 수 있다. 주자를 비롯한 도학자들은 사람 사이에서 발생하는 윤리적 문제를 부자유친·부부유별 등 오륜五倫으로 개괄했고, 물론 이것이 그들에게는 가장 중요한 문제였다. 하지만 그들도 윤리적 문제를 인간의 영역으로 한정한 것은 아니다. 주자는 조수초목鳥獸草木에게까지도 마땅히 대해야 할 윤리적 태도가 있다고 보았다. 새끼 밴 짐승을 잡지 않고 봄날에 나뭇가지를 꺾지 않는 것과 같은 것들이 그것이다.

이런 것들은 내면을 들여다보는 것만으로 가능할까? 결코 불가능하다. 조수초목에 대한 관심과 이해가 없이는 어떻게 하는 것이 그들에게 제대로 대하는 것인지 알 수 없다. 모든 존재자의 생의를 존중한다는 것은 사실 내 앞에 있는 이 구체적 대상과 함께 살아가기 위해 그들에게 관심을 기울이는 것 이상의 것이 아니다. 내면의 도덕본성을 찾는 것으로 혹은 보편의 도덕률을 인정하는 것으로 될 일이 아니다.

그래서 주자가 생각하는 윤리적 주체란 다가오는 대상과 사태에 적절히 대응할 줄 아는 사람이다. 앞에서 인용한『대학장구』에서 주자는 마음의 본질인 명덕에 대해 '모든 이치를 갖춤[具衆理]으로써 모든 일에 대응하는[應萬事] 능력'이라고 주석했다. 또『맹자집주』에서는 그것이 곧 마음의 기능이라고도 했다.[1] 즉 윤리적 주체로서 마음의 궁극적인 기능은 다가오는 일체의 대상과 사태에 대해 적절히 대처하는 것이다.

다가오는 대상과 사태에 적절히 대처하는 순간 윤리적 주체는 완성된다. 그런데 그렇기 위해서는 또 대상과 사태를 자기중심적으로 왜곡하거나 강제하려는 마음이 없어야 한다. 즉 좀 더 나은 자기를 만드는 것과 세상을 온전히 대하는 것은 그 자체로 분리될 수 없는 일이며, 변증법적인 심화의 관계에 있다. 주자는 이를 '성기성물成己成物' 즉 나를 완성하고 타자를 완성하기, 혹은 '정신급물正身及物' 즉 자신을 반듯하게 만들어 타자에게 다가가기라고 표현했다.[2]

자신을 완성한다거나 자신을 반듯하게 한다는 것은 내 내면의 도덕성에 위배되지 않음을 의미한다. 때문에 주자는 이것을 '내면의 도덕 본성을 따라 대상세계에 적절히 대응함[順性命之正, 而處事物之當]'이라고 표현하기도 했다.[3] 이 표현에 입각해『대학장구』의 '구중리具衆理, 응만사應萬事'를 이해하자면, '모든 이치를 갖추고[具衆理]'란 '내면의 도덕 본성을 따라[順性命之正]'라는 의미가 되고 '응만사'는 '대상세계에 적절히 대응함[處事物之當]'이다.

주자는 우리의 일상에서 대상과 사태가 없을 수 없다고 했다. [人之生也, 固不能無是物矣.] 때문에 우리의 일상은 그 자체로 '응사접물應事接物' 즉 다가오는 대상과 사태를 대하는 일이다. 그래서 이 일상을 떠난 별도의 인격체 혹은 성인이란 존재하지 않는다고 생각했다. 이는 일상의 삶을 떠난 채 득도와 성불을 추구하는 당대의 이단 도교와 불교에 대한 비판이면서, 동시에 도불의 영향 하에 내면에서 도덕성 그 자체를 찾아 확보하려고 했던 당대 도학 내부의 내면화 경향에 대한 경고이기도 했다.

경지에서 일상으로 – 中和說

〈중용中庸〉

喜怒哀樂之未發, 謂之中; 發而皆中節, 謂之和. 中也者, 天下之大本也; 和也者, 天下之達道也. 致中和, 天地位焉, 萬物育焉.

희노애락과 같은 감정이 아직 발출하지 않았을 때를 중中이라고 부르고, 감정이 발출했으나 모두 절도에 맞는 것을 일러 화和라고 한다. 중은 천지의 위대한 근본이요, 화는 천하에 두루 통하는 도다. 중과 화를 완전히 이룩해내면 천지는 자리를 잡고 만물은 그 속에서 자라난다.

『중용』의 첫구절인 이 문장은 '중'과 '화'가 천하의 근본이자 두루 통하는 도라고 말하고 있다. 그런데 그렇게 대단한 것이 사실은 개인의 희노애락이라고 하는 감정의 문제라고 밝히고 있다. 사실 『중용』은 반복해서 개인의 감정이나 태도가 직접적으로 인간세계를 넘어서 온 천지에 영향을 미친다고 주장한다. 때문에 불교의 영향 하에 송대 도학자들은 『중용』을, 그리고 특별히 '중'의 근거가 되는 '미발未發'을 중시했다. 그것만 잘 이해하고 해낼 수 있으면 모든 것은 일시에 해결될 것이기 때문이다. 이것이 바로 송대 도학자들이 중시했던 '미발 공부'였으며 주자 초년의 관심 역시 여기서 벗어나지 않았다.

주자는 이십대부터 사십 무렵까지 공부의 목적과 방법에 대해 심각하게 고민했으며, 몇 번의 전환 끝에 비로소 자신만의 확고한 관점을 세울 수 있게 된다. 이를 철학사에서는 '주자의 중화설中和說' 수립과정이라고 부른다. 주자는 이십대 중반에 도남학道南學 계열의 이동을 만나 도남학풍의 공부 방법을 배우게 된다. 도남학(지금의 복건성 중심)은 이정의 제자 양시楊時에 의해 창도된 학맥인데, 그들은 희노애락喜怒哀樂 즉 감정이 발출되기 이전에 도덕 본성인 인仁을 직관적으로 깨닫는 공부 즉 '미발체인未發體認'을 주장한다. 그러다가 주자는 삼십대에 호상학湖湘學 계열의 장식張栻을 만나 감정이 발출된 이후에 그 감정 속에서 도덕성을 확인하는 소위 '찰식단예察識端倪' 공부법으로 전향하게 되니 이 무렵을 '중화구설中和舊說' 시기라고 부른다. 호상학(지금의 호남성 중심)은 역시 정이의 제자인 사량좌謝良佐로부터 호굉胡宏 그리고 장식으로 이어지는 학맥을 말한다. 그러나 주자는 다시금 오래도록 고민한 끝에 이러한 방법으로는 제대로 된 공부를 할 수 없다는 결론에 이르게 되고, 이정의 문집으로 돌아가 근본에서 다시 검토하게 된다. 사십 무렵 결국 자신만의 결론에 이르게 되니 이 시기를 '중화신설中和新說' 시기라고 부른다.

명말청초 황종희黃宗羲에 의해 작성된 중국 최초의 철학사인 『송원학안宋元學案』은 주자를 다루면서 이 중화설을 주요한 자료로 제시했으며, 대만의 대표적인 신유학자인 모우쫑산 교수 역시 자신의 대표작 『심체와 성체』에서 이 중화설을 중요하게 다루고 있다. 최근 국내 학계에서도 소위 '미발논쟁'이라고 하여 미발시의 심성 구조와 공부 가능성의 여부 및 그 방법에 대한 대대적인 논쟁이 있었다. 그만큼 중화설은 주자철학을 이해하는 데 있어서 중요하다.

그러나 나는 주자의 중화설 형성 과정이 단순히 도덕본성과 감정의 관계 및 그에 따른 공부 방법에 대한 이해의 전환에 그치지 않고, 본질적으로 공부의 목적 설정에 대한 근본적인 전환이었다고 생각한다. 이

전환을 통해 그의 공부관 뿐만 아니라 주자학 전체의 사상적 지향과 구조도 방향을 잡을 수 있었던 것이다. 그만큼 이 문제는 중요하다.

주자가 중화구설에서 중화신설로 전환한 이유에 대해, 많은 연구자들은 의식으로 의식을 관찰해야 하는 '주체의 분열' 그리고 '평소 공부의 결핍'이라고 보고 있다. 그러나 중화구설 시기 공부법에 대한 주자의 회의와 반성을 추적해보면, 그 근본적인 문제점은 오히려 일상을 떠나 주체의 내면에서 도덕성을 찾으려고 하는 당대 도학 내부의 내면화·관념화 경향에 있었다.

> 일전에 보내드린 몇몇의 편지에서 기술했던 것은 모두 흐릿하게 '대본달도大本達道'의 그림자만을 보고서 그것을 옳다고 고집했던 것에 불과합니다. 그러나 '치중화' 구절에 대해서는 전혀 주의를 기울이지 못했습니다. 여러 차례 가르침을 받는 과정에서 '인을 구하기[求仁]'가 급하다고 했습니다만, 도무지 어디서부터 공부를 시작해야 할지 알 수가 없었습니다. 곧장 근원만을 보니 잠깐 사이에 바다에 도착해 버리는 기상만 있을 뿐, 일상에서는 온갖 사태가 벌어지는데 마치 거대한 파도 속에 던져진 것만 같아서 결코 조금이라도 머무를 수가 없었습니다. 제가 느끼는 것이 줄곧 이 모양이니 사태를 처리하고 대상에 응대함이 언제나 적절하지 못하다는 것을 느끼게 됩니다. 아무리 전보다 더 노력해도 차분하고 넉넉한 기상은 조금도 확보할 수가 없습니다. 이게 문제라는 것은 알겠습니다만, 어디서부터 잘못된 것인지 모르겠습니다.[4]

중화구설 수립에 결정적인 영향을 미쳤던 장식에게 보내는 이 편지에서 주자는 '인 구하기[求仁]' 공부의 문제점으로 "근원만을 보니 … 일상에서는 온갖 사태가 벌어지는데 … 결코 조금도 머무를 수가 없어서 … 사태를 처리하고 대상에 응대함[應事接物]이 언제나 적절하지 못함"을 토로하였다. 요컨대 내면에서 도덕본성을 구하는 데에만 집중한 나머지 정작 일상생활은 제대로 해내지 못한다는 말이다. 감정 발출 이전이냐 이후냐의 차이에도 불구하고, 도남학의 미발체인이나 호상학의 찰식단예나 본질적으로 도덕본성[仁]을 찾아 움켜쥐려고 한다는 점에 있어서는 동일하다. 주자는 이 '도덕본성 움켜쥐기' 그 자체에 대해 회의하고 있는 것이다. 이러한 회의와 반성은 비슷한 시기 다른 이들에게 보낸 편지에서도 반복된다.

> 보내 주신 근본에 대한 가르침이야 받들지 않을 수 있겠습니까? 다만 근본과 구체는 본래 하나로 관통되어 있으며, 몸과 마음 혹은 안과 밖 역시 본래 간격이 없는 것이지요. 지금 '오로지 내면에 집중하고 밖은 대충한다'고 하면 이는 안과 밖에 간격이 생기는 것으로, 이 마음의 활동에서 언제나 반만을 얻고 반은 잃어버리는 것이 됩니다.[5]

> 몸과 마음 혹은 안과 밖은 본래 간격이 없는 것입니다. 마음이란 본래 내면에 있는 것이지만, 외부에서 보고 듣고 말하고 행동하는 일체의 행동거지 역시 이 마음이 하는 것이어서 결코 마음과 떨어질 수 있는 것이 아니지요. 만약 텅 비어 운용하지 않는 상태만을 움켜쥐고 간직하려 하며, 활발히 움직이며 운용하는 그 실질은 버려두고 살피지 않는다면, 이는 마음의 온전한 모습에서 반만을 얻고 반은 잃어버린 것이 됩니다.[6]

이 두 편지는 공히 '안과 밖의 균형'에 대해 말하고 있다. 윤리적 주체로서의 마음은 내면의 도덕성을 현실화 하는 주체이지만, 그 현실화 과정이란 철저히 구체적인 윤리적 상황 속에서 전개되는 것이다. 때문에 필연적이고 실재하는 그래서 회피할 수도 없는 일상의 상황을 방기한 채 내면의 도덕성만을 움켜쥔다는 것은 가능하지도 않거니와 사실 아무런 의미를 지닐 수 없다는 것이다. 이러한 태도는 구설 시기에 주자가 소위 대본大本이나 본심本心 혹은 구인求仁을 강조하던 것과는 확연히 달라진 모습이다.

이 편지에서 주자가 '일체의 행동거지'를 '보고 듣고 말하고 행동하는' 것이라고 표현한 것에 주목할 필요가 있다. 『논어』의 '극기복례'장에서 인용한 이 표현은, 그가 생각하는 일상이 곧 외부세계와의 '만남'임을 드러낸다. 주자는 마음을 '아무것도 비추지 않은 거울'이나 '아무것도 달지 않은 저울'에 곧잘 비유하곤 한다. 대상을 정확하게 인식하기 위해서는 거울 위에 어떠한 때도 끼어서는 안 되고 저울 위에는 어떠한 것도 올려져 있어서는 안 된다. 하지만 거울과 저울의 본질은 여전히 대상을 정확하게 보여주는데 있다. 거울과 저울을 왜곡이나 장애가 없도록 유지하는 것은 무척 중요하지만, 그러자고 아예 어떠한 대상도 접근을 허락하지 않는 것은 너무나 맹목적이며 실상 가능하지도 않다.

> 어떤 이가 물었다. "사람에게 마음이 있음은 본래 대상에 적절히 응대하기 위함이다. 그런데 이 장에서는 감정의 움직임이 있기만 하면 곧장 바르지 않은 것처럼 기술하고 있으니, 그럼 마음이 반드시 말라 버린 고목이나 꺼져 버린 재처럼 되어야만 바르다고 할 수 있는가?" 대답했다. "사람의 마음은 잠잠하고 텅 비어 밝으니, 마치 맑은 거울에 아무것도 드리워지지 않아 텅 비어 있고 저

울에 아무것도 실려 있지 않아 평형을 이루고 있는 것과 같다. 때문에 이 몸의 주인이라고 할 수 있는 것이며, 참된 본체의 모습이라고 하겠다. 그러나 다가오는 사태에 상응하게 감정이 이는 것은 마치 어떤 대상이 오든 거울이 그대로 비춰 주는 것과 같아서, 마음의 운용은 결코 없을 수 없는 것이다."[7]

도남학에서는 조용히 자신의 내면을 들여다 볼 것을 주장하는 불교의 묵조선默照禪처럼, 내면의 도덕성을 확인하기 위해 주체를 희노애락의 감정적 동요 없이 최대한 고요한 청정의 상태에 머물도록 할 것을 요구한다. 하지만 주자는 도남학의 이러한 방식은 일상을 방기한 채 골방에 틀어박혀 있는 것이 마치 꼿꼿하게 말라비틀어져 죽어가는 고목이나 식어가는 재[枯木死灰]와 다를 것이 없다고 비판한다.

한편 일상 그 자체보다 그 배면의 '본질'을 찾으려고 하는 호상학적 방식은 불교의 간화선看話禪에서 화두를 참구하지만 화두는 어디까지나 화두일 뿐 본질은 그 너머에 있다고 생각하는 것과 비슷하다. 호상학의 이러한 태도는 일상을 도구로 전락시키고 만다는 것이 주자의 비판이다.

어떤 이가 '백성들은 그렇게 하도록 할 수는 있지만 왜 그렇게 해야 하는지 알게 할 수는 없다'는 구절에 대해 물었다. 선생께서 이렇게 답하셨다. "공자께서는 사람들로 하여금 효도를 실천하고 윗사람에게 공손하도록 하면 족하다고 생각하신 것이다. 그보다 더 고원한 것으로 올라간답시고 효도란 무엇인가? 공손함이란 무엇인가? 라고 해설할 필요가 없다는 것이다. 예전에 장자소張子韶는 이렇게 말한 적이 있다. '부모를 섬김에 있어서는 효도란 무엇인가를 체인해야 인仁이 무엇인지를 깨닫게 될 것이며, 형을 섬김에 있어서는 형을 섬김이란 무엇인가를 체인해야 의義가 무엇인지를 깨닫게 될 것이다.' 그래서 나는 이렇게 말했다. '만약 그렇게 한다면, 앞에서는 이 마음을 추동하여 부모를 섬기면서 곧바로 그 배후에서 인仁이 무엇인지를 찾는 것이 되고, 앞에서는 이 마음을 추동하여 형을 섬기면서 곧바로 그 배후에서 의義가 무엇인지를 찾는 것이 된다. 이는 마음을 둘로 하는 것이다.' 선불교가 바로 이와 같다. 그들은 '네가 선 자리에서 그것을 구하고 그 자체에서 구하여야 한다'라고 하면서 눈썹을 치켜뜨고 눈을 부라리면서 몽둥이를 내려치거나 큰소리를 지르는 가르침을 행하곤 한다. 이 모든 것은 있는 그 자리에서 (본성을) 체험하려는 것이다. 때문에 장자소에게 선불교의 기질이 있다고 하는 것이다. 만약에 백성들로 하여금 반드시 그 이유를 알게 하려고 한다면 곧장 이와 같은 병통이 생기고야 말 것이다.[8]

이 인용문은 '앎'과 '함'으로 대별되는 두 가지 태도에 대해 말하고 있다. 『논어』에서 공자는 앎보다 함이 중요하다고 말하고 있는데, 양시의 제자 장구성(張九成, 1092~1159, 자는 子韶)은 부모를 섬기는 일상적 실천적 행위 너머에 있는 '효성' 그 자체를 추구하고, 다시 효성스러움의 일반화로서의 '도덕성' 그 자체를 천착해 들어간다는 것이다. 이는 일상으로부터 내면으로 찾아들어가는 '내면화'이자 도덕적 행위 너머의 도덕성 그 자체를 추구하는 '관념화' 혹은 도덕성을 마치 구체적인 사태와는 별개로 존재하는 무엇으로 여기는 '실체화'에 해당한다.[9] 이러한 태도의 문제점은 역시 구체적 일상에서 제대로 처신할 수 없다는 점이다.

불교에서는 언제나 '본성을 본다[見性]'라고 하면서 자신의 내면에서 텅 비어 아무런 확인할 수도 없는 본성이라는 것을 찾으려 한다. 그러나 일상의 사태에 대해서는 아무런 힘을 얻지 못한다.[10]

주자가 생각하는 바람직한 공부란 '내면으로부터 대상을 향하는 것'이다. 내면을 찾자고 외부를 수단으로 전락시키거나 내면을 지키자고 외부를 차단하는 것이 아니다.

성인의 공부라는 것은 마음에 근본하여 이치를 궁구하며, 이치를 따라 대상 사태에 적절히 응대하는 것이다. 마치 몸이 팔을 부리고 팔이 손가락을 부리는 것처럼 그 방법은 지극히 쉬우면서도 통하고, 그 본원이란 넓고 편하며, 그 이치는 참되고, 실천은 자연스럽다. 불교의 공부라는 것은 마음으로 마음을 구하고 마음으로 마음을 부리며 입으로 입을 먹고 눈으로 눈을 보는 것이어서, 그 기본은 위태롭고 궁색하며, 그 방법은 험하고 막혀 있으며, 그 이치는 텅 비어 있고, 그 추세는 거꾸로다.[11]

주자가 생각하는 마음은 대상과 사태에 적절히 대응하기 위한 주체이지, 마음이란 무엇인가 혹은 마음의 본질이란 무엇인가 하고 들여다보아야 할 대상이 아니다. 그것은 마치 눈으로 눈을 보고 입으로 입을 먹으려고 하는 것과 같다. 눈은 밖의 세계를 보고 입은 외부에서 들어오는 음식을 먹는 주체이지 그것을 대상화해서 이해하고 간직해야 할 무엇이 아니라는 말이다. 즉 마음은 외부 세계와의 관계 속에서만 의미를 지닌다.

옛사람들의 공부에서 '마음 간직함[存心]'의 의의는 그것을 통해 천하의 이치를 궁구함에 있었다. 그런데 지금 사람들이 말하는 '마음 간직함'이란, 그것만을 부여잡고 천하의 이치를 멀리하는 것이다.[12]

주자는 자신이 생각하는 '진심盡心' 즉 마음을 온전히 구현한다는 것과 불교의 '식심識心' 즉 마음 확인하기가 어떻게 다른지 다음과 같이 적시한다.

"『맹자』는 '진심지성'과 '존심양성'을 말하고, 불교에서도 '식심견성'을 배움의 근본으로 삼고 있으니, 유가와 불교의 도가 이렇게 우연히 합치하는군요." "오히려 유가와 불교가 달라지는 지점이 바로 이 부분이다." "어째서입니까?" "… 『맹자』가 말하는 '진심지성'이라는 것은 이치를 궁구함으로써 마음의 이치를 궁극의 지경까지 알아가는 것이다.[13] … 그들이 말하는 '식심'이라는 것은 반드시 별도로 하나의 마음을 설정해서 내면의 이 마음을 들여다보는 것이다. 또 그들이 말하는 '견성'이라는 것은 백성들의 일상적 규범이나 세계의 법칙에 대해서는 눈 감은 것이다. 본성의 본래 모습에 대해서는 이렇게 눈 감고 있으니 대상이 다가오는 것이나 또 그에 따라 나의 감정이 드러나는 것이 모두 도리에 부합하지 않는다. 그런 것들을 오히려 자신을 얽어매는 장애라고 생각하여 모두 없애야 한다고 생각하니, 천륜을 뒤집고 인륜을 멸하는 지경에 이르게 된다. 그러니 유가와 불교의 분기가 바로 이 한 마디에 달려 있다 하지 않을 수 있겠는가?"

"그들이 본성을 제대로 보지 못했음은 이해했습니다. 그렇다면 마음에 대해서 유가에서는 '다 구현한다' 혹은 '간직한다'라고 하고 불교에서는 '안다[識]'고 하는데 이것은 어떻게 다른 것입니까? 그리고 별도로 하나의 마음을 설정한다는 것은 어떤 말씀입니까?"

"마음이란 몸의 주인으로서 본성과 감정을 통어하는 주체이기에 하나지 둘이 아니다. 주체가 되지 객체가 되지 않는다. 대상과 사태를 처리하지 그것에 의해 처리되지 않는다. 오직 이치를 충분히 궁구하지 못했을 때 대상을 충분히 이해하지 못함으로써 마음의 기능이 충분히 작동하지 않는 것이다. 자신의 사사로운 욕심을 극복하지 못했을 때 대상이 오히려 장애가 되어 마음의 본 모습을 간직할 수 없는 것이다. 때문에 성인께서는 이치를 궁구함으로써 마음의 기능을 충분히 발휘하고 사사로운 욕심을 이겨냄으로써 마음의 본 모습이 전혀 손상되지 않도록 하신 것이다. 이것이 '진심'과 '존심'이다. 비록 사람마다 그것을 해낼 수 있는 정도야 다르겠지만 누구라도 하나(마음)로 만 가지(대상과 사태)에 응대하는 것이요, 주체로서 객체에 대응하는 것이요, 대상을 처리하는 주체가 대상을 처리하는 것이다. 때문에 결코 돌이켜서 이 마음을 본다거나 혹은 이 마음을 간직한다고 말하지 않는다. 그들이 말하는 '식심'이라는 것은 반드시 외부로 향하는 관심을 거두어들여 내면을 들여다봄으로써 황홀한 상태에 있는 마음의 본체를 확인하는 것이다. 이는 마치 눈으로 눈을 보고 입으로 입을 먹는 것과 같아서 그렇게 할 수도 없거니와 결코 본래의 모습을 확인할 수도 없다. … 감정도 없애고 다가오는 사태도 끊어버림으로써 결국에는 군신부자의 인륜을 모두 제거해버리니 마음의 기능 역시 끝나버리는 것이다."[14]

이 문장에서 밝히는 불교 '식심견성識心見性'과 유가 '진심지성盡心知性' 간의 가장 큰 차이점은, 불교가 내면을 향하는 반면에 유가는 대상을 향한다는 점이다. 불교처럼 내면의 본성을 들여다보는 행위는 입으로 입을 먹고 눈으로 눈을 보려는 것처럼 마음을 둘로 나누는 것이어서 아예 가능하지가 않다. 그러나 그보다 더욱 중요한 문제는 내면의 본성을 대상과 사태 즉 인륜적 일상과는 무관한 별개의 실체로 간주한다는 점이다. 그래서 다가오는 일체의 대상과 사태를 자신의 본성 확인에 방해되는 것으로 생각해 제거하려고 한다는 점이다. 그 결과는 천륜과 인륜을 끊어버리는 것이다.

반면 유가의 '진심지성' 혹은 '존심양성'은 인식과 행위의 주체를 단단히 부여잡아 다가오는 일체의 대상과 사태에 적절히 응대하는 것이다. 설령 그 주체가 완벽한 상태가 아니라 하더라도 그것은 어쩔 수 없이, 다가오는 대상과 사태를 응대하고 적절히 처리해야할 유일의 주체다. 마음의 본래 모습과 본래적 기능이란 바로 대상과 사태를 향한 것이다. 본성을 안다는 것 역시 내면의 도덕성을 들여다보아 아는 것이 아니라 다가오는 대상과 사태의 이치를 충분히 탐구해서 이해하는 것에 불과하다.

지금까지 살펴본 주자의 회의와 반성을 통해 우리는 중화신설의 의의가 단순히 평소 공부에 대한 강조에 있는 것이 아니라 공부의 목적에 대한 근본적인 전회였음을 확인할 수 있다. 즉 도남학이든 호상학이든 정문 제자들이 추구했던 '내면에서 도덕본성 찾기'라는 공부의 목적이 이제는 '일상에서 구체적인 대상과 사태에 적절히 대응하기'가 된 것이다. 때문에 주자의 중화설에서 중요한 것은 마음과 본성의 구조 혹은 그 구조에 따른 공부의 방법 등에 대한 이론적·형이상학적 이해가 아니라, 다가오는 구체적 대상과 사태를 어떻게 처리할 것인가 라고 하는 보다

실천적이고 일상적인 관심이다.[15]

그래서 중화신설 이후 주자가 강조한 것은 '경敬'과 '소학小學'이다. 소학은 일반적으로 쇄소응대灑掃應對 즉 물 뿌려 청소하고 다른 사람에게 인사하고 응대하는 식의 몸으로 직접 수행하는 반복적 훈련을 의미한다. 이러한 몸공부는 그것이 무엇을 의미하는지 아직 정확히 이해하지 못하는 어린아이일지라도 해야 한다고 주자는 말한다. 앎에 앞선 함을 주장하는 것이다.

> 함양에 관한 논의에서 옛사람들은 곧장 소학 때부터 함양을 이루었다. 때문에 대학의 도는 곧장 격물에서 시작할 수 있었던 것이다. 그런데 요즘 사람들은 소학에 해당하는 공부가 없이 대학이 격물로부터 시작한다는 것만을 보고서 그저 생각만으로 지식적으로 구하고는 더 이상의 실천적인 노력을 기울이지 않으니, 아무리 면밀히 뜯어본다 한들 실제적인 공부의 바탕이 될 도리가 없다. '경敬'은 시작부터 끝까지 관통되는 의미가 있고, 격물치지는 그 속에서 앞으로 나아가는 절차에 해당할 뿐이다.[16]

그래야 하는 이유는 실천성과 반복성 그리고 겸손함에 있다. '생각만으로 지식적으로' 하는 공부는 자신의 일상에 아무런 힘을 발휘하지 못한다. 구체적 대상과 사태에 입각해 매일 물 뿌리고 청소하듯 반복적으로 훈련하는 과정이 필요하고 그 과정에서 겸손함을 배우게 된다. 그 겸손함이 곧 '경'이다.

'경'이란 일반적으로 '공경함'의 의미로 이해된다. 공경함이란 대상에 대한 존중과 조심함이다. 왜 대상을 존중하고 조심해야 하는가? 대상에 대한 존중은 일차적으로 대상의 생의에 대한 존중이지만, 자신의 생의에 대한 존중이 되기도 한다. 대상이 지닌 각각의 본질과 성격을 알아야 무리 없이 대상과 만날 수 있기 때문이다. 옻나무나 복어의 성질을 알아야 그것들을 잘 이용할 수 있는 것처럼, 존재하는 것들에게는 각각의 법칙[有物有則]이 있기 때문에 그 법칙을 알아야 하고 그래야만 그 법칙에 맞게 대할 수 있다.

그런데 우리 앞에 나타나는 대상과 사태는 정해진 순서에 의해 예고하고 오지 않는다. 언제 어떤 것이 다가올지 알 수 없다. 때문에 어떤 것이 다가오더라도 당황하거나 동요하지 않도록 미리 준비해둘 필요가 있다. 이것이 바로 주자가 말하는 '평소 공부'다. 앞으로 다가올 대상과 사태가 어떤 것인지 알 수 없을 때 필요한 것은 두 가지다.

첫째, 어떤 대상과 사태가 다가오더라도 그것을 존중하고 배려할 수 있는 내면의 준비[涵養]다. 그것은 불특정한 것에 대한 준비이기 때문에 주체의 '태도'가 된다. 겸손하고 조심하며 주의력을 집중하는 것 그것이 바로 경이다. 때문에 경의 태도는 대상과 사태가 아직 없을 때부터 실제 대상과 사태가 다가왔을 때까지 지속적으로 유지되어야 한다. 이것이 바로 경이 미발과 이발 혹은 동정動靜을 아우른다는 의미다.

둘째, 다가올 대상과 사태에 대한 '탐구[格物]'다. 알지 못하니 배워야 한다. 맹자는 인간이라면 누구나 부모를 사랑할 줄 알고 형제를 존중할 줄 안다고 했다. 설령 그 말에 동의한다 하더라도 어떻게 부모를 사랑해야 하는 것인지 또 어떻게 형제를 존중해야 하는 것인지는 배워야 한다. 이것이 바로 예禮다. 예란 구체적인 행위에 대해 가장 적절하다고 판단된 성인들의 지침이다. 물론 그 예는 타자에 대한 내면의 본질 즉 생의 혹은 인仁을 구체화 한 것이다. 하지만 개인마다의 판단은 외부의 자극에 의해 왜곡된 것일 수도 있고 또 보편적 승인을 얻을 수 없는 주관적인 것일 수도 있다. 때문에 객관적으로 검증된 행위방식을 배울 필요가 있다.

앞의 것이 내면 공부라면 뒤의 것은 외부를 향한 공부가 된다. 내면 공부는 존천리 알인욕만으로 될 수 있을지 몰라도, 외부를 향한 공부는 주체의 내면을 들여다보는 것만으로 될 리가 없다. 아무리 착한 사람이라도 부모에게 대하는 방식과 배우자에게 대하는 방식은 달라야 한다. 효자가 언제나 좋은 배우자는 아니다. 하물며 옻나무나 복어의 속성에 대해 배우지 않고 주체의 내면만을 들여다보는 것으로 그것들을 적절히 대하기란 불가능하다.

호상학이든 도남학이든 정문 제자들은 당대 선불교의 영향 하에 내면의 도덕성을 확인하고 움켜쥐는 것을 공부의 목적으로 삼았다. 그러나 주자는 일상의 구체적인 대상과 사태를 방기한 채 내면의 도덕성만을 움켜쥐는 것은 윤리학적으로 아무런 의미를 지니지 않는다고 생각했다. 그에게서 중요한 것은 '골방의 성인'이 아니라 '광장의 지식인'이었기 때문이다. 이는 실천성과 관계성을 중시한 유학 본연으로의 회귀를 의미하며, 동시에 주자의 학술과 사상이 앞으로 어떻게 전개되야 할 지를 결정하는 핵심적인 계기가 된다.

주자는 내면의 도덕성을 실체화하여 움켜쥐려는 정문 제자들의 공부법으로부터 벗어난 뒤에야 비로소 젊은 날 스승 이동李侗에게서 배운 것을 제대로 이해할 수 있었다고 말한다. 그것은 모든 것을 아우르는 '보편'이 아니라 내 앞에 실제로 존재하는 '구체'에 대한 강조다. 보편과 구체의 관계에 대해 도학자들은 불교 화엄종의 영향 하에 '이일분수理一分殊'라는 용어 쓰기를 좋아했다. 이치[理]는 결국 하나지만 각각의 상황에 따라 달라진다는 의미다.

> 소위 본체로서의 하나라는 것은 구체적인 사태에 대해 상대적으로 말하는 것이다. 하지만 이 하나의 본체를 추구해서는 안 된다. 반드시 구체적인 사태에서 이해해야 한다.[17]

> 본체로서의 하나를 이해하는 것이 어려운 것이 아니라 구체적으로 달라지는 사태를 이해하는 것이 어렵다.[18]

> 성인은 결코 본체로서의 하나를 말한 적이 없다. 언제나 구체적으로 달라지는 사태에 대해 말했다. 이 구체적인 사태 하나하나에 대해 어떻게 해야 하는지를 알게 된 연후에야 이치라는 것이 본래 하나로 연결된다는 것을 알 수 있게 된다. 각각의 사태에 하나로

> 연결될 수 있는 이치가 있다는 것을 알지 못한 채 그저 본체로서의 하나만을 말한다면 그 본체라는 것이 도대체 어디에 있는 것인지 모르게 된다.[19]

구체성과 실재성을 확보하지 못한 보편이란 허구적 관념에 불과할지도 모른다. 때문에 '우주적 본체' 혹은 '도덕 본성'과 같은 보편은 반드시 일상의 구체 속에서 확인 되어야 한다. 보편으로서의 이치가 중요한 것이 아니라 구체적 상황과 맥락 속에서의 이치가 중요하다는 관점은, 자연스럽게 구체적 상황과 맥락에 대한 탐구와 이해를 강조하는 쪽으로 전개될 수밖에 없다.

> 지금 공부를 시작함에 있어서는 응당 배우고 묻고 생각하고 분변함에 힘써서 자신의 잘못된 기질을 변화시켜 도에 들어가야 할 것입니다. 그런데 스스로 이런 것들을 막아서 공부하지도 생각해 보지도 않고 가만히 앉아서 아무런 연고도 없이 갑자기 깨닫기를 바란다면, 이는 자신의 마음을 쓸모없는 곳에 남겨 두고 세월을 낭비하는, 결코 성공할 수 없는 길이 아니겠습니까? 이는 요행으로 어쩌다 뭔가를 얻기를 바라는 것일 뿐 천리와 인심과 법령과 처벌 등과 같은 일상의 실질과는 아무런 관계가 없는 것입니다. 설령 뭔가를 얻었다 하더라도 그것은 자신을 이롭게 하고 자신을 합리화해 줄 근거나 될 뿐이지요. 이는 곧 불교의 폐단이 온 천하에 횡행하면서도 막지 못하는 현실과 같은 것입니다.[20]

'배우고 묻고 생각하고 분변함[學問思辨]'이란 『중용』에서 나온 말인데, 공부의 구체적인 방식과 순서에 해당한다. 이러한 과정을 거쳐 최종적으로 독행篤行 즉 실천에 이를 수 있다고 『중용』은 말한다. 소학 단계에서는 '앎' 이전에 '함'이 중요하다고 말했지만, 인지능력이 발달한 대학 이후의 단계에서는 정확한 앎이 선행되어야 한다. 그래야 구체적인 상황과 맥락에 맞게 행동할 수 있다. 구체적인 탐구의 과정 없이 어느 날 문득 '깨닫는' 방식은 결코 성공할 수도 없거니와, 자신을 합리화 하는 주관적 근거가 될 뿐이라는 것이 주자의 비판이다. 역시 이 비판은 불교와 그 영향을 받은 당대 유자들의 태도를 향해 있다.

> 극기복례는 그 자체로 쉬운 일이 아니다. 그러나 안자가 힘쓴 것은 시청언동과 같은 일상적인 대상과의 관계에서 그것이 예에 부합하는지의 여부였다. 본래의 마음을 확보했으니 이제는 아무 일도 필요가 없다는 식으로는 곤란하다.[21]

이 인용문에서 보이듯, 주자는 결코 '내면의 철학자'가 아니다. 만약 내면을 들여다보는 것만으로 충분하다면, '극기복례克己復禮' 즉 자신을 극복해 예로 돌아가라는 말은 성립할 수 없을 것이다. 보편적 도덕 본성을 지닌 주체를 극복한다는 말은 가능하지 않기 때문이다. 여기서 말하는 '자기'란 도덕 본성을 지닌 주체를 의미하지 않고 선과 악의 갈림길에서 흔들려버린, 윤리적 상황에 던져진 주체일 뿐이다. 때문에 자신의 감정과 행위가 규범에 맞는지 언제나 돌아보고 교정할 것이 요구된다. 그리고 그 검증과 교정에는 '객관적인 기준'이 필요하다. 외재하는 경전과 사우師友가 그것이다.

이러한 이해는 이 책 1-2장에서 다루었던 주자학 전반에 대한 평가와 규정에 중요한 근거를 제공한다. '성리학'이라는 용어는 주자학 혹은 도학을 대하는 이들의 관심 소재를 보여준다. '성리性理' 즉 인간에게 본구된 도덕 본성만을 강조하다보면 시선은 내면을 향하게 된다. 도남학과 호상학 그리고 육씨 형제의 심학과 명대 왕양명의 심학까지도 내면의 도덕 본성을 강조한다는 공통된 특징을 보인다. 이러한 내면화 경향은 그들의 의도와는 무관하게, 인간의 심리와 그 존재론적 근거로서의 도덕 본성에 대한 탐구로 기울 수밖에 없다.

그런데 주자는 계속해서 다가오는 대상과 사태를 강조한다. '윤리적 타자'의 문제다. 희노애락의 일상은 분명 대상과 사태 즉 세계와의 관계에서 발생한다. 그런데 만약 이 '윤리적 타자'의 문제를 간과하거나 제거하고 나면, 윤리적 주체의 심리와 본성은 지극히 고립적인 실험실적 대상이 되고 만다. 실험실에선 결과를 왜곡할 수 있는 외부 영향을 최대한 통제한다. 게다가 그 실험이 외부적 자극에 대한 심리반응을 관찰하는 것도 아닌 심리 그 자체를 관념화시킨 '가상의' 것이라면 '외부'는 이제 더 이상 필요치 않다. 때문에 세계를 만나지 않아도 되고 세계를 몰라도 된다. 어차피 모든 것은 이미 내 내면에 다 있으니 세계를 볼 필요도 없다. 참된 구도자라면 세상을 외면한 채 삼십년 면벽이라도 해서 '활연관통豁然貫通' 즉 단박에 깨닫기를 추구해야 한다.

대만의 모우쫑산 교수는 내면의 도덕 본체에 대한 깨달음을 공부의 궁극적인 목적으로 제시한다. '역각체증逆覺體證' 즉 내면으로의 수렴적·회귀적 추적을 통한 깨달음이 그것이다. 모우 교수는 『시경』의 '천생증민天生烝民 유물유칙有物有則' 즉 하늘이 이 백성들을 만들어내심에 모든 것들에게는 법칙이 있다는 말을 근거로 하여, 내면의 도덕본체는 우주적 본체인 인仁 혹은 생의에서 온 것이라고 설명한다. 때문에 그가 생각하는 모든 것들[物]에게 있다는 법칙[則]은 '동일한' 우주의 법칙이 된다. 따라서 나에게 부여된 보편 법칙을 깨닫기만 하면 다른 것들에게 부여된 보편 법칙 역시 단박에 깨닫게 되는 것이다. 때문에 일일이 외부의 대상을 공부하는 것은 참으로 어리석은 짓이 된다. 이러한 관점이 대체로 주자가 상대해야 했던 육씨 형제의 생각이고, 내면의 도덕 본체를 확인하고 확보하는 것을 공부의 목적으로 삼았을 때의 필연적 결과다. 이것을 그림으로 표현하면 〈그림 1〉과 같다.

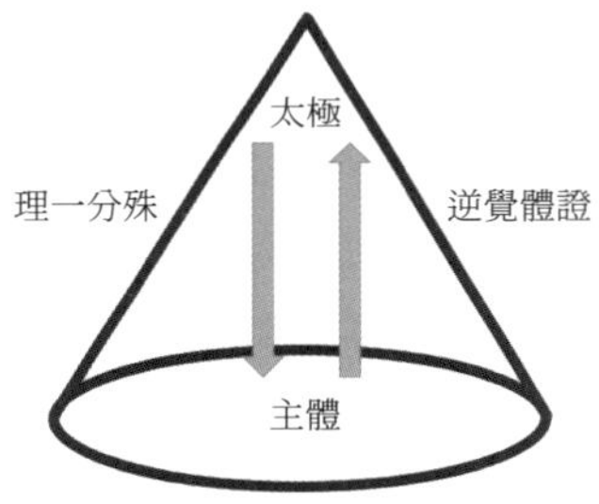

〈그림 1〉 보편 법칙과 주체의 관계

그러나 이러한 생각의 치명적인 문제점은 주체에게 구체적 일상이 배제되어 있다는 점이다. 그 일상이란 '시청언동'처럼 끊임없이 외부의 '타자'와 맺는 것인데, 이러한 구조에서 타자는 무시되거나 아니면 아예 제거되어야 할 것이 되고 만다.

게다가 일상의 대상과 사태란 도덕 본체의 '보편성'만을 지닌 것이 아니라 각각의 다양성과 차이를 지닌 '고유한' 것들이다. 설령 일체의 보편성을 이해하고 확보했다 한들 개별의 고유성을 이해하지 못했을 때 과연 구체적 대상과 사태에 적절히 대응할 수 있을 것인가?

주자는 그럴 수 없다고 보았다. 주자 역시 『시경』의 이 구절을 무척 중시한다. 그러나 그가 이해하는 법칙[則]이란 각각의 대상과 사태마다가[物] 지니고 있는 '개별적 법칙'이다. 그 개별적 법칙은 물론 상위의 보편 법칙으로 수렴될 수 있는 것이지만, 수렴 가능성과는 별도로 그 특수성

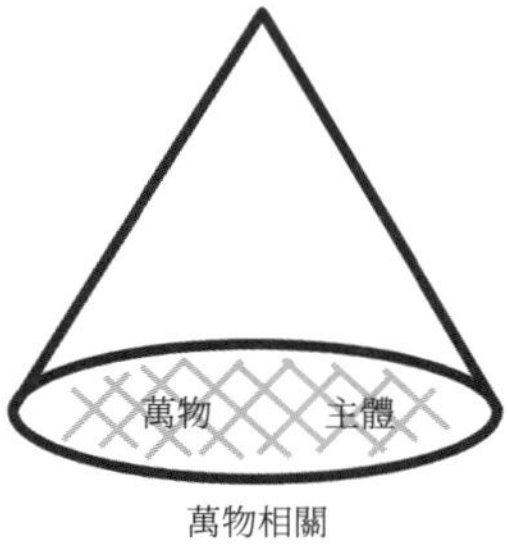

〈그림 2〉 만물상관 속에서의 주체

은 사라지지 않는다.

부모에 대한 사랑도 자식에 대한 사랑도 모두 사랑이지만 그 사랑의 방식과 내용은 달라져야 하는 것이다. 7장 '질서와 체계로서의 세계'에서 본 것처럼, 세계 내의 모든 것들은 〈그림 2〉처럼 긴밀한 관계와 체계 속에 있다. 그러나 그 속의 것들이 하나로 뭉뚱그려지는 것은 아니다. 각각은 각각의 위치와 의미를 지닌다. 때문에 개별적 대상에 대해 차근차근 하나하나 연구하고 이해해야 한다. 이것이 다음 장에서 다루게 될 '윤리적 대상'의 문제다.

윤리적 대상 즉 구체적 일상을 제거하면 '골방의 성인'으로 충분하다. '간화'나 '묵조'의 방식이면 족하기에 경전도 필요치 않을 것이고 소학부터 대학까지의 체계적인 학습과 훈련도 불필요할 것이다. 누구를 만나 어떤 일을 할지라도 내면의 도덕 명령에만 충실하면 될 것이니 관혼상제冠婚喪祭의 예법은 더더욱 배울 필요가 없다. '길을 걷는 모든 이가 성인[滿街都是聖人]'이니 그들의 성인성을 드러낼 수만 있다면 사회도 경제도 정치도 외교도 문제없을 것이다.

하지만 주자는 그렇게 생각하지 않았다. 우리의 삶은 '구중리'에서 그치지 않고 '응만사'해야 한다. 다가오는 모든 대상과 사태에 일일이 잘 응대해야 한다. 만약 그렇다면 위에서 열거한 모든 것들은 이제 하나하나 직접 해결해야할 문제가 된다. 보편 법칙을 깨달았다고 일거에 해결되는 그런 것은 세상에 없다. 때문에 주자 사상이 실제 어떻게 전개되었으며, 왜 그럴 수밖에 없었는지는 이제 자명해진다. 다음 장부터 보게 될 모든 내용이 바로 그 궤적이다.

10장

윤리적 대상 – 사·물

지식의 습득은 어떻게 도덕적 훈련이 되는가?

앞 장에서 우리는 『대학』의 삼강령(명명덕, 신민, 지어지선)과 팔조목(격물, 치지, 성의, 정심, 수신, 제가, 치국, 평천하)을 보았다. 『대학』은 『중용』과 더불어 원래 선진시기 문헌인 『예기』의 한 편이었다. 그러던 것이 송대에 들어와서 독립된 책으로 출판되기 시작했다. 주자는 『대학』에 대한 자신의 주석서인 『대학장구』에서 『대학』을 경經 1장과 전傳 10장으로 편집했는데, 앞 장에서 본 것처럼 삼강령 팔조목을 소개하는 부분이 경에 해당하고 그 뒤에 삼강령과 팔조목을 자세히 풀어준 부분이 전에 해당한다.

그런데 『대학장구』의 전傳에서 주자는 먼저 삼강령을 해설하고, 그 뒤에 '격물치지格物致知'를 제일 앞에 배치했다. 이는 팔조목의 구조가 격물치지로부터 시작한다는 점을 고려하자면 일견 당연해 보인다. 하지만 문제는 『예기』의 원문도 또 『대학』에 각기 주석을 달았던 정호 정이 형제도 삼강령 뒤에 격물치지가 아닌 성의誠意를 처음으로 배치했다는 점이다. 그보다 더욱 심각한 문제는 『예기』의 원문에 아예 격물치지를 해설하는 부분이 없다는 점이다. 즉 주자는 『예기』 원문에 없던 격물치지에 대한 해설부분을 아예 새롭게 만들어서 『대학』 본문에 끼워 넣은 것이다. 그래서 주자가 새롭게 끼워 넣은 이 부분을 사람들은 '보망장補亡章' 즉 원래는 있었지만 나중에 사라진 부분을 주자가 보충해서 끼워 넣은 장이라고 부른다. 그 내용은 아래와 같다.

【격물보망장】

右傳之五章, 蓋釋格物､致知之義, 而今亡矣. 此章舊本通下章, 誤在經文之下. 閒嘗竊取程子之意以補之曰:「所謂致知在格物者, 言欲致吾之知, 在即物而窮其理也. 蓋人心之靈莫不有知, 而天下之物莫不有理, 惟於理有未窮, 故其知有不盡也. 是以大學始教, 必使學者即凡天下之物, 莫不因其已知之理而益窮之, 以求至乎其極. 至於用力之久, 而一旦豁然貫通焉, 則衆物之表裏精粗無不到, 而吾心之全體大用無不明矣. 此謂物格, 此謂知之至也.」

위의 문장은 전傳의 다섯 번째 장이고 그 내용은 격물과 치지를 설명하고 있다. 그런데 지금은 없어져버렸다. 이 장은 옛날에는 다음 장과 함께 경문 아래 있었다. 지금 내가 정자程子의 관점에 의거해 다음과 같이 보충한다. "소위 치지致知는 격물格物에 달려 있다는 말은, 나의 앎을 확장시키고자 하면 대상에게 다가가 그 이치를 탐구해야 한다는 말이다. 사람의 마음에는 앎이 있고 존재하는 모든 것에는 모두 이치가 있다. 그 이치를 모두 탐구하지 않았기 때문에 앎도 온전하지 않음이 있는 것이다. 때문에 대학에서 교육을 시작할 때는 배우는 이로 하여금 자신이 이미 알고 있는 것에 의지해서 존재하는 모든 것에 대해 탐구하여 끝내 그 극진함에까지 이르도록 한 것이다. 이렇게 힘쓰다 보면 어느 날 갑자기 뻥 뚫리게 될 것인데, 그러면 모든 것들의 구석구석을 온전히 이해하게 되고 내 마음의 본래 모습과 그 운용 역시 모두 환하게 될 것이다. 이것이 바로 대상이 연구된 상태이며, 이것이 바로 내 앎이 지극해진 것이다."

원래 없던 것인지 아니면 있다가 없어진 것인지는 그다지 중요하지 않다. 어찌됐든 주자는 자신도 보지 못한 경전 구절을 '창작'한 것이다. 그는 『대학』에서 격물치지가 그만큼 중요하다고 생각한 것이다. 『대학』에 대한 주자의 보충적 해설서인 『대학혹문』을 보더라도 책 전체 내용의 2/3가 격물에 대한 것이다. 이는 『대학』의 구조 내에서 격물이 반드시 필요할 뿐만 아니라, 주자의 사상체계 내에서도 격물이 중요한 위치를 차지함을 말해준다.

주자는 격물과 치지를 『대학장구』에서 이렇게 주석한다. "치致란 극한으로 확장시키는 것이다. 지知란 앎[識]과 같은 것이다. 격格이란 다다름[至]이다. 물物이란 사태[事]와 같은 것이다.[致推極也. 知猶識也. 格至也. 物猶事也.]" 즉 치지는 자신의 앎을 극대화시키는 것이요, 격물이란 대상[物]과 사태[事]에 다가가 탐구하는 것이다. 그래서 「보망장」에서는 "나의 앎을 확장시키고자 하면 대상에게 다가가 그 이치를 탐구해야 한다는 말이다."라고 한 것이다.

이 말은 무척이나 평이하고 자명해 보인다. 예컨대 자동차에 대해 잘 모르면 자동차에 다가가 그것을 탐구해야 한다. 그래야 자동차에 대한 나의 앎이 확장된다. 부모나 아이가 무엇을 좋아하는지 알려면 그들을 관심을 갖고 잘 관찰해야 한다. 구체적인 대상[物]이 되었든 그 대상과의 사이에서 벌어지는 사태[事]가 되었든 관심을 갖고 다가가야 그것에 대해 알 수 있다. 그래서 주자에게서 격물은 외부세계에 대한 탐구의 의미를 갖는다.

그런데 만약 『예기』의 원문처럼 격물치지 단계 없이 곧장 성의정심으로 시작한다면 어떨까? 수신제가와 치국평천하를 희망하는 『대학』의 주인공은 성의정심만으로 그것들을 수행할 수 있는 것처럼 보일 수 있다. 주자의 주석에 근거할 때, 성의정심과 격물치지의 가장 근본적인 차이점은 그것이 내면을 향하고 있는가 아니면 외부를 향하고 있는가이다. 만약 격물치지 없이 성의정심만으로 수신제가와 치국평천하가 가능하다고 한다면 그것은 외부에 대한 탐구 없이 내면을 바로잡는 것만으로 모든 것이 가능하다는 논리가 된다.

이는 앞에서 여러 차례 언급했던 것처럼, 선불교의 영향 하에 내면의 도덕성에 주목한 송대 도학자들에게 주요한 경전적 근거가 되어줄 수 있다. 『중용』에서는 주체가 자신의 감정을 반듯하게 유지하는 것만으로 천지를 바로잡고 만물을 길러낼 수 있다고 말한다. [致中和, 天地位焉, 萬物育焉.] 『맹자』에서는 모든 것이 내게 다 갖추어져 있다고 말한다. [萬物皆備於我] 때문에 『대학』의 구조에 있어서도 성의정심으로 시작하는 것은 매우 자연스럽게 받아들여졌을 것이다. 훗날 명대의 왕양명은 격물을 '대상을 향한 나의 마음을 바로잡기'로 해석함으로써, 격물까지도 내면의 문제로 환원시킨다.

송명 도학자들의 이러한 관점에는 두 가지 중요한 문제가 있다. 첫째, 극단적으로 말해 이들에겐 외부세계에 대한 인식적 탐구와 이해라는 영역이 결여되어 있다. 둘째, 논의의 범위를 윤리적 문제로 한정한다 하더라도 이들에게서 '윤리적 대상의 문제'는 제대로 된 지위를 확보할 수 없다. 앞 장에서 본 것처럼 만물은 모두 동일한 이치를 지니고 있기 때문에 내 내면의 도덕 본성을 깨닫는 것[逆覺體證]만으로 모든 윤리적 문제를 해결할 수 있기 때문에 구태여 구체적인 대상을 탐구하고 이해할 필요가 없는 것이다.

이에 비해 주자는 분명히 외부 세계에 대한 탐구의 필요성을 강조한다. 물론 그렇다고 주자가 내면 공부를 배제했다는 말은 아니다. 그에게서 공부는 내면을 향한 공부와 외부 세계를 향한 공부 두 가지 길이 있고, 이 둘은 반드시 병행되어야 할 수레의 두 바퀴에 해당한다. 내면 공부와 외부를 향한 공부를 주자는 『중용』의 '존덕성尊德性과 도문학道問學'이라는 명제로 체계화 한다. 존덕성이란 내면의 덕성을 키워낸다는 의미로서 '함양涵養'이나 '존심存心' 혹은 '존천리·알인욕'에 해당하고, 도문학이란 외적 자료를 통한 공부를 의미하는데 주로 독서를 통한 공부를 말한다. 주자는 도문학이 바로 『대학』에서 말하는 '격물치지格物致知'라고 보았다.

> 존덕성이란 내 내면에 간직된 것을 위대한 도체만큼 극대화하는 것이다. 도문학이란 앎을 확장시켜 도체의 세세한 것까지도 온전히 다할 수 있도록 하는 것이다. 때문에 이 둘은 내면의 덕성을 기르고 도를 수행할 수 있는 중요한 방법이 된다. 조금의 사사로운 생각도 자신을 가리지 않고 조금의 사사로운 욕심도 자신을 얽매지 않도록 하여 자신이 이미 알고 있는 것을 충분히 흘러넘치게 하고 자신이 이미 할 수 있는 일을 돈독히 실천할 수 있도록 하는 것은 모두 내면의 마음을 간직하는 것[存心]에 해당한다. 이치를 헤아림에 조금의 오류도 없고 일을 처리함에도 조금의 벗어남이 없도록 하여 규범에 대한 이해가 나날이 확장되고 행동의 요령이 나날이 적절해지는 것은 모두 앎을 확충하는 것[致知]에 속한다. 마음을 간직하지 못하면 앎을 확충할 수 없지만, 마음을 간직하는 것 역시 앎을 확충해 가는 과정을 거치지 않을 수 없다.[1]

주자는 인용문 말미에 존심存心과 치지致知 즉 '마음공부'와 '앎의 확장'을 상호 병행하는 것이어서 어느 하나 결여될 수 없는 것이라고 말하고 있다. 즉 존심이 없으면 치지도 불가능하지만, 치지 없이는 존심 역시 불완전한 것일 수밖에 없다는 말이다. 그런데 주자는 『대학』을 따라,

치지는 격물格物 즉 대상에 대한 탐구에 달려있다고 규정한다. [致知在格物] 여기서 많은 연구자들은 '외부에 대한 인식'이 어떻게 '내면의 도덕성 확보[存心]'에 도움이 될 수 있는지에 대해 의문을 제기했다. 즉 인식지認識知와 덕성지德性知의 관계문제다. 특히 이 문제는 앞 장에서 다루었던 '공부의 목적'과도 중요한 연관 관계에 있다.

앞 장에서 본 것처럼 송명대의 도학자들은 선불교의 영향 하에 내면의 도덕본성을 확인하고 확보하는 것을 공부의 목적으로 상정하는 경향이 강했다. 그런 입장에서는 내면공부 즉 존덕성이나 함양성찰 등이 중요할 수밖에 없고, 도문학이나 격물공부 등은 부차적인 혹은 불필요한 것이 될 수밖에 없다. 이러한 이해가 바로 주자와 존덕성 도문학의 공부방법에 대해 격렬한 논쟁을 벌였던 상산象山 육구연陸九淵 등 심학자들의 관점이고, 주자는 물론 이러한 입장에 단호히 반대했다.

이는 공부의 목적 설정에 대한 차이에서 오는 필연적인 결과다. 주자가 설정한 공부의 목적은 결코 내면의 도덕성 확인 확보가 아니라 다가오는 대상과 사태에 원만히 대응하는 것[處事物之當]이고 또 그럴 수 있는 주체를 성장시키는 데 있다. 때문에 대상과 사태를 이해하고 대응함을 의미하는 격물은 그 자체로 공부의 목적이자 우리의 일상이지, 내면의 도덕성을 위한 도구가 아니다. 그럼에도 불구하고 현대의 많은 연구자들은 여전히 주자 공부의 목적을 구인求仁·체인體仁 등 내면의 도덕성 확인·확보라고 생각한다. 하지만 바로 그렇기 때문에 주자 공부론에서 도문학이나 격물과 같은 외부를 향한 공부가 왜 필요한지에 대해 해명해야 하는 난제를 스스로 떠안게 되었다. 이러한 관점에서는 근본적으로 대상과 사태 등 외부세계가 필요치 않기 때문이다.

주자 공부론에서 격물과 함양의 관계에 대한 기존 입장은 대체로 세 가지다. "첫째, 외부세계를 내면 도덕성의 확인처로 생각하는 관점이다.

육구연 등 심학자들의 관점이 대체로 이에 해당한다. 둘째, 격물을 통해서만 내면의 도덕 본성이 구체성을 지닐 수 있다는 관점이다.[2] 셋째, 내면의 도덕 본성을 확인하는 방법은 외재적인 대상을 통해서만 가능하기에 격물공부야말로 도덕 본성을 확보하기 위한 필수적인 방법이고, 내면의 함양공부는 그저 평소의 태도 공부 정도에 그친다고 보는 관점이다. 모든 존재자에게는 동일한 우주의 본질 즉 도덕 본성이 부여되었는데, 마음으로 마음을 볼 수는 없기에 주체는 대상을 통해서만 내면의 도덕 본성을 확인할 수 있다는 관점이다.[3],[4]

약간씩의 차이에도 불구하고 이러한 입장에서 외부 세계는 모두 내면의 도덕성을 확인하고 확보하기 위한 '도구적 대상'에 머물고 만다. 쉽게 말해 우리가 만나는 모든 일상은 내면의 도덕성 확인을 위한 체험학습장 혹은 실습실 정도의 의미만을 지닌다. 이는 마치 내 내면의 도덕성을 확인하기 위해 우물에 빠지려는 아이를 찾아다니는 것과 같다. 이런 생각은 물론 주객과 본말이 전도된 것이다.

게다가 주자의 직접적이고 명시적인 언급을 통해 볼 때에도 이러한 이해는 분명히 문제가 있다. 주자가 말하는 격물의 대상은 군신부자君臣父子와 같은 인륜적 관계만이 아니라 조수초목鳥獸草木 등 실로 존재하는 모든 것이 포함되기 때문이다.[5] 도대체 전기 배터리나 지질학적 지식이 어떻게 나의 도덕성과 관계를 지닐 수 있을 것인가?

이러한 문제를 피해가기 위해 연구자들은 주자 격물의 대상이 실질적으로는 조수초목보다는 군신부자와 같은 인륜적 문제에 해당한다고 주장한다.[6] 이러한 이해는 '도학자'들의 관심에 부합하는 매우 편리한 설명 방식이다. 하지만 이러한 설명 방식 역시 문제가 있다. 우선 인륜적 영역 즉 윤리적 관계의 문제에서 '군신부자'와 '조수초목'의 경계를 나눌 수 없다는 점이다. 주자는 봄철에 나뭇가지를 꺾어서는 안 된다든지 새끼를

밴 짐승을 잡아서는 안 된다든지 심지어는 배를 육지에서 끌어서는 안 된다든지 하는 윤리적 태도의 문제를 '군신부자'의 인륜적 영역을 넘어서까지 자주 언급한다. '관계'에서 발생하는 윤리성의 문제는 인간人間의 영역을 넘어서기 때문이다. 뿐만 아니라 인륜의 영역에서도 예컨대 부모를 사랑하는 '마음'만으로 다 되는 것은 아니다. 부모를 어떻게 사랑해야 하는가의 구체적 지식과 이해가 필요하다. 자신의 부모에게 어느 건강보조식품이 더 좋은지 알아보는 것은 과연 '군신부자'에 해당할까 아니면 '조수초목'에 해당할까?

'인식'에서 '관심'으로

나는 '군신부자'와 '조수초목'을 아우를 수 있는 통일적 기준을 '나와의 관계'로 본다. 사事와 물物, 즉 '사물'이다. 여기서의 사물이란 'things' 즉 그냥 물건이 아니라 주체 앞에 다가와 관계를 요구하는 사고·감정·행위 등의 'object' 즉 '대상'이다. 이 대상에는 시공간을 점유하는 어떤 것[物]도 그것과의 관계에서 발생하는 일[事]도 포함된다. 다만 주자를 포함한 도학자들의 관심이 윤리적 문제에 집중되어 있었다는 측면에서 볼 때 이 대상은 '어떤 것'보다는 그것과의 관계에서 발생하는 '사태'에 더 강조점이 가 있다. 그런 점에서 주자가 격물을 해석하며 '물物은 사事와 같은 것'이라고 주석한 것은 매우 의미심장하다.

예컨대 내 책상 위에는 물컵이 놓여 있다. 그것[物]은 아침부터 그 자리에 있었다. 하지만 내 눈에 들어와 나의 관심을 받으며 나와 관계를 맺는 것[事]은 내가 목이 말랐을 때다. 내가 관심을 기울여 관계를 맺을 때 그것은 비로소 내게 다가와 해석학적 의미를 지닌다. '군신부자'도 '조수초목'도 매한가지다. 한편 내가 다가가지 않아도 오히려 대상과 사태가 내게 다가올 수도 있다. 처리해야 할 일들 직면한 경제현실 피할 수 없는 감염병 등 우리는 다가오는 모든 것들에게 관심을 기울이지 않을 수 없다. 결론적으로 주자의 격물은 "대상과 사태에 적절히 대응하기 위한 주체의 관심과 이해"다. 주자의 언급을 통해 이러한 해석의 타당성을 확인해보자.

앎과 행동[行]의 공부는 반드시 병행해야 한다. 앎이 더욱 밝아질수록 행동은 더욱 독실해지고, 행동이 더욱 독실해질수록 앎도 더욱 밝아진다. 이 둘 중에 어느 하나를 없앨 수 없다. 이는 마치 사람이 두 발을 서로 앞으로 밀어 냄으로써 점점 앞으로 나갈 수 있는 것과 같다. 만약 어느 한 발이 약해지면 한 발짝도 앞으로 나갈 수 없는 것이다.[7]

여기서 주자가 말하는 앎은 행동과 연결된다. 소위 지행병진知行竝進이 되기 위해서는 그 앎이 행동과 연결될 수 있는 것이어야 한다. 행동의 유발은 나와 '관계'가 있어서 내가 관심을 기울인 것에서만 가능하다. 아무런 관심이나 관계도 없이 행동한다는 것은 몽유병 환자가 아니라면 불가능하다. '관계'에서는 언제나 '바람직한 관계'라고 하는 윤리적 문제가 발생한다. 도학자들은 존재하는 모든 것의 존재하려는 의지를 존중하는 것이 자신의 존재 원리에도 부합하는 것이라고 보았다. 때문에 관계 속에서 대상을 온전히 대하기 위해서는 대상에 대해서 잘 알아야 한다. 잘 알아야 잘 대할 수 있고, 잘 대할 때 대상에 대해 더 깊은 이해가 가능하다. 때문에 이때의 '이해'란 단순한 '인식'이 아니라 '관심'과 '애정'이다.

격물치지는 실질적인 공부에서 궁구하는 것이지 지금 여기서 해결해야 할 일을 버려두고서 아무거나 사물의 이치를 궁구하여, 언젠가 이치가 모두 궁구해지기를 기다렸다가 뜻이 저절로 진실해지고[意誠] 마음이 저절로 바르게 되며[心正] 몸가짐이 저절로 훌륭해지는[身修] 것이 아니다.[8]

> 치지는 모르던 것을 알게 됨을 말하는 것이 아니다. 지금 당장 눈앞에 닥쳐온 일에 대한 것이다. 예컨대 규범과 사욕의 문제로 생각해 보자면, 어제까지 규범에 대해 그것이 응당 행해야 하는 것임을 알면서도 또 말하기를 '하지 않아도 문제될 것은 없다'고 하고, 사욕을 행위로 옮겨서는 안 됨을 알면서도 또 말하기를 '해도 무방하다'고 한다면, 이는 격물과 치지가 실현되지 않은 것이다. 오늘 규범을 이해했으면 반드시 행하고, 사욕을 하지 말아야 함을 알았다면 반드시 하지 않아야 한다. 그래서 마음속으로 확신을 갖고 결단코 그렇게 하겠다는 단계가 되어야 격물과 치지가 실현되었다고 할 수 있는 것이다.[9]

관심과 애정을 기울일 수 있으려면 나와 밀접한 관계에 있어야 한다. 때문에 격물치지는 '실질적인 것'에서부터 시작될 수밖에 없다. 아무리 조수초목이라 할지라도 나와 밀접한 관계에 있을 때라야 격물하는 것이다. 개에게 물린 다음에야 광견병에 대해 찾아보는 것이고 내가 키우던 화초가 시들해졌을 때 인터넷을 검색하는 것이다. 조수초목에 대한 격물은 심심할 때 보는 〈동물의 왕국〉이 아니다.

이렇게 나와 밀접한 관계에 있는 대상에게 대하는 나의 '관심과 애정'은 그 자체로 성의·정심·수신과 같은 '태도'가 된다. 따라서 격물치지가 곧장 성의정심이요 수신이다. 격물치지를 다 하고 난 다음에 성의정심하는 것이 아니다. 격물치지는 외부의 대상을 향한 것이고, 그 대상은 조수초목으로부터 정치·경제·외교까지 모든 것을 포함하기에 격물치지가 곧장 제가·치국·평천하다. 때문에 격물치지는 성의정심부터 치국평천하까지 『대학』 팔조목 모두를 아우른다. 즉 격물은 그 자체로 내성이면서 외왕이다.

하늘이 이 백성을 만드심에 모든 존재하는 것에는 저마다의 법칙이 있다고 하셨다. 여기서 존재자[物]란 형체를 지닌 것을 의미하고, 법칙[則]이란 이치를 의미한다. 형체를 지니고 있다는 것은 형이하자를 가리키고, 이치란 형이상자를 의미한다. 사람이 태어남에 본래 이 대상적 존재[物]가 없을 수 없다. 그런데 이 대상 사물에 대한 이치를 밝히지 못하면 도덕 본성에 따를 수도, 대상세계에 적절히 대응할[順性命之正, 而處事物之當] 수도 없다. 그러므로 반드시 대상에 다가가 앎을 구하고 이치를 구해야 한다. … 대상의 이치가 모두 밝혀지면 나의 앎 역시 넓게 관통되어 아무런 장애도 없게 된다. 그러면 나의 의지가 진실해지고[意誠] 내 마음이 바르게 된다[心正].[10]

「보망장」 말미에서 주자는 격물이 완성되면 '내 마음의 본래 모습이 밝아진다[吾心之全體大用無不明]'라고 하였다. 여기서 말하는 '마음의 본래 모습'이란 무엇인가? 그것은 『대학』 첫 구절에서 말하는 '명덕'이 될 것이다. 즉 '모든 이치를 갖추고 모든 일에 대응하는 것[具衆理, 應萬事]' 혹은 '내면의 도덕 본성을 따라 대상세계에 적절히 대응함[順性命之正, 而處事物之當]'이다. '내면의 도덕 본성'이란 존재하는 모든 것들에 대한 존중[愛人利物]이다. 내 앞의 대상을 존중하여 그것에 관심을 기울여 좀 더 정확히 앎으로써 그것과의 관계를 온전히 이루어내는 것, 그것이 바로 명명덕明明德 즉 '내 마음의 본래 모습이 밝아진 것'이다.

인식적 비약과 격물의 대상

그런데 「보망장」 말미에는 인식의 비약으로 읽힐 수 있는 구절이 있다. 소위 '활연관통豁然貫通'이라는 것이다. 이것은 십년면벽을 통해 도를 깨닫듯, 누적적으로 공부하다보면 어느 날 갑자기 세상 이치를 모두 깨닫게 되는 그런 신비체험을 말하는 것일까?

> 이렇게 힘쓰다 보면 어느 날 갑자기 뻥 뚫리게 될 것[一旦豁然貫通焉]인데, 그러면 모든 것들의 구석구석을 전부 이해하게 되고 내 마음의 본래 모습과 그 운용 역시 모두 환하게 될 것이다. 이것이 바로 대상이 연구된 상태[物格]이며, 이것이 바로 내 앎이 지극해진 것[知致]이다.[11]

'활연관통'이라는 말 자체는 '뻥 뚫린다' 정도의 의미만을 지닌다. 그런데 과연 무엇이 어떻게 뚫린다는 것인지에 대해 연구자들의 의견이 분분하다. 조수초목 등에 대해 일일이 연구하고 이해하는 것이 주자의 격물이다. 그런데 그런 개별적 탐구가 오래도록 누적되다보면 "모든 것들의 구석구석을 전부 이해하게 되고 내 마음의 본래 모습과 그 운용 역시 모두 환하게 된다."고 했다. 모든 것들[衆物]과 내 마음[吾心]이 적시된 대상이다. 이를 멍페이위엔 교수는 개별자에 대한 연구와 그것의 유추로부터 얻게 되는 '일반적 원칙'이라고 보았고[12], 천라이 교수는 개별자의

당연 법칙을 지배하는 '도덕적 보편 원리'를 깨닫는 것이라고 보았다.[13]

그 누구라도 세상에 존재하는 모든 것을 다 연구해서 알 수 있는 것은 아니다. 때문에 '활연관통'이 정말로 가능하기만 하다면, 그것은 어떤 차원의 의미에서든 유추를 통한 비약이 아닐 수는 없을 것이다. 실제 주자 역시 '유추'에 대해 많이 말하고 있다.[14] 문제는 유추를 통해 얻게 되는 것이 무엇인가 하는 점이다. 멍 교수가 말하는 '일반적 원칙'은 나의 도덕적 성장에 어떻게 영향을 미치며, 천 교수가 말하는 '도덕적 보편 원리'는 조수초목과 어떤 관계에 있는가? 비교적 멍 교수의 관심이 외부 세계에 놓여 있다면 천 교수의 관심은 외부 세계를 버려두는 것 같다.

이는 격물의 대상이 무엇인가 하는 문제로 귀결된다. 「보망장」 처음에 밝힌 것처럼, 주자는 자신의 격물설을 제시하면서 그것이 근거가 없지 않음을 보이기 위해 정자 즉 정이의 관점을 계승한 것이라고 주장한다. 이를 입증하기 위해 『대학혹문』에서 주자는 정자의 격물에 대한 언급 총 17조목을 인용한다. 그 내용을 정리해보면 대략 세 가지의 원칙이 도출된다. 첫째, 대상을 하나하나 격물하라. 둘째, 내외는 관통해 있다. 셋째, 그러나 핵심은 윤리적 상황이다. 이는 그 자체로 주자 격물설의 원칙이 된다. 그러면서 주자는 "정자의 관점이 이에서 벗어나지 않는다."고 단언한다.

그런데 문제는, 『이정유서』 등 정이의 어록을 검토해보면 이상의 세 가지 원칙 이외에 외부에 대한 탐구의 목적을 내면을 들여다보기 위한 것으로 설정하는 언급이 적지 않다는 점이다.

> '앎을 확장시키기는 격물에 달려 있다'고 했는데, 이는 외부로부터 얻는 것이 아니다. 내게 본래부터 있던 것이다. 다가오는 대상에 이끌려 다니다보면 혼미해져 앎을 잃게 되고, 그러다보면 천리

는 사라지고 만다. 그러므로 성인은 그것을 탐구[格]하고자 한 것이다.[15]

정이의 관점에서 중요한 것은 내면의 문제이지 밖의 것이 아니다. 나와 무관한 외부세계의 이치 탐구는 무용할 뿐만 아니라 위험하다. 때문에 외부세계에 대한 탐구[觀物]의 목적은 자신을 이해하는 데[察己] 있다. 이렇게 정이의 직접 언급을 통해 확인할 수 있는 격물에 대한 정이의 네 번째 원칙은 바로, "대상 세계에 대한 탐구는 궁극적으로 주체의 문제로 수렴되어야 한다."이다.

다가오는 사태에 따라 이치를 관찰한다면 천하의 모든 이치를 얻게 될 것이다. 천하의 이치를 얻은 뒤에 성인이 될 수 있으니, 군자가 공부하는 것은 장차 그것을 통해 자신에게 반성적으로 궁구하기 위함이다. 반성적으로 궁구함은 앎을 확장시킴에 달려 있고 앎을 확장시키기는 격물에 달려 있다.[16]

천라이 교수가 말하는 '도덕적 보편 원리'는 정이의 이러한 관점을 잘 반영하는 것으로 보인다. 실제 정이의 제자들은 정이의 이 네 번째 원칙을 적극적으로 발전시킨다. 특히 그들은 외부의 대상은 너무나 많기 때문에 일일이 연구한다는 것은 불가능할 뿐만 아니라 불필요하기에 직접적으로 내면을 들여다보는 것이면 족하다고 주장한다. 그것이 가능한 이유는 내외의 이치가 합일되어 있기 때문이다. 그들은 『중용』의 '불성무물不誠無物' 즉 진실되지 않으면 대상 사물도 없다는 말에 의거해 "나 자신을 돌이켜보아 진실되다면 천하의 모든 것들은 내게 있다.[反身而誠, 則天下之物在我矣.]"고 말한다.[17] 여기서 『맹자』의 "만물이 모두 내게 갖추어져 있다.[萬物皆備於我]"는 웅변은 그 근거가 되어준다. 소위 주체로의 수렴이다.

그러나 주자는 주체로의 수렴을 암시하는 정이의 언급들은 『대학혹문』에서 완전히 제거해버리고, 정문 제자들의 언급에 대해서는 일일이 비판한다. 사상사에서는 '정주학程朱學'이라고 하여 정이와 주자의 학술적 스펙트럼을 동일한 것으로 보지만, 이 문제에 있어서만큼은 주자는 정이와 그 제자들을 따르지 않은 것이다. 오히려 주자는 정이를 자신의 관점에 맞춰 재해석·재조정하였고, '정주程朱'의 계열에서 정이의 제자들은 제거해버린 것이다. 주자는 정문 제자들이 강조한 격물의 제4원칙을 제거해버리고 그들이 경시한 제1원칙 즉 대상을 하나하나 연구하라는 명령을 반복 강조한다. 그는 왜 그랬을까? 그에게서 대상은 주체 내면 이해를 위한 도구가 아니기 때문이다.

첫째, 아무리 만물이 모두 동일한 이치[生意]를 지니고 있다 하더라도 일상의 구체적 대상과 사태에는 저마다의 고유한 법칙[有物有則]이 있기 때문에 각각의 처지와 맥락을 이해하는 것은 반드시 필요하다.

> 기원이 물었다. "격물이란 만물의 이치가 하나로 귀결됨을 궁구하는 것이라고 생각합니다." 대답하셨다. "사태마다 대상마다 각각의 이치가 있거늘 어떻게 억지로 합쳐버릴 수 있겠는가? 그저 하나의 일을 만나거든 그 일에서 이치를 궁구하는 것이다. 그렇게 오래 하다보면 자연스럽게 관통하게 된다."[18]

둘째, 이 보편의 이치란 구체적으로 대상과 사태를 만나 해결하는 과정에서 실현되는 것이지, 관념적·실험실적으로 해결될 것이 아니기 때문이다.

요즘 사람들 중에는 그 앎을 최대한 확장시키려고 하면서 그저 머리로만 생각하고 구체적인 대상과 사태에 직면해 궁구하려고 하지 않는 이들이 있다. 그러나 그렇게 해서는 끝내 도달할 수가 없다.[19]

사람들은 이 이치를 신비한 뭔가로 만들곤 한다. 『대학』은 '궁리'를 말하지 않고 '격물'만을 말한다. 즉 사람들로 하여금 구체적인 사태와 대상 속에서 이해하도록 하기 위해서다. 그렇게 해야만 실제의 모습[實體]을 볼 수 있다. 소위 실제의 모습이란 구체적인 사태와 대상이 아니면 볼 수가 없다. 예컨대 배는 물 위로 다니고 수레는 육지를 다닌다. 지금 시험 삼아 사람들을 시켜 힘을 모아 육지에서 배를 밀어보도록 시켜도 결코 그렇게 할 수 없을 것이다. 그런 다음에야 아! 과연 배는 육지에서 다닐 수 없구나 하는 것을 확인하게 될 것이다. 이것이 바로 실제의 모습이다.[20]

요컨대 주자의 격물은 일상의 삶에서 다가오는 모든 대상과 사태를 잘 '처리'하는 것이지 관념적으로 그것들의 이치를 '이해'하는 것이 아니다.

소위 격물이란 그저 눈앞의 사태와 대상을 처리[處置]하는 것이다. 그 경중을 따져 가장 적당한 방식을 찾는 것일 뿐이다. 어찌 신령함을 간직한 채 궁극의 것을 찾는 것이겠는가?[21]

주자는 다가오는 대상과 사태를 적절히 '처리한다'는 표현을 많이 쓴다. [處置事物·遇事接物·應事接物·隨事遇物] 이렇게 대상과 사태를 가장 적절히 대응해준다는 표현은 대상과의 직접적인 만남 속에서 대상을 온전히 실현시켜주는 것[各得其所]이다.

자 이런 이해를 바탕으로 주자가 말하는 '활연관통'의 의미로 다시 돌아가보자. 관심과 애정으로 하나하나 다가오는 대상을 잘 응대하다보면, 당연히 대상에 대해 잘 알게 된다. [衆物之表裏精粗無不到] 여기서 말하는 잘 알게 됨은 물론 인지적 이해로 한정되지 않는다. 그것을 온전히 실현시켜주겠다는 나의 의지가 적극적으로 개제된 소통과 공감의 실천을 의미한다. 그런 점에서 그것은 대상의 영역에 머물지 않고 주체의 변화를 초래한다. [吾心之全體大用無不明]

이러한 태도는 특정한 누군가에 대한 것으로 한정될 수 없다. 다가오는 모든 것에 대한 존중과 공감이며, 이러한 '태도'는 존재하는 모든 것에 대한 것으로 확장된다. 즉 존재하는 모든 것들에 대한 존중과 사랑[愛人利物]이다. 이것은 물론 '보편의 도덕 원칙[仁·生意]'이다. 그러나 중요한 것은 보편의 원칙을 인지적으로 아는 것이 아니라 실천적 관계에서 태도와 행동으로 구현하는 것이다.

> 공부가 오래되면 마음과 이치는 하나가 된다[心與理一]. 그래서 모든 사태에 응대함[周流泛應]이 모두 적당하게 된다.[22]

> 마음이 곧 이치이고 이치가 곧 마음이니, 이렇게 되면 모든 행동거지[動容周旋]가 이치에 들어맞게 된다.[23]

인용문에서 명시적으로 밝혔듯, 마음과 이치가 하나가 된다는 것은 모든 행동거지[動容周旋]가 이치에 들어맞게 되어 모든 사태에 응대함[周流泛應]이 모두 적당하게 된다는 것이지 이치를 관념적으로 인지적으로 이해한다는 말이 아니다.

누구라도 웬만하면 가족을 사랑한다. '애인愛人'이라는 말처럼 사랑하는 이에게 관심과 사랑을 기울이는 것은 특별할 것이 없다. 그러나 그러한 사랑을 조수초목처럼 존재하는 모든 것들에게 확장할 수 있는 사람이라면 우리는 그를 성인이라고 부른다. 존재하는 모든 것들에게 관심을 기울이고 사랑으로 대하라는 것[生意]이 도학에서 말하는 우주와 인간 자신의 본질이다. 이 본질에 입각하여[順性命之正] 내 앞의 모든 것들에게 실제로 관심과 애정을 기울여 관계를 맺는 것[處事物之當]이 주자가 말하는 격물이다. 다가오는 모든 대상들에게 이러한 태도와 실천적 노력을 기울이다보면 어느 날 우주와 인간 자신의 본질을 깨닫게 될 것이다. 여기서의 깨달음은 물론 인지적 깨달음이 아니라 실천적 인격의 완성이자 그것과의 일체화(心與理一 혹은 心卽理)를 통해 도달하는 경지다[一以貫之]. 그것은 이 세상에 존재하는 모든 것들을 만난 뒤라야 이루어지는 그런 것이 아니다. 이것이 바로 주자가 말하는 활연관통이다.

주객의 만남과 공부의 완성

이제 주자에게서 격물이 왜 그토록 중요했는지가 밝혀진다. 격물은 그 자체로 명명덕이며 동시에 신민新民이다. 「보망장」에서 말하는 '내 마음의 본래 모습'에서 '본래 모습'이라는 표현의 원문은 '전체대용全體大用'이다. '체용體用'은 불교에서 차용한 개념인데, 체體가 본질이라면 용用은 본질의 표현이다. '전체대용'이란 체도 용도 온전해진다는 말이다. 마음의 체는 '구중리' 혹은 '순성명지정'이고, 용은 '응만사' 혹은 '처사물지당'이다. 따라서 체가 온전해지는 것이 주체의 완성이라면 용이 온전해지는 것은 대상의 완성이다. 격물 속에서 주체와 대상은 만난다. 때문에 극단적으로 말해 격물은 그 자체로 명명덕이자 신민이요, 격물을 통해 궁극에 도달하는 활연관통은 지어지선止於至善이 된다.

> 물었다. "격물은 내외가 합일되어야 비로소 완성되었다는 것이 무슨 의미입니까?" 대답했다. "격물에서는 내외가 합일되지 않은 적이 없다. 대상의 이치가 그렇다는 것을 주체가 알게 되면 그 존재하는 이치에 맞게 대해 주는 것, 그것이 바로 내외의 이치가 합일되는 것이다. 눈앞에 있는 모든 존재자에게는 이치가 있다. 예컨대 풀 한 포기 나무 한 그루에도, 날짐승 들짐승 한 마리에도 모두 이치가 있다. 초목은 봄에 피어나고 가을에 시든다. 삶을 좋아하고 죽음을 싫어하기에 여름에는 양목을 꺾고 겨울에는 음목을

꺾는다. 이 모든 것이 음양의 이치에 순응하는 것이다."[24]

'내외의 합일'이란 주체와 대상의 온전한 만남 속에서 이루어지는 주체와 대상의 완성[成己成物]을 의미한다. 이는 거꾸로 말하면 주체와 대상의 완성은 주체와 대상의 '만남' 속에서만 이루어짐을 의미한다. 윤리적 문제는 관계에서 발생하기에 관계를 떠나 윤리를 완성한다는 것은 넌센스다. 즉 명명덕은 신민을 통해서 완성되기에 명명덕이 곧 신민이요 신민이 곧 명명덕이다. 마찬가지로 내성은 외왕을 통해서 완성되기에 외왕이 곧 내성이고 내성이 곧 외왕이다.

앞 장에서 우리는 사십 무렵에 주자가 나름의 깨달음을 통해 도남학이나 호상학처럼 내면의 도덕본성을 확인하고 확보하려는 태도를 극복할 수 있었음을 확인했다. 내면을 향한 공부의 문제점은 주체와 대상을 분리시킨다는 점이다. 공부의 목적이 내면의 도덕성에 있기 때문에 대상은 제거해야 할 위험한 것이거나 아니면 기껏해야 내면을 들여다보기 위한 도구적 존재가 된다. 주자의 격물설을 통해서 보았을 때 그가 이러한 관점에 동의할 수 없었음은 너무나 자명하다.

> 앎에 미진한 점이 있으면 돌이켰을 때 스스로가 진실되지 못한 경우가 많다. 어찌 외물에 대한 연구를 통해 만물의 이치를 알려고도 하지 않은 채, 그저 내면을 돌이켜 "모든 것이 내게 갖추어져 있으니 언제나 진실되다." 라고 말할 수 있겠는가? 하물며 격물의 효과는 직접적으로 대상 사태에 직면하여 각각의 이치를 구하는 데 있지 않은가? 지금 도리어 대상 사태를 떠나버린 채 오로지 자신에게서만 구하려 하는 것은 더욱더 『대학』의 본래 취지가 아니다.[25]

질문자가 말했다. "최근의 어떤 위대한 유학자는 격물치지에 대해 이렇게 말한다. '격格이란 막는다, 제어한다는 의미다. 외부의 대상을 막은 다음에야 지극한 도를 알 수 있다.' 또 그 말을 받드는 자는 이렇게 말하기도 한다. '사람은 본래 태어나면서부터 그 본성이 모두 선한데, 선하지 않음이 생기는 이유는 외부 대상의 유혹 때문이다. 소위 격물치지라는 것은 외물의 유혹을 막아 본래의 선함을 모두 밝히는 것일 뿐이다.' 이러한 이해는 참으로 좋지 않은가?" 이렇게 대답했다. "모든 존재하는 것에는 그것에 해당하는 원칙이 있다고 했으니, 존재자와 그것의 도는 결코 분리될 수 있는 것이 아니다. 지금 외물을 모두 막은 다음에 지극한 도를 알 수 있다고 했으니, 이는 부자의 관계를 끊어 낸 다음에라야 효성과 자애를 알 수 있는 것이며 군신의 관계를 떠나버린 다음에야 사랑과 공경을 알 수 있다고 여기는 것이다. 어떻게 그럴 수가 있겠는가? 만약 외물이라는 것이 선하지 않은 유혹을 의미하는 것일 뿐 군신과 부자의 관계를 의미하는 것이 아니라고 한다면, 외물의 유혹으로는 식욕·성욕보다 더 심한 것이 없을 테니 그것으로 한 번 말해 보자. 식욕·성욕이라 할지라도 그 본질에 있어서는 본래 없을 수 없는 것이며 또한 없어서도 안 되는 것이다. 다만, 그 안에 천리와 인욕의 차이가 있어서 조심해야 하는 것일 뿐이다. 식욕과 성욕만이 있고 그것을 대하는 나의 태도에 있어서 무엇이 천리이고 무엇이 인욕인지에 대한 고찰이 없을 때, 인욕을 극복하고 천리를 회복하려는 노력 없이 외물이 유혹하는 대로 이끌려 본래의 천리를 잃게 되고 말 것이다. 지금 대상을 향하여 그 근원이 무엇인지를 탐구하지도 않은 채 외물이란 언제나 자신을 유혹하는 것이라고 여겨서 일체를 모두 제거하려고만 한다면, 이는

> 입을 막고 배를 주린 다음에라야 올바른 식욕을 구현했다고 하는 것이며 성생활을 모두 끊어 버린 다음에라야 성욕 즉 부부의 관계를 온전히 했다고 하는 것이다. 이는 아무리 도가나 불교 같은 애비도 임금도 없는 가르침에서도 그렇게 하려고 하지 않는 것인데, 하물며 지극히 타당한 성인의 가르침에서 이렇게 형편없겠는가?[26]

대상과 사태는 언제나 우리 앞에 다가와 우리의 관심과 대응을 요구한다. 그것이 곧 우리의 일상이며 주체의 완성은 이러한 일상 속에서만 이루어진다. 내면의 도덕성을 유지하자고 다가오는 일상을 거부하는 것은, 일체의 현상을 부질없는 것으로 치부하는 불교의 태도에 해당한다. 주자가 생각하는 공부의 완성, 그리고 그 결과로 획득되는 성인의 모습은 면벽수행의 구도자가 아니라 적극적으로 일상과 부딪치면서 다가오는 모든 일들을 원만히 처리하는 광장의 지식인이다.

이러한 측면에서 주자의 격물에 대한 이해는 매우 중요하다. 국내외의 많은 연구자들은 주자의 철학을 이기·심성·수양의 도덕형이상학 혹은 도덕심리학이라고 규정하면서, 도덕의 문제를 주체 내면의 심리에서 일어나는 문제로 접근하는 경향이 강하다. 그래서 주체의 감정과 의지가 과연 도덕적인가 판정하면서 그것이 리理에서 나온 것인가 아니면 기氣에서 나온 것인가를 따지는 것은 지극히 실험실적이다. 이런 이기환원론적 사고는 주체의 자발성과 주체성을 무력화시키지만, 그보다 더 중요한 문제는 이러한 논의 속에서 '윤리적 대상'의 문제는 사라지고 만다는 점이다. 주자가 말하는 윤리적 대상은 군신부자를 포함하여 치국·평천하의 모든 것들이 포함된다. '대상'에 대한 관심이 사라지면 주자학에서 이 모든 영역들은 동시에 소거되고 만다.

〈그림 1〉 내외분리적 공부론의 구조

〈그림 2〉 주체 중심 공부론의 구조

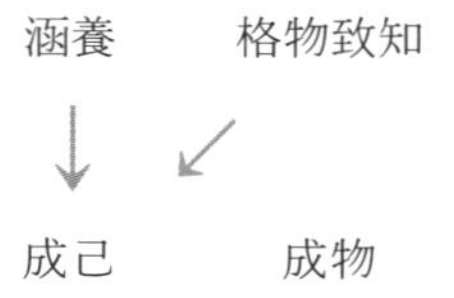

〈그림 3〉 내외합일적 공부론의 구조

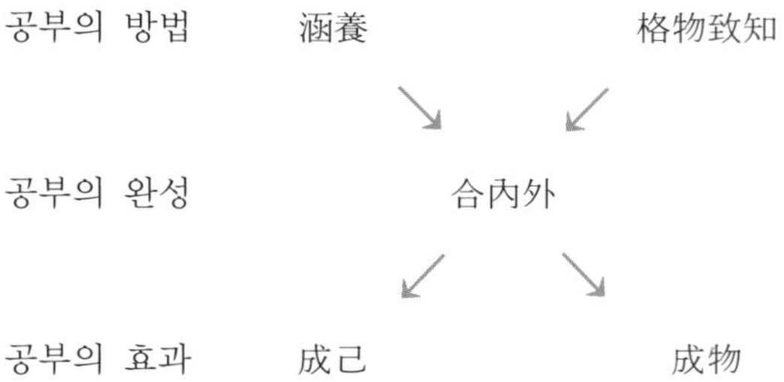

이런 이해에서 볼 때 그의 '내면을 향한 공부[涵養]'는 어떤 의미와 역할을 지니는가? 그것은 정문 제자들 그리고 육왕 심학에서 말하는 내면의 도덕성을 확인하는 것과 어떻게 다른가? 내외합일적 공부론에서는 〈그림 1〉처럼 내면을 향한 공부와 외부 세계를 향한 공부의 목적과 결과가 분리될 수 없다. 위에서 본 것처럼 성기와 성물 혹은 내성과 외왕은 분리될 수 없기 때문이다.

〈그림 2〉처럼 만약 공부의 완성을 내면의 도덕성 확보 정도로 생각한다면 공부는 당연히 내면을 향한 공부가 주가 되어야 한다. 외부를 향한 공부는 육구연이 말했던 '지리한 공부[支離工夫]'이거나 혹은 불필요한 것이 되고 만다. 하지만 이러한 관점에서는 성물成物, 즉 대상에 대한 관심은 근본적으로 자리를 잡을 수 없다.

내외합일의 공부란 〈그림 3〉처럼 내면을 향한 공부와 외부 세계를 향한 공부가 하나의 지점에서 만남을 의미한다. 이 둘은 어떻게 만날 수 있을까? 내면을 향한 공부란 대상과의 원만한 만남을 위한 자기 자신에 대한 준비를 의미한다. 때문에 내면을 향한다고 했지만 그 최종적 목적은 여전히 대상과의 만남에 있다. 외부 세계를 향한 공부라 해서 나와 무관한 것들에 관한 지식욕을 의미하지 않는다. 그 '외부'는 철저히 나와의 관계 속에 놓여 있다. 때문에 외부를 향한 공부 역시 나와의 만남을 전제와 목표로 한다.

대상을 자신의 목적이나 이익을 위해 왜곡하거나 강제하려는 마음 없이, 있는 그대로 존중하려는 태도를 갖는 것이 내면으로부터의 준비다. 주자는 이것을 경건함[敬]이라고 불렀고, 이 경건함은 대상을 만나기 전부터 준비되어야 하며, 대상과 만나는 동안에도 물론 유지되어야 한다. 이것이 바로 미발과 이발을 아우름 혹은 동정動靜을 아우름이다. 이런 태도로 다가오는 모든 대상에게 관심과 애정을 갖고 대하는 이를 우리는 인격자라고 부른다. 인격자와의 만남 속에서 모든 대상들은 각자의 본연성을 온전히 실현시킬 수 있게 된다. [各得其所] 만남과 관계는 주체에게나 대상에게나 언제나 동시적이기에 성기와 성물은 동시에 이루어진다. 하물며 무엇이 무엇의 수단이 될 수도 없다. 이것이 주자가 말하는 공부의 완성이다.

11장

텍스트의 생산과 경전주석 – 교과서

〈공벽孔壁 재현〉

진시황의 분서갱유에 대항하여 진나라의 유자들은 유가의 경전을 건물의 두꺼운 벽 속에 숨기는 방법을 사용했다. 한나라에 들어와서 공자의 고택을 수리하던 중 벽에서 다량의 유가경전이 발견되었고, 이후 금고문 논쟁의 발단이 되었다. 사진은 〈산동성 유가박물관〉에서 이 공벽을 재현한 모습이다.

유학의 경전과 주자의 경전

우리는 지금까지 주자학에서의 공부에 대해 살펴보았다. 비록 선불교의 영향 하에 송대 도학이 내면화 경향을 보였다고 평가할 수 있지만, 전통 시대의 지식인들에게 있어서 일상적 공부란 역시 책을 읽는 것이다. 중국에서는 교육받은 이를 '독서인讀書人'이라고 부른다. 책은 아무나 볼 수 있는 것이 아니기에 독서인은 교양인을 지칭함과 동시에 경제적으로는 중산층 이상 그리고 신분적으로는 잠재적 지배층을 의미한다. 문제는 이들이 어떤 책을 보느냐다. 즉 공부의 '텍스트' 문제다. 텍스트는 그 사회의 지배이데올로기와 가치적 지향을 성문화해서 보여준다.

한나라는 전국을 통일하고서 '유술독존獨尊儒術' 즉 유가의 사상을 독보적인 위치로 끌어올렸으며, 무제武帝는 시경詩經·서경書經·주역周易·예기禮記·춘추春秋를 '오경五經'으로 규정하여 유가의 경전적 권위를 확보했다. 그러나 위진남북조 시대에는 탈속과 청담을 중시하는 현학玄學이 유행했고, 그 뒤를 이은 당송대에는 도교와 불교의 사상이 풍미했다. 이렇게 비유학적인 분위기를 일소하고 고대의 순정한 사상과 문체로 돌아가자는 운동이 당말의 '고문운동古文運動'이다.

문학과 언어 영역에서의 복고 사조는 자연스럽게 사상 영역에서도 선진先秦 유학으로의 복귀 풍조를 이끌었다. 다만 당말송초의 지식인들은 한대 공안국孔安國 이래의 권위적 경전 해석에 종속되기를 거부하고 독자적이고 자율적으로 경전의 의미를 해석하고자 하였으며, 이러한 의고적疑古的 경향은 심지어 경전 자체의 권위를 의심하기에 이르렀다.[1] 이렇게 학술적 사상적으로 고양된 자유의식은 유가의 경전을 새롭게 구성하는 데까지 이르렀다. 소위 〈오경〉으로부터 〈사서〉로의 전환이다.

청나라 건륭제의 명에 의해 편집된 중국 최대의 전서류인 〈사고전서四庫全書〉는 책의 종류를 '경經·사史·자子·집集'으로 분류했다. 경은 위대한 성인에 의해 작성된 '경전'이고, 사史는 역사서, 자子는 역대 사상가들의 서적, 집은 문집을 의미한다. 이 중에서도 경經이 최고의 권위를 지님은 물론이다. 경經이란 본래 베틀의 씨줄인데, 문명을 직조함에 있어서 가장 기본이 되는 가치를 담고 있음을 의미한다.

『장자莊子』에서는 공자가 〈육경〉을 산정刪訂했다고 밝히고 있다.[2] 이렇게 '육경'이라는 명칭이 고대의 여러 문헌에서 출현하는 것으로 보아 지금까지 남아 있는 〈오경〉 이외에, 음악을 다룬 『악경』이 있었을 것으로 추정된다. 그러나 지금은 전해지지 않아 흔히 〈사서오경〉이라고 불린다. 우리나라에서는 〈오경〉 중에서도 시·서·역의 권위가 더욱 인정되어 〈사서삼경〉이라는 용어가 좀 더 유행하기도 했다. 하지만 역사적으로는 이 〈오경〉에 『논어』를 비롯한 여타의 전적들이 추가되어 〈칠경〉·〈구경〉·〈십이경〉으로 점차 확장되었으며, 송대에 『맹자』가 마지막으로 합류하여 〈십삼경〉 체제를 완성하게 된다.[3]

공자와 그 제자들 간의 대화를 기록한 『논어』는 한대 중엽부터 이미 경전의 권위를 획득했지만, 맹자와 그 제자들 간의 대화를 기록한 『맹자』는 수당대 때까지 자서에 머물렀었다. 『대학』과 『중용』은 『예기』의 한 편으로 독립적인 지위를 지니지 못하다가 당송대에 들어서 『맹자』와 더불어 주목되기 시작했다. 1182년 주자는 자신의 『논어집주論語集注』·『맹자집주孟子集注』·『대학장구大學章句』·『중용장구中庸章句』를 합본하여 무주婺州에서 『사서장구집주四書章句集注』로 출판함으로써 역사상 최초로

'사서'라는 용어를 출현시켰다.[4] 주자는 〈사서〉가 〈오경〉으로 가는 계단이라고 했지만, 주자 이후 동아시아 교과서의 지위는 분명 〈오경〉에서 〈사서〉로 전이된다.

여기에는 몇 가지 원인들이 생각될 수 있다. 첫째, 〈오경〉의 난삽하고 함축적인 문장보다는 〈사서〉의 평이한 대화체 문장에서 좀 더 직접적인 메시지를 확보할 수 있는 점이 당송대의 시대적 분위기에 보다 부합했다. 청나라의 장학성章學誠[5]은 '육경이 모두 역사서다[六經皆史]'라고 주장했는데, 실제 〈오경〉은 역사적 사실에 대한 기록이거나 아니면 떠돌던 이야기를 채록한 것으로 보인다. 이에 비해 〈사서〉는 일정한 주제의식 하에 '저작'된 것에 가깝다. 이런 현상은 〈사서〉가 본래 경이 아닌 자서였다는 점에서 무척 자연스러운 것일 수 있다. 〈오경〉에서 〈사서〉로의 전환은 사실상 경전시대(혹은 역사서 시대)에서 자서시대(혹은 철학서 시대)로의 전환을 의미한다.

둘째, 인문적 가치와 그 형이상학적 근거를 직접적으로 논하는 〈사서〉가 불교 등 사상적 도전에 대한 응대에 보다 적합하다고 판단되었다. 『논어』의 인仁 『중용』의 성명性命 『대학』의 성의정심誠意正心 그리고 『맹자』의 도통설道統說 등은 불교의 불성佛性이나 정혜定慧 혹은 전등설傳燈說 등에 필적할 수 있는 중요한 자원이 되기에 충분했고, 실제 당말송초의 지식인들은 대체로 이 서적들을 그런 차원에서 이해했다.

많은 연구자들은 송대 경학經學의 경향을 '의리적義理的', 즉 규범적 혹은 철학적이라고 규정하면서 한당대의 훈고적訓詁的 경향과 대비한다. 그리고 그러한 경향의 선두가 바로 이정二程 이하의 도학파라고 평가한다. 물론 도학은 주자에게서 완성된다. 때문에 주자는 송대의 의리적 경향을 갈무리하고 종합함으로써 〈사서〉를 도학의 교과서로 확립했다는 것이 학계의 일반적 관점이다. 소위 '집대성集大成'이 그것이다. 그리고 그것은 특히 정이를 계승한 것이기에 '정주학程朱學'이라고도 불린다. 특히 위에서 든 두 번째 원인을 고려할 때, 연구자들이 생각하는 '정주학'이 무엇을 의미하는지 충분히 짐작 가능하다.

하지만 우리는 주자 사서학 완성에서 이정二程과 정문程門의 역할에 대해 신중하게 평가할 필요가 있다. 물론 주자는 『사서장구집주四書章句集注』(이하 『집주』로 간칭함)에서 대대적으로 정문程門 특히 이정二程의 관점을 인용한다.[6] 그래서 주자 스스로 자기 사서학의 결정판을 '집주集注' 즉 '주석 모음집'이라고 명명한 것이다. 그러나 주자의 사서학이 형성되는 과정을 추적하고 〈사서〉와 관련하여 그가 실제 편집하거나 저술한 문헌들을 분석해보면, 그의 사서학이 결코 정문의 관점을 무비판적으로 수용하거나 혹은 잘 된 주석들을 선별 편집하는 정도에서 그치지 않았음을 쉽게 확인할 수 있다.

『집주』는 주자 사서학의 최종판이라고 할 수 있다. 물론 말년까지 계속해서 수정되지만, 기본적인 내용과 체제는 40대 중후반에 완성된다.[7] 그런데 그는 자신의 관점이 확립된 이후에도 오히려 정문 주석을 적극적으로 수합 편집함으로써 한편으로는 도학적 해석 전통을 확립하고 동시에 그것을 자신의 관점과 비교할 수 있게 하였다. 이것이 바로 『논맹정의論孟精義』(1172년 완성, 1180년 『집의集義』로 개명)·『중용집략中庸輯略』(1183년 刪定) 등이다. 『중용』의 경우 그는 작업의 경과를 이렇게 보고한다.

> 나는 어려서 이 책을 받은 이후 줄곧 의문을 지닌 채 수년간 반복해서 침잠하다가, 어느 날 갑자기 그 요령을 얻게 되었다. 그런 다음에 여러 해설을 절충해서 감히 『장구』를 지어 세상의 판단을 기다리게 되었다. 그런데 몇몇 학우가 석돈石𡼏의 책을 구해왔기에 그 중에서 지나치게 번잡하고 정리되지 않은 것들은 삭제하여 『집

> 략』이라고 이름 붙였다. 거기다가 그전부터 논변하고 취사했던 취지를 기록하여 별도로 『혹문』이라고 한 다음에 그 뒤에 붙였다. 그런 다음에야 이 책의 의미가 하나하나 드러나게 되었고 맥락이 관통하여 자세한 것과 간략한 것이 서로 연결되고 크고 세세한 것 모두가 드러나게 되었다. 게다가 여러 선배들의 관점에서 서로 같고 다른 점 혹은 옳고 그른 점이 세세하게 다 드러나게 되었다.[8]

주자는 『장구』와 『혹문』 그리고 『집략』을 동시에 비교해 읽을 것을 요구했고 또 그렇게 편집한 것이다. 여기서 그는 특별히 자신의 이러한 작업이 비단 『중용』 본문의 의미를 드러내는데 그치지 않고 선배들의 제 관점을 비교 점검할 수 있도록 하는데 목적이 있음을 밝히고 있다.

정문 주석으로부터 어떻게 『장구』라는 최종본을 완성해 내었는지 그 과정과 의미를 밝힌 것이 『혹문』이다. 『혹문』은 그 내용의 절반은 주자 자신이 중요하다고 생각하는 핵심 논제에 대한 설명에 집중하고 있고, 나머지 절반은 정문 주석에 대한 평가 혹은 비판에 할애하고 있다. 즉 46세에 완성된 『근사록』이 북송 도학에 대한 정리였다면, 48세에 초고가 완성되는 『집주』와 『혹문』은 정문에 대한 정리였다고 할 수 있다. 이 무렵이 바로 주자 자신의 학술이 확립된 시기이다.

만약 주자가 정문 주석을 온전히 계승했더라면 혹은 그 반대로 완전히 거부했더라면 『혹문』은 아예 필요치 않았을 것이다. 그러나 주자는 정문 주석으로부터 자신의 최종판에 이르는 과정과 의미를 밝힐 필요가 있다고 생각한 것이다. 즉 정주 계열 내의 연속과 더불어 그 불연속을 보이고자 한 것이다. 때문에 『장구』와 『혹문』은 『집략』 등 정문 주석과 함께 읽어야만 그 참된 의미가 독해될 수 있다. 그럴 때만이 주자가 정문 주석으로부터 무엇을 그리고 왜 인용 혹은 거부했는지, 그리고 『집주』에서 왜 그가 그렇게 주석했는지가 비로소 보일 수 있다.

「대학장구서大學章句序」에서 주자는 당대의 학문을 위태롭게 만드는 세 가지 학술 태도를 기송사장記誦詞章·권모술수權謀術數·이단허무적멸異端虛無寂滅이라고 요약한다. 그래서 주자는 우선 북송 도학의 맥락 속에서 한당의 주소[記誦詞章]를 극복한다. 그러나 음운 훈고 등 소학에 할애한 주자의 관심에서 보이듯 이는 결코 지양이나 배격이 아니다. 다만 경전의 기능과 경전공부의 목적에 대한 관점에서의 극복이다. 그 다음은 사마광이나 절동학浙東學 등 소위 비도학적 관점[權謀術數]으로부터 도학적 전통을 지켜낸다. 이것이 바로 정주程朱 계열의 완성이다.

그러나 그의 사서학은 여기서 멈추지 않는다. 중화설中和說 형성 과정에서 확인할 수 있듯 그는 분명 도남학道南學이나 호상학湖湘學 등 정문 전통에 대한 학습을 통해 자신의 철학적 관점을 형성해 간다. 그래서 그는 이삼십대에 광범위하게 그리고 깊이 있게 정이와 그 제자들의 유문遺文을 학습한다. 그러나 대략 사십대 이후로는 자신만의 관점을 확립하게 되고, 그 과정에서 정문의 관점을 상당부분 극복하게 된다.[9] 그래서 「중용장구서中庸章句序」에서 그는 "정이의 제자들 중에는 노불老佛로 흘러가 버린 이들이 상당수다."[10]라고 단언하기에 이른다. 「대학장구서」에서 말한 '이단허무적멸'이란 단지 유학 외부의 불교도만을 의미하는 게 아닌 것이다.

이렇게 볼 때 주자는 결코 자신의 선배들을 그대로 계승한 것이 아니다. 오히려 〈사서〉에 대한 주석 작업을 통해 이정 이래의 도학적 전통을 정교하게 다듬음으로써 유학을 새롭게 – 물론 주자의 관점에서는 '온전히' – 규정한 것이다. 물론 주자는 자신이 유학의 정통을 계승했다고 생각했을 것이기에, 이는 동시에 자신의 학문 즉 주자학에 대한 자기규정이 된다. 주자학에서 경전 혹은 경전주석이 중요한 이유이다. 주자의 어록인 『주자어류』에서도 실상 그 내용의 80% 이상이 〈사서오경〉에 관한 것이다. 주자학의 뼈대는 역시 그의 사서학이다.

『사서집주』는 무엇을 말하는가?

『연보』에 의하면 주자는 서거 직전까지도 『대학장구』를 수정했고, 이렇게 심혈을 기울인 주자의 사서학은 이후 동북아 800년을 지배한다. 그만큼 주자의 사서학은 동북아 지성사에서도 중요했지만 주자 철학 내에서도 중요했음을 의미한다. 주자는 〈사서〉뿐만 아니라 〈오경〉과 예학 등에 대해서도 수많은 텍스트를 남겼다. 송대에 비약적으로 발전한 출판문화에 힘입어 주자의 저작은 언제나 출판업자들의 관심의 대상이 되었다.

주자는 왜 이렇게 '텍스트'에 집중했을까? 주자에게 있어서 텍스트는 사회적 제도와 더불어 유가 사상의 현실적 구현을 위한 주요한 루트였기 때문이다. 주자는 인간의 도덕 본성을 일상 속에서 회복시키고 완성시켜 건강한 사회를 만들기 위해서는 다양한 장치와 제도가 필요하다고 보았다. 그리고 그러한 일상 속 구체화의 내용과 과정은 공자가 시작하고 유가의 성인들이 지속적으로 확장시켜온 경전, 특히 〈사서〉 속에서 확인할 수 있다고 생각했다. 때문에 주자에게서 〈사서〉는 그저 역사 속 권위의 경전이 아니라 유가 사상을 현재적으로 실현시킬 수 있는 매뉴얼 즉 '교과서'다.

그렇다면 〈사서〉 속에서 주자가 본 핵심적 내용은 무엇인가? 그것은 다음의 넷으로 정리될 수 있다. 첫째, 성인의 역할과 경지 그리고 그들의 계보인 도통이다. 주자는 공자·증자·자사·맹자를 일정한 사명감과 계열의식을 공유하는 집단으로 묘사한다. 그리고 이러한 계열은 위로 요순우탕의 위대한 성인으로부터 아래로 이정 형제까지 확장된다. 이것이 그가 말하는 진정한 유학의 계열이며 그 속의 인물들은 동시에 진정한 유학이 무엇이어야 하는지를 실천적으로 보여준다.

둘째, 예악형정禮樂刑政이다. 앞에서 살펴본 것처럼 『중용』은 첫머리부터 천명과 본성을 말한다. "하늘이 명한 것을 일러 본성이라고 하고, 본성을 따르는 것을 도라 하며, 도를 내면화 하는 것을 가르침이라고 한다." 즉 『중용』은 명성도교命性道教를 말한다. 그런데 주자는 '가르침[教]'의 구체적 내용을 '예악형정'이라고 명시한다.[11] 예절·문화·처벌·정치로 번역될 수 있는 예악형정은 인간의 도덕 본성을 구체적으로 실현시킬 수 있는 사회적 장치들이다.

셋째, 일상속 '대상'에 대한 강조다. 주자는 『대학』의 '격물'뿐만 아니라 『중용』의 성誠을 통해서도 일상 속 윤리적 관계에서의 대상 문제를 강조한다. 그는 『중용』 '불성무물不誠無物' 즉 '진실되지 않으면 대상은 없다'는 구절에 대한 이전의 신비적 해석을 거부하고, 관심과 집중 속에서만 다가오는 대상과 사태가 의미를 지닐 수 있다고 해석한다. 이는 대상마다의 적절한 대응방식[所當然]에 대한 강조로 귀결된다.

넷째, 이단비판이다. 여기서 말하는 이단이란 도불道佛 그 중에서도 불교다. 그러나 주자가 〈사서〉 주석에서 윤회나 탐진치貪瞋痴와 같은 불교의 교리를 비판하는 것은 아니다. 그가 말하는 이단비판이란 불교적 경향에 빠져, 평이하고 구체적인 일상의 가치를 무시하고 신비한 내면의 도덕 본성을 체험하려는 당대 도학 내부의 신비화 내면화 경향에 대한 비판을 의미한다. 때문에 주자 〈사서〉 주석 속에서의 이단비판은 도불이 아니라 오히려 도학 내부 특히 정문 제자들을 향한다. 몇 조목 예시를 들어보면 아래와 같다.

(주자어류) 『중용』에 대한 주석에서 "처음에는 하나의 이치를 말하고, 중간에는 그것이 만사萬事로 확장하다가, 마지막에는 다시 하나의 이치로 합치한다."고 했던 구절에 대해 질문이 있었다. 선생님이 말씀하셨다. "어떻게 하나의 이치를 깨달았다고 해서 곧장 그 속에 만사가 들어 있다고 말할 수 있겠는가? 천하의 모든 일과 모든 대상은 네 스스로 하나하나 깨우쳐야 한다. 소위 '중간에는 그것이 만사로 확장한다'는 것이야말로 『중용』이다. 최근에 양시楊時 같은 이의 관점이 그렇다. 그는 '나를 돌아보아 진실하다면 천하 만물의 이치가 모두 내게 갖추어져 있다'고 말한다. 만물의 이치는 네 스스로 하나하나 깨우쳐야만 한다. 어떻게 '나를 돌아보아 진실하다면 천하 만물의 이치가 곧장 내게 모두 갖추어져 있다'고 할 수 있겠는가? 이게 될 말인가?"[12]

(중용장구) 자신의 본성을 온전히 실현시킨다는 것은 덕성이 모두 진실해져서 사사로운 욕심이 조금도 끼어들지 않는 것이다. 그래서 내게 주어진 천명에 의거하여 모든 행동거지가 조금이라도 거기서 벗어나지 않는 것이다. 다른 사람을 포함하여 만물의 본성은 나의 본성과 같다. 다만 부여된 형체와 기가 서로 다르기 때문에 각자가 다른 점이 있을 뿐이다. (타인이나 만물의 본성을) '온전히 다 구현한다[盡]'라는 말은 그들에 대해 온전히 알고 온전히 대응[處]할 수 있다는 말이다.[13]

(중용혹문) 천지의 중中 그리고 본성과 천도에 대해 논한 구절은 그(여대림)가 가장 신경을 쓴 부분이다. 그러나 경전에서 말하는 보고 듣지 못하는 은미한 상황이라는 것은 사람들로 하여금

그 상태에서 스스로를 조심하여 사사로운 인욕이 속에서 싹트지 못하도록 하라는 정도일 뿐이다. 사람들로 하여금 그 마음을 텅 비게 하고[虛空其心] 그 마음을 내면으로 들여다보아 소위 중中이라는 것을 찾아 움켜쥠으로써 사태에 대응하는 준칙으로 삼으라는 뜻이 아니다. … 또 그는 "오직 마음을 비워 구한다면 볼 수 있을 것이다."라고 했으니 이는 별개의 마음으로 이 마음을 보라는 것이다. 이 어찌 잘못이 아니겠는가?[14]

(중용혹문) 양시는 "미발의 때에 마음으로 그것을 징험[驗]하면 중의 의미가 절로 드러나 보일 것이며, 그것을 움켜쥐고 잃지 않으면서 사사로운 욕심이 끼어들지 않는다면 감정의 발출이 모두 중절하게 될 것이다."라고 하였다. 또 "미발의 때에 소위 중을 능히 체험[體]해야 한다."라고 했다. 그가 말하는 징험한다·체험한다·움켜쥔다 등과 같은 표현은 여대림의 오류와 정확히 일치한다. 그가 "애통해하거나 즐거워할지라도 중은 언제나 그대로다."라고 한 말은 언뜻 보기에 정자께서 말씀하신 "화[和]를 말하면 중[中]은 그 속에 있다."와 비슷해 보인다. 그러나 자세히 들여다보면, 정자의 말씀은 희노애락의 감정이 발출하는 상황의 내면에 존재하는 미발의 이치를 보아야 한다는 취지다. 구체적인 이 사태나 대상에게 감정이 발출되는 상황에서 치우치거나 과불급의 편차가 없는 것, 그것이 바로 상황에 적절한[時中] 중이 된다. 그러나 그것은 내면에 잠잠히 깃들어 있는[渾然在中] 중을 의미하는 것은 아니다.[15]

주자는 당대 학술에 대한 '이단'이라는 비판을 통해 진정한 유학은 어떤 것이어야 하는가라는 규정을 만들어간 것이다. 즉 유학의 본질 혹

신주信州 연산현鉛山縣 아호사鵝湖寺 뒤편에 복원된 〈아호서원〉

주자 46세 때 여조겸은 주자와 육씨 형제의 학술을 절충할 요량으로 〈아호서원〉에서 두 학파의 회합을 주선했다.

은 정학程學의 본질이 이미 결정되어 있고 그에 입각해 단순히 '정주 계열'에 정문을 포함시킬 것인가의 여부를 결정한 것이 아니라, 확립된 자신의 사상적 입장으로부터 유학과 정학을 재해석·재규정했음을 의미한다. 따라서 '집대성'이나 '정주학'과 같은 명칭으로는 주자의 이러한 사상적 '전환'을 결코 포착해낼 수 없다.

지금까지 살펴본 주자 〈사서〉 주석의 핵심적 내용 네 가지는 공히 한 가지 사실을 가리키고 있다. 그것은 유가의 진리란 지극히 일상적인 것이며, 〈사서〉의 저자인 성인들은 그 일상적 진리를 확장해서 풀어내고 있다는 것이다. 이것이 주자가 〈사서〉를 통해서 하고 싶은 말이다. 이런 측면에서 주자학 혹은 정주학의 '의리적 성격'이라는 표현이 정확히 무엇을 의미하는지에 대해서는 세심한 주의가 필요해 보인다.

앞에서 본 것처럼 송대 도학은 분명 도불의 형이상학적 도전에 직면하여 유가 경전 속에서 그에 응대할 수 있는 자원을 탐색했다. 그러한 노력 하에 중시된 것이 〈사서〉와 『주역』이다. 이 책들은 공히 명성도교命性道教의 형이상학을 말한다. 정문을 비롯한 도학자들은 유학을 도불의 '심오함'을 능가할 수 있는 '더 심오한 것'으로 만든 것이다. 하지만 주자는 정반대의 길을 걸었다. 그는 도불의 심오함에 맞설 수 있는 무기는 더욱 심오함이 아니라 오히려 평범함이요 일상성이라고 보았다. 그것이 그가 본 진리의 본질이기 때문이다.

주자가 이동을 만나기 전 즉 이십대 무렵까지 불교에 심취해 있었음은 거의 모든 연구자들이 동의하는 사실이다. 이동과의 만남을 통해서 보편의 진리인 이일理一이 아니라 개별 대상과 사태 속에서의 진리인 분수分殊가 중요함을 배웠다고 많은 연구서들은 말한다. 이러한 분석은 그 자체로 틀리지 않다. 하지만 만약 분수의 진리가 종국에는 다시 보편의 진리로 귀결되어야 할 것으로 이해된다면 〈사서〉 주석을 통해서 확인되는 주자의 사상적 지향과는 부합하지 않는다. 내면의 도덕성을 확인하자고 우물에 빠지려는 아이를 구해주는 것이 아니다. 아이 자체가 소중하고 아이를 구하는 일이 중요한 것이다. 일상과 일상 속 구체적인 대상들이 곧 진리다.

본구된 도덕성과 경전의 관계 – 朱陸論爭

주자학에서 공부란 내면의 도덕성을 사회적으로 현실화시키는 것을 의미한다. 때문에 그 출발은 윤리적 주체로서의 '마음'이고, 그 마음은 도덕을 본성으로 삼는 마음이다. 그래서 우리는 도덕으로부터 이야기를 시작했던 것이다. 이렇게만 보자면 주자학에서의 공부란 반드시 '마음공부[尊德性]'여야 할 것이다. 하지만 『사서장구집주』 등 수많은 텍스트를 만들어낸 것에서 알 수 있듯이, 주자는 동시에 책을 통한 공부 더 나아가 대상을 통한 공부도 중시한다. 그렇다면 책과 대상을 향한 공부와 마음공부는 어떤 관계에 있는가?

이 문제가 쟁점화 된 것이 상산象山 육구연陸九淵과 벌였던 공부 논쟁이다. 주자와 육구연은 1175년 주자 46세 때 여조겸의 주선으로 신주信州 연산현鉛山縣 아호사鵝湖寺에서 만났다. 이 모임에서 두 사상가는 존덕성과 도문학이라고 하는 두 가지 공부 방법의 기능과 관계에 대해 격렬한 논쟁을 벌였다. 대체로 주자는 존덕성을 존중하면서도 도문학을 결여할 수 없는 공부로 인정한 반면에, 육구연은 존덕성을 통한 본심 확보를 강조한 것으로 알려져 있다.[16]

묻고 일러준다는 의미의 '도문학'이 갖는 실제적 의미는 역시 책을 읽는 것이다. 물론 책에서도 가장 중요한 것은 경전이다. 주자는 육상산과 마찬가지로 내면의 도덕 본성을 인정하고 그것의 발현을 중요한 공부로 인정하면서도, 경전을 통한 공부의 독립적 의의를 인정한 것이다. 반면 육구연은 책을 통한 공부를 중요시 하지 않았거나 심지어 반대했다고 알려져 있다. 그러나 실상은 육구연 역시 책을 통한 공부를 전혀 반대하지 않았다.

실제 두 사람의 평소 언급을 확인해 보면 놀랍게도 공부의 목적 및 방법에 대한 이해에서 둘의 차이는 거의 도드라지지 않는다. 경공부나 정좌수행과 같은 내면 공부를 주자가 강조했음은 물론이거니와, 그는 독서에서도 자신의 일상에서 체험적으로 이해해야 한다고 강조한다.[17] 독서 역시 어디까지나 내면의 이치를 밝히는 작업이기 때문이다. 상산 역시 체계적인 독서를 누차 강조한다.[18] 상산 자신 불교 경전을 포함해 많은 서적을 읽었다고 밝히고 있고, 그의 제자들 역시 그가 독서에 열중했음을 여러 차례 기록하고 있다.[19]

달라지는 지점은 이치와 주체 및 경전 간의 관계, 특히 경전에 대한 관점이다. 둘은 모두 이치와 주체의 연속성을 주장하지만, 사의私意 즉 자기중심적 욕구에 의해 그 연속성은 언제든 깨어질 수 있다고 말한다. 이에 동원되는 것이 성인과 경전의 권위다. 두 사람 모두 경전에 의지한다. 여기까지는 실질적으로 둘의 차이가 보이지 않는다. 그런데 주체 내면의 이치가 구현되는 과정에서 주자는 경전의 권위에 보다 더 의존한다. 반면 상산은 경전이나 성인에 대해서도 그 최종적 판단자는 자기 자신이어야 한다고 주장한다.

결국 주체의 판단과 결단이 이치에 부합하는지의 여부를 확인하는데 있어서 최종적으로 주체를 믿어야 할지 아니면 경전을 믿어야 할지의 문제가 관건이다. 아주육경我註六經인가 육경주아六經註我인가? 즉 경전의 권위를 얼마만큼 인정할 것인가가 주자와 상산의 학술적 분기를 가르는 실질적 기준이 된다. 두 사람이 명시적으로 의식하지는 않았지만 이것은 사실 경전을 볼 것인가 말 것인가의 문제가 아니라, 경전 해석의 객관성 문제 그리고 경전을 대하는 태도의 문제에 해당한다.

우선, 주자에게서 경전 혹은 독서의 일차적 목적은 지식의 축적이 아니라 내 내면의 이치를 확인하고 일상에서 구현하는 것이다.

> 독서는 그 자체로 보조적 기능만을 지닌다. 사람은 누구나 이치를 완전히 구비하고 있다. 다만 책을 읽는다는 것은 아직 겪지 않은 많은 일이 있기 때문인데, 성인이 그 많은 일들을 몸소 겪고 책에 기록해 사람들에게 보여주기 때문이다. 지금 책을 읽는 것은 그저 그 속에 담긴 많은 이치를 보기 위한 것이다. 그 이치를 이해하면 그만이다. 그리고 그것은 모두 원래부터 자신에게 있던 것이지 밖에서 덧보태진 것이 아니다.[20]

> 학문이란 자기 자신에게서 절실히 진행되어야만 한다. 독서라는 것도 보조적인 기능만을 수행한다. 자기 자신에게 이치는 이미 갖추어져 있는 것이지 밖에서 덧보태어지는 것이 아니다. 성인이 사람들을 가르칠 때 반드시 그 책을 읽도록 하는 이유는, 아무리 그 이치가 자신에게 원래 있었던 것이라 하더라도 실제 자신이 몸소 겪어야하기 때문이다. 성인이 말씀하신 것은 모두 그가 겪어나온 일들이다.[21]

이 구절들은 얼핏 보기에 상산 육구연의 말이 아닌가 싶을 정도지만 명백히 주자의 생각이다. 이 구절들을 근거로 볼 때 주자의 관점에서 두 가지가 분명해진다. 첫째, 이치는 주체에게 모두 갖추어져 있다. 그러나 그것은 아직 활성화 되어 있지 않다. 반드시 몸소 겪어야[經歷] 자신과 이치가 하나가 될 수 있다. 둘째, 성인은 나보다 먼저 몸소 겪은 사람으로서, 그의 경험을 기록한 경전을 온전히 이해하면 나의 경험으로 치환될 수 있다. 책을 읽는 이유가 이것이다. 물론 그 이해는 '완벽한 이해'여야 한다. 완벽한 이해란 자기가 직접 경험한 것과 같은 정도로 주체와 이치가 일치되는 상태를 의미한다.

때문에 주자에게 있어서 유가의 경전은 세 가지 측면에서 필수적이다. 첫째, 상산도 그렇게 보았지만 내면의 도덕성을 일깨워주는 계발의 기능을 한다. 둘째, 나의 판단이 (내 내면의) 도덕성에 부합하는지 판정해주는 객관성의 기준이 된다. 셋째, 아무리 내면에 도덕 본성이 있다 하더라도 개별적 사태마다 적절히 구현하기 위해서는 구체적 '절목'이 요구된다. 경전은 이 구체화의 매뉴얼이다.[22]

(1) 계발성

> 사람이 공부를 한다는 것은 마음으로 얻고 몸으로 체험하기 위한 것이지만, 책을 읽지 않으면 마음이 얻은 것이 과연 무엇인지를 알 수가 없다.[23]

이치란 본래부터 자기 내면에 있는 것이다. 그것을 얻는다[得]는 것은 없던 것을 확보한다는 말이 아니라 자신에게 있는 것을 분명하고 명료하게 한다는 말이다. 소가 죽으러 가는 길에 슬피 우는 것을 가엾게 생각하는 것은 인간이라면 대부분이 그렇겠지만, 이 가엾다고 느끼는 마음이 도대체 무엇을 의미하는지 명료하게 깨닫기 위해서는 성인의 깨우쳐줌이 필요하다. 이것이 바로 상산도 인정한 '선지선각先知先覺'의 기능이다.

> 인간의 본성에는 질적으로 차등이 있게 마련이어서 경우에 따라 노둔한 사람은 한꺼번에 모든 것을 이해하지 못할 수도 있다. 그러나 다른 사람이 말해주고 자신의 내면에서 반추해보아 옳다고 느껴 행할 경우도 있으니 이 경우에도 내면에서 발출된 것이다. 사람의 마음이란 이해 능력에 차등이 있기 때문이니 성인이라면 보는 순간 다 이해할 수 있을 것이다. 지금 상산은 자신의 마음속에서 나온 것이라야 내면에서 나온 것이라고 주장하고 다른 사람이 말해준 것은 한 구절도 내면에서 나온 것이 아니라고 한다. 다른 사람이 말해 준 것은 모두다 '의외義外' 즉 외부에서 습득된 규범이라고 생각해버린다면 이는 곧 고자의 관점에 해당한다. 예컨대 나면서부터 아는 사람이나 배워서 알거나 어렵게 아는 경우, 편안히 행하는 자나 이롭다고 여겨 행하거나 억지로 행하는 경우 모두 알고 행한다는 측면에서는 같다고 하지 않았던가? 어찌 하나하나 내 마음에서 나온 것이라야 내면에서 나온 것이라고 할 수 있겠는가? 마찬가지로 책을 통해 구하는 것은 모두 내면이 아니라고 해야 하겠는가?[24]

이 구절은 고자의 인내의외설仁內義外說에 대한 상산의 관점을 비판한 내용이다.[25] 주자는 외부적 자극이나 계발이 없이 오로지 자신에 의해 출발된 것만을 '내면'이라고 생각하는 상산의 입장이 외부 자극에 의한 일체의 감정과 행동을 '외부'라고 규정해버리는 고자의 관점과 비슷하다고 비판하는 것이다. 자극은 아무리 외부에서 왔을지라도 그에 대한 최종적 판단과 수용은 내면에서 일어나는 것이기 때문에 내면으로부터의 발출이라고 해도 무방하다는 말이다. 주자의 비판에 상산이 동의했는지의 여부와 무관하게, 적어도 외부의 자극에 계발의 기능이 있음을 인정한다는 점에 있어서는 두 사람이 크게 다르지 않다. 그리고 그 외부의 자극에서 가장 중요한 것은 물론 경전이다.

하지만 이 '계발'이 과연 얼마만큼 필수적인지에 있어서 두 사람의 생각은 분명히 달라지기 시작한다. 위의 인용문에서 보이는 것처럼 주자는 우선 사람마다의 '차이'를 인정한다. 생이지지生而知之나 안이행지安而行之와 같은 성인의 경지도 있을 수 있겠지만, 현실에서는 성인을 기대할 수 없다.[26] 일반인들은 성인의 계발이 없이는 독자적인 공부가 불가능하다.

> 이 도는 성현들이 순차적으로 출현함으로써 비로소 갖추어지게 되었다. 요순의 뒤로 공자가 태어나지 않았더라면 후대 사람들은 어떻게 이해할 수 있었겠는가? 마찬가지로 공자 뒤로 만약 맹자가 없었더라도 이해할 수 없었을 것이다. 맹자 뒤로 다시 수 천 년이 지나 이정 형제가 비로소 이 이치를 드러낼 수 있었다. 한당 이래 유자들이 이치를 말한 것은 서책에 기록되어 있지만, 그것은 모두 헛소리에 불과하다. 그저 한유 정도가 어느 정도 비슷할 뿐이다.[27]

소위 도통道統은 유가의 본질을 깨달아 그것을 일반인들에게 알려준 성인들의 계보다. 이들이 없이는 일반인들은 보편의 진리를 이해할 수 없다. 성인의 가르침은 또 단번에 다 보여주는 방식도 아니다. 후대의 성인이 나타나 좀 더 친절히 풀어주어야 할 필요가 있다. 성인이 없으면 보편의 진리는 쉽게 민멸된다. 때문에 일반인들로서는 계속해서 성인을 기다려야 한다. 이런 문제는 경전 간 혹은 경전 속 각 구절 간에도 발생한다. 즉 너무 고원한 가르침은 좀 더 쉬운 안내가 있을 때만 비로소 이해될 수 있다.

… 예컨대 맹자가 사람들을 가르칠 때 "마음을 간직하고 본성을 기른다. 본성을 알아 하늘을 안다."와 같은 말을 하기는 했다. 이것은 맹자가 자득한 것이다. 하지만 아직 그 경지에 이르지 못한 다른 사람들이야 어떻게 그 깊은 의미를 알 수 있겠는가? 아무리 그것을 실천하려고 하더라도 어디서부터 시작해야 할지 알 수가 없다. 『논어』라면 공자께서 사람들에게 같은 내용을 가르치시더라도 실질적인 함양의 방법으로부터 알려주시니 보는 즉시 행할 수 있는 것이다.[28]

이 구절은 상산이 지나치게 고원한 경지를 추구한다고 비판하면서 한 말이다. 『맹자』에서 말하는 '존심양성存心養性, 지성지천知性知天'[29]의 경지는 너무나 고원하여 그러한 경지에 이르지 못한 일반인들은 구체적인 함양을 얘기하는 『논어』의 가르침이 있은 뒤라야 겨우 이해할 수 있다는 말이다. 이렇게 주자가 생각하는 공부는 단계적이고 점진적이다. 그 과정에서 경전은 필수적인 교과서의 기능을 수행한다. 도덕적 본심을 들여다본다고 누구나 곧장 그것을 끄집어낼 수 있는 것이 아니다.

이에 반해 상산은 주체의 능력을 십분 강조한다.

맹자의 말은 대부분 자기는 너무 낮게 보고 성인을 너무 높게 평가하는 당대 사람들 때문에 한 말들이다. 자기를 낮게 보는데 그치지 않고 다른 사람도 그렇게 보아 '그에게 어떻게 인의仁義를 말해줄 수 있겠는가?' 하고 말한다. 이는 하늘이 내게 부여해준 것이 애초에 다르지 않음을 모르는 것이다. '재능에는 차이가 있다'는 말은 그저 성현이나 재능이 있지 나는 없기에 감당할 수 없다고 생각하는 것이다. 그래서 맹자는 누구나 지니고 있는데 스스로

도끼로 찍어내어 짐승처럼 되어버렸다고 말하는 것이다. 만약 이 마음을 함양할 수만 있다면 그 즉시로 성현이 될 수 있다. 『맹자』를 읽을 때는 맹자의 의도를 정확히 파악해야 한다. 맥락도 분명하지 않은 채 장구에만 골몰하는 것이 무슨 이익이겠는가?[30]

아무리 흉포한 군왕이라도 그에게 인의仁義를 말해줄 수 있다. 세상사람 그 누구라도 도덕을 행할 수 있다. 도덕 본성과 또 그것을 구현할 수 있는 능력은 누구라도 동등하게 지니고 있기 때문이다. 그렇기에 내 마음을 함양하기만 하면 누구라도 곧장 성인이 될 수 있다[涵養此心, 便是聖賢].

주자와 상산 두 사람은 모두 경전이 지니는 계발의 기능에 동의하지만 그 정도에 있어서는 이렇게 확연히 다르다. 주자도 '이치는 모두 내게 갖추어져 있다[自家身上道理都具]'고 했고 상산도 '모든 것은 이미 내게 갖추어져 있다[萬物皆備於我]'고 했다. 하지만 이 갖추어져 있는 것을 끄집어내기 위해서 주자에겐 경전이 반드시 필요했다.

(2) 객관성

잘 알려진 것처럼 주자가 상산을 비판하는 주 내용은 바로 이 객관성의 문제다. "내 마음을 함양하기만 하면 곧장 성인이 될 수 있다.[涵養此心, 便是聖賢.]"고 주자도 말하지만 지금의 이 마음이 함양이 완성된 상태인지의 여부를 어떻게 확정할 수 있냐는 것이다. 주자에게서 이 객관성의 표준은 역시 경전에 있다.

요즘 사람들은 도대체가 책을 읽지 않는다. 읽더라도 형편없는

> 책이나 읽고 있다. 독서라면 모름지기 먼저 『논어』와 『맹자』를 읽은 뒤에 역사서를 보아야 한다. 그러면 마치 맑은 거울을 앞에 둔 것과 같아서 예쁜지 어떤지 그대로 보여줄 수 있다. 『논어』·『맹자』·『대학』·『중용』을 제대로 읽지도 않은 채 역사서를 보게 되면 마음속에 그것을 판정할 수 있는 저울이 없어서 곧잘 의혹에 빠지게 된다. 또 어떤 사람들은 책을 읽지 않은 채 '나는 이미 이치를 깨우쳤다'고 말하면서 '이렇게 하면 측은지심이요 이렇게 하면 수오지심이요 이렇게 하면 시비지심이다'라고 하지만 온통 다 사의私意에 불과하다. 최근의 선배들[祧廟]이 그렇다.[31]

여기서 '최근의 선배들'[32]이 정확히 누구를 지칭하는지는 알 수 없다. 그러나 이 구절은 주자 말년의 기록이기에 이미 작고한 상산을 지칭하는 것일 수도 있다. 자신은 이치를 깨우쳤다고 생각하지만 사실은 여전히 사의私意에 불과하다는 것이 주자 비판의 요지다. 자신의 생각이 여전히 사의임을 자각하지 못하는 이유는 '책을 읽지 않아서'다. 인간은 기질적 제약 때문에 너무나 쉽게 자기합리화에 빠지곤 한다. 주자는 "그의 병통은 오직 잡스러운 기질의 제약이 있다는 것을 모른 채 조악한 기를 모두 마음의 오묘한 이치라고 생각하는 점이다."[33]라고 상산을 직접적으로 비판한다.

자신의 생각을 판정하기 위해서는 역시 검증된 객관적 기준이 필요하다. 즉 교과서로서의 경전이다. 경전은 내 마음과 다가오는 사태 및 역사 기록까지도 판정할 수 있는 거울이요 저울이다. 이러한 '기준'을 확보하지 않은 채 자신의 내면만을 의지하는 것은 매우 위험한 일이다. "경전은 가장 정밀하고 세련되게 상식을 전달하고 재생산하는 도구이다. 경전은 상이한 환경과 삶의 목표를 가진 이질적인 사람들이 서로 공유할 수 있는 합의점/객관성의 중요한 근거였고, 관습과 상식의 정당화를 가능하게 하는 근거이기”[34] 때문이다.

하지만 상산은 경전조차도 모두 믿을 수는 없다고 말한다. 상산이 생각하는 객관성 판정의 기준 문제는 다음 절에서 다루도록 하겠다.

(3) 구체성

그런데 중요한 문제가 하나 있다. 주자도 상산도 “내게 모든 것은 이미 갖추어져 있다.”라고 말하지만, 그들의 평소 언급을 보면 내게 ‘모든 것’이 갖추어져 있는 것은 아닌 듯 보인다. 갖추어져 있는 것은 도덕 본성 정도이지, 그것이 구체적으로 실현됨에 있어서 방법과 절차 및 정도 등은 여전히 외부적 학습을 통해서만 알 수 있다고도 말한다. 하물며 도덕과 무관한 세상사에 대해서는 말할 것도 없다.

> 예컨대 동네 어른에게 먼저 술을 따를지 아니면 제사를 집전하는 동생을 공경할지 등의 일은 다른 사람에게 묻지 않으면 어떻게 나면서부터 알 수 있겠는가? … 공부하고 생각해보지 않으면 어떻게 저절로 내면에서 나올 수 있겠는가? 이런 관점은 불교에서 ‘논의할 필요도 없고 생각할 필요도 없이 곧장 이것이다’라고 하는 태도와 비슷하다. 이는 이치를 해치는 큰 문제다.[35]

주자는 “나는 나면서부터 아는 사람이 아니다. 그저 옛것을 좋아해서 부지런히 그것을 구하는 것일 뿐이다.”라는 공자의 말을 주석하면서 윤돈의 다음과 같은 말을 자신의 『논어집주』에 인용한다.

> 공자께서는 나면서부터 아신 성인이시다. 그럼에도 불구하고 매번 배우기를 좋아했다고 말씀하신 것은 단지 다른 사람을 면려시키기 위해서가 아니었다. 나면서부터 아는 것은 도덕적 규범일 뿐이다. 만약 예악이나 기물과 같은 것들 혹은 고금의 사변에 대해서는 반드시 배운 다음에 그 실질을 체험해야 하는 것이다.[36]

부모를 사랑하고 형을 존중할 줄 아는 마음은 양지양능이다.[37] 그러나 그러한 사랑과 존중을 어떻게 실현할 것인가의 문제, 즉 구체적인 절차와 방법은 지극히 사회적인 것일 수밖에 없다. 때문에 일일이 배워야 한다. 경전은 그것을 예화해서 보여준다.

> 『중용』에 대한 주석에서 '처음에는 하나의 이치를 말하고, 중간에는 그것이 만사萬事로 확장하다가, 마지막에는 다시 하나의 이치로 합치한다'는 구절에 대한 질문이 있었다. 선생님이 말씀하셨다. "어떻게 하나의 이치를 깨달았다고 해서 곧장 그 속에 만사가 들어 있다고 말할 수 있겠는가? 천하의 모든 일과 모든 대상은 네 스스로 하나하나 깨우쳐야 한다. 소위 '중간에는 그것이 만사로 확장한다'는 것이야말로 중용이다. 최근에 양시楊時 같은 이의 관점이 그렇다. 그는 '나를 돌아보아 진실하다면 천하 만물의 이치가 모두 내게 갖추어져 있다'고 말한다. 만물의 이치는 네 스스로 하나하나 깨우쳐야만 한다. 어떻게 '나를 돌아보아 진실하다면 천하 만물의 이치가 곧장 내게 모두 갖추어져 있다'고 할 수 있겠는가? 이게 될 말인가?"[38]

앞에서도 인용했던 이 구절은 양시의 내면 반성적 태도에 반대하고 구체적 학습을 강조하고 있다. 그런데 정문 고제인 양시의 "나를 돌아보아 진실하다면 천하 만물의 이치가 모두 내게 갖추어져 있다."는 말은 사실 맹자가 했던 말이다. [萬物皆備於我矣. 反身而誠, 樂莫大焉.] 그런데도 주자는 양시의 이 말을 신랄하게 비판하고 있다. 도대체 '만물의 이치가 모두 내게 갖추어져 있다'와 '만물의 이치는 네 스스로 하나하나 깨우쳐야만 한다'는 어떻게 양립할 수 있을까?

주자역시 이일분수理一分殊를 인정한다. 그러나 일리一理와 분수分殊는 분명 다르다. 연비어약鳶飛魚躍은 모두 생의生意의 표현이지만, 솔개는 헤엄치지 않고 물고기는 날 수 없다. 수레는 물에 뜨지 않고 배는 육지를 다닐 수 없다.[39] 주자는 분수리分殊理 즉 개별적 사물과 사태마다의 원리와 원칙이 엄연히 서로 다르기에 일리一理 즉 보편의 이치만으로는 적절히 대처할 수 없다는 입장이다. 이것이 주자의 '유물유칙有物有則'이며 나는 이것을 '이법적 고유성'이라고 부른다.

이 문제는 5장에서 다루었던 도덕 본성을 의미하는 성리性理와 구체적 존재자의 이치를 의미하는 물리物理의 구분 문제가 된다. 『맹자』의 '만물의 이치가 모두 내게 갖추어져 있다'는 말은 실제에서는 그저 성리의 차원으로 한정되어야 하고 그것을 구체화함[中散爲萬事]에 있어서는 후천적 연구와 사회적 학습이 필요하다. 하물며 물리는 말할 것도 없다. 상산 역시 성리와 물리를 구분한다.

> 도덕적 규범이 좋은 것이며 그것을 힘써 실천해야 한다는 것은 아무리 평범한 사람들이라 하더라도 모두 알고 또 행할 수 있는 것이다. 성현이 성현일 수 있는 이유는 이것을 확충한 것에 불과하다. 배우는 이라면 응당 이를 근본으로 삼아야 한다. 천문·지리·상수 등의 정밀함이라면 갑자기 모든 것을 알 수 있는 그런 문

제가 아니니 누적적으로 공부해야지 쉽게 말할 문제가 아니다. 나 역시도 점치는 방법에 대해 저작을 남겨 역수易數의 근간을 밝혀 이설을 누르고 후학들을 깨우쳐주고자 했었다. 그러나 목전의 일이 바빠 끝내 이루지 못했다.[40]

상산도 역수易數에 관한 책을 남기고자 했다. 그것은 천문·지리처럼 전문가가 아닌 평범한 사람들이 내면을 들여다본다고 해서 알 수 있는 일이 아니기 때문이다.[41] 그가 생각하는 독서의 주된 목적은 물론 내면의 도덕 본성을 확인하고 일상에서 구현하는 것이다. 그러나 그도 가끔은 그것과 무관한 것 그래서 내면을 들여다보는 것만으로는 알 수 없는 것에 대한 이야기를 한다.

후대의 공부하는 이들에게는 책을 읽는 방법밖에 없으니, 소위 독서라는 것도 반드시 그 속에 담긴 세상의 이치를 밝히고 사태의 정황을 가늠하며 일의 추세를 논할 수 있어야 한다. 역사서의 경우에는 성공과 실패의 원인과 옳고 그름의 근거를 봐야 한다. 그렇게 푹 잠기듯 오랫동안 본다면 저절로 힘이 생길 것이다. 이렇게 서너 권을 읽는 것이 삼만 권을 훑는 것보다 낫다.[42]

요즘 세상에서 하나라도 모르는 게 있음을 부끄러워하는 이는 부끄러워하지 않아도 될 것을 부끄럽게 여기는 자다. 사람의 심리나 세상 이치의 변화 같은 것들을 어떻게 다 연구할 수야 있겠는가? 그 지엽말단적인 것들은 비록 옛날의 성인이라 하더라도 모두 알지 못했을 것이다. 직稷이 음악을 잘 모른다든지 기夔가 농사일을 잘 모른다든지 하는 것은 이치상 납득할 수 있다.[43]

상산이 말하는 응당 부끄러워해야 할 일이란 물론 규범적 영역일 것이다. 그리고 이 규범적 문제만큼은 아무리 어리석은 사람이라도 그 이치를 다 알고 있다는 것이다. 그러나 상산도 그 내면의 이치를 구체적인 절차와 방법으로 풀어내는데 있어서는 여전히 외부적 지식을 학습하는 과정이 필요하다고 생각한 것 같다. 자신의 계모가 서거했을 때 상산은 주자에게 예법에 대해 문의하였다.[44] 본심을 보는 것으로 족하다면 『의례』에 의거하는 것도 예에 관한 논쟁도 근본적으로 불필요했을 것이다.[45]

이렇게 보자면 경전의 기능에 대한 주자와 상산의 입장은 사실상 질적으로 서로 다르지 않다. 그렇다면 주자와 상산의 결정적인 차이는 어디에 있는가? 그것은 공부의 목적이나 방법 혹은 경전의 기능에 대한 것이 아니라 그들의 관심사 혹은 공부의 범위(성리인가 물리인가)에 대한 이해의 차이에 있다.

경전 해석의 객관성 문제 – 我註六經

앞 절에서 본 것처럼 주자는 이치와 주체의 합일 여부를 판정하는 객관성의 근거를 경전에 두었다. 그런데 아무리 경전의 권위에 동의한다 하더라도 경전을 읽는 것 자체가 또 쉬운 일은 아니다. 주자는 당대의 경전 해석에 문제가 많다고 비판한다. 그런데 이러한 비판은 사실 주자 자신도 피해갈 수 없는 형편이다. 일생을 바쳐 계속해서 주석을 수정했다는 말은 이전의 자기 주석에 문제가 있었음을 의미한다.[46]

중화설中和說처럼 아예 이전의 관점을 폐기하는 것부터 점차 관점이 명확해지는 것까지 공부의 깊이에 따른 관점의 변화는 어쩌면 지극히 자연스러운 것인지도 모른다. 그래서 주자는 자신의 미숙한 생각으로 성인의 생각을 예단하지 말라고 말한다.[47] 그런데 그 많은 관점들 중에 과연 어떤 것이 경전의 원의에 부합하는 것일까? 어느 지점에서 해석자는 닻을 내릴 수 있을까? 경전을 잘 들여다보면 성인의 생각은 저절로 보인다고 말할 뿐, 주자는 이에 대해 별다른 해법을 제시하지 않는다.[48]

그런데 역설적으로 바로 여기에 경전주석 작업의 중요성이 있다. 경전은 그 자체로 이해하기가 어렵다. 이는 경전의 내용이 어렵다는 말이 아니다. 그 해석의 객관성 및 그것을 뒷받침할 권위의 확보가 어렵다는 말이다. 아무리 상산과 양명이 유가 경전을 정확하게 독해했다 하더라도, 역대의 학교와 과거시험은 주자의 주석을 보았지 육왕의 관점을 보지 않았다. 즉 경전 해석의 권위를 누가 획득하느냐가 결국은 경전의 권위를 누가 가져가느냐를 결정한다. 이렇게 경전의 권위는 해석자의 권위로 전이된다. 주자의 경전주석에 대한 집념과 그 방대한 결과물은 이것을 의미한다.

물론 이론적으로는 해석자의 모든 권위는 어디까지나 그것이 경전종속적일 때만 확보된다. 때문에 주자는 언제나 경전으로부터 시작하고, 그래서 그에게서 경전은 언제나 믿을 수 있는 것이어야 했다. 반면, 상산은 경전 무오류설을 말하지 않는다. 심지어 전수된 경전이라고 해서 모두 옳기만 한 것은 아니다. 선생과 책을 믿어야겠지만 모두 믿어서는 안 된다. 독자의 주체적인 판단과 취사선택이 필요하다.

> 자고로 성인들께서도 이전 시기 위대한 선생들과 스승 및 친구들의 말에 의지해 진전을 이룰 수 있었다. 하물며 성인이 아니라면 어떻게 자신의 사사로운 생각만을 의지한 채 학문의 진전을 기대할 수 있겠는가? 그러나 이전 시기 선배들의 말이란 상황의 이치에 따른 것이니 그 내용이 한결같을 수는 없다. 책에 실린 내용에도 옳고 그름, 순수함과 잡됨이 있으니 그것을 가리지 않는다면 이는 아무렇게나 보는 것이다. 스승이나 친구의 판단에 의지하더라도 그 말 역시 한결같지 않을 것이다. 거기에도 옳고 그름, 타당함과 그렇지 못함 등이 있으니 그것을 가리지 않는다면 이는 아무렇게나 따르는 것이다. 아무렇게나 책을 보고 아무렇게나 타인의 판단을 따른다면 어떻게 궁극의 진리에 도달할 수 있겠는가?[49]

상산의 문집에서 「습유拾遺」의 '두세 구절만을 취할 뿐이다[取二三策而已矣]'라는 문장은, "나는 『서경』의 「무성」편에서 두세 구절만을 취할 뿐이다."[50]라고 했던 맹자의 말에 의거해 경전을 대하는 바람직한 태도를 논술한 것이다. 원문이 상당히 긴 편이지만 상산의 비판 정신이 과감 없이 드러난 명문이다. 핵심은 다음과 같다.

> 옛사람들의 책을 믿지 않을 수는 없지만 모두 믿어서도 안 된다. 오직 이치가 그 판단 기준이 되어야 한다. 책에는 거짓이 있을 수 있지만 이치에는 거짓이 있을 수 없기 때문이다. … 옛사람의 책을 볼 때 이치로 판단한다면 책 속의 거짓됨이 어떻게 눈에 보이지 않을 수 있겠는가? 이치를 밝게 보지 못한 채 책만을 믿는다면 어떻게 될 것인가? 책에서 옳은 부분만을 취했다면 다행이겠지만 만약 잘못된 부분을 취한다면 그 폐단은 걷잡을 수 없을 것이다. 맹자는 "나는 「무성」편에서 그저 두세 구절만을 취할 뿐이다."라고 했다. 이치에 밝은 이가 아니라면 누가 이럴 수 있겠는가? … 이렇게 옛날의 성현들은 누구 하나 책에서 취하지 않은 이가 없다. 옛것을 참작해서 스승의 가르침으로 삼고자 한 사람치고 책에서 취하지 않고 어디에서 취할 것인가? 그러나 옛날 책이라는 것이 모두 순정하기만 한 것은 아니다. 거기에도 흠결은 있게 마련이다. 언제나 옳기만 한 것은 아니어서 잘못된 것도 있게 마련이다. 진위와 시비가 섞여 있으니 이치에 통하는지 여부도 확인하지 않고서 모두 다 취한다면 이는 책을 보는 법이라 할 수 없다. 옛날의 성현들이 어떻게 그렇게 하셨겠는가? … 가령 책이 이치에 부합하기만 한다면 그것이 비록 성인의 경전이 아니라 할지라도 모두 취할 수 있다. 하물며 그것이 성인의 경전이라면 어찌 믿지 않을 수 있겠는가? 그러나 만약 이치에 부합하지 않는다면 설령 그것이 두세 구절이라 할지라도 그것을 취해서는 안 될 것이다. 어떻게 책의 모든 내용을 믿겠는가? … 그러나 후세에는 정신을 피곤하게 하고 사색

> 을 수고롭게 하여 백발이 될 때까지 경전에 통달하기만을 바라면서 옛것을 배운다. 그러나 자신에게도 남에게도 전혀 도움이 되지 않는다. 일이 어그러진 것에 대한 책임이나 헛된 말에 그친다는 비난이 한꺼번에 몰려드니, 이는 모두 이치에 통하지도 않은 채 책이라면 덮어놓고 믿어버리고 책을 정밀하게 읽지 않았기 때문이다.[51]

성인의 경전은 물론 믿을 수 있다. 심지어 후학으로서는 경전이 없이는 공부 자체를 수행할 수 없다. 그러나 경전에도 오류는 있다. 때문에 경전이라고 덮어놓고 믿을 수는 없다. 언제나 주체적으로 판단하고 선택하려는 비판의식을 놓지 말아야 한다. 최종적 판단의 기준은 상식이요 이치이며, 그것은 독자라면 누구라도 내면에 지니고 있는 것이다. 만약 상산이 이 정도의 상식적이고 건전한 독서관 혹은 경전관으로 아호논쟁에 임했더라면 아마 주자도 전혀 반대하지 않았을 것이다. 상산 역시 경전공부를 반대하지 않았다. 오히려 성인의 생각을 이해하는 길은 책밖에 없다고까지 말하고 있다.

다만 여기서 우리가 주목해야 할 구절은 "후세에는 정신을 피곤하게 하고 사색을 수고롭게 하여 백발이 될 때까지 경전에 통달하기만을 바라면서 옛것을 배운다."는 부분이다. 분명 이것은 동시대의 경전주의자 주자를 염두에 두고 한 말일 것이다. 경전은 이치의 예화일 뿐이다. 성인들이 보편적으로 말하고자 하는 이치를 독자로 하여금 확인하도록 돕는 교보재에 불과하다. 때문에 경전이 말하는 이치를 깨우치면 그만이다. 텍스트가 중요한 것이 아니라 텍스트 너머의 보편의 이치가 중요하다. 한 구절 한 구절에 무슨 절대의 진리가 있겠거니 생각하면서 주자처럼 철두철미 관통하고자 해서는 안 된다.

『논어』에는 느닷없는 말이 많다. 예컨대 '지혜가 미치더라도 인함이 그것을 지켜내지 못하면' 같은 구절이다. 여기서 미치는 것이 뭔지 또 지키는 것이 뭔지 알 수가 없다. 또 '배워서 때때로 익히면'에서 때때로 익히는 게 뭔지 알 수가 없다. 공부에 본령이 없으면 쉽게 읽을 수가 없다. 공부에 본령이 있기만 하면, 지혜가 미치는 것이란 '이것'에 미치는 것이며, 인함이 지키는 것이란 '이것'을 지킴이며, 때때로 익힘이란 '이것'을 익힘이며, 기쁨이란 '이것'을 기뻐함이며, 즐거워함이란 '이것'을 즐거워함인 것이다. 마치 높은 처마에서 물이 떨어지듯 막힘이 없을 것이다. 공부함에 있어서 본령을 알면 육경은 모두 나의 주석일 뿐이다.[52]

모든 텍스트는 해석의 과정을 거쳐야 하고, 그 해석 작업은 언제나 독자 즉 자기 자신에 의해 진행될 수밖에 없다. 그러니 자기 내면의 올바른 해석자 즉 본령을 확보하는 것이 중요할 수밖에 없다. 이는 경전의 계발 기능을 부정하는 것이 아니다. 본령을 확보하기 전에는 책을 보지 말라는 말도 아니다. 텍스트와 독자 사이에서 지속적으로 유지되어야 할 해석학적 긴장을 의미할 뿐이다. 정해진 '보편의 이치'는 경전에 그리고 주체의 내면에 있다. 그러나 그 보편의 이치는 경전에도 주체에게도 아무런 가림 없이 모든 것이 드러난 채 주어지는 것이 아니다. 주체와 텍스트는 그 보편의 이치를 찾아가기 위해 계속해서 상호 계발의 과정을 거쳐야 한다. 끊임없는 상호 해석의 과정을 통해 경전 속의, 그리고 주체 내면의 이치는 조금씩 드러나게 된다.

문제는 마지막 부분의 '본령을 알면 육경은 모두 나의 주석'이라는 부분이다. 이 표현은 다음의 문장에서 좀 더 구체화된다.

어떤 이가 선생님께서는 왜 책을 쓰지 않는지 물었다. 이에 이렇게 대답하셨다. "육경이 나를 주석하고, (그런 다음에) 내가 육경을 주석해야 한다. 한유는 이것을 거꾸로 했다. 그는 문장을 통해서 도를 배우려고 한 것이다."[53]

원문 '육경주아六經註我, 아주육경我註六經'은 뒤의 문장에 의거할 때 선택의 의미가 아닌 시간적 순서로 해석해야 한다. '육경주아'는 도(본령)를 배우기 즉 '학도學道'에 해당하고 '아주육경'은 문장[텍스트] 배우기 즉 '학문學文'에 해당한다. '육경주아'는 내 내면에 있는 본령을 육경이 해설하는 것이고, '아주육경'은 내면의 본령에 입각해 육경을 해설하는 것이다. 그런데 한유 같은 경우는 내면의 본령을 확보하지 않은 채로 육경을 해설하려 했기 때문에 문제가 되는 것이다.

그런데 여기서 원문의 '주註'를 반드시 '주석 작업'으로 해석할 필요는 없다. 육경이 나를 주석한다는 의미가 육경을 통해 내 내면의 이치를 발견하고 확인하는 것이듯, 내가 육경을 주석한다는 것은 내 내면에서 발견한 본령으로 육경을 이해한다는 정도의 의미다. 그렇다면 이 구절은 이렇게 번역하는 것이 보다 온당하다. "육경을 통해 나를 이해하고, 나를 통해 육경을 이해한다." 일생 독서를 놓지 않았던 상산이고보면 이러한 과정은 한 번에 끝나는 것도 아니다. 육경과 나는 계속해서 서로를 열어주는 관계에 있다. 본령을 알아야 육경을 진정으로 이해할 수 있는데, 본령을 확인하기 위해서는 또 육경을 보아야하기 때문이다.

사실 '육경을 통해 나를 이해한다[六經註我]'는 말과 '육경은 모두 나를 해설해 놓은 것에 불과하다[六經皆我註脚]'는 말은 큰 차이로 읽힐 수 있다. 후자는 내 마음의 본령을 먼저 확보한 뒤에 육경을 통해 그것을 확인하는 것으로 읽힐 수 있다. 이것이 많은 연구자들의 이해방식이다. 하지만 그렇다면 '왜 굳이 확인이 필요한가?'라는 질문이 가능하다. 이미 이치와 주체의 합일이 복원되었고, 내면의 본령을 확인했는데 경전을 다시 읽어야 할 이유는 무엇일까? '아 역시 나는 틀리지 않았어'를 구절구절마다 계속해서 확인하며 뿌듯해 하란 말인가?

위의 두 문장에서 전자는 후자를 배척하지 않는다. 상산은 내 내면의 정해진 이치를 인정하지만 그것을 찾아가는 과정에서 동원되는 경전의 역할을 인정하고 있는 것이다. 육경은 내 마음을 해설한 것에 불과하다. 왜냐면 내 마음속의 이치는 보편적이기 때문이다. 경전을 쓴 성인의 마음도 내 마음과 다를 수 없다. 때문에 경전은 내 마음을 해설한 것에 불과하다. 그러나 아직 내 내면의 이치를 명료하게 깨닫지 못했다면 당연히 이 보편의 이치를 기록해 둔 경전을 보아야 하는 것이다. 때문에 육경을 통해 나를, 나의 본심을, 또 육경의 본령을 확인해야 하는 것이다.

주자도 상산도 경전공부 이외의 존덕성이라는 별도의 루트를 인정한다. 그러나 지금까지 보아온 것처럼 주자는 물론 상산 역시 경전을 치워 둔 채 내면의 본령 들여다보기만을 주장했던 것은 전혀 아니다.

그런데 이렇게 독자의 주체적 해석을 중시했던 상산의 입장에서 보자면, 경전 주석 작업은 불필요를 넘어 매우 위험한 것일 수 있다. 굳어진 주석은 더 이상의 해석을 가로막는 장애물이 될 수 있고, 기존 주석에 의지함으로써 독자 스스로의 비판적 독해를 놓아버리게 만들 수도 있기 때문이다. 실제 주자에 대한 상산의 비판은 엄밀히 말해 경전공부 자체를 향한 것이라기보다는 경전 주석을 향한 것이었다. 둘 다 책을 열심히 읽었지만 상산은 경전주석 한 편이 없는데 주자는 그토록 방대한 주석 작업을 남겼으니 말이다. 문제는 경전 공부가 아니라 경전 주석이다. 지금까지 보아 온 것처럼 공부의 목적과 방법 및 순서에 대한 두 사람의 이해는 실상 크게 다르지 않다. 두 사람의 이해에서 좁혀지지 않는 부분은 결국 경전의 권위에 대한 입장과 경전 주석 작업에 대한 관점의 차이에 있다.

아호사 회동에서 상산은 "쉬운 공부는 결국엔 오래도록 커가지만, 지리한 사업은 마침내 이리저리 표류하리.[易簡工夫終久大, 支離事業竟浮沉.]"라는 시를 통해 주자의 공부방법을 비판했다. 그런데 이 시는 그의 형 육구령의 "경전 주석에만 몰두하면 도리어 그 번다함에 막혀버리고, 정밀하고 세미한 것에 신경 쓰다보면 오히려 그 속에 매몰되고 말리라.[留情傳註翻蓁塞, 着意精微轉陸沉.]"에 대한 화답이었다.[54] '지리사업'은 '정미精微한 전주傳註'가 아닐 수 없다. 자신의 형도 인정한 성인의 경전[古聖相傳只此心] 그 자체를 상산이 부정했을 리 없다. 문제는 경전 주석 작업이다. 성인의 본지는 접어둔 채 과거시험을 위해 그 텍스트에만 골몰하는 당대의 학풍을 비판하면서도 상산은 주석 작업이 오히려 공부의 폐단이 된다고 말한다.

> 요순우탕 및 문왕의 글 그리고 앞 시대의 성현들의 가르침은 해나 별처럼 빛난다. 그런데 그에 대한 주석은 날마다 번다해지고 이러저런 견해 역시 날마다 늘어만 가지만 정작 경전의 의미를 드러내주지 못하고 오히려 그저 폐단이 될 뿐이다. 집집마다 책을 장만해 암송하지만 그들이 관심을 두는 것은 참된 일이 아니고 부형이나 선생들이 바라는 것 역시 성현의 뜻과는 반대로만 달려간다. 그러면서도 그것이 잘못되었음을 온 세상이 알지 못하고 오히려 그것을 정상이라고 여긴다.[55]

상산은 "『맹자』를 읽을 때는 맹자의 의도를 정확히 파악해야 한다. 맥락도 분명하지 않은 채 장구에만 골몰하는 것이 무슨 이익이겠는가?"[56]

라고도 했다. 『맹자』 읽기를 비판한 것이 아니라 장구에 빠져드는 것이 문제라고 콕 집어 말하고 있다. 아호모임이 있었던 순희淳熙 2년(1175)은 주자가 46세 되는 해로 이때 이미 주자는 『논어요의論語要義』·『논어훈몽구의論語訓蒙口義』·『논맹정의論孟精義』·『중용장구中庸章句』·『대학장구大學章句(초고)』 등을 저술한 상태였다.[57] 모임에 배석했던 엄송嚴松은 '지리한 사업'이라는 상산의 비판에 주자의 안색이 변했다고 기록하고 있는데, 충분히 그럴 법하다.[58]

경전주석을 중요시할 것인가 아니면 불필요하고 위험한 것으로 치부할 것인가의 문제는 공부의 범위를 어디까지로 설정할 것이냐의 문제와 결부된다. 두 사람이 상정한 공부의 목적은 일차적으로 내면의 이치를 밝히는 것이고 그것은 대체로 도덕의 문제다. 이는 이치와 주체의 분열이 사의私意로부터 기인한다고 한 데에서 확인할 수 있다. 그런데 이들은 동시에 내면의 이치를 구체화 하는 과정에서 요구되는 절차와 방법 그리고 도덕의 문제와 무관한 소위 물리에 관한 탐구와 학습을 말하고 있고, 이때는 분명 선험적이고 본구적인 도덕의 범위를 넘어선다. '모든 것이 이미 내게 갖추어져 있다'와 '사사물물마다 네 스스로 연구하고 학습해야 한다' 사이에는 이러한 굴절이 내재해 있다.

9장에서 본 것처럼 만약 존덕성과 도문학의 목적이 모두 내면의 도덕 본성을 확인하고 기르는데 있다면, 도문학은 존덕성에 종속적일 수밖에 없다.[59] 그러나 위에서 본 것처럼 두 사람이 생각하는 공부의 범위는 내면의 도덕 본성을 확인하는 데에서 멈추지 않는다. 공부의 범위가 도덕 본성 확인으로 한정되지 않을 때 도문학은 존덕성에 종속되지 않는 독립적 의의를 확보하게 된다. 도문학을 경전공부로 치환할 때 경전을 통해서 도덕 본성 확인의 작업도 가능하지만 확인된 본성을 구체화하고 실현시키는 과정 그리고 그 이상의 정치·사회·역사의 영역에 대한 공부

역시 경전을 통해 진행될 수 있다는 말이다. 이렇게 도문학에는 두 층위의 의미가 있다.

도덕 본성을 확인하는 데에서 공부가 멈춘다면 구태여 경전 주석은 필요 없을지도 모른다. 모든 경전 모든 구절은 결국 같은 얘기를 반복하는 것이 되기 때문이다. 그러나 그것을 일상에서 구체적으로 구현하기 위한다면, 그리고 경전이 그러한 구현의 모범적인 기록물임을 인정한다면 각 구절마다의 독립적 의의를 인정할 수 있을 것이다. 때문에 각 구절마다 정확한 이해를 위해 주석이 중요해질 수 있다.

주자는 공부의 범위를 '도덕 본성 확인'으로 한정하지 않는다.[60] 확인된 본성을 일상에서 구현하는 과정에서 요구되는 절차와 방법 그리고 도덕의 문제를 넘어선 더 큰 영역에 대한 연구와 학습까지도 주자는 공부의 범위에 포함시켰다. 때문에 끝내 도문학의 독립적 의의를 포기할 수 없었던 것이다. 아호사에서 오간 이야기를 우리는 자세히 알 수 없다. 그러나 만약 주자가 공부의 '범위' 문제로 이야기를 확장했더라면 논쟁은 좀 더 쉽게 접점을 찾았을 것이다. 상산 역시 경전이 갖는 계발·보편·구체의 기능을 인정했기 때문이다.

12장

도덕은 어떻게 정치가 되는가? – 정치철학

앞 장은 인간의 도덕성을 일상에서 구현하려 할 때 동원되는 교과서로서 텍스트에 대해 살펴보았다. 경전은 주자에게 있어서 인간의 도덕성이 일상에서 구현될 수 있도록 구체적인 절차와 방식으로 보여주는 범례範例이기에, 개인의 심리와 행위가 자신의 도덕 본성에 부합하는지의 여부를 판정할 수 있는 근거가 되어준다. 때문에 주자에게서 경전 공부는 결여될 수 없는 필수 과정이다.

하지만 인간의 도덕본성을 '범례' 혹은 '예시'해준다는 말은 그리 간단한 의미가 아니다. 예컨대, 유가 경전은 인간의 본성을 인의예지라고 말한다. 그리고 그 구체적인 방식은 부모와 형제를 사랑하고 국가의 권위에 복종하는 것이다. 그리고 규범을 내면화하기 위해 쇄소응대灑掃應對의 몸공부와 격물치지格物致知 성의정심誠意正心의 인지적 의지적 훈련이 요구된다. 이것은 사실 '예시'가 아니라 '규정'이고 '요구'이며 '지시'다. 학의 다리가 길다 하여 자르지 말라는 자연철학자나 욕망과 사적 개인을 인정하는 사회계약론자 그리고 '권력에의 의지'를 말하는 실존적 철학자 등에게는 이러한 유가의 요구와 지시는 통하지 않을 것이다. 요컨대 그들이 생각하는 '본성'은 서로 다르다. 그런만큼 유가 경전에서 제시하는 규범과 가치는 역사 맥락적이고 지극히 사회적이며 정치적이다. 즉 도덕본성의 현실화 문제는 선험적 윤리학이 아니다.

때문에 경전 주석을 통해 경전에 대한 해석권을 장악한다는 것은 단순히 교과서 판권을 소유하는 정도의 의미가 아니라, 그 사회의 규범과 가치를 확정해서 반포할 권한을 지닌다는 의미가 된다. 게다가 주자의 주석은 이후 동북아 800년을 지배하는 관학이 되었으니, 주자의 해석권은 개인의 의식과 사회의 질서뿐만 아니라 지식인의 사상적 범위와 관료의 판단 준거까지를 지배해온 것이다.

이것은 내성과 외왕의 연속을 주장하는 유학의 본질에서 보았을 때 물론 자연스러운 현상이다. '우리에게도 철학은 있다'고 말하고 싶었던, 즉 시대의 동탕에도 불구하고 변하지 않는 본질이 있음을 주장하고 싶었던 20세기 철학자들의 관심사로부터 한 발짝 떨어져 주자의 주석을 바라볼 수 있다면 우리는 그것이 내면 도덕의 문제만을 다루고 있지 않음을 아주 쉽게 발견할 수 있다. 주자의 관심은 시종 사회와 국가를 향한다. 도덕 본체는 일상에서 구체화 되어야 하고 그럴 때만이 의미를 지닌다. 주자에게서 일상이란, 효제의 가정부터 경세의 천하까지를 모두 포괄한다.

이제 이 장부터 14장까지는 정치의 문제를 다룬다. 정치의 주체는 누가 되어야 하는지 혹은 정치의 목적은 무엇인지를 다루는 정치철학으로부터 그것의 구체적 실현을 위한 방안들까지 우리는 주자의 텍스트로부터 정치의 문제를 읽어낼 것이다.

「중용장구서中庸章句序」

中庸何為而作也?子思子憂道學之失其傳而作也. 蓋自上古聖神繼天立極, 而道統之傳有自來矣. 其見於經, 則「允執厥中」者, 堯之所以授舜也;「人心惟危, 道心惟微, 惟精惟一, 允執厥中」者, 舜之所以授禹也. 堯之一言, 至矣, 盡矣!而舜復益之以三言者, 則所以明夫堯之一言, 必如是而後可庶幾也.

『중용』은 어떤 계기로 짓게 되었는가? 자사子思께서 도학道學이 더 이상 전해지지 않을까를 걱정하시어 지으신 것이다. 아주 오랜 옛날의 성인들께서 하늘을 계승하여 인간의 질서를 세우실 때부터 도통道統의 전수는 있어왔다. 경전에 기록된 것을 보자면 "그 중을 잡으라."라는 말씀은 요임금이 순임금에게 내려주신 말씀이다. "인심은 위태롭고 도심은 은미하니, 오직 정밀하게 하고 한결같이하여 그 중을 잡으라."라는 말씀은 순임금이 우임금에게 내려주신 말씀이다. 요임금의 한마디로 이미 충분하지만 순임금이 다시 세 마디의 말을 추가한 것은, 반드시 이와 같아야 요임금의 말씀이 이루어질 수 있음을 밝히신 것이다.

蓋嘗論之：心之虛靈知覺，一而已矣，而以為有人心、道心之異者，則以其或生於形氣之私，或原於性命之正，而所以為知覺者不同，是以或危殆而不安，或微妙而難見耳。然人莫不有是形，故雖上智不能無人心，亦莫不有是性，故雖下愚不能無道心。二者雜於方寸之間，而不知所以治之，則危者愈危，微者愈微，而天理之公卒無以勝夫人欲之私矣。精則察夫二者之間而不雜也，一則守其本心之正而不離也。從事於斯，無少閒斷，必使道心常為一身之主，而人心每聽命焉，則危者安、微者著，而動靜云為自無過不及之差矣。

이 말씀을 좀 더 상세히 논하자면 이렇다. 텅 비어 신령하고 대상을 지각할 수 있는 마음이란 오직 하나일 뿐이다. 그럼에도 불구하고 인심이니 도심이니 구분하는 이유는, 인심은 사사로운 몸뚱이에서 생겨나고 도심은 반듯한 본성에서 생겨난 것으로서 각각이 지각하는 것이 다르기 때문이다. 때문에 인심은 위태하고 불안하며 도심은 은미하여 보기가 어려운 것이다. 그러나 인간이라면 누구나 형체를 지니고 있어서 아무리 뛰어난 사람도 인심이 없을 수 없고, 동시에 누구나 도덕 본성을 지니고 있기에 아무리 형편없는 사람이라 하더라도 도심이 없을 수 없는 것이다. 이 두 마음이 가슴 속에 섞여 있으니 그것을 잘 관리하지 못하면 위태로운 마음은 더욱 위태롭게 되고 은미한 마음은 더욱 은미하게 되어 공적인 천리는 끝내 사사로운 인욕을 이기지 못하게 된다. 정밀하게 하면 이 두 마음을 잘 살펴 분명히 구분할 수 있을 것이며, 한결같이하면 반듯한 본심을 간직하여 그로부터 벗어나지 않을 수 있을 것이다. 이렇게 쉼 없이 노력하여 반드시 도심으로 하여금 한 몸의 주인이 되도록 하고 인심으로 하여금 그 명령을 듣도록 한다면, 위태롭던 것은 편안해지고 은미하던 것은 드러나게 될 것이어서 모든 행동거지가 조금의 오류도 없게 될 것이다.

夫堯、舜、禹, 天下之大聖也. 以天下相傳, 天下之大事也. 以天下之大聖, 行天下之大事, 而其授受之際, 丁寧告戒, 不過如此. 則天下之理, 豈有以加於此哉? 自是以來, 聖聖相承 : 若成湯、文、武之為君, 皋陶、伊、傅、周、召之為臣, 既皆以此而接夫道統之傳.

요·순·우는 이 세계의 위대한 성인이고, 천하를 넘겨주는 것은 이 세계에서 매우 중요한 일이다. 이 세계의 위대한 성인이 이 세계에서의 중요한 일을 수행하면서 주고받는 그 순간 진심으로 경계해준 말이라는 것이 그저 이런 내용이니, 이 세계의 이치라는 것이 어찌 여기서 벗어나겠는가? 이로부터 성인들께서 서로 전수해주셨으니, 탕·문·무의 경우는 임금이었고, 고요·이윤·부열·주공·소공의 경우는 신하였으나 이들은 모두 이 마음으로 도통의 전수에 참여할 수 있었다.

若吾夫子, 則雖不得其位, 而所以繼往聖、開來學, 其功反有賢於堯舜者. 然當是時, 見而知之者, 惟顏氏、曾氏之傳得其宗. 及曾氏之再傳, 而復得夫子之孫子思, 則去聖遠而異端起矣. 子思懼夫愈久而愈失其真也, 於是推本堯舜以來相傳之意, 質以平日所聞父師之言, 更互演繹, 作為此書, 以詔後之學者.

우리의 스승 공자께서는 비록 군주의 지위를 얻지는 못하셨지만 이전 시기의 성인을 계승하고 새로운 학문을 여셨으니 그 공은 도리어 요순보다 더 훌륭하다. 그러나 당시에 공자의 문하에서 오직 안자와 증자만이 그 종지를 전해들을 수 있었다. 증자의 문하에서 공자의 손자 자사가 나왔으니 공자로부터 시기적으로는 이미 멀어지고 게다가 이단 사상이 출몰하는 지경에 이르렀다. 이에 자사께서는 시간이 가면 갈수록 그 진수를 잃게 될까 두려워하시어 요순이 서로 전해준 그 뜻에 근본하고 평소 집안과 스승에게서 듣던 것을 참고하여 이 책을 짓고 훗날의 배우려는 사람들을 기다리신 것이다.

蓋其憂之也深, 故其言之也切; 其慮之也遠, 故其說之也詳. 其曰「天命率性」, 則道心之謂也; 其曰「擇善固執」, 則精一之謂也; 其曰「君子時中」, 則執中之謂也. 世之相後, 千有餘年, 而其言之不異, 如合符節. 歷選前聖之書, 所以提挈綱維、開示蘊奧, 未有若是之明且盡者也. 自是而又再傳以得孟氏, 為能推明是書, 以承先聖之統. 及其沒而遂失其傳焉, 則吾道之所寄不越乎言語文字之間, 而異端之說日新月盛, 以至於老佛之徒出, 則彌近理而大亂真矣.

그의 근심이 깊었기에 『중용』의 말은 절절하고, 그의 사려가 심원했기에 『중용』의 뜻은 매우 자세하다. 『중용』에서는 '천명과 솔성'을 말하니 이는 도심에 해당하고, 『중용』에서는 '선을 택해 견고하게 유지한다' 했으니 이는 '정밀하고 한결같이'에 해당한다. 『중용』에서는 '군자는 때에 맞다'라고 했으니 이는 '중을 잡으라'에 해당한다. 요순으로부터 자사시기까지 천 여 년의 시간이 격하고 있음에도 불구하고 그들의 말은 이렇게 정확히 일치한다. 이전 시기 성인들의 글 중에 뽑아놓은 것으로 그 사유의 틀을 짜고 그 속에서 깊은 의미를 드러내 보인 것이 이렇게 분명하고 온전한 경우가 없다. 그 뒤로 맹자가 계승하여 이 책의 의미를 밝힘으로써 앞선 성인들의 도통을 이어받았다. 맹자가 죽은 뒤로는 더 이상 그 전수가 이어지지 않아 우리의 도는 그저 언어 문자 속에서만 남게 되었다. 거기다가 이단의 주장이 나날이 성대해졌으며, 그 중에서도 더욱 그럴듯한 도교나 불교의 무리가 출현하여 참된 진리를 크게 어지럽히게 되었다.

然而尚幸此書之不泯, 故程夫子兄弟者出, 得有所考, 以續夫千載不傳之緒; 得有所據, 以斥夫二家似是之非. 蓋子思之功於是為大, 而微程夫子, 則亦莫能因其語而得其心也.

그러나 다행히도 이 책이 여전히 있었기에 정씨 형제가 나타나, 이 책으로부터 사상을 얻어 천년동안 전해지지 않던 실마리를 전수받을 수 있었으며 이 책으로부터 근거를 얻어 도교와 불교의 그럴듯하지만 사실은 옳지 않음[似而非]을 척결할 수 있었다. 때문에 자사의 공이 아무리 위대하다 하더라도 정씨 형제가 아니었더라면 그 말 속에 담긴 속뜻을 얻을 수 없었을 것이다.

惜乎! 其所以為說者不傳, 而凡石氏之所輯錄, 僅出於其門人之所記, 是以大義雖明, 而微言未析. 至其門人所自為說, 則雖頗詳盡而多所發明, 然倍其師說而淫於老佛者, 亦有之矣.

아 안타깝다. 정씨 형제의 관점은 더 이상 자세히 전해지지 않았다. 석돈이 정자의 문인들이 기록한 것을 모아 기록함으로써 그저 그 대강의 내용이야 밝혀졌지만 자세한 뜻은 드러나지 않게 되었다. 게다가 정자의 문인들은 자신들의 생각을 부연하여 자세하게 해설함으로써 비록 다소간의 도움이야 되었다고 하지만, 실제로는 스승의 관점을 배반하고서 도교나 불교의 사상에 기울어버린 이들 역시 있었다.

熹自蚤歲即嘗受讀而竊疑之, 沉潛反復, 蓋亦有年, 一旦恍然似有以得其要領者, 然後乃敢會衆說而折其中, 既為定著章句一篇, 以俟後之君子. 而一二同志復取石氏書, 刪其繁亂, 名以輯略, 且記所嘗論辯取舍之意, 別為或問, 以附其後. 然後此書之旨, 支分節解､脈絡貫通､詳略相因､巨細畢擧, 而凡諸說之同異得失, 亦得以曲暢旁通, 而各極其趣. 雖於道統之傳, 不敢妄議, 然初學之士, 或有取焉, 則亦庶乎行遠升高之一助云爾.

淳熙己酉春三月戊申, 新安朱熹序

나는 어려서 이 책을 받은 이후 줄곧 의문을 지닌 채 수년간 반복해서 침잠하다가, 어느 날 갑자기 그 요령을 얻게 되었다. 그런 다음에 여러 해설을 절충해서 감히 『장구』를 지어 세상의 판단을 기다리게 되었다. 그런데 몇몇 학우가 석돈의 책을 구해왔기에 그 중에서 지나치게 번잡하고 정리되지 않은 것들은 삭제하여 『집략』이라고 이름 붙였다. 거기다가 그전부터 논변하고 취사했던 취지를 기록하여 별도로 『혹문』이라고 한 다음에 그 뒤에 붙였다. 그런 다음에야 이 책의 의미가 하나하나 드러나게 되었고 맥락이 관통하여 자세한 것과 간략한 것이 서로 연결되고 크고 세세한 것 모두가 드러나게 되었다. 게다가 선배들의 여러 관점에서 서로 같고 다른 점 혹은 옳고 그른 점이 세세하게 다 드러나게 되었다. 도통의 전수에 과연 내가 참여할 수 있을지에 대해서는 감히 말할 수 없겠지만, 처음 공부를 시작하는 사람들이 혹여 하나라도 취할 것이 있다면 그들이 앞으로 무궁한 발전을 하는데 있어서 조그만 도움이 될 것이다.

순희기유 춘삼월 무신일에 신안 주자가 서문을 쓰다.

순희기유淳熙己酉는 순희 16년이고 주자가 60세 되는 1189년이다. 사상적으로 원숙한 단계에 이른 주자가 쓴 이 서문은 그 내용 전체가 자신의 정치철학과 사상적·정치적 소명의식을 담고 있는 명문이다. 정치철학의 키워드가 '인심도심'을 핵심으로 하는 소위 16자 심법이라고 한다면, 그 소명의식은 '도통론'으로 구체화된다. 그런데 문제는 이 글이 엄연히 『중용』이라는 책에 대한 서문임에도 불구하고 『중용』 본문에서는 인심도심이나 도통에 대한 언급이 전혀 없다는 점이다. 『중용』과 도통 그리고 인심도심은 어떻게 연결되는 것일까?

> 人心惟危, 道心惟微, 惟精惟一, 允執厥中.
>
> 인심은 위태롭고 도심은 은미하니, 오직 정밀하게 하고 한결같이 하여 그 중을 잡으라.

이 구절은 본래 『서경書經』 「대우모大禹謨」의 문장인데, 주자가 「중용장구서」에서 성인聖人이 도통道統을 전수하며 밝힌 16자 심법心法이라고 규정한 이후 매우 유명해졌다.[1] 주자의 주장대로라면 이 문장은 유가의 핵심 가치를 드러내주는 가장 중요한 문장임에 틀림없다. 그 중요도를 주자는 이렇게 표현하고 있다.

> 요·순·우는 이 세계의 위대한 성인이고, 천하를 넘겨주는 것은 이 세계에서 매우 중요한 일이다. 이 세계의 위대한 성인이 이 세계에서의 중요한 일을 수행하면서 주고받는 그 순간 진심으로 경계해준 말이라는 것이 바로 이런 내용이니, 이 세계의 이치라는 것이 어찌 여기서 벗어나겠는가?

주자는 '이 세계의 이치'가 이 16자 심법에서 벗어나지 않는다고 말한다. 그래서 역대로 많은 연구자들은 이 16자 심법을 유가의 핵심적인 가치라고 생각하면서, 그것은 '심법'이기에 개인 내면의 인격적 문제에 해당한다고 생각해왔다. 실제로 두 번째 단락에서는 인심과 도심이 '내면에서' 어떻게 발생하는지 또 어떻게 다른지 그래서 어떻게 처리해야 하는

지에 대해 자세하게 설명하고 있다. 인심은 '자기보존적 욕구'이고 도심은 '도덕적 감정'으로 번역될 수 있다. 그래서 '내면철학 연구자들'에게 있어서 인심과 도심의 관계는 도덕심리학적 논의가 된다. 즉 윤리학 혹은 심성론의 문제가 된다.[2]

그러나 세 번째 단락에서는 곧장 요·순·우의 성인이 '천하를 넘겨주는' 상황에서 서로에게 '진심으로 경계해준 말'이라고 명시하고 있다. 다시 말해 인심도심의 '심법'은 도덕심리학적 담론임과 동시에 그것이 정치의 가장 근간이 되는 통치자의 자세여야 한다고 말하고 있는 것이다. 때문에 이 '심법'은 그저 한 개인의 마음이 아니라 인간 보편의 마음이면서 동시에 통치자의 마음이 된다.

주자의 문장 중 「중용장구서」 외에 인심과 도심에 대해 비교적 자세히 설명하는 문장으로는 『문집』 11권의 「무신봉사戊申封事」와 65권의 「잡저雜著」 중 「대우모大禹謨」가 있다.[3] 세 문장에서 인심도심에 대한 풀이 내용은 사실상 별 차이가 없다. 우리가 오히려 주목해야 할 것은 그 문장들이 위치한 원 텍스트다.

먼저 「대우모」를 보자. 앞 장에서 말한 것처럼 「대우모」의 내용은 『서경』의 다른 편들인 「우서」나 「하서」와 마찬가지로, 군주와 신하가 번갈아 가며 통치자가 지녀야 할 자세와 마음가짐을 진술한 대화다. 대부분의 내용이 비슷하기에 대표적인 한 구절만을 들어보자.

> 익益이 말하였다. "아! 경계하소서. 헤아림이 없을 때에 경계하시어 법도를 잃지 마시고 편안함에 놀지 마시고 즐거움에 지나치지 마시며, 어진 자에게 맡기되 두 마음을 품지 마시고 사악한 자를 제거하되 의심하지 마소서. 의심스러운 계책을 이루지 마셔야 백 가지 생각이 넓어질 것입니다. 도를 어기면서 백성들의 칭찬을

구하지 마시며 백성들을 거스르면서 자신이 바라는 것을 따르지 마소서. 게을리 하지 않고 황폐하지 않으면 사방의 오랑캐들도 와서 왕으로 받들 것입니다."[4]

순은 우에게 치수의 공적이 있기에 제위를 물려받을 자격이 있다고 하면서 그 유명한 16자 심법을 말한다. 그런데 주자의 주장처럼 경계警戒의 말이 이 16자로 끝나지는 않는다. 이어서 순이 우에게 해준 경계의 말은 다음과 같다.

> 상고함이 없는 말을 듣지 말며, 묻지 않은 계책을 쓰지 말라. 사랑할 만한 것은 군주가 아니며 두려워할 만한 것은 민중이 아니겠는가. 민중은 원후(元后, 王)가 아니면 누구를 떠받들며 원후는 민중이 아니면 더불어 나라를 지킬 수 없을 것이니, 공경하여 네가 소유한 지위를 삼가서 백성들이 원할 만한 것을 공경히 닦아라. 사해四海가 곤궁하면 천록天祿이 영영 끊어질 것이다. 입은 우호를 내기도 하고 전쟁을 일으키기도 하니, 짐은 다시 딴 말을 하지 않겠다.[5]

16자 심법에 이어서 해준 말은 주로 군주와 백성의 관계에 대한 것이다. 군주는 백성을 위해 헌신하고 백성은 군주를 존중할 때 좋은 정치가 펼쳐진다는 말이다. 이처럼 16자 심법은 철저하게 통치자의 자세, 즉 정치철학적 맥락 속에서 제기되었다. 그래서 주자 이전 공안국孔安國과 공영달孔穎達[6]은 인심의 '인人'을 '백성'으로 해석했다.[7] 공영달의 주석을 보자.

> 도란 반듯한 길이니 모든 것이 그 위를 걷는다. 때문에 백성의 마음을 말하면서 도의 마음을 언급한 것이다. 백성의 마음은 모든 고려해야 할 것의 중추요 도의 마음은 모든 도의 근본이라고 하겠다. 군주를 세움은 백성을 편안하게 하기 위함이다. 백성의 마음이 위태로우면 편안하기 어렵다. 백성을 편안하게 만들기 위해서는 반드시 도를 밝혀야 한다. 도의 마음은 미미하니 밝히기 어렵다.[8]

이 주석에 의하면 도란 모든 것의 준거가 되는 법칙이기에 백성들의 마음과 삶 역시 이 도로부터 벗어나지 않는다. 백성의 삶은 국가의 존재 이유다. 때문에 백성의 마음을 편안하게 해야 한다. 그러려면 도를 밝혀야 한다. 보다시피 공영달은 인심을 '백성의 마음'으로 도심을 '백성의 삶을 구제하려고 노력하는 마음'으로 보았다. 즉 도심은 백성을 사랑하는 통치자의 마음이다. 원문을 따라 '마음(심법)'에 관한 논의를 벗어나지는 않지만 그 맥락은 철저하게 정치적이다.

송대에 들어와서 정이는 인심을 '인욕' 혹은 '사욕'으로, 도심을 '천리'로 해석했다.[9] 사욕을 멸해야 천리가 회복된다고 보는 정이에게서 인심은 인간이라면 누구나 지닐 수 있는, 그러나 반드시 없애야 할 비도덕적인 감정에 해당한다. 공영달의 정치적 논의가 정이에게서는 윤리적 담론으로 전환되고 있다. 동시에 '인人'은 '백성'에서 '인간 일반'이 되었다.[10]

「대우모」에 대한 주자의 생각은 『주희집朱熹集』의 「잡저」에 실려 있는데, 이 글의 앞부분은 채침蔡沉[11]의 『서집전書集傳』에도 그대로 실렸다.

> 옛날의 성인들께서 천하를 물려주실 때에는 언제나 정치의 근본[治之之法]도 함께 전수해주셨는데, 경전에 보이는 것은 이 정도

다. 후대의 군주들이 깊이 두려워하며 공경히 지키지 않을 수 있겠는가? … 위에서는 마음을 간직함이 통치의 근본임을 말했고, 여기서는 남의 말을 잘 들음이 일에 대처하는 방법임을 고해주었다. 안팎이 서로 보충하여 둘 모두 적절한 요령을 얻었을 때 정치의 도[治道]가 모두 갖추어졌다고 할 수 있다.[12]

인심과 도심에 대한 해설은 「중용장구서」의 내용과 크게 다를 것이 없지만, 「대우모」의 주석에서는 이 구절이 '치도'와 관련된 것임을 분명히 밝히고 있다. 다만 인심의 '인人'을 공영달처럼 백성으로 특정하지는 않았다. 마음의 미덥지 못함은 백성뿐만 아니라 군주를 포함한 모든 인간에게 해당한다고 말한다. 공영달처럼 정치적 맥락을 유지하면서도 정이처럼 인간 보편의 문제로 삼은 것이다. 주자는 이렇게 치도와 심법을 연결하고 있다.

다음은 『중용』이다. 나는 『중용』의 기본적인 내용 역시 통치자[君子]의 태도에 관한 것이며, 따라서 주자의 주석 역시 이러한 맥락에서 보아야 한다고 생각한다.

먼저, 중과 화는 천하의 위대한 근본이자 두루 통하는 도이다. [中也者, 天下之大本也. 和也者, 天下之達道也.] 그래서 중화를 잘 이행하면 천지는 자리를 잡고 만물은 잘 자란다. [致中和, 天地位焉, 萬物育焉.] 주자는 이에 대해 "이것은 학문의 궁극적인 효과이자 성인의 능력으로 할 수 있는 일이다."라고 하였으며 또 "성인의 신묘한 공덕과 교화의 궁극을 말했다."라고 하였다. 그럴 수 있는 이유는 "내 자신이 곧 천지만물의 근원이니, 내 마음이 바르면 천지의 마음이 바르기 때문이다."[13] 주자는 한 개인의 마음이 우주의 질서로 확장될 수 있다고 말하는 것이며, 이는 『중용』의 원의에 부합한다. 『중용』에서 말하는 군자의 도는 부부에게서 시작되지만 그 궁극의 경지는 온 천지에 가득차기 때문이다. [君子之道, 造端乎夫婦. 及其至也, 察乎天地.] '심리'와 '도덕'의 문제지만, 그것은 어디까지나 '천하' 더 나아가 '천지만물'과의 연속선상에서다.
군자는 언제나 자신의 지위에 맞게 행동한다. [君子素其位而行, 不願乎其外.] 그런데 순舜이 그랬던 것처럼 덕성을 갖춘 이는 반드시 지위를 얻게 된다. [大德必得其位. … 嘉樂君子, 憲憲令德, 宜民宜人, 受祿于天.] 덕성과 지위는 함께 가는 것이다. 지위가 없어도 안 되지만 덕성이 없어도 안 된다. [雖有其位, 苟無其德, 不敢作禮樂焉. 雖有其德, 苟無其位, 亦不敢作禮樂焉.] 이렇게 『중용』은 내성과 외왕 혹은 정치와 인격을 결합시킨다.

그 결합의 방식은 물론 안에서 밖으로의 방향이다. 자신을 만든 이후에야 타인을 다스릴 수 있고 궁극적으로 천하 국가를 다스릴 수 있다. [知所以脩身, 則知所以治人. 知所以治人, 則知所以治天下國家矣.] 이는 개인이 완성한 감정적 조절[中和]이 천하를 질서지우는 길[致中和, 天地位焉, 萬物育焉.] 것과 완전히 일치한다. 주자는 『중용』의 이러한 구조를 일一과 만萬의 관계로 설명한다. "이 책은 처음에는 하나의 이치[一理]에 대해 말하고, 중간에는 만사萬事로 확장시켰다가, 말미에는 다시 하나의 이치로 수합한다."[14] 여기서 말하는 '만사'에는 『중용』 본문에서 등장하는 '귀신'처럼 이해하기 어려운 부분도 있지만[15], 그 대강은 역시 천하 국가의 일이다.[16] 이렇게 『중용』은 치도와 수신을 연결하고, 수신의 근본을 중화中和의 심법에서 찾고 있다.

이렇게 볼 때 「대우모」와 『중용』의 공통점은 모두 치도를 말하고 있으며, 또 치도를 심법 혹은 수신과의 연속선상에서 논한다는 점이다. 이에 주자는 두 문헌을 인심도심이라는 키워드로 매개한 것이다. 비록 『중용』의 본문에서는 인심도심이나 도통을 말하지 않았지만 그 내용이 「대우모」와 같다는 이유에서, 『중용』을 「대우모」처럼 인심도심을 통한 도통의 전수 내용으로 규정한 것이다. 이것이 바로 「중용장구서」에서 주자가 장황하게 도학과 도통에 대해 언급한 이유다.

이렇게 정심正心과 수신이 치도의 근본이라는 것은 통치자라면 반드시 알고 지켜야 하는 원칙이다. 그래서 주자는 59세에 효종 황제에게 올리는 「무신봉사」에서 인심도심에 대해 무척 길게 설명한 것이다. 주자는 「무신봉사」뿐만 아니라, 33세의 「임오응조봉사壬午應詔封事」· 34세의 「계미수공주차일癸未垂拱奏箚一」· 52세의 「연화주차이延和奏箚二」와 「연화주차오延和奏箚五」에서도 동일하게 인심도심에 대해 언급하고 있다. 도덕적 잠언의 정도를 넘어서 한편의 철학 논문이라고 해도 좋을 장황한 인심도심설을 주자는 왜 황제에게 올리는 상소문에서 반복적으로 진술했을까? 무소불위의 리바이어던을 제어할 수 있는 유일한 길이라고 생각해서였겠지만, 그 방식은 경전의 권위에 기대는 것이었다. 이에 대해서는 다음 장에서 자세하게 다룬다.

주자가 인심도심에 대해 비교적 자세하게 논하고 있는 세 문장 「대우모」·「중용장구서」 그리고 「무신봉사」를 비롯한 여러 상소문의 공통점은, 그것들이 모두 정치적 맥락 속에 있다는 것이다. 그리고 정치의 근본을 통치자의 마음 수양에 두고 있다는 것이다. 때문에 인심도심은 단순한 윤리적 주제가 아니라 정치철학적 함의를 지닌다. 물론 이는 인심도심설이 지니는 윤리학적 심성론적 의미를 부정하는 것이 아니다. 다만 그 윤리학과 심성론이 철저하게 정치철학적 맥락과 배경을 지니고 있음을 말하려는 것이다. 도덕은 이렇게 정치가 된다.

사적 개인의 인정과 주자학의 '현실'

주자 인심도심설의 윤리학적 정치철학적 의의는 도심이 아니라 오히려 인심에 있다. 그는 인심의 '인'을 이전과 달리, 첫째 계급적 피치자가 아닌 보편적 인간으로, 둘째 사적 이익 추구를 넘어선 반성적 존재로, 셋째 피안에서의 득도가 아닌 현실 속에서 영위하는 존재로 재해석한다.

먼저 계급적 피치자에서 보편적 인간으로의 전환이다. 물론 이는 주자만의 공로는 아니다. 『서경』, 「대우모」에 대한 한대 해석자들은 '인심'의 '인'을 피통치자인 백성으로 보았다. 그러던 것을 정이는 보편적인 인간으로 확장시켰고 주자는 이 둘을 종합했을 뿐이다. 다만 주자는 여기에서 그치지 않고 도통론을 통해 「대우모」와 『중용』을 연결하고, 『중용장구』에서도 통치자의 문제를 모든 인간의 문제로 확장시켰다. 주자에게서 인심도심설은 분명 정치적 맥락을 지니지만 그것은 이제 특정 계급의 문제가 아니라 모든 인간의 문제가 되었다. 이것을 우리는 정치철학에서 윤리학으로의 전환으로 읽을 수도 있고 '정치적 주체의 확장'으로 읽을 수도 있다. 전자는 철학 영역에서 기존의 많은 연구가 수행해 온 방식이고, 후자는 사상사 측면에서의 관점에 해당한다. 후자의 관점에 대해서는 뒤에서 다시 간략히 검토한다. 아리스토텔레스의 『니코마코스 윤리학』이 『정치학』과 짝을 이루듯, 윤리학은 사회적 현실을 떠나서는 의미를 지닐 수 없으며, 정치철학에서 말하는 정의로움은 본질적으로 윤리의 문제다.

다음은 반성적 존재다. 한대의 주석에서 인심은 백성의 마음이고 도심은 통치자의 마음이어서 두 마음의 주체는 동일하지 않다. 그러나 주자의 인심도심설에서는 인심의 주체가 곧 도심의 주체다. 이 주체는 자기보존의 욕구를 지니고 있지만, 그것을 사회적 시선으로 객관화함으로써 타인과 원만한 관계를 형성할 수 있는 이성적 존재다. 그의 존재적 처지는 음식남여의 본능과 육체적 수요에서 벗어날 수 없지만, 동시에 그것을 이성적으로 반성해볼 수 있는 능력을 지닌 것이다.[17] 그것은 훌륭한 자질을 타고난 인격자나 치천하의 소명을 지닌 통치자만의 이야기가 아닌 모두의 이야기다. 때문에 이것은 도덕적 계급론이 아니다. 인간이라면 누구나 그럴 수 있으며 또 그래야 하는 실존에 대한 이야기이다.[18] 유가에서 지금까지의 백성은 먹어야 하는 존재였다. 일반 백성은 항산이 없으면 항심도 없는 것이 당연하다고 맹자는 말하고 있다. 신분적 계급이 윤리적 계급으로 이어져 있었다. 그러나 이제는 다르다. 모든 인간은 성인이 될 수 있다. 아무리 비루한 처지에 있는 인간이라도, 모든 인간은 고뇌하는 존재다.[19] 한편 그것은 어느 한 순간 마음을 분석하고 이기적 욕망을 극복했다고 해서 끝나는 문제가 아니다. 인간은 죽는 순간까지 자신의 감정과 욕구가 과연 반사회적이지는 않은지 끊임없이 물어야 하는 존재다. 그것은 인간이 사회적 동물이기 때문이다.

마지막으로 현실 속에서 영위하는 존재다. '정의로움'에 대해 고민해야 하는 이유는 물론 인간이 사회적 존재이기 때문이다. 유가는 공자 이래로 서로 다른 인간이 모여 사는 이 사회를 현실로 인정했으며, 이 현실 이외의 다른 세계를 인정하지 않았다. 때문에 주자는 사회를 떠나 개인의 해탈을 추구하는 도교와 불교의 비사회성을 비판한다. 도심은 옳고 그름 혹은 정당함과 부당함을 판단하는 이성적 능력이다. 인심 자체에는 이러한 반성적 능력이 없다. 주자는 사회를 떠나 개인의 해탈을 추구하는 불교의 태도가 정의로움에 대해 묻지 않는 인심과 같다고 보았다.

> 인심은 반성적 선택이 없는 마음이다. 도심은 반성적으로 선택하는 마음이다. 불교라고 무턱대고 나쁘다고 말할 수는 없겠지만, 거기에는 선택하는 마음이 없다.[20]

그런가 하면 그는 현실적 조건을 무시한 이상적 도덕주의 역시 불교의 태도와 같다고 비판한다.

> 그저 인심만을 추구하고 도심의 통제를 무시한다면 멋대로 흥청망청 하는 단계로 흘러가 버린다는 것이야 자명하지만, 그렇다고 도심만을 간직한 채 모든 인심을 제거하고자 한다면 그것은 도덕 본성[性]과 주어진 삶[命]을 별개의 것으로 만들어버리는 것이다. 그래서 도심이라고 하는 것 역시 텅 비어 아무런 실질이 없는 것[空虛無有]으로 만들어버리게 되어, 결국에는 불교와 도교의 태도로 흘러가버리고 『서경』「대우모」의 지향과는 아무런 관계가 없어져 버릴 것이다.[21]

이 인용문에서 보이는 것처럼, 현실을 무시한 규범은 관념의 속박일 뿐이며 일상 속에서 만나는 그 누구도 고려치 않는 빈껍데기에 불과하다. 결국 개인주의든 이상주의든 현실의 장[日用動靜之間]을 떠난 채 도덕적(혹은 종교적) 완성을 추구하는 것은 주자의 관점에선 아무런 의미를 지니지 못한다.[22] 현실을 인정한다는 것은, 인간을 음식남여라고 하는 가장 기본적인 수요와 욕구를 지닌 존재로 인정한다는 의미다. 관념과 이상의 세계에서 현실로 내려올 때라야 비로소 먹어야 하고 쉬어야 하는 현실의 인간이 눈에 들어온다. 그런 점에서 주자 인심도심설의 가장 큰 공헌은 '사적 개인'을 인정했다는 것이다.

> 배고프면 먹고 싶고 추우면 입고 싶은 것은 모두 나의 혈기와 형체에서 생겨난 것으로서 다른 사람은 여기에 아무런 관련이 없다. 때문에 '사적[私]'이라고 하는 것이다.[23]

> 이목구비와 사지는 나의 몸뚱이에 속한 것이기 때문에 사적으로 지니고 있는 것이다. 때문에 공적인 도[道]와는 다른 것이다.[24]

타인이 아닌 것 그것이 바로 '나'다. 나는 구체적 현실 속에서 나만의 사적인 몸뚱이를 지니고 있는 존재다[形氣之私]. 여기서 '사적[私]'이라는 말은 '나의' 즉 공적으로 공유되지 않는 '나만의'라는 의미다. 따라서 이때의 '사적'이란 말은 '비규범적'이란 말이 아니라 '타인과 무관한'이란 말일 뿐이다. 때문에 그 자체에서 악함이나 오류[過不及]를 찾을 수는 없다. 오직 '반사회적'일 때만 비난의 대상이 될 수 있다.

> 인간이 태어나는 것은 본성[性]과 기질[氣]이 합쳐져서 되는 것이다. 때문에 이미 합쳐져서 태어난 뒤에 그것을 분석적으로 보면, 본성은 이성[理]에 기반하고 육체성[形]이 없다. 기질은 육체성에 기반한 몸뚱이를 지닌다. 본성은 이성에 기반하고 육체성이 없기 때문에 공적[公]이고 선하지 않음이 없다. 기질은 육체성에 기반하고 몸뚱이를 지니기에 사적[私]이고 혹 선하지 않을 수도 있다. 본성은 공적이고 선하기에 그것으로부터 나온 것은 모두 천리가 실현된 것이라고 할 수 있다. 기질은 사적이고 혹 선하지 않을 수 있기

때문에 그것으로부터 나온 것은 모두 인욕이 실현된 것이라고 하겠다. 이것이 바로 순임금이 우에게 경계해 준 인심과 도심의 차이이다. 근본적으로 이미 그런 것이지 기의 실현에서 과불급과 같은 오류가 있은 뒤에 인욕이 되는 것이 아니다.[25]

'육체성[形]'이란 우리 속담의 '목구멍이 포도청'이란 말이다. 즉 인간은 육체성을 지니기 때문에 어쩔 수 없는 수요에 처하게 되고, 그러한 수요를 만족시키려는 욕망을 갖게 된다. 때문에 욕망 그 자체는 결코 나쁜 것이 아니다. 다만, 육체[小體]에는 타자에 대한 이성적 사유의 기능이 없기 때문에 그 자체의 방식으로는 욕망을 제한할 이유도 근거도 가능성도 없다. 타자에 대한 고려는 반성적 이성[大體]에 의존한다. 반면 이성 그 자체에는 자신을 보존하려는 욕구가 없다. 도덕률로서 형식적 명령만이 존재한다. 때문에 악으로 흐를 가능성 자체가 없다[無不善]. 이성에게는 현실이 없다. 때문에 이것은 이성이냐 욕망이냐 하는 인간 존재의 '구조적[蓋自其根本而已然]' 문제일 뿐 개인적 특성이나 혹은 일시적 잘못에서 기인한 것이 아니다. [非謂氣之所爲有過不及而後流於人欲也.] 즉 인심 혹은 인욕에 좋고 나쁨이 있어서 특별히 나쁜 인심이나 인욕만을 개선해야 하는 것이 아니라, 본래 무방향 무제한 무선무악의 인심을 사회적 시선인 도심으로 평가하고 통제해야 하는 것이다. 즉 인심은 지극히 사적 개념이고 도심은 지극히 사회적[公共] 개념이다.

조선의 유자 한원진(韓元震, 1682~1751)은 인심도심을 리발理發과 기발氣發로 분속하게 된 것은 채침이 '형기지사形氣之私'에서 '사私'자를 제거했기 때문이라고 지적하면서, 이때부터 주자의 원의에서 멀어졌다고 지적한다. '형기지사形氣之私'란 '개인의 몸뚱이'다. 만일 여기서 '사私'자를 제거하고 '형기'만 남긴다면, 이것은 '몸뚱이 일반'이 된다. 그렇게 되면

'성명지정性命之正' 역시 특정한 개인이 특정한 상황에서 지니게 되는 이성적 반성능력이 아니라, 그냥 '인간 보편의 도덕적 본질'이 된다. 구체는 추상이 되고 현실은 관념이 된다.[26]

하나님이 아닌 인간에게서 존재의 근거를 찾은 것이 데카르트라면 덕성이나 신앙이 아닌 인간의 이기적 욕망을 인간의 본질로 인정한 것이 홉스·로크·마키아벨리 등이다. 서양의 근대는 이렇게 '개인'과 '욕망'으로부터 시작되었다. 북송 도학 전통에서 '개인'은 다른 모든 존재자가 그렇듯 태극 혹은 리理라고 하는 존재의 본질 속에 위치지워졌었다. 실존보다 본질이 우선하는 이런 관점에서는 서양 중세의 기독교 사회가 그랬던 것처럼 다양성과 창의의 '사적 개인'은 숨 쉬기 어렵다.

주자의 '인심'에 대한 인정에는 '욕망하는 개인'을 인간의 본질로 정면에서 인정했다는 의의를 부여할 수 있다. 정이의 '사적 개인[私欲]'이 존재만으로 보편적 진리[天理]에 반하는 것이었다면, 주자의 기氣 혹은 육체는 존재론적으로는 가치평가와 무관한 반면 사회적으로는 조율되어야 할 위험한 것으로 규정된다는 점에서, 인간의 욕망을 인정하면서도 그것을 사회적으로 조율해야 한다고 주장한 홉스나 로크의 관점과 비슷한 점이 있다.[27]

욕망하는 인간에 대한 인정이 욕망을 도덕적으로 용인하는 것이 아니듯, 기질적 존재로서의 인간을 인정하는 것이 곧장 모든 욕망에 대한 인정을 의미하는 것은 아니다. 주자의 인심도심설은 청나라 대진戴震이 주장했던 수욕달정론隨欲達情論, 즉 자신의 욕망을 따라 감정을 실현시켜 주자는 주장이 아니다. 홉스나 로크처럼 '자연상태'를 상정하지는 않았지만 주자의 인심은 그들이 말하는 인간의 원초적 실존적 모습과 비슷하다. 서양 근대 정치철학에서 '국가에 의한 통제'가 있었다면 주자에게는 '도덕에 의한 통제'가 있다. 다만, 그 통제의 주체가 도덕적으로 승화

된 자기 자신이라는 점에서 그리고 그러한 이성적 존재를 역시 인간의 본질로 인정한다는 점에서 홉스나 로크보다는 칸트식의 의무론에 훨씬 가깝다고 하겠다.

물론 주자의 '통제'에는 개인의 내적 극복만 있는 것은 아니다. 그가 일생을 통해 구축하려고 했던, 서원·향약·사창·예학·경전의 텍스트화 등은 모두 개인과 사회를 위한 외적 장치에 해당한다. 주자학이 육왕심학뿐만 아니라 도남학이나 호상학 등의 '내적 통제론'과 달라지는 지점이 여기에 있다. 이 지점에서 우리는 위고문 「대우모」가 사실은 『순자』에서 왔다는 일련의 분석에 주의를 기울일 필요가 있다.[28] 위태로운 인심에 대한 지적과 경계는 맹자류의 인간에 대한 낙관적 믿음과는 분명 다른 계열에 해당한다.

북송에 비해 남송은 상대적으로 대가족이 해체되고 강남 개발과 함께 상업 경제가 발달한다. 사적 이익 추구가 인정되기 위해서는 사적 개인이 우선적으로 인정되어야 한다. 인간의 욕망을 아예 제거해야 할 것으로, 그래서 내어놓고 진지하게 얘기하기에도 민망한 것으로 생각하는 태도에서는 어떠한 사회적 담론이나 제도의 수립도 불가능하다. 그것은 아예 개인의 단계에서 극복되어야하기 때문이다. 이런 태도로는 다양하고 이기적인 개인이 다층적으로 만나는 사회와 국가를, 즉 '현실'을 논할 수 없다.

그런 점에서 인심에 대한 인정 즉 사적 개인과 그러한 개인의 욕망을 부정할 수 없는 것으로 받아들이는 주자의 태도는, 순자나 법가가 그랬던 것처럼 사회와 국가를 자신의 철학적 '현실[場]'로 받아들일 수 있는 사유의 출발이 된다. 『중용』과 『대학』의 강조 그리고 「대우모」의 발굴과 같은 것들은 이러한 맥락에서 이해될 필요가 있다. 그에게서 이 텍스트들은 개인으로부터 사회로 확장되어 나아가는 가이드북에 해당한다. 때문에 16자 심법은 주체를 내면으로 성장케 하는 '향내적向內的 잠언'일 뿐만 아니라 사회로 나아갈 건강한 개인을 만드는 '향외적向外的 수칙'이다.

경세차원에서의 도덕과 이익

'이익' 즉 물질적 가치 추구를 바라보는 도학자들의 기본적인 시선은 그것이 언제든지 악으로 흐를 수 있는 위험성을 지닌다는 것이다. 따라서 도덕규범으로 그것을 제어해야만 한다. 이것이 바로 '의리지변義利之辨' 즉 옳음과 이익의 문제를 대하는 도학자들의 기본적 시선이다. 그러나 주자를 비롯한 도학자들이, 기본적인 생존의 문제도 해결하지 못해 핍진乏盡해 있는 백성들에게까지 욕망의 절제를 요구하는 것은 아니다. 그들은 인간의 기본적인 생존을 위한 물질적 수요와 재화에 대해서는 결코 반대하지 않았다. 먹을 것이 없어 끼니도 해결하지 못하는 백성들에게 천리를 존양하여 인욕을 없애라고 요구하는 것은 넌센스에 불과하다.

공자는 그의 제자 자공子貢이 정치에 대해서 물었을 때 '경제력과 군사력을 풍부히 하는 것, 그리고 백성들에게서 신뢰를 얻는 것'[29]이라고 말했다. 또 다른 제자인 염유冉有와의 대화에서는 백성들을 우선적으로 풍요하게 만들어준 다음에야 교육시킬 수 있다고 말했다.[30] 맹자 역시 개인적인 치부에만 관심을 쏟는 양혜왕과 제선왕에게 이익을 추구하는 마음을 백성들과 함께하라고 요구하며, 그럴 때만이 이익의 추구가 정당화될 수 있다고 말한다.[31] 도덕적 엄격성을 누구보다 중요시한 유학자로 여겨지는 동중서의 경우도, 백성들을 다스리는 요체에 대해 논할 때에는 예악禮樂·효제孝悌와 더불어서 물질적 조건인 '의식衣食'을 인간 생존의 필수불가결의 요소로 꼽았다.

무엇을 일러서 근본이라 하는가? 하늘과 땅과 사람이 바로 만물의 근본이다. 하늘이 낳고, 땅이 기르고, 사람이 완성한다. 하늘은 효제孝悌로써 낳고, 땅은 의식衣食으로써 기르며, 사람은 예악禮樂으로써 완성시킨다. 이 세 가지는 서로 수족이 되어서, 하나로 합치해 완성된 몸뚱이를 이루게 되니, 하나라도 없을 수 없다. 효제가 없다면 그 생성의 조건을 잃게 된다. 의식이 없다면 그것을 길러낼 조건을 잃게 된다. 예악이 없다면 완성의 조건을 잃게 된다. 이 세 가지를 모두 잃게 된다면 백성들은 마치 들짐승과도 같게 된다.[32]

이처럼 유가는 전통적으로 수기의 차원에서는 물질적 욕구를 자제해야 할 것으로 인식했지만, 경세經世 즉 정치적 차원에서는 백성들의 생존권 부양의 책임이 지배층에게 있음을 명시하면서 재용財用으로서의 이익을 긍정하였다. 이는 일차적 생존의 단계를 벗어난 지배계급에게는 도덕적 절제를 요구하는데 반해, 아직 기본적인 생계의 수준도 갖추어지지 않은 피지배계급의 백성들에게는 도덕적 절제를 강조하기에 앞서 일차적인 민생의 조건을 우선적으로 갖추어주어야 함을 밝힌 것이다.

정이 역시 생존 조건으로서의 재화를 인정하는 유가 전통에 입각하여 물질적 재화추구의 정당성을 인정했다. 그는 재화를 음에 비유하고 도덕을 양에 비유하여 재화와 도덕의 관계를 '음양'으로 설명하였다. "음이 양을 즉 재화가 도덕을 도움으로써 만물을 완성하도록[成物] 하는 이는 군자요, 재화 때문에 도덕을 해치는 자는 소인이다. 이익[利]이 옳음[義]과 조화를 이루는 것은 선하고, 옳음을 해치는 것은 선하지 못하다."[33] 이익 혹은 재화의 추구가 도덕의 범위 내에서 조화를 이룰 때에는 선으로 평가될 수 있다. 그리고 군자라면 재용의 적극적인 활용을 통해 만물을 살아갈 수 있게 해주어야 한다.

주자도 역시 경세에 있어서는 교화와 더불어 민생의 안정을 무엇보다 중요시하였다. 그는 "의식이 부족하면 예의를 살필 겨를이 없다. 배만 부르고 가르침이 없으면 짐승에 가깝다. 그러므로 먼저 부유하게 해 주고서 가르쳐야 한다."[34]라고 하였다. 그리고 백성들을 부유하게 해 주는 방법으로는 토지의 정비와 세금의 감면 등을 들었다.[35]

아울러 그는 정이처럼 이익의 추구가 언제나 도덕적 규범을 벗어나지 않을 때에만 최적의 결과를 얻을 수 있음을 강조한다. 이익이 도덕의 규범을 벗어나지 않는다는 것은 사회의 구성원들이 각기 자신의 사회적 역할을 완수할 때에 이루어지는 사회 전체의 공익을 의미한다. 공동체의 구성원들이 자신에게 주어진 역할을 성실히 수행할 때에 공동체 전체는 조화를 이루게 되고 그 조화로움 속에서 구성원들은 모두 이익을 얻게 되는 것이다.

> 처음에는 매우 엄격하기만 해서 마치, "남자는 밖에서 바르게 자리하고, 여자는 안에서 바르게 자리한다."처럼, 안팎이 확연히 구분되어 있는 것만 같다. 군주는 위에서 존엄하고, 신하는 아래에서 공경하니, 존비 대소가 확연하여 넘어설 수 없어서 마치 심하게 조화롭지 못한 것만 같다. 그러나 각기 자신의 위치를 얻을 수 있다면 그 조화로움이 이보다 더 큰 것이 무엇이겠는가? 천지만물도 각기 적당한 위치를 얻지 못한 것이 없게 된다면, 이 역시 다만 이익이 조화를 이룬 것이다. 이러한 경지가 바로 옳음[義] 가운데 조화가 있는 것이다.[36]

그는 공동체 전체의 이익을 획득하기 위해서는 구성원 각자의 도덕적 자세가 중요하다고 생각했다. 도덕적 동기와 절차적 정당함이 현실적으로 이익이 되는 결과를 가져온다고 생각한 것이다. 다음 장에서 다루게 될 진량 등 사공학파와 전개된 왕패의리논쟁王霸義利論爭을 바라보는 일반적인 시각은, 사공학파가 이익을 중시했음에 반해 도학파가 규범을 중시한 논쟁으로 평가한다. 물론 주자가 수기의 차원과 경세의 차원에서 일관되게 규범을 중시하고 우선시하는 것은 사실이다. 그러나 '이익'의 영역은 사공파의 몫으로 떼어놓고서 도학은 '도덕'만을 부여잡은 이들로 규정하는 것은 불가하다. 오히려 주자는 '정의[義]'가 '이익[利]'을 가져다준다고 믿었기 때문에 이익을 얻고자 한다면 도덕적 동기와 타당한 절차에 의지해야 한다고 생각했던 것이다. 이는 이해득실로 따질 수 없는 '정의' 자체의 가치를 인정함과 동시에 이해利害의 영역에서도 정의가 이익을 가져다주는 효용이 있다고 본 것이다.

결론적으로 주자의 경세론에서 '의리義利' 개념은, 수기의 차원과 경세의 차원으로 나누어 살펴볼 수 있다. 수기 차원에서의 이익이란 자제되어야할 욕망으로서의 의미가 강하지만, 경세 차원에서의 이익은 백성들의 기본적인 생존을 위한 조건인 재용을 의미한다. 때문에 이때는 적극적으로 성취해야할 대상이 된다. 그러나 수신의 차원과 경세의 차원에서 정의의 개념은 공히 이익을 제어하고 통제하는 기제로서의 역할을 한다. 정의로움이란 이해득실로 평가될 수 없는 초월적인 규범이며 인간의 본질적인 의무의식이다. 이와 함께 경세차원에서는 성공적인 결과를 담보해줄 수 있는 절차적 정당성과 분배정의의 의미를 함께 지니고 있다.

주자는 내면의 선한 동기와 절차적 정당성은 언제나 좋은 결과를 가져온다고 믿었다. 이러한 신념은 비록 현실사회에서 "절차적 정의가 최선의 결과를 보장하는 유일한 방법은 될 수 없을지라도 최선의 결과를 가져다 줄 것으로 믿는 많은 사람들의 기대치를 수렴해내는 장치"라고 믿는 것이다.[37] 그러나 이러한 견해는 공동체의 구성원 모두가 게임의 법칙을 지킬 때에만 비로소 가능해진다. 맹자는 작은 저수지라도 때에 맞춰서 그물을 들인다면 모두가 재화를 누리면서 경제적 혜택을 받게 될 것이라고 말했다. 그러나 만약 어떤 한 사람이 마구잡이로 아무 때나 그물을 들인다면, 대다수의 준법자들은 경제적 효용을 누릴 수도 없을 것이며 사회적 약속은 곧 깨어지고 말 것이다. 상이한 이해관계를 지닌 개인들이 오로지 도덕적 훈련을 통해서 내면의 선의지에 따라 행동하리라고 기대하는 것은 다분히 비현실적이다.[38] 때문에 주자는 14~15장에서 다루게 되는 예학·향약·사창·서원 등 구체적인 규제의 장치들을 만든 것이다. 주자는 개인의 자발적 참여에만 기대지 않았다.

이제 「중용장구서」의 두 번째 이야기인 도통론을 살펴보자. 도통설이란 선불교에서 의발을 전수하던 전통을 모방하여 세운 유가 나름의 진리 전수의 계보를 의미한다. 『논어』에는 요임금으로부터 순을 거쳐 우임금에게로 통치권을 이양해주는 이야기가 있고, 『맹자』에는 위대한 성인이 500년마다 출현한다는 이야기가 있다. 이러한 이야기들을 소스 삼아 당송의 유자들은 도통설을 만들었다.

중국 역사에서 문화와 도덕의 힘을 본격적으로 이해하고서, 그것을 권력자의 품에서 탈취해 자신의 몫으로 규정한 이들이 유자儒者이며 그 시조는 당연히 공자다. 공자는 자신이 주공周公으로 대표되는 문명[斯文]을 계승했다고 반복해서 주장한다. 현실 정치의 권력자들은 이제 단지 왕일뿐 더 이상 성인이 아니다. 한편, 자신들은 문화와 도덕을 담지하고 있기에 성인일 수는 있지만 현실 권력을 지니지 못했기 때문에 결코 왕일 수 없었다. 기껏해야 그들은 소왕素王이 되기를 바랄 뿐이었다.[39]

「대우모」와 『중용』에서 통치의 주체는 누구인가? 「대우모」의 통치자 요순우는 하나같이 출생 신분에 의해 왕이 되지 않았다. 순임금은 효의 명성으로, 우임금은 치수의 공적으로 왕위를 물려받았다. 『중용』은 덕만 있어도 안 되고 지위만 있어도 안 된다고 하면서도, 덕이 있으면 결국에는 지위를 얻게 된다고 말하고 있다. 반면에 지위를 지니면 자연스레 덕을 갖추게 된다고는 말하지 않았다. 결국 「대우모」와 『중용』에서 제시하는 통치자의 일차적 자격조건은 신분이 아닌 덕이다.

주자가 도통의 구성원을 요순우로 시작해서 성탕成湯과 문무文武로 다시 고요皐陶와 이윤伊尹 등으로 최종적으로 공자부터 북송의 도학자들까지로 설정한 데에는 치밀한 계산이 깔려 있는 것으로 보인다. 요순부터 도학자들까지는 누구 하나 출생 신분으로 지위를 얻은 이가 없다는 공통점을 지닌다. 다만, 요순우는 선양에 의해 왕이 되었고, 성탕과 문무는 역성혁명에 의해 왕이 되었으며, 고요와 이윤 등은 왕이 아니라 신하였지만 그래도 현실 정치에 참여한 인물들이었고, 공자부터 북송의 도학자들까지는 사실 그다지 정치 무대에 올라보지 못했던 이들이다. 이렇게 논의의 중점은 지위로부터 덕성으로 정치적 권위로부터 인격적 권위로 점차 전이되어간다.

도통의 계열을 정통政統으로부터 도학道學으로 전이시킴으로써, 중앙의 황제권에 대항해 지방 중심의 사대부 세력을 강화하려고 했다는 것이 사상사학자들의 일반적인 관점이다. 송대 들어 급격히 증가한 과거합격자들이 중앙 관계에서 충분히 소화되지 못함에 따라, 점차 중앙 권력에의 참여를 포기하고 학적 도덕적 권위를 내세워 지방에서의 세력화를 추구했다는 것이다.[40]

이러한 관점은 충분한 설득력을 지닌다. 주자만 해도 지역사회를 대상으로 하는 서원·향약·사창 등을 주창한 것이 그렇고, 왕조례에 해당하는 『주례周禮』가 아닌 『의례儀禮』나 『가례家禮』를 중시한 점,[41] 통치자와 관련된 『오경五經』으로부터 지식인 중심의 『사서四書』를 경전으로 꾸린 것까지가 이러한 입장을 뒷받침해준다. 도통론과 그 텍스트로서의 『중용』이 바로 그 선봉에 있다.

『중용』의 '군자' 역시 '재위자在位者'에서 '유덕자有德者'로 초점이 확연히 옮아갔다. 그러나 그는 어디까지나 천하 국가를 고민하는 정치적 주체다. 때문에 '유덕자'라고 해서 내면의 인격적 완성만을 추구하는 소위 '도덕군자'일 수는 없다. 주자가 강조하고 싶었던 『중용』의 군자는 결국 '지위야 있든 없든 적극적으로 정치에 참여하는 지식인'이라는 결론에 이르게 된다. 유가의 비조인 공자가 그랬던 것처럼 결국 주자가 생각하는 이상적인 지식인상이란 바로 이런 것이다. 때문에 「중용장구서」는 정치적 소명의식을 표방한 출사표다.

도통론과 인심도심설은 누가 정치적 주체여야 하느냐는 정치철학적 논의를 다루고 있다. 플라톤을 위시로 하여 많은 서양의 정치철학자들은 정치적 주체에 따라 정체(政體, Politeia, πολιτεία)를 규정해 왔다. 그러한 체계에 비추어보았을 때 『중용』의 정체는 왕 한 사람에 의한 정치가 아니라 학적 인격적으로 훈련된 다수의 지식인들이 참여하는 것이고, 따라서 그것은 플라톤의 철인정치哲人政治에 가까울 것이다.

이러한 관점은 또 하나의 명문인 「대학장구서」에서 다시 반복된다.

「大學章句序」

大學之書, 古之大學所以教人之法也. 蓋自天降生民, 則既莫不與之以仁義禮智之性矣. 然其氣質之稟或不能齊, 是以不能皆有以知其性之所有而全之也. 一有聰明睿智能盡其性者出於其閒, 則天必命之以為億兆之君師, 使之治而教之, 以復其性. 此伏羲、神農、黃帝、堯、舜, 所以繼天立極, 而司徒之職、典樂之官所由設也.

『대학』이라는 책은 옛날에 〈태학〉에서 학생들을 가르치던 법이다. 하늘이 백성을 내심에 누구라도 인의예지의 본성을 부여받았다. 그러나 부여받은 기질이 모두 같을 수는 없기에, 누구나 자신에게 도덕 본성이 부여되었음을 알고 온전하게 할 수 있는 것은 아니다. 그 중에 누구라도 총명하고 지혜로운 이가 출현하면 하늘은 반드시 그에게 명을 내려 모든 백성의 군왕이자 스승이 되게 하여 백성들을 다스리고 가르침으로써 그들의 본성을 회복하도록 하신다. 이것이 바로 복희·신농·황제·요·순 등이 하늘을 이어받아 인간의 질서를 세우고 교육을 담당하는 직책이나 법률과 문화를 담당하는 관직이 설정된 이유다.

三代之隆, 其法寖備, 然後王宮、國都以及閭巷, 莫不有學. 人生八歲, 則自王公以下, 至於庶人之子弟, 皆入小學, 而教之以灑掃、應對、進退之節, 禮樂、射御、書數之文; 及其十有五年, 則自天子之元子、衆子, 以至公、卿、大夫、元士之適子, 與凡民之俊秀, 皆入大學, 而教之以窮理、正心、修己、治人之道. 此又學校之教、大小之節所以分也.

하은주 삼대로 내려오면서 그 법이 점차 갖추어져 왕궁과 수도 및 향촌에 이르기까지 모두 학교가 세워지게 되었다. 여덟 살이 되면 왕공으로부터 서인의 자제들까지 모두 〈소학〉에 입학하여 쇄소·응대·진퇴의 예절과 예악사어서수의 교육을 받는다. 열다섯이 되면 천자의 원자와 여러 자식들로부터 공·경·대부·원사의 자식들 그리고 백성들 중에서 준수한 이들이 모두 〈태학〉에 들어가 궁리·정심·수기·치인의 도를 배운다. 이것이 또한 학교의 교육에 있어서 시기적인 단계가 생긴 이유다.

夫以學校之設, 其廣如此, 教之之術, 其次第節目之詳又如此, 而其所以為教，則又皆本之人君躬行心得之餘，不待求之民生日用彝倫之外，是以當世之人無不學．其學焉者，無不有以知其性分之所固有，職分之所當為，而各俛焉以盡其力．此古昔盛時所以治隆於上，俗美於下，而非後世之所能及也！

이렇게 광범위하게 학교가 설립되고 순서에 맞게 교육의 단계와 내용이 정해졌지만, 그것들은 모두 군주가 몸소 행하고 마음으로 깨달은 것들이어서 백성들의 일상적인 삶에서 요구되는 규범에서 벗어나 따로 구해야 하는 것들이 아니다. 때문에 세상을 살아가는 모든 이들이 배울 수 있었던 것이다. 그 배운 내용 역시 자신의 본성에 이미 있는 것이자 역할에 따른 당위적 규범이어서 모두 알 수 있는 것이니 누구라도 힘써서 행할 수 있는 것이다. 이것이 바로 위대했던 고대시기에 위로는 정치가 잘 행해지고 아래로는 풍속이 아름다울 수 있었던 이유이지만, 안타깝게도 후대에는 그렇게 하지 못했다.

及周之衰，賢聖之君不作，學校之政不修，教化陵夷，風俗頹敗，時則有若孔子之聖，而不得君師之位以行其政教，於是獨取先王之法，誦而傳之以詔後世．若曲禮、少儀、內則、弟子職諸篇，固小學之支流餘裔，而此篇者，則因小學之成功，以著大學之明法，外有以極其規模之大，而內有以盡其節目之詳者也．三千之徒，蓋莫不聞其說，而曾氏之傳獨得其宗，於是作為傳義，以發其意．及孟子沒而其傳泯焉，則其書雖存，而知者鮮矣！

주나라가 쇠퇴해지면서 위대한 성군이 출현하지 않고 교육은 제대로 시행되지 않으니 교화는 점차 사라지고 풍속은 문란하게 되었다. 이 때 위대한 성인이신 공자가 있었지만 그는 군주도 아니었고 교육을 담당하지도 못했다. 그저 선왕의 법을 얻어 구술함으로써 후세에 전해줄 뿐이었다. 『예기』의 「곡례」·「소의」·「내칙」·「제자직」 같은 편들은 본래 〈소학〉에서 배워야 하는 것들에 해당한다. 이 「대학」편은 〈소학〉에서 배운 것을 바탕으로 〈대학〉의 밝은 법을 드러낸 것이니, 형식상으로는 그 규모를 최대한 넓혔고 내용상으로는 세세한 절목을 자세하게 다 다루고 있다. 공자의 삼천 제자들이 모두 이 말씀을 들었지만 증자의 계열만이 그 종지를 얻을 수 있었기에 해설[傳]을 붙여 공자의 뜻을 풀어주었다. 맹자가 죽고 나서는 그 전수가 끊어졌기에 비록 이 책이 있기는 있다 하더라도 그 의미를 아는 이가 거의 없었다.

自是以來, 俗儒記誦詞章之習, 其功倍於小學而無用; 異端虛無寂滅之教, 其高過於大學而無實. 其他權謀術數, 一切以就功名之說, 與夫百家衆技之流, 所以惑世誣民、充塞仁義者, 又紛然雜出乎其閒. 使其君子不幸而不得聞大道之要, 其小人不幸而不得蒙至治之澤, 晦盲否塞, 反覆沉痼, 以及五季之衰, 而壞亂極矣!

이때부터, 기록해서 암송하고 문장이나 짓는 속된 유자들의 노력이 아무리 〈소학〉의 수고보다 갑절이나 된다 하더라도 쓸모가 없고, 허무와 적멸을 말하는 이단의 가르침이 아무리 〈대학〉보다 현란하다 하더라도 사실 아무런 실상이 없게 되었다. 거기다가 공명을 추구하는 권모술수나 혹세무민으로 참된 규범의 체계를 무너뜨리는 이런저런 무리들이 수도 없이 출몰하게 되었다. 결국엔 불행히 군자는 위대한 진리의 요체를 듣지 못하게 되었고 소인들 역시 훌륭한 정치의 은택을 입지 못하게 되었다. 어둡고 꽉 막히기를 점점 반복하여 오대[五代十國]에 이르러서는 아주 극한에 이르렀다.

天運循環, 無往不復. 宋德隆盛, 治教休明. 於是河南程氏兩夫子出, 而有以接乎孟氏之傳. 實始尊信此篇而表章之, 既又為之次其簡編, 發其歸趣, 然後古者大學教人之法、聖經賢傳之指, 粲然復明於世. 雖以熹之不敏, 亦幸私淑而與有聞焉. 顧其為書猶頗放失, 是以忘其固陋, 采而輯之, 閒亦竊附己意, 補其闕略, 以俟後之君子. 極知僭踰, 無所逃罪, 然於國家化民成俗之意、學者修己治人之方, 則未必無小補云.

淳熙己酉春二月甲子, 新安朱熹序.(1189년 60세)

하늘의 운행은 순환하기에 끝내 가버리기만 하고 돌아오지 않는 경우란 없으니, 우리 송나라의 덕이 융성하여 정치와 교육이 비로소 밝아지게 되었다. 마침 하남 정씨 두 선생께서 나오셔서 맹자의 전통을 이으셨으니, 이로부터 처음으로 이 「대학」편을 존중하고 신뢰하여 널리 드러내시었다. 또한 「대학」의 내용을 순서에 맞게 편집하심으로써, 고대 〈대학〉 교육의 법 그리고 공자의 〈경經〉과 증자의 〈전傳〉이 말하려는 의미가 세상에 다시금 찬연하게 밝혀지게 되었다. 비록 나는 어리석지만 다행히도 정자의 가르침을 사숙할 수 있었다. 이 책에 누락된 부분이 있음을 확인하고서, 나 자신의 고루함은 잊어버린 채 여러 관점을 모으고 거기에 약간의 내 생각을 덧붙여 그 누락된 부분을 채워 넣어 후대의 판단을 기다리기로 하였다. 내 본분을 넘어섰음을 잘 알기에 죄를 피해갈 수야 없겠지만, 국가에서 백성을 교화하는 데 그리고 배우는 이가 수기치인의 방법을 얻는 데 있어서 아무런 도움도 되지 못한다고야 할 수 있겠는가?

순희기유 춘이월 신자일에 신안 주자가 서문을 쓰다.

「중용장구서」와 마찬가지로 주자 60세에 작성된 이 글에서 '정치'와 '교육' 혹은 '군왕'과 '스승'은 교묘하게 혼용된다. "그 중에 누구라도 총명하고 지혜로운 이가 출현하면 하늘은 반드시 그에게 명을 내려 모든 백성의 군왕이자 스승이 되게 하여 백성들을 다스리고 가르침으로써 그들의 본성을 회복하도록 하신다." 정치를 교육과 연동시킬 수 있었던 이유는, 교육과 정치의 공통된 목적을 '본성 회복'에 두었기 때문이다. 이는 물론 수기와 치인 혹은 명명덕과 신민을 연동시키는 『대학』의 본의에 부합한다. 그래서 주자는 이 글의 말미에 『대학』의 목표를 국가와 개인의 차원으로 나누어, 백성교화[化民成俗]와 수기치인修己治人이라고 밝혀놓은 것이다.

도덕 본성은 누구나 갖고 있지만 기질적 한계에 의해 모두가 그것을 알고 온전히 구현할 수 있는 것은 아니다. 오직 교육을 통해서 '본성 회복'은 가능하다. 교육은 여전히 인간의 본성과 보편적인 규범에 근거한 것이기에 누구라도 그것을 배울 수 있다.[42] 다만 교육이 가능하기 위해서는 스승이 필요하다. 정치에 있어서 훌륭한 군주가 필요한 것과 같다. 군주는 본질적으로 스승이기 때문이다.

다만 주나라 이후 위대한 군주와 위대한 스승의 합일은 깨어졌다. 명시적으로 말하지는 않았지만 더 이상 위대한 군주는 출현하지 않는다. 심지어 자신이 섬기는 송의 황제 역시 예외가 아니다. 공자가 시작하고 증자가 부연해서 맹자가 전한 것을 정자가 천 여 년 만에 다시 계승함으로써 이 위대한 진리의 계보는 겨우 이어질 수 있었다. 이런저런 겸사에도 불구하고 이 도통이 정자의 문인들을 건너뛰어 주자 자신에게 이어지고 있다고 자부하고 있음을 우리는 어렵지 않게 확인할 수 있다.

그런데 교육과 정치의 담당자가 '왕공'에서 '지식인'으로 전이되는 이 과정은, 태학 혹은 대학의 주체가 누구인가에 대한 해설에서 이미 그 단초가 보인다. 주자는 『대학』이 고대 국립대학인 태학太學의 교재라고 설명하면서 『대학』의 독자가 왕공자제뿐만 아니라 백성들의 자제들에게까지 해당한다고 주장한다. 그런데 원래 태학은 왕자와 귀족의 자제들만 들어갈 수 있는 곳이었다. 그러던 것이 이제 백성들의 자제들도 들어갈 수 있는 곳으로 재해석된 것이다. 이는 물론 과거제가 확대된 남송 시대의 사회적 맥락을 배경으로 한다.[43] 그러나 고대의 〈태학〉 입학 자격이 모두에게 열려 있었다고 보는 것은 역시 주자의 해석일 뿐이다.

이렇게 태학의 입학 자격이 확대되었다는 것은, 동시에 『대학』의 독자가 '확대'되었음을 의미하고 그것은 동시에 『대학』이 말하는 '주체'가 서민으로까지 확대되었음을 의미한다. 물론 그 실효적 범위는 백성이라기보다는 사대부일테고, 사대부는 이제 '성의정심·수신제가'만이 아니라 '치국평천하'의 주체가 되는 것이다. 이러한 입장은 『중용』에서도 이미 확인했고 공자와 맹자는 이러한 관념의 직접적인 실천자였다. 요컨대 〈사서〉의 '주체'는 익숙한 명제 '내성內聖과 외왕外王'을 실천하는 사람인데, 주자는 〈사서〉의 주체를 통치자에서 사대부로 확장시킨 것이다.

이러한 생각의 근거는 역시 『대학』 본문이 제공하고 있다. 『대학』은 팔조목을 시작하면서 '명덕을 천하에 밝히고자 하는 이는[欲明明德於天下者]'이라고 밝히고 있다. 『대학』은 물론 자신의 인격적 수양을 먼저 말한다. 그러나 그 인격적 수양의 전제와 목표는 어디까지나 '천하'에 대한 관심이다. 관심의 출발과 범위가 천하일 수 있는 이는 누굴까? 그것은 통치자가 아닐 수 없다. 그런데 『대학』의 저자는 이 일이 '천자로부터 백성에 이르기까지 모두'에게 해당한다고 말하고 있다. 요컨대 『대학』은 천자의 '치국평천하'를 '수신'과 결부시켜 '백성에 이르기까지 모두'의 일로 만든 것이다. 이렇게 〈사서〉의 사대부는 『사서장구집주』의 사대부와 만난다.

다만, 주자가 신분질서를 무너뜨리고 왕으로부터 권력을 빼앗아 와야 한다고 주장하는 것은 아니다. 12세기 봉건사회로서는 너무나 자연스러운 한계였겠지만, 그것은 맹자의 귀귀현현貴貴賢賢 즉 신분은 신분으로 존중하고 비신분적 권위는 그대로 또 존중한다는 사상과 정이의 공치천하共治天下 관념을 계승한 것이다. 다음 장에서 다루게 될 '공치천하'란 천하를 함께 다스려야 한다는 뜻이다. 이때 함께 다스려야 하는 주체는 역시 황제와 사대부다. 그런 점에서 주자의 정체政體는 사실 아리스토텔레스의 공화제共和制에 가깝다.

오히려 그는 황제를 중심으로 하는 현실 권력의 엄연함을 충분히 인정한다. 그것이 바로 '격군심지비格君心之非' 즉 군주의 마음을 바른 곳으로 인도한다는 것이다. 「무신봉사」를 비롯한 그 많은 상소문의 내용은 사실 거의가 비슷하다. 왕은 자신의 공공성을 인식해야 한다는 것이다. 그래서 사적 이익을 추구하려고 해서는 안 된다는 것이다. 우리가 이 장에서 추적해 온 인심도심이 바로 그 대표적 예시다. 요임금이 순에게 순임금이 우에게 해주었던 것처럼, 주자는 여러 황제들에게 「대우모」의 격언을 반복한다. 마치 황제의 대관戴冠을 집행하는 교황처럼, 주자는 일개 포의의 지식인 신분으로 왕자王者의 심법을 계고戒告하고 있는 것이다.

13장

정치의 주체들 – 사대부

앞 장은 주자의 정치철학을 살펴보았다. 정치철학은 정치의 목적은 무엇인지 그리고 그것을 구현하기 위해 어떤 조직과 체제가 유용한지 그리고 그 주체는 누가 되어야 하는지 등에 대해 다룬다. 이는 어떤 시대 어떤 맥락에서도 동의되어야 한다고 생각되는 비교적 '보편적'인 것이다.

그런데 철학은 보편일지 몰라도 철학자는 보편의 세계가 아닌 구체의 일상을 살아간다. 그래서 모든 사상가의 사상은 자신이 살고 있는 현실에 대한 투철한 인식과 그 시대가 안고 있는 문제에 대한 치열한 고민의 결과다. 정치가 잘 돌아가기 위해서는 이념으로서의 철학도 중요하지만 현실에 대한 인식과 그에 대한 구체적인 정책의 수립 역시 못지않게 중요하다. 이 장에서는 주자가 살았던 정치적 현실 속에서의 정치의 제 주체 문제를 살펴보고, 다음 장에서는 이 현실에 입각한 주자의 구체적인 정책들을 검토한다.

북송은 전반적인 국세의 감소에도 불구하고, 중국의 역대 정권 중에서 황제의 권력이 가장 강력했던 시대로 유명하다. 이는 당말 오대십국의 혼란상을 극복하고 설립한 왕권이 더 이상 귀족집단이나 무장 세력에 의해 능멸되지 말아야 한다는 의식에 투철했던 송대 초기 황제들의 강력한 의지의 결과다.

꺼자오광[葛兆光]에 의하면, 자기 자신 무장 출신이었던 송태조를 비롯해 초기의 황제들은 자고나면 조대가 바뀌는 혼란한 시기 무력한 황제의 권위를 회복하기 위하여 대략 다음과 같은 원칙을 수립했다고 한다. "첫째, 예제의 회복과 중건을 통하여 일련의 예제가 권력의 천부적 정당성을 인정하도록 한다. 둘째, 권위 있는 국가 체계를 수립하여 정치·경제 및 문화의 질서를 회복하고 민중의 동의를 확보한다. 셋째, 지식·사상·신앙세계의 유효성을 회복 및 중건하여 교육과 과거로 계층화된 지식인 그룹을 길러내고, 제도화된 문화 지지 시스템을 수립함으로써 사상적 질서를 재확립한다."[1] 여기서 예제의 확립과 지식·사상·신앙세계의 회복 및 중건은 중소지주 출신 독서인층인 사대부 계층과의 연계를 의미한다. 즉 대지주 출신의 귀족과 문벌을 억압하고, 존왕양이의 사상에 투철한 사대부와의 연합을 통한 황권의 강화가 송대 초기 황제들의 일관된 시대의식이었다고 할 수 있다.

이렇게 무력보다는 문화를 존중하는 우호적인 분위기 속에서 성장한 사대부 계층은 황권의 수요와 맞물려, 국가이념에 기능할 수 있는 전통적이면서도 새로운 문화질서의 회복과 중건을 자신의 시대적 사명으로 인식하게 되었다. 그러나 사대부들은 이에 그치지 않고, 이제 무소불위로 막강해진 황권을 제약하여, 진정한 의미에서의 문화질서와 문화권력을 수립하는 것을 자신들의 소임으로 자부하기에 이른다.[2]

현실 정치권력과 문화권력 간의 분열과 경쟁은 비단 송대만의 문제는 아니었다. 주나라의 종법제도는 가천하家天下, 즉 집안과 천하가 하나를 이루었던 시기다. 이러한 구조에서 국가에 대한 충忠과 집안 내부에서의 효孝는 분열·충돌되지 않는다. 따라서 주나라의 종법적 질서에 반하는 춘추전국 시기의 패자들은 난신적자亂臣賊子, 즉 나쁜 신하일 뿐만 아니라 나쁜 자식이다. 그러나 역사의 현장에서 권력 이동의 주체는 언제나 난신적자가 아닐 수 없다. 은나라의 신하로서 무왕이 역성혁명易姓革命을 한 것이 옳은지 묻는 맹자에 대한 제선왕의 질문은 이것을 의미한다.

혁명이 되기 위해서는 무엇보다도 일단은 천하를 통일한 권력이어야 한다. 사실상 안정적인 중앙권력인 한나라가 출현하기 전까지 난립했던 모든 권력은 혁명이 될 수 없고 그저 난신적자여야 했다. 물론 거기에는 단명했던 진秦도 포함된다. 지식과 권력을 독점하던 고대 중국의 황제들과는 달리 춘추전국 시기의 권력자들은 더 이상 지식과 기록의 유일한 담지자일 수 없었다. 지위를 갖지 않는 자유로운 지식인이 출현하면서, 분할된 영토만을 지배하는 제후들은 자신에 대한 악의적인 기록을 모두 통제할 능력이 없었다. 때문에 춘추전국 시기에 더 이상의 성왕聖王은 출현하지 않게 된다.

그러나 천하를 통일했다고 해서 반드시 성왕이 되는 것은 아니다. 통일왕조 한당漢唐에 대한 주자와 진량의 상반된 평가에서 확인할 수 있듯 여기에는 평가자의 주관이 개입된다. 주자는 한당의 성취가 '우연한 것'이라고 폄하하면서 그들의 동기가 도덕적이지 않았다고 규정해버린다. 이렇게 되면 남북조와 오대십국처럼 단명 난립했던 왕조들은 물론이거니와 안정되고 번영했던 한당 통일왕조까지 포함해서 주자가 살았던 송대까지 사실상 성왕聖王이나 왕정王政은 아예 없었던 것이 된다.

이는 앞 장 도통 이야기에서 확인했던 것처럼, 정치권력과 문화권력의 분열 하에서 공맹의 문화권력이 문명의 담지자로 규정된 이후로는 더 이상 그 축이 왕가王家로 귀속되지 않았음을 주장하려는 것이다. 이렇게 도통론은 그저 문명[斯文]에 대한 강한 자부심과 소명의식으로 끝나지 않고, 역사평가(국가란 무엇인가?)와 현실권력 비판 및 권력에 대한 참여의지로 이어진다. 이 장에서 다루어지는 정치의 제 주체에는 국가·황제 및 집권세력·사대부·소인 등이 있는데, 공자 이후에는 소위 진정한 사대부만 참여할 수 있다고 주장되는 도통론은 이들 제 주체에 대한 입장을 결정한다.

주자는 도통론을 통해 역사와 문명의 진정한 담지자는 오히려 자신들이 되어야 하며, 황제는 자신들의 협력과 통제에 따라야 한다고 주장한다. 반면 기존 황제 주변의 집권세력이나 측근들(환관·시녀 등)은 모두 물러나야 할 '소인'이 된다. 진정한 사대부의 도덕적 통제를 거치지 않은 국가는 그것이 아무리 좋은 성과를 거두었다 하더라도 긍정적인 평가를 받을 수 없다. 이렇게 주자의 역대 정권에 대한 평가, 황제에 대한 사대부의 통제권 요구, 측근 세력 배척을 통한 국가 기강 확립 등은 모두 정치철학의 구체적 적용에 해당한다.

현실 정치 속에서 자신들은 결코 왕이 될 수는 없었으나 자신들이 담지하고 있는 예제와 문화의 권능에 의해 실제적인 통치자가 되어야 한다는 송대 사대부들의 의식은, 문화 질서를 중건함으로써 자신의 권위를 인정받고 정권을 안정시키려던 송대 황제들의 필요와 결합하여 자연스럽게 '공정국시共定國是' 혹은 '공치천하共治天下' 즉 황제와 사대부가 함께 나라를 꾸려가야 한다는 이념으로 발전하게 된다.

주자의 사상적 스승이자 낙당洛黨의 영수인 정이가 대표적이다. 『정씨역전』은 정이의 유일한 저작인데, 이 책은 처음부터 끝까지 공치천하의 정치이념을 설파한다고 해도 과언이 아니다. 공치천하의 이념은 이후 도학자들의 기본적인 노선이 되었으며, 주자 역시 다르지 않다. 이 장에서는 도학파 '공치천하' 이념의 표준적 모델로서 정이의 관점을 그의 『정씨역전』을 통해 추적한다.

우선, 정이는 정치영역과 문화영역 간의 차이를 분명하게 인식했다. 그는 "덕의 측면에서 말하면 성인이라고 하고, 지위의 측면으로 말하면 왕이라고 한다."[3]고 하면서 "지위를 얻고자 한다면 왕공으로 말미암아야겠지만, 도에 나아가고자 한다면 성현으로 말미암아야 한다."[4]고 말한다. 아무리 도덕적 정당성과 훌륭한 인격을 갖춘 채 원대한 정치적 비전을 지녔다 하더라도 권력에 참여할 수 없다면 그만이다. 이러한 현실적 조건에서 문화영역을 담지한 사대부 계층이 자신들의 정치적 신념을 실현시키기 위해서는 현실 권력을 소유한 정권과의 연대가 필수적이다. 왕은 성인이 아니고 성인은 왕이 될 수 없는 상황에서, 사실상 가장 현실성 있는 방안은 성인인 사대부가 왕인 황제와 연대하는 것이다.

> 대인의 덕을 갖춘 채 지극히 존귀한 바른 자리를 얻었기 때문에 천하의 비색함을 해결할 수 있는 것이다. 때문에 길하다. 만일 그에 합당한 자리가 없었다고 한다면 비록 그 도가 있다 하더라도 장차 어떻게 할 수 있겠는가? 그러므로 성인에게 있어서 지위는 커다란 보물이라고 부르는 것이다.[5]

『주역』의 언어로 표현했을 때, 현실 정치권력은 5효의 황제이고, 도덕을 자임하는 지식인은 2효의 사대부다. 따라서 2효와 5효가 반드시 상호 협력해야만 국가는 태평하고 백성들은 편안할 수 있다.[6] 『정씨역전』에서 이러한 관념이 가장 분명하게 정리된 것이 건괘乾卦 구이九二 '대인을 만나봄이 이롭다'에 대한 주석이다.

> 큰 덕을 갖춘 군주를 만나 그 도를 행하고, 군주 역시 큰 덕을 갖춘 신하를 만나 함께 그 공을 이룩한다. 천하는 큰 덕을 갖춘 이들을 만나 그 은택을 누린다.[7]

관건은 효사에서 가리키는 대인이 누구인가다. 정이는 이에 대해 세 단계로 분석한다. 첫째, 대인은 큰 덕을 갖춘 군주다. 구이의 사대부는 반드시 구오의 황제를 만나야만 자신의 도, 즉 정치적 신념을 실현시킬 수 있기에 이로울 수 있는 것이다. 둘째, 대인은 큰 덕을 갖춘 신하다. 황제 역시 현명한 신하를 얻어야만 국가를 다스릴 수 있다. 국가는 결코 혼자 다스릴 수 없을 뿐만 아니라, 국가 통치에 필요한 도덕적 정당성 그리고 대중의 지지에 명망 있는 사대부와의 연계는 분명한 효과를 보장하기 때문이다. 셋째, 그래서 대인은 훌륭한 군주와 현명한 신하를 모두 가리킨다. 백성들은 이 현명한 통치자들을 만나야만 편안할 수 있고 국가는 번영할 수 있다.

이 말은 반대로 만일 황제가 현명한 신하의 도움 없이 독단적으로 정치에 임한다면 결코 큰 업적을 남길 수 없음을 의미한다. 예컨대 대과괘大過卦(䷛)의 구오 황제는 본래 중정의 덕을 갖춘 채 황제의 자리에 있지만 아래에 도와주는 현명한 신하가 없기 때문에 위대한 공적을 이룰 수 없다.[8] 반대로 아무리 커다란 곤경(困卦, ䷮)에 처한 군주라 하더라도, 아래에 현명한 신하가 있어서 그와 합심할 수만 있다면 천하의 모든 곤경은 극복할 수 있다.[9] 관건은 그 어려움을 '함께' 극복한다는 것이다. 요컨대 "군주는 자신의 정성을 다하여 아래의 신하들에게 임하고 신하는 자신의 정성을 다하여 군주를 섬김으로써, 상하가 그 뜻을 함께하는 것이 바로 조정의 태평성대(泰卦 ䷊)"[10]라고 할 수 있다.

이렇게 정이는 기존 문화영역의 담지자였던 사대부를 이제는 국가 통치의 한 축으로 당당히 자리매김한다. 『주역』 수괘需卦(䷄) 단전彖傳에서는 '천위에 앉아[位乎天位]'라는 문장이 나온다. 이에 대해 정이는 이렇게 주석한다. "천위에 거한다는 것은 5효를 가리킨다. 그런데 정중正中의 덕성을 갖추었다는 측면에서 보자면 2효를 겸하여 가리킨다고 할 수 있다. 때문에 '정중'이라고 말한 것이다."[11] '천위'는 당연히 '천자의 자리'인데, 그는 은연중에 2효의 사대부를 '천위'에 함께 앉힌 것이다. 신분 질서가 엄연한 봉건사회에서 이러한 표현은 가히 반역적이다.

그의 과감한 발상은 여기에서 그치지 않는다. 만일 황제가 몽괘蒙卦(䷃)의 경우처럼 그다지 훌륭한 자질을 지니지 못하고 있다면 사대부는 황제를 대리해서 국가를 통치해야 할 책임이 있다고 그는 주장한다.[12] 그는 더 나아가 국가의 태평성대를 주도할 이는 황제라기보다는 2효의 사대부라고 주장한다.[13] 심지어 황제는 현명한 신하에게 정치를 위임하고서 그의 지시를 따라야 한다고 요구한다.

> (태괘泰卦 ䷊) 육오는 유순한 음의 성질을 지닌 채 군주의 자리에 거하고 있는데, 아래에는 구이의 강건하면서도 현명한 신하와 상응의 관계에 있다. 5효가 만일 현명한 신하에게 전적으로 맡기며 그를 순종하여, 마치 황제였던 제을이 자신의 여동생을 백성에게 하가시켰던 것처럼 자신의 존귀함을 낮춘 채 현명하고 강건한 신하를 따른다면 자신의 복을 지켜 크게 선하고 길할 것이다. 크게 선하고 길하다는 것은 크게 길하면서도 아주 선하다는 것이니 태평성대의 공을 이룰 수 있다는 말이다.[14]

정이는 장황하게 '정치의 공'은 어쨌든 황제의 것이라고 설명했지만, 황제는 결국 현명한 신하에게 '청종'해야 할 뿐 스스로 자임해서는 안 된다. 정이는 임괘臨卦(䷒)의 황제 역시 아래의 현명한 이에게 정치를 맡기는 것이 현명하지 자기 혼자 모든 것을 담당하려는 것은 가능하지도 않거니와 결단코 현명한 것일 수 없다고 주장한다.[15] 사실상 그는 황제의 모든 통치권을 사대부에게 위임할 것을 주장하는 것이다. 훌륭한 군주만이 정치를 담당할 자격이 있는데, 훌륭한 군주란 바로 현명한 이에게 정치를 위임할 줄 아는 이이기 때문이다. 이런 식의 통치권의 위임을 주장하는 대목은 『정씨역전』에서 어렵지 않게 찾을 수 있다. 이괘頤卦 육사, 건괘蹇卦 구오, 손괘損卦 육오, 승괘升卦 육오가 모두 그렇다.

정이가 설정한 2효와 5효의 정치적 협력에 있어서 도움을 주는 주체는 2효이고 도움을 받는 이는 5효다. 때문에 이 협력관계를 주도적으로 구축해야 할 의무는 5효의 황제에게 있다. "내가 동몽을 찾은 것이 아니라 동몽이 나를 찾았다.[匪我求童蒙, 童蒙求我]"는 몽괘蒙卦(䷃) 괘사를 그는 이렇게 주석한다.

> 육오는 몽괘의 주체이지만 그 몽매함을 깨우쳐주는 이는 구이이다. '내가 어리석은 아이를 구한 것이 아니고'라고 할 때의 '나'는 2효를 가리킨다. 2효는 몽괘의 주체는 아니다. 5효가 2효에게 겸손하고 유순할 때 2효는 그의 몽매함을 깨우쳐주는 이가 된다. 때문에 2효를 위주로 해서 '내가 어리석은 아이를 구한 것이 아니고 어리석은 아이가 나를 찾은 것이다'라고 말한 것이다. 5효가 존귀한 자리에 거하고 유순한 덕을 갖추었으나 지금은 어리고 몽매한 상태이다. 마침 2효와 정응의 관계에 있고 중中이라는 덕성 또한 같다. 때문에 2효의 도를 써서 자신의 몽매함을 깨우칠 수 있다. 2효는 강건하고 중의 덕성을 갖춘 채 아래에 있으니 군주의 신임을 받을 만하다. 응당 도덕을 자임하면서 군주가 지성으로 자신을 찾을 때까지 기다렸다가 그에게 응하면 능히 자신의 도를 쓸 수 있다.[16]

이 부분은, 그 자신이 어린 철종哲宗의 교사로서 이루지 못했던 꿈에 대한 절절한 회한이 묻어나는 것 같다. 철종은 어린 나이에 등극하였고, 정이는 설서說書로서 어린 황제의 교육을 담당하게 되었다. 『연보』에 의하면 정이는 어린 황제에게 비교적 엄한 교육을 시행한 것으로 보인다. 더운 날씨에도 수업은 계속되어야 한다고 주장하기도 하고, 아무리 황제라지만 학생은 앉아 있고 가르치는 선생님은 서 있을 수 없다고 분개하기도 하고, 재미삼아 나뭇가지를 꺾는 황제를 꾸지람하기도 한다.[17]

그 자신은 실제로 어린 황제 그야말로 '동몽童蒙'을 만났지만, 위의 인용문에 의하자면 사실상 모든 군주는 나이와 상관없이 언제나 '어리석은[蒙]' 대상, 즉 현명한 사대부에 의해 깨우쳐지기를 기다리는 존재로 그려진다.

정이를 비롯한 송대 사대부의 '공치천하'에 대한 이념이 송대의 현실 속에서 어떻게 실현되었는지와는 무관하게, 이러한 이념은 이후 동북아 사회의 기본적인 정치사상적 표준이 되었으며, 특히 조선에서 신권정치臣權政治의 이념적 근거가 되었다.

왕패의리논쟁과 국가

주자가 55세에 진량陳亮과 전개한 소위 왕패의리논쟁王霸義利論爭은 한고조漢高祖와 당태종唐太宗 등 역사 속 경세가들에 대한 평가를 통해 정치에서 도덕의 의미와 역할을 강조한 논쟁으로서, 비단 개인에 대한 평가에 그치지 않고 진정한 정치의 주체는 누가 되어야 하며 그 정당성은 어디에 있는가를 다룬 정치철학적 대담이었다고 평가할 수 있다. '왕패의리논쟁'에서 '왕패王霸'는 '왕도'와 '패도'의 합성어인데, 맹자는 도덕에 의한 진정한 정치를 '왕도'로, 힘에 의한 통치를 '패도'로 규정했다. 한편, '의리義利'는 '이익'과 '정의로움'의 관계를 의미한다.

주자는 삼대의 요순우탕堯舜禹湯과 같은 성왕들이 '백성을 사랑하는 마음'에 근거한 정치 즉 왕도를 실현했음에 반해, 한당漢唐의 군주들은 인정仁政을 가장한 즉 개인의 영달을 위하여 백성들을 도구로 사용한 패도霸道였다고 주장한다.[18] 역대 정부에 대한 주자의 평가에서 일차적인 기준은 역시 정치적 '동기'다. 그런데 진량 역시 '동기'를 무시하지 않는다. 오히려 진량에게 있어서도 '동기'는 평가의 주요한 근거가 된다. 다만, 진량은 한고조와 당태종은 신하를 잘못 만나서 완전히 그들의 이상을 펼 수 없었을 뿐이지, 그들의 근본 동기는 왕도에 근거하였으며 그래서 결과적으로 백성을 사랑하고 이롭게 할 수 있었다고 보았다.[19] 그리고 삼대와는 정도의 차이만이 있을 뿐 질적인 차이는 없다고 보았다. 이처럼 사실 여부를 확인할 수도 없는 '동기'의 문제로부터 진량과 주자의 논쟁은 시작된다.

주자는 한당의 군주들이 개인의 이익을 추구했던 모리배들로서 백성들을 위해서는 힘쓰지 않았다고 평가했다. 그는 한고조나 당태종이 다만 동시대의 다른 사람들보다 도덕을 가장하는 술법에서 우월하였고, 또 동시대인들 중에 왕도를 행하는 이들이 없었기 때문에 자신의 사적인 욕구를 실현시킬 수 있었을 뿐이라고 보았다.[20] 그러나 그 성공은 올바른 수단과 동기에서 기인하지 않은 것으로서 우연적인 성공에 불과하다고 보았다. 때문에 아무리 결과적으로 좋은 성과를 보였다 하더라도 그것은 좋은 동기에서 출발하고 올바른 수단으로 획득된 삼대의 성과와는 근본적으로 다른 것으로 평가되어야 한다고 주장한다.[21]

주자는 한당의 군주들이 패도를 실행했음에도 불구하고, 진량은 그들이 정권을 획득하여 후세에 오래도록 전할 수 있었다는 '결과'만을 가지고서 그들의 정권 획득과 정책시행 등을 모두 옳은 것으로 평가한다고 보았다. 성패와 득실의 결과를 가지고 가치의 시비의 동기를 판별하는 기준으로 삼았다는 것이다.[22] 그래서 주자는 진량을 '왕패병용王覇竝用' '의리병행義利竝行' 주의라고 단정한다. 수단의 차원에서 그것이 왕도인지 패도인지, 동기의 차원에서 그것이 선한지의 여부와 무관하게 결과가 모든 것을 정당화한다는 것이다. 그래서 기존의 많은 연구는 주자를 동기주의자, 진량을 결과주의자로 규정한다.

그러나 진량은 주자의 이러한 평가를 부당하게 생각하며, 세간의 평판을 따라 자신에 대해 선입견을 가져버리는 것이라 불평했다.[23] 사실 그 역시 천리와 인욕을 명확하게 구분하고서 도학파와 마찬가지로 인욕을 부정적인 것으로 간주한다.[24] 그는 조조가 천하를 소유했어도 안정되지 않았고 성공과 실패가 번갈아 끊이지 않았던 이유를 그의 도덕적 출발점이 오로지 인욕에 바탕했기 때문이라고 평가했다.[25] 그리고서 그는 천리와 인욕을 병행할 수 없듯이 왕도와 패도는 병용할 수 없다고 주장한다.[26] 진량 자신은 결코 선한 동기와 수단의 의미를 부정하지 않았다는 것이다. 즉 진량 자신은 결과주의자가 아니라는 말이다.

주자의 평가처럼 과연 진량은 결과주의자였던가? 윤리학적 측면에서 결과주의자에게는 행위 그 자체로는 선도 악도 아니다. 의도나 동기 역시 그 자체로서는 선도 아니고 악도 아니다. 오직 결과로서 나타나는 쾌락 혹은 효용이 고통의 양보다 클 때 좋은 행위라는 평가를 내릴 수 있다.[27] 때문에 결과주의자가 한당의 군주들을 평가함에 있어서는 그들이 어떤 동기와 수단에 의거했는가는 고려의 대상이 될 수 없다. 다만 그들의 결과가 좋았다면 도덕적으로 선하고, 반대의 경우는 악하다고 평가할 뿐이다.

이렇게 볼 때 진량은 결과주의자가 아니다. 그는 한당의 군주들이 보인 결과가 아주 좋았다는 점으로부터 그들의 동기와 수단이 좋았던 것임을 '추론'할 수 있다고 주장하는 것뿐이다. 이는 결과가 평가의 기준이라는 말이 아니라 좋은 결과는 좋은 동기에서 온다고 믿는 것이다. 진량이 역사인물을 평가함에 있어서 동기와 수단을 중요시하는 점은 대체로 주자와 다르지 않다. 그러나 주자가 동기와 수단으로부터 결과와는 무관한 시비의 가치를 평가함에 비해, 진량은 결과에서 역으로 동기를 추론해내고 있음이 다를 뿐이다.

일반적으로 진량을 '결과주의자'라고 말할 때에는, 진량이 현실 초월적인 도덕규범과 행위준칙을 인정하지 않고 결과적 효용의 창출이 선이라고 보는 입장을 견지하고 있다는 의미에서이다. 즉, 이해득실을 초월한 '옳음' 그 자체가 있기보다는 좋은 결과와 성공 그 자체가 곧 도덕적으로 옳고 선하다는 입장이라는 것이다. 그러나 진량이 말하는 '결과가 동기를 설명한다'는 의미는 이와 다르다. 진량은 한 인물을 평가함에 있어서, 좋은 결과를 보인 이들의 동기는 언제나 선했다고 말하는 것이다. 즉 개인의 내면적 동기는 다른 사람들이 쉽게 알 수 있는 것도 아니고 숨은 동기는 얼마든지 남을 속일 수 있는 것이기에, 한 인물의 내면적 동기를 판단하기 위해서는 그가 결과적으로 성공하였는가의 여부를 보아야 한다고 말하는 것일 뿐이다.[28]

그래서 한고조 당태종이 정권을 획득할 수 있었던 것은 그들의 동기가 선하고 근본 마음이 천리에 바탕하고 있었기 때문이다. 이는 주자가 평가하듯이 득실로 시비를 평가한다는 것과는 다르다. 진량의 의도는 한고조 당태종의 동기가 선했음이 그들의 결과로 즉 '애민리물愛民利物'로 증명된다는 것이다. 그렇다면 실제 역사적으로 훌륭한 결과를 보였음에도 불구하고, 한당 통치자의 동기에 대한 진량과 주자의 평가가 이렇게 다른 이유는 무엇일까? 남들은 알 수 없는 그들의 동기를 주자만은 꿰뚫어 본 것일까?

주자의 입장에서 한당의 통치자는 실제 나쁜 통치자였다기보다는 이론적으로 나쁜 통치자여야만 했을 것이다. 즉 앞장에서 살펴보았던 그의 도통설에 의하면 한당은 그 실제 경과야 어찌됐든 부정될 수밖에 없다. 한당은 공자 이후 출현한 왕조이기 때문이다.

> 1500년 동안에 정히 이러한 방식으로 견지해왔기 때문에 그저 지붕을 덧대고 옷을 끌어다가 기워서 시간을 보냈던 것입니다. 그 간에 비록 조금 나은 경우가 없었던 것은 아니지만, 요·순·삼왕·주공·공자가 전하여주었던 도는 하루도 천지에서 행해지지 않았습니다. 도가 언제나 존재한다는 것이야 애당초 사람이 관여할 수 있는 것이 아닙니다. 다만 이것은 옛날부터 지금까지 언제나 존재하여 멸하지 않는 것으로서, 비록 1500년 동안 사람에 의해서 파괴

> 되었다 해도 끝내 완전히 그것을 멸할 수는 없었습니다. 한당의 이른바 현군이라는 자들이 그 언제 조금이라도 그 도를 부양하고 도왔던 적이 있습니까?[29]

그는 역사 초월적인 도와 인간에 의해 역사 속에서 구현되는 도를 구분한다. 즉 인간이 도를 실현하든 그렇지 못하든 관계없이 절대적인 도는 상존하지만, 그것이 인간 세계에서 실현되는 것은 왕도를 실현할 수 있는 성인이 존재해야만 가능하다는 것이다. 그래서 그가 보기에는 공자 이후로 약 1500년간은 그저 기우고 덧대서 시간을 보낸 것에 불과하다.

그러나 진량은 현존하는 역사를 부정해버리는 주자의 이러한 견해를 받아들일 수가 없었다. 초월적인 도를 상정하여 실재하는 역사를 부정하는 것은, 엄연히 존재하는 사실들을 설명할 수 없게 만든다고 생각했다. 현실을 중시했던 진량은 역사 초월적인 도를 인정하지 않았으며 도가 내재하지 않는 현상이란 없다고 보았다.

> 이 말대로라면 1500년간은 천지가 역시 구차히 얽은 채 시간을 보냈고 사람의 마음도 역시 구차히 기워서 세월을 보낸 것이 되니, 만물이 어떻게 크게 번식하고 도가 어떻게 늘 존재할 수 있었겠습니까? … 천지간에 그 어떤 사물이 도가 아닌 것이 있겠습니까?[30]

현실 속에서 존재하는 모든 것은 도에 의해서 창조되고 유지되는 것이기에 진량에게 있어서 인간의 의지적인 노력과 유리된 초월적인 도라는 것은 아예 있을 수도 없고 설령 있다손 치더라도 그것은 아무런 의미를 지닐 수 없다. 도라는 것은 인간과의 유기적인 대응 변화 속에서 존재하는 것이기 때문에 그는 시대 상황마다 각기 요구되는 도가 다를 수 있다고 보았다.[31] 그리고 그런 측면에서 보았을 때 한당의 군주들은 자신이 처한 시대적 요구에 충실히 따른 영웅이라는 것이다.[32]

반면에 탕과 무왕의 역성혁명은 잔혹한 전쟁을 통해서 이루어진 것이며, 삼대를 이상 시 하는 것은 공자의 역사서술에 의해서 조작된 것이라고 진량은 주장한다.[33] 그래서 삼대가 신화화 되어서는 안 되듯 한당에 대한 평가 역시 지나치게 폄하되어서는 안 된다고 주장한다.[34] 그는 삼대가 공자에 의해 평가되었다면, 한당은 자신에 의해 새롭게 평가되어야 한다고 생각한 것이다. 그는 삼대에도 역시 인욕은 있었으며 공리도 일정부분 도의에 기본하고 있다고 보았다.[35] 또한 삼대가 삼대일 수 있는 이유는 그에 합당한 삼대의 공리적 수단이 있었기 때문이고, 한당 역시 한당의 실정에 맞는 수단이 있었기 때문이라고 주장한다.[36] 즉 역사현실에서 '삼대는 선', '한당은 악'이라는 식의 흑백논리는 가능하지 않다는 것이다. 현실의 역사가 진행되었다는 것 자체는 역사 속에서 도가 실현되는 증거였다. 그리고 현실 속에서 정권을 획득하고 안정적으로 지속할 수 있었던 이들은 그들이 왕도를 실현했기 때문이라고 보았다. 즉 그는 결과가 동기를 설명해낸다고 보았다.

그러나 그는 현실의 객관적 조건에 따라서 선한 동기가 언제나 좋은 결과로 나타나는 것은 또 아니라고 보았다. 그 예가 공자나 맹자의 경우다. 공자는 제위帝位를 지니지 못했기 때문에 현실 속에서 실제로 성공적인 인정仁政을 펼칠 수 없었다.[37] 즉 진량의 입장에서는 좋은 결과는 언제나 선한 동기에서 출발한 것이지만 선한 동기가 언제나 좋은 결과를 담보하는 것은 아니다. 선한 동기는 좋은 결과를 위한 필요조건일 뿐 충분조건은 아니다.

반면에 주자는 선한 동기를 지니면 – 설령 단기간의 효과는 아닐지라도 – 결국에는 언제나 좋은 결과로 나타난다고 보았다. 반면에 좋은 결과가 언제나 선한 동기에서 기인하는 것은 아니라고 보았다. 우연적인 성공 즉 '암합暗合'이 있을 수 있다고 보았고, 한고조 당태종 등이 이 경우에 해당한다. 진량은 역사판단의 근거가 보편적인 윤리도덕이기보다는 세勢·천天·명命·리利 등 다양한 객관적 조건과 운명에 의해 주어진다고 보았지만,[38] 반면 주자는 도덕적 정당성 이외의 다른 길은 인정하지 않은 것이다.[39]

진량은 이민족에 의해 국토를 유린당한 현실에서도 성리공담性理空談만을 일삼는 유학자들을 중풍에 걸린 환자들이라고 극력 비판한다.[40] 그는 비현실적인 사변 담론보다는 현실에서 구토를 회복하고 복수를 실천할 수 있는 패자霸者로서의 영웅을 요청한 것이다.[41]

> 신은 요즘의 유학자들 중에 스스로는 정심성의正心誠意의 학문을 얻었다고 하는 자들이 모두들 중풍에 걸렸으면서도 그런줄도 모르는 자들이라는 것을 비로소 알았습니다. 온 세상이 모두 군주와 아비의 원수와 함께 편안히 거처하면서도 머리를 숙이고 손을 맞잡고는 본성이나 천명 따위나 논하고 있으니, 뭘 보고서 본성과 천명이라고 그러는 것인지 모르겠습니다.

그러나 주자는 도덕적 근거를 확보하지 못한 이익의 추구는 결과적으로도 항상적인 효과를 가져오지 못한다고 보았다. 그래서 주자는 자신이 속한 남송사회가 직면한 현실에서 국가 재정의 결핍과 이민족의 침입 등을 근원적인 문제로 보지 않았다. 그보다는 황제를 비롯한 지배층의 도덕적 결함이 더 근본적인 문제라고 판단했다. 그래서 그는 위기 상황에 대한 대응방안 역시 구체적인 제도의 보완과 확립에 있기보다는 우선적으로 지배 계층의 내면적 수양과 통치 기강의 확립, 그리고 그에 바탕한 교화에 있다고 보았다.

주자는 도덕적 정당성의 확보가 성공적인 결과를 가져온다는 신념에서 출발하여 적극적으로 도덕과 정의를 추구하는 것이 곧 이익을 가져오는 방법이 된다고 역설한다.[42] 그 예로 주자는 관중管仲의 경세적 성취가 도덕적 정당성(왕도)에 근거하지 않았기 때문에, 결국 미미한 성취에 그쳤으며 끝내는 국가가 쇄락해졌다고 평가한다.[43]

일반적으로 도학적 자세란 어떤 행위가 합리적인가 또는 정당한가를 문제 삼을 뿐, 그 행위가 결과적으로 좋은 효과와 성공을 가져다줄 것인가에 대해서는 중요하게 생각지 않는 것으로 이해된다. [『周易本義』 復卦 六四: 董子曰仁人者, 正其義不謀其利, 明其道不計其功.] 그러나 주자는 결과를 중요하게 생각지 않는 것이 아니다. 다만 도덕의 이해 초월적 가치를 인정함과 동시에 도덕적 정당성이 언제나 좋은 결과를 가져다줄 것이라는 강한 신념을 지니고 있는 것이다.[44] 즉, 세계의 모든 일은 끝내 이치에 들어맞게 되어 있다는 것이다.[45]

정권이나 정책이 확고한 지지를 획득하기 위해서는 실용성을 견지해야할 뿐 아니라, 도덕적 이상이나 관념에 의해 지지될 것을 요구한다. 실용성에 의해서만 성립된 사회적 제도나 규범은 현실의 상황이 바뀔 때마다 언제든 변할 수 있기 때문이다.[46] 더 나아가서 윤리적 정당성을 충족시키지 못한 정책이나 정권은 공동체 구성원에게서 불신과 냉소주의를 유발시켜 성공적으로 정책을 집행할 수 없게 할 뿐만 아니라, 구성원 상호간의 유대를 깨뜨려 공동체의 존립 자체마저 위태롭게 할 가능성까지 있다.[47]

주자가 삼대를 극도로 이상시하는 이유는 유가의 전통적인 관점을 계승한 까닭도 있겠지만, 절차적 정당성이 결과적 효용을 담보한다는 자신의 신념을 지지하기 위한 예로써 삼대를 견지하려 했기 때문이다.[48] 그리고 한당을 비판한 이유는 정권의 도덕성과 봉건사회의 윤리적·계급적 질서를 강조하기 위해서였다.[49] 그래서 봉건사회에서의 역성혁명이란 결국 삼대라는 이상적인 시대를 제외하고는 실제 역사 속에서 아무도 정당화될 수 없음을 밝힌 것이다.

반대로 진량처럼, 현실적으로 정권을 획득했다는 사실 그 자체가 도덕적으로 순수한 동기에서 출발한 것임을 보증해준다는 논리는, 결과를 위해서는 어떠한 수단도 정당화될 수 있다는 생각으로 비약될 우려가 있다. 심지어는 현실의 정권은 모두 합리적이라는 주장이 될 수도 있다.[50] 즉 초월적인 도의 존재를 인정하지 않는 진량의 견해는 자칫, "도덕의 기준을 인간사의 현실에서 찾으려는 도덕적 상대주의 내지 회의주의로 빠질 수 있는 위험을 내포하고 있다."[51]

주자의 도통론에 의할 때, 역사 속에서 도가 실현됐던 것은 하은주夏殷周 삼대뿐이었으며, 공자와 맹자 이후로 문명은 왕이 아니라 지식인들이 담당했다. 삼대의 군주들만이 선한 동기에서 출발하여 왕도를 실현했던 진정한 성왕이고, 공자 이후 참된 지식인들은 정권을 잡은 적이 없었으니 역사 속에서 도는 단 한 번도 실현된 적이 없었다.

그런데 진량은 한당의 정치적 성과에 의거해 한당을 '왕도'로 평가하고 있는 것이다. 진량의 관점에 따르자면 공맹 이후 도학의 계열은 도통의 '유일한' 담지자일 수 없게 되는 것이다. 실제 한당이 그랬던 것처럼, 왕가王家에서도 얼마든지 도통의 담지자는 다시 출현할 수 있는 것이다. 그렇다면 정치와 도통에 있어서 소명의식으로 무장한 사대부라는 관념은 더 이상 지탱할 수 없게 된다. 때문에 주자에게 있어서 한당은, 설령 그 결과가 좋았다 하더라도 인정仁政과 도통의 역사적 증거일 수 없었던 것이다.

실제 전통시기 중국의 역사에서 한당은 가장 번성했던 시기로서 대부분의 중국인이 자랑스러워하는 시대다. 특히나 이민족의 침입으로 인해 쇄락했던 송으로서는, 한당의 역사는 부러운 것이자 동시에 중원 회복의 정당성이 되어준다. 구토 회복이 절실했던 진량에게 있어서 한당은 그만큼 좋은 모델일 수 있었다. 우리가 역사 속에서 확인하는 것처럼, 실제의 정치는 도덕적 동기와 수단보다는 국가의 군사적·경제적 역량에 의해 결정된다. 그리고 그 중심에는 강력한 통치자가 있다.

이렇게 볼 때, 진량과 주자의 왕패의리논쟁은 동기주의대 결과주의의 대결이었다기보다는, 정치의 현장으로서 국가와 정부를 어떻게 이해할 것인가의 문제였다고 할 수 있다. 금나라의 침략과 같은 급박한 위기 속에서는 실효적인 성과가 중요하다. 그리고 그것을 위해서는 황제를 정점으로 하는 국가의 효율적 운영이 절대적으로 요구된다. 이것이 진량의 생각이다. 진량은 왕안석 이래의 현실주의적 실용주의적 입장을 계승하고 있다.

나는 주자학의 특장이 구체성과 일상성에 있다고 강조했다. 주자는 내면에 침잠하는 당대 도학의 학풍이나 관념주의의 공소성을 항상 비판한다. 그렇다면 진량의 이러한 현실주의적 입장은 주자도 동의해야 하는 것이 아니었을까? 하지만 주자는 그렇지 않았다. 여기에는 대략 두 가지 정도의 이유를 생각해볼 수 있다.

첫째, 주자는 어찌됐든 동기주의 혹은 도덕주의다. 그래서 급박한 현실의 요구를 뛰어 넘는 도덕적 정당성을 강조한다. 탈관념이 곧장 탈도덕을 의미하는 것은 아니다. 주자는 위급한 상황일수록 정치의 주체인 황제와 정부의 도덕적 기틀이 중요하다고 강조한다. 이것이 다음 절에서 보게 될 황제와 그 주변 정치주체들에 대한 비판이다.

둘째, 주자는 국가주의자가 아니다. 주자에게 있어서 한당, 심지어 자신이 몸담고 있는 송나라까지도 구체적인 정부나 왕조는 그다지 중요한 것이 아니었을지도 모른다. 그에게서 더욱 중요한 것은 정부와 왕조를 뛰어 넘어 문명과 질서를 만들고 전달하는 역사 속 도의 구현이다. 주자에게서 시간은 요순부터 주공과 공자를 경유해 자기의 시대까지 수 천 년을 관통하는 보편의 문명사다. 이렇게 거대한 역사적 시각에서 특정 조대의 흥망은 주자에게 상대적으로 의미가 없었을 것이다.

공사론과 황제

주자가 역대 정부와 경세가들을 어떻게 평가하든, 현실의 정치에 있어서 실제적인 주체는 황제를 정점으로 하는 위정자들일 수밖에 없다. 주자가 살았던 송왕조 역시 왕의 나라였다.

주자는 황제가 바뀔 때마다 봉사封事나 주차奏箚 형식의 상소문을 올렸다. 이러한 형식의 글은 직접 황제와 면대하여 미리 준비한 글을 올리는 것으로 매우 직접적이면서도 조심스러운 형식의 상소문이다. 새로운 황제에게 올리는 글에서 주자는 매번 수려하고 정제된 문체로 상소문이 갖추어야할 의례적 형식의 문구를 장황하게 늘어놓기도 하지만, 결국 자신의 논지를 펴는 데에 있어서는 칼날을 들이대듯 과감하고도 준엄하게 황제가 갖추어야할 덕목과 국가의 급무를 상주上奏한다.

그가 생각했던 '남송사회의 급무'와 바람직한 '황제의 자세'는 주요 상소문에서 자주 반복된다. 효종에게 올렸던 주자의 대표적 상소문인 「무신봉사戊申封事」를 통해 그 내용을 보자면, '오늘날의 급무'에는 태자훈육·대신선임·기강정돈·풍속변화·민력애양民力愛養·군정정비軍政整備 등이 있고, 소위 '천하의 근본'이란 황제의 마음을 바로잡기다.[52]

태자훈육은 황제권에 대한 도덕적 견제의 일환이다. 대신의 선임과 기강의 정돈은 황제권을 오도할 수 있는 환관이나 외척 혹은 사적인 이익이나 탐하는 탐관오리들을 배격하라는 것이고, 반대로 도덕적 수양을 이룬 사대부들의 정치적 참정권을 보장하라는 것이다. 민력의 애양·군

〈주자의 정치경력과 주요상소문〉

년도	나이	황제	일 자	주요사건
1130	1	高宗	9월 15일	福建路 南劍州 尤溪縣에서 태어남.
1142	13	高		紹興和議 성립
1148	19	高	여름	과거합격, 同進士出身(4-5급)
1151	22	高		泉州 同安縣의 主簿가 됨.
1155	26	高		秦檜사망
1157	28	高	10월	후임을 기다렸으나 오지않아 귀향함.
1162	33	高/孝	6월	孝宗이 선양받음. **壬午應詔上封事**
1163	34	孝	11월 6일	**癸未垂拱殿奏箚**
1164	35	孝		隆興和議 성립
1171	42	孝	5월	五夫里에 社倉을 설립함.
1179	50	孝	1월 25일	전년에 南康軍知事에 差遣되어 이때 길을 떠났고 3월에 임지에 도착하였다.
1180	51	孝	4월	**庚子應詔封事**
1181	52	孝	윤3월 27일	남강군을 떠나 동쪽으로 돌아옴.
		孝	8월	浙東提擧에 임명됨.
		孝	11월	**辛丑延和殿奏箚**
		孝	12월	諸郡에 社倉法을 시행토록 御旨가 내림.
1182	53	孝	9월 12일	임지를 떠나 돌아옴. 陳亮과 서신교환 시작함.
1187	58	孝		道學派인 周必大와 劉王이 재상이 됨.
1188	59	孝	6월	**戊申延和奏箚**
		孝	11월	**戊申封事**
1189	60	孝/光	2월	光宗이 선양받음. **己酉擬上封事**
1190	61	光	4월	전년 11월 漳州知事에 제수되어 이때 부임.
		光	8월	經界狀을 上奏함.
		光	11월	漳州에서 먼저 경계법을 시행함.
1191	62	光	4월 29일	漳州를 떠나고 職名을 사직함.
1193	64	光	12월	潭州知事겸 荊湖南路安撫使에 제수됨.
1194	65	光	5월 5일	임지에 도착함
		光	6월	孝宗사망
		光/寧	7월	寧宗이 선양받고, 韓侂冑가 중용됨.
		寧	8월	侍講을 제수받고 臨安으로 상경함.
		寧	10월	**甲寅行宮便殿奏箚 · 經筵留身面陳四事箚子**
		寧	윤10월	40여일간 『大學』을 강연함.
		寧	11월	侍講職을 박탈당함.
1196	67	寧	12월	직명을 박탈당하고 사록관에서 파면됨.
1199	70	寧	4월	관직생활을 마감함. 致仕
1200	71	寧	3월 9일	建陽縣에서 사망함.
1208		寧		嘉定和議 성립

정의 정비·풍속의 변화는 재정적 폐단을 혁신하고 민생과 교화의 양 측면에서 인정을 베풀라는 주장이다.

이러한 논의들은 모두 개인의 이기적 욕망을 자제하여 공동체 전체의 행복증진을 위해 힘쓰라는 공사론적 주장이 된다. 공公이란 물론 공정함이나 객관성과 같은 가치개념을 지칭하기도 하지만, 일반적으로는 국가와 사회 혹은 전체의 이익[公益]을 가리킨다. 반면 사私란 자아 혹은 개인을 가리키고 보다 실제에 있어서는 개인의 이익[私益]을 의미한다.[53]

송대 사회는 당조와는 달리 군주독재의 중앙집권이 강화된 사회였다. 당나라가 절도사에 의한 군사·행정권의 분할과 지방의 대지주들에 의한 경제적 분권에 의해 망했다는 사실은, 오대의 혼란을 통일한 조씨 정권에게는 중요한 교훈이 되었다. 그래서 개국 이후로 송나라는 문신정치를 강조하고 모든 병력의 통제를 중앙에서 독단토록 조치했다. 권력의 중앙 집중 현상은 남송대에 더욱 심해져서, 거의 모든 주력부대를 수도인 임안(臨安, 지금의 항주) 부근으로 집중시켜놓았다.

또한 출신에 의한 신분제가 약화되면서 귀족을 대신한 사대부들, 즉 교육과 과거를 통하여 권력에 참여케 되는 독서인층의 성장은 황제권의 강화에 크게 기여하였다. 이들 사대부는 자신들 권력의 근거가 황제에게서 나왔기 때문에 당대의 귀족들과는 전혀 다른 존재기반에 서 있었다. 게다가 송대의 관료는 과거科擧, 특히 전시殿試를 통해서 황제의 제자가 된다는 상징적 의미를 지니게 된다. 군주를 스승과 동일시하게 하는 이러한 장치는 자연스럽게 충성의식을 고양시킨다.[54]

그 외에 강남지역을 중심으로 한 경제발전, 중소 지주의 발달과 상품경제의 형성 등은 모두 황제권을 강화하는 데 중요한 역할을 하였다. 대토지겸병은 세금과 부역 및 병역의 탈루를 촉진하기 때문에 역대 모든 정권에서 개혁하고자 했지만, 그것이 제대로 실현되기 위해서는 기득권

세력의 저항을 극복해야 했다. 때문에 남송시기 문벌귀족 및 대지주가 해체된 상황에서 중소지주의 출현은 중앙집권에 매우 유리한 정황이었다.[55]

이처럼 강화된 황제 중심의 권력구조에서 일국의 근본이 황제 일인에게 달려 있다는 말은 단순한 수사적 강조만은 아니었다. 국가의 모든 시책이 황제에 의해서 천단되는 상황에서 황제의 능력과 도덕적 태도는 무엇보다도 중요했다. 때문에 주자는 누차 국가의 근본이 황제 일인이며 그 근본은 다시 황제의 일심一心이기에 황제의 마음을 바르게 다잡는 것이 경세에 있어서 가장 급선무이자 중요한 일이라고 강조한다.

> 군주가 푯대라면 백성은 그 그림자입니다. 푯대가 바르면 그림자도 바르지 않을 수 없습니다. 군주가 물의 원천이라면 백성은 흐르는 물과 같습니다. 원천이 맑은데 흐르는 물이 맑지 않을 수는 없습니다.[56]

> 천하의 모든 일에는 큰 근본이 있고 작은 근본이 있다. 군주의 마음을 바르게 하기는 큰 근본이다. 여타의 모든 일에는 각기 하나의 근본이 있다. 예를 들어 재정정책에는 백성들의 생업을 돌보는 것이 그 근본이 되고, 군사정책에는 장수의 선발이 그 근본이 된다.[57]

사회는 이기적 욕망을 지닌 개인들의 집합체다. 그리고 봉건 사회는 정치적 신분과 경제적 배경이 서로 다른 다양한 계급들로 구성되어 있다. 개인들의 욕망을 조화시키고 또 서로 다른 계급간의 갈등을 조율하는 것이 국가의 임무이며, 여기서 요구되는 것이 공정함이다. 때문에 주자는 국가의 통합과 사회의 경제적·도덕적 재건을 위해 필요한 도구는 기강紀綱과 풍습風習이라고 주장한다. 도덕규범에 의한 사회질서를 의미하는 예의염치禮義廉恥는 전통적으로 국가를 유지시켜주는 기강이라고 인식되어 왔다.[58] 주자는 이러한 전통에 입각해 통치자 입장에서의 도덕의 의의를 다음과 같이 강조한다.

> 신이 듣건대, 사해는 넓디넓어서 억조창생은 지극히 많은데 사람들마다 각기 자신의 생각을 지니고 있어 자신의 사적인 생각을 실행하려 합니다. 잘 다스리는 사람은 능히 그들을 통섭하고 가지런히 하여, 그들로 하여금 각기 이치를 좇음으로써 누구도 통치자가 하려는 것과 다르지 않도록 만듭니다. 이는 먼저 기강을 위에서 잡고서 뒤에 풍습을 교정해 아래의 백성들을 끌어가기 때문입니다. 무엇을 일러 기강이라고 할까요? 현명한지 아닌지를 변별하여 상하의 구분을 정하고, 공과 죄를 감찰하여 상벌의 시행을 공정하게 하는 것입니다. 무엇을 풍습이라고 할까요? 사람들로 하여금 모두들 선이란 흠모할 만하여 반드시 해야 한다는 것을 알게 하고 불선함이란 부끄러워해야할 것으로 반드시 제거해야 한다는 것을 알게 하는 것입니다.[59]

주자가 밝히는 '기강'이란 국가 조직의 상하적 질서이며 더 나아가 이러한 질서를 유지시키기 위한 공정한 상벌 기제를 가리킨다. '풍습'이란 전통적으로 사회에서 긍정되는 도덕의식을 가리키며, 이 도덕의식을 사회의 모든 구성원에게 교육시켜 윤리적으로 통제된 사회를 만들어야 한다는 것이다.

국가의 기강이 서기 위해서는 황제와 재상 및 대간들의 역할이 최고

도로 조화를 이루어야 한다. 그렇게 되면 자연스레 풍습은 정비되어 인위적인 출척黜陟과 상벌이 없더라도 백성 개개인은 도덕적인 삶을 살고자 하게 된다는 것이 주자의 생각이다.[60] 이를 위해 유의해야할 것은 다음과 같다. 첫째, 황제와 대신들에게 요구되는 '공정한 마음'이다. 공정한 도리가 황제에게서 행해지지 않을 때에는 관리의 임명이나 상벌과 교화의 시행에 있어서 어느 하나 제대로 될 수 없게 된다고 보았다. 그래서 결국에는 "겉만 화려한 장식을 하였지만 속은 다 썩어서 막 쓰러지려는 집과 같이 되어버린다"[61]고 성토한다. 둘째, 국가의 권력이 재상과 대간에게서 나와야 한다. 물론 최고 권력자로서 황제의 권위는 인정되지만, 도덕적 훈련과 실무적 능력을 갖춘 사대부집단의 보필이 반드시 요구된다.

국가의 대본이 황제의 일심과 지배계층의 도덕적 수양에 달려 있기 때문에 주자는 당시 남송 사회가 직면한 근원적 문제들을 보는 시각도 남들과 달랐다. "천하의 모든 이해득실은 백성들이 얼마나 편안하고 잘 사는가에 달려 있고, 백성의 안녕은 지방 수령의 현명함 여부에 달려 있으며, 수령의 가부는 감사에게 감사는 다시 중앙 조정에 달려 있기 때문에 모든 문제의 본질은 조정에 달려 있다."[62]고 주자는 주장한다. 물론 조정의 가부는 황제에게 달려 있기 때문에 주자가 보는 문제의 근원과 그 해결 역시 황제에게 달려 있다.

> 안팎의 의론은 모두 말하기를, "국가의 위엄이 아직 떨쳐지지 않았고, 변방의 방비는 갖추어지지 않았으며, 창고의 곡식은 아직 충분하지 않고, 사졸은 아직 훈련되지 않았으니, 하루아침에 무슨 일이라도 생긴다면 어떻게 대처할 것인가?" 라고 합니다. 그러나 신은 홀로 오늘의 근심은 이러한 것이 아니라고 생각합니다. 오히

> 려 근심스레 여겨야 할 것은 이것보다 더 크다고 생각합니다. 그런데도 의론하는 자들이 이러한 생각을 하지 못함을 한스럽게 생각합니다. 신이 가만히 살펴보니, 오늘날 간쟁諫諍의 길은 막혀있고, 아첨하는 요행스런 무리들의 기세는 등등하며, 작위와 상은 쉽게 이르지만 위엄과 벌은 행해지지 않고, 백성의 힘은 이미 도탄에 빠졌으나 국가의 씀씀이는 절제를 모릅니다. 이러한 네 가지의 일로 살펴보니, 폐하의 덕업은 아직 수양되었다고 할 수 없고, 조정은 바르다고 할 수 없고, 기강은 세워졌다고 말할 수 없으며, 옛 성왕들께서 근본을 강하게 하시어 적을 무찌르시고 위엄으로 이적夷狄을 제압했던 길은 모두 아직 갖추어졌다고 말할 수 없습니다. 이러한 것이 바로 신의 깊은 근심입니다.[63]

주자는 국가의 급무가 변방의 수비·창고의 저장·병사의 훈련 등과 같은 물질적·가시적 조건에 있기보다는 도덕적 통치 질서와 사회기강에 있고, 그 근간은 역시 황제의 도덕적 수양에 달려 있다고 보는 것이다. '격군심格君心' 즉 군주의 잘못을 바로잡는 전통은 이미 선진시대부터 있어왔다.[64] 주자는 이러한 전통에 충실하며, 황제의 잘못을 바로잡기 위한 구체적 방안들을 모색하였다. 무엇보다 신하된 자는 군주의 마음을 바로잡고 군주는 자신의 마음을 수양하여 일체의 행위와 욕망이 내면의 도덕명령과 동일하도록 해야 할 의무가 있다.[65] 그것이 바로 앞 장에서 이미 살펴보았던 인심도심설이다.

> 신이 『상서』를 살펴보니 순임금께서는 우임금에게 "사람의 마음은 위태롭고 도의 마음은 미미하니, 오직 정미하고 오직 순일하여 그 중정中正을 유지하라."고 말씀하셨습니다. 마음의 텅 비어 신령

하고 지각능력이 있는 이 마음은 오직 하나일 뿐입니다. 그런데 인심이다 도심이다 하고 구별하는 것은 왜입니까? 그것은 혹 형기形氣의 사사로움에서 생겨나고 혹은 성명性命의 바름에서 기인하기 때문입니다. 그래서 지각하는 것이 같지 않기에, 혹은 위태하여 불안하고 혹은 은미하여 보기 어려운 것입니다. 하지만 사람이라면 이 형체가 없을 수 없기에 비록 뛰어난 사람[上智]이라 해도 인심이 없을 수 없고, 이 본성이 없을 수 없기에 비록 어리석은 사람[下愚]이라 해도 도심이 없을 수 없는 것입니다. 이 두 마음이 사방한 치의 마음에 섞여 있어 다스릴 줄을 모르면 위태로운 것은 더욱 위태롭고 은미한 것은 더욱 은미하여 천리의 공정함은 끝내 인욕의 사사로움을 이기지 못하는 것입니다. 정미하면 이 두 마음을 잘 살피기에 섞이지 않습니다. 한결같으면 본심의 바름을 지키어 거기서 떠나지 않습니다. 이러한 공부에 힘써 조금이라도 틈이 없이, 반드시 도심으로 하여금 일신의 주인이 되도록 하여 인심으로 하여금 매번 명을 듣도록 만든다면 위태롭던 것은 안정되고 은미하던 것은 드러나게 되어 움직이고 고요하고 말하고 행동하는 동안에 과불급의 차이가 없게 될 것입니다.[66]

주자는 효종에게 올리는 상소에서, 조정의 원한을 씻고 강토의 회복을 위해 27년간이나 힘썼으면서도 효종이 구토를 회복하지 못한 결과를 효종 자신의 마음에 인욕이 아직 다 사라지지 않았기 때문이라고까지 말한다.[67]

장수들이 군대의 물자를 빼돌려서 고관들에게 뇌물로 바치고, 자신들의 비리를 무마시키기 위해서 뇌물의 일부를 황제의 개인금고인 내탕內帑에 바쳤을 때, 황제가 모르는 척하고 눈감아 주는 사실을 꼬집으며 주자는, 황제에게 있어서 천하의 모든 사람들과 모든 재화가 원칙적으로 천자의 소유이기에 천자에게는 사적인 소유가 있을 수 없다고 말한다. 뇌물을 바쳤을 때 황제는 사적인 수입이 생겨서 이득이라고 생각할지 모르지만, 군주 독재의 사회에서 황제가 사적인 수입을 둔다는 것은 그 자체로 자신의 통치영역을 축소시키는 것이며 비리를 눈감아줌으로써 스스로 자신의 통치기강을 무너뜨리는 것이 된다. 사적 욕구가 공적 기강을 무너뜨리고 종국에는 황제 개인의 행복마저 위태롭게 만드는 것이다.

> '사私'라는 이름을 얻는 것은 어떻게 해서입니까? 자기 몫으로 독점하기에 그 이외의 사람과는 공유하지 않는 것을 가리킵니다. 그래서 필부로 말하자면 한 집안은 사적인 것이 되어 한 마을과 공유하지 않습니다. 마을 사람으로 말하자면 한 마을은 사적인 것으로 그 나라와는 공유하지 않습니다. 제후로 말하자면 한 나라는 사적인 것으로 천하와 공유하지는 않습니다. 천자라면 하늘이 덮고 있는 곳이나 땅이 이고 있는 곳이면 어디라도 자신의 소유 아닌 것이 없어 통하지 못할 밖[外]이라는 것이 없는데 왜 사적인 생각을 하십니까? 지금 한 생각의 삿됨을 이기지 못하여 삿된 마음에 이르렀습니다. 그래서 집안사람과 가까운 신하를 바로잡지 못하기에 '사적인 사람'까지 생기게 되었습니다. 삿된 마음으로 '사적인 사람'을 쓰니 사적인 비용이 없을 수 없습니다. 이에 안으로는 경비의 수입을 축내고 밖으로는 잉여를 헌납 받아 폐하의 사적인 재산이 있게까지 되었습니다.[68]

원칙적으로 사적 소유와 사적 관계를 인정할 수 없는 황제가 이렇게 부당한 일들을 벌이게 되는 이유를 주자는 황제에게 '한 생각의 삿됨'이 있기 때문이라고 말한다. 황제의 마음에 혼재되어 있는 이 인심을 제거하고 도심을 존양하기 위해서는 황제 개인의 도덕적 훈련이 요구된다.

그런데 조정의 기강과 군주의 마음은 저절로 바르게 될 수 있는 것이 아니다. 반드시 현명한 신하로서 바른말을 간언할 수 있는 이들을 가까이 하고, 개인의 사적인 이익이나 추구하는 간신배들은 멀리해야 한다. 황제의 독재를 견제하고 무지를 보완할 수 있는 건전한 비판세력을 장려해야 한다는 의미다. 때문에 "옛날의 훌륭한 군주들은 모두 사부師傅와 빈우賓友의 지위를 설정하고 간쟁의 직책을 두어, 항상 주변에서 권면토록 했다"고 주자는 주장한다.[69] 그리고 황태자 시절부터 철저한 도덕 교육을 실시하여 언제나 도덕적 판단을 내릴 수 있는 훈련을 거쳐야 하며, 이러한 훈련과 교육은 황제가 된 이후에도 경연經筵과 같은 형식으로 계속되어야 한다.

그런데 주자가 보기에 남송 사회의 현실은, '재용이 날로 궁핍해지고, 군정이 날로 문란해지며, 강북의 구토는 한 뼘도 찾을 수 없어서, 원수에게 설욕도 하지 못하는 상황'이었다.[70] 주자는 이러한 현실의 이유가 황제의 측근들이 모두 개인의 안위나 꾀하면서 황제에게 한 마디의 직언도 하지 못하는 소인배들이기 때문이라고 보았다.

> 재상과 대성臺省과 사부師傅와 빈우賓友와 간쟁의 신하들이 모두들 자신의 직분을 잃은 것은, 폐하께서 친밀히 여기시고 함께 모의하시는 이들이 모두 가까이서 부리는 신하에 불과하기 때문입니다. 이러한 한 두 소인들은 위로는 폐하의 의지를 미혹하게 하여 폐하로 하여금 선왕의 대도를 믿지 않고 공리功利의 비천한 이야기에 기뻐하시도록 만들며, 기개 있는 선비의 좋은 말을 기뻐하

지 않고 친압하는 자들의 비천한 모습에 편안하시도록 만듭니다. 아래로는 천하 사대부 중 이익을 좋아하여 부끄러움을 모르는 이들을 모아다가 문관은 문관대로 무관은 무관대로 무리를 지어 각기 권문에 들어가, 좋아하면 뒤로 끌어주고 봐줘서 높은 자리에 올려주고 미워하면 은밀히 비방하고 공개적으로 배제하여 버립니다. 뇌물을 주고받으니 그 도둑질 하는 것은 모두 폐하의 재물이며, 재상과 장군을 임명하면 그 훔치는 것은 모두 폐하의 권력입니다. … 천하의 충신과 현명한 선비들은 매우 근심하여 길게 탄식하며 살아 있는 것을 즐겁게 여기지 않고, 이익을 탐하여 부끄러움이 없는 이들로 감히 악을 행하는 자들은 여기저기서 분연히 소매를 떨치고 일어나 자신들의 바라는 것을 구합니다. 그러니 백성들이 어떻게 구휼될 수 있겠습니까? 경제가 어떻게 다스려지겠습니까? 군정軍政이 어떻게 정비되겠습니까? 구토를 어떻게 회복할 수 있겠습니까? 그리고 종묘의 원수를 어느 때에나 설욕할 수 있겠습니까?[71]

황제의 도덕적 수양이 천하에 미치는 영향력이 지대한 만큼 그 황제를 도덕적으로 견제시키는 장치의 중요성은 실로 막중하다. 주자는 "군주의 직책이란 재상과 의론하는 것이며, 재상의 직무는 군주를 바로잡는 것"이라고 한다. 그런데 만일 군주가 자신에게 순응하며 아첨하는 자만을 재상의 자리에 앉혀 자신의 독단을 제어할 세력을 멀리 한다면 이는 군주의 직무를 유기한 것이 된다. 반대로 군주의 잘못을 규제하며 직언으로 바로잡아야 할 재상이 황제와 부화뇌동하며 황제의 뜻을 잘 받드는 것을 자신의 능력이라 여긴다면 이는 그 직책을 잃은 것이 된다.[72] 황제에게 아첨하며 부화뇌동하는 재상들은 황제권의 연장에 불과하다.

반면 공론을 수렴하고 도덕적 수양을 닦은 사대부의 의견을 대변해주는 재상과 간관諫官은 황제권을 견제하는 기능과 책무를 갖게 된다.

이범학은 "남송의 역대 황제는 군권의 안정과 강화를 위해서 유능한 문신관료들에게 의존하였다. 그래서 남송의 권신權臣은 표면상 황제권을 제약하며 권력을 천단擅斷한 것으로 보이지만 실제로는 군주권의 연장으로서, 때로는 이를 대행하는 역할까지 수행했다."[73]고 평가하였다. 이러한 평가를 뒷받침하는 증거로서, – 물론 『송사宋史』의 편찬자들이 주자 도학의 영향을 받았기 때문이기도 하겠지만 – 남송대 독재군주를 등에 업고 권력을 손에 쥐었던 진회秦檜, 한탁주韓侂冑, 사미원史彌遠 등은 모두 『송사』의 「간신전姦臣傳」에 입전되어 역사적으로 부정적인 평가를 면치 못하였음을 들 수 있다.[74]

주자가 황제의 도덕적 수양을 위하여 제시한 내용은 주로 『대학』의 삼강령과 팔조목이었다. 녕종이 즉위하여 그에게 시강직侍講職을 제수하였을 때, 주자는 평소와는 달리 극구 사양하지 않고 곧바로 수도 임안을 향하여 달려갔다. 그가 새로 등극한 젊은 황제에게 강의한 것은 『대학』이었다. 그는 황제에게 치국평천하로 귀결되는 『대학』의 도를 강의하며 통치천하에 있어 필수적 전제인 수신의 과정을 밟을 것을 주장한다.

> 대개 남을 다스리고자 하는 자는 먼저 자신을 다스리지 않을 수 없습니다. 도를 체득하고자 하는 자는 먼저 도를 알지 않을 수 없습니다. 이것은 곧 천하 국가에 있어서 두루 통하는 도의이지만 군주라면 더욱이 깊이 살피지 않을 수 없는 것입니다. … 마음이 바르면 몸의 행실에 있어서 치우치지 않을 수 있게 되어 완전히 수양됩니다. 몸이 완전히 수양되면, 이러한 경지를 확장시켜서 천하 국가에 시행하는 것뿐입니다. 어찌 이러한 것을 도외시하고서 지

모智謀와 공리功利의 말단에서 구하겠습니까?[75]

『대학』의 이념을 실현하는 데에 있어서 도덕적 훈련이 우선되어야 하는 것은 군주와 신하의 구분이 있을 수 없다. 이는 군주 역시 도덕의 실천자로서만 그 존재와 역할을 인정받을 수 있다는 도덕적 이상주의의 발로이며[76] 황제 역시 도덕적 강제력의 영역 안에 놓여 있다는 의미이다. 황제 개인의 도덕적 수양을 바탕으로 백성들을 도덕적으로 고양시키는 것이 『대학』이 말하는 치국평천하의 출발이자 근거다. 도덕적 수양과 기강이 확립되면, 물질적 조건과 제도의 구비는 부수적으로 따라오게 되어 있다고 주자는 생각했다. 때문에 당시에 뭔가 대단한 것이라고 평가되던 왕안석 등 공리파의 주장은 그에게 있어서 그저 말단적인 대응방식에 불과했다.

관습과 법률까지도 초월할 수 있는 무소불위의 봉건군주를 견제할 수 있는 것은 어쩌면 자신의 내면적 양심에 호소하는 방법뿐이었을 것이다. 황제는 국가권력의 최고정점에 위치한 자로서, 전통적으로 '백성의 부모[爲民父母]'라고 인식되었다. 이처럼 전체 백성의 행복과 안녕을 위하여 존재해야할 군주가 자신의 사적 욕망만을 추구하여 공적 기강과 사회 전체의 행복을 파괴하는 것은 결코 용납될 수 없는 일이었다. 게다가 주자의 생각에는 참다운 개인의 행복이란 전체의 행복 속에서 찾아지는 것이었다. 때문에 도덕적 훈련을 통한 공익의 추구는 결국 황제 개인의 이익을 위한 방법이 되기도 한다.

그러나 주자를 비롯한 이들 도덕적 견제세력의 노력은 현실적으로 당금黨禁이라는 탄압을 통해서 무산되고 말았다. 주자에게는 매우 불행하게도 젊은 황제 녕종은 도학적 강설을 지루한 설교 따위로 여겼기 때문에 주자는 46일 만에 강연을 그만두어야 했다.[77] 65세의 늙은 주자는 자신의 경세사상을 펼 수 있는 모처럼의 좋은 기회를 잃게 되었으며, 결국 주자학이나 육학陸學 영강학永康學[78] 영가학永嘉學[79]의 인물들은 경원당금慶元黨禁의 당적黨籍에 모두 기록되어 탄압의 대상이 되었다. "이는 신질서를 모색한 유학자들이 한탁주나 경당京鏜과 같은 권력추구형 관료들의 힘을 극복해 낼 정도의 정치역량을 지니지 못했음을 의미하며"[80] 황제의 독재적 권력을 제어할 만한 힘이 없었음을 의미한다. 세상은 소인들의 것이었다.

당쟁과 소인들

송대 유학은 북송시기 정씨 형제를 중심으로 하는 낙학洛學 이외에도, 소식蘇軾을 대표로 하는 촉학蜀學과 왕안석王安石을 대표로 하는 신학(新學, 혹은 荊公學派) 그리고 구양수歐陽修를 대표로 하는 속수학(涑水学, 혹은 온공학파溫公學派) 등 다양한 학파적 분기를 보여 왔다. 학파적 분기는 단지 학술적 영역에 머물지 않고 정치적 파벌로 발전하게 된다. 그리고 그러한 특색은 남송대에 이르러서도 계속되어, 서로 학문적·사상적 입장이 다르면 스스로를 '정正'이라 하고, 자신과 견해가 다른 이들을 '사邪'라 하여 극단적으로 배타시 하였다. 이것이 당쟁이다. 특히 당파를 '군자당君子黨'과 '소인당小人黨'으로 나누어 놓고 자신과 입장을 같이하면 군자요 다르면 소인이라 폄훼하여 자신의 견해를 도덕적으로 합리화하려는 시도는 구양수가 '붕당론朋黨論'을 제기하면서부터 시작되었으며 이후 이런 기풍은 일반화 되었다.[81] 주자 역시 예외가 아니다.

인간 내면의 본질적 도덕의식에 충실하여 사회 전체의 도덕적 교화와 공익을 위해 참여하는 사대부를 주자는 '군자'라고 불렀다. 특히 이들 군자는 유가전통의 담지자로서 개인의 욕구충족보다는 전체의 행복을 우선시한다고 평가한다. 반면, 주자가 '소인'이라 비판하는 대상은 크게 두 종류로 나눌 수 있다. 먼저, 권력과 사적 이익만을 추구하는 모리배들이다. 다음은 앞에서 말한 정치적 사상적으로 견해가 다른 이들이다. 후자는 특히 경세론적 측면에서 사공학파事功學派와 이단 비판의 논리로 작용하였다. 주자는 도덕성을 실체화 하여 내면에서 관념적으로 추구하려는 태도에도 반대했지만, 결과적 효용을 위해 도덕을 가볍게 보는 실용주의에도 동의하지 않았다.

권력과 사적 이익만을 추구했던 모리배들은 당시 주자의 비판을 통해 보았을 때 다시 네 유형으로 세분될 수 있다. 첫째, 환관이나 시녀 등을 가리키는 '근습近習'이다. 둘째, 개인의 영달을 위해 권력만을 추구하는 관리들이다. 셋째, 군제軍制 폐단의 장본인인 부패한 장수들이다. 마지막으로 지방에서 횡포를 부리는 아전衙前이나 토호土豪들이다. 이들의 공통점은 사적 이익을 추구하여 황제와 백성에게 커다란 폐해를 끼치며 국가의 기강과 안녕을 훼손한다는 것이다. 공공의 이익과 안녕보다는 개인의 사적 이익을 우선하는 것이 주자가 보는 이들의 본질이다.

독단적 권력을 행사하려는 황제에게 있어서 사대부 세력은 거북스러운 존재다. 사대부들이 붕당을 지어 서로 권력 암투를 벌이는 경우에 이르자, 황제는 자신의 주변에서 편리하게 부릴 수 있고 나긋나긋하게 좋은 얼굴로 자신을 대하는 환관 따위에게 중요한 직책을 맡기게 되었다고 주자는 말한다. 소위 '문고리 권력'이다. 이렇게 되자 재상과 조정의 기능은 날로 약화되어 결국에는 환관들이 국가의 권력을 농단하게 되었다. 이들 환관세력은 건전한 사대부 집단의 모든 언로言路를 차단하고서 황제의 수족이 되어 자신들의 사적인 이득을 챙기며 점차로 황제를 마음대로 조종해서 국가의 기강을 문란하게 만들었다는 것이다.

> 사대부가 나아와 뵙기는 어쩌다 한 번이요, 근습들이 따라다니기는 간단이 없습니다. 사대부의 예모는 장엄하여 가까이 할 수 없고 게다가 그 의론은 쓰디써서 쉽게 들어오지도 않습니다. 주변에서 시중을 드는 환관 궁녀 따위들(근습近習·편벽便僻·측미側媚)

의 자태는 족히 폐하의 심지를 좀 슬게 할 만하고, 그들 중에 재주가 있는 놈들의 교활한 술수는 족히 폐하의 총명을 현혹시킬 수 있습니다. 이것이 그 생경하고 익숙함, 달고 씀의 차이입니다. 걱정되는 것은, 폐하께서 그들을 견제하시려는 방책을 시행하기도 전에 먼저 그들의 술수에 빠져버릴까 하는 것입니다. 그렇기 때문에 요즘 들어 폐하께서 비록 이 무리들을 조심스럽게 억제하고자 하시나 이 무리들의 세력은 날로 커지고, 비록 공정한 논의를 널리 들으시려하나 사대부의 세력은 날로 작아지는 것입니다. 세력을 가진 이들은 자신들의 세력을 믿고서 폐하의 권위를 훔치고, 사대부 중에 간사한 이들은 폐하께서 중요하게 여기시는 이들에게 의지해 자리를 훔쳐서 총애를 견고히 할 계책으로 삼고 있습니다. 안팎이 서로 응대하여 이렇게 자신의 사적인 목적을 달성합니다.[82]

"원래 이런 무리들은 궁성의 성문을 지키거나 명령을 수발하고 혹은 청소 따위나 시켜야 할 것들인데 어쩌다 황제의 부주의로 높은 자리에 오르게 되어 밖으로는 조정의 권세를 훔치고 안으로는 황제의 통치에 누를 끼치게 되었다"[83]고 주자는 비판한다. 그런데도 "궁중의 공경 대신들은 손을 맞잡고 우두커니 쳐다보며 한 마디의 말도 개진하지 않아서 이 지경에 처한 상황을 수수방관만 하고 있다"[84]고 개탄한다.

더욱이 황제가 등용하는 재상과 고위 관료라는 것들도 개인의 영달만을 추구하여 황제에게 절대 '아니오'라고 대답하지 못하는 자들만이 가득하게 되었다는 것이 주자의 진단이다. 그렇게 된 이유는 황제 자신이 독재 권력을 행사하는 데에 사대부 세력이 걸림돌이 된다고 여겼기 때문이라는 것이다.

으레 황제가 재상으로 쓰는 인물은 자신의 사적인 욕구를 잘 따를 수 있는 이들이기에 임명이 내려지기도 전에 벌써 사람들은 그가 별 볼일 없는 '소인'이라는 것을 알고 있다고 주자는 개탄한다.[85] 이러한 이들은 자신의 권세를 유지하기 위해서 자신과 같은 부류의 인물을 천거하고 등용하며 국가나 조정의 기강 따위에는 관심이 없다. 심지어 적국과 내통하며 자신의 권력을 유지하려는 자들도 있었다. 그 예가 소흥화의紹興和議를 주도한 진회秦檜의 경우다.[86] 그리고 융흥화의隆興和議를 성사시킨 탕사퇴湯思退의 경우는 금에 몰래 사람을 보내 금의 출병으로 송이 서둘러 화의를 맺도록 위협해 줄 것을 요청하기까지 했다고 한다.[87] 이들이 역사가에 의해 '소인'에서 심지어 '간신'으로 평가된 데에는 나름의 근거가 있다.

조정 기강의 붕괴는 모든 관료사회의 공직자 기강을 무너뜨리고야 만다. 공무의 공정한 집행과 감독은 바랄 수도 없고 공무원은 상하를 불문하고 서로의 비리를 감싸주고 결탁하기에 여념이 없게 된다. 환관이나 부패한 고위 관료 혹은 외척들에게 뇌물을 바쳐 개인의 영달을 추구하는 당시 모리배들의 작태를 주자는 이렇게 고발한다.

> 기강이 위에서 펼쳐지지 않습니다. 때문에 아래에서는 풍속이 무너져 근심이 된 날이 이미 오래되었습니다만 수도권(절중浙中)이 유독 심합니다. 대개가 얼굴빛을 좋게 하고 듣기 좋은 말만 하면서 시비를 가리지 않고 곡직을 분변하지 않는 것을 훌륭한 계책이라 여기고서, 아랫사람이 윗사람을 받들 때에는 감히 조금이라도 그 뜻을 거스르지 않고 윗사람이 아랫사람을 통어할 때도 역시 감히 조금이라도 그 기분을 거스르려 하지 않습니다. 그저 사사로운 생각이 생겨나면 온갖 수단을 가리지 않고 계교를 부려 반드시 성취시키고야 맙니다. 심한 자는 뇌물공여를 밥 먹듯이 하고 청탁

> 의 문서를 시문詩文처럼 흔하게 여깁니다. 재상에게 뇌물을 들일 수 있으면 재상에게 뇌물을 들이고, 근습과 통할 수 있으면 근습과 통하여 오직 성공하기를 구할 뿐 더 이상 염치라고는 없습니다. 아비가 자식을 가르치고 형이 동생을 면려시키기를 한결같이 이런 방법으로 할 뿐, 다시는 충의명절忠義名節이 귀하다는 것을 알지 못합니다.[88]

공직자의 비리와 관련하여 특히 주자가 많이 지적한 것이 군제軍制다. 융흥화의 성립 이후 송과 금은 삼십 여 년 간 비교적 평화로운 시간을 보낼 수 있었으며 남송 효종 정권도 점차 안정을 찾을 수 있었다. 그러나 천문학적 액수의 군사재정은 국가기강의 문란과 맞물려 엄청난 비리의 온실이 되었다. 장수의 선발이 뇌물과 인맥에 의해 자행되었으며, 엄청난 양의 군비가 뇌물로 전용되면서 실제 군인들은 심한 궁핍과 부역에 시달리게 되었다.

뇌물에 의해 장수가 된 이들은 그 비용을 다시 충당하기 위해 가혹하게 백성들에게서 세금을 징수하거나 군대물자를 빼돌렸다. 이렇게 치부한 돈으로 다시 황제의 측근들에게 뇌물을 바쳐서 권력추구형 관료·환관·장군들은 더욱 공고한 유대관계를 형성하게 된다.[89] 주자는 뇌물의 일부가 황제의 금고인 내탕에 바쳐지는 현실을 고발하며, 황제는 그것이 옳은 것이 아니라는 것을 알면서도 자신의 비자금으로 사용되기 때문에 일의 전모가 밝혀져도 그들을 벌줄 수가 없게 된다고 고발한다.

황제와 관료 그리고 장수가 연결된 비리의 고리는 그 피해가 고스란히 부역과 세금으로 백성들과 일반 병사들에게로 돌아갔다. 심지어 처자식을 길거리로 내몰아 구걸과 매춘으로 연명하게 만드는 지경에까지 이르렀다고 고발하며, 뇌물로 바쳐진 돈은 백성의 고혈膏血이며 황제 자신의

돈이라고 주자는 비판한다.[90] 그는 사태의 심각성을 깨닫지 못하고서 그저 안일하게 대처하는 황제를 다음과 같이 강하게 질책한다.

> 효종황제께서 내게 말씀하셨다. "장수의 임명은 국가 대사다. 조정에서 공적으로 선발한 것이 아니면, 군대에서 공적으로 천거한 이들이지 결코 다른 경우는 없다." 내가 아뢰었다. "폐하께서는 다만 조정에서 천거되었다는 것만을 보시고는 그것이 모두 공적인 선발이라고 여기시지만, 실상은 그것들이 모두 끼리끼리 결탁해서 올라온 것들이라는 사실은 모르십니다. 또 오늘날 문신들의 천거를 폐하께서는 모두 공론에서 나왔다고 여기십니까? 세력 있는 자들의 편지 한 통이면 얻을 수 있는 것이 천거입니다." 효종께서 말씀하셨다. "과연 그렇다면 정말로 감찰해야겠군. 경이 나를 위해서 그것을 감찰해주시오!"[91]

말단 관료조직인 아전들은 향촌사회에서 실제 백성들과 접촉하는 이들로서 가장 직접적으로 영향력을 행사할 수 있는 이들이었다. 송대 아전들에게는 정해진 봉급이 없었다. 그리고 대체로 신분은 상속되었기 때문에 지방의 세금을 징수하는 과정에서 '몫'을 챙기는 것은 어느 정도 묵과되었다.[92] 그런데 이들이 지방의 토호들과 연결되어 점차 세력화 하면서, 지방관도 이들의 협조 없이는 업무를 수행할 수 없는 지경에까지 이르렀다. 이들은 백성들로부터 세금을 과다하게 징수하여 자신들의 이익을 챙기며 폐단을 조장하고 있었다. 다음 장에서 서술하게 될 사창과 경계법 등 향촌사회의 재건을 위해 주자가 내놓은 정책들에서 이들 지방 토호세력과의 관계를 가장 중요하게 여긴 이유는 이들의 무시할 수 없는 향촌사회에서의 영향력 때문이었다. 남송 건립 직후에는 중앙의 국가권력이 말단 향촌사회까지 미칠 수 없었고, 이후에도 향촌의 아전들은 지방의 토호들과 결탁하여 지방세력화 하였다.

이상과 같이 개인의 이익만을 추구하는 소인배들과는 달리, 주자가 생각하는 바람직한 사대부는 도덕적 훈련을 받은 이들로서 자신의 안위보다는 국가와 황제에게 충성을 바칠 수 있는 이들이었다. 옛날의 공경公卿은 그 신분이 세습되어 군신간의 관계가 매우 깊었고, 그래서 국가와 함께 환란을 같이 하였다고 주자는 말한다. 그런데 후세의 군신 관계는 서로를 그저 길거리에서 만나는 사람처럼 여기어 환란이 닥쳤을 때에는 뿔뿔이 흩어져버린다고 토로한다. 더욱이 당시의 공경자제公卿子弟들은 교육을 받지 못하여 경박하고 사치하기 때문에 부득이하게도 초야의 신진 사대부들을 등용하여야 한다고 말한다. 등용의 근거는 바로 그들이 도의를 알기 때문이다.[93] 신분 질서가 약화된 사회적 분위기를 반영한 언급이기도 하지만[94] 결국 주자가 강조하는 것은 '사'보다 '공'을 중요시해야 하는 공직자의 자세를 의미한다.

"환란을 당하여서도 죽고 사는 문제를 도외시할 수 있기에 평소 작록을 가볍게 여길 수 있는 것이며, 환란을 당하여도 충절을 다할 수 있기에 평소에 법도에 어긋나지 않을 수 있다."는 것이 주자가 생각하는 군자의 풍모다. "평소에 이러한 이들을 구하여 쓰면 임금의 마음은 바르게 되고 백성들의 풍속은 아름답게 되어, 간사한 싹을 잘라버리고 화의 근본을 제거하기에 족해서 자연스레 정말로 절개를 지켜 의를 위하여 죽어야 하는 일에까지 이르지는 않는다."고 주자는 효종에게 군자의 기능을 설명한다.[95]

그러나 현실에서는 '소인'들이 너무나도 확고하게 정권을 쥐고 있기에 이렇게 강직한 군자들은 언제나 핍박을 받게 된다고 한다. 한 번이라도 '강직하고 정직하며 도리를 지키는 선비'라는 평판이 생기고 나면 모두들 그를 비난하고 배제시켜서, 도학자라고 지목하여 핍박한다고 주자는 고발한다.[96] 이미 숭녕(崇寧, 徽宗년호 1102~1106)·선화(宣和, 徽宗년호 1119~1125) 년간에 원우元祐 학파(정이의 제자들을 중심으로 하는 학파)가 당금으로 핍박받았던 일을 상기하며, 주자는 효종에게 간언하였지만 불과 육 년 뒤 그 자신이 '위학僞學의 괴수怪獸'가 되는 신세를 면치 못하였다.

도학자들은 자신들의 정치적·사상적 신념에 의거해 권력지향적 관리들을 소인으로 비난하고 자신들의 행동을 도덕적인 것으로 평가했다. 특히 이들 도학자들은 도덕적 권위의 측면에서, 수양되지 못한 황제보다 더욱 강한 권위를 계승하였다고 자부한다. 그러나 이러한 도덕적 자부는 정권의 유력자들에 대한 도전으로 받아들여졌으며, 최종적으로 경원당금과 위학이라는 혹독한 시련의 결과를 가져온 것이다.

경원당금慶元黨禁은 경원慶元 2년(1196) 8월에 시작되어 가태嘉泰 2년(1202) 2월경에 해제되었으며 그 전모는 대략 다음과 같다. 효종은 1189년에 광종에게 선양하였으나 그 후에도 실질적 권력을 여전히 쥐고 있었다. 그러던 중 1191년 황태자의 선정 문제 때문에 광종의 비妃인 이황후李皇后는 효종과 사이가 좋지 않게 되었고, 급기야 광종은 삼 년간 효종을 만나지도 않았다. 1194년 6월 효종이 병사하였는데 광종은 상복을 입으려 하지도 않았고, 일종의 정신질환을 앓고 있어서 장례를 치를 수도 없었다. 이 때 섭적葉適[97]·조여우趙汝愚·한탁주韓侂胄 등이 모의하여 고종의 황후였던 오황후吳皇后의 찬동 하에 광종을 퇴위시키고 그의 아들 녕종寧宗을 즉위시켰다.

조정의 대권을 장악한 조여우는 주자를 등용하여 녕종에게 도학을 강의케 하였다. 그러나 주자의 후견자였던 조여우는 점차 외척인 한탁주에게 밀려나 주자마저 시강직을 그만두어야 했다. 조여우를 지지했던 이들이 대부분 도학자였기에 한탁주는 도학을 금지시킴으로써 자신의 정적을 제거하려 하였다.

태상소경太常少卿이던 호굉胡紘의 상소를 필두로 도학자들을 비난하는 상소가 계속되었고, 결국 도학자들은 '위학도僞學徒'로 낙인찍혀 과거시험에도 응시할 수 없게 되었다. 1197년 12월에는 '위학의 당적' 즉 일종의 블랙리스트가 작성되어 조여우와 주자를 비롯한 59명이 그 명부에 실리게 되었다. 주자는 이미 그 한 해 전인 1196년에 직명과 사록을 박탈당한 상태였다. 당금은 1202년에 그 제거 대상이 거의 사라진 상태에서 해제되었다. '위학의 괴수' 주자도 이미 타계한 뒤였다.[98]

도학파에 대한 탄압은 그들의 이론 속에 봉건정권에 대한 비판의 색채가 있었기 때문이라기보다는 단지 도학파 집단을 정권으로부터 잠시 배제시키고자 해서였다. 실제로 '위학의 당적'에는 주자를 비롯한 도학파 이외에도 섭적葉適과 여조겸呂祖儉[99] 등 사공파나 육학계열 등 초 학파적 인물들이 망라되어 있어, 뚜렷한 이슈나 정책대결도 없는 정치투쟁의 성격을 지닌다.[100]

당금을 통하여 도학파는 잠시 주춤하였으나, 빈번한 학금學禁 속에서 공소한 관학官學의 실상과 타락한 정치현실에 분개한 젊은 사대부들을 중심으로 다시 성장하기에 이르렀다. 학금을 통해 억압하려던 도학은 사실상 학금 그 자체가 자생력을 길러주었고 내적 충실화를 가져왔다는 평이 가능하다.[101]

황제의 독재와 관료집단의 부패를 감시하며 온몸으로 항거하였던 주자의 사상은 결국 남송 후기의 관학화 과정을 통해 이후 동북아 사회의 지배이데올로기로서 확고한 자리를 차지하게 된다. 학금이 한창 심할 때 한 제자는 주자에게 학도를 해산하고 화를 피하길 권하였다. 그러나 주자는 "화복의 도래는 운명이다. 내게 화를 피하라고 말하는 이들은 나를 아껴서 하는 말이겠지만, 내가 이렇듯 만길 벼랑에 서 있으면 우리의 도가 더욱 광채가 나지 않겠는가?"[102] 하고 답한다. 역사의 우여곡절과는 상관없이 언제나 엄연한 도덕의 힘을 믿고서, 그러한 가치가 현실 사회의 부조리를 가늠하고 부패를 척결하는 무기로 작용해야 한다는 것이 주자의 신념이었다. 그리고 정권의 참여 여부와 상관없이, 이 문명[斯文]을 짊어진 채 쉬지 않는 비판세력으로 기능하는 것이 주자가 생각한 군자의 역할이었다.

14장

남송의 현실과 내외정책 – 예악형정

경제정책 - 경계법·사창

주자는 9년간의 지방관 생활을 통해서, 피폐해진 백성들의 실상과 관행적으로 벌어지는 관료들의 비리 그리고 지방재정상의 구조적인 문제점 등을 수없이 보아왔다. 이러한 현실 속에서, 구토의 회복과 복수를 위해 금과의 전쟁을 수행해야 하고 그 선결작업으로 국가의 기강과 내정의 정비를 완성해야 한다는 것이 그의 대외정책이었다면, 인정仁政의 실현이라는 이상 하에 백성들의 생존과 경제적 환경을 향상시키기 위해 노력한 것이 그의 구체적인 국내정책이었다.

그의 경제정책은 평상시를 위한 애민정책과 유사시를 위한 민생안정책으로 나누어 볼 수 있다. 전자에는 정전제의 이상을 계승한 토지구획사업인 경계법經界法이 해당되고, 후자에는 기근이나 재해시에 주창했던 '구휼사업' 그리고 '사창제'가 주된 내용이 된다.

경계법이란 일종의 토지정리사업이다. 1189년 장주漳州의 지사를 제수받고 다음해 8월 향촌 경제의 구조적 모순을 시정하기 위해서 주자는 「경계장經界狀」, 즉 농촌 토지 소유에 대한 현황 보고 및 재분배를 위한 제안을 상주上奏한다. 주자는 자신이 젊은 시절 천주泉州의 동안현同安縣에서 실제 백성들의 고충을 목도하고 농사일을 관장하였던 경험에 근거해 경계안의 중요성을 술회한다.[1] 이 상소문에 의하면, 토지의 겸병으로 인한 폐해는 크게 세 가지로 정리할 수 있다. 첫째, 가난한 백성들이 땅을 잃고서 소작농으로 전락하거나 유리걸식하게 되며 심지어 도둑이나 농민폭동의 원인이 되기도 한다. 둘째, 가난한 백성들은 땅이 없어 경작을 못하고, 반면에 부호들은 땅이 남아 경작을 못하게 되어 농지가 황폐해진다. 셋째, 부호들이 땅을 차지하고도 세금은 여전히 원래의 토지소유자인 빈민들이 계속 부담하는 경우가 많았다[有稅無業之民]. 때문에 부호들은 세금을 포탈할 수 있었고[業多稅少之人], 빈민들은 세금을 낼 수 없어서 국가 재정에 커다란 문제를 야기했다. 이러한 문제점 때문에 일찍부터 토지 정리 사업은 국가의 중요한 정책으로 여겨져 왔다.

> 경계안의 토지대장이 정확하지 않으면 토지세가 균등할 수가 없다. 비록 작은 일처럼 보이지만 그 실상은 국가나 백성에게 있어 이보다 더 큰 해악이 없다. 가난한 자들은 토지가 없는데도 세금을 내야 해서, 결국 백성들은 세금을 낼 수 없게 되거나 연좌에 의해 다른 사람의 세금까지 내야하는 고충이 발생한다. 부자들은 토지는 있는데 세금이 없어서 국가적으로는 세금포탈에 따른 세수 부족 현상이 발생하게 된다.[2]

남송 정권은 1147년부터 1149년까지 호부시랑戶部侍郎 이춘년李椿年의 주도로 전국에 걸쳐 대대적으로 경계법을 시행한 경험이 있다. 이춘년의 경계안 실시는 향촌에 대한 통치권의 재확립이라는 남송 초 고종과 진회 정권의 숙원 사업이었다. 재정의 중앙 집중에 주력한 진회의 재정 정책에 풍부한 실무 경험으로 부응한 이가 바로 이춘년이었다. 이춘년이 경계안을 제출하였을 때 고종과 진회 등이 전폭적으로 지지하여 바로 그 다음날 시행될 수 있었다는 사실은 정권의 강력한 의지를 보여준다. 실제로 이춘년의 경계안은 '위민균세爲民均稅'보다는 증세에 목적이 있었다는 비판을 받았지만, 엄격한 시행과 정권의 강력한 비호로 성공할 수

있었다.[3]

그러나 소흥紹興 연간의 이 경계안은 유독 복건福建의 천주泉州·장주漳州·정주汀州 지역에서는 시행될 수 없었다. 당시 이 지역을 휩쓴 농민 기의 때문이었다. 주자는 바로 이 장주漳州의 지사로 부임하여 이 지역을 중심으로 다시 경계안을 시행코자 했던 것이다. 주자의 경계안은 대체로 이춘년의 것을 따른 것이었고, 경계안의 실행을 위해 주자는 광종에게 올리는 장계에서 촌락의 조직·장부의 제작·조사방법·담당 공무원의 선발·사원전寺院田의 처리 문제 등에 관해 구체적으로 밝혀 놓았다.[4]

주자가 가장 중요하게 생각한 것은 관리의 선발이었다. 주자는 먼저 이 지역의 경계법을 관장하기 위한 감사監司 1인을 임명하여 그로 하여금 삼 개 주의 군수를 선발할 수 있도록 하였다. 그리고 복건로 일대에서 삼사십명의 능력 있는 관리들을 선발하여 집행토록 건의하였다. 토지 측량은 10호戶로 구성된 보保를 중심으로 작성하며, 이미 경계법을 담당했던 경험이 있는 인근의 관리들을 차출하여 소흥紹興 연간에 호부戶部에서 정한 격식에 의거해 측량하도록 했다. 실제의 시행에 있어서는 정해진 법률 이외에도 담당 관리가 어떤 마음으로 임하는가가 중요하다고 지적하면서, 담당 공무원이 시행 세칙을 숙지하여 혼란이 없도록 할 것을 강조하였다.[5]

해당 지역의 심한 저항을 뚫고 1191년 3월 삼 개 주에서 경계안을 시행하라는 조정의 명령을 획득했으나 이내 장주漳州에서만의 실시로 축소되었고, 같은 해 10월에는 다시 경계 중단의 지시가 내려와 끝내 주자의 경계법은 시행되지 못하였다.[6] 경계법이 시행되지 못한 주요 원인은 무엇보다도 경계안이 시행될 경우에 손해를 입게 되는 부호와 아전들의 방해 때문이었다. 주자는 경계안의 실시를 방해하는 당시의 토호세력들을 다음과 같이 술회한다.

> 이 법률의 시행을 빈민과 하호下戶들은 매우 기뻐하지만 부호와 탐관오리들은 모두 좋아하지 않는다. 기뻐하는 자들은 약자로서 곤궁하고 능력도 없는 서민들이다. 때문에 비록 정말로 간절하여도 관청에 민원을 신청할 줄도 모른다. 좋아하지 않는 이들은 재력과 힘이 있는 사람들이다. 때문에 그들의 의도가 비록 실제로 개인적인 이득을 위한 것이라 해도, 말을 잘 꾸며가지고 여러 사람들을 미혹되게 만든다. 심지어는 도적의 핑계를 대어서 관청과 빈민들을 협박하기까지 해서 자신의 이익을 관철시킨다. 안정을 중요시하고 시끄러운 것을 싫어하는 사대부들은 혹 이러한 실상을 감찰하지 못하고서 소문으로만 겁을 먹고는 경계안이 시행되어서는 안 된다는 주장을 도와주는 실정이다.[7]

유원준은 송대 경계법의 실패원인을 지방관·아전·토호의 이해관계로 설명한다. 첫째, 경계를 담당하게 될 관리들은 자신들이 지주의 일원이었기 때문에 그들에게 아무런 실익도 주지 못한 채 업무량만 증가시키는 경계안을 적극적으로 시행할 리 없었다. 둘째, 과거 응시의 기회도 박탈당하고 급료도 지급되지 않는 아전들에게는, 부역 제도의 모순을 이용한 경제적 이익 추구가 유일한 탈출구였다. 때문에 부역 제도의 모순을 합리적으로 개혁하려는 경계안이 그들의 협조를 얻지 못한 것은 당연했다. 셋째, 중앙 권력이 말단 향촌 조직까지 미치지 못하는 실정에서 토호 세력은 지방관을 능가하기까지 했다. 토호의 경제적 이윤을 직접적으로 침탈하게 되는 경계안을 국가의 결연한 의지 없이 지방관의 권한만으로 과감히 시행하기는 힘들었다.[8]

주자 역시 이 법의 시행은 그 이익이 오직 관부官府와 빈민들에게 있고, 토호와 교활한 탐관오리들은 모두 불편하게 여긴다고 평가하였다.[9]

때문에 그는 백성을 위한다면 어떠한 어려움 속에서도 경계안을 꼭 시행해야 한다고 굳게 믿었으며[10] 그의 경계안은 비록 실행되지는 못했지만 남송말 부분적으로 실시된 경계법의 모태가 되었다.[11]

다음은 구휼사업과 사창제다. 남강군南康軍의 지사로 부임하며 목도한 피폐한 백성들의 실상을 그는 다음과 같이 기술한다.

> 신이 삼가 남강군을 살펴보니, 토지는 척박하여 산물은 풍부하지 못하고 수원은 얕아 쉽게 말라버리고 백성들이 희소해서 농사일은 곧잘 상하기 때문에 매우 가난한 지역입니다. 그런데도 부세는 편중되어 다른 곳과 비교하면 혹 두 배에서 다섯 배까지 됩니다. 민간에서는 아무리 온 힘을 다해 밭 갈고 씨 뿌려도 그 소득이 혹 세금 내기에도 빠듯합니다. 다른 부업을 강구하여야 겨우 관아의 수요와 부족한 부분을 메꿀 수 있을 정도입니다. 이런 까닭에 사람들에게는 견고한 의지가 없고 생계는 일정한 생업이 없습니다. 때문에 온 힘을 다해 농사짓는 것을 자손까지 대대로 이어질 장구한 계책이라 생각지 않습니다. 다행히 풍년이라도 만나면 곡식을 바로 팔아다가 그저 목전의 안락만을 위하지만, 일단 수해나 한발이 발생하면 노인을 부축하고 아이를 끌고서 사방으로 떠다니니 전답과 가옥을 여관과 달리 보지 않습니다. 교외에 나가 사방을 둘러보면 황폐해진 전답과 가옥이 여기저기 널려 있습니다.[12]

이렇게 된 이유로는 무엇보다도 과중한 세금에서 오는 구조적인 문제를 들 수 있다. 주자가 바라본 남송사회의 세정稅政 비리는 조직적이고 고질적인 것이었다. 그 대강은 다음과 같다. 국가의 공적인 경비에 사용될 재정을 황제와 황제 측근의 사적인 비용에 사용하기 때문에 언제나 중앙의 재정지출은 정해진 세입의 양을 초과하게 된다. “재상은 세금의 출입을 법도에 맞추어 균등히 할 수 없고, 호부는 그 있고 없는 것을 서류로 검사하고 감찰할 수 없어, 날마다 소모하여 황제의 사사로운[燕私] 경비를 바치는 것이 얼마나 되는지 알지 못하는 상황”이 벌어지기 때문에 세금 감면 정책인 파분破分[13]도 시행할 수 없었다. 호부는 재정의 부족분을 지방관에게 강요하게 되고, 지방관은 다시 예하의 관리들에게 가혹하게 세금을 종용하게 된다. 지방관은 얼마나 세금을 많이 거두었는가에 따라 실적이 정해지기 때문에 경쟁하듯 가렴에만 힘을 쓰고 인정仁政이나 교화 따위는 안중에도 없으며 감사監司는 휘하의 주군州郡을 가르치고 군수는 속읍을 가르치길, 백성의 일에는 마음을 둘 필요도 없고 오직 세금을 재촉하기만 하면 된다고 한다. 그 이외에도 화매和買[14]·절백折帛[15]·과벌科罰[16]·월장月椿[17] 등의 무명잡세는 혹 정규 세금의 몇 배가 되기도 하였다. 이와 같은 상황이 백성들로 하여금 고향을 등지고 떠나지 않을 수 없도록 만드는 구조적인 원인이었다.[18]

백성들의 두 번째 고충은 둔전屯田이었다. 남송의 지방 행정구역에서 군郡과 군軍은 주州와 같은 크기의 행정단위다. 그 중 군軍은 보루堡壘를 설치하고 지방군을 보유한 행정단위를 가리킨다. 주자가 지사로 있었던 남강군南康軍이 대표적인 예다. ‘소인小人’들의 작태 중에 장수가 중앙의 근습(近習, 환관과 궁녀)과 결탁하여 저지르는 비리에 대해서는 앞에서 이미 다루었다. 비자금과 군비 마련을 위해 장수들이 지방에서 자영하는 병둔兵屯이 당시 백성들에게는 또 커다란 고통이 되었다. 황무지의 개간은 주체에 따라, 민둔民屯과 병둔兵屯으로 구분된다. 그런데 병둔을 경영할 때에는 중앙의 지원금이 나오지 않고 지방세로 자체 충당해야 했기 때문에 당시의 장수들은 병둔을 경영하려 하지 않았다. 설령 병둔을 경영한다 하더라도 조정에서 별도로 관리들을 파견해야 했기 때문에 그 비용이 적지 않았다. 게다가 병둔을 경작하는 사람들을 강제로 모집하기 때문에 모집된 사람들은 경작에 관심이 없고 도리어 토착 백성들과의 불화로 자주 말썽을 빚기까지 했다. 그 결과, 해당 지역의 세금은 거의 모두 군비를 위해 조달되면서도 사졸들은 물자를 공급받지 못하고 지역민들은 가혹한 세금에 허덕이면서도 지방재정은 결핍을 면치 못하는 실정이었다.[19] 재정 지출의 80~90%가 군비라는 지적에서 당시 군대의 운용이 백성들에게 얼마나 큰 부담이었는지를 짐작할 수 있다.[20]

세 번째는 금나라로부터 귀화한 사람들 즉, 귀정인(歸正人, 혹은 충의인忠義人)과 귀명인歸明人이 당시 사회적 문제가 되었다.[21] 주자 자신도 당시의 폐단이 귀정인에게 있다고 밝히면서 귀정인들을 수용해야할 지방민들의 부담이 심각하다고 지적한다.[22] 이들은 금나라의 폭정을 견디지 못하여 남하하거나, 군대에 징집되지 않으려고 월남한 이들이다. 남송 정부는 그들을 황무지에 초치하여 토지를 경작케 하거나, 군사로 징집하는 등의 수용정책을 펼쳤다. 그러나 재정적으로 여유가 없던 남송 정부에게 이들 귀정인의 증가는 새로운 사회문제로 부각되었다.[23]

이러한 사회적 여건에서 주자가 제시한 대안은 무엇이었던가? 1181년 주자 52세 때에 절동浙東 지역에 한발이 들어 큰 기근이 생겼다. 주자는 절동제거浙東提擧에 제수되자, 평소에 여러 차례 사양하던 것과는 달리 구휼의 시기를 놓칠까 염려해서라며 즉시 임지로 출발한다. 그는 임지에 도착하여 피해상황을 파악하고서 곧장 수도 임안으로 달려가 효종에게 「신축연화주차辛丑延和奏箚」를 올려 기근 대비책을 상주한다.

전후 일곱 차례에 걸친 이 상소문의 대책에서 그 첫 번째가 피해상황의 파악과 피해정도에 따른 세금 감면 요청이다. 피해상황의 파악을 '검檢'이라 하고, 그에 따른 세금 감면을 '방放'이라 하여, 구황救荒에서 가장 우선해야 할 것이 바로 '검방檢放'이라고 상소한다. 그런데 주자의 고

발에 의하면, 지방의 관리들은 피해상황을 재빨리 조사하려고도 하지 않았으며 그 피해 정도를 축소해 보고한다. 또 가난한 백성들은 피해 조사가 있기도 전에 연명을 위해 먼저 수확하기 마련인데, 이때는 법을 어겼다 하여 아예 피해조사도 하지 않는 상황도 벌어지고 있었다.

이에 대해 주자는 30%의 피해를 입힌 재해가 들었을 때에는 최하등호인 5등호에게 세금조사의 절차부터 면제하여 아예 세금을 감면케 하고, 50% 이상의 피해가 들었을 때에는 4등호도 이에 준하여 처리하도록 청원하였다. 피해조사가 늦어 발생한 차질에 대해서는 담당 공무원에게 직무태만의 죄를 가하고, 세금 감면은 주변의 토지와 비교하여 시행토록 건의하였다.

두 번째는 구휼미 출연자에 대한 우대정책이다. 수재나 한발이 들었을 때에 상호上戶들에게 일종의 의연금 갹출을 권고하여, 권유에 응한 자들에게는 정부에서 명예직의 관직을 수여토록 한다는 것이다. 그러나 실제로는 이들 의연금 출연자들에 대한 포상이 약속대로 이루어지지 않았다. 그래서 이후 주자는 이 약속이 지켜지지 않았음을 이유로 여러 차례 벼슬을 내어놓기도 한다.

세 번째는 피해지역에 대한 중앙정부의 원조다. 주자는 이 해의 기근에 대해서만 중앙정부에 33만 석의 쌀을 요구한다. 그는 황제의 개인금고인 내탕內帑에 금과의 전쟁을 위해 쌓아둔 돈과 비단이 많음을 지적하면서 공개적으로 황제에게 희사를 청원한다. 그는 일의 경중에 있어서 굶주려 죽어가는 백성들을 살리는 것이 우선이라고 주장하며 자세하게 원조미의 사용처에 대해 보고한다.

네 번째는 세금 납부기간의 연장이다. 세금의 감면 이외에도 피해 정도가 심한 지역을 중심으로 정기 세금인 하세夏稅의 납부를 유예하고, 중앙과 지방 관아의 필요 물자에 대한 납부도 다음 해에 누에와 보리가 자라기를 기다렸다가 결핍부분을 걷도록 해달라고 요청한다. 그 부족분에 대해서는 역시 중앙의 원조를 요구한다.

다섯 번째는 지역 간의 물자유통 장려책이다. 이 해의 한발은 매우 넓은 지역에 걸쳐 있었기 때문에 호남로湖南路 광남서로廣南西路 광남동로廣南東路 양절서로兩浙西路 등의 지역을 제외하고는 거의 모든 지역에 재해가 들었었다. 절동로浙東路의 경우에는 복건로福建路와 광남동로廣南東路가 가깝기 때문에 이들 지역에 공문서를 보내서 쌀장수들을 모으도록 한다는 것이다. 그 지역의 쌀값은 대단히 싸기 때문에 한발의 피해지역에서 사들인다면 서로에게 이득이 된다는 것이다. 관아에서는 상인들을 상대로 신의를 지켜 물자유통정책이 안정적으로 시행될 수 있도록 조치해야 한다고 주자는 강조한다.

마지막으로 이 모든 정책의 시행은 해당 공무원의 철저한 사명감과 책임의식에 달려 있음을 강조하며 황제가 직접 조칙을 내려 관리들의 태만과 비리를 엄중히 경계토록 해달라고 요청한다. 특히 자의적인 세금감면으로 비리를 꾸미는 공무원들을 엄중히 문책할 것과, 구황책은 일절 법에 의해 집행되어야 함을 강조한다.[24] 주자는 "본로의 관리들 중에 백성들을 사랑하고 재능이 뛰어난 자들을 선발하여 특별히 규정에 얽매이지 않고 그때그때 임시로 권한을 줄 수 있도록 허락하여 주십시오. 예를 들어, 치옥治獄 포도관捕盜官 등은 원래는 정식으로 발령시킬 수 없는 자들입니다. 그러나 능력이 있거든 이러한 이들도 쓸 수 있도록 해주십시오."라고 상소하며 권도權道 시행을 특별히 요청한다.[25]

이상의 기근 대책 이외에도 주자는 군제軍制의 폐해와 관련해서 장수와 관리의 선발을 엄중히 할 것과, 병적兵籍을 정리하여 군비를 절감할 것, 그리고 둔전을 개간하여 귀정인을 수용할 것, 예비군을 연습시켜 변방의 수비를 돕도록 할 것 등을 건의하였다.[26] 그리고 젊은 시절부터 농촌의 관리로 있던 경험을 바탕으로 – 송대의 지방관은 일반적으로 권농사勸農使를 겸임하게 되어있다. – 그는 당시 최고의 농업 서적이었던 진부陳敷[27]의 『농서農書』(1149년에 출간)에 필적할 만한 농업기술을 기술한 「권농문勸農文」[28]을 반포하였다. 이식법·비료 사용법·관개법·객토법 등의 기술을 장려하는 이 문서를 통해 우리는 그가 생산력 향상에 대한 지대한 관심과 이를 위한 해박한 지식이 있었음을 확인할 수 있다.[29]

사창제는 주자가 건의한 농가 안정책 중의 하나로서 향촌에 창고를 설치하여 기근이 발생했을 때나 춘궁기에 가난한 백성들에게 저리로 쌀을 대출해 주었다가 수확기에 상환토록 하는 제도다. 1167년과 1168년 남송에는 큰 홍수와 기근이 닥쳤다. 이에 농민기의가 빈발하여 주자가 살고 있던 건녕부建寧府 숭안현崇安縣까지 위험을 느끼게 되었다. 이에 주자는 지방의 유지였던 유여우劉如愚와 더불어 사창을 설립할 것을 도모하였으나 1171년에 가서야 숭안현崇安縣 개요향開耀鄕 오부리五夫里에 사창을 건립할 수 있었다.

그가 효종에게 설명한 사창의 설립과 운영과정을 요약하면 다음과 같다. "1168년 기근이 들자 건녕부에서는 상평미 600석石을 주었다. 주자는 유여우와 함께 창고 세 개를 짓고서 매 석石당 2두斗의 이자를(연리 20%) 붙여 4월 상순에 대출해 주었다. 약간의 흉년을 만나면 이 이자를 반으로 줄여주었고 큰 흉년에는 이자를 걷지 않았다. 사창의 운영은 상호上戶와 원래부터 거주하던 관원[土居] 혹은 잠시 거주하는 관원[寄居]과 사대부들 중에 도의를 행하는 자들 그리고 현縣의 관원이 서로 협력하여 관리하였다. 이렇게 14년을 운영했더니, 원금 600석을 돌려주고도 3100석의 쌀이 남았다. 이후로는 매 석당 손실분에 해당하는 3승升(연리 3%)의 비용만을 걷고 있다. 이러한 조치 덕분에 인근 4, 50리에는 기근이 없어졌다. 이 제도를 전국적으로 시행할 만하니, 각 지방의 풍속에 맞게

숭안현 오부리의 사창

주자는 춘궁기 굶주린 백성들을 구제할 목적으로 〈사창〉을 설립했는데, 주자가 태어났던 숭안현 오부리의 사창이 대표적이다.

사창제벽

규약을 조절하여 시행하고 백성들의 자발적인 참여에 의해서만 시행하는 것이 좋겠다."[30]

『주희집』에 실려 있는 「사창사목社倉事目」에는 세부적인 규정들이 매우 상세히 기록되어 있어 주자의 치밀한 기획력을 엿볼 수 있게 해준다.[31] 사창의 규정들에서 주목할 것은 사창의 운영 주체가 상호上戶+사대부士大夫(의거관寄居官·토거관土居官[32]·의義를 행하는 사대부)+관아官衙의 연합이라는 것이다. 이는 향촌 사회에서 강력한 영향력을 행사하지 못하던 사대부들이, 토호세력을 포섭하고 관아의 권위를 빌어서 향촌사회의 자율을 표방하며 자신들의 영향력을 확대하려는 방안으로 사창을 이용하였음을 의미한다. "사창은 미곡부족으로 말미암은 사회불안이라는 향촌사회의 문제를 해결하기 위해, 국가권력의 주도로 사대부층 상호上戶 내지 호민층豪民層이라는 향촌사회 내의 역량을 가능한 한 포괄적으로 동원하고자 했던 정치사회적 노력의 산물이었던 것이다."[33]

주자의 사창제는 왕안석의 청묘법青苗法과 흡사하다는 평을 받으면서 많은 비판을 받은 것으로 보인다. 남송의 조야에서는 북송 패망의 원인을 왕안석의 신법에 돌리는 형편이었기에 왕안석의 신법과 비슷한 정책의 입안과 시행은 비판의 대상이 될 수밖에 없었다. 그러나 주자는 청묘법의 근본 취지는 절대 나쁘지 않았다고 밝히면서, 자신의 사창제와 왕안석 청묘법 간의 차이점에 대해서 다음과 같이 밝혔다.

> 세속에서 이 사창제를 병통으로 여기는 자들의 이유는 왕안석의 청묘법과 비슷하다는 점에 불과하다. 내가 앞 시대 현명한 선배들의 논의와 오늘날의 일들로 경험해 보건데, 청묘법은 그 입법의 취지가 악하지는 않았다. 다만 대출을 돈으로 하고 곡식으로 하지 않은 점, 시행을 향鄕 중심으로 하지 않고 현縣 중심으로 한 점, 관장을 향촌의 명망 있는 사대부가 하지 않고 관官에서 한 점, 그리고 그 주안점이 세금을 많이 거두어서 일을 빨리 성취하려는 의도에서 출발하였지 백성들을 가엽게 여겨 이롭게 해주려는 마음이 아니었던 점들이 왕안석 청묘법의 특징이다. 그래서 청묘법은 한 동네에서나 시행될 수 있었을 뿐 천하에서 시행될 수 없었던 것이다.[34]

농민기의가 계기가 되어 출현했던 사창은, 인근 사오십리에 기근이 없었다는 보고에서 알 수 있듯이 어느 정도 기근해소와 농민폭동 방지에 기여한 것으로 판단된다. 더욱이 사창미의 대출과 수납에 연대 책임제를 실시한 것은 농민 유리를 방지하는 효과가 있었다고 평가된다.[35] 그러나 남송 당시의 이식이 대체로 5할이었던 것을 감안할 때 향촌의 토호土豪들이 사창제에 순순히 동조했을 리가 없다. 주자가 향촌의 토호들에게 자금의 출연을 위해 여러 날을 돌아다녔어도 얻지 못하였다는 하소연에서도 알 수 있듯이 그의 사창제는 전국적인 반포에도 불구하고 그 초창기에는 그다지 호응을 얻지 못했다.

지지부진한 상태에 있던 사창제의 보급은 효종조 후반과 광종의 등극 무렵, 도학파가 잠시 정권을 장악하면서부터 주자의 주요 활동무대인 복건지역을 중심으로 양상을 달리하게 된다. 이근명은 1171년 주자가 오부리五夫里에 사창을 세운 이후로 1200년경까지 복건지역에만 총 14건의 사창이 발견되는데, 사창을 건립한 인물들은 주로 주자의 문인이나 그 제자들 혹은 육구연·장식 등의 문인들이 대부분이었다고 한다.[36]

남송에서 향촌사회에 대한 사대부 영향력의 증대 측면에서 사창은 향약과 더불어 큰 몫을 하였다. 향약이 지역사회의 도덕적 규약을 통한 교화의 완성이 그 이념이었다면, 사창은 빈민구휼에 그치지 않고 향촌사회 기간 조직의 재편성이 숨겨진 의도였다고 할 수 있다.[37] 그리고 남송대 사창의 건립자들이 주로 주자와 관련되어 있다는 사실에서 우리는 향촌사회의 도덕적 경제적 재건에 그가 얼마나 큰 영향을 미쳤는지 짐작할 수 있다.[38]

강남 경제의 발전과 맞물려 중소지주층이 발달했다는 것은 남송사회에 그만큼 독서인층이 확대되었음을 의미한다. 하지만 증가한 사대부 집단에게 주어지는 관직의 수는 한정되었기에, 사대부들은 자연히 지적·도덕적 우월성에 기초하여 지역사회에서의 영향력 확대에 관심을 쏟게 되었다.[39] 남송의 사대부 집단은 북송대의 사대부들과는 달리 중앙정부로부터의 경제적 의존도가 매우 적었기 때문에 그들은 고위 관료로 승진하지 않아도 지역사회에서 어느 정도의 위상을 유지할 수 있었다.[40] 이런 사회경제적 조건하에 남송대의 도학파 사대부들은 자신들의 경세적 관심을 중앙정부 중심의 권력 문제에 두기보다는 향촌사회 재건을 위한 사회 문제에 초점을 맞추었다.[41]

주자 역시 사십여 일의 내임을 재외하고는 실제로 중앙 정치에 직접적으로 관여할 수 없었고, 시강직侍講職 역시 녕종의 염증으로 중도에 그만두어야 했다. 그가 9년간에 걸쳐서 지방관으로 근무하며 목도한 백성들의 모습은 경제적으로 피폐할 뿐만 아니라 도덕적으로도 타락한 모습이었다. 피폐한 향촌사회의 도덕적 재건을 위하여 그가 구상한 조직이 향약鄕約과 서원書院이다.

향약은 향촌 사대부를 포함해 유력자들을 적극적으로 끌어들여 유교 윤리의 실천을 통한 교화를 목적으로 조직된 모임이다. 향약은 북송 중기의 여대균呂大鈞에 의해 처음 실시되었으나 그 선구적인 시도는 이미 정이의 형 정호에게서 발견된다. 정호는 향촌사회를 일종의 연대조직인 오伍와 보保로 조직하고 환란에 함께 대처하고 상부상조하도록 만들었다. 그가 진성령晉城令으로 있던 삼년간은 백성들이 모두들 그를 부모처럼 사랑했다고 하는 기사에서 그의 정책이 대단한 효과가 있었음을 알 수 있다. 그는 일종의 향촌 유력자 모임인 '사회社會'에 도덕적 규칙인 '과조科條'를 설치하고 학교를 설립하여 교육에 힘씀으로써 향촌사회의 도덕적 재건을 위한 하나의 모델을 제시하였다.[42] 그리고 향약을 만든 여대균이 정호의 제자였다는 사실은 향약에서의 정호의 영향을 더욱 분명하게 해준다.[43]

그러나 실질적으로 향약이 전국적으로 확대되고 알려진 것은 역시 주자가 여대균의 향약을 수정하여 반포한 뒤부터다. 주자 「증손여씨향약增損呂氏鄕約」의 내용은 잘 알려진 대로 덕업상권(德業相勸, 좋은 일은 서로 권한다)·과실상규(過失相規, 잘못된 일은 서로 단속한다)·예속상교(禮俗相交, 예절에 입각해 교유한다)·환난상휼(患亂相恤, 어려울 땐 서로 돕는다)을 기본 뼈대로 한다. 그 내용은 실로 번쇄하다할 정도로 자세하지만, 대체로 향촌사회에서 전통적으로 지켜져 오던 행위규범과 예절 등을 포함하고 있다. 어려운 일을 당했을 때에 서로 도와야 한다는 '환난상휼' 조목이 온정적 차원의 원조보다는 좀 더 강제적 성격을 띠고 있음이 주목되지만[44] 대체로 향촌자치를 위한 예제적 규범을 밝혀놓은 것들이다.

향약의 구성원은 대체로 지역사회에서 어느 정도 경제적·학문적으로 영향력을 행사할 수 있는 이들이었던 것으로 판단된다.[45] '환난상휼' 조목을 통해서는 향촌의 유력 토호세력이, '덕업상권' 및 '예속상교' 조목을 통해서는 향거鄕居 사대부 집단이 향약의 구성원이었음을 알 수 있다. 결국 향약의 구조는 사대부 세력이 향촌사회의 토호들을 도덕적으로 규약하며 자신들의 영향력을 확대하려던 것으로 보인다.[46]

〈백록동서원〉

주자는 일생 많은 서원을 중건하거나 새롭게 세웠는데, 〈백록동서원〉과 〈악록서원〉이 대표적이다. 주돈이를 배향한 〈백록동서원〉은 지금도 많은 유적을 보유하고 있는데 숙박이 가능하다. 〈악록서원〉은 주자의 친구 장식을 배향한 곳으로서, 지금은 호남대학 내 〈국학연구원〉의 성격으로 기능하고 있다.

〈악록서원〉

향약을 통해서 향촌사회의 토호土豪와 사대부들을 적극적으로 일정한 모임에 끌어들여 유교윤리를 주입하고 그 실천을 강요하는 방법으로 그들을 규약시키려던 주자의 기도는 사실 남송사회에서 적극적으로 받아들여지지는 않았다. 그 이유는 무엇보다 향약 조목의 강제적 준수가 어려웠던 점에 기인한다. 특히 기근이나 질병 천재지변 등의 재해 시에 적극적으로 구제해주도록 규정하고 있는 '환난상휼'의 조목을 향촌의 유력자들에게 강제할 수는 없었던 것으로 보인다.[47] 다음으로, 번쇄한 예의 절목이 일반인들의 호응을 얻기에는 실효성이 적었던 것으로 보인다.[48]

향촌사회에서의 도덕적 이상 실현을 위해 주자가 좀 더 적극적으로 노력을 기울인 것이 서원書院이다. 지역사회에서 사학私學 역할을 담당하던 서원의 기능은 크게 강학講學·서책보존 그리고 성현 제사집전 등이었다.[49] 주자는 1179년 남강군의 지사로 있을 무렵 백록동서원白鹿洞書院을 중건하고, 1194년 담주潭州의 지사로 있을 때에 악록서원嶽麓書院을 중건한 경력 이외에도 한천정사寒泉精舍·무이정사武夷精舍·죽림정사竹林精舍 등 많은 서원들과 관계가 있다.[50] 그 중에서도 백록동서원의 처마[楣]에 걸어놓았다는 「백록동서원게시白鹿洞書院揭示」는 그의 지역사회에 대한 도덕주의적 교화의지를 가장 잘 보여주는 문장이다. 게시의 내용을 정리하면 〈표 1〉과 같다.

위의 교칙은 모두 〈사서〉를 비롯한 유가의 경전과 선배들의 글에서 인용해 온 것이다.[51] 주자는 간명하게 유가의 윤리도덕을 요약하며 이것이 바로 옛 성현들께서 가르치시던 내용이라고 주장한다. 그는 옛 성현들의 교육의 의도는 의리義理를 교육하여 개인의 몸을 수양하고 그런 다음에는 다른 사람의 도덕적 교화까지 확장시키고자 했던 것이지, 결코 당시의 학생들처럼 문장이나 외워서 명성과 재물을 탐하고자 했던 것은

<table>
<tr><th colspan="2">제목</th><th>내용</th></tr>
<tr><td colspan="2">다섯 가지 가르침</td><td>父子有親, 君臣有義, 夫婦有別, 長幼有序, 朋友有信.
부자유친, 군신유의, 부부유별, 장유유서, 붕우유신.</td></tr>
<tr><td colspan="2">학문의 순서</td><td>博學之, 審問之, 愼思之, 明辨之, 篤行之.
박학지, 심문지, 신사지, 명변지, 독행지.</td></tr>
<tr><td rowspan="3">실천의 핵심</td><td>몸가짐의 핵심</td><td>言忠信, 行篤敬, 懲忿窒慾, 遷善改過.
말은 참되고 신뢰 있게, 행동은 독실하고 공경스럽게, 분노와 욕망을 막아, 잘못을 고쳐 선으로 나아간다.</td></tr>
<tr><td>일처리의 핵심</td><td>正其義不謀其利, 明其道不計其功.
도의를 중시할 뿐 이익을 도모하지 않고, 도리를 밝힐 뿐 성과를 기필하지 않는다.</td></tr>
<tr><td>대인관계의 핵심</td><td>己所不欲, 勿施於人. 行有不得, 反求諸己.
자신이 원치 않으면 남에게도 하지 말라. 자신의 행동이 성과로 돌아오지 않거든 자신에게서 돌이켜 원인을 찾으라.</td></tr>
</table>

〈표 1〉「백록동서원게시」 속 교칙學規

아니라고 게시의 후단에서 일갈한다.[52]

그는 지방관으로 근무하는 동안 가능한 한 서원을 많이 중건하려고 노력하였다. 그가 백록동서원을 처음 방문하였을 때에는, 몇몇 생도들이 책도 없이 모여 있었고 중앙에서 하사해준 현액도 없어서 모두들 우습게 여겼다고 기록한다.[53] 심지어 중앙의 관료들은 서원의 기능을 아주 하찮게 여겨서, 주자가 효종에게 현액과 석경石經 그리고 『구경주소九經注疏』를 하사해 달라고 청원하였을 때에 시행은커녕 도리어 조롱하였다고 울분을 토로하였다.[54] 그는 서원의 기능과 당시 향촌사회의 교육 실태에 대해서 다음과 같이 지적한다.

> 제 생각에 조정에서 신의 주청에 대하여 의심하지 않을 수 없는 것은, 기롱하고 조소하는 자들의 말과 같아서라기보다는 지방[州縣]에 이미 학교가 있어서 달리 번쇄한 비용을 들일 필요가 없다고

여겼기 때문입니다. 만일 과연 그렇다고 한다면 신이 청컨대 밝힐 수 있습니다. 선왕께서 제정하신 예의의 관직과 이단 귀신의 가르침에 의한 거처 중에 무엇이 바르고 무엇이 사특합니까? 삼강오상의 가르침과 군주도 부모도 없는 설법 중에 무엇이 이롭고 무엇이 해롭습니까? 지금 노불의 사원은 천하에 편만해 있어서 큰 군에는 심지어 천 개가 넘고 작은 읍에도 수십보다 적지 않습니다. 그런데도 관아와 민간에서 보태어서 그 세력이 끊이지 않습니다. 학교는, 한 군郡이나 한 현縣에 그저 하나 정도 있습니다. 그리고 부곽의 현[55]에는 혹 달리 현학縣學이 없기도 합니다. 그 성쇠와 다과의 판이함이 이 지경에 이르렀으니, 사특함과 바름 이로움과 해로움의 차이는 이미 명확합니다.[56]

불교의 사찰이나 도교의 도관은 수십 수백을 헤아리는데, 정작 유가의 학문과 윤리도덕을 가르치는 관학은 부실하고 서원은 쇠락해가고 있다는 말이다. 때문에 서원 재건은 당위적으로도 정당하고 실리적으로도 이롭다는 주장이다. 즉 유가의 윤리도덕이 도교나 불교의 가르침보다 우월하고 옳을 뿐더러, 국가 재정의 차원에서도 반사회적 집단에 비용을 낭비하는 것은 절대 이롭지 못하다는 말이다.

한편 사대부들로 하여금 지역사회에 대해 더욱 많은 관심을 지니도록 만든 커다란 요인 중의 하나는 역설적으로 당금黨禁이었다. 언급했듯이 당금의 빈발은 사대부들로 하여금 중앙 정치의 타락에 점차 염증을 느끼게 했다. 그리고 각 지방관은 점차 도학파 서원을 모방하여 일종의 관립官立 서원을 세웠다. 국자감과 태학 및 주현학의 교육 내용도 서원과 유사하게 되었고, 전국의 서원에서는 모두 주자의 「백록동서원게시」가 강령으로 채택되었다.[57] 그리고 주자사상 자체에 내재해 있는 봉건사회

지배이데올로기로서의 특성은 관학화의 경향을 촉진하였다. 관학화와 함께 서원의 사제 관계를 주축으로 한 이들 사대부 세력은 점차 향촌사회에서의 영향력을 사창과 구휼사업 등 다방면으로 확장시켜나갔다.

대외정책 – 杭金과 國是

금나라의 침입으로 패망한 북송은 두 황제가 포로로 잡혀갔으며, 수년의 행도行都 끝에 임안(지금의 항쪼우[杭州])에 자리를 잡을 수 있었다. 남송정부는 금나라에 매년 세공으로 은 25만냥과 비단 25만필을 바쳐야 했다. 정권의 유지를 위하여 남송정부가 감수해야 했던 경제적 손실보다는 굴욕적 화의의 성립이 남송의 지식인들에게는 더욱 참기 어려운 현실이었다.

남송은 전후 세 차례 금나라와 화의를 체결하였다. 1142년 고종의 소흥화의紹興和議, 1164년 효종의 융흥화의隆興和議, 1208년 녕종의 가정화의嘉定和議가 그것이다. 주자는 특히 융흥화의를 전후해서 중앙정부에 자신의 대북견해를 밝히면서 동시대 다른 지식인들과 마찬가지로 금나라와의 관계를 매우 중요한 현안으로 간주한다.[58]

중국인은 전통적으로 주변 이민족들에 대해 원칙적으로 정치적 독립성이나 문화적 독자성을 인정하지 않아왔다. 심지어 '이적夷狄'이라는 폄하의 용어로 지칭하면서 그 존재를 인간과 짐승의 중간 정도로 여겼다.[59] 물론 여기서의 인간이란 중국인을 가리킨다. 이러한 국제관에서 중국이 주변민족을 응대하는 방식은 '교화'와 '정복'이다.

이적을 교화할 수 있는 대상이라고 여기게 되면 그들을 중국과 같은 문화권 내에 귀속시켜야하기 때문에 그들을 신속히 정복해야할 정당화가 가능해진다. 반대로 그들을 교화할 수 없는 대상이라고 판단한다면,

이번에는 무력에 의한 정복과 지배가 불가피한 것으로 받아들여진다. 이렇게 이적의 도전을 불허하는 '화華'인 중국이 이적에 대한 절대적 우월성과 그 지배의 정당성이 용인되어야 한다는 관념이 바로 '중화사상中華思想' 혹은 '화이사상華夷思想'이다.[60]

'중국인中國人'은 그 용어에서도 보이듯이 자신들을 지리적으로 세계의 중심에 위치하며 문화적으로 가장 우월한 존재라고 자부해왔으며, 그런 자부심의 표현이 바로 화이사상이다. 그러나 현실적으로 주변민족을 정치적 군사적으로 제압할 수 없을 때에는, 명분상 중국인 자신들의 힘의 한계를 인정할 수 없었기에 현실적인 대응관계를 재해석할 새로운 논리가 필요하였고 여기에 동원된 논리 역시 '화이사상'이다.[61] 즉 지리적으로 중원을 상실한 중국인의 경우에도 그들이 여전히 '중국인'일 수 있는 이유는 그들에게 우월한 문화가 존재하기 때문이라는 것이다. 이민족의 침입에 의해 중원을 잃고서 강남으로 쫓겨 온 남송이 구토를 회복해야 한다는 정당화 역시 전통적인 중화사상 혹은 화이관에 근거하고 있다.

전통적 화이관과 중화사상을 계승한 주자는 기본적으로 금나라를 종묘사직의 '불구대천지원수不俱戴天之怨讐'라 평한다. 그는 강북 고토의 회복이 당시의 최우선 급무라고 자주 강조하면서, 화의和議를 주장하는 자들은 모두 사특한 자들로 황제와 조정을 미혹케 하는 이들이라고 주장한다. 한참 화의의 논의가 조정에서 무르익을 무렵, 주자는 효종에게 상소를 올려서 화의의 불가함을 이렇게 상주한다.

> 군주나 아비의 원수와는 하늘을 함께 이지 않는 것[不俱戴天]은, 군신과 부자의 본성을 지니고 있는 사람이라면 그 누구라도 지극히 애통해하며 스스로 그만둘 수 없는 공통된 감정이지, 개인의 사적인 감정에서 연유된 것이 아닙니다. 공손히 생각하니 우리나

라와 북쪽 오랑캐는 종묘사직의 철천지원수입니다. 말하자니 너무 애통스러워 신하와 자식된 자로서는 차마 아뢸 수 없는 지경입니다. 저들과 함께 하늘을 이고 있을 수 없다는 것은 명백합니다. 태상황제(고종)께서는 이 원수를 갚지 못하심을 생각하시고는 비록 천자의 지위에서 흠향하셔도 즐겁게 여기시지 않으시더니 하루아침에 천자의 지위를 폐하께 맡겨버리셨습니다. 이것은 폐하의 총명하심과 지혜와 용기가 반드시 이 뜻(복수)을 이룰 수 있을 것이라 여기셨기 때문입니다. 때문에 오늘날 마땅히 해야 할 것으로서 전쟁이 아니고는 복수할 수 없고, 방어가 아니고는 승리를 이끌어낼 수 없습니다. 이 모두는 천리의 자연스러움으로서 인욕의 사적인 원한이 아닙니다.[62]

주자는 고종이 효종에게 선양한 의도가 바로 북벌에 있었음을 상기시키며, 금나라와의 교전은 천리의 당연함이지 개인 간 사적인 원한의 앙갚음 따위가 아니라고 말한다. 그는 당시 대외정책의 구구한 논의들을 통일하여 일관된 국론[國是]으로 만들지 못하는 궁극적인 원인이 황제의 도덕적 훈련과 판단능력이 부족하기 때문이라고 주장한다.

근본된 의리로 판단하지 않고 말류인 이해利害에 힘썼기 때문에 결국 일관되고 힘 있는 대북정책을 수립하지 못하게 되었다는 것이 주자의 분석이다. 의리의 측면에서 보았을 때 북쪽 오랑캐에 의해 아비와 군주가 살해당하고 포로로 잡혀갔으니, 근본적으로 금은 송조와는 공존할 수 없는 존재라는 것이 너무도 명확하다는 것이다. 때문에 '금일에 마땅히 해야 할 일로서, 전쟁이 아니면 복수할 수 없고, 견고한 방어가 아니면 승리를 이끌어낼 수 없다'는 자명한 결론에 이른다.

주자는 일찍이 효종이 선양받을 때에도 상소를 올려 "금은 송조와 불구대천의 원수이기에 강화할 수 없다는 것은 의리의 측면에서 이미 명백하다"고 밝힌 바 있다. 그는 당시 의리의 불가함에도 불구하고 이익의 측면에서 어쩔 수 없다고 주장하는 주화론자들의 논의를 분석하며, 대략 세 가지 측면에서 그 논의의 문제점을 지적한다.

첫째, 일단 화의가 성립하면 황제를 비롯한 국가의 기강과 북벌의 의지는 영영 해이해질 것이다. 둘째, 허례虛禮로 금나라를 묶는다는 것(군주의 나라로 인정하는 것)은 교활한 저들에게 통하지 않는 계책이다. 셋째, '저들에게 우리의 약한 모습을 보인다'는 계략은 우리의 실상을 노출시키는 것이지 결코 유인책이 될 수 없다. 이렇게 주화론자들의 주장은 적을 위한 훌륭한 계책이 될 수는 있어도 자국의 신하로서는 할 얘기가 못된다고 주자는 단언한다.[63]

명분과 당위의 측면뿐 아니라 실리의 측면에서도 결코 화의가 국가에 이익을 가져다주지 못한다는 것이 주자의 판단이다.[64] 주자에게 있어서 회복恢復과 복수는 의리의 측면에서 마땅히 실천해야할 당위이자 원칙이었다. 그러나 그 실천의 시기와 방법에 있어서는 다시 철저한 현실인식에 근거하지 않으면 안 된다는 것이 주자의 생각이었다.

주자는 당시의 대북논의를 세 부류로 나눌 수 있다고 보았다. 그것은 주전론主戰論과 주화론主和論 그리고 방어론이다. 주자는 각각의 논의가 지니는 장단점을 이렇게 분석한다. 우선, 주전론은 진취적 명분은 있지만 경솔하게 일을 벌여 경거망동에서 오는 실수가 있을 수 있다. 방어론은 물론 자치의 방법이지만 역시 오래도록 견지하기 어렵다는 단점이 있다. 주화론은 전술한 바와 같이 당위적 실리적으로 불가하다.[65] 때문에 그가 선택한 대안은 방어와 수비를 견고히 하면서 내실을 기한 후에 전쟁을 일으켜 구토를 회복하고 원수를 갚자는 것이었다. 그가 누차에 걸쳐서 구토의 회복과 복수를 강조하면서도 잊지 않고 강조하는 것이 이

내실의 강화다.

그는 대북정책에 대한 조정의 논의들이 흑백논리로 양분되어 절충할 줄 모르는 현실을 개탄하면서, 화의만이 살길이라고 여기며 구차하게 개인의 안녕을 기도하는 주장도[66] 전쟁과 회복을 논하면서도 아무런 준비도 하지 않는 공허한 주장도 받아들일 수 없다고 주장한다.[67] 그가 보기에 회복과 복수는 반드시 이삼십년의 준비가 필요한 국가 중대사였다.

> 오늘날 조정의 의론은 주전론이 아니면 곧 주화론이고, 화의가 아니면 곧 전쟁이다. … 최근 오육십년 동안 다만 주화만이 기댈 것이라고 여기고서 병력은 훈련하지 않고 재물도 비축하지 않았다. 그런가하면 구토 회복에 대한 주장들은 모두 공허한 말들뿐이다. 회복의 계책은 반드시 스스로 고통을 감내해야 하는 것이다. 적게는 십년 이십년, 많게는 삼십년을 그렇게 해야 한다. 어떻게 편안히 앉아서 아무 일도 하지 않으면서도 좋은 결과가 저절로 이르겠는가?[68]

융흥화의가 체결된 지 24년이 지난 1188년에 올린 「무신봉사」에서 주자는 자신의 대북관을 다시 한 번 구체적으로 피력한다. 융흥화의 성립 이후 대략 30년간은 송과 금 사이에 비교적 화평한 시간이 흘렀다. 이무렵 주화론자들의 주장은 "아무 일도 없다는 것에 안주하고 효종의 나이가 많아 번쇄한 일로 괴롭혀서는 안 된다"는 따위라고 주자는 일갈한다. 그러나 주자가 보기에 당시의 현실은 오히려 편안함에서 오는 독을 무서워해야 할 때였다. 설령 목전의 급한 일은 없다 해도 백성들은 핍진해 있고 병졸은 게으른데 장수들은 교만하며 밖에는 강포한 외적들이 버티고 있는 현실에서 안일무사의 안보 불감증은 가장 경계해야 할 것이었다.[69]

반대로 "조종朝宗의 쌓인 울분을 펴지 않을 수 없고, 중원의 고토는 회복하지 않을 수 없다"고 주장하는 주전론자들은 일의 급선무가 국가 내부의 비축과 기강의 확립 등에 있다는 것을 모른다고 주자는 비판하였다. 이미 융흥 초기의 전투에서 강경론자들이 선불리 공격했다가 부리符離의 전투에서 패해 굴욕적인 화의를 맺은 경험을 상기시키면서, 주자는 기강의 확립이나 물자의 비축과 같은 국내 문제를 우선적으로 해결하라고 강조한다.[70]

남북조 이후로 가장 극심한 이민족의 침입과 지배를 경험한 남송인들에게 북송의 패망과 굴욕적 화의는 자신들이 '천하'에서 여러 '국' 중의 하나로 격하되는 경험이었으며, 이적을 '외국'으로 동등하게 바라보게 하는 계기가 되었다.[71] 만년의 주자 역시 금을 남송과 동등하게 인정하며[72] 북벌에 있어서 변화된 시각을 보인다. 대체로 녕종이 등극하고 반대파인 한탁주 등이 정권을 담당하여 적극적인 북벌론을 벌인 무렵부터 그의 대북론은 내정 정비 쪽으로 선회한 것으로 보인다.

틸만은 중국에서의 민족주의적 색채를 진량陳亮에게서 찾을 수 있다고 주장하며, 문화중심주의의 주자와 비교한다. 성리학적 보편주의는 진회와 고종 등이 주력한 권력집중화운동[强幹弱枝]을 어느 정도 수용할 수 있었지만, 북벌론에 충실한 민족주의자 진량에게 화의는 치우친 남쪽 땅에 머물게 하고 마는 일로 받아들여졌다는 것이다. '천하'보다 '국'에 더욱 관심이 많은 진량으로서는 강남이라는 궁색한 지역에 치우쳐있을 수 없어서 북벌에 보다 적극적이었다는 것이다. 반면 주자는 북벌 보다는 내정 정비에 더욱 주력하였다고 평가한다.[73]

복수를 해야 한다는 원칙론은 주자에게서 어떻게 수정·절충될 수 있었을까? 『주자어류』에는 국가적 관계에서의 복수에 대한 제자와의 논변이 소개되어 있다.[74] 여기서 그는 '복수'에 대한 제자의 질문에 상세히 답하면서 송과 금의 관계를 설명한다. 제자는 『예기』의 문장을 인용하면서 백대가 흘러가도 복수를 해야 하는 것 아니냐고 질문한다. 그래서 『춘추春秋』의 노장공魯莊公과 제환공齊桓公의 고사를 들어서 복수에 대한 평가 문제를 제기한다. 노환공魯桓公은 제경공齊襄公에 의해 살해되었다. 그런데 노장공은 당시 제양공에게 복수하지 못하였을 뿐 아니라, 뒷날 제양공의 아들인 제환공과 화약을 맺기까지 하였다. 그래서 『춘추』에서는 노장공을 비난하는 것이 아닌가 하고 제자들이 질문한 것이다. 그러나 주자는 후세의 『춘추』 이해가 잘못 되었다고 설명한다. 제양공이 노환공을 살해했을 때 복수하지 못했고, 또 제양공이 이미 사망한 상황에서 그 복수를 아들인 제환공에게 한다는 것은 옳지 못하다는 것이 주자의 설명이다.

위의 고사에 대한 설명을 통해 그는 복수에서 다음 두 가지가 중요하다고 강조한다. 첫째, 일을 처음 도모할 때가 중요하니 일찍 그 기세를 타서 처리해야 한다. 이미 때를 놓쳐서 냉랭해지면 일을 성취할 수가 없다.[凡事貴謀始, 也要及早乘勢做. 才放冷了, 便做不得] 둘째, 일은 마땅히 시세와 의리의 경중을 살펴야 한다.[事又當權箇時勢義理輕重.][75] 이러한 원칙으로 당시 송과 금의 관계를 살펴보면, 사태는 명확해진다는 것이 주자의 설명이다.

즉 북송이 패망했던 정강靖康의 난 무렵에는 불구대천의 원수인 아골타阿骨打 등이 아직 살아 있어서 조야朝野는 모두 아비와 군주의 원수를 갚고자 분기탱천해 있었다. 그러나 고종은 화의를 맺어버렸고 효종이 즉위해서는 이미 사세가 벌어져 버렸으며, 아비와 군주를 죽인 원수도 이미 죽고 없는 상황이었기에 사람들의 마음을 고무시킬 수 없었다. 그래서 융흥隆興 초기의 전투도 결국 패배로 그치고 말았다는 것이 주자의 해석이다.

이제 효종도 죽고 없는 상황에서는[76] 의리의 측면에서도 복수의 쌍방간 당사자도 없어졌고, 시세와 이익의 측면에서도 승산이 없다는 결론이다. 때문에 그는 짧게는 일이십년 길게는 삼십년의 준비가 있어야 북벌이 가능하다고 역설했던 것이다. 상소문에서 강력하게 주장했던 구토회복과 복수에 대한 의지는 만년의 탄식에서 보이듯,[77] 불안감과 더불어 체제정비와 기강확립을 통한 내정 정비로 확실히 그 주안점이 옮아갔다.

이상과 같이 주자에게 있어서 구토회복과 대금전쟁은 '원칙'이요 '당위'였다. 그러나 그가 인식한 남송사회는 현실적으로 전쟁을 수행할 만한 능력이 없는 상태였다. 때문에 그의 대북정책에 대한 '원칙'과 '당위'는 현실적 상황에 맞도록 절충될 것이 요구되었다. 즉, 냉엄한 현실인식이 '원칙'과 '당위'를 유예시킬 수 있는 '절충' 혹은 '권도'를 가능케 한 것이다.

15장

도덕의 해석권과 일상적 지배 – 예학

사람과 사람의 간격

주자학이 후대에 미친 영향력의 크기로 보았을 때, 가장 중요한 성과는 〈사서〉를 중심으로 한 '텍스트'와 예학禮學을 통한 의례儀禮 규정이 될 것이다. 텍스트는 문헌으로서 관념적인 영역인 반면에 예학은 구체적 행위를 규정한다는 점에서 차이가 있지만, 둘 다 개인의 일상과 밀접한 관련을 지니면서도 황제로부터 일반 백성에 이르기까지 모든 인간을 그 대상으로 한다는 점에서 공히 '모든 인간에 대한 일상적 지배'를 목적으로 한다는 공통점을 지니고 있다.

다케우치 요시오[武內義雄]는 주자의 학술을 세 시기로 구분한다. 46세까지의 『근사록』 저술 시기, 60세까지의 〈사서〉 주석 시기, 예서禮書를 중심으로 〈오경〉에 집중한 말년, 이렇게 셋이다.[1] 주자는 『근사록』이 〈사서〉로 들어가는 계단이고 〈사서〉는 〈오경〉으로 들어가는 계단이라고 했으니[2] 이러한 구분은 나름의 설득력을 지니며, 주자의 학술이 스스로의 체계적인 기획에 의해 수행된 것임을 이로부터 다시 한 번 확인할 수 있다. 주자 말년의 오경학은 구체적인 행위와 의례를 규정하는 예학에 집중되었는데, 그 중에서도 미완의 『의례경전통해儀禮經傳通解』(이하 『통해』로 약칭)는 유가의 의례 관련 문헌을 통째로 재편집해서 완정한 『예경禮經』을 만들고자 했던 그의 마지막 기획이다.[3]

우에야마 슌페이[上山春平]는 심지어 주자학을 '광의의 예학'이라 규정하기도 한다. 그는 주자의 예를 '사事로서의 예'와 '리理로서의 예'로 구분하고서 『소학小學』·『주자가례朱子家禮』·『의례경전통해』 등 구체적 행위를 규정하는 예서들은 '사로서의 예'에, 반면 그 규정들의 이치를 논한 『사서집주』 등은 '리로서의 예'에 해당한다고 평가한다.[4] 그는 〈사서〉마저도 예와 관련된다고 봄으로써 '일상적 지배' 혹은 '유가 가치의 일상적 구현'이라는 측면에서 주자 사서학과 예학의 연속성에 주목한 것이다. 10장에서 내가 주자 사서학의 주제의식을 '유가 가치의 일상적 구현'으로 읽었던 것과 맥을 같이 한다. 이는 주자가 중앙 정치 무대에서의 직접적인 투쟁이 아니라 일상적 지배를 통한 새로운 평천하平天下를 꿈꾼 것이라 평가할 수 있으며,[5] 이는 주유천하 끝에 고향으로 돌아와 육경 산정刪訂에 집중했던 공자 말년의 학술적 궤적과 오버랩 되는 지점이다.

전통적으로 유학의 문헌에서 예禮는 자주 악樂과 연용되어 '예악禮樂'이라 칭해지는데, 예악은 인간 사회가 이룩한 모든 문화를 범칭한다. 그런데 『예기』의 「악기樂記」 편에는 "음악은 같음을 위한 것이고, 예는 다름을 위한 것이다.[樂者爲同, 禮者爲異.]"라거나 "음악이 지나치면 경계가 없어져버리고, 예가 지나치면 떨어져버린다.[樂勝則流, 禮勝則離.]"라는 언급이 있다. 음악은 조화를 추구하고 감정을 공유하기 위한 것이기에 '같음[同]'을 위한 것이지만 지나치면 절도가 없이 서로 섞여버리는[流] 반면에, 예는 구별을 추구하고 서로 다른 역할과 등급 간의 다름을[異] 처리하기 위한 것이지만 지나치면 그 관계를 아예 벌려놓아[離] 버릴 수 있다는 말이다.

때문에 나는 예를 '인간人間의 간격', 즉 사람과 사람 사이의 거리에 대한 규정이라고 본다. 예컨대 내가 강의실에 들어설 때 아무도 아는 채를 안 해주면 서운할 것이지만, 그렇다고 모두들 엎드려 절을 하면 당황스러울 것이다. 각각의 관계와 각각의 상황에는 일정정도의 거리가 필요하다. 너무 멀면 아예 '관계'가 없는 것이고 너무 가까우면 부담이 된다. 이

거리를 정한 것이 각 사회마다의 에티켓이라고 할 수 있다. 그래서 예는 지구와 달의 관계처럼 밀어내는 힘(척력)과 끌어당기는 힘(인력)의 적절한 균형 속에서 찾아진다.

예는 사회 내부의 계급적 차등과 역할의 차이를 척력의 근거로 사용하기 때문에 민주와 평등을 강조하는 현대사회에서 예를 고리타분하고 불편한 것으로 치부하는 것도 이상할 것은 없다. 그렇지만 예가 불필요한 것이거나 사회악일 수는 없다. 어느 사회라도 두 사람 이상으로 '사회'를 구성하는 한, 사람 사이의 행위방식에 대한 일정정도의 합의는 반드시 필요하다. 한국에서는 목례를 하거나 악수를 하는 반면에 유럽에서는 볼뽀뽀나 허그를 하는 차이는 있겠지만, 각기의 사회에서 요구되거나 기대되는 행위방식을 알고 따라야 함은 자명하다. 예를 모르면 손발을 어떻게 두어야 할지조차도 알 수 없다는 말은 이런 뜻이다.[6]

그런데 『논어』는 "사람이 인仁하지 못하면, 그 예악이라는 것이 있은들 무엇 하리오."[7]라고 말한다. 내면에 상대에 대한 사랑과 존중의 감정이 없다면 그것을 표현하는 형식으로서의 예악이 무슨 소용이냐는 말이다. 아무리 차등을 표현하기 위한 예라 하더라도 그것은 본질적으로 사랑과 존중에 대한 표현인 것이다. 공자는 사람과 사람 사이의 인력을 단순히 역할과 역할 사이의 기능적 필요를 넘어서 인간이 보편적으로 지니는 상대에 대한 존중과 사랑[仁]이라고 본 것이다.

다만 유가는 동시에 사람과 사람 사이의 적절한 거리 즉 관계마다의 감정적 차등을 인정했다. 관계마다의 차등 역시 인간 감정의 자연스러운 현상이라고 보기 때문에, 유가는 모든 관계의 차등을 인정하지 않는 묵가墨家의 겸애사상에 동의하지 않는다. 예수님 정도가 아니라면, 내 아이가 아플 때와 옆집 아이가 아플 때의 감정이 같을 수는 없다. 그래서 사람 사이의 거리를 좁히려는 인력은 예의 본질이고, 그럼에도 불구하고 그 거리를 차등적으로 구분하려는 척력은 예의 형식이 된다.

그래서 주자는 예를 "천리를 상황에 맞게 표현한 것이며, 모든 인간이 일을 처리함에 있어서 따라야 할 규칙이다.[禮者, 天理之節文, 人事之儀則.]"[8]라고 풀었다. 여기서 말하는 천리天理란 예의 근거가 사회적 약속이나 필요가 아니라 보편적이고 선천적인 그래서 지극히 자연스러운 인간 내면의 법칙이라는 말이다. 예는 상대에 대한 존중과 사랑이라는 보편의 법칙을 상황과 관계에 맞게 설정해 놓은 성문화 된 매뉴얼[節文]이다. 때문에 인간이라면 누구나 대상을 만나고 일을 처리함에 있어서[應事接物] 그 규칙을 따라야 한다.

성문화 된 예는 이렇게 상황과 관계에 맞게 차등적으로 구별해 주는 기능을 수행하기 때문에 자칫 그것이 인력이 없는 척력만을 표현하는 것이 아닌가 오해될 수 있다. 예는 기능상 다름[異]을 위한 것, 즉 사람 사이의 거리를 표현하기 위한 척력이다. 하지만 동시에 그 본질에 있어서는 인간 보편의 '대상에 대한 존중과 사랑의 감정' 즉 사람과 사람을 공감하고 소통하게 하는 그래서 그 간격을 줄이고자 하는 '인력'을 표현하려는데 목적이 있다는 말이다. 인력이 전제되지 않은 척력은 그냥 역할과 신분의 차등을 규정하는 위계질서에 불과하다.

그래서『논어』에서는 다시 "예가 사용될 때에는 조화로움이 중요하다.[禮之用, 和爲貴]"[9]라고 강조한다. 이에 대해 주자는 이렇게 설명한다.

> 반드시 그 이치를 정확히 알아야만 된다. 이치상 그래야 한다는 것을 분명히 알고 나면 스스로 예법에 맞게 하지 않을 수 없는 것이다. … 신하가 군주를 섬길 때 반드시 그렇게 해야 한다는 것을 정확히 깨닫지 못하면 끝내 그 예법을 내면에서 동의할 수 없다. 이는 마치 등불의 불꽃이 손에 떨어졌을 때 아프다고 느끼지만,

> 뜸을 뜰 때는 전혀 아프다고 느끼지 않는 것과 같다. 자신의 병에 이 뜸이 약이 된다는 것을 아는 이상 기꺼이 뜸을 뜨고자 하기에 아프지 않은 것이다.[10]

요컨대 예는 내면의 보편 법칙에서 나온 것이기에 그것을 정확히 이해한다면 예가 주는 수고로움과 규제가 주는 억압감을 견딜 수 있다는 말이다. 주자는 더 나아가 예를 수행하는 주체의 서로 다른 역할이 적절히 수행되었을 때 이 '인간 사회'가 원만하고 조화로울 수 있다고 설명하면서 예에 있어서 본질로서의 인력과 형식으로서의 척력을 조화시키고자 한다.

> 예에 부합하면 곧 조화롭다. 예컨대 군주와 신하의 관계에서 군주는 존귀하고 신하는 비천하여 그 계급적 차등이 엄연하다. 외적 추세로 보자면 마치 조화롭지 않아 보일 수 있다. 그러나 사실은 기꺼이 그렇게 해서 모두 예에 합치할 때 이치상 조화로운 것이다. 천자는 팔일무를 추게 하고 제후는 육일무를 대부는 사일무를 추게 하는 것은 응당 그렇게 해야 하는 것이다. 그래서 천자는 천자에게 합당한 춤을 즐기고 제후는 제후에게 합당한 춤을 즐기고 대부는 대부에게 합당한 춤을 즐기면 조화로운 것이다. 만약에 제후가 천자의 춤을 즐기고 대부가 제후의 춤을 즐긴다면 이는 예를 잃은 것이고 예를 잃으면 조화로움은 깨지고 만다. 『주역』에서는 "이익이란 옳음의 조화이다.[利者, 義之和也.]"라고 하였다. 이치상 보았을 때 옳음이란 분명히 맺고 끊는 것이어서 파고들어갈 여지가 없기에 조화롭지 않은 것처럼 보인다. 그러나 실상은 매우 조화로운 것이다. 만약에 신하가 군주를 능멸하거나 자식이 부모를

해친다면 각자의 신분에 만족하지 않은 것이어서 옳음이 아니다. 옳지 않으면 조화로울 수 없다. 맹자가 말하는 "인仁을 추구하면서 자신의 부모를 버리는 경우는 없으며, 의義를 추구하면서 자신의 군주를 함부로 하는 이는 없다."고 한 것이 이런 뜻이다. 그저 자신의 본분에 충실한 것이다. 자신의 본분에 충실할 때, 너는 너의 것을 얻고 나는 나의 것을 얻어서 자연스럽게 조화로우면서도 구분이 생기는 것이다. 만약 윗사람과 아랫사람이 서로 이익을 다투면 끊임없이 서로 투쟁하게 되기 때문에, 옳음도 조화로움도 확보하지 못한 채 그저 이익을 챙기려고 골몰하게 될 것이다.[11]

이런 장황한 설명은 예가 지니는 '구별(척력)'의 기능과 '조화로움(인력)'이라는 본질 간의 부조화 때문이다. 공자를 비롯한 유자들은 예가 내면의 '타자에 대한 존중과 사랑의 감정'을 표현한 것이라고 말하지만, 실상 역사적 진실은 별로 그렇지 않다.

중국 고대의 자전字典인 허신許愼의 『설문해자說文解字』에 의하면 '예禮'는 신에게 예물을 바치는 종교적 의식을 의미한다.[12] 제정일치의 고대 중국 사회에서 하늘에 제사지내는 제사장과 정치적 왕은 분리되지 않았기에 예는 그 시작부터 종교적 의미뿐만 아니라 정치적 의미도 지닌다.[13] 예는 제사를 통해 죽은 조상을 중심으로 가족과 국가를 통합[和]하는 기능을 수행하면서, 동시에 그 통합 내부 각 구성원의 신분적 차등[別]을 보여주기 위한 장치가 된다.

한 집안에서 종손이 가장家長이 되어 조상 제사와 집안 대소사의 집례자가 될 수 있는 것이나, 천자가 종묘宗廟와 천단天壇에서 조상과 하늘에 제사를 지내는 것이나 모두 정치적 권력의 소재를 밝히는 것이다. 이때 죽은 자든 산 자든 예식에 참여하는 사람들은 가장 혹은 천자와의 친소 관계에 의해 의복과 절차의 정도가 결정되는데, 이 친소 관계를 표현한 것이 종법宗法이다. 이렇게 종법에는 통합[和]과 차등[別]이라는 두 가지 기준이 작동한다.

예컨대 부친을 위해서는 참최복斬衰服 3년을 입고 조부모를 위해서는 자최복齊衰服 1년을 입는다. 기준은 사망한 사람이 누구냐가 아니라 그가 상주와 어떤 관계냐이다. 일상에서도 천자는 팔일무八佾舞를 쓸 수 있는데 비해 제후는 육일무를 대부는 사일무를 쓸 수 있다. 여기서 '일佾'은 무희의 가로세로 규모를 의미한다. 즉 팔일은 8×8의 64명이 추는 춤을 의미한다. 중요한 예식에서 사용하는 면류관冕旒冠의 앞뒤에 늘어뜨린 술(류旒)도 천자는 12줄 제후는 9줄 상대부는 7줄 이런 식이다.

그런데 여기서 유의할 것은 이때의 통합과 차등이 철저히 가장과 천자를 중심으로 하는, 가장과 천자를 위한 것이라는 점이다. 공자와 유가는 그것이 보편적인 인간 내면의 타자에 대한 존중과 사랑의 감정을 표현한 것이라고 했지만, 그 감정은 언제나 가장과 천자를 중심으로만 표현되어야 한다. 종법 내의 위계와 질서에 부합하지 않는 '표현'은 보편의 천리를 거스르는 사욕에 불과하다. 아무리 내가 종족에 대해 더 애착을 갖는다 하더라도 맏형을 대신해서 내가 종족의 대표자가 될 수는 없다. 아무리 할머니 손에 자란 손자라도 할머니 상喪을 어머니 상喪보다 더 애절하게 더 오래 표현해서는 안 된다. 예에 의해 정해진 위계와 질서는 이렇게 인간 내면의 보편성이라기보다는 철저히 사회적이고 정치적이다.

천자·제후·대부·사 등 계급적 차등의 질서를 담은 주나라의 예가 『주례周禮』이고 이는 주나라의 문화를 정립한 주공周公에 의해 만들어졌다고 전통적으로 이해되어 왔다. 그래서 공자는 한낱 대부가 팔일무를 즐기는 등, 제후와 대부들이 신분적 질서를 무너뜨리고 참람되게 천자의 예법을 쓰는 당대의 현실을 극력 비판한다.[14] 공자는 당대의 예법이 무너졌다고 한탄했지만 그 형식의 화려함과 절차의 엄정함이 무너졌던 것은 아니다. 오직 그가 말하는 '예의 본질', 즉 종법적 질서만 무너졌던 것이다.[15]

실제로 춘추전국 시기는 그 이전에 비해 생산수단이 월등히 개선되어 경제적으로 풍요해졌기 때문에 다양한 예식이 개발 확산되었다고 한다.[16] 때문에 공자가 말하는 예의 붕괴는 형식과 절차의 변질도 타자에 대한 존중이라는 본질의 왜곡도 아니고, 정확히 말해 예의 제정자가 주나라 왕이 아닌 다른 이가 되어버렸다는 점을 의미한다.[17] 이것은 결국 언제나 주나라의 종법적 질서에 부합해야만 진정한 예라고 할 수 있다는 신념의 표현에 불과하다. 예는 이렇게 권력의 문제와 연결된다.

권력은 이익과 욕망을 실현시켜준다. 대부가 팔일무를 강행하는 이유는 더욱 화려함을 즐기고자 하는 감각적 욕구이거나 아니면 자신이 천자처럼 존귀해지고 싶다는 신분적 과시욕일 수 있다. 오늘날 결혼식이나 애들 돌잔치를 화려하게 하고자 하는 마음도 여기서 크게 다르지 않다. 그에 더해 군주에 대한 충성이나 윗사람에 대한 존중에는 자신을 상대적으로 낮춰야 하는 자기부정적 기제가 작동한다. 내가 더 많은 이익과 욕망을 향유할 수 있음에도 불구하고 나의 신분에 허용된 것만을 누려야 한다는 논리는 분명 자발적 자기억제를 의미한다.

공동체로부터 개인을 구출해내어 민주와 평등을 흔들릴 수 없는 가치의 기준으로 삼고 무한한 욕망의 추구를 장려하는 현대 자본주의적 세계관에서, 이러한 욕망의 절제와 자기부정은 쉽게 동의될 수 없다. 예의 역사적 본질은 가장과 천자의 권위와 권력을 위한 것이기에, 이 차등의 질서로부터 꼰대를 읽어내는 것은 무척 자연스럽다.

하지만 차등적 위계질서로서가 아니라 상호 존중으로서의 예라면 민주와 평등의 현대사회에서도 여전히 그 의의는 확보될 수 있다. 현대의 개인이라 하여 타자를 침해하고 억압할 권리는 없기 때문이다. 게다가 자본주의의 무한한 욕망 추구는 책임의 은폐 속에서만 가능하다. 대량생산과 대량소비·유행과 기호·에너지와 편리함·일회용품과 새벽배송·먹방과 맛집, 이런 것들 뒤에는 기후위기·탄소배출·미세 플라스틱·빈곤과 기아·산업재해와 난민 등 눈에 보이지 않지만 시간적 공간적 거리를 두고 분명히 책임의 관계와 대상이 존재한다. 타자에 대한 책임과 공존의 세계관에 동의한다면 자기 욕망의 무한 추구는 결코 용인될 수 없다.

유가는 개인을 독립적 인격으로 보지 않고 언제나 사회 속에서 생활하는 공동체의 일원으로 보았다. 때문에 공동체에 대한 책임과 그 속에서 지니는 신분적 차등과 역할의 차이를 무시하는 개인의 욕망은 인정되지 않는다. 이것이 제자 안연顔淵이 인仁에 대해 물었을 때 공자가 해준 '극기복례克己復禮' 즉 자신의 이기적 욕망을 극복하고 예로 돌아가라는 말의 의미다.[18] 여기서 공자가 말하는 예는 물론 타자에 대한 존중이지만, 위에서 본 것처럼 동시에 주나라의 종법적 질서를 의미한다. 때문에 여기서 말하는 개인의 욕망이란 기본적으로 타자에 대한 배려 없음을 의미하지만 정치적 역사적 맥락에서는 종법적 질서를 거부하려는, 혹은 새로운 질서를 만들고자 하는 욕망을 말한다.

그런데 주자는『논어』의 '극기복례'에 대해 이렇게 설명한다.

> 사람은 우주의 본질을 부여받아 태어났으니 인의예지의 본성을 자신의 마음속에 구비하고 있다. (이를 대표하는 본성인) 인仁은 사랑[愛]의 감정을 주로 하지만 사실상 마음의 모든 덕성이라고 할 수 있다. 예는 주로 타자에 대한 존중과 공경을 핵심으로 하고 마음이 의거하는 잣대[規矩]다. 그러나 사람에게 이 몸뚱이가 있는 이상은 이목구비와 같은 감각기관으로부터 사적 욕망이 생기게 마련이다. 그래서 예에 어긋나고 인仁의 본성을 해치게 되는 것이다. 사람이 인仁을 해치게 되면 처음에는 자신의 몸도 추스를 수 없는 것으로부터 시작하지만 결국에는 다가오는 대상과 사태를 적절히 응대하지 못해 엉망이 되고 마는 것으로 확장되고 끝내는 모든 것이 망가진다. 때문에 공자의 문하에서는 언제나 내면의 인仁을 확보하라고 강조한 것이다. 안연이 인仁에 대해 물었을 때 공자께서 특별히 '극기복례'라고 말씀해주신 것은, 자신의 사욕을 극복

하고 본래 자신이 구비하고 있는 예라는 잣대로 돌아감으로써 마음이 본래 갖추고 있는 이 온전한 덕성[仁]이 예와 분리되지 않고 온전히 실현되기를 바라신 것이다.[19]

공자와 주자는 신분적 차등이 당연한 것으로 받아들여지던 봉건시대를 살았다. 그러나 주자의 이 설명에서는 예제 속의 신분적 의미는 거의 탈색된다. '다가오는 대상과 사태를 적절히 응대하지 못해 엉망이 되고 만다는[事物之間, 顚倒錯亂]' 관계적 의미만 강조되고 있다. 주자의 관점에서 타자에 대한 존중과 사랑을 의미하는 인仁은 인간의 보편적 덕성으로서 인의예지와 같은 전통적 덕목을 모두 포괄한다. [仁包四者] 예는 이 인간의 보편적 덕성을 상황과 관계에 맞게 실현시킬 수 있도록 구분해 둔 것이다. 그래서 주자는 예를 '상황에 맞게 천리를 표현한 것[天理之節文]'이라고 한 것이다. 육체에서 오는 이기적 욕망을 극복하고 내면의 도덕적 욕구에 따르는 것이 예다.

공자는 예의 본질이 인仁에 있다고 했지만, 그것을 정하는 것은 엄연히 주나라의 천자여야 했다. 반면 주자의 천리는 어느 천재적 개인이나 국가의 권위를 뛰어넘는다. 때문에 설령 종법적 질서에 동의하지 않는 그 누구라도 예는 따라야 한다. 그것은 내면의 목소리이기 때문이다. 주자의 예는 공자보다 더욱 강력한 구속력을 지닌다.

그런데 그 '천리'는 누가 해석하는가? 『주자가례』에 의하면 아버지가 돌아가셨을 때와 어머니가 돌아가셨을 때 입는 옷을 달리하여 그 경중을 표시하는데, 아버지가 어머니보다 나와 더 가깝다는 '천리'는 도대체 어떤 근거에 의해 해석된 것인가? 누구나 천리는 지니고 있지만 그 천리는 누구나에 의해 해석되지 않는다. 권위를 획득한 예서의 집필자가 모두의 천리를 해석해줄 따름이다. 천리를 해석하는 예의 제정자가 도덕을 규정하고 신분의 차등과 역할의 차이를 결정짓는다. 공자는 천하에 도가 없으면 예가 제후에게서 나온다고 했는데, 주자는 제후는커녕 그 아래 사대부에 불과하다. 이렇게 보자면 공자의 기준에서는 주자 역시 난신적자가 아닐까?

공자의 인仁이 실제에 있어서는 주나라 천자의 예법으로만 해석되었던 것처럼 만약 주자의 천리도 주나라 천자 혹은 국가 권력에 의해 해석되는 것이었다면, 주자는 복고주의·보수주의 그리고 국가주의라는 규정으로부터 자유로울 수 없을 것이다. 하지만 주자는 예의 해석에 있어서 분명히 현실주의적 개량주의적 입장을 견지한다. 그는 고래의 예법을 모두 복원할 수 없음을 인정하고 또 그것이 불필요하다고 말한다. 동시에 그는 '정신'과 '원리'에 입각한 예의 현대적[當代的] 재해석의 필요성과 가능성을 인정한다.

세상에는 고대의 예법을 억지로 실행하고자 하는 사람이 있지만, 세상의 물정이 변했으니 고대의 예법은 이미 그 실정에 맞지 않다.[20]

고대 예법의 번쇄한 구절은 이미 확인할 수가 없다. 현행 예법을 잘 참고해서 보탤 것은 보태고 덜 것은 던다면 요즘 사람들의 실정에 부합할 수 있을 것이니 그렇게 해야만 도움이 된다.[21]

무릇 예법이라는 것은 지금의 현실에서 쓰기 위한 것이다. 때문에 반드시 쉽고 간단한 원칙이 필요하다. 만약 고대의 예법을 모두 복원하고자 한다면 그 번쇄함은 사람들에게 불편함을 주어 자연스레 행해지지 않을 것이다.[22]

성인께서 나타나시어 반드시 지금 행해지는 예에 말미암아 적당히 수정을 가해야 한다. 그래서 쉽고 간단해서 이해하기 쉽고 행할 수 있는 것을 취하여야 한다. 고대의 번쇄한 예법을 복원해서 지금 현실에 굳이

시행하려고 해서는 안 된다.[23]

또한 주자는 주나라 천자나 현실 국가 권력에 의한 해석에 의존하지 않았다. 그는 왕안석과 같은 국가주의자가 아니었다. 국가 중심의 개혁을 주장한 왕안석은 『주관』 즉 『주례』에 대한 해설서 『주관신의周官新義』를 편찬했다. 반면 주자가 의거한 경전은 주나라 예법을 담은 『주례』가 아니라 사대부를 중심으로 하는 『의례』였다. 그는 예서를 창작하지는 않았지만 경전을 선택하고 재배치하고 새롭게 해석함으로써 실질적으로 '천리'를 장악하고자 한 것이다. 그리고 그 선택과 해석에는 왕권과 사대부 권력 간의 긴장이 깔려 있다.

주자 예학의 구조와 지향

주자의 예학 관련 저작에는 『주자가례朱子家禮』와 『의례경전통해儀禮經傳通解』가 있지만 둘의 성격은 상당히 다르다.[24]

『주자가례』는 인간의 보편적 생애주기를 따라서 관혼상제라고 하는 의례儀禮를 기술하고 있음에 반해, 『통해』는 가家·향鄕·학學·방국邦國·왕조王朝·상喪·제祭의 구조 속에서 '사士'의 일생을 보여준다는 점이 가장 두드러지는 차이이다. 즉 『주자가례』의 행위주체는 반드시 사가 아니어도 좋다. 인간 일반 혹은 서사인庶士人이다. 그에 반해 『통해』의 주체는 정확히 사士이며, 이 사는 시기별로 성장하여 향·방국·천하에 참여한다.

『주자가례』

주자는 이미 14세 때 자신의 아버지 주송이 사망하자 예법 연구의 필요를 느꼈다. 그러다 41세 때 어머니가 돌아가시고 삼년상을 치르면서 『주자가례』의 초고를 완성한 것으로 알려져 있다. 그런데 그 초고를 누군가에게 도둑맞아 더 이상 수정 발간하지 못하다가 주자 본인이 사망하여 상을 치를 때 누군가가 그 원고를 가지고 와서 그의 아들 재在에게 주어 다시금 세상에 알려지게 되었다고 한다. 이런 드라마틱한 과정 때문에 역대로 『주자가례』가 주자의 저작이 아니라는 주장이 있어왔지만, 최근에는 여러 연구가 주자 자작설을 지지하고 있다.[25]

〈주자 어머니 축부인묘〉

주자 41세 때 사망한 주자 어머니 축씨 부인의 묘는 주자의 묘에서 멀지 않은 곳에 위치해 있다. 주자는 이 시기 시묘하면서 『주자가례』의 초고를 완성했고, 여조겸과는 『근사록』을 편집했다.

「가례서家禮序」[26]

凡禮有本有文, 自其施於家者言之, 則名分之守, 愛敬之實, 其本也. 冠昏喪祭, 儀章度數者, 其文也. 其本者, 有家日用之常禮. 固不可以一日而不修其文, 又皆所以紀綱人道之終始. 雖其行之有時施之有所, 然非講之素明, 習之素熟, 則其臨事之際, 亦無以合宜而應節. 是不可以一日而不講且習焉也.

예에는 그 근본과 형식[文]이 있다. 그것이 한 집안에서 시행된다는 측면에서 말하자면, 지켜야 할 명분과 존중하고 사랑하는 마음은 그 근본에 해당한다. 관혼상제의 의식과 거기에서 사용되는 절차와 기물[儀章度數] 등은 그 형식에 해당한다. 그 근본은 집안이 있는 한 일상적으로 유지되어야 할 것이기에 하루라도 주의를 기울이지 않을 수 없다. 그 형식은 사람으로서 한 평생 거쳐야 할 규정이기에 그것이 특정한 시점과 장소에서만 사용되는 것이라 할지라도 평소에 잘 준비해두지 않으면 막상 일이 닥쳤을 때 적절히 대응할 수 없게 된다. 때문에 그 역시 하루라도 주의를 기울여 익혀두지 않을 수 없다.

三代之際禮經備矣. 然其存於今者, 宮廬器服之制, 出入起居之節, 皆已不宜於世. 世之君子, 雖或酌以古今之變, 更爲一時之法. 然亦或詳或略, 無所折衷, 至或遺其本而務其末, 緩於實而急於文. 自有志好禮之士, 猶或不能擧其要, 而困於貧窶者, 尤患其終不能有以及於禮也.

고대의 이상적인 시기였던 삼대에는 『예경禮經』이 잘 갖추어져 있었다. 하지만 요즘 남아 있는 것 중에 건물이나 기물 등의 제도 혹은 일련의 동작들은 지금 세상에 쓰기에 부적절하다. 요즘 몇몇 전문가들은 고금의 변화를 참작하여 지금 세상에 쓰일 수 있는 예법을 정리해내기도 했지만 어떤 것은 너무 자세하고 또 어떤 것은 너무 소략해서 도무지 절충이 되지 않았다. 그래서 그 근본은 빠뜨린 채 그 말단만을 중시한다거나 실질은 버려둔 채 그 형식만을 추구하는 경우도 발생하게 되었다. 예를 중시하는 사람들은 그 핵심을 드러내지 못한 채 가난한 사람에게도 일일이 다 사용하고자 하니 그들이 끝내 예를 실천할 수 없는 지경에 이르게 되었다.

熹之愚, 蓋兩病焉. 是以嘗獨觀古今之籍, 因其大體之不可變者, 而少加損益於其間, 以爲一家之書. 大抵謹名分崇愛敬, 以爲之本. 至其施行之際, 則又略浮文敦本實, 以竊自附於孔子從先進之遺意.

그래서 나는 (형식에만 치우치거나, 절충할 줄 모르는) 두 태도 모두 문제라고 여겨 독자적으로 고금의 자료를 연구한 끝에 그 근본에서 변할 수 없는 것에 근거하면서도 약간의 가감을 거쳐 한 집안에서 사용할 수 있는 예서를 만들었다. 명분을 존중하고 존경하고 사랑하는 마음 중시하기를 근본으로 삼되, 그것이 시행될 때에는 번다한 절차를 생략하고 근본의 실질에만 힘쓰도록 했다. 그렇게 함으로써 지나치게 형식을 좇는 것을 비판하셨던 공자의 정신에 부합되도록 했다.

誠願得與同志之士熟講而勉行之, 庶幾古人所以修身齊家之道, 謹終追遠之心, 猶可以復見, 而於國家所以敦化導民之意, 亦或有小補云.

뜻을 같이하는 선비들과 함께 차분히 연구하고 열심히 실천함으로써, 수신제가와 조상을 기리고자 했던 고인들의 자태에 가까워지기를 진심으로 바란다. 그렇게 된다면 국가가 교화를 베풀어 백성을 가르치고자 하는 뜻에 조금이라도 도움이 될 수 있을 것이다.

이 문장은 자신이 왜 이 예서를 만들었는지에 대한 정황을 설명하고 있지만, 그 핵심은 고래의 예법을 형식주의적으로 고수하려는 태도에 대한 비판에 있다. 『논어』에는 "공자께서 말씀하시기를, 앞선 시대의 선비들은 예악에 대해 촌스러운 사람들 같았고, 뒷날의 선비들은 예악에 대해 훤한 군자와 같다. 만약 나라면 앞선 시대의 선비들처럼 하겠다."[27]

라는 기술이 있다. 주자는 정이의 언급을 인용하며 이에 대해 다음과 같이 해설한다.

> 앞선 선배들의 예악에 대한 태도는 본질과 형식에 있어서 모두 적절함을 얻었다. 그런데도 요즘에는 도리어 질박하다고 평가하여 촌스러운 사람 같다고 한다. 뒷날의 선배들은 예악에 있어서 형식이 본질을 앞선다. 그런데도 요즘에는 도리어 본질과 형식이 적절하다고 여기면서 군자라고 평가한다. 대개 주나라 말기에는 형식이 본질을 앞섰다. 때문에 당시 사람들이 이렇게 말한 것이다. 그들은 형식이 이미 지나쳤음을 모른 것이다.[28]

「가례서」 말미에 '공자의 정신에 부합되도록'이라는 말은 이것을 의미한다. 즉 주자 당대의 예학자들이 지나치게 고래의 형식을 강조한 나머지 그 본질은 놓치거나 빈곤해서 일일이 예를 실행할 수 없는 사람들에게까지 고례를 강요함으로써 아예 예법을 포기하게 만드는 경우가 발생한다고 비판하는 것이다. 그래서 그는 예의 본질[名分之守, 愛敬之實]에 입각하되 당대의 현실을 반영하여 새롭게 예서를 만들었다는 말이다.

『주자가례』는 통례·관례·혼례·상례·제례로 구성되어 있다. 「통례」는 죽은 조상을 모신 사당祠堂·평소의 의복인 심의深衣·가정에서의 제반 의식 등을 다루고, 관혼상제는 한 개인이 성인이 되고 결혼하고 죽어서 상을 치르고 제사를 치르는 등 생애주기적 의식儀式을 다루고 있다. 이렇게 『주자가례』는 그 책 이름에서도 드러나듯, 한 집안 내에서 필요로 하는 예법을 정리한 책이다. 특히 『주자가례』는 사당 조목을 제일 앞으로 배치함으로써 죽은 조상을 중심으로 한 집안이 통합 규율되는 질서를 강조했다.

위진 남북조 이래로 송대에 이르기까지 도교와 불교의 예법이 민간에 광범위하게 침투함에 따라 일련의 사대부들은 유가 본연의 예식을 확보해야 한다는 의식에서 '가례' 형식의 예서禮書를 만들게 되었다. 북송 사마광司馬光의 『서의書儀』가 대표적이었는데, 『주자가례』는 주로 『서의』의 내용과 체제를 많이 차용하였다.

『주자가례』는 이후 명청시기 사대부가士大夫家 예법의 전형으로 받아들여졌지만, 그 영향은 조선에서 훨씬 더 강력했다. '가가례家家禮'라고 하여 집안마다의 예법이 다를 수 있다고 하였지만, 그것은 어디까지나 『주자가례』 범위 내에서의 것이었다. 특히 조선 후기로 갈수록 구체성과 성문적 권위를 중시하는 경향과 맞물려, 예법에 대한 해석은 권력 투쟁과 연동되었으며 이것이 그 유명한 예송논쟁禮訟論爭이다.

중국의 역대 정부는 일찍부터 예서를 편찬했는데 당나라의 『대당개원례大唐開元禮』와 송나라의 『정화오례신의政和五禮新儀』 명나라의 『대명집례大明集禮』 등이 대표적이고 조선에서도 『국조오례의國朝五禮儀』를 편찬했다. 이들 예서는 국가가 편찬 발간한 만큼 황제(혹은 왕) 중심의 국가례國家禮에 해당한다. 이와는 달리 사마광의 『서의』나 주자의 『주자가례』 등은 국가와 무관하게 사가私家에서 필요에 의해 제작 발간한 사가례私家禮다.

예는 본래 왕이 하늘에 제사를 지내는 예식에서 출발하여 주나라 종법제도의 차등적 질서를 표현하기 위한 것이었던 만큼, 그것이 국가례에서 출발했음은 자명하다. 공자가 "천하에 도가 있으면 예는 천자에게서 나온다."고 한 것이나 『예기』에 "예禮는 백성에게까지 내려가지 않고, 형벌[刑]은 대부 이상의 귀족에게 적용되지 않는다."[29]라고 한 것은 예가 본래 국가(황가)와 그 지배체제로서의 귀족 및 관료의 것이었음을 의미한다. 그러던 것이 점차 하급귀족 혹은 잠재적 관료층인 사대부 계층에게까지 확장된 것이며, 특히 송대에 들어서서 정치적 경제적 변동과 맞물려 그 확장의 경향이 강화된 것이다. 「주자가례」 등 사가례의 출현은 이러한 사회적 변화를 반영한 것이다.

반면, 주자 말년의 최대 사업이자 예학의 집대성인 『통해』는 단순한 사가례도 그렇다고 국가례도 아니다. 『통해』는 그 제목에서 보이는 것처럼 『의례』를 경으로 삼고 『예기』를 전으로 삼아 고래의 예법을 종합적으로 복원하려는 기획의 산물이다. 그러나 『통해』의 구조를 통해 볼 때 주자는, 사대부의 시각에서 가정[家]과 국가[國]를 통합하고 일관된 예제에 의해 그 통합된 사회를 규율하고자 했다고 평가할 수 있다.

『의례경전통해』

유가 십삼경十三經 중에서 예서는 셋이 있는데, 『주례周禮』·『의례儀禮』·『예기禮記』가 그것이며 이를 흔히 '삼례三禮'라고 부른다.

『주례』는 주나라 초기 주공周公에 의해 제작되었다고 알려졌는데 그 원래 이름이 『주관周官』이었던 것에서 알 수 있듯, 주나라의 관직 체계와 각각의 관직이 담당하는 사무에 대해 기술하고 있다. 이 책은 서한시기 하간헌왕河間獻王이 민간으로부터 입수해 조정에 바침으로써 알려지게 되었는데, 서한말 유흠劉歆과 동한말 정현鄭玄 등이 중시해 경전의 지위를 부여받게 되었다. 『주례』는 그 명칭처럼 주나라를 모델로 하는 국가의 정치조직과 그 역할에 대한 기술인만큼 역대로 왕망王莽이나 왕안석王安石처럼 국가주의적 개혁사상을 주창한 사람들의 경전적 근거가 되었다.

『의례』는 공자가 당시 잔존해 있던 예법을 모아 만들었다고 알려져 있는데, 관혼상제와 연사조빙(燕射朝聘, 지역과 왕실 혹은 제후국 간의 예법)을 다루고 있는 17편으로 구성되어 있다. 『의례』는 서한 초에 이미 〈오경〉에 편입되어 '예경禮經'이라고 불렸다. 그런데 이 17편의 『의례』 말고 고문 『의례』 56편이 있었다고 하는데, 지금은 전해지지 않는 이 39편의 고문경전을 『일례逸禮』라고 부른다. 『중용』에는 '큰 예법이 삼백이요 작은 예식은 삼천이다[禮儀三百, 威儀三千]'라는 표현이 있기에, 주자를 비롯한 역대의 예학자들은 지금 전해지는 『의례』 이외에 일실逸失된 고대 예법들이 더 많았을 것이라고 추측한다.

『예기』는 『의례』의 각 조목 혹은 예 일반에 대한 철학적 해설서다. 『역전』이 『역경』에 대한 해설서 혹은 주역철학서의 성격을 지니는 것처럼, '전傳'이나 '기記'라는 형식의 글은 '경經'에 대한 해설 혹은 보충의 역할을 한다. 공자의 제자들에 의해 작성된 것으로 알려진 상당 분량의 예기류는 – 『한서漢書』, 「예문지藝文志」는 131편이라고 기록하고 있다. – 서한 시기 대덕戴德에 의해 85편으로 정리되고, 그의 조카 대성戴聖에 의해 다시 49편으로 정리되는데, 먼저 것을 『대대례기大戴禮記』라고 부르고 나중 것을 『소대례기小戴禮記』라고 부른다. 지금 우리가 보는 『예기』는 이 『소대례기』를 가리킨다.

『통해』는 이 삼례를 통합해 완정한 『예경』을 복원하고자 했던 주자의 거대한 기획의 산물이다. 당초 주자는 녕종 초기 도학파 조여우趙汝愚가 집권한 틈을 타 정부로부터 예서의 편찬을 위한 지원을 요청했었다.[30] 그러나 조여우의 집권은 짧게 끝나고 외척 한탁주가 등장하면서 이내 주자와 그 학당은 위학의 당금을 맞게 되고 정부의 지원 없이 주자는 생의 마지막을 예서 정리에 매진하게 된다.

주자는 삼례에서 『의례』가 경經에 해당하고 『예기』가 전傳 해당하며, 『주례』가 강령綱領에 해당한다고 보았다.[31] 즉 『의례』가 가장 기본이 되는 예서이고, 『예기』는 그 의미를 풀어준 해설서에 해당하고 『주례』는 예의 구조와 체제를 설정했다는 관점이다. 그래서 『의례경전통해』라는 명칭에서 알 수 있듯이 이 책은 『의례』를 기본 축으로 하여 그것을 '경'과 '전'의 체제로 설명하고 있다. 예컨대 『의례』의 「사관례士冠禮」를 경으로 하고 『예기』의 「관의冠義」를 전으로 하는 식이다. 『의례』와 『예기』 이외에도 주자는 『주례』·『좌전』·『공자가어』·『백호통의』·『논어』·『효경』 등 많은 고대 전적으로부터 유관 조목을 편집해 『통해』를 편찬했다.[32]

주자의 예학 체계에서 『의례』와 『예기』는 경과 전 혹은 '의儀와 의義' 즉 구체적 의식과 그 속에 담긴 철학적 함의의 관계라고 할 수 있다. 이 관계에서 주자는 철학적 함의 이전에 구체적 의식이 먼저 복원되어야 한다는 관점을 시종 견지한다. 그래서 『의례』를 경으로 삼아 복원하고자 한 것이다. 그것은 당대에 남아 있는 구체적 의식이 백에 한 둘 정도밖에 되지 않는다는 그의 인식 때문이며[33] 과거시험 과목에서 『의례』를 빼버리고 『예기』만을 남겨둔 왕안석의 조치에 대한 비판이기도 했다.[34]

일련의 연구자들은 주자의 이러한 태도 때문에 주자의 예학을 '형식주의'라고 규정하기도 한다.[35] 그러나 『역전』 이전에 『역경』을 보아야 한다거나, 『예기』 이전에 『의례』를 보아야 한다고 말하는 주자의 학술적 태도는 형식주의보다는 오히려 '성문주의成文主意' 혹은 '역사주의'에 가깝다. 즉 내면의 '정신'과 형이상학적 '원리'만을 중시하고 구체적인 '절문'과 '기록'을 무시하는 일체의 경향 속에서, 주자는 송대 도학에서 일반적으로 발견되는 주관주의의 오류 가능성을 읽고 있는 것이다.

아울러 이는 구체성을 탈각한 채 배후의 정신만을 추구하는 소위 본질주의(왕안석의 『예기』, 정이천의 의리역 등)에 대한 비판이다. 『중용』의 '명성도교'는 '예악형정'으로 구체화 되어야 하는 것처럼, 『예기』의 원칙과 정신만 있다고 해서 될 것이 아니다. 예란 일상의 구체적 현실 속에서 의식儀式과 행위로 실제 구현되어야 하는 것이지, 배후의 관념적 의미 추구가 그 목적이 될 수는 없는 것이다.

그래서 주자는 역사 속 성인의 구체적 기록으로, 즉 '경전'으로 돌아가자는 것이다. '정신'과 '원리'가 중요하지 않다는 것이 아니라 그 '정신'과 '원리'를 정확히 파악하기 위해서, 즉 해석자의 주관적 이해의 가능성으로부터 그 '정신'과 '원리'를 지켜내기 위해서라도 오히려 구체적인 기록으로 돌아가야 한다는 것이다. 『의례』와 『역경』은 바로 그 '정신'과 '원리'가 예화 되어 남은 구체적 기록이다.

그렇다고 주자가 답답한 복고주의자 혹은 철저한 원전주의자는 아니다. 우리 사회에는 주자학을 변화된 현실을 무시한 채 고래의 예법을 강요하는 원칙론이라고 생각하는 경향이 만연해 있다. 그래서 홍동백서의 제사상이나 칠거지악의 폐습이 주자학의 본질이라고 생각하는 것이다. 그러나 고래의 의식을 복원해야 한다는 것은 학술적 근거로서의 의미일 뿐, 일상의 예식에서는 오히려 앞 절에서 본 것처럼 변화된 시속時俗을 충분히 고려해야 한다는 것이 주자의 입장이다. 주자는 꽉막힌 형식주의자도 고지식한 원칙주의자도 아니다.

하지만 당대의 모든 예식이 용인되는 것은 아니다. 그것은 어디까지나 예의 '정신'과 '원리'에 부합할 때만이 동의될 수 있다. 그런 점에서 예의 현대적 재해석에 대한 인정은 '원칙'의 범위 내에서만 가능하다. 때문에 예에 대한 '재해석'은 그만큼 더 신중할 필요가 있으며, 여기서 고대의 모범적 해석(경전)의 연구와 복원이 요구되는 것이다. 이런 측면에서 볼 때, 그에게서 『역경』과 『의례』의 '기록'은 형식적으로 완벽히 복원되어야 할 '십계명'이라기보다는 정신과 원리에 대한 '모범적 해석의 예시'라고 보는 것이 옳다.

家와 國

『통해』는 「가례家禮」·「향례鄕禮」·「학례學禮」·「방국례邦國禮」·「왕조례王朝禮」·「상례喪禮」·「제례祭禮」의 목차로 구성되어 있다. 이 중 앞 5부는 주자가 직접 편찬했지만 뒤의 「상례」와 「제례」는 그가 직접 완성하지 못하고 그의 사후 제자 황간黃幹과 양복楊復이 선생의 유지를 받들어 마무리 지었다.

『통해』의 편제를 이해하기 위해서는 앞에서 간략히 소개한 네 가지 예서에 대한 선이해가 필요하다. 즉 『주례』와 『의례』 그리고 국가례와 사가례다. 특히 이 네 예서의 체제를 '예의 주체' 측면에서 주목할 필요가 있다. 『주례』가 주나라 왕실(길吉·흉凶·빈賓·군軍·가嘉)을 중심으로 한다는 점은 명확하다. 반면에 『의례』는 그 주체가 명확하지 않다. 『의례』의 편제와 관련하여 당대 가공언賈公彦은 존비길흉尊卑吉凶의 순서라고 설명한다. 물론, 『의례』가 처음에 '사관례'·'사혼례'로 시작한다는 점에서 존비의 순서는 아래로부터 시작함을 확인할 수 있지만 그 순서는 그리 엄정하지 않다. 길흉의 순서 역시 마찬가지다. 이에 반해 『대당개원례』 등 당송대의 국가례는 황제·제후·대부·사 등 위에서부터 아래로의 신분적 차등이 비교적 명확하다. 이는 『주자가례』 등 사가례가 황제나 왕실로 확장되지 않는 그야말로 '사가'의 예법인 것과 확연한 차이를 보인다.

이러한 이해를 바탕으로 보았을 때 『통해』가 『주례』나 국가례의 체제를 따르지 않았다는 것은 명확하다. 그 제목에서 이미 『의례』를 경과 전

예 서	예의 주체	확장과 방향
『주례』	주나라 왕실	위만
『의례』	불명확	아래에서 위로
국가례	왕실	위에서 아래로
사가례	사가	아래만

에 입각해 해설했음을 밝히고 있다. 『통해』의 체제는 기본적으로 『의례』의 순서를 거의 그대로 따르면서도 각 내용을 신분 즉 예 주체의 계급에 맞게 재편집함으로써 '존비길흉'의 질서를 보다 엄정히 하고자 노력했다. 예컨대 기존 『의례』·『예기』 등의 조목을 사·대부 단계와 제후·천자의 단계로 구분하여 다른 편제에 분속하기도 하고, 천자 → 제후의 순서를 제후 → 천자의 순서로 바꾸기도 한다.[36]

주자가 이렇게 『의례』를 경으로 삼아 7문의 체제로 『통해』를 만든 것은 가공언의 관점을 계승한 것인데, 이는 외견상 『주자가례』와 같은 사가례私家禮의 관·혼·상·제에 국가례에 해당하는 방국례·왕조례 그리고 학례가 추가된 구조로 보인다. 주자는 이 순서에 대해서 가공언의 다음과 같은 언급을 인용하여 설명한다.

> 『의례』의 순서는 신분상 천한 사람이 앞에 온다. 그러므로 사관례士冠禮가 먼저 오고 대부관례大夫冠禮는 없고 제후관례諸侯冠禮가 그 다음 천자관례天子冠禮가 그 다음이다. 혼례 역시 사가 먼저고 대부가 그 다음 제후가 그 다음 천자가 그 다음이다. 제후들의 향음주鄕飮酒가 먼저고 천자의 향음주는 그 다음이다. 향사례鄕射禮와 연례宴禮 이하도 모두 같다. 또 관례·혼례·사상견례士相見禮

의 선후는 이십에 관을 쓰고 삼십에 결혼해서 사십에 벼슬살이해 서 향대부나 군주를 만나기 때문이다.[37]

즉『의례』의 순서에서 제일 먼저「사관례」그 다음「사혼례」가 오는 것처럼 신분상 제일 낮은 사士의 일대기가 중심이라는 말이다. 또 관례·혼례·사상견례의 순서 역시 사의 성장 단계에 따른 것이다. 이렇게 볼 때『통해』에서 관·혼·학의 순서는 사가 국가의 공직에 참여하기 이전에 해당하고 방국·왕조는 공직 기간에 해당하며 상·제는 사가와 황가를 막론하고 인생의 수렴 기간에 해당한다.

이러한 이해는 한당 시기까지 주로 국가에서 편찬하는 국가례 중심에서, 송대 이후로 가례·향례 등 사가례로 중심이 이동하는 역사적 추이를 반영한다.[38] 남북조시기 처음으로 국가에 의해 편찬되는 예서는 애당초 천자와 제후를 위한 것이었으나 당송대로 접어들면서 점차 사대부와 더 나아가 일반 백성을 포괄하는 소위 '서사인庶士人'에게까지 확장되는 과정을 보인다.[39] 이는 당초 상층 귀족의 전유물이었던 예법을 일반 백성에게까지 점차 확장함으로써 국가 전체를 의례적儀禮的으로 통제하고자 했음을 의미한다. 그런 과정에서 국가례 역시 '서의'나 '가례' 형식의 사가례를 적극적으로 수용하게 된다.

그래서 박례경 박사는『주자가례』등 가례서의 편찬은 "높은 예학적 지식과 실천 의지를 가지고 국가 권력에 대해서 자신들의 독립적인 위상과 역할을 담보하고자 하면서도, 국가 지배 체제에 적극적으로 편입되고 그에 순기능 하고자 했던 중국 사대부들의 전통적인 입장과 이상을 천명한 것에 다름 아니다. 특히 사서인의 관·혼·상·제례가 국가 예전으로 등재된 상황에서, 이는『주자가례』의 편찬과 구성이 국전國典과 독립적인 위상을 차지하기를 기도한 것이라기보다, 국가 예전 체제를 보완하고

그에 협응하는 기능을 담당할 것을 지향한 것이라 할 수 있다."고 평가한다.[40]

그런데 『통해』는 『주자가례』와 다르다. 그것은 가家와 국國을 아우르기에 일반적인 사가례가 아니다. 그렇다고 사가례를 포함시킨 당송대의 국가례처럼 천자로부터 사에게로 하향적 구조를 보이지도 않는다. 『통해』에서 예의 주체는 물론 사와 대부로부터 제후와 천자를 모두 포괄하지만 어디까지나 그 출발은 '사'가 된다. 그래서 「가례」와 「향례」에는 천자와 제후가 등장하지 않는다. 천자와 제후의 '가례'는 사대부의 「가례」를 준용한다. 심지어는 「방국례」와 「왕조례」까지도 사의 입장에서 국가의 공식적 행사에 참여하는 과정으로 읽을 수 있는 것이다. 방국과 왕조에서 제후·천자와 사·대부는 만나게 되는데 이 모임의 주인공은 누가 되고 또 그 목적은 무엇이 될 것인가 등에 대한 이해에서 섬세한 해석이 요구된다.[41]

박례경 박사가 말하는 '보완'·'협응'과 달리, 『통해』의 구조에서 우리는 가家와 국國이라는 두 개의 서로 다른 장(場, field)을 발견하게 된다.[42] 오륜의 덕목을 가장 기본적인 체제 유지의 가치로 받아들인 유학자들에게서 가家 즉 종족은 분명 사회의 가장 기본적인 단위로서 국國과 천하를 구성한다.[43] 그래서 박례경 박사는 "종자법을 세워 집안을 보전하는 것이 국가를 보전하는 것이라는 북송 학자들의 주장은, 이들의 종자법이 대종과 군君이 동일하였던 종군합일宗君合一, 가국동형家國同型의 서주西周 종법을 고스란히 의제擬制한 것임을 알 수 있다."[44]고 결론 내린다.

그러나 서주 종법에서 종군합일의 종宗은 종주宗周 즉 주의 왕실이지 일반 집안이 아니고, 가국동형의 가家는 어디까지나 문왕의 희성姬姓 집안일뿐이지 일반 종족이 아니다. 때문에 송대의 종법주의자들이 아무리 주나라의 종법을 '의제'한 것일지라도 거기에는 왕실과 사가 사이의 간격이 존재할 수밖에 없다.

한당 이래의 귀족과는 달리 송대의 사대부는 관료 혹은 잠재적 관료 집단으로서 기본적으로 국가의 지배체제와 운명을 같이 한다. 그것이 충忠의 논리다. 한편 『서의』나 『가례』의 사가례는 조상 숭배를 중심으로 하는 종족 통합의 가치를 지향한다. 그것이 효孝의 논리다. 만약 이 효가 충에 포섭되는 관계라면 송대 사가례는 주나라 종법제도의 '의제'라고 평가될 수도 있다.[45] 그런데 만약 이 효의 논리가 충의 논리와 충돌한다면 이러한 관점은 재고될 필요가 있다.

동성제후를 골간으로 하는 주나라의 종법제는 '가천하家天下' 즉 왕실[姬姓]과 국가에 대한 동일시를 그 전제로 한다. '군사부일체君師父一體'는 단순히 가부장제의 폐쇄성에 대한 규정이 아니라 충성과 효성이 분리되지 않는 신분적 단일지배체제에 대한 표명이다. 그런데 이러한 관념의 균열을 보여준 것이 『맹자』가 말하는 부모에 대한 사랑과 국가에 대한 충성의 충돌에서 순임금이 취한 행동이다.

> 도응이 물었다. "순은 천자이고 고요는 법을 집행하는 신하인데, 순의 아버지 고수가 사람을 죽였다면 고요는 어떻게 했을까요?"
>
> 맹자가 말했다. "고수를 잡아들였겠지."
>
> "그렇다면 순은 그를 제어하지 않을까요?"
>
> "순임금이 어떻게 금지시킬 수 있겠는가? 각자 맡은 역할이 있는데."
>
> "그렇다면 순임금은 어떻게 할까요?"
>
> "순임금은 마치 닳아빠진 신발처럼 천하를 버렸을 것이다. 그리

고는 아버지를 업고서 세상 끝까지 도망가 즐거이 천하를 잊고서 살았을 것이다."[46]

맹자의 제자 도응은 천자로서의 공적 지위와 자식으로서의 사적 관계 간의 충돌이라고 하는 아주 예민한 질문을 던진 것이다. 이 가설적 상황에 대한 『맹자』의 설명은 순임금이 천하에 대해 소유적 욕망[有天下]이 없음을 강조하는 것이었다. 순은 부모에게서 왕위를 물려받지 않았고 요임금으로부터 국가의 통치를 위임받았다. 때문에 천하는 오직 다스려야 할 대상[治天下]일 뿐 순 개인의 소유가 아니다.

여기서 순임금 및 순의 가족은 국가와 동일시되지 않는다. 효성의 장場으로서 '가'는 충성의 장場인 '천하'와 분리된다. 즉 주나라 종법제의 '가천하'라는 통합의 원칙은 여기서 적용되지 않는다. 이 이야기에서 순은 – 국가와 동일시 되는 – 충성의 대상이 아니고 그 역시 오직 국가에 대해 소명을 다 해야 하는 공직자에 불과하다. 때문에 고요에게는 순의 아버지 고수에 대한 배려가 요구되지 않고, 고수에 대한 효성은 오직 순으로 한정된다. 그렇기에 고요의 충성과 순임금의 효성은 충돌될 수 있는 것이며, 더 나아가 순임금의 충성과 순임금의 효성도 충돌될 수 있는 것이다. 물론 이는 역사적 현실에서 벌어질 수 없는 가설에 불과하다.

다만 여기서 중요한 것은, 맹자가 국가에 대한 충성보다 부모에 대한 효성을 즉 가정 내에서의 일상적 인륜을 더 존중되어야 할 가치로 상정한다는 점이다. 이는 주나라 종법제식의 가천하 혹은 충이라고 하는 하향적 질서 관념에 대한 도전이다. 가를 위해서는 천하는 버릴 수도 있다. 국가는 왕과 그 가족에 의한 지배체제가 아니라 공적 업무를 수행하는 역할의 총합일 뿐이며, 모든 백성이 함께 생활하는 공동체일 뿐이다.

사인私人의 입장에서는 물론 국가 공동체보다 가족 공동체가 훨씬 직접적이고 가깝다. 때문에 국가에 대한 공적 의리의 수행보다는 가족에 대한 사적 감정에 충실한 것이 보다 자연스럽다. 국가를 팽개치고 죄를 지은 아버지를 등에 업고 도망치는 순임금이 정당화 될 수 있었던 것은 바로 이런 맥락이다. 즉 순은 왕이기에 앞서 사인이다. 이는 왕 중심의 가치체계에 대한 근본적인 전복을 의미한다. 그 때문에 『맹자』는 정이와 같은 도학자들의 추숭에 의해 송대에 들어와서야 겨우 유가 경전에 들어올 수 있었다.

국가보다 개인이나 집안을 더욱 중시하는 관념은 맹자만의 탁견이 아니라, 춘추 이후 신분제가 동요되면서 등장한 시대적 요구였다. 『회남자』에는 노나라의 주공과 제나라의 태공망이 각각 통치의 질서로 '존존친친尊尊親親'과 '거현상공擧賢上功'을 제시하는 장면이 기록되어 있다.[47] '존존'과 '친친'의 시대적 의미는 다를 수 있지만 대체로 신분적 질서를 의미한다. 이에 반해 '거현상공'은 현명함과 공적에 대한 우대를 의미한다는 점에서 신분적 질서와는 분명한 차이를 보인다.[48] 주나라의 정치질서가 남아 있는 노나라에서는 신분제를 보다 존중한 반면, 군사적 상업적 실용주의를 국시國是로 받든 제나라에서는 능력주의를 보다 중시한 것이다. 『예기』는 천하를 다스리는 다섯 가지 질서로 덕 있는 이를 존숭할 것[貴有德], 신분적 질서를 존중할 것[貴貴], 나이 많은 사람을 우대할 것, 연장자를 존경할 것, 사회적 약자를 보호할 것 등을 제시한다.[49] 신분적 질서보다 '덕 있는 이'가 먼저 나온다. 한편 『예기』의 한 편인 「중용」은 『맹자』와 마찬가지로 '친친'과 '존현'을 인간 사회의 가장 기본적인 질서로 상정한다.[50] 이렇게 신분적 질서와 더불어 현능에 대한 존숭은 춘추전국시기 일반적으로 용인된 평가와 보상의 기준이었다.

이러한 역사적 맥락을 고려했을 때, 사대부에게 더욱 중요한 것은 당연히 가家이지 국國이 아니다. 전국 이래의 역사철학적 경향을 무시한 채 『주례』에 담긴 가천하의 이념을 강조한다면 이는 주나라 왕 중심의 체제로 회귀함을 의미한다. 모든 개인은 주나라 왕과 왕실을 위해 존재하는 신민臣民으로 돌아간다. 이론적으로 신민은 황제를 위한 부속적 존재일 뿐 정치의 주체가 될 수 없다.[51] 물론 주자의 『통해』가 이런 입장에 서 있지 않음은 자명하다.

춘추전국 시기를 거쳐 종법제는 와해되지만 한대를 거쳐 위진남북조 그리고 수당대에 이르기까지 국가의 중심축은 황제를 중심으로 하는 귀족연합체에 있었다. 이 귀족연합체는 황제에 대한 충성을 전제로 중앙집중적 구조 속에서 자신들의 권력과 지위를 보장받을 수 있었다. 황제와의 권력투쟁 속에서 자신들의 독립적 지위를 인정받기 위해 노력했고 때로는 쿠데타를 통해 아예 기존의 황제권력을 대신하기도 했지만, 그들이 황제를 정점으로 하는 귀족연합적 지배체제의 질서에 동의했고 그를 통해 자기 권력의 정당화를 획득할 수 있었다는 점은 여전하다.

당말부터 송의 멸망까지는 사회 경제 외교적 측면에서 극심한 혼란기였다. 군벌의 난립과 잦은 왕조의 교체는 국가와 왕실의 권위를 추락시켰다. 거기에 더해 송은 제국[천하]에서 왕국으로 전락했다. 남송으로의 천도 과정에서 문벌귀족은 해체되고 삼대를 기본으로 하는 '핵가족' 체제가 들었다. 과거를 통해 중앙 정부에 참여하는 사대부들은 음서제도를 통해 여전히 집안의 덕을 보지만, 어디까지나 개인의 노력에 의해 고시에 합격하지 않으면 그 집안 역시 큰 도움을 줄 수 없는 위치로 떨어지고야 마는 구조가 되었다. 즉 국가·사회·문벌 등 사회 전반에서의 권위의 해체기였다.

주자를 비롯한 송대 도학자들은 이러한 시대적 변화에 직면하여 이제 과감하게 문명의 주체가 누구인지를 재설정하고 있다. 『통해』의 개인은 국가에 공적 업무로 참여하는 공민公民이지 황제와 황실을 위해 봉사하는 신민臣民이 아니다. 때문에 수신제가를 완성한 주체는 누구라도 치국평천하의 주체가 될 수 있는 것이다.[52] 국가는 가家의 연합 혹은 확장이기에 가천하의 이념은 더 이상 지지될 수 없다. 황제는 이 공적 구조의 정점에서 복무하는 1호 공무원일 뿐이다.

이렇게 볼 때 주자의 예에 의한 지배라는 구상은 그것이 예학 혹은 가례에 머물지 않고 그 자체로 일종의 '정치철학'이 된다. 예의 주인공이 더 이상 황제가 아니듯, 문명과 권력의 주인공 역시 황제가 아니라 이제 사대부다.

맺음말

본체와 일상

– 천라이 교수의 『인학본체론』에 대한 비평을 겸하여

인식과 믿음 혹은 객관과 주관

주자학의 특질을 가장 잘 보여주는 키워드가 '본체'와 '일상'이라고 생각한다. 당대 대부분의 도학자들이 본체에 집착할 때, 그 방향을 거꾸로 돌려 일상의 대상을 향해야 한다는 것이 주자의 목소리였다. 그런데 본문에서 여러 차례 반복해서 다룬 것처럼, 내면의 '본체'만으로 모든 것을 해결할 수 있을 것처럼 생각하는 태도는 우리 시대의 많은 연구자들에게서 여전히 반복되고 있다.

중국 칭화대학의 천라이 교수는 최근, 유학의 본질에 대한 자신의 관점을 『인학본체론』[53]이라는 제목의 책으로 정리해 내어놓았다. 우주의 본질 '생'은 '인仁'과 같은 것이니 유가의 본체론은 엄밀히 말해 '인 본체론'이라고 할 수 있다는 것이 천라이 교수의 주장이다. 소위 우리시대의 '본체주의자'를 대표하는 천라이 교수의 관점을 분석 비평하고, 또 이 문제에 대한 나의 생각을 밝히면서 이 책을 마무리하고자 한다.

천 교수는 이 책에서, 유가의 역사는 '인'을 객관적으로 우주 속에서 존재하며 끊임없이 기능하는 실체로 이해해간 역사였다고 주장한다. 애당초 고대 유자들은 '인'을 단순히 타자에 대한 연민과 공감 정도의 의미로 이해했지만, 이 '인'이 사실은 우주 존재와 운행의 본질이었음을 후대의 유자들은 점차 깨달아갔다는 것이다. 나는 천라이 교수가 설명하는 유자들의 인본체에 대한 믿음의 역사를 부정하지 않는다. 특히 송명대 도학자들은 참으로 그러한 믿음의 체계를 지니고 있었던 것 같다. 믿음이 사실에 부합하는지의 여부는 확인할 수 없지만, 그들에게 그러한 믿음이 있었는지의 여부는 그들의 글을 통해 '객관적'으로 확인할 수 있다.

그런데 천 교수는 단순히 이 '믿음의 역사'를 기술하는데서 멈추지 않고, 그것을 계승하여 우주적 인본체를 자신의 '믿음'으로 삼고 있다. 그래서 천 교수의 주장에는 인식과 믿음 혹은 객관과 주관이 혼재해 있다. 천 교수는 우주적 인본체에 대한 믿음을 '광의의 형이상학'이라고 주장하면서, 유가의 역사 속에서 우주적 인본체를 명시적으로 확인하지 못한 이의 생각은 아직 '미진한' 사상이라 평가한다.

나는 천라이 교수의 믿음 혹은 그의 형이상학을 반대하거나 비판할 생각이 없다. 그가 말하는 본체는 확인될 수 없기 때문에 믿음에 해당하지만, 확인될 수 없기 때문에 마찬가지로 반대할 수도 없다. 그것은 주자에게 있어서도 마찬가지다. 정말 인본체가 실재하는지는 확인할 수 없다. 그러나 주자가 인본체를 믿었다는 것은 확인할 수 있다. 그리고 천라이 교수는 인의 현대적 의미로 인애·자유·평등·공정·화해 등을 드는데, 인이 그렇게 번역될 수 있는 가능성이나 그러한 덕목들이 지니는 가치에 대해서도 나는 반대하거나 비판할 생각이 없다.

다만 나는, 천 교수가 자신의 인학본체론을 전개하는 과정에서 보이는 사유의 방식을 분석·비판함으로써 많은 연구자들이 견지하는 소위 '본체론'의 의의를 검토하고자 할 뿐이다. 천 교수는 인학본체론 완성의 과정에서 주자를 주요 인물로 삼고 있기 때문에, 이 문제는 주자 철학에 대한 해석의 문제와도 긴밀히 연결된다. 또한 천 교수의 이 책이 21세기 유학의 가능성과 그 역할에 대해 주목하고 있는 만큼, 이 문제는 현재의 유학이 무엇을 할 수 있는지 또 어떻게 해야 할 것인지의 문제와도 결부된다.

개인의 도덕과 사회적 가치

천 교수의 사유 방식에서 내가 특별히 주목하는 것은, 그가 '개인의 도덕'과 '사회적 가치'를 구분한다는 점이다. 물론 그의 관점에서 이 둘이 상호 배타적인 것은 아니다. 그는 이렇게 말한다. "오상 속의 지는 비록 개인적 도덕을 넘어서기는 했지만 사회적 가치는 아니었다. 근대 이래의 사회에서 예의와 염치는 개인적 도덕이 되었고 충효, 인애, 신의, 화평은 개인적 도덕이자 사회적 가치가 되었다. … 다만 앞에서 설명했다시피 인의예지의 의미가 단일하지 않다는 것에 주의해야 한다. 그러므로 인의예지라는 네 가지 덕은 개인 도덕의 덕목이라는 의의를 갖출 뿐만 아니라 그보다 넓은 사회적 의미도 갖는다. … 여기서 '도덕'과 '가치'를 구분할 필요가 있다. 예를 들어 자유는 일종의 가치이지만 개인적 도덕은 아니며 평등은 사회적 가치이지만 개인적 도덕이 아니다. … 민주, 자유, 평등은 모두 사회적 가치이지 개인적 도덕은 아니다."[54] 이 주장을 표로 정리하면 아래와 같다.

<table>
<tr><th>개인의 도덕</th><th>사회적 가치</th></tr>
<tr><td>예의, 염치</td><td>민주, 자유, 평등</td></tr>
<tr><td colspan="2">충효, 인애, 신의, 화평, 인의예지</td></tr>
</table>

〈표 1. 천라이 교수의 가치 구분〉

개인의 도덕과 사회적 가치를 구분하는 기준이 무엇인지 천 교수는 명시적으로 밝히지 않았다. 다만 다음의 기술에서 약간의 힌트를 얻을 수 있다. "개혁개방 이래 우리의 생활에는 그런 관점이 있어왔다. 즉 공민의 도덕만 중시하면 된다는 것이다. 하지만 아리스토텔레스는 일찍이 도시국가 공민의 덕성과 선한 사람의 덕성은 일치하지 않는다는 사실을 지적했다. 훌륭한 공민이 반드시 선한 사람이 지닌 인격을 갖출 필요는 없기 때문에 공민의 덕성에 대한 요구 사항은 상대적으로 적고, 선인의 덕성에 대한 요구 사항은 훨씬 다면적이다. 정치적 국가는 다만 공공질서와 공민적 덕성을 요구할 뿐이지만, 사회와 문화는 선량한 풍속과 선한 사람의 덕성을 요구한다. 선한 사람의 덕성이란 우리가 앞서 말한 '도덕을 중시하고 도덕을 지키는' 개인의 기본적 도덕이다."[55]

여전히 모호하기는 하지만, 그가 아리스토텔레스가 말하는 '훌륭한 공민'과 '선한 사람'의 구분을 따르고 있음은 확인할 수 있다. 그리고 그가 생각하는 '훌륭한 공민'은 공공질서를 위배하지 않는, 즉 공적 합의와 타자의 이익을 침해하지 않는 시민인 듯하다. 따라서 〈표 1〉에서 보이듯, 그가 말하는 '사회적 가치'란 민주·자유·평등처럼 한 사회가 합의한 공적 가치라는 의미를 지닌다. 이런 측면에서 볼 때, 충효·인애·신의·화평 등도 사회가 원만히 유지되기 위해 요구되는 덕목들인 것이다. 그런데 이 '공민의 덕목'은 공적 영역을 벗어나 홀로 있을 때는 그다지 개인을 구속하지 않는다. '공민의 덕목'은 그야말로 공적인 영역에서만 요구되는 덕목이기 때문이다. 그래서 이 '공민'은 우리가 일반적으로 생각하는 '선한 사람'이 아닐 수도 있는 것이다.

그런데 문제는 이 '선한 사람'이 구체적으로 정확히 어떤 사람을 가리키는지 천라이 교수는 밝혀주지 않고 있다는 점이다. '사회적 가치' 혹은 '훌륭한 공민'은 공적 영역으로 국한되니, 아마도 이 '선한 사람'은 사적 영역에서 일정한 덕목을 지키는 사람으로 해석될 수 있을 것 같다. 〈표 1〉은 예의와 염치를 그 '사적 덕목'으로 제시하고 있다.

그런데 나는 이 '사적 영역'을 조금도 이해할 수 없다. 과연 사적 영역에서 예의와 염치를 지킨다는 것은 어떤 의미일까? 남들이 보지 않을지라도 자기 몫만을 지키면서 타자를 배려할 수 있는 이를 의미할까? 그럼 〈표 1〉에서 든 사회적 가치는 모두 타자의 평판이 고려될 때만 지켜야 하는 그런 덕목들일까? 천라이 교수는 민주·자유·평등 등이 모두 타자와의 관계에서 발생하고 요구되는 덕목들이라고 생각하는 것 같다. 그래서 (타자와 만나지 않는) 골방에서 홀로 있을 때는 그다지 염두에 두지 않아도 된다고 생각하는 것 같다. 하지만 그 어떤 윤리적 덕목이 타자와의 관계에서 발생하지 않는단 말인가? 민주·자유·평등과 마찬가지로 타자에 대한 배려가 전제되지 않는 예의와 염치는 생각할 수 없다. 그가 '선한 사람의 덕성'이 요구된다고 밝힌 '사회와 문화' 역시 타자와의 관계 속에서만 가능하다. 민주·자유·평등과 같은 사회적 가치 역시 철저하게 타자에 대한 배려를 전제로 하며, 이 전제는 홀로 골방에 있을지라도 견지되어야 하는 내면의 동의이다. 요컨대, 사회적 가치와 개인의 도덕을 타자와의 관계 여부로 나눌 수는 없다.

물론 법률적·사회적 의미에서의 '훌륭한 공민'과 윤리적 의미에서의 '선한 사람'은 '현실적'으로 구분될 수 있다. 타자에 대한 배려라고는 조금도 없는 사람일지라도 사회적 비난이나 법률적 제재를 두려워하여 타자의 자유를 존중하고 평등하게 민주적 절차를 지킬 수 있다. 그리고 아마도 이것이 천라이 교수가 우려하는 '개혁개방 이후의 현대 중국인들'인 듯하다. 사회가 제시하는 최소한의 룰만을 지키면서 최대한 자신의 이익을 추구하는, 그러면서도 타자에 대한 연민이나 관심이라곤 조금도 찾아볼 수 없는 '뺀질이' 그것은 아마도 현대인들의 보편적 자화상일 것이다. 그래서 천라이 교수는 '사회적 가치'도 중요하지만 그동안 주목되지 못해온 '개인의 도덕'도 중요하다고 말하는 것이다. 이런 맥락이라면 '개인의 도덕'과 '사회적 가치'가 구분되지 못할 것도 없다.

하지만 문제는 그렇게 간단하지가 않다. '현실적'으로야 이 둘은 구분될 수 있겠지만, 그렇게 될 때 그것이 '가치'나 '도덕'일 수 있는 근본적인 이유는 상실하게 된다. 그래서 '사회적 가치'는 '사회적 약속'으로 변질되고, '개인의 도덕'은 '개인의 문제'로 전락하고 만다.

사회적 가치와 사회적 약속은 어떻게 다른가? 모든 사회적 약속이 언제나 궁극의 가치에 부합하는 것은 아니다. 나치에 의해 제창되고 대다수의 독일인들에 의해 합의되었던 인종청소 역시 사회적 약속이다. 하지만 이 약속은 유대인을 배려되어야 할 타자로 인정하지 않았다. 외국인 노동자를 값싼 임금과 인권으로 부려먹을 수 있는 것 역시 우리 사회가 그러기로 동의했기 때문이다. 배달음식을 일회 용기에 담아 편하게 먹을 수 있는 까닭 역시 우리 사회가 그러한 시스템에 동의했기 때문이다. 하지만 우리가 모든 동식물과 지구의 동의를 얻은 것은 아니다. 모든 사회적 약속이 가치를 담보하지는 않는다.

많은 현대인들은 사회적으로 약속되기만 하면 모두 용납될 수 있다고 생각하는 것 같다. 반면, 일단 합의된 약속은 어떤 경우라도 파기될 수 없다고 생각한다. 그런 관점이라면 흑인노예도 나치 치하의 유대인도 인형의 집에 갇힌 노라도 결코 영원히 해방될 수 없다. 궁극의 가치를 상실한 약속은 사회적 폭력일 뿐이다. 인간 문명의 역사는 끊임없이 이전 세대의 약속을 부정하고 극복하며 발전해왔다. 최소한의 룰만을 지키면서 자신은 할 도리를 다했다고 생각하면서 조금도 타자에 대해 관심도 연민도 보이지 않는 현대의 '뺀질이'들은 궁극의 가치를 생각하지 않은 채 사회적 약속만을 눈치 보기 때문에 탄생한다.

사회적 약속이 '가치'로 평가될 수 있으려면 그 약속의 근거가 궁극의 가치에 부합해야 한다. 개인마다의 그리고 사회마다의 궁극의 가치가 언제나 같을 수는 없다. 우리 논의의 반경은 유가이니 유가의 가치로 한정해 말해보자. 내가 이해하는 그리고 많은 연구자들이 동의하는 유가의 궁극적 가치란, 타자에 대한 배려[愛人利物]를 통해 얻을 수 있는 공존 그리고 그 속에서 자신의 삶을 아름답고 즐겁게 꾸려가는 것[各得其所]이다. 그것이 유자들이 말하는 '생'이요 '인'이다.

그럼 '개인의 문제'로 전락한 '개인의 도덕'이란 무슨 말인가? 사회적 가치와 마찬가지로, 도덕이 도덕일 수 있는 근거는 그것이 궁극의 가치에 부합하기 때문이다. 아무리 '개인의' 도덕이라 할지라도 유가적 관점에서 그것이 도덕이기 위해서는 궁극적으로 '타자에 대한 배려와 공존'을 전제로 해야 한다. 〈표 1〉에서 예의와 염치가 도덕인 이유는 지극히 당연하게도 그것이 타자에 대한 배려를 전제로 하기 때문이다.

이렇게 볼 때 〈표 1〉의 '개인'과 '사회'의 구분은 사실상 무의미하다. 천라이 교수는 아마도 그 차이를 '개인의 내면'과 '타자와의 관계'로, 즉 윤리적 상황의 잠재태와 현실태로 구분하는 것 같다. 타자에 대한 배려[愛人利物]라는 전제는 동일하다. 그러나 그것이 주체의 내면에 머물러 있을 때는 '개인의 도덕'이고, 실제 타자와의 관계에서 전개되면 '사회적 가치'가 되는 것이다.

이런 구분이라면 실제적 의미를 지닌다. 혼자 있을 때에도 타자에 대한 배려와 존중의 마음가짐을 잃지 않으려 노력하다가, 실제 타자와 만나면 배려와 존중을 다 하는 것이다. 이것이 『주역』에서 말하는 '가만히 있을 때는 고요하다가 타자와의 관계가 발생하면 거기에 적절히 응대한다[寂然不動, 感而遂通]'는 것이다. 또한 이것이 주자 등 도학자들이 말하는 동정動靜을 관통하여 경건함[敬]의 태도를 유지한다는 것이다. 이런 주체는 이미 '선한 사람'이자 '훌륭한 공민'이어서, 더 이상 '뺀질이'가 아니라 누구나 동의할 수 있는 훌륭한 인격자이자 깨어있는 지성인이다. 여전히 관건은 도덕이고 사회성이다.

그럼, 유가가 주장하는 가장 근본적인 가치, 즉 타자에 대한 배려와 존중의 마음은 도대체 어디에서 어떻게 생겨나는 것일까? 우리 내면에 정말로 도덕 본성이 있고 그것은 우주적 본성으로부터 온 것인가? 누구는 그것이 단지, 도덕성까지도 선택할 수 있는 이기적 유전자의 농간이라고 할 수도 있을 것이다. 혹은 오랜 사회화 과정 속에서 내면에 녹아든 억압이라고 부를 수도 있을 것이다. 설명 방식의 차이에도 불구하고 이러한 생각들은 공통적으로 이 궁극의 가치가 '내면'에서 나온다고 생각하는 것이다.

하지만 나는 '내적 근원'이 아니어도 가치의 문제를 충분히 다룰 수 있다고 생각한다. '내적 근원'에 대한 관심과 탐색이 무의미하다거나 불가능하다는 의미가 아니다. 다만 나는 그것의 존재 여부는 확인되기 어려울 뿐만 아니라, 설령 그것이 존재한다 하더라도 실효적 의미가 없다고 생각할 뿐이다. 흔히 '내적 근원'에 관심을 두는 탐구는 그것을 인간의 보편성이라고 주장한다. 그래서 유전자든 슈퍼에고든 '누구나 다' 지니고 있다고 말한다. 그러나 그 '보편성'이 인간을 강제한다면 윤리적 주체는 성립할 수가 없다.

게다가 그 보편성이 인간을 강제하지 못한다는 것은 불변의 진실이다. 현실에선 이런 사람도 있고 저런 사람도 있다. 중요한 것은 보편의 본질이 아니라 실존적 선택이다. 8장의 윤리적 주체 문제에서 다룬 것처럼 보편의 본질은 윤리적 주체를 보장해주지 않고 보장해주어서도 안 된다. 관건은 주체의 '선택'이자 '동의'이다. 하물며 남녀의 선천적 차이가 그런 것처럼 모든 보편성이 가치를 담보하지도 않는다.

가치는 언제나 상상과 선택과 동의의 문제일 뿐이다. 선택은 인식과 다르다. 술이 내 건강에 좋지 않다는 것을 알지만 나는 술을 선택할 수 있다. 선택은 그래서 '동의'의 다른 이름이다. 술은 분명 내 건강에 좋지 않겠지만 친구들과 즐겁게 마시는 술자리를 선택하는 것은, 그런 삶이 좀 더 행복할 것이라고 동의하는 것이다.

과연 타자를 배려하고 존중하는 것이 현명한 선택일까? 그래서 그럴 때라야 내게 진정한 행복이 찾아질까? 정확한 선택을 위해 우리는 공부해야 하는데, 그 길에는 여전히 두 방향이 있을 수 있다. 하나는 내면을 향한 즉 보편의 본성을 향한 길이고, 다른 하나는 외부의 타자와 그 속에서 벌어지는 구체적인 사태들을 향한 관심과 탐색이다. 보편 본성에 대한 탐색을 모우쫑산 교수는 '역각체증逆覺體證'이라고 불렀고, 타자와의 관계에 대한 관심과 탐색을 주자는 '격물치지格物致知'라고 불렀다. 주자가 이 두 방향의 갈림길에서 내면보다 외부의 대상과 사태[事物]를 향했음은 본문에서 이미 충분히 확인했다.

다만, 내면의 보편 도덕 본성에 대한 관심과 탐색을 인정한다 하더라도 그 궁극의 의의는 여전히 타자와의 관계에 있다는 점을 상기할 필요가 있다. 모든 윤리성은 타자와의 관계에서 발생하니 말이다. 주자가 「인설」에서 비판했던 정문의 내면화·신비화·절대화 경향이란 바로, 타자에 대한 배려나 존중이라는 궁극의 가치와 무관하게 내면의 도덕성을 절대화시켜 관념적으로 추구하는 태도를 의미한다. '궁극의 가치', 즉 타자에 대한 배려나 존중과 무관한 '내면의 도덕성'이란 그래서 더 이상 도덕이 될 수 없다. 그것은 그저 '내면의 것'일 뿐이다. 그것이 바로 주자가 비판하는 불교의 '작용시성作用是性'이다. 구체적인 타자와의 관계에서 벌어지는 윤리적 상황을 배제한 내면의 도덕 본성에 대한 탐색을 그래서 나는 '개인의 문제'라고 한 것이다. '개인의 문제'는 더 이상 개인의 '도덕'이 아니다.

천라이 교수가 말하는 '개인의 도덕'으로서 예의나 염치가 타자에 대한 배려와 무관한 '작용시성'일 리는 없을 것이다. 하지만 그가 믿는 인본체나 생본체가 사실은 언제나 타자에 대한 배려와 존중을 궁극의 전제로 삼는다는 점을 간과할 때, 공부의 목적은 타자와의 공존과 그것을 통한 아름답고 즐거운 삶의 경영이 아니라 내면의 도덕 본체에 대한 체험이 되어버릴 수 있다. 그는 이렇게 말한다. "인생의 목표는 바로 천지로부터 받은 '생육의지[生意]'와 '생육의 이'를 체험적으로 인식하는 것이다. 왜냐하면 그것이 사람의 생명 근원이기 때문이다."[56] 그래서 그는 〈표 1〉처럼 사회적 관계와 무관한 '개인의 도덕'을 설정할 수 있었던 것이다.

천라이 교수가 말하는 '본체인식', 즉 '천지로부터 받은 생육의지에 대한 체험적 인식'이라는 것이 모우쫑산 교수가 말하는 '역각체증'과 같은 '내면을 향한' 것인지는 알 수 없다. 천라이 교수는 이에 대해 구체적으로 언급하지 않았다. 『인학본체론』에서 그는 인본체의 실재함과 그에 대한 인식의 필요성만을 말했을 뿐, 인식의 방법에 대해서는 언급하지 않았다. 다만, 그가 말하는 인본체가 왕양명·웅십력熊十力·리쩌허우[李澤厚] 그리고 모우쫑산 등이 말하는 정감본체情感本體 혹은 심본체心本體가 아니라는 점만은 확인할 수 있다. 요컨대, 우주적 본체는 개인의 인식이나 동의 여부와는 무관하게 실재한다는 것이다.

하지만 나는 이러한 천 교수의 다분히 '학파적'인 관점에 동의할 것인가의 문제보다, 인본체의 실재함·실재함에 대한 인식·인식의 방법 등의 문제에 있어서 그에게 동의하지 않는다.

우선, 우주의 의지 문제는 확인할 수가 없다. 그래서 그것은 '믿음'의 영역이다. 때문에 인본체에 대한 인식 역시 객관적으로 검증될 수 있는 '인식'이 아니다. 그럼에도 불구하고 소위 '본체주의자'들이 본체에 대한 설교를 그만두지 않는 이유는, '생육의지[生意]'와 '생육의 이'를 인간의 본성으로 삼음으로써 인간과 사회를 좀 더 좋게 만들 수 있다고 생각해서일 것이다. 즉 그들은 그것이 참으로 필요하면서도 참으로 좋은 것이라고 생각한 것이다. 그리고 나 역시 이러한 생각에는 동의한다.

나는 타자에 대한 존중[愛人利物] 속에서라야 모든 존재자들이 자신의 삶을 아름답게 영위[各得其所]할 수 있다고 생각한다. 다만 이러한 생각은 우주와 인간의 본질에 대한 '발견'과 '체험'을 통해서만 얻을 수 있는 것이 아니라, 정도와 내용에 있어서 차이가 있을 수 있는 개인마다의 '동의'요 '선택'일 뿐이라고 생각한다. 각자의 차이가 인정되는 저마다의 동의와 선택을 우리는 '경지(境地, 境界)'라고 부를 수 있다.

본체와 경지

『논어』에는 공자와 그 제자들의 대화 속에서 각자의 경지를 드러내는 구절들이 많다. 「선진」편에서 공자가 제자들에게 각자의 포부를 물었을 때, 증점이 "늦은 봄날 봄옷이 다 만들어지거든 친구들 몇 명과 기수에서 목욕하고 무우에서 바람을 쐬다가 읊조리며 돌아오고 싶습니다."라고 한 것에 대해 공자가 찬동한 대목이 대표적이다.[57] 공자가 증점의 생각에 찬동한 것은, 억지로 뭔가를 하려는 생각 없이 자연의 질서[天理流行]에 녹아들어 즐겁고 아름답게 자신의 삶을 만들어가기 때문이라고 주자는 해석했다.[58] 여기서 중요한 것은 주어진 삶을 그대로 유지하면서도[卽其所居之位] 그 속에서 즐거움을 느낄 수 있다[樂其日用之常]는 것이다. 그리고 그러한 삶 속에서 만나는 모든 것들로 하여금 각자 자신의 본질을 이룰 수 있도록 만들어준다[與天地萬物上下同流, 各得其所之妙]는 것이다. 증점은 자신이 보고 느끼고 동의한 만큼 우주적 질서에 동화되어 자신의 삶과 타자의 존재를 아름답고 즐겁게 만들어낼 수 있었던 것이다. 이것이 주자가 본 증점의 경지다.

본체와 경지는 어떻게 다른가?[59] 본체에 대한 믿음은 주관의 영역이지만, 그 믿음 속에서 본체는 실재하기 때문에 인식의 여부와 무관하게 본체 자체는 그들에게서 객관적이다. 하지만 경지는 각자의 정도와 내용이 다르기에 지극히 주관적이다. 본체가 보편적이라면 경지는 개인적이다. 본체가 인식의 대상이라면, 경지는 동의와 선택이기에 실천적이다. 객관적이고 보편적이기에 본체 인식에는 옳고 그름이 있을 수 있지만, 주관적이고 개인적인 경지에서는 옳고 그름이 있을 수 없다. 다만, 각자의 방향과 깊이에서 차이가 있을 뿐이다.

각자의 '경지'가 반드시 본체(인본체·생본체)에 대한 인식을 전제해야 하는 것은 아니다. 우주의 보편적이고 절대적인 본질을 자각하지 않았다(혹은 못했다) 하더라도 각자의 동의와 선택은 얼마든지 가능하다. 우주의 본질이 인본체인지는 알지 못해도, 텔레비전 속에서 만난 지구 반대편의 어떤 아이에게 연민을 느낄 수 있는 것이 인간이다. 비닐봉지 때문에 죽어가는 바다생물들을 보면서 일회용품 사용을 줄여야겠다고 생각하는 데는 대단한 공부가 필요치 않다. 뒤에 오는 사람이 누군지 몰라도 우리는 그저 약간의 관심과 가벼운 결단만으로 잠깐 문을 잡아줄 수 있다. 이런 관심과 배려가 그 사람의 삶의 방향과 수준을 결정한다. 따라서 경지는 조금도 신비적이지 않고 지극히 일상적이다.

여기서 다시 한 번 상기할 것은 이 모든 논의가 철저히 '관계적'이라는 점이다. 즉 모든 것은 주체와 대상의 '관계'에서 벌어진다. 그리고 모든 고등 윤리는 '공존의 관계'를 지향한다. 아무리 시간과 공간을 격해 있다 하더라도 모든 관계에서는 책임이 발생하고, 공존을 지향한다면 그 책임을 외면할 수 없다. 타자에 대한 배려와 존중은 공존에 동의하고 그 책임을 선택하는 것이다. 거듭 말하지만, 인본체나 생본체에 대한 믿음이 없이도 자신이 살아가는 세계에 대한 관심과 이해만으로 우리는 각자가 생각하는 좋은 삶을 선택할 수 있다. 주자가 '인仁이란 무엇인가?'라는 정문 제자들의 관심에 반대하면서, 그보다 중요한 것은 일상의 효제孝悌라고 강조하는 것이 바로 이런 뜻이다.

다만, 여기서 말하는 '경지'가 불가역적인 자격과도 같은 것은 아니다. 우리의 일상 언어에서 '경지'는 오랜 노력 끝에야 도달되는, 그래서 거기에 도달하고 나면 다시 그 아래로 내려오지 않는 어떤 것이다. 이런 의미에서의 '경지'는 오히려 주자가 비판했던 정문 제자들의 '체인體仁'이나 '지인知仁'에 해당한다. 모종삼이 말하는 '역각체증' 역시 다르지 않다. 그러나 내가 말하는 경지는 이런 신비체험이 아니다. 그것은 그저 우리 일상 언어에서의 '됨됨이' 정도의 의미다. 주자는 『논어』의 '극기복례'장을 해설하면서, 누구라도 극기복례를 행할 수 있지만 또 누군가 극기복례를 했다 하더라도 언제든 다시 후퇴할 수 있다고 말한다. 주자에게서 성인이란 도달하고 나면 끝나고 마는 그런 것이 아니다. 그것은 끊임없이 시청언동의 일상 속에서 구현해 나가야 하는 그런 것이다.

따라서 '인식 방법'의 문제 역시 자명해진다. 감정이 발출되기 이전이든 이후든 본체를 탐색하려는 어떠한 공부도 실제적인 도움이 되지 못했다는 것이 중화신설에서의 주자의 깨달음이다. '역각체증'처럼 내면을 향한 탐색이 인본체의 '관계성'을 탈각함으로써 '개인의 도덕'을 그저 '개인의 것'으로 만들어버리는 만큼, 인본체를 자각하고 그것에 동의하기 위해서라도 주체는 오히려 대상과 관계를 향해 달려 나가야 한다. 다가오는 대상과 사태에 대해 관심을 기울이고 적절히 응대[應事接物]해야 할 뿐만 아니라, 적극적으로 세계를 향해 나아가야 한다. 이것이 주자가 말하는 격물이다.

보편과 객관의 본체만으로는 어떤 것도 해결되지 않기 때문에 그 관심과 지향은 대상과 관계를 향한다. 모든 존재의 존재하려는 의지는 얼마든지 인정될 수 있다. 하지만, 그래서 어쩌란 말인가? 각자의 생의를 인정하고 무한의 경쟁을 받아들여야 할까? 그것은 공존이 아니라 각자도생이다. 공존을 지향한다면 각자의 생의는 조율되어야 한다. 두 사람 이상의 모든 관계와 사회에서 서로의 생의가 조율되기 위해서는 섬세하고 치밀한 절차와 방식이 필요하다. 그리고 그것들을 구축하기 위해서는 합리적인 숙의와 참된 동의의 과정이 요구된다. 그것이 문명이다.

'타자에 대한 존중과 배려[愛人利物]', 이 한 마디로 모든 것이 해결되는 것은 아니다. '타자에 대한 존중과 배려'는 공존을 위한 대전제다. 대전제이기에 그것은 출발일 뿐이지 종착이 아니다. '천명지위성天命之謂性'. 주자의 철학 체계 역시 본체로부터 시작한다. 그러나 그것은 이야기의 시작일 뿐이다. 천명과 본성은 솔성率性과 수도修道의 과정을 요구하고, 주자에게서 수도[敎]란 예악형정禮樂刑政을 의미한다. 즉 구체적이고 일상적인 문명의 체계다.

천명과 본성은 천부성을 말한다. 그러나 예악형정은 이미 천부성과 무관하다. 그것은 철저하게 관계성을 말하고 그래서 사회적이다. 주자의 궁극적 관심은 천부의 본성이 아니라 관계의 현실이다. 때문에 주자학은 결코 본체론을 목적으로 하지도, 거기서 멈추지도 않는다. 주자학은 예악형정의 구체와 일상 속에서 완결된다.

그럼 우리는 지금껏 주자학을 정당하게 대접해 왔던가?

어제까지의 유학

아편전쟁으로 청 제국이 서양에 의해 무너질 때까지 주자학은 중국의 국학國學으로서 사상적 문화적 지주의 역할을 담당했다. 명대의 걸출한 철학자 왕양명王陽明이 나타나 주자학의 형식주의를 비판하고 명청 교체 시기의 황종희黃宗羲나 왕부지王夫之 그리고 그 이후의 일련의 탈관념적 철학자들에 의해 비판 받기는 했지만 주자학은 여전히 동북아를 떠받치는 지배이데올로기였다.

그러나 중국이 결코 세계의 중심이 아니었음을 확인하게 된 개화기의 지식인들은 서양의 문명, 특히 '민주'와 '과학'을 배워야 한다고 생각했다. 이 과정에서 전통 사유를 전면적으로 비판하는 경우도 있었지만, 중국의 지식인들은 대체로 이 문명적 공황상태에서 전통 사유를 어떻게 구출해 내어야 할지 고민했으며 우리는 이들을 '현대신유가'라고 부른다.

현대 문명 속에서 유학을 새롭게 안착시키려던 현대신유가들의 노력은, 중국의 공산화 과정 속에서 본토에 남아 유물론적으로 전통 사유를 해석하려는 이들과, 대만·홍콩 등지로 무대를 옮겨 칸트·헤겔 등 서양 철학적 시선으로 재해석하려는 이들로 양분된다. 대만 등 해외의 신유가들은 세대를 거듭하며 유학의 현대적 가치와 의의를 확보하려고 노력했으며, '아시아적 가치 담론' 등이 그 결과물이다. 반면 본토(중공)의 연구자들은 그 비판정신에도 불구하고 60년대 문화대혁명에 의해 일체의 전통적인 것들과 함께 그 자신이 비판의 대상이 되었다.

이 암흑기는 70년대 덩샤오핑의 개혁개방으로 종지부를 찍고 자본주의와 사회주의의 낯선 조합, 즉 '중국식 사회주의'의 시대를 맞게 된다. 그러나 1989년 '천안문 사태'를 계기로 긴장한 중국 공산당은 인민들에게 '돈'과 '민족'을 내어주고 대신 '민주'를 거두어들였다. 시진핑 정부의 '일대일로'와 '중국몽'은 전세계 농민 노동자의 연대라기보다는 민족적 자긍심 속에서 자국 내 민주화에 대한 열망을 안팎으로 해소하려는 기도이자 노골적 패권주의라고 하겠다.

중국은 사회주의를 대신할 지배이데올로기가 필요했고, 공산당은 그것을 백 년 만에 찬란히 부활한 '중화中華'의 민족주의 속에서 찾았다. 그들은 중화 문명의 핵심을 유학이라고 인식하고서, 21세기로 들어서면서 본격적으로 유교 부흥 운동을 전개한다. 대만에서 시작된 아동경전 읽기운동은 본토에서도 크게 유행하였으며, 정부의 지원 하에 대학의 연구자들은 유가 경전 전집인 '유장儒藏'을 편찬했다. 전국 각지에는 공자연구원이나 국학원 등의 연구기관이 설립되고, 시진핑 주석을 비롯한 당 간부들은 이들 연구기관과 유관 행사에 적극 참석하면서 지원을 아끼지 않았다.

정부의 적극적인 지원 속에서 장칭[蔣慶] 같은 일련의 연구자들은 고유한 – 혹은 유가적 – 정치 질서를 모색하고 그 속에서 공산당 정권의 정당성을 이론적으로 뒷받침하기도 한다. 민족적 자긍심과 물질적 풍요는 이들의 학술적 경향을 결정짓는 중요한 요소임에 분명하다.

한편, '탈아입구脫亞入歐'를 표방한 일본에 의해 국권을 침탈당한 조선의 유학자들은 제국주의의 만행을 세계에 알리거나(파리장서) 학교를 세워 민족 교육에 이바지하는 등 적극적으로 구국운동을 벌였다. 김창숙 등은 1945년 해방과 더불어 전국유림회의를 개최하여 유도회儒道會를 조직하고 성균관을 복원한다. 그러나 이승만 정권은 자신의 독재에 반대하는 유림을 핍박·분열시키고 성균관을 비롯한 유림회를 정권 유지를 위한 어용 단체로 전락시킨다.

박정희 정권은 '조국 근대화'의 기치를 뒷받침해 줄 사상적 전거를 유교 전통에서 찾아 충효의 가치를 드높인다. 〈국민교육헌장〉이나 〈국기에 대한 맹세〉처럼 사상적으로 국가주의를 보급하거나, 〈충렬사〉를 지어 이순신을 현창하고 노동자를 '산업역군'이라고 부르면서 국가에 헌신하는 것이 유학의 가르침이라고 생각하도록 만들었다. 전두환·노태우의 신군부는 정권에 대한 비판의식을 희석시키기 위해서 소위 '국풍'이라고 하는 전통 문화 축제를 기획했다. 이렇게 전통과 민족은 한국에서도 줄곧 정치적으로 소비되었다.

덩샤오핑 이후 권위주의적 중국정부가 '돈'과 '민족'으로 '민주'를 대신했던 것이나, 이승만 박정희 권위주의 정부가 정부와 국가를 그리고 국가와 민족을 동일시함으로써 민족에 대한 애정을 정부에 대한 충성으로 치환하려 했던 것이나 모두 정치적 사기다. 그리고 여기서 '전통'은 '민족'과 동일시되었다.

민주화 이후에도 전통은 지방정부의 상품이 되거나 권위의 근거가 된다. '한국정신문화의 수도'를 자임하는 안동시는 "유교문화의 원형을 고스란히 간직한 「추로지향鄒魯之鄕」"이라고 자신을 규정한다.[60] 안동시에 있는 도산서원은 〈선비문화수련원〉을 개설하여 양심·지성·도덕을 비전으로 제시했다.[61] 서울에 위치한 성균관은 "도덕성 회복운동·인성교육·예절실천운동·전통문화계승과 보존" 등을 주된 활동으로 제시하고 있다.[62] 이들 기관이 생각하는 유학 부흥의 초점이 어디에 있는지 대략 짐작이 가능하다.

1980년대 이후로 본격적으로 성장한 한국의 유학 학술계는 지역·시기·학파·주제 등 다양한 영역에서 연구를 진행해 왔다. 21세기 상황에서 무엇이 수용·발전되어야 할 가치이고 또 무엇이 반성·수정되어야 할 가치인지에 대한 관심도 확산되고 있다. 특히 한국의 연구자들은 인권·민주·젠더·환경·공동체 등 현대사회가 직면한 많은 문제에 대해 과연 유학이 어떤 답을 줄 수 있을지 치열하게 모색 중이다.

산동성 공자연구원과 높이 72m의 공자상

산동성은 공자의 탄생지 곡부와 맹자의 탄생지 추향이 속해 있어서 전통적으로 공맹지향孔孟之鄕이라고 불리고 산동성 사람들은 이를 자랑스럽게 여긴다. 사진은 산동성 곡부에 건립된 〈공자연구원〉을 2019년 방문하여 찍은 사진이다. 특히 연구원 뒤편에 있는 공자의 72제자를 상징하여 72m로 제작한 공자상이 인상적이다.

주자학의 제안

주자는 물론 공자와 더불어 유학의 대표 인물이지만, 주자학의 특색을 형이상학의 완성에 둔다면 유학의 현대적 재해석 가능성의 탐색에서 주자만의 의미는 결코 확보될 수 없을 것이다. 내성과 외왕의 통일이나 공동체주의와 같은 유학 일반의 지향에 동의한다 하더라도 주자만의 변별점이 찾아지지는 않을 것이다. '유학의 현대적 재해석' 혹은 '유학의 현대적 의의'를 논구하는 그 많은 연구들에도 불구하고 주자학만의 고유한 의미와 의의가 주목되지 않아온 이유일 것이다. 과연 오늘 주자학을 다시 살려내고자 한다면 우리는 무엇을 주목해야 할까?

나는 주자학만의 고유한 특징을 (예악형정의) 체계성·구체성·일상성이라고 밝혔다. 지금까지 우리가 추적해온 본체(태극)→천리→본성→도덕적 심리→공부→정치·텍스트·사회적 장치·제도 등의 흐름 역시 주자학의 이념을 일상의 구체 속에서 구현해내기 위한 거대한 체계였다. 체계성·구체성·일상성, 나는 이 세 개의 키워드가 주자학의 특징을 설명하면서 동시에 우리 사회에서 '동의될 수 있는 가치 체계'를 구성함에 있어서도 유용한 원칙이 된다고 생각한다.

'체계성'은 주자학 자체가 지극한 체계성을 보인다는 의미 이외에 본질적으로 주자학의 세계관 및 가치관이 '체계적' 혹은 '관계적'임을 의미한다. 7장에서 보았던 '질서와 체계로서의 세계'가 바로 그것이다. 주자는 인간을 포함한 모든 존재자가 긴밀한 연관 속에 놓여 있다고 생각한다.

때문에 주체에게 다가오는 일체의 대상과 사태가 중요하고, 그것들을 처리하기 위해 가족·사회·국가 단위에서 다양한 제도와 장치가 동원된다.

주자학의 이러한 '체계적 세계관'은 고립화·도구화·생존적 물화로 드러나는 우리사회의 여러 문제에 대한 대안이 될 수 있다. 타자에 무관심한 채 일차적 욕망 추구를 더 이상 쑥스러워하지 않는 현대인들에게, 주자학의 체계적 세계관은 공동체와 환경에 대한 책임을 촉구하고 전인적 가치 추구와 사회적 참여를 요구한다. '나 혼자 살면서' 맛집 투어를 유일한 행복으로 여기며 아파트 평수로 삶의 성공 여부를 재는 사회가 아닌, 책임과 연대와 공감 속에서 풍부한 기호와 가치들이 존재하는 그런 사회가 좀 더 좋은 사회가 아닐까?

'구체성'은 주자가 세계를 해석하고 처리하는 데 있어서의 인식론적 실천적 원칙이다. 주자는 선불교의 영향 하에 내면의 철학으로 발전해 간 당대의 유학을 비판하면서 유학을 언어와 이성으로 설명 가능한 그리고 설명되어야 하는 것으로 만들었다. 일체의 신비화를 거부하고 구체적 대상에 대한 격물을 강조하는 태도가 대표적이다. 단박의 깨달음이 아니라 단계적·반복적·누적적 공부와 실천을 요구한다. 마음에게 맡겨두지 않고 경전과 예서를 마련해둔다.

인식과 실천에 있어서 주자학의 이러한 '구체적 태도'는 유학을 향한 일련의 선입견을 교정해주는 데에도 유용하지만, 우리사회의 제 문제를 해결하는 데에도 중요한 지침이 될 수 있다. 구체성의 반대편에는 신화화와 신비화가 존재한다. 신화화는 특정한 개인이나 집단 혹은 특정한 관점이나 아이디어가 만병통치약처럼 단박에 모든 것을 해결할 수 있다고 생각하는 태도다. 혜성같이 등장하는 정치인·재벌 불패·부동산 신화·코인 대박 같은 현상들이 이에 해당한다. 신비화는 생각과 주장을 쉽고 분명한 언어로 풀려고 노력하지 않고 각자가 알아서 체득하기를 바라는 태도다. 무책임한 선동이나 근거 없는 주장, 그리고 그로 인한 정치적·사회적 갈등이 그 폐해다.

나는 우리사회가 단어 하나 개념 하나부터 차근차근 고민하고 협의해서 동의의 지점을 확보해야 한다고 생각한다. 그런 과정을 통해서만 이성과 상식이 수립될 수 있다. 거기에는 대화를 통한 축적의 과정이 필수적이다. 일방적 주장은 폭력이고, 갈등의 출발일 뿐이다. 공자는 정치를 '정명正名' 즉 이름 바로잡기로부터 시작해야 한다고 주장했다. 그것이 너무 관념적이어서 현실성을 결여한 것이 아닌지 묻는 제자에게 공자는, 이름이 바로잡혀 있지 않으면 도대체 손발을 놀릴 수도 없다고 설명한다. 헌법을 유린한 쿠데타 세력이 '정의사회'를 말하는 순간 '정의'라는 단어는 오염되어버린 경험을 우리는 가지고 있다. 정명이 우선이다. 그리고 정명, 즉 이름과 규정은 숙고와 동의를 통해서 천천히 만들어가야 한다.

'일상성'은 주자가 주목한 현실이고 일상화는 주자학의 이념을 구현함에 있어서 견지되는 방법론이다. 주자는 유가의 가치와 이념을 관념의 세계에 머물게 하지 않았다. 그는 서원·향약·사창·예학·텍스트 등 유가의 가치와 이념을 일상 속에서 구현할 정책·기구·장치 등을 개발 제안했다. 그리고 그러한 장치들은 실제 동북아 800년을 지배했다.

주자학의 이러한 일상화라는 방법론은 우리 사회의 제반 이념과 가치들을 실제적으로 구현함에 있어서도 반드시 필요한 것이다. 우리 헌법은 대한민국을 '민주공화국'이라고 규정한다. 그러나 그것은 어디까지나 이념일 뿐 우리의 일상 속에서 민주와 공화의 가치는 아직도 충분히 구현되지 않았다. 그것은 어느 수준에 이르면 완성되고 마는 그런 것이 아니다. 상상을 통해 무한으로 추구되는 것이기에 종착이 있을 수도 없지만, 흐르는 강물에서 노를 젓는 것과 같아서 멈추는 순간 뒤로 떠밀려가기에 분투를 멈출 수도 없는 그런 가치적 지향이다. 이 '가치적 지향'은 헌법 조문처럼 종이나 이념으로 머물지 않고, 일상의 구체적 현장에서 양적·질적으로 확보되어야 한다. 민주와 공화 공정과 정의 등 인간 문명이 어렵게 구축해 온 모든 가치들은 국가와 정치뿐만 아니라 가정·학교·직장 등의 일상에서 실제로 구현되어야 한다.

특별히, 주자학 연구자로서 나는 이 '일상화'의 원칙이 주자학 연구에 있어서도 역시 적용되기를 희망한다. 지식고고학적 입장에 머물지 않고 주자학의 이념이 우리의 현실에서 어떻게 일상화될 수 있을지 모색해야 한다. 관념의 실험실에서 나와 일상의 현장으로 찾아가야 한다. 좀 더 설득력 있는 가치를 찾아내어 좀 더 효과적인 방법으로 동의를 구해야 한다.

서세동점의 혼란기에 '우리에게도 철학은 있다'고 주장하려던 것이 20세기 동양철학의 역사다. 그들이 생각하는 '철학으로서의 주자학'이란 존재의 '본체' 즉 도덕 본성에 대한 것이었으며, 유학연구자들은 그것을 통해 훼손될 수 없는 동양만의 가치를 말하고자 했다. 과학과 민주를 포함한 일체의 '밖'의 것을 서구에서 들여와야 했던 20세기 맥락에서는 결코 부정될 수 없는 절대적 '안'으로서의 본체가 간절할 수밖에 없었을 것이다.

하지만 본체는 주자학의 절반만을 설명한다. 절반이기에 절름발이다. 주자는 20세기 철학자가 아니다. 우리도 이제는 20세기를 살지 않는다. 21세기적 맥락에서 20세기 해석은 더 이상 '정답'이 될 수 없다. 21세기는 또 다른 문명사적 전환에 직면해 있다. 고립된 개인·공동체의 해체·타자와 미래에 대한 무책임 등등은, 지금까지의 방식으로는 절대 지속 가능하지 않다고 말하고 있다. 나는 유학이 말하는 관계·책임·공존의 철학이, 그리고 그것을 구체적이고 체계적으로 일상에서 구축해가자는 주자의 목소리가 이 시대에 좀 더 절실한 철학이라고 생각한다.

■ 참고문헌

1. 원전류

江　永,『禮書綱目』, 전자판 사고전서본

孔穎達,『禮記正義』, 十三經注疏本, 北京大學出版社, 1999.

孔穎達,『尙書注疏』, 十三經注疏本, 北京大學出版社, 1999.

孔穎達,『周易正義』, 十三經注疏本, 北京大學出版社, 1999.

郭慶藩,『莊子集釋』, 中華書局, 1961.

管　仲,『管子』, 전자판 사고전서본

董仲舒,『春秋繁路』, 中華書局, 1980.

陸九淵,『陸九淵集』, 中華書局, 1980.

司馬遷,『史記』, 전자판 사고전서본

楊伯峻,『春秋左傳注』, 中華書局, 1990.

衛　湜,『禮記集說』, 전자판 사고전서본

著者未詳,『宋史全文』 권28,『文淵閣 四庫全書』 제330, 331권, 商務印書館, 1983.

程顥, 程頤,『二程集』, 中華書局, 1981.

程　頤,『程氏易傳』,『原本周易』本, 學民文化社, 1996.

朱　熹,『四書章句集注』, 北京: 中華書局, 1983.

朱　熹,『朱子語類』, 中華書局, 1994.

朱　熹,『朱熹集』, 四川敎育出版社, 1996.

朱傑人 등 주편,『朱子全書』, 上海古籍出版社, 安徽敎育出版社, 2002.

陳　亮,『陳亮集』, 中華書局, 1987.

蔡　沉,『書經集傳』, 전자판 사고전서본

許　愼,『說文解字』, 大星文化社, 經韵樓臧版, 1990.

黃宗羲 · 全祖望,『宋元學案』,「明道學案」, 中華書局, 1985.

2. 단행본류

거자오광 지음, 이등연 외 옮김,『중국사상사2』, 일빛, 2013

김영식,『주희의 자연철학』, 예문서원, 2005.

김영철,『倫理學』, 學硏社, 1982.

김우형, 『주희철학의 인식론: 지각론의 형성과정과 체계』, 심산, 2005.
金春峰, 『朱熹哲學思想』, 東大圖書公司, 民國87.
김충열, 『중국철학사강의 상』, 중천김충열전집2, 원주시, 2018.
勞思光, 『中國哲學史』, 三民書局, 1983.
勞思光, 정인재 역, 『중국철학사』, 探求堂, 1993년 6판본.
노인숙, 『가례와 한국의 예학』, 도서출판 문사철, 2020.
唐君毅, 『中國哲學原論-導論篇』, 臺灣學生書局, 民國75.
島田虎次, 김석근·이근우 역, 『朱子學과 陽明學』, 까치, 1986.
武內義雄, 『武內義雄全集』 4권, 角川書店, 1980.
牟宗三, 『心體與性體』 正中書局, 1968.
牟宗三, 황갑연 외 역, 『심체와 성체』, 소명출판, 2012.
牟宗三, 『政道與治道』, 學生書局, 民國72년.
木下鐵矢, 『朱子學』, 講談社, 2013.
蒙培元, 『理學的演變』, 福建人民出版社, 1998.
蒙培元, 『情感與理性』, 中國人民大學出版社, 2009.
蒙培元, 주광호 외 역, 『유가철학, 감정으로 이성을 말하다』, 예문서원, 2020.
박경환, 「주자학적 도학의 완성과 사상적 도전들」, 『역사 속의 중국철학』, 예문서원, 1999.
박성규, 『주자철학의 귀신론』, 한국학술정보, 2005.
변원종, 『주자학의 형성과 논변의 사유구조』, 한국학술정보, 2007.
上田慶兒, 김석근 역, 『朱子의 自然學』, 통나무, 1991.
서울대학교 동양사학연구실, 『講座 中國史 III』, 지식산업사, 1989.
성백효 역주, 『書經集傳』, 전통문화연구회, 1998.
小島毅, 신현승 역, 『사대부의 시대 - 주자학과 양명학 새롭게 읽기』, 동아시아, 2004.
東景南, 『朱子大傳』, 福建教育出版社, 1992.
東景南, 『朱熹年譜長編』, 華東師範大學出版社, 2001.
東景南, 김태완 역, 『주자평전』, 역사비평사, 2015.
宋史提要編纂協力委員會, 『宋代史年表』, 東洋文庫, 1974.
守本順一郎, 김수길 역, 『동양정치사상사연구』, 동녘, 1985.
양종국, 『宋代士大夫社會研究』, 삼지원, 1996.
陽志剛, 「宋代禮俗與文化略論」, 『宋明思想和中華文明』, 學林出版社, 1995.
余敦康, 『內聖外王的貫通』, 學林出版社, 1997.
余敦康, 『漢宋易學解讀』, 北京: 華夏出版社, 2006.

余英時,『朱熹的歷史世界』, 三聯書店, 2004.

余英時, 이원석 역,『주희의 역사세계』, 글항아리, 2015.

劉述先,『朱子哲學思想的發展與完成』, 學生書局, 民國71년.

이강대,『주자학의 인간학적 이해』, 예문서원, 2000.

이광호 역주,『近思錄集解』, 아카넷, 2004.

이광호,『성학십도』, 홍익출판사, 2001.

이동희,『주자 : 동아시아 세계관의 원천』, 성균관대학교 출판부, 2007.

이동희,『주자학 신연구』, 문사철, 2012.

이상익,『주자학의 길』, 심산, 2007.

이용주,『주희의 문화 이데올로기』, 이학사, 2003.

이항로,『朱子大全箚疑輯補』卷13, 아름출판사, 1996.

錢 穆,『朱子新學案』, 三民書局, 1971.

錢 穆,『朱子學提綱』, 蘭臺出版社, 2001.

정재현,『德으르 본 제자백가사상』, 서강대학교출판부, 2020,

조남호,『주희: 중국철학의 중심』, 태학사, 2004.

조동원,「朱熹(1130-1200)의 社會改革論」,『歷史와 人間의 對應』, 지식산업사, 1989.

趙 峰,『朱熹的終極關懷』, 華東師范大學出版社, 2004.

주광호,「누가 공자를 신으로 만드는가?」,『오늘의 동양사상』, 예문서원, 2009.

주광호,『역학과 주자학』, 예문서원, 2020.

朱伯崑,『易學哲學史』第2卷, 華夏出版社, 1995.

朱伯崑,『易學哲學史』, 崑崙出版社, 2005.

朱伯崑, 김학권 외 역,『역학철학사』1권, 소명출판, 2012.

朱伯崑, 김학권 외 역,『역학철학사』4권, 소명출판, 2012.

朱漢民·肖永明,『宋代〈四書〉學與理學』, 中華書局, 2009.

陳 來,『宋明理學』, 遼寧教育出版社, 1991.

陳 來,『朱子哲學研究』, 華東師范大學出版社, 2000.

陳 來, 이종란 외 역,『주희의 철학』, 예문서원, 2002.

陳 來,『仁學本體論』, 三聯書店, 2014.

陳 來, 이원석 역,『인학본체론』, 글항아리, 2021.

陳榮捷, Reflections on Things at Hand, Columbia Univ Press, 1967.

陳榮捷,『朱子新探索』, 學生書局, 民國77년.

陳榮捷,『宋明理學之概念與歷史』, 中研院文哲所, 民國85년.

陳榮捷, 표정훈 역, 『진영첩의 주자강의』, 푸른역사, 2001.

陳榮捷, 『朱熹』, 東大圖書股份有限公司, 2022.

蔡方鹿, 『程顥程頤與中國文化』, 中華書局, 1996.

蔡方鹿, 『朱熹經學與中國經學』, 人民出版社, 2004.

淺野裕, 신정근 외 역, 『공자신화』 태학사, 1997.

최영갑, 『성학십도』, 풀빛, 2005.

鄒永賢, 『朱熹思想叢論』, 厦門大學出版社, 1993.

Cassirer Ernst, 박찬국 역, 『상징형식의 철학』, 아카넷, 2011-2019.

湯淺幸孫, 『近思錄』, 朝日新聞社, 昭和49年.

馮友蘭, 『中國哲學史』, 華東師範大學出版社, 2000.

馮友蘭, 정인재 역, 『中國哲學史』, 형설출판사, 1979.

Peter K. Bol, 김영민 역, 『역사 속의 성리학』, 예문서원, 2010.

한재훈, 『퇴계 이황의 예학 사상』, 소명출판, 2021.

荒木見悟, 심경호 역, 『불교와 유교』, 예문서원, 2000.

황종원 외, 『주체 속 주희, 현대적 주희』, 성균관대학교 출판부, 2021.

Hoyt C. Tillman, Utilitarian Confucianism-Ch'en Liang's Challenge to Chu Hsi, Harvard Univ Press, 1982.

Hoyt C. Tillman(田浩), 『朱熹的思惟世界』, 允晨文化實業股份有限公司, 民國85년.

Hoyt C. Tillman, 김병환 역, 『주희의 사유세계』, 교육과학사, 2010.

3. 논문류

고재석, 「주육논쟁의 시작, 아호모임에 관한 연구」, 『儒教思想研究』 40집, 유교문화연구소, 2010.

김민철, 「陸九淵의 心卽理 體系」, 『哲學論究』 27호, 서울대학교 철학과, 1999.

김안국, 「宋代 鄕約·社倉의 실시와 그 성격」, 서울대 석사학위논문, 1989.

김영진, 「宋代 士大夫의 地域社會에서의 活動」, 연세대학교 박사학위논문, 1996.

김용완, 「南宋流民에 對한 小考」, 『제주대학교 논문집』 17집, 제주대학교, 1984.

김형철·이승환, 「의리와 정의」, 『철학연구』, 37집, 철학연구회, 1995.

문태현, 「정책윤리의 논거」, 『한국정책학회보』, 4-1호, 한국정책학회, 1995.

민병희, 「朱熹의 사회·정치적 구상으로서의 '學'」, 『東洋史學研究』 104집. 동양사학회, 2008.

박길수, 「本體與境界之間」, 북경대학 박사학위논문, 2012.

박길수, 「주희 인심도심론의 심성론적 함의-인심도심은 이발인가?-」, 『철학연구』46집, 고려대학교 철학연구소, 2012.

박례경, 「『朱子家禮』 속의 인간과 사회」, 『국학연구』 16호, 한국국학진흥원, 2010.

박지훈, 「宋代 華夷論 硏究」, 이화여대 박사학위논문, 1989.

박지훈, 「南宋代 慶元黨禁과 韓侂胄」, 『京畿大論文集』 38집, 경기대학교, 1996.

박지훈, 「南宋 孝宗代 隆興和議와 和戰論」『東洋史學硏究』 61집, 동양사학회, 1996.

上山春平, 「朱子の『家禮』と『儀禮經傳通解』」, 『東方學報』 54집, 1983.

서근식, 「退溪 李滉의 四端七情論과 栗谷 李珥의 人心道心論에 담긴 政治哲學的 의미」, 『한국철학논집』 33집, 한국철학사연구회. 2012.

손흥철, 「우암 송시열의 예송의 특징과 의미」, 『유학연구』 26집, 2012.

심도희, 「상산학은 선학인가 – 주희의 비판에 대한 육구연의 입장을 중심으로」, 『중국철학』 10권, 중국철학회, 2002.

신채식, 「宋代官僚制硏究」, 東國大 박사학위논문, 1980.

유원준, 「南宋 經界法에 대하여(1)」, 『慶熙史學』 20집, 1996.

유원준, 「南宋 經界法에 대하여(2)」, 『慶熙史學』 21집, 1997.

이근명, 「南宋時代 福建社會의 變化와 經濟開發」 서울대 박사학위논문, 1997.

이동욱, 「陸九淵 修養論에서 四端의 역할에 관하여」, 『퇴계학보』 127집, 퇴계학연구원, 2010-2.

이범학, 「南宋後期理學의 普及과 官學化의 背景」, 『韓國學論叢』 17집, 국민대한국학연구소, 1994.

이상돈, 「주자의 수양론」, 서울대학교 박사학위논문, 2010.

이성규, 「中華思想과 民族主義」, 『哲學』 37집, 한국철학회, 1992.

이승연, 「개個와 가家 – 『주자가례』의 출현을 중심으로」, 『동양사회사상』 제3집, 동양사회사상학회, 2000.

이승연, 「주자 예학의 현대적 독해 – 주자 예학의 형식주의적 특성을 중심으로」, 『동양사회사상』 제15집, 동양사회사상학회, 2007.

이용주, 「공리와 의리: 진량의 도론 및 반도학적 역사인식」, 『종교와문화』 4호, 서울대학교 종교문제연구소, 1998.

이창규, 「人心道心說에서 朱熹와 韓元震의 문제의식 비교」, 『유교사상문화연구』 72집, 한국유교학회, 2018.

이현선, 「이정(二程) 형제 불교 비판의 사상적 맥락 고찰」, 『儒教思想文化硏究』 第75輯, 한국유교학회, 2019.

장동우, 「朱熹 禮學에서 『朱子家禮』의 位相과 企劃 意圖」, 『정신문화연구』 제23권 제3호, 한국학중앙연구원, 2000.

장병한, 「황종희의 상서고문소증·서에 대한 정약용의 변석」, Journal of Korean Culture, 2,

한국어문학국제학술포럼, 2001.

張品端, 「朱熹在"慶元黨禁"期間行迹考述」, 『朱子學刊』 8집, 上饒師範學院, 1996.

전병욱, 「朱子 仁論 체계와 工夫論의 전개」, 고려대학교 박사학위논문, 2007.

정경희, 「朱子禮學의 변화와 〈儀禮經傳通解〉」, 『진단학보』 36집, 진단학회, 1998.

정종모, 「유가 도통관을 둘러싼 철학과 역사학의 대립 – 당대 대만 유학을 이해하는 하나의 창」, 『한국학연구』 47집, 2017.

정해왕, 「陳亮의 實用主義에 관한 연구」, 『大同哲學』 제2집, 대동철학회, 1998.

정현정, 「주희(朱熹)와 육구연(陸九淵)의 상례(喪禮) 논쟁에 대한 고찰」, 『가톨릭철학』 21집, 한국가톨릭철학회, 2013.

주광호, 「朱子의 격물공부 –대상에 대한 해석학적 관심」, 『동양철학』 51집, 한국동양철학회, 2019.

최영진, 「朱子 人心道心의 概念과 分岐에 관한 分析的 探求」, 『철학』 130집, 한국철학회, 2017.

Peter K. Bol, 「Neo–Confucianism and History」, 『中國史學』, No.6, 中國史學會, 1996.

황갑연, 「순자와 주자의 도덕의식구조의 유사성」, 『유학연구』, 28호, 충남대학교 유학연구소, 2013.

황원구, 「朱子家禮의 形成過程」, 『人文科學』 45집, 연세대학교 인문과학연구소, 1981.

Hoyt C. Tillman, 「Proto–Nationalism in Twelfth–Century China? The Case of Ch'en Liang」, 『Harvard Journal of Asiatic Studies』, Harvard–Yenching Institute, 1988.

홍성민, 「義外說 비판을 통해서 본 朱子 도덕 인식론의 특징 – 陸象山과 비교를 중심으로」, 『유교사상문화연구』 69집, 한국유교학회, 2017.

4. 웹사이트류

안동시청 홈페이지(andong.go.kr)

도산서원 선비문화수련원 홈페이지(dosansunbi.kr)

성균관 홈페이지(skk.or.kr)

■ 주석

여는 말.

1 국내에 소개된 내국인의 저술 혹은 번역서 중에 이에 해당하는 것으로는 『주희의 자연철학』(김영식), 『주자의 자연학』(山田慶兒), 『주자철학의 귀신론』(박성규), 『주희철학의 인식론』(김우형) 등을 들 수 있다. 이와는 조금 성격이 다르지만, Hoyt C. Tillman의 『주희의 사유세계』 그리고 변원종의 『주자학의 형성과 논변의 사유구조』 역시 '논쟁'에 초점을 맞췄다는 특수성이 있다.

2 이에 해당하는 저작으로는 『심체와 성체』(牟宗三), 『주희의 철학』(陳來), 『주자 : 동아시아 세계관의 원천』(이동희), 『朱子學의 길』(이상익), 『주자학 신연구』(이동희), 『주자학의 인간학적 이해』(이강대) 등을 들 수 있다. 이 밖에 馮友蘭이나 勞思光 등의 『중국철학사』 속 주자학에 대한 기술도 크게 다르지 않다. 최근에 출판 소개된 木下鐵矢의 『주자학』이나 황종원 등의 『주제 속 주희, 현대적 주희』 역시 관심의 범위는 크게 다르지 않다.

3 이런 점에서 錢穆의 『朱子學提綱』과 陳榮捷의 『朱熹』 그리고 趙峰의 『朱熹的終極關懷』는 종합적 시각을 견지하고 있다.

4 이와 관련해서는 『주희의 역사세계』(余英時), 『역사 속의 성리학』(Peter K. Bol) 등을 들 수 있고, 이와는 조금 다르지만 束景南의 『주자평전』은 편년체라는 장점에도 불구하고 거대한 분량 때문에 입문자들에게는 그다지 친절하지 않다는 어려움이 있다.

5 小島毅의 『사대부의 시대 – 주자학과 양명학 새롭게 읽기』와 島田虔次의 『朱子學과 陽明學』 그리고 표정훈이 번역한 『진영첩의 주자강의』는 아무래도 너무 소략하다는 아쉬움이 있고, 조남호의 『주희: 중국철학의 중심』과 이용주의 『주희의 문화 이데올로기』는 어느 한 영역에 빠지지 않는다는 장점에도 불구하고, 각 영역이 어떻게 연결되는지를 충분히 소명하지 않았다는 한계가 있다.

6 '도학파'란 '道學', 즉 인격적 수양과 이를 통한 사회적 참여를 공부의 목적으로 삼는 학자들을 지칭한다. 하지만 실제적으로는 주자가 북송오자로 추숭했던 사람들을 포함하여 程頤 程顥 형제와 사승 관계에 있는 일련의 학단을 지칭한다.

1장.

1 周敦頤(1017–1073) : 북송 인종·영종·신종 때의 유학자. 자는 茂叔, 호는 濂溪. 湖南省 道州 營道縣 사람. 주자에 의해 송학의 시조로 추존되었다. 그의 저서 『太極圖說』과 『通書』는 송대 철학 형성의 기초가 되었다.

2 張載(1020–1077) : 북송 때의 철학자. 자는 子厚, 호는 橫渠. 鳳翔 郿縣 橫渠鎭 사람. 理學의 창시자들 가운데 한사람. 저서로는 『西銘』, 『東銘』, 『正蒙』, 『經學理窟』, 『易說』, 『語錄』 등이 있다.

3 邵雍(1011–1077) : 북송 인종·영종·신종 때의 학자. 자는 堯夫 시호는 康節. 范陽 사람. 象數를 원리로 하는 관념론적 철학을 수립하였다. 저서로는 『觀物篇』, 『漁樵問答』, 『伊川擊壤集』, 『先天圖』, 『皇極經世』 등이 있다.

4 程顥(1032–1085) : 북송 때의 철학자. 자는 伯淳, 호는 明道. 洛陽사람. 동생 程頤와 함께 二程子로 불려진다. 저서로는 『明道文集』, 『遺書』, 『外書』 등이 있다.

5 程頤(1033–1107) : 북송 신종·철종·휘종 때의 철학자. 자는 正叔, 호는 伊川. 洛陽 사람. 형 程顥와 함께 周敦頤에게 수학한 바 있다. 저서로는 『易傳』, 『文集』, 『經說』, 『遺書』, 『外書』 등이 있다.

6 王守仁(1472–1528) : 명대의 정치인·교육자·사상가이다. 浙江 余姚縣 사람이다. 자는 伯安, 호는 陽明, 시호는 文成. 양명학의 창시자이자 心學의 대성자이다.

7 『朱子語類』, 中華書局, 1994년판 기준.

8 이 책은 『주자평전 상·하』로 번역되었다. (東景南, 김태완 역, 『주자평전』, 역사비평사, 2015.)

9 朱松(1097–1143) : 자는 喬年, 호는 韋齋, 徽州 婺源사람. 북송 휘종 원년(1118)에 진사에 급제하였으며 政和縣尉, 尤溪縣尉, 校書郎, 著作佐郎 등을 역임했다. 秦檜가 고종의 지지 아래 금나라와 화의를 추진하자 반대의 입장을 취했던 그는 관직을 사임하면서도 끝까지 화의를 반대하였다. 饒州의 知州로 좌천되었다가 부임하기도 전에 생을 마감했다.

10 胡憲(1086–1162) : 자는 原仲이며 崇安 사람으로 세상에서는 籍溪先生이라 불렀다. 紹興 연간에 향공으로 천거되어 태학에 들었으나 伊洛의 학문이 금지되자 귀향하여 劉勉之와 함께 그 학설을 익혔다. 譙定에게서 『周易』을 배웠으며 주자가 가장 오래 스승으로 섬겼다.

11 劉勉之(1091–1149) : 자는 致中이며, 호는 白水, 建州 崇安 사람. 향공의 추천을 받아 태학에 들어가 譙定을 師事하여 伊洛의 학문을 연구하였다. 紹興 연

간에 臨安으로 부름을 받았으나 秦檜와 뜻이 맞지 않아 병을 핑계로 귀향하였다. 朱松이 죽으면서 주자를 부탁하자 아들처럼 여기어 가르쳤으며, 딸을 주어서 사위로 삼았다.

12 劉子翬(1101–1147) : 자는 彦沖이며 호는 屛山, 建州 崇安 사람. 劉子羽의 동생임. 음관으로 判興化軍을 지냈으나 관리의 직무를 감당할 수 없어 무이산으로 물러나 胡憲·劉勉之와 道義로 교유하였다. 주자에게 元晦라는 자를 지어주었다.

13 李侗(1093~1163) : 南宋시기의 사상가. 南劍州 劍浦(현 福建省 南平) 사람. 자는 願中이고, 호는 延平이며, 시호는 文靖이다. 羅從彦 二程의 학문을 배워 二程의 삼전제자가 되었다. 그의 문하에서 朱子, 羅博文, 劉嘉 등이 배출됨으로써 二程의 학문이 주자에게 이어지는 교량적 역할을 했다.

14 呂祖謙(1137~1181) : 南宋시기의 사상가, 정치가. 자 伯恭. 孝宗을 섬기고 太常博士, 著作郎, 國史院編修官 등을 역임하였다. 『徽宗實錄』을 改修 하고, 『皇朝文鑑』을 교정·간행하였다. 博學弘詞하여, 張拭, 朱熹와 더불어 東南의 三賢이라 불리었다.

15 張栻(1133~1180) : 南宋시기 사상가, 정치가. 漢州 綿竹 사람. 자는 敬夫 또는 欽夫, 호는 南軒, 시호는 宣. 남송시기 재상 張浚의 아들이다. 가학을 계승하는 한편 胡宏에게 二程의 학문을 배웠는데, 程顥에 가깝다는 평을 받았다. 朱熹·呂祖謙 '東南三賢'으로 불렸다. 저서에 『論語解』, 『孟子解』, 『南軒易說』, 『南軒集』 등이 있다.

16 陳亮(1143–1194) : 南宋 婺州 永康사람으로 자는 同甫이며 龍川先生으로 불렸다. 재기가 출중하고 병법을 논하기를 좋아해 화의를 반대하고 금나라에 항거할 것을 주장했다. 紹熙 4년 장원으로 진사에 합격했다. 주자와의 교유관계는 좋았으나 학문적으로는 합치하지 않아 공리학을 주장했다. 저작으로는 『龍川全集』이 있다.

17 陸九淵(1139–1192) : 南宋의 사상가, 철학자. 자는 子靜, 호는 象山, 시호는 文安, 撫州 金谿 사람. 형인 陸九韶, 陸九齡 등과 함께 '三陸子'라고 일컬어졌다. 그는 '心卽理'라는 명제를 정립하고, 이로써 주자의 학설에 반대하였음. 그의 심즉리설은 王陽明으로 계승됨으로써 陸王學派)로 성립되었다. 저서에는 『陸象山全集』 36권이 있다.

18 Hoyt C. Tillman, 김병환 역, 『주희의 사유세계』, 교육과학사, 2010,

19 Hoyt C. Tillman, Utilitarian Confucianism–Ch'en Liang's Challenge

to Chu Hsi, Harvard Univ Press, 1982.

20 牟宗三, 황갑연 외 역, 『심체와 성체』, 소명출판, 2012.

21 蘇軾(1037~1101) : 자는 子瞻·和仲이고, 호는 東坡居士, 雪堂, 端明 등을 썼다. 眉州 眉山 사람이다. 蘇轍의 형으로 大蘇라고도 불렸다. 당송팔대가의 한 사람이다. 1057년 진사가 되었고, 鳳翔府簽書判官, 開封府推官을 지냈다. 王安石 신법을 비판하다 좌천되었으나, 민생을 구휼하고 제방을 정비하는 등의 치적을 세웠다. 주요저술로는 「赤壁賦」, 『東坡七集』과 『東坡志林』, 『東坡樂府』, 『仇池筆記』 등이 있다.

22 王安石(1021–1086) : 북송 때의 정치가, 사상가, 문인. 자는 介甫, 호는 半山老人, 臨川先生, 荊公. 江西 臨川 사람. 일찍이 지방관을 역임했으나 송 神宗 때 이르러 그의 개혁적 주장이 받아들여져 신법을 실시하였다. 저서로는 『易義』, 『淮南雜說』, 『洪範傳』, 『周官新義』, 『論語解』, 『孟子解』, 『老子注』등이 있었으나 대부분 유실되고 현재는 『臨川集』이 전해진다. 그의 사상은 新學이라고 불리며, 철학적 기초는 氣一元論이다.

23 歐陽脩(1007~1072) : 자는 永叔, 호는 醉翁, 六一居士, 시호는 文忠이며, 廬陵(현 江西省) 사람이다. 북송대의 문학가·경학가로 당송팔대가 중 한 사람이다. 1030년 진사시에 합께했으며, 范仲淹에 의해 추천되어 벼슬이 參知政事에 이르렀다. 좌천된 范仲淹을 옹호하다 당인으로 몰렸는데, 이때 『朋黨論』을 지어 바쳤다. 저술로는 『毛詩本義』『春秋記』, 『新唐書』, 『新五代史』 등이 있다.

24 呂大臨(1040~1092) : 자는 與叔, 호는 藍田이며, 京兆 藍田 사람이다. 呂大均의 동생이다. 張載에게 수학했으며, 후에 二程 형제에게 수학하였다. 정문사선생 중 한명이다. 저술로는 『大易圖象』, 『孟子講義』, 『大學中庸解』, 『西銘集解』 등이 있었지만 대부분 없어지고, 지금은 『考古圖』와 『續考古圖』, 『釋文』만이 사고전서에 수록되어 있다. 문집은 『玉溪集』이다.

25 謝良佐(1050–1103) : 자는 顯道, 시호는 文肅이며, 上蔡 사람이다. 二程 문하에서 수학하였으며, 정문사선생 중 한 사람이다. 陸九淵 심학의 선구자 역할을 했다고 평가된다. 반면 주자로부터는 선불교의 내용을 담고 있다고 비판받았다. 저술로는 『上蔡語錄』, 『論語解』 등이 있다.

26 尹焞(1071–1142) : 자는 彦明, 호는 和靖이며, 洛陽 사람이다. 1089년 거인이 되어 예부시랑, 휘유각대제 등을 지냈다. 程頤에게 수학하였다. 금나라가 낙양을 함락시킬 때 금과의 화친을 반대했다. 程頤의 학설을 전적으로 계승하여, 달리 발명한 것은 없지만 선학에 빠지지 않고 순정함을 지켰다는 평가를

받는다. 저술로는『論語解』,『孟子解』,『門人問答』,『和靖集』등이 있다.

27 游酢(1053–1123) : 자는 定夫, 호는 廌山, 廣平이며, 시호는 文肅이다. 1083년 진사가 되어 태학박사, 감찰어사 등을 지냈다. 二程문하에서 수학했으며, 정문사선생 중 한 사람이다. 만년에는 선학에 심취하여 유가와 불교가 상호보완적 관계로 되어야 한다고 주장했으며, 이 때문에 胡宏으로부터 '정자 문하의 죄인'이라는 비판을 받는다. 주요저술로는『易說』,『中庸義』,『論語孟子集解』,『詩二南義』등이 있었지만 모두 전해지지 않고, 유문을 모아서 엮은『廌山文集』만이 남아있다.

28 楊時(1053~1135) : 호는 龜山, 시호는 文靖이며, 劍南 長樂 사람이다. 1076년 진사가 되어 저작랑, 공부시랑 등을 지냈다. 二程문하에서 수학했으며, 정문사선생 중 한 사람이다. 그의 학문은 羅從彦, 李侗을 거쳐 주자에게 이어져서, 리학 발전에 중요한 영향을 미쳤다. 주요저술로는『三經義辨』,『二程粹言』,『龜山語錄』등이 있다.

29 束景南, 김태완 역,『주자평전』, 역사비평사, 2015, 목차 참고.

30『朱子全書』, 朱傑人 등 주편, 上海古籍出版社, 安徽教育出版社, 2002.

31 이 외에도 지금은 전해지지 않는 저작들까지를 포함한 주자의 저작에 대해서는 束景南,『朱熹年譜長編』, 華東師範大學出版社, 2001. 의 부록「朱熹著述考略」(하권 1441–1465)을 참고할 수 있다.

32 이상은 束景南,『朱子大傳』, 福建教育出版社, 1992.의 1048–1049쪽에서 인용.

33 이런 생각은 주로 일제강점기 일본의 학자들에 의해 제기되었고, 해방 이후에도 그런 교육의 영향 하에 계속해서 전파되었다. 한중일 동북아 삼국에서 일본은 그 지배이데올로기가 유교였던 적이 없다. 일본은 사무라이를 중심으로 하는 칼의 나라다. 일본을 비롯한 제국주의자들은 다윈의 '適者生存'을 '弱肉强食'으로 교묘하게 전화시켜, 약자에 대한 강자의 침략을 정당한 것으로 포장했다. 이때 내면의 철학으로서 유학은 文弱의 책임을 지게 되는 것이다.

34 上田慶兒, 김석근 역,『朱子의 自然學』, 통나무, 1991. 김영식,『주자의 자연철학』, 예문서원, 2005.

2장.

1 Peter K. Bol 교수는 이를 '스스로 감독하는 도덕공동체(self–supervising

moral communities)'라고 명명했다. (Peter K. Bol, 김영민 역, 『역사 속의 성리학』, 예문서원, 2010, 350쪽)

2 『論語』「憲問」: 子曰: "古之學者為己, 今之學者為人."

3 程頤, 『程氏易傳』 否卦 六二 爻辭 : "六二, 包承, 小人, 吉, 大人, 否, 亨." 【傳】 "六二, 其質則陰柔, 其居則中正, 以陰柔小人而言則方否於下, 志所包畜者, 在承順乎上, 以求濟其否, 爲身之利, 小人之吉也, 大人, 當否則以道自處, 豈肯枉己屈道, 承順於上, 唯自守其否而已, 身之否, 乃其道之亨也."

4 중국은 서구의 침략 속에서 전통 이념의 한계 혹은 폐해에 대해 집중적으로 반성했다. 물론 동양은 이념이 아니라 대포와 함선에 의해 망했지만, 중국의 지식인들이 생각한 자신들의 결핍은 '민주'와 '과학'이었다. 민주와 과학은 내면의 도덕성만으로 찾아지는 것이 아니다. 性理가 아닌 物理, 즉 개별자에 대한 인정과 관심이라는 차원에서 '민주'와 '과학'에 대한 주자학의 입장을 조명할 필요가 있다.

5 『大學章句』 經1장 : 古之欲明明德於天下者, 先治其國, 欲治其國者, 先齊其家, 欲齊其家者, 先脩其身, 欲脩其身者, 先正其心, 欲正其心者, 先誠其意, 欲誠其意者, 先致其知, 致知在格物. 物格而后知至, 知至而后意誠, 意誠而后心正, 心正而后身脩, 身脩而后家齊, 家齊而后國治, 國治而后天下平.

6 이상의 목차는 주자의 후학 葉菜가 붙인 것이지만 주자의 『近思錄』 서문이나 『朱子語類』에서 밝히고 있는 목차와 크게 다르지 않다. (이광호 역주, 『近思錄集解』, 아카넷, 2004, 목차 참고.)

7 衛湜, 『禮記集說』 권123 : "脩道之謂教, 此則專在人事. 以失其本性, 故脩而求復之, 則入於學. 若元不失, 則何脩之有."

8 『中庸章句』: "脩, 品節之也. 性道雖同, 而氣稟或異, 故不能無過不及之差, 聖人因人物之所當行者而品節之, 以為法於天下, 則謂之教, 若禮.樂.刑.政之屬是也."

9 趙峰, 『朱熹的終極關懷』, 華東師范大學出版社, 2004.

10 余敦康, 『內聖外王的貫通』, 學林出版社, 1997.

11 牟宗三, 『心體與性體』 正中書局, 1968. 이 책은 국내에서 황갑연, 전병술, 김기주 등에 의해 번역되었다. 牟宗三, 황갑연 외 역, 『심체와 성체』, 소명출판, 2012.

12 勞思光, 『中國哲學史』, 三民書局, 1983; 勞思光, 정인재 역, 『중국철학사』, 探求堂, 1993년 6판본.

13 馮友蘭, 『中國哲學史』, 華東師範大學出版社, 2000. 이 책은 1919년에 처음 출간 되어 여러 쇄를 거듭해 출판되었고, 1998년에는 人民出版社에서 『中國哲學史新編』이라는 이름으로 증보판이 나왔다. 이 '신편'은 공산화 된 중국에서 역사유물론적 관점으로 쓴 책이다. 고어 투의 원래의 책에 비해 평이한 현대 중국어로 작성된 이 책은 분량 면에서 매우 늘어났지만, 많은 연구자들은 원래의 책이 내용면에서 더 우수하다고 평하곤 한다. 원래의 책은 정인재 교수에 의해 『중국철학사』로 번역되었다. (馮友蘭, 정인재 역, 『中國哲學史』, 형설출판사, 1979.)

14 陳來, 『朱子哲學硏究』, 華東師范大學出版社, 2000. 이 책은 이종란 박사 등에 의해 국내에서 『주희의 철학』으로 번역되었다. (陳來, 이종란 외 역, 『주희의 철학』, 예문서원, 2002.)

15 李滉(1502–1571) : 자는 景浩, 호는 退溪, 시호는 文純이다. 조선전기의 문신이자 학자이다. 문과에 급제하여 성균관 대사성, 대제학, 지경연 등을 역임하였다. 을사사화 이후 고향인 退溪로 돌아와 은거하였다. 당대의 학자들과 토론하면서 『朱子大全』 등 주자학 관련서적을 주해·편찬하고 후진들을 양성하여 영남학파 및 친영남학파를 포괄한 거대한 주리파 철학을 형성했다. 68세에 戊辰六條疏와 『聖學十圖』를 써서 선조에게 바쳤다. 사후 그를 기리는 서원을 지어 도산서원 사액을 받고 위패를 모셨다.

16 Peter K. Bol, 김영민 역, 『역사 속의 성리학』, 예문서원, 2010.

17 余英時, 이원석 역, 『주희의 역사세계』, 글항아리, 2015. 余英時의 이러한 경향은 그의 스승 錢穆에게서 온 것이라고 볼 수 있다. 錢穆은 『朱子新學案』에서 주자의 사상을 이기·심성·수양 이외에 사상의 계승과 학술 논쟁 및 경학 등의 측면에서 비교적 광범위하게 접근하고 있다. (錢穆, 『朱子新學案』, 三民書局, 1971.) 錢穆·余英時를 대표로 하는 사상사가의 입장과 唐君毅·牟宗三 등을 대표로 하는 철학사가 혹은 신송학자들의 관계와 차이에 대해서는 정종모, 「유가 도통관을 둘러싼 철학과 역사학의 대립 – 당대 대만 유학을 이해하는 하나의 창」, 『한국학연구』 47집, 2017. 참고.

3장.

1 『周易』「繫辭傳」: "天地之大德曰生."

2 『周易』 乾卦 : 乾, 元, 亨, 利, 貞.

3 『周易』 乾卦 「彖傳」 : "彖曰, 大哉乾元. 萬物資始乃統天."; 坤卦 「彖傳」: "彖曰至哉坤元, 萬物資生, 乃順承天."

4 『孟子』「告子上」: "孟子曰, 仁人心也."

5 『論語』「顏淵」 1章, 「子路」 19章, 「學而」 6章, 「述而」 14章

6 『論語』「子路」 : 樊遲問仁. 子曰: "居處恭, 執事敬, 與人忠. 雖之夷狄, 不可棄也."

7 『論語』「述而」 : 冉有曰: "夫子為衛君乎?" 子貢曰: "諾. 吾將問之." 入, 曰: "伯夷、叔齊何人也?" 曰: "古之賢人也." 曰: "怨乎?" 曰: "求仁而得仁, 又何怨." 出, 曰: "夫子不為也."

8 『史記』「伯夷列傳」에 의하면 伯夷와 叔齊는 孤竹國의 왕자였으나, 서로 아버지의 왕위를 양보하다가 함께 나라를 떠났다. 후일 주나라의 武王이 상나라의 紂王을 정벌할 때, 이를 말렸으나 武王이 받아들이지 않자 수양산으로 은거하여 굶어죽었다고 한다.

9 『論語』「衛靈公」 : 子曰: "志士仁人, 無求生以害仁, 有殺身以成仁."

10 『孟子』「告子上」 : "生亦我所欲, 所欲有甚於生者, 故不為苟得也; 死亦我所惡, 所惡有甚於死者, 故患有所不辟也."

11 『孟子』「公孫丑上」: "必有事焉而勿正. 心勿忘勿助長也. 無若宋人然."

12 『論語』「雍也」: "子曰 知者樂水 仁者樂山 知者動 仁者靜 知者樂 仁者壽."

13 『論語』「衛靈公」 : "子曰 知及之 仁不能守之 雖得之 必失之. 知及之 仁能守之 不莊以涖之 則民不敬. 知及之 仁能守之 莊以涖之 動之不以禮 未善也."

14 胡安國(1074-1138) : 자는 康侯, 시호는 文定, 湖南省 岳麓 아래에 살면서, 楊時 및 謝良佐와 교류했으며, 程頤의 책을 읽고 깨달음을 얻었다고 한다. 胡安國의 사상은 程頤의 理 사상, 謝良佐의 心 사상과 관련된 춘추 사상이다. 특히 楊時, 거슬러 올라가 程頤의 춘추학을 계승했을 것이다. 초기에 王安石은 『春秋』를 비난하면서 이를 학관의 과목에서 삭제했으며, 시대를 내려와서 崇寧 연간에 이르러서는 더욱 심하게 금지되었다. 그러나 胡安國은 어릴 때부터 이 경에 관심을 가졌다.

15 胡宏(1105-1161) : 송나라 建寧 崇安 사람이다. 자는 仁仲이고, 호는 五峰이고, 胡安國의 아들이다. 楊時와 侯仲良에게 배우다가 끝내 아버지의 학문을 전승했다. 衡山 아래서 20여 년을 거처했으며, 張栻이 그를 스승으로 삼았다. 저서로는 『知言』, 『皇王大紀』, 『五峰集』이 있다.

16 羅從彦(1072–1135) : 자는 仲素이며 南劍州 劍浦 사람으로 세상에서는 豫章先生이라 불렸다. 楊時에게서 배웠으며 二程의 재전제자이다.

17 『二程集』「遺書」 권2상 : "仁者以天地萬物爲一體, 莫非己也."

18 『二程集』「遺書」 권2상 : "學者須先識仁, 仁者渾然與物同體, 義禮智信皆仁也."

19 『論語』「學而」 : "君子務本, 本立而道生, 孝弟也者, 其爲仁之本與."

20 『二程遺書』 권3 : 周茂叔窗前草不除去. 問之, 云: "與自家意思一般."

21 정재현, 『德으르 본 제자백가사상』, 서강대학교출판부, 2020. 참고.

22 『朱子語類』 권6 「性理3」 : "耳之德聰, 目之德明, 心之德仁."

23 '德'을 '得'으로 해석한 대표적인 예시로서 『禮記』「樂記」에서는 "禮樂皆得, 謂之有德. 德者得也."라고 한 것을 들 수 있다.

24 韓愈(768–824) : 唐나라 때 학자이자 문인으로서 河南 출신이다. 字는 退之였고, 세인들은 韓昌黎라고 불렀다. 德宗 貞元8년(792)에 진사에 급제하였다. 어려서 고아가 되었는데 형의 가호를 받으며 자랐다. 장성하여서는 六經과 諸子百家에 달통하였다. 詩文을 잘 지어 일가를 이루었고, 柳宗元과 '韓柳'로 병칭되며, 당송팔대가의 한 사람으로 꼽힌다. 수많은 제자를 길러 내 그의 가르침을 받은 이들을 '韓門弟子'라 부를 정도다. 監察御使로서 궁중에 설치한 시장의 폐해를 지적하는 상소를 올렸다가 덕종의 노여움을 사 陽山令으로 좌천된 적도 있고, 황제가 使者를 파견하여 佛骨을 들여오려 하자 그것이 옳지 않다고 상소를 올렸다가 또한 潮州刺史로 좌천되기도 하였다. 國子祭酒와 兵部侍郎, 京兆尹 등을 지냈다. 諡號가 '文'이어서 죽은 뒤 그를 '韓文公'이라 부른다. 그의 저술은 『昌黎先生集』으로 묶여 전한다.

25 柳宗元(773–819) : 唐나라 때 학자이자 문인으로서 河東 출신이다. 字는 子厚며, 세인들은 그를 柳河東이라 불렀다. 德宗 貞元9년(793) 진사에 급제한 뒤 발탁되어 여러 벼슬을 살았다. 王叔文(753~806)과 좋은 관계를 유지하였는데, 그가 정치의 주도권을 잡았을 때 중용되어 혁신정치에 참여하였다가, 그가 실각하자 함께 좌천되기도 하였다. 韓愈와 함께 '韓柳'로 병칭되며 古文運動을 주도하였다. 詩를 훌륭하게 잘 지어 당송팔대가의 한 사람으로 꼽힌다. 저서에는 『柳河東集』이 있다.

26 이에 대해서는 李賢仙, 「이정(二程) 형제 불교 비판의 사상적 맥락 고찰」, 『儒教思想文化研究』 第75輯, 한국유교학회, 2019. 참고.

27 『論語』「微子」 : 長沮、桀溺耦而耕, 孔子過之, 使子路問津焉. 長沮曰: "夫執輿者爲誰?" 子路曰:"爲孔丘."曰:"是魯孔丘與?" 曰:"是也." 曰:"是知津矣." 問於桀溺, 桀溺曰:"子爲誰?" 曰:"爲仲由." 曰:"是魯孔丘之徒與?" 對曰:"然." 曰:"滔滔者天下皆是也, 而誰以易之?且而與其從辟人之士也, 豈若從辟世之士哉?" 耰而不輟. 子路行以告. 夫子憮然曰:"鳥獸不可與同群, 吾非斯人之徒與而誰與?天下有道, 丘不與易也."

28 『禮記』「曲禮上」: 國君撫式, 大夫下之. 大夫撫式, 士下之. 禮不下庶人, 刑不上大夫. 刑人不在君側.

29 戴震(1723-1777) : 중국 청나라의 고증학자. 음운·훈고·지리·천문·산수·제도·명물 등 여러 분야에 통달하였다. 표음문자로 훈고를 구하고, 훈고로 의리를 탐구함으로써 실증적으로 진리를 탐구함으로써 청대 고증학을 선도하였다.

30 『中庸章句』 27장 : 故曰:苟不至德, 至道不凝焉. 故君子尊德性而道問學, 致廣大而盡精微, 極高明而中庸. 溫故而知新, 敦厚以崇禮.

31 황갑연 교수는 도덕 본성에 대한 관점과 천인합일이라고 하는 도덕 본성의 자연적 근원에 대한 관점에서는 주자가 孟子를 계승했지만, 도덕 본성과 구분되는 주체[心]의 문제와 도덕성 계발을 위한 공부론에 있어서 주자는 오히려 荀子를 계승했고, 그런 점에서 전반적으로 오히려 荀子에 가깝다고 평가한다. (황갑연, 「순자와 주자의 도덕의식구조의 유사성」, 『유학연구』, 28호, 충남대학교 유학연구소, 2013. 참고.)

4장.

1 『朱子語類』 권118 「朱子十五·訓門人六」: "人心, 堯舜不能無, 道心, 桀紂不能無. 蓋人心不全是人欲, 若全是人欲, 則直是喪亂, 豈止危而已哉! 只飢食渴飮, 目視耳聽之類是也, 易流故危. 道心卽惻隱羞惡之心, 其端甚微故也."

2 『二程遺書』 권11 「師訓」: "人心惟危, 人欲也, 道心惟微, 天理也. 惟精惟一, 所以至之, 允執厥中, 所以行之."; 『二程外書』 권2 「朱公掞問學拾遺」: "人心, 人欲, 道心, 天理."; 『二程外書』 권3 「陳氏本拾遺」: "人心惟危, 人欲也, 道心惟微, 天理也."; 『二程遺書』 권24 : "人心, 私欲, 故危殆. 道心, 天理, 故精微. 滅私欲, 則天理明矣."

3 董仲舒(BC179-BC104) : 중국 前漢 무제 때의 사상가. 젊었을 때 『春秋公羊傳』을 익혔고 景帝 때에 박사가 되었다. 무제 때 賢良對策으로 百家를 몰아내

고 儒術만을 존중할 것을 주장했는데, 무제가 받아들여 이후 2천 년 동안 儒學이 정통 학술로 자리하는 계기를 만들었다.

4 鄭玄(127-200) : 東漢의 北海 高密 사람으로 字는 康成이다. 어려서부터 벼슬길에 나가는 것을 꺼려 한결같이 학문에만 정진하였다고 한다. 일찍이 第五元先과 張恭祖에게 師事하고 또한 馬融에게도 수업하여 "五經"에 두루 정통하였다. 또한 今文經學과 古文經學에도 정통하여 今古文經學을 아울러 집대성한 一代宗師가 되었다. 그에게 수업하는 門徒가 수천 명에 이르렀으며, 그의 저서는 百餘萬言에 이르렀다고 한다.

5 『禮記正義』 : 天命, 謂天所命生人者也, 是謂性命. 木神則仁, 金神則義, 火神則禮, 水神則信, 土神則知. 《孝經說》曰: "性者生之質, 命人所稟受度也."

6 이상익, 『주자학의 길』, 심산, 2007, 345-350쪽 참고.

7 『孟子』 「離婁上」 : "商之孫子. 其麗不億. 上帝旣命. 侯于周服. 侯服于周. 天命靡常."

8 주자 이전에는 胡宏이 거의 유일해 보인다. (『知言』 5권: "察人事之變易, 則知天命之流行矣.") 주자는 『語類』와 『文集』 등에서 이 표현을 아주 많이 사용했는데, 그 이후 그의 친구나 제자 등 주자 주변의 인물들도 비로소 사용하게 되었다.

9 김충열, 『중국철학사강의 상』, 중천김충열전집2, 원주시, 2018, 83쪽 참고.

10 Cassirer Ernst, 박찬국 역, 『상징형식의 철학』, 아카넷, 2014, 211-219쪽 참고.

11 揚雄(BC.53-18) : 蜀郡 成都 사람으로서, 자는 子雲이다. 그의 주요저서는 『太玄』과 『法言』이 있다. 특히 『太玄』은 형식적인 체제에서는 『周易』, 즉 『易經』과 『易傳』을 모방했다. 『周易』에는 음과 양의 두 획으로 나뉘는 데 반해, 『太玄』에서는 一, 二, 三 세 가지 획이 있다. 전자에서는 여섯 가지 위치 즉 육효가 있는 반면에, 후자에서는 方, 洲, 部, 家 네 가지 종류가 있다. 전자에서는 각각의 괘가 육효로서 그 총합이 384효인 반면에, 후자에서는 매 首마다 아홉 개의 贊이 있어 그 총합이 729찬이 된다. 전자에서는 64괘가 있는 반면에, 후자에서는 81수가 있어서 매 수가 괘 하나에 해당한다. 전자에서 육효가 작은 순환을 이루는 것처럼, 후자에서 아홉 개의 찬도 작은 순환을 이룬다. 『太玄』이 역학사에 끼친 영향을 적지 않다. 그 역사적 의의는 세 가지로 요약할 수 있다. 첫째, 그것은 『易傳』의 전통을 이어 점서의 형식으로써 철학적 이치를 서술했다. 이는 의리학파에 귀감이 되어 의리학을 계발하는 데에 도움을 주었다. 둘째, 그것은 황로학을 『周易』과 섞이게 하여 황로학으로써

『周易』을 해석하는 학풍을 형성시켰다. 이는 도가의 역학적 논점의 효시가 되었다. 셋째, 『太玄』에서 상수학을 토대로 삼은 점이 송대의 상수학파에게 많은 영향을 끼쳤다.

12 『朱熹集』 권44 「答蔡季通2」 : "人之有生, 性與氣合而已. 然卽其已合而析言之, 則性主於理而無形, 氣主於形而有質. 以其主理而無形, 故公而無不善, 以其主形而有質, 故私而或不善. 以其公而善也, 故其發皆天理之所行; 以其私而或不善也, 故其發皆人欲之所作. 此舜之戒禹所以有人心道心之別. 蓋自其根本而已然, 非謂氣之所爲有過不及而後流於人欲也."

13 『中庸』 : "惟天下至誠 爲能盡其性. 能盡其性 則能盡人之性. 能盡人之性 則能盡物之性. 能盡物之性 則可以贊天地之化育. 可以贊天地之化育 則可以與天地參矣."

5장.

1 주광호, 『역학과 주자학』, 예문서원, 2020.

2 小島毅, 『사대부의 시대』, 신현승 역, 동아시아, 2004, 170쪽 참고.

3 이러한 현상에는 모든 것을 '관계'의 차원에서 설명하고자 하는 易學的 사유가 작용했다고 볼 수 있다. 예컨대, 『周易』은 하늘과 땅을 개별적으로 논하지 않는다. 하늘과 땅은 언제나 상호적 관계성 속에서만 논해진다. 때문에 땅이 없는 하늘, 혹은 하늘이 없는 땅은 단독적으로 관심의 대상이 되지 않았다.

4 중국철학에서 '物理'라는 용어를 철학적 개념어로 본격적으로 사용한 사람은 청대 철학자 王夫之다. 王夫之의 '物理'는 도덕 본성과는 무관한 '사물의 원리'로서 서양의 'physics'에 가깝다. 주자는 아직 王夫之처럼 본격적인 개념어로 사용하지는 않지만 그의 사유에도 이미 충분히 '물리적 존재로서의 사물'에 대한 이론적 관심이 있다. 이에 대해서는 『유가철학, 감정으로 이성을 말하다』 몽배원 지음, 주광호 등 옮김, 예문서원, 2020, (蒙培元, 『情感與理性』, 中國人民大學出版社, 2009.) 541~551쪽 참고.

5 『朱子語類』 권4 : 先生答黃商伯書有云: "論萬物之一原, 則理同而氣異; 觀萬物之異體, 則氣猶相近, 而理絶不同." 問: "'理同而氣異', 此一句是說方付與萬物之初, 以其天命流行, 只是一般, 故理同; 以其二五之氣有淸濁純駁, 故氣異. 下句是就萬物已得之後說, 以其雖有淸濁之不同, 而同此二五之氣, 故氣相近; 以其昏明開塞之甚遠, 故理絶不同. 中庸是論其方付之初, 集注是看其已得之後."

曰: “氣相近, 如知寒煖, 識饑飽, 好生惡死, 趨利避害, 人與物都一般. 理不同, 如蜂蟻之君臣, 只是他義上有一點子明; 虎狼之父子, 只是他仁上有一點子明; 其他更推不去. 恰似鏡子, 其他處都暗了, 中間只有一兩點子光. 大凡物事稟得一邊重, 便占了其他底. 如慈愛底人少斷制, 斷制之人多殘忍. 蓋仁多, 便遮了義; 義多, 便遮了那仁.” 問: “所以婦人臨事多怕, 亦是氣偏了?” 曰: “婦人之仁, 只流從愛上去.”

6 이 문제가 동물학 혹은 유전학적으로 동의될 수 있는지 따져볼 수야 있겠지만 이미 우리의 논의 범위를 넘어선다. 주자도 우리도 관심은 인간이다. 훗날 조선의 유자들은 과연 인간과 인간 아닌 것의 도덕 본성에는 차이가 있는가 없는가를 두고 첨예하게 논쟁을 진행했다. 소위 人物性同異 논쟁이다. 하지만 적어도 주자가 이러한 문제에 관심이 없었음은 분명해 보인다.

7 陳來, 『宋明理學』, 遼寧教育出版社, 1991, 48-49쪽과 166쪽 및 朱伯崑, 『易學哲學史』 第2卷, 華夏出版社, 1995, 94-100쪽 참조.

8 오행과 사계절의 관계에 대해 湯淺幸孫는 “木氣가 주가 되어 유행할 때에는 따뜻해지기 때문에 봄이 되고, 火氣가 주가 되어 유행할 때에는 더워지기 때문에 여름이 되고 ….”(『近思錄』, 朝日新聞社, 昭和49年, 11쪽)라고 주석하여, 오행 배열의 순서가 사계절의 순서와 연관 있는 것으로 설명한다. 그러나 어느 계절이고 오행의 기 중에 어느 하나만 있을 수는 없는 것이다. 따라서 주된 기가 있다 하더라도 다섯 가지 기는 모두 있는 것이다. 이 구절의 본 의미는 오행의 순서에 따라 네 계절이 생긴다는 것이기보다는 오행이라는 질료적 공간적 질서와 사계절이라는 시간적 질서의 장이 생긴다는 의미이다.

9 원문 ‘靈’에 대한 번역이다. 이를 어떤 이는 ‘영특’이라 하고 어떤 이는 ‘영활’이라고도 한다. 여하튼 인간의 도덕적·지적 능력이 가장 뛰어나다는 것을 의미한다.

10 이 부분에 대해 주자는 「太極圖說解」에서 ‘형체는 음에서 생겨나고, 정신(神)은 양에서 발생한다’고 주석하였다. 주자의 ‘神’을 ‘정신’으로 번역할 수 있느냐는 논란의 여지가 있을 수 있다. 주자의 개념 사용에서 形도 神도 모두 음양이라는 형이하의 氣의 작용이기 때문이다. 그러나 形과 神의 관계에서 形이 고정적인 반면에 神이 역동적이라는 것만은 부정할 수 없을 것 같다. 이 역동적인 神의 작용에 의해 도덕적·인식적 지각 작용이 가능하다고 보았다.

11 여기서의 본성[性]이 질료적 속성의 五行인지 가치적 속성의 五倫인지에 대해 일찍이 주자의 제자들은 질문 했고, 이에 대해 주자는 理氣의 不離로 설명하고 있다. 즉 본성으로서의 理는 언제나 질료적 속성인 氣적 차원에서 분리해

서 생각할 수 없다는 것이다. 그러나 그 다음에 그는 명백하게 性은 '하늘이 명한 것'이고 이는 '仁義禮智信'이다라고 밝히고 있다.(『朱子語類』 권94 참조)

12 周敦頤가 왜 '靜'을 주로 했는지에 대해서는 다른 구절처럼 상세한 설명이 없다. 그래서 송대에 이미 그것이 道家의 주정적 사고의 영향이 아닌가 하는 의심을 받았다. 그에 대해 주자는 결코 도가적 의미가 아니라고 주장한다. '主靜'의 목적은 도리어 '御動' 혹은 '治動'에 있다는 것이다. 즉 평정한 마음으로 일체 사물·사태의 변화를 관찰하다가 가장 적절한 순간에 가장 적절한 방식으로 대응하는 것이 바로 이 '主靜'의 목적이다. (『朱子語類』 권94 참조)

13 이 부분에 대한 번역에서 이광호 교수는 "성인은 中·正·仁·義로써 온갖 일을 안정시키고, 고요함[靜]을 위주로 하여, 사람의 표준[人極]을 세우셨다"(『성학십도』, 홍익출판사, 2001, 33쪽)라고 하고, 최영갑 교수는 "이에 성인이 中正(치우침이 없이 곧고 바름)과 仁義로 선악을 구분하고 모든 일을 정하며, 고요함을 중심으로 인간의 도를 세웠던 것이다"(『성학십도』, 풀빛, 2005, 37-38쪽)라고 하였다. 모두 원문의 '定'자를 '안정' 혹은 '정하다'의 의미로 해석하였다. 원문 '定之'에 대한 해석에서 '之'를 앞의 '萬事'로 보는 연구자들은 또 있다. 湯淺幸孫는 자신의 『近思錄』 주석서에서 "마음을 고요하게 안정시키면 욕망이 움직이지 않기 때문에, 中·正·仁·義에 이러한 일상생활이 들어맞는다."(『近思錄』, 朝日新聞社, 昭和49年, 13쪽)라고 하였다. Wing-tsit Chan(陳榮捷)은 "성인은 이러한 인간 만사를 中·正·仁·義라는 원칙으로 판정(settles)하고, 靜을 기본으로 여겼다."라고 번역하였다. (Reflections on Things at Hand, Columbia Univ Press, 1967, 6쪽) 그런데 이들의 번역은 마치 中·正·仁·義 이외의 또 다른 인극이 있는 것처럼 보이게 한다. 이광호 교수는 자신의 주석에서 인극을 '인간 윤리생활의 최고표준'이라고 설명하면서 '사람의 표준'을 '인간성, 즉 인간의 내면에 부여된 태극'이라고 규정한다. 그러나 『朱子語類』에서는 인극을 설명하며 바로 中·正·仁·義를 거론하고 있다. "성인께서 인극을 세우신다는 부분에서 仁·義·禮·知라고 하지 않고 仁·義·中·正이라고 한 것은 中·正이 더욱 쉽게 와 닿기 때문이다."(『朱子語類』 권94) 仁·義·中·正이 곧 인극이지, 이 외에 또 다른 무슨 인극이 있을 수 없다. 인극이 인간적 차원의 태극임은 자명하지만, 태극이 인간적 차원에서 구체적으로 드러나는 양상은 바로 仁·義·中·正인 것이다. 중국의 대표적인 역학자이자 저명한 중국철학사가인 朱伯崑은 그의 『易學哲學史』에서 이 구절을 이렇게 해설한다. "성인은 인류의 행위가 선을 향하고 악을 제거하도록 하기 위해 '仁義中正'의 원칙을 확립하시면서, 더불어 靜을 주로 하시어, 인도의 최

고 준칙으로 삼으셨다."(『易學哲學史』, 崑崙出版社, 2005, 제2권, 109쪽) 필자는 이 해설을 따른다.

14 이 부분은 『周易』, 乾卦, 「文言傳」에서 인용한 글이다.

15 이 부분은 『周易』 「說卦傳」에서 인용한 글이다. 여기서 '세우다'로 번역된 원문 '立'의 구체적인 의미는 '규정하다' 혹은 '명명하다'이다. 이미 존재하는 道를 그것이라고 규정하는 행위는 그 자체가 이제 이러한 道에 의거해 행동할 것을 천명하는 '확립'의 의미가 된다. 따라서 한자 '立'의 의미를 강조해 '세우다'로 번역한다.

16 이 부분은 『周易』, 「繫辭傳」에서 인용한 글이다.

17 『朱子語類』 권94 : 問: "'無極而太極', 固是一物, 有積漸否?" 曰: "無積漸." 曰: "上言無極, 下言太極. 竊疑上言無極無窮, 下言至此方極." 曰: "無極者無形, 太極者有理也. 周子恐人把作一物看, 故云無極." 曰: "太極旣無氣, 氣象如何?" 曰: "只是理."

18 『朱熹集』 권71 「記濂溪傳」 : "戊申六月, 在玉山邂逅洪景盧內翰, 借得所脩國史中, 有濂溪程張等傳. 盡載太極圖說. 蓋濂溪於是始得立傳. 作史者於此為有功矣. 然此說本語首句但云無極而太極, 今傳所載乃云, 自無極而為太極, 不知其何所据而增此自為二字也."

19 陳來, 『朱子哲學硏究』, 華東師范大學出版社, 2000, 목차 참고.

20 『周易』 「繫辭傳」 : "是故易有太極, 是生兩儀, 兩儀生四象, 四象生八卦, 八卦定吉凶, 吉凶生大業."

21 『朱子語類』 권94 : "圖說首言陰陽變化之原, 其後卽以人所稟受明之. 自'惟人也得其秀而最靈', 純粹至善之性也. 是所謂太極也. '形生神發', 則陽動陰靜之爲也. '五性感動', 則'陽變陰合, 而生水火木金土'之性也. '善惡分', 則'成男成女'之象也. '萬事出', 則萬物化生之象也. 至'聖人定之以中正仁義而主靜, 立人極焉,' 則又有得乎太極之全體, 而與天地混合無間矣. 故下文又言天地日月四時鬼神四者無不合也."

22 아울러 이 글의 제목이 「無極圖說」이 아니고 「太極圖說」이라는 점도 시사하는 바가 크다. 아울러 전통적으로 태극을 논하던 문헌인 『易緯乾鑿度』 등에서 太一·太初·太始 등 '太極'의 '太'에 방점을 둔 반면에 「太極圖說」은 無極·太極·人極의 '極'에 방점을 두었다는 점에서 그것이 '시원'이 아니라 규범적 '궁극성'에 관심을 두었다는 점, 그리고 최종적으로 人極 즉 仁義中正 등의 사회 내적 규범 산출의 과정을 보이고 있다는 점 등을 고려해야 한다.

23 『朱子語類』 권52 : "'반드시 일삼음이 있어야 한다'고 했다. … 이것이 바로 천명이 유행하는 곳이다. 즉 '하늘이 명한 것을 일러 본성이라고 하고, 본성을 따르는 것을 일러 도라고 한다'는 것으로서 곧 仁義와 같은 도덕적 마음이다. 또한 '하느님께서 백성들에게 진실된 속마음을 내려주셨다'라고 하는 것이며, 謝良佐가 말한 '팔딱팔딱 살아 있음'이다. 이런 것들은 생각을 통해 찾을 필요가 없고 분명히 여기에 있어서 더듬듯 하면 확인할 수 있다. 『通書』에서 말한 '元과 亨은 誠의 형통함이요, 利와 貞은 誠의 회복함이다'라는 구절이 바로 이런 의미다. 그걸 볼 수만 있다면 움직여도 잠잠해도 언제나 그래서 자연스럽게 고요히 텅 비어 순일하게 될 것이다. 텅 빈 고요를 달리 구할 필요도 없고 體認을 기다릴 것도 없다. 부르기만 하면 바로 여기에 있다.['必有事焉', … 只此便是天命流行處, 便是'天命之謂性, 率性之謂道', 便是仁義之心, 便是'惟皇上帝降衷于下民'. 謝氏所謂'活潑潑地', 只是這些子, 更不待想像尋求, 分明在這裏, 觸著便應. 通書中'元亨誠之通, 利貞誠之復'一章, 便是這意思. 見得這箇物事了, 動也如此, 靜也如此, 自然虛靜純一; 不待更去求虛靜, 不待體認, 只喚著便在這裏.] 이에 대해서는 주광호, 『역학과 주자학』, 예문서원, 2020, 365~373쪽 참고.)

24 金春峰은 주자가 周敦頤의 태극음양사상을 계승하면서 거기에 목적론적인 해석을 가함으로써, 태극을 도덕의 근원 즉 '우주의 끊임없이 사물을 만들어 내는 마음[宇宙生物之心]' 혹은 '가장 훌륭하고 지극히 선한 도리[極好至善的道理]'로 만들었다고 한다. 하지만 이러한 가치적 함의는 원래 周敦頤에게는 없었다는 것이다. (金春峰, 『朱熹哲學思想』, 東大圖書公司, 民國87, 114쪽 참조) 唐君毅 역시 주자가 周敦頤의 태극 개념과 程顥의 '生生之理' 개념을 결합하여 '生生의 理가 곧 태극'이라는 결론에 도달했다고 한다. (唐君毅, 『中國哲學原論–導論篇』, 臺灣學生書局, 民國75, 452쪽 참조) 두 사람은 공히 周敦頤 「太極圖說」 자체에는 '끊임없이 낳고 낳는 이치'나 '우주의 끊임없이 사물을 만들어 내는 마음'과 같은 生生의 의미는 없었다고 본 것이다. 하지만 나는 「太極圖說」의 파생과 확장이라는 구조와 『通書』에서 '誠'으로 태극을 설명한 태도에서, 또 程明道가 전술한 周敦頤의 '창 앞의 들풀을 꺾지 않는다'는 이야기 속에서 周敦頤의 '生生사상'을 엿볼 수 있다고 생각한다. 사실 『易傳』에서 '生生'을 말한 이후 그것은 유자들의 공통된 그리고 상식적인 세계인식이었다고 해도 과언이 아니다.

25 『朱子語類』 권94 : 問: "陰陽氣也, 何以謂形而下者?" 曰: "旣曰氣, 便是有箇物事, 此謂形而下者."

26 『朱子語類』 권75 : 周子言“太極動而生陽, 靜而生陰”. 如言太極動是陽, 動極而靜, 靜便是陰; 動時便是陽之太極, 靜時便是陰之太極, 蓋太極卽在陰陽裏. 如“易有太極, 是生兩儀”則先從實理處說. 若論其生則俱生, 太極依舊在陰陽裏. 但言其次序, 須有這實理, 方始有陰陽也. 其理則一. 雖然, 自見在事物而觀之, 則陰陽函太極; 推其本, 則太極生陰陽.

27 『朱子語類』 권94 : 問: “‘太極動而生陽, 靜而生陰’, 見得理先而氣後.” 曰: “雖是如此, 然亦不須如此理會, 二者有則皆有.”

28 『朱子語類』94:20 問: “‘動而生陽, 靜而生陰’, 注: ‘太極者本然之妙, 動靜者所乘之機.’ 太極只是理, 理不可以動靜言, 惟‘動而生陽, 靜而生陰’, 理寓於氣, 不能無動靜所乘之機. 乘, 如乘載之‘乘’, 其動靜者, 乃乘載在氣上, 不覺動了靜, 靜了又動.” 曰: “然.”; 『朱子語類』94:37 問: “‘太極動而生陽’, 是有這動之理, 便能動而生陽否?” 曰: “有這動之理, 便能動而生陽; 有這靜之理, 便能靜而生陰. 旣動, 則理又在動之中; 旣靜, 則理又在靜之中.” 曰: “動靜是氣也, 有此理爲氣之主, 氣便能如此否?” 曰: “是也. 旣有理, 便有氣; 旣有氣, 則理又在乎氣之中. 周子謂: ‘五殊二實, 二本則一. 一實萬分, 萬一各正, 大小有定.’ 自下推而上去, 五行只是二氣, 二氣又只是一理. 自上推而下來, 只是此一箇理, 萬物分之以爲體, 萬物之中又各具一理. 所謂‘乾道變化, 各正性命’, 然總又只是一箇理.”; 『朱子語類』94:50 問“動靜者, 所乘之機”. 曰: “太極理也, 動靜氣也. 氣行則理亦行, 二者常相依而未嘗相離也. 太極猶人, 動靜猶馬; 馬所以載人, 人所以乘馬. 馬之一出一入, 人亦與之一出一入. 蓋一動一靜, 而太極之妙未嘗不在焉. 此所謂‘所乘之機’, 無極·二五所以‘妙合而凝’也.”

29 『朱子語類』 권94 : 問: “自太極一動而爲陰陽, 以至於爲五行, 爲萬物, 無有不善. 在人則才動便差, 是如何?” 曰: “造化亦有差處, 如冬熱夏寒, 所生人物有厚薄, 有善惡; 不知自甚處差將來, 便沒理會了.”

6장.

1 『朱子語類』 권71 : 問‘復見天地之心’之義. 曰: “十月純陰為坤卦, 而陽未嘗無也. 以陰陽之氣言之, 則有消有息; 以陰陽之理言之, 則無消息之間. 學者體認此理, 則識天地之心. 故在我之心, 不可有間斷也.” 問‘復見天地之心’. 曰: “天地所以運行不息者, 做箇甚事? 只是生物而已. 物生於春, 長於夏, 至秋萬物咸遂, 如收斂結實, 是漸欲離其本之時也. 及其成, 則物之成實者各具生理, 所謂‘碩果不食’是

已. 大具生理者, 固各繼其生, 而物之歸根復命, 猶自若也. 如說天地以生物為心, 斯可見矣."

2 위진 시기의 위대한 역학자 王弼은 도가적 세계관에 입각해 복괘의 초효가 오효 밑으로 깊이 숨어들어가는 것을 '復', 즉 원초적 상태로의 회복이라고 보았다. 그리고 그러한 원초적 상태야말로 우주의 마음이라고 보았다. 그러나 송대에 들어서 程頤는 초효를 오효 밑으로 들어가는 것이 아니라 오효를 뚫고 피어나는 것으로 해석함으로써 그 방향성을 완전히 바꿔놓았다.

3 『朱熹集』 권32 「答張敬夫」 : '復見天地心'之說, 熹則以為天地以生物為心者也, 雖氣有闔闢, 物有盈虛, 而天地之心則亘古亘今未始有毫釐之間斷也. 故陽極於外而復生於內, 聖人以為於此可以見天地之心焉. 蓋其復者氣也, 其所以復者, 則有自來矣. 向非天地之心生生不息, 則陽之極也一絕而不復續矣, 尙何以復生於內而為闔闢之無窮乎. 此則所論動之端者, 乃一陽之所以動, 非是指夫一陽之已動者而為言也. 夜氣固未可謂之天地心, 然正是氣之復處, 苟求其故, 則亦可以見天地之心矣.

4 『朱熹集』 권45 「答楊子直」 : "태극에 동정이 있다고 한다면 괜찮지만, 태극을 곧장 동정이라고 한다면 이는 형이상과 형이하를 구분하지 못하는 것이 된다."[謂太極有動靜則可, 若謂太極便是動靜, 則是形而上下者不可分.]

5 『朱子語類』 권74 : '一陰一陽之謂道', 太極也. '繼之者善', 生生不已之意, 屬陽; '成之者性', '各正性命'之意, 屬陰.

6 『朱子語類』 권94 : '誠者聖人之本', 言太極. '大哉乾元, 萬物資始, 誠之源', 言陰陽五行.

7 『中庸章句』 20장 : 誠者, 天之道也; 誠之者, 人之道也.

8 唐君毅, 『中國哲學原論–導論篇』, 臺灣學生書局, 民國75, 459쪽 참조.

9 『朱熹集』 권67 「仁說」

10 『朱子語類』 권95 : 明道'醫書手足不仁'止'可以得仁之體'一段, 以意推之, 蓋謂仁者, 天地生物之心, 而人物所得以爲心, 則是天地人物莫不同有是心, 而心德未嘗不貫通也. 雖其爲天地, 爲人物, 各有不同, 然其實則有一條脉絡相貫. 故體認得此心, 而有以存養之, 則心理無所不到, 而自然無不愛矣. 才少有私欲蔽之, 則便間斷, 發出來愛, 便有不到處. 故世之忍心無恩者, 只是私欲蔽錮, 不曾認得我與天地萬物心相貫通之理.

11 『朱子語類』 권95 : 問: "明道說'學者識得仁體, 實有諸己, 只要義理栽培'一段, 只緣他源頭是箇不忍之心, 生生不窮, 故人得以生者, 其流動發生之機亦未嘗息.

故推其愛, 則視夫天地萬物均受此氣, 均得此理, 則無所不當愛. "曰:"這道理只熟看, 久之自見如此, 硬椿定說不得. 如云從他源頭上便有箇不忍之心, 生生不窮, 此語有病. 他源頭上未有物可不忍在, 未說到不忍在. 只有箇陰陽五行, 有闔闢, 有動靜 ; 自是用生, 不是要生. 到得說生物時, 又是流行已後. 既是此氣流行不息, 自是生物, 自是愛. 假使天地之間淨盡無一物, 只留得這一箇物事, 他也自愛. 如云均受此氣, 均得此理, 所以須用愛, 也未說得這裏在. 此又是說後面來事. 此理之愛, 如春之温, 天生自然如此. 於火相似, 炙著底自然熱, 不是使他熱也. "

12 『朱子語類』 권95 : 如惻隱､羞惡､辭遜､是非, 都是一箇生意. 當惻隱, 若無生意, 這裏便死了, 亦不解惻隱 ; 當羞惡, 若無生意, 這裏便死了, 亦不解羞惡. 這裏無生意, 亦不解辭遜, 亦不解是非, 心都無活底意思.

13 『논어』에서 가정 내의 윤리 孝弟는 사회적 신분질서로 연결된다. "有子曰: "其爲人也孝弟, 而好犯上者, 鮮矣; 不好犯上, 而好作亂者, 未之有也."(『論語』, 「學而」 2장)

14 勞思光, 『中國哲學史』 三上, 三民書局, 1983, 54-55쪽 참조.

15 『朱子語類』 권6 : 仁為四端之首, 而智則能成始而成終 ; 猶元為四德之長, 然元不生於元而生於貞. 盖天地之化, 不翕聚則不能發散也. 仁智交際之間, 乃萬化之機軸. 此理循環不窮, 脗合無間, 故不貞則無以為元也.

16 『朱子語類』 권94 : 若無夜, 則做得晝不分曉 ; 若無冬, 則做得春夏不長茂. 如人終日應接, 却歸來這裏空處少歇, 便精神較健. 如生物而無冬, 只管一向生去, 元氣也会竭了. … 如四時有秋冬收斂, 則春夏方能生長. 若長長是春夏, 只管生長將去, 却有甚了期, 便有許多元氣! 故"復, 其見天地之心乎." 這便是靜後見得動恁地好.

17 『朱熹集』 권42 「答胡廣仲」 : 來諭又謂動靜之外別有不與動對之靜, 不與靜對之動, 此則尤所未諭. '動靜'二字相為對待, 不能相無, 乃天理之自然, 非人力之所能為也. 若不與動對, 則不名為靜 ; 不與靜對, 則亦不名為動矣. 但衆人之動則流於動而無靜, 衆人之靜則淪於靜而無動, 此周子所謂'物則不通'者也. 惟聖人無人欲之私而全乎天理, 是以其動也, 靜之理未嘗亡 ; 其靜也, 動之機未嘗息.

7장.

1 朱伯崑 저, 김학권 외 역, 『역학철학사』 4권, 소명출판, 2012, 216~217쪽 참고.

2 정식 이름은 『易傳』인데, 춘추전국시기의 『易傳』 즉 十翼과 구분하기 위해 『程氏易傳』 혹은 『程傳』이라고 부른다.

3 『朱熹集』 권82 : 「書臨漳所刊四經後」, "熹嘗以謂易經本爲卜筮而作, 皆因吉凶以示訓戒, 故其言雖約而所包甚廣. 夫子作傳亦略擧其一端以見凡例而已. 然自諸儒分經合傳之後, 學者便文取義, 往往未及玩心全經, 而遽執傳之一端, 以爲定說, 於是一卦一爻僅爲一事, 而易之爲用反有所局, 而無以通乎天下之故."; 『朱子語類』 권66: "某如今看來, 直是分明. 若聖人有甚麽說話, 要與人說, 便分明說了. 若不要與人說, 便不說. 不應恁地千般百樣, 藏頭伉腦, 無形無影, 教後人自去多方推測. 聖人一箇光明盛大之心, 必不如此."

4 『朱子語類』 권66 : "聖人分明說: '昔者聖人之作易, 觀象設卦, 繫辭焉以明吉凶.' 幾多分曉! 某所以說易只是卜筮書者, 此類可見. 易只是說箇卦象, 以明吉凶而已, 更無他說. …今人讀易, 當分爲三等: 伏羲自是伏羲之易, 文王自是文王之易, 孔子自是孔子之易. 讀伏羲之易, 如未有許多彖象文言說話, 方見得易之本意, 只是要作卜筮用. … 文王之心, 已自不如伏羲寬闊, 急要說出來. 孔子之心, 不如文王之心寬大, 又急要說出道理來. 所以本意浸失, 都不顧元初聖人畫卦之意, 只認各人自說一副當道理. 及至伊川, 又自說他一樣, 微似孔子之易, 而又甚焉. 故其說易, 自伏羲至伊川, 自成四樣. 某所以不敢從, 而原易之所以作而爲之說, 爲此也."

5 『朱子語類』 권66 : "易本卜筮之書, 後人以爲止於卜筮. 至王弼用老莊解, 後人便只以爲理, 而不以爲卜筮, 亦非. 想當初伏羲畫卦之時, 只是陽爲吉, 陰爲凶, 無文字. 某不敢說, 竊意如此. 後文王見其不可曉, 故爲之作彖辭; 或占得爻處不可曉, 故周公爲之作爻辭; 又不可曉, 故孔子爲之作十翼, 皆解當初之意. 今人不看卦爻, 而看繫辭, 是猶不看刑統, 而看刑統之序例也, 安能曉. 今人須以卜筮之書看之, 方得; 不然不可看易."

6 "京房은 팔궁에 대한 해설에서 飛伏說도 제기한다. 괘상과 효상은 모두 飛와 伏이 있다는 관점이다. 飛는 볼 수 있게 밖으로 드러난 것을 가리키고, 伏은 볼 수 없게 뒤로 숨은 것을 가리킨다. 飛와 伏은 모두 대립하는 괘상과 효상을 가리킨다. 예를 들어, 乾卦의 괘상은 볼 수 있는 것은 ☰으로 飛가 되는데, 이와 대립하는 괘상은 坤☷으로 乾卦의 괘상 배후에 숨어 있어서 볼 수 없으니 伏이 된다." (朱伯崑, 김학권 외 역, 『역학철학사』 1권, 소명출판, 2012, 290쪽.)

7 "취상설과 취의설 모두 괘상에 대한 해석에 있어서 중괘 중의 상하 양괘의 괘상에 국한되지 않고, 그 괘 가운데 2효에서 5효까지 구성하게 되는 괘상 역시 취하고 있다. 이러한 체제는 후에 互體說이라고 불렸다. 즉 괘의 2효 3효 4효와 3효 4효 5효가 각각 하나의 괘상을 구성하게 되며, 이로써 괘·효사의 내용을 해석하여 점치는 일의 복잡한 상황에 부응토록 한 것이었다." (朱伯崑, 김학권 외 역, 『역학철학사』 1권, 소명출판, 2012, 85쪽.)

8 "納甲은 팔궁괘에 十干을 배분하고 각 효에 또 十二支를 배분하는 것을 말한다. 甲은 십간의 첫째이므로 納甲이라고 일컫는다. 십이지를 배분한 것은 納支라고 일컫는다." (朱伯崑, 김학권 외 역, 『역학철학사』 1권, 소명출판, 2012, 294쪽.)

9 余敦康, 『漢宋易學解讀』, 北京: 華夏出版社, 2006, 467쪽 참조.

10 많은 연구자들은 〈하도〉와 〈낙서〉가 국가 보물 창고에 보관되었다는 점을 근거로 일련의 문양이 새겨진 돌의 일종이 아닐까 추측한다.

11 劉歆(?–23) : 자는 子駿이나, 나중에 이름을 秀, 자를 穎叔으로 고쳤다. 劉向의 아들이다. 서지학, 목록학의 창시자로 楊雄에게 수학하여 오경에 통달하였다. 농업을 중히 하고 상업을 억제하며, 법제의 통일 등 정치개혁에 관한 의견을 황제에게 상신하였으나 채택되지 않았다. 前漢을 멸한 王莽을 상대로 모반을 꾀하나 실패하여 자살했다. 저술로는 중국 최초의 도서 분류목록인 『七略』이 있다.

12 『易學啟蒙』「本圖書」: "至於洛書, 則雖夫子之所未言. 然其象其說, 已具於前, 有以通之, 則劉歆所謂經緯表裏者, 可見矣."

13 『易學啟蒙』「本圖書」: "橫斜曲直, 無所不通, 而河圖洛書又豈有先後彼此之間哉."

14 『周易』「繫辭傳」: "是故, 易有太極, 是生兩儀, 兩儀生四象, 四象生八卦, 八卦定吉凶, 吉凶生大業. 是故, 法象莫大乎天地, 變通莫大乎四時, 縣象著明莫大乎日月, 崇高莫大乎富貴; 備物致用, 立成器以為天下利, 莫大乎聖人; 探賾索隱, 鉤深致遠, 以定天下之吉凶, 成天下之亹亹者, 莫大乎蓍龜.

15 周敦頤는 「太極圖說」을 '아 위대하도다 『周易』이여, 이렇게 지극하도다.'라는 말로 끝맺는다. 劉牧의 〈河圖洛書〉는 그의 저작 『易數鉤隱圖』에 실려 있다. 邵雍의 〈先天易學〉은 용어에서 이미 그것이 '역학'임을 표방하고 있다.

8장.

1 이에 대해서는 蒙培元 저, 주광호 외 역, 『유가철학, 감정으로 이성을 말하다』, 예문서원, 2020.(蒙培元, 『情感與理性』, 中國人民大學出版社, 2009.)을 참고할 수 있다.

2 『論語』「陽貨」: 子曰:"性相近也, 習相遠也."

3 『論語』「公冶長」: 子貢曰:"夫子之文章, 可得而聞也; 夫子之言性與天道, 不可得而聞也."

4 『朱子語類』 권5 : 性猶太極也, 心猶陰陽也. 太極只在陰陽之中, 非能離陰陽也. 然至論太極, 自是太極; 陰陽自是陰陽. 惟性與心亦然. 所謂一而二, 二而一也. 韓子以仁義禮智信言性, 以喜怒哀樂言情, 蓋愈於諸子之言性. 然至分三品, 卻只說得氣, 不曾說得性.

5 『朱子語類』 권5 : 虛靈自是心之本體, 非我所能虛也. 耳目之視聽, 所以視聽者即其心也, 豈有形象. 然有耳目以視聽之, 則猶有形象也. 若心之虛靈, 何嘗有物!

6 『朱子語類』 권1 : 或問先有理後有氣之說. 曰: "不消如此說. 而今知得他合下是先有理, 後有氣邪; 後有理, 先有氣邪? 皆不可得而推究. 然以意度之, 則疑此氣是依傍這理行. 及此氣之聚, 則理亦在焉. 蓋氣則能凝結造作, 理卻無情意, 無計度, 無造作. 只此氣凝聚處, 理便在其中. 且如天地間人物草木禽獸, 其生也, 莫不有種, 定不會無種子白地生出一箇物事, 這箇都是氣. 若理, 則只是箇淨潔空闊底世界, 無形跡, 他卻不會造作; 氣則能醞釀凝聚生物也. 但有此氣, 則理便在其中."

7 『朱子語類』 권5 : 心者, 氣之精爽.

8 『朱子語類』 권5 : 問: "人心形而上下如何?" 曰: "如肺肝五臟之心, 卻是實有一物. 若今學者所論操舍存亡之心, 則自是神明不測. 故五臟之心受病, 則可用藥補之; 這箇心, 則非菖蒲·茯苓所可補也." 問: "如此, 則心之理乃是形而上否?" 曰: "心比性, 則微有跡; 比氣, 則自然又靈."

9 앞장에서 다룬 것처럼 북송의 程顥는 한의학에서 수족마비를 일컫는 '不仁'이라는 용어를 가져다가, 타자에 대해 연민을 느끼지 못하는 자는 본질적 도덕감이 마비된 사람이라고 평가했다. 이후 程門에서는 仁을 '지각'으로 설명하는 사람이 많았고, 주자는 이러한 전통의 영향을 받았다. 『朱子語類』 권5 : 發明"心"字, 曰: "一言以蔽之, 曰'生'而已. '天地之大德曰生', 人受天地之氣而生, 故此心必仁, 仁則生矣."; 『朱子語類』 권5 : 心須兼廣大流行底意看, 又須兼生

意看. 且如程先生言: '仁者, 天地生物之心.' 只天地便廣大, 生物便流行, 生生不窮.

10 이 문제와 관련해서는 김우형, 『주자철학의 인식론 – 지각론의 형성과정과 체계』, 심산, 2005. 를 참고할 수 있다. 다만 김우형은 주자의 '지각'이 갖는 인지적 기능에 좀 더 의의를 두고 설명한다.

11 『朱子語類』 권5 : 問: "心之發處是氣否?" 曰: "也只是知覺."; 『朱子語類』 권5 : 所知覺者是理. 理不離知覺, 知覺不離理.; 『朱子語類』 권5 : 所覺者, 心之理也; 能覺者, 氣之靈也.

12 『朱子語類』 권5 : 問: "心之爲物, 衆理具足. 所發之善, 固出於心. 至所發不善, 皆氣稟物欲之私, 亦出於心否?" 曰: "固非心之本體, 然亦是出於心也."; 『朱子語類』 권5 或問: "心有善惡否?" 曰: "心是動底物事, 自然有善惡. 且如惻隱是善也, 見孺子入井而無惻隱之心, 便是惡矣. 離著善, 便是惡. 然心之本體未嘗不善, 又卻不可說惡全不是心. 若不是心, 是甚麽做出來? 古人學問便要窮理·知至, 直是下工夫消磨惡去, 善自然漸次可復. 操存是後面事, 不是善惡時事." 問: "明善·擇善如何?" 曰: "能擇, 方能明. 且如有五件好底物事, 有五件不好底物事, 將來揀擇, 方解理會得好底. 不擇, 如何解明?"

13 『朱子語類』 권5 : 問性·情·心·仁. 曰: "橫渠說得最好, 言: '心, 統性情者也.' 孟子言: '惻隱之心, 仁之端; 羞惡之心, 義之端.' 極說得性·情·心好. 性無不善. 心所發爲情, 或有不善. 說不善非是心, 亦不得. 卻是心之本體本無不善, 其流爲不善者, 情之遷於物而然也. 性是理之總名, 仁義禮智皆性中一理之名. 惻隱·羞惡·辭遜·是非是情之所發之名, 此情之出於性而善者也. 其端所發甚微, 皆從此心出, 故曰: '心, 統性情者也.' 性不是別有一物在心裏. 心具此性情. 心失其主, 卻有時不善. 如'我欲仁, 斯仁至'; 我欲不仁, 斯失其仁矣. '回也三月不違仁', 言不違仁, 是心有時乎違仁也. '出入無時, 莫知其鄕.' 存養主一, 使之不失去, 乃善.

14 『論語』「雍也」: 子曰: "回也, 其心三月不違仁, 其餘則日月至焉而已矣."

15 『朱子語類』 권5 : 問: "心是知覺, 性是理. 心與理如何得貫通爲一?" 曰: "不須去著實通, 本來貫通." "如何本來貫通?" 曰: "理無心, 則無著處."; 『朱子語類』 권5 : "心與理一, 不是理在前面爲一物. 理便在心之中, 心包蓄不住, 隨事而發."; 『朱子語類』 권5 : 曰: "此兩箇說著一箇, 則一箇隨到, 元不可相離, 亦自難與分別. 捨心則無以見性, 捨性又無以見心, 故孟子言心性, 每每相隨說. 仁義禮智是性, 又言'惻隱之心·羞惡之心·辭遜·是非之心', 更細思量."

16 『朱子語類』 권5 : 或問心性之別. 曰: "這箇極難說, 且是難爲譬喩. 如伊川以水

喩性, 其說本好, 卻使曉不得者生病. 心, 大概似箇官人; 天命, 便是君之命; 性, 便如職事一般.

17 『朱子語類』 권5 : 心之全體湛然虛明, 萬理具足, 無一毫私欲之間; 其流行該遍, 貫乎動靜, 而妙用又無不在焉. 故以其未發而全體者言之, 則性也; 以其已發而妙用者言之, 則情也. 然"心統性情"只就渾淪一物之中, 指其已發·未發而爲言爾; 非是性是一箇地頭, 心是一箇地頭, 情又是一箇地頭, 如此懸隔也.

18 『朱子語類』 권6 : "仁有兩般: 有作爲底, 有自然底. 看來人之生便自然如此, 不待作爲. 如說父子欲其親, 君臣欲其義, 是他自會如此, 不待欲也. 父子自會親, 君臣自會義, 既自會恁地, 便活潑潑地, 便是仁." 因擧手中扇云: "只如搖扇, 熱時人自會恁地搖, 不是欲他搖. 孟子說'乍見孺子入井時, 皆有怵惕惻隱之心', 最親切. 人心自是會如此, 不是內交·要譽, 方如此.

19 『文集』 권51 「答董叔重」 : 程先生論《中庸》'鳶飛魚躍'處曰: "與必有事焉而勿正心之意同, 活潑潑地." … 今說則謂'必有事焉而勿正心'者乃指此心之存主處, '活潑潑地'云者方是形容天理流行、無所滯礙之妙. 蓋以道之體用流行發見雖無間息, 然在人而見諸日用者, 初不外乎此心, 故必此心之存然後方見得, 其全體呈露, 妙用顯行, 活潑潑地, 略無滯礙耳.

20 『朱子語類』 권32 : 問: "'仁者先難而後獲'. 難者, 莫難於去私欲. 私欲既去, 則惻然動於中者, 不期見而自見."

9장.

1 『孟子集註』「盡心上」: "心者, 人之神明, 所以具眾理而應萬事者也."

2 『朱熹集』 권44 「答江德功」: "凡此三者, 皆其平日涵養功夫, 至到之驗, 而所以正身及物之本也. 故君子貴之. 若夫籩豆之事, 則道雖不外乎此. 然其分, 則有司之守, 而非君子之所有事矣. 蓋平日涵養功夫不至, 則動容貌不免暴慢, 正顔色不出誠實, 出詞氣不免鄙倍矣. 一身且不能治, 雖欲區區於禮文度數之末, 是何足以爲治哉? 此乃聖門學問, 成已成物著實效驗."

3 『朱熹集』 권44 「答江德功2」: "夫天生蒸民有物有則. 物者形也. 則者理也. 形者所謂形而下者也. 理者所謂形而上者也. 人之生也, 固不能無是物矣. 而不明其物之理, 則無以順性命之正而處事物之當. 故必卽是物以求之知求其理矣."

4 『朱熹集』 권32 「答張敬夫」: "大抵日前所見, 累書所陳者, 只是儱侗地見得箇大

本達道底影象, 便執認以爲是了. 却於致中和一句, 全不曾入思議. 所以累蒙教, 告以求仁之爲急, 而自覺殊無立脚下功夫處. 蓋只見得箇直截根源, 傾湫倒海底氣象, 日間但覺爲大化所驅, 如在洪濤巨浪之中, 不容少頃停泊. 蓋其所見一向如是, 以故應事接物處, 但覺粗厲, 勇果增倍於前, 而寬裕雍容之氣, 略無毫髮. 雖竊病之而, 不知其所自來也."

5 『朱熹集』 권40 「答何叔京」: "示喩根本之說, 敢不承命. 但根本枝葉本是一貫, 身心內外元無間隔, 今曰: 專存諸內, 而略夫外, 則是自爲間隔, 而此心流行之全體, 常得其半而失其半也."

6 『朱熹集』 권45 「答楊子直」: "大抵身心內外, 初無間隔. 所謂心者, 固主乎內, 而凡視聽言動出處語默之見於外者, 亦卽此心之用, 而未嘗離也. 今於其空虛不用之處, 則操而存之, 於其流行運用之實, 則棄而不省, 此於心之全體, 雖得其半而失其半矣."

7 『大學或問』: "或問, 人之有心, 本以應物, 而此章之傳, 以爲有所喜怒憂懼, 便爲不得其正. 然則其爲心也, 必如槁木之不復生, 死灰之不復然, 乃爲得其正耶? 曰, 人之一心, 湛然虛明, 如鑑之空, 如衡之平, 以爲一身之主者, 固其眞體之本然. 而喜怒憂懼, 隨感而應, 姸蚩俯仰, 因物賦形者, 亦其用之所不能無者也."

8 『朱子語類』 권35 : "或問, 民可使由之, 不可使知之. 曰, 聖人只使得人孝, 足矣, 使得人弟, 足矣, 卻無緣又上門逐箇與他解說所以當孝者是如何, 所以當弟者是如何, 自是無緣得如此. 頃年張子韶之論, 以爲: '當事親, 便當體認取那事親者是何物, 方識所謂仁; 當事兄, 便當體認取那事兄者是何物, 方識所謂義.' 某說, 若如此, 則前面方推這心去事親, 隨手又便去背後尋摸取這箇仁; 前面方推此心去事兄, 隨手又便著一心去尋摸取這箇義, 是二心矣. 禪家便是如此, 其爲說曰: '立地便要你究得, 恁地便要你究得.' 他所以撑眉努眼, 使棒使喝, 都是立地便拶教你承當識認取, 所以謂之禪機. 若必欲使民知之, 少間便有這般病."

9 『朱子語類』 권5 : "性不是卓然一物可見者. 只是窮理·格物, 性自在其中, 不須求, 故聖人罕言性."

10 『朱子語類』 권15 : "釋氏只說見性, 下梢尋得一箇空洞無稽底性, 亦由他說, 於事上更動不得."

11 『朱熹集』 권67 「觀心說」: "大抵聖人之學, 本心以窮理, 而順理以應物. 如身使臂, 如臂使指, 其道夷而通, 其居廣而安, 其理實而行自然. 釋氏之學, 以心求心, 以心使心, 如口齕口, 如目視目, 其機危而迫, 其途險而塞, 其理虛而其勢逆."

12 『朱熹集』 권45 「答廖子晦」: "古人之學所貴於存心者. 蓋將卽此而窮天下之理.

今之所謂存心者, 乃欲恃此而外天下之理."

13 이 부분은 원문에 결자가 있어 필자가 주자의 원의에 입각해 보충했음을 밝힌다.

14 『朱熹集·別集』 권8 「釋氏論上」 : "或問孟子言盡心知性存心養性, 而釋氏之學亦以識心見性爲本, 其道豈不亦有偶同者耶?" 朱子曰: "儒佛之所以不同, 正以是一言耳." 曰: "何也." 曰: "… 故其所以盡心知性者, 以其窮理而極乎心之所□□□之所有者, 無不識也. … 至其所以識心者, 則必別立一心以識此心, 而其所謂見性者, 又未嘗睹夫民之衷, 物之則也. 旣不睹夫性之本然, 則物之所感, 情之所發, 皆不得其道理, 於是槪以爲已累而盡絶之, 雖至於反易天常殄滅人理而不顧也. 然則儒術之所以異其本, 豈不在此一言之間乎?" 曰: "釋氏之不得爲見性, 則聞命矣. 至於心則吾曰盡之存之, 而彼曰識之, 何以不同, 而又何以見其別立一心耶?" 曰: "心也者, 人之所以主於身而統性情者也. 一而不二者也. 爲主而不爲客者也. 命物而不命於物者也. 惟其理有未窮而物或蔽之, 故其明有所不照, 私有未克而物或累之, 故其體有所不存. 是以聖人之敎, 使人窮理以極其量之所包, 勝私以去其體之所害. 是其所以盡心而存心者. 雖其用力有所不同, 然皆因其一者以應夫萬, 因其主者以待夫客, 因其命物者以命夫物, 而未嘗曰反而識乎此心存乎此心也. 若釋氏之云識心, 則必收視反聽, 以求識其體於恍惚之中. 如人以目視目, 以口齕口. 雖無可得之理, 其勢必不能不相汝爾於其間也. … 滅情廢事, 以自棄君臣父子之間, 則心之用亦息矣."

15 "이전의 관점이 잘못된 것은 단지 마음이나 본성에 대한 명칭이 적절치 못하다는 데에 있지 않습니다. 그것보다는 평소의 공부에 있어서 전혀 본령을 확보하지 못했다는 점입니다."(前日之說非, 惟心性之名命之不當, 而日用工夫全無本領. … 向來講論思索, 直以心爲已發, 而日用工夫, 亦止以察識端倪, 爲最初下手處. 以故闕却平日涵養一段工夫. 『朱熹集』 권64 「與湖南諸公論中和第一書」)

16 『朱熹集』 권43 「答林擇之19」 : "今且論涵養一節, 疑古人直自小學中涵養成就, 所以大學之道只從格物做起. 今人從前無此工夫, 但見大學以格物爲先, 便欲只以思慮知識求之, 更不於操存處用力, 縱使窺測得十分, 亦無實地可據. 大抵敬字是徹上徹下之意, 格物致知乃其間節次進步處耳."

17 『朱子語類』 권27 : "所謂一者, 對萬而言. 今卻不可去一上尋, 須是去萬上理會."

18 『朱子語類』 권27 : "而今不是一本處難認, 是萬殊處難認."

19 『朱子語類』 권27 : "聖人未嘗言理一, 多只言分殊. 蓋能於分殊中事事物物, 頭頭項項, 理會得其當然, 然後方知理本一貫. 不知萬殊各有一理, 而徒言理一, 不知

理一在何處."

20 『朱熹集』 권30 「答汪尙書7」 : "今日爲學用力之初, 正當學問思辨而力行之, 乃可以變化氣質而入於道. 顧乃先自禁切, 不學不思, 以坐待其無故忽然而有見, 無乃溺心於無用之地, 玩歲愒日而卒不見其成功乎? 就使僥倖於恍惚之間, 亦與天理人心·敍秩命討之實了無交涉, 其所自謂有得者, 適足爲自私自利之資而已. 此則釋氏之禍橫流稽天而不可遏者."

21 『朱熹集』 권45 「答廖子晦」 : "克己復禮, 固非易事. 然顔子用力, 乃在於視聽言動, 禮與非禮之間. 未敢便道是得其本心, 而了無一事也."

10장.

1 『中庸章句』 : "尊德性, 所以存心而極乎道體之大也. 道問學, 所以致知而盡乎道體之細也. 二者脩德凝道之大端也. 不以一毫私意自蔽, 不以一毫私欲自累, 涵泳乎其所已知, 敦篤乎其所已能, 此皆存心之屬也. 析理則不使有 毫釐之差, 處事則不使有過不及之謬, 理義則日知其所未知, 節文則日謹其所未謹, 此皆致知之屬也. 蓋非存心, 無以致知, 而存心者, 又不可以不致知."

2 趙峰, 『朱熹的終極關懷』, 華東師范大學出版社, 2004, 146~148·160·166쪽 참고.

3 이러한 관점으로는 전병욱, 「朱子 仁論 체계와 工夫論의 전개」, 고려대학교 박사학위논문, 2007, 134~135쪽 참고.

4 주광호, 「朱子의 격물공부 -대상에 대한 해석학적 관심」, 『동양철학』 51집, 한국동양철학회, 2019, 106~107쪽.

5 『大學或問』 : "使於身心性情之德, 人倫日用之常, 以至天地鬼神之變, 鳥獸草木之宜, 自其一物之中, 莫不有以見其所當然而不容已, 與其所以然而不可易者. 必其表裏精粗無所不盡, 而又益推其類以通之, 至於一日脫然而貫通焉, 則於天下之物, 皆有以究其義理精微之所極, 而吾之聰明睿智, 亦皆有以極其心之本體而無不盡矣."

6 이상돈, 「주자의 수양론」, 서울대학교 박사학위논문, 2010, 160쪽 참고.

7 『朱子語類』 권14 : "知與行, 工夫須著並到. 知之愈明, 則行之愈篤, 行之愈篤, 則知之益明. 二者皆不可偏廢. 如人兩足相先後行, 便會漸漸行得到. 若一邊軟了, 便一步也進不得."

8 『朱熹集』 권56 「答鄭子上10」 : "格物致知, 乃是就此等實事功夫上窮究, 非謂舍

置卽今職分之所當爲, 而泛然以窮事物之理, 待其窮盡而後意自誠心自正身自脩也."

9 『朱子語類』 권15 : "致知, 不是知那人不知底道理, 只是人面前底. 且如義利兩件, 昨日雖看義當爲然, 而卻又說未做也無害; 見得利不可做, 卻又說做也無害; 這便是物未格, 知未至. 今日見得義當爲, 決爲之; 利不可做, 決定是不做, 心下自肯自信得及, 這便是物格, 便是知得至了."

10 『朱熹集』 권44 「答江德功2」: "夫天生蒸民有物有則, 物者形也, 則者理也. 形者所謂形而下者也, 理者所謂形而上者也. 人之生也, 固不能無是物矣. 而不明其物之理, 則無以順性命之正, 而處事物之當. 故必卽是物以求之知求其理矣. 而不至夫物之極, 則物之理有未窮, 而吾之知亦未盡, 故必至其極而後已. 此所謂格物, 而至於物則物理盡者也. 物理皆盡, 則吾之知識廓然貫通, 無有蔽礙, 而意無不誠, 心無不正矣."

11 『大學章句』: 格物補傳, "至於用力之久, 而一旦豁然貫通焉, 則衆物之表裏精粗無不到, 而吾心之全體大用無不明矣. 此謂物格, 此謂知之至也."

12 蒙培元, 『理學的演變』, 福建人民出版社, 1998, 64~66쪽 참고.

13 陳來, 이종란 외 역, 『주희의 철학』, 예문서원, 2002, 355쪽.

14 『朱子語類』 권18 : "或問程子致知、格物之說不同.曰: 「當時答問, 各就其人而言之.今須是合就許多不同處, 來看作一意為佳.且如既言『不必盡窮天下之物』, 又云『一草一木亦皆有理』.今若於一草一木上理會, 有甚了期. 但其間有『積習多後自當脫然有貫通處』者為切當耳. 今以十事言之, 若理會得七八件, 則那兩三件觸類可通. 若四旁都理會得, 則中間所未通者, 其道理亦是如此."

15 『二程遺書』 권25 : '致知在格物', 非由外鑠我也, 我固有之也. 因物有遷, 迷而不知, 則天理滅矣, 故聖人欲格之.

16 『二程遺書』 권25 : "隨事觀理, 而天下之理得矣. 天下之理得, 然後可以至於聖人. 君子之學, 將以反躬而已矣. 反躬在致知, 致知在格物."

17 『禮記集說』 권149 : "延平楊氏曰, 致知在格物, 言當極盡物理也. 理有不盡, 則天下之物, 皆足以亂吾之知思, 於正心誠意遠矣. … 而物固不可勝窮也. 反身而誠, 則天下之物在我矣. … 目之於色, 耳之於聲, 口鼻之於臭味, 接乎外而不得遁焉者, 其必有以也. 知其體物而不可遺, 則天下之理得矣. 天下之理得, 則物與吾一也. 其有能亂吾之心思而意其有不誠乎. 由是而通天下之志, 類萬物之情, 贊天地之化, 其則不遠矣, 則其知可不謂至矣乎. … 為是道者, 必先乎明善, 然後知所以為善也. 明善在致知, 致知在格物, 號物之多至於萬, 則物蓋有不可勝窮

者, 反身而誠, 則擧天下之物在我矣."

18 『朱子語類』 권18 : 器遠問: "格物當窮究萬物之理令歸一, 如何?" 曰: "事事物物各自有理, 如何硬要捏合得! 只是才遇一事, 即就一事究竟其理, 少間多了, 自然會貫通."

19 『朱子語類』 권15 : "而今人也有推極其知者, 卻只泛泛然竭其心思, 都不就事物上窮究. 如此, 則終無所止."

20 『朱子語類』 권15 : "人多把這道理作一箇懸空底物. 大學不說窮理, 只說箇格物, 便是要人就事物上理會, 如此方見得實體. 所謂實體, 非就事物上見不得. 且如作舟以行水, 作車以行陸. 今試以衆人之力共推一舟於陸, 必不能行, 方見得舟果不能以行陸也, 此之謂實體."

21 『朱子語類』 권15 : 問: "知至·意誠, 求知之道, 必須存神索至, 不思則不得誠. 是否?" 曰: "致知·格物, 亦何消如此說. 所謂格物, 只是眼前處置事物, 酌其輕重, 究極其當處, 便是, 亦安用存神索至!"

22 『朱子語類』 권20 : "惟學之久, 則心與理一, 而周流泛應, 無不曲當矣."

23 『朱子語類』 권18 : "心卽理, 理卽心, 動容周旋, 無不中理矣."

24 『朱子語類』 권15 : "問: 格物須合內外始得? 曰: 他內外未嘗不合. 自家知得物之理如此, 則因其理之自然而應之, 便見合內外之理. 目前事事物物, 皆有至理. 如一草一木, 一禽一獸, 皆有理. 草木春生秋殺, 好生惡死. '仲夏斬陽木, 仲冬斬陰木', 皆是順陰陽道理."

25 『中庸或問』 : "若知有未至, 則反之而不誠者多矣. 安得直謂但能反求諸身, 則不待求之於外, 而萬物之理, 皆備於我, 而無不誠哉! 況格物之功, 正在卽事卽物, 而各求其理. 今乃反欲離去事物, 而專務求之於身, 尤非大學之本意矣."

26 『大學或問』 : "曰, 近世大儒有爲格物致知之說者曰: '格猶扞也, 禦也, 能扞禦外物, 而後能知至道也.' 又有推其說者曰: '人生而靜, 其性本無不善, 而有爲不善者, 外物誘之也, 所謂格物以致其知者, 亦曰扞去外物之誘, 而本然之善自明耳.' 是其爲說, 不亦善乎? 曰, 天生蒸民有物有則, 則物之與道, 固未始相離也. 今曰禦外物而後可以知至道, 則是絶父子而後可以知孝慈, 離君臣而後可以知仁敬也. 是安有此理哉! 若曰所謂外物者, 不善之誘耳, 非指君臣父子而言也, 則夫外物之誘人, 莫甚於飮食男女之欲. 然推其本, 則固亦莫非人之所當有而不能無者也. 但於其間自有天理人欲之辨, 而不可以毫釐差耳. 惟其徒有是物, 而不能察於吾之所以行乎其間者, 孰爲天理, 孰爲人欲, 是以無以致其克復之功, 而物之誘於外者, 得以奪乎天理之本然也. 今不卽物以窮其原, 而徒惡物之誘乎己, 乃欲一切扞而去之, 則是必閉口枵腹, 然後可以得飲食之正, 絶滅種類, 然後可以全夫婦之別也. 是雖二氏無君無父之教, 有不能充其說者, 况乎聖人大中至正之道, 而得以此亂之哉?"

11장.

1 송초 경학 학풍의 전환에 대해서는 蔡方鹿, 『朱熹經學與中國經學』, 人民出版社, 2004, 136-139쪽 참고.

2 『莊子』 「天運」 : 孔子謂老聃曰: "丘治《詩》《書》《禮》《樂》《易》《春秋》六經, 自以為久矣, 孰知其故矣, 以奸者七十二君, 論先王之道而明周召之跡, 一君無所鉤用. 甚矣夫! 人之難說也, 道之難明邪!"

3 蔡方鹿, 『朱熹經學與中國經學』, 人民出版社, 2004, 14-20쪽 참고.

4 〈사서〉의 형성 과정 등에 대해서는 朱漢民·肖永明의 『宋代〈四書〉學與理學』(中華書局, 2009.)를 참고할 수 있다.

5 章學誠(1738-1801) : 자는 實齋이다. 浙江省 會稽 출신이다. 黃宗羲의 학통을 이어 절동학파를 이룬 학자로 평가 받는다. 대표적인 저술로는 『文史通義』, 『校讎通義』 등이 있다.

6 『集注』 내에서 인용된 정문의 주석 횟수는 다음과 같다. 二程 239회, 尹暾 99회, 楊時 72회, 范祖禹 69회, 謝良佐 48회, 遊酢 8회, 侯師聖 5회, 呂大臨 16회. [蔡方鹿, 『朱熹經學與中國經學』, 人民出版社, 2004, 266쪽.]

7 束景南에 의하면, 주자는 43세에 『語孟精義』를 완성하고 建陽에서 출판했으며, 이 무렵 『大學章句』와 『中庸章句』의 초고가 이루어져 張栻, 呂祖謙등과 토론하였다. 48세 6월에는 『四書集註』와 『四書或問』이 완성되었으며, 53세에 『四書集注』를 무주에서 출판함으로써 '四書'라는 용어가 처음 사용되었다. (束景南, 『朱熹年譜長編』, 華東師範大學出版社, 2001. 참고.)

8 「中庸章句序」 : "熹自蚤歲即嘗受讀而竊疑之, 沉潛反復, 蓋亦有年. 一旦恍然似有以得其要領者. 然後乃敢會眾說而折其中. 既為定著章句一篇, 以俟後之君子. 而一二同志復取石氏書, 刪其繁亂, 名以輯略. 且記所嘗論辯取舍之意, 別為或問, 以附其後. 然後此書之旨, 支分節解, 脈絡貫通, 詳略相因, 巨細畢舉, 而凡諸說之同異得失, 亦得以曲暢旁通, 而各極其趣.

9 錢穆의 『朱子新學案』에 따르면 주자의 저작 중에는 30세에 謝上蔡 등 정문에

대한 평가가 처음 등장해서 줄곧 만년에 이르는데, 초기에는 일방적으로 추종하다가 44세 무렵부터 평가가 엇갈리고 말년으로 갈수록 비판적으로 변해간다고 한다. (錢穆, 『朱子新學案』, 三民書局, 1971, 3책 162-170쪽 참고.)

10 「中庸章句序」: "程夫子兄弟者出, 得有所考, 以續夫千載不傳之緖, 得有所據, 以斥夫二家似是之非. 蓋子思之功於是為大, 而微程夫子, 則亦莫能因其語而得其心也. 惜乎. 其所以為說者不傳, 而凡石氏之所輯錄, 僅出於其門人之所記, 是以大義雖明, 而微言未析. 至其門人所自為說, 則雖頗詳盡而多所發明, 然倍其師說而淫於老佛者, 亦有之矣."

11 『中庸章句』: "脩, 品節之也. 性道雖同, 而氣稟或異, 故不能無過不及之差, 聖人因人物之所當行者而品節之, 以為法於天下, 則謂之教, 若禮､樂､刑､政之屬是也."

12 『朱子語類』 권62 : 問中庸'始言一理, 中散為萬事, 末復合為一理'云云. 曰: "如何說曉得一理了, 萬事都在裏面?天下萬事萬物都要你逐一理會過, 方得. 所謂『中散為萬事』, 便是中庸. 近世如龜山之論, 便是如此, 以為反身而誠, 則天下萬物之理皆備於我. 萬物之理, 須你逐一去看, 理會過方可. 如何會反身而誠了, 天下萬物之理便自然備於我? 成箇甚麼?"

13 『中庸章句』: "盡其性者德無不實, 故無人欲之私, 而天命之在我者, 察之由之, 巨細精粗, 無毫髮之不盡也. 人物之性, 亦我之性, 但以所賦形氣不同而有異耳. 能盡之者, 謂知之無不明而處之無不當也."

14 『中庸或問』: "其論天地之中, 性與天道一節, 最其用意深處. 然經文所指, 不睹不聞, 隱微之間者, 乃欲使人戒懼乎此, 而不使人欲之私, 得以萌動於其間耳. 非欲使人虛空其心, 反觀於此, 以求見夫所謂中者而遂執之, 以爲應事之準 則也. … 而又曰: '正惟虛心以求, 則庶乎見之.' 是又別以一心而求此一心, 見此一心也. 豈不誤之甚哉!"

15 『中庸或問』: "楊氏所謂'未發之時, 以心驗之, 則中之義自見, 執而勿失, 無人欲之私焉, 則發必中節矣.' 又曰: '須於未發之際, 能體所謂中.' 其曰: 驗之體之執之, 則亦呂氏之失也. 其曰: '其慟其喜, 中固自若', 疑與程子所云, '言和則中在其中'者相似. 然細推之, 則程子之意, 正謂喜怒哀樂已發之處, 見得未發之理. 發見在此一事一物之中, 各無偏倚過不及之差, 乃時中之中, 而非渾然在中之中也."

16 아호사에서의 朱陸 모임에 대해서는 고재석, 「주육논쟁의 시작, 아호모임에 관한 연구」, 『儒教思想研究』 40집, 유교문화연구소, 2010. 를 참고할 수 있다.

17 『朱子語類』 권11 : "今人讀書, 多不就切己上體察, 但於紙上看, 文義上說得去便

了. 如此, 濟得甚事! … 解經已是不得已, 若只就注解上說, 將來何濟! 如畫那人一般, 畫底卻識那人. 別人不識, 須因這畫去求那人, 始得. 今便以畫喚做那人, 不得.";『朱子語類』 권11 : 或問讀書工夫. 曰: "這事如今似難說. 如世上一等人說道不須就書冊上理會, 此固是不得. 然一向只就書冊上理會, 不曾體認著自家身己, 也不濟事. 如說仁義禮智, 曾認得自家如何是仁?自家如何是義?如何是禮?如何是智? 須是著身己體認得. 如讀'學而時習之', 自家曾如何學? 自家曾如何習? '不亦說乎'! 曾見得如何是說? 須恁地認, 始得. 若只逐段解過去, 解得了便休, 也不濟事. 如世上一等說話, 謂不消得讀書, 不消理會, 別自有箇覺處, 有箇悟處, 這箇是不得. 若只恁地讀書, 只恁地理會, 又何益!"

18 『陸九淵集』 권7 「與詹子南」: "得書開讀, 甚慰! 爲學有本末先後, 其進有序, 不容躐等. 夫子天縱之聖, 自志學十五年而後立, 立十年而後不惑, 又十年而後知天命, 其未五十也, 曰加我數年, 五十以學易, 可以無大過矣, 又十年而耳順, 又十年而從心所欲不踰矩. 今人天資去聖人固遠, 輒欲以口耳剽竊場屋之餘習, 妄論聖經, 多見其不知量也."

19 『陸九淵集』 권2 「與王順伯2」: "某前書所論, 論其教之所從起, 而兄則指其所造以辨之. 某雖不曾看釋藏經教, 然而『楞嚴』·『圓覺』·『維摩』 等經, 則嘗見之.";『陸九淵集』 권20 「贈二趙」: "書契既造, 文字日多, 六經既作, 傳註日繁, 其勢然也. 苟得其實, 本末始終, 較然甚明. 知所先後, 則是非邪正知所擇矣. 雖多且繁, 非以爲病, 祇以爲益. 不得其實而蔽於其末, 則非以爲益, 祇以爲病.";『陸九淵集』 권27 「全州教授陸先生行狀」: "先生覽書無滯礙, 繙閱百家, 晝夜無倦, 於陰陽·星曆·五行·卜筮, 靡不通曉. … 場屋之文, 大抵追時好, 拘程度, 不復求至當. 惟先生之文, 據經明理, 未嘗屈其意."

20 『朱子語類』 권10 : "讀書已是第二義. 蓋人生道理合下完具, 所以要讀書者, 蓋是未曾經歷見許多, 聖人是經歷見得許多, 所以寫在冊上與人看. 而今讀書, 只是要見得許多道理. 及理會得了, 又皆是自家合下元有底, 不是外面旋添得來."

21 『朱子語類』 권10 : "學問, 就自家身己上切要處理會方是, 那讀書底已是第二義. 自家身上道理都具, 不曾外面添得來. 然聖人教人, 須要讀這書時, 蓋爲自家雖有這道理, 須是經歷過, 方得. 聖人說底, 是他曾經歷過來."

22 이 밖에도 성문화된 경전이 갖는 특성으로는 체계성·공개성·교육적 효과·구속력 등을 생각할 수 있다.

23 『朱子語類』 권11 : "人之爲學固是欲得之於心, 體之於身. 但不讀書, 則不知心之所得者何事."

24 『朱子語類』 권124 : "人性質有不同, 或有魯鈍, 一時見未到得; 別人說出來, 反之於心, 見得爲是而行之, 是亦內也. 人心所見不同, 聖人方見得盡. 今陸氏只是要自渠心裏見得底, 方謂之內; 若別人說底, 一句也不是. 才自別人說出, 便指爲義外. 如此, 乃是告子之說. 如'生而知之', 與'學而知之, 困而知之'; '安而行之', 與'利而行之, 勉强而行之'; 及其知之行之, 則一也. 豈可一一須待自我心而出, 方謂之內? 所以指文義而求之者, 皆不爲內?"

25 이 내용과 관련해서는 홍성민, 「義外說 비판을 통해서 본 朱子 도덕 인식론의 특징 – 陸象山과 비교를 중심으로」, 『유교사상문화연구』 69집, 한국유교학회, 2017. 를 참고할 수 있다.

26 『中庸章句』 20장 : 或生而知之, 或學而知之, 或困而知之, 及其知之一也; 或安而行之, 或利而行之, 或勉強而行之, 及其成功一也.

27 『朱子語類』 권93 : "此道更前後聖賢, 其說始備. 自堯舜以下, 若不生箇孔子, 後人去何處討分曉? 孔子後若無箇孟子, 也未有分曉. 孟子後數千載, 乃始得程先生兄弟發明此理. 今看來漢唐以下諸儒說道理見在史策者, 便直是說夢? 只有箇韓文公依稀說得略似耳."

28 『朱子語類』 권124 : 先生曰: "某舊間持論亦好高, 近來漸漸移近下, 漸漸覺實也. 如孟子, 卻是將他到底已教人. 如言'存心養性, 知性知天', 有其說矣, 是他自知得. 餘人未到他田地, 如何知得他滋味? 卒欲行之, 亦未有入頭處. 若論語, 卻是聖人教人, 存心養性·知性知天, 實涵養處, 便見得, 便行得也."

29 『孟子』 「盡心上」 : 孟子曰: "盡其心者, 知其性也. 知其性, 則知天矣. 存其心, 養其性, 所以事天也. 殀壽不貳, 修身以俟之, 所以立命也."

30 『陸九淵集』 권35 「語類下」 : "孟子之言, 大抵皆因當時之人處己太卑, 而視聖人太高. 不惟處己太卑, 而亦以此處人如是, 何足與言仁義也之語可見. 不知天之予我者其初未嘗不同. 如未嘗有才焉之類, 皆以謂才乃聖賢所有, 我之所無, 不敢承當着. 故孟子說此乃人人都有. 自爲斧斤所害, 所以淪胥爲禽獸. 若能涵養此心, 便是聖賢. 讀孟子須當理會他所以立言之意, 血脉不明, 沉溺章句何益?"

31 『朱子語類』 권11 : "今人只爲不曾讀書, 祇是讀得粗書. 凡讀書, 先讀語孟, 然後觀史, 則如明鑑在此, 而妍醜不可逃. 若未讀徹語孟中庸大學便去看史, 胸中無一箇權衡, 多爲所惑. 又有一般人都不曾讀書, 便言我已悟得道理, 如此便是惻隱之心, 如此便是羞惡之心, 如此便是是非之心, 渾是一箇私意, 如近時祧廟可見."

32 祧廟는 죽은 조상의 사당을 의미하지만 여기서는 죽은 지 오래되지 않은 이를 의미하는 것으로 보인다.

33 『朱子語類』 권124 : "病只在不知有氣稟之雜, 把許多粗惡底氣都把做心之妙理."

34 이동욱, 「陸九淵 修養論에서 四端의 역할에 관하여」, 『퇴계학보』 127집, 퇴계학연구원, 2010-2.

35 『朱子語類』 권59 : "如先酌鄕人與敬弟之類, 若不問人, 怎生得知? … 若不因講問商量, 何緣會自從裏面發出? 其說乃與佛氏'不得擬議, 不得思量, 直下便是'之說相似, 此大害理."

36 『論語集注』「述而」: 子曰: "我非生而知之者, 好古, 敏以求之者也." ○尹氏曰: "孔子以生知之聖, 每云好學者, 非惟勉人也, 蓋生而可知者義理爾, 若夫禮樂名物, 古今事變, 亦必待學而後有以驗其實也."

37 『孟子』「盡心上」: 孟子曰: "人之所不學而能者, 其良能也; 所不慮而知者, 其良知也. 孩提之童, 無不知愛其親者; 及其長也, 無不知敬其兄也. 親親, 仁也; 敬長, 義也. 無他, 達之天下也."

38 『朱子語類』 권62 : 問中庸'始言一理, 中散爲萬事, 末復合爲一理'云云. 曰: "如何說曉得一理了, 萬事都在裏面? 天下萬事萬物都要你逐一理會過, 方得. 所謂'中散爲萬事', 便是中庸. 近世如龜山之論, 便是如此, 以爲'反身而誠', 則天下萬物之理皆備於我. 萬物之理, 須你逐一去看, 理會過方可. 如何會反身而誠了, 天下萬物之理便自然備於我? 成箇甚麼?"

39 『朱子語類』 권4 : 問: "理是人物同得於天者. 如物之無情者, 亦有理否?" 曰: "固是有理, 如舟只可行之於水, 車只可行之於陸."

40 『陸九淵集』 권15 「與陶贊仲」: 仁義忠信, 樂善不倦, 此夫婦之愚不肖, 可以與知能行. 聖賢所以爲聖賢, 亦不過充此而已. 學者之事當以此爲根本. 若夫天文、地理、象數之精微, 非有絶識, 加以積學, 未易言也. 某欲作一揲蓍說, 稍發易數之大端, 以排異說, 曉後學. 坐事奪, 未克成就.

41 아라키 겐코는 "육구연이 심을 무한으로 확대하면서 물리를 일심에 흡수하고, 객관세계를 수립하는 독자적인 소재·조건·세력을 일거에 끊어버림으로써 진정으로 천리를 파악할 수 없게 하였다."(荒木見悟, 심경호 역, 『불교와 유교』, 320-321쪽, 심도희, 「상산학은 선학인가 - 주희의 비판에 대한 육구연의 입장을 중심으로」, 『중국철학』 10권, 중국철학회, 2002, 165쪽에서 재인용) 라고 했고, 조남호 역시 "육구연은 본성과 마음의 문제를 중시하고 마음의 밖의 리를 탐구하는 격물문제나 남과 관계를 맺는 충서문제에는 관심이 없다."고 했다. (조남호, 『주희: 중국철학의 중심』, 태학사, 2004, 166쪽) 그러나 이러한 평가에 육구연은 동의하지 않을 것이다.

42 『陸九淵集』 권35 「語類下」 : 後生惟讀書一路, 所謂讀書, 須當明物理, 揣事情, 論事勢. 且如讀史, 須看他所以成, 所以敗, 所以是, 所以非處. 優游涵泳, 久自得力. 若如此讀得三五卷, 勝看三萬卷.

43 『陸九淵集』 권1 「與邵叔誼」 : 後世耻一物之不知者, 亦耻非其耻矣. 人情物理之變, 何可勝窮, 若其標末, 雖古聖人不能盡知也. 稷之不能審於八音, 夔之不能詳於五種, 可以理揆.

44 이에 대해서는 정현정, 「주희(朱熹)와 육구연(陸九淵)의 상례(喪禮) 논쟁에 대한 고찰」, 『가톨릭철학』 21집, 한국가톨릭철학회, 2013. 을 참고할 수 있다.

45 홍성민 교수는 "육상산에게 있어 본심이 그 자체로 완전하고 자족적인 것인데 반해 주자는 양지가 외부에 대한 인식에 의존적이라고 말한다. 양지 자체는 선험적인 것이지만 그것의 실현 과정에서는 경험적 인식이 수반되어야 한다는 것이 주자의 생각이다."라고 말한다. 그러나 상산 역시 본심의 자족성을 말하는 것이 아니라 본심 확보의 우선성을 말하는 것이다. (홍성민, 「義外說 비판을 통해서 본 朱子 도덕 인식론의 특징 – 陸象山과 비교를 중심으로」, 『유교사상문화연구』 69집, 한국유교학회, 2017, 245쪽 참고.)

46 『朱子語類』 권19 : "某於論孟, 四十餘年理會, 中間逐字稱等, 不教偏些子. 學者將注處, 宜子細看. … "中庸解每番看過, 不甚有疑. 大學則一面看, 一面疑, 未甚愜意, 所以改削不已."; 『朱子語類』 권14 : 或問: "大學解已定否?" 曰: "據某而今自謂穩矣. 只恐數年後又見不穩, 這箇不由自家."

47 『朱子語類』 권11 : "學者不可用己意遷就聖賢之言."

48 『朱子語類』 권19 : "聖人言語本自明白, 不須解說. 只爲學者看不見, 所以做出注解與學者省一半力. 若注解上更看不出, 卻如何看得聖人意出!" 又曰: "凡看文字, 端坐熟讀, 久久於正文邊自有細字注脚迸出來, 方是自家見得親切. 若只於外面捉摸箇影子說, 終不濟事. 聖人言語只熟讀玩味, 道理自不難見. 若果曾著心, 而看他道理不出, 則聖賢爲欺我矣!"

49 『陸九淵集』 권21 「學說」 : "自古聖人亦因往哲之言, 師友之言, 乃能有進. 況非聖人, 豈有自任私知而能進學者. 然往哲之言, 因時乘理, 其指不一. 方冊所載, 又有正僞、純疵、若不能擇, 則是泛觀. 欲取決於師友, 師友之言亦不一, 又有是非, 當否, 若不能擇, 則是泛從. 泛觀泛從, 何所至止?"

50 『孟子』 「盡心下」 : 孟子曰: "盡信書, 則不如無書. 吾於武成, 取二三策而已矣. 仁人無敵於天下. 以至仁伐至不仁, 而何其血之流杵也?"

51 『陸九淵集』 권32 「拾遺·取二三策而已矣」 : "昔人之書不可以不信, 亦不可以必

信, 顧於理如何耳. 蓋書可得而僞爲也, 理不可得而僞爲也. … 觀昔人之書而斷於理, 則真僞將焉逃哉? 苟不明於理而惟書之信, 幸而取其真者也, 如其僞而取之, 則其弊將有不可勝者矣. 孟子曰:「吾於『武成』, 取二三策而已矣」. 非明於理者, 孰能與於此. … 然則昔之聖賢, 蓋未嘗有不取於書者也. 欲求稽古昔以爲師法訓式, 而非書之取, 將孰取之哉? 然而古者之書不能皆醇也, 而疵者有之; 不能皆然也, 而否者有之. 真僞之相錯, 是非之相仍, 使不通乎理而概取之, 則安在其爲取於書也? 昔之聖賢, 豈其然乎? … 使書而皆合於理, 雖非聖人之『經』, 盡取之可也. 況夫聖人之『經』, 又安得而不信哉? 如皆不合於理, 則雖二三策之寡, 亦不可得而取之也, 又可必信之乎? … 而後世乃有疲精神, 勞思慮, 皓首窮年, 以求通『經』學古, 而內無益於身, 外無益於人, 敗事之誚, 空言坐談之譏, 皆歸之者, 庸非不通於理, 而惟書之信, 其取之者不精而致然耶?"

52 『陸九淵集』 권34 「語類上」: "『論語』中多有無頭柄的說話, 如知及之, 仁不能守之之類, 不知所及所守者何事. 如學而時習之, 不知時習者何事. 非學有本領, 未易讀也. 苟學有本領, 則知之所及者, 及此也. 仁之所守者, 守此也. 時習之, 習此也. 說者說此, 樂者樂此, 如高屋之上建瓴水矣. 學苟知本, 六經皆我註脚."

53 『陸九淵集』 권34 「語類上」: 或問先生何不著書, 對曰: "六經註我, 我註六經. 韓退之是倒做, 蓋欲因學文而學道."

54 『陸九淵集』 권34 「語類上」: "某云途中某和得家兄此詩云, 墟墓興哀宗廟欽, 斯人千古不磨心. 涓流滴到滄溟水, 拳石崇成泰華岑. 易簡工夫終久大, 支離事業竟浮沉."

55 『陸九淵集』 권19 「貴溪重修縣學記」: "二帝三王之書, 先聖先師之訓, 炳如日星. 傳註益繁, 論說益多, 無能發揮, 而祗以爲蔽. 家藏其帙, 人誦其言, 而所汲汲者顧非其事, 父兄之所願欲, 師友之所期向, 實背而馳焉. 而舉世不以爲非, 顧以爲常."

56 『陸九淵集』 권35 「語類下」: "讀孟子須當理會他所以立言之意, 血脉不明, 沉溺章句何益?"

57 蔡方鹿, 『朱熹經學與中國經學』, 人民出版社, 2004, 257–258쪽 참고.

58 『陸九淵集』 권34 「語類上」: "舉詩至此, 元晦失色."

59 "陸九淵에게 尊德性과 道問學은 결코 주자에게서처럼 수평적인 관계일 수가 없다. 尊德性 없는 道問學은 가치가 없는 것이기 때문이다." (김민철, 「陸九淵의 心卽理 體系」, 『哲學論究』 27호, 서울대학교 철학과, 1999, 151쪽.)

60 다만 이들은 아호사에서만큼은 공부의 목적에 대한 일치된 인식에서 논쟁을

진행했던 것으로 보인다. 그리고 이러한 '일치된 인식'은 후대(특히 명대)의 학자들로부터 지금까지 별다른 논란 없이 일반적으로 받아들여져 왔다. 즉 '도덕 본성의 확인'이다. 이러한 맥락이라면 주자가 논쟁에서 이기기는 쉽지 않아 보인다. 그 층위에서의 도문학은 존덕성에 종속적이기 때문이다. 이런 맥락에서 아호모임을 요약 평가한 「象山年譜」의 다음 내용은 다시금 주목될 필요가 있다. "鵝湖之會, 論及教人. 元晦之意, 欲令人泛觀博覽, 而後歸之約. 二陸之意, 欲先發明人之本心, 而後使之博覽." 博覽이 되었든 約이 되었든 그 목적은 지극히 도덕 본성에 대한 것으로 귀결되어 있다. 그러나 주자에게서 博은 約을 위한 도구가 아니다. 주자를 約으로의 귀결이라 평가한 것은 지극히 심학적 관점이다.

12장.

1 『朱子語類』 권78 : "程子曰, 人心人欲, 故危殆, 道心天理, 故精微. 惟精以致之, 惟一以守之, 如此方能執中. 此言盡之矣. 惟精者, 精審之而勿雜也; 惟一者, 有首有尾, 專一也. 此自堯舜以來所傳, 未有他議論, 先有此言. 聖人心法, 無以易此."

2 박길수, 「주희 인심도심론의 심성론적 함의–인심도심은 이발인가?–」, 『철학연구』 46집, 고려대학교 철학연구소, 2012, 2–3쪽: "그는 초중기의 과도기를 거쳐 이후 말년(60세 이후)에 이르러 人心과 道心을 심의 두 가지 상이한 상태로 간주하고, 形氣之私와 性命之正을 그 근거로 삼은 정론을 제시한다. 이것은 그가 유가 윤리의 가치와 근거를 궁극적으로 심성론의 범주 안에서 통합했다는 것을 의미한다."

3 최영진, 「朱子 人心道心의 概念과 分岐에 관한 分析的 探求」, 『철학』 130집, 한국철학회, 2017, 4쪽 참고.

4 『書經』 「大禹謨」 : "益曰吁, 戒哉. 儆戒無虞, 罔失法度, 罔遊于逸, 罔淫于樂. 任賢勿貳, 去邪勿疑, 疑謀勿成, 百志惟熙. 罔違道, 以干百姓之譽, 罔咈百姓, 以從己之欲. 無怠無荒, 四夷來王." 번역은 성백효 역주, 『書經集傳』, 전통문화연구회, 1998, 82쪽. 이하 『書經』의 번역은 이 책의 것을 따랐다.

5 『書經』 「大禹謨」 : "無稽之言, 勿聽. 弗詢之謀, 勿庸. 可愛非君, 可畏非民. 衆非元后, 何戴. 后非衆, 罔與守邦. 欽哉, 愼乃有位, 敬脩其可願. 四海困窮, 天祿永終. 惟口出好興戎, 朕言不再."

6 孔穎達(574–648) : 자는 冲遠이고, 시호는 憲이다. 冀州 衡水 사람이다. 隋煬帝 초년 明經科에 합격하여 河內郡博士에 제수되었다. 당 건국 후 國子博士와 國子祭酒 등을 역임했다. 『春秋左氏傳』, 『毛詩』, 『禮記』와 鄭玄의 『尙書』주석과, 王弼의 『周易』주에 밝았고, 曆算에도 뛰어났다. 당 태종의 명을 받아 顔師古, 司馬才章, 王恭, 王琰 등과 함께 『五經正義』를 찬술했다. 이 책은 송나라 때 합간된 『十三經注疏』에 모두 수록되어 있다.

7 孔安國의 주석은 다음과 같다. 『尙書正義』「大禹謨」 : "因戒以為君之法, 民心惟甚危險, 道心惟甚幽微. 危則難安, 微則難明, 汝當精心,惟當一意, 信執其中正之道, 乃得人安而道明耳. 又為人君, 不當妄受用人語. 無可考驗之言, 勿聽受之. 不是詢衆之謀, 勿信用之."

8 『尙書注疏』 권1 : "道者徑也, 物所從之路也. 因言人心遂云道心, 人心為萬慮之主, 道心為衆道之本. 立君所以安人, 人心危則難安; 安民必須明道, 道心微則難明. 将欲明道, 必須精心; 将欲安民, 必須一意. 故以戒精心一意, 又當信執其中, 然後可得明道以安民耳."

9 『二程遺書』 권11 「師訓」 : "人心惟危, 人欲也, 道心惟微, 天理也. 惟精惟一, 所以至之, 允執厥中, 所以行之."; 『二程外書』 권2 「朱公掞問學拾遺」 : "人心, 人欲, 道心, 天理."; 『二程外書』 권3 「陳氏本拾遺」 : "人心惟危, 人欲也, 道心惟微, 天理也."; 『二程遺書』 권24 : "人心, 私欲, 故危殆. 道心, 天理, 故精微. 滅私欲, 則天理明矣."

10 만약 人心의 '人'을 백성으로 해석한다면, 백성의 마음을 없애라는 말이 되기에 程頤에게서 '人'은 백성이 될 수 없음은 자명하다.

11 蔡沉(1167–1230) : 蔡元定의 둘째 아들이고 蔡淵의 동생이다. 字는 仲默이었는데, 학자들은 그를 '九峰先生'이라 불렀다. 어려서부터 家學을 이어받았고 아울러 주자에게서 배웠다. 慶元 연간의 '僞學之詔' 때 귀양 가는 그의 아버지를 따라 道州(지금의 湖南省 道縣)로 갔다. 그의 아버지가 죽자 九峰 밑에서 은거하였는데, 자신의 죽음이 얼마 남지 않았음을 예감한 주자가 그에게 『尙書』의 주석을 부탁함에 따라 10여년을 매달린 끝에 마침내 『書集傳』을 완성하였다(1209년) 주자가 죽은 지 9년 뒤의 일이다. 이 주석은 『尙書』 연구사에서 한 획을 긋는 것으로서 여러 사람들의 설을 融會하여 명석하게 풀이한 것이다. 元代 이후에는 과거 시험을 보려는 이들의 필독서가 되었다. 그의 역학은 상수역학에 속한다. 그의 아버지 蔡元定의 '河十洛九'說을 이어받아 『周易』을 「河圖」 계통으로 보면서도 「洛書」는 「洪範」 계통으로 보는 '河偶洛奇'說을 제기하였다. 아울러 蔡沉은 「洛書」의 도식으로 「洪範」 구주를 풀이하였고, 『周

易』에 빗대 洪範之數를 推演하는 체계를 창안하여 송대 '演範' 일파의 선구가 되었다. 그의 아버지 蔡元定이 理로써 數를 풀이하던 것을 계승하여 이처럼 理와 數를 통일시키고 河洛之學을 발전시켰다. 저서에 『洪範皇極』이 있다.

12 『朱熹集』 권65 「大禹謨」: "蓋古之聖人將以天下與人, 未嘗不以其治之之法幷而傳之. 其可見於經者不過如此, 後之人君其可不深畏而敬守之哉? … 上文旣言存心出治之本, 此又告之以聽言處事之方, 內外相資, 兩得其要, 而治道備矣."

13 『中庸章句』: "蓋天地萬物本吾一體, 吾之心正, 則天地之心亦正矣. 吾之氣順, 則天地之氣亦順矣. 故其效驗, 至於如此. 此學問之極功, 聖人之能事. 初非有待於外, 而脩道之敎, 亦在其中矣. 是其一體一用, 雖有動靜之殊, 然必其體立而後用有以行, 則其實亦非有兩事也. 故於此合而言之. 以結上文之意. ○ 右第一章, 子思述所傳之意以立言. 首明道之本原出於天而不可易, 其實體備於己而不可離, 次言存養省察之要, 終言聖神功化之極."

14 『中庸章句』: "其書始言一理, 中散爲萬事, 末複合爲一理."

15 『中庸章句』「讀中庸法」: "中庸之書難看, 中間說鬼說神, 都無理會."

16 『朱子語類』 권62 : "所謂'中散爲萬事', 便是中庸中所說許多事, 如智仁勇, 許多爲學底道理, 與'爲天下國家有九經', 與祭祀鬼神許多事."

17 『朱子語類』 권78 : "問, '饑食渴飮, 此人心否?' 曰, '然. 須是食其所當食, 飮其所當飮, 乃不失所謂道心. 若飮盜泉之水, 食嗟來之食, 則人心勝而道心亡矣!"

18 「中庸章句序」: "然人莫不有是形, 故雖上智不能無人心, 亦莫不有是性, 故雖下愚不能無道心."

19 물론 현실적으론 士大夫 즉 學人만이 여전히 의미 있는 인간의 영역에 들어갈 것이다. 그러나 이론적으로는 모든 인간이 성인이 될 수 있다.

20 『朱子語類』 권12 : "人心是箇無揀擇底心, 道心是箇有揀擇底心. 佛氏也不可謂之邪, 只是箇無揀擇底心."

21 『朱子語類』 권62 : "若專用人心而不知道心, 則固流入於放僻邪侈之域; 若只守道心, 而欲屛去人心, 則是判性命爲二物, 而所謂道心者, 空虛無有, 將流於釋老之學, 而非虞書之所指者. 未知然否?"

22 『朱子語類』 권78 : "舜禹相傳, 只是說人心惟危, 道心惟微, 惟精惟一, 允執厥中. 只就這心上理會, 也只在日用動靜之間求之, 不是去虛中討一箇物事來."

23 『朱子大全』 권57 「答陳安卿」: "如飢飽寒燠之類, 皆生于吾之血氣形體, 而它人無與焉, 所謂私也."

24 『朱子語類』 권62 : "問: 先生說人心是形氣之私, 形氣則是口耳鼻目四肢之屬. 曰: 固是. 問: 如此, 則未可便謂之私. 曰: 但此數件物事屬自家體段上, 便是私有底物, 不比道便公共."

25 『朱熹集』 권44 「答蔡季通2」 : "人之有生, 性與氣合而已. 然即其已合而析言之, 則性主於理而無形, 氣主於形而有質. 以其主理而無形, 故公而無不善, 以其主形而有質, 故私而或不善. 以其公而善也, 故其發皆天理之所行; 以其私而或不善也, 故其發皆人欲之所作. 此舜之戒禹所以有人心道心之別. 蓋自其根本而已然, 非謂氣之所爲有過不及而後流於人欲也."

26 韓元震의 蔡沉 비판에 대해서는 이창규, 「人心道心說에서 朱熹와 韓元震의 문제의식 비교」, 『유교사상문화연구』 72집, 한국유교학회, 2018, 35-36쪽 참고.

27 나는 여기서 주자철학의 근대적 면모를 강조하려는 것이 아니다. 주자의 사유를 분석하는 데에는, '계몽'이라는 키워드를 중심으로 하는 중세 - 근대 - 현대와 같은 시간적 계열보다는 개인과 사회 혹은 사적 집단과 공적 집단이라는 구조적 요인이 더 중요해 보인다. 즉 공사의 대비 구조가 사유의 기본 틀이다.

28 黃宗羲는 「大禹謨」의 인심도심설이 『荀子』의 사상에서 온 것이라고 보았다. 『荀子』와 「大禹謨」의 선후 관계에 대한 이견이 존재하지만, 선후가 아닌 사유의 유사성으로 보자면 그 상관성은 충분히 주목될 필요가 있다. 이에 대해서는 장병한, 「황종희의 상서고문소증·서에 대한 정약용의 변석」, Journal of Korean Culture, 2, 한국어문학국제학술포럼, 2001 참조. 이런 점에서 栗谷의 정치철학이 주자의 '외적 통제'와 비슷하다는 점은 시사하는 바가 크다. 이에 대해서는 서근식, 「退溪 李滉의 四端七情論과 栗谷 李珥의 人心道心論에 담긴 政治哲學的 의미」, 『한국철학논집』 33집, 한국철학사연구회, 2012 참조.

29 『論語』 「顏淵」 : "子貢問政. 子曰: 足食足兵, 民信之矣."

30 『論語』 「子路」 : "子適衛, 冉有僕. 子曰: 庶矣哉! 冉有曰: 旣庶矣, 又何加焉? 曰: 富之. 曰: 旣富矣, 又何加焉? 曰: 敎之."

31 『孟子』 「梁惠王」 上2章 및 下1章 참조.

32 『春秋繁露』 권19 : "何謂本? 曰: 天地人, 萬物之本也, 天生之, 地養之, 人成之; 天生之以孝悌, 地養之以衣食, 人成之以禮樂, 三者相爲手足, 合以成體, 不可一無也; 無孝悌, 則亡其所以生, 無衣食, 則亡其所以養, 無禮樂, 則亡其所以成也; 三者皆亡, 則民如麋鹿…"

33 『二程遺書』 권20 : "夫陰助陽以成物者君子也, 其害陽者小人也; 夫利和義者善

也, 其害義者不善也."

34 『朱子語類』 권43 : "衣食不足, 則不暇治禮義; 而飽暖無教, 則又近於禽獸, 故既富而教之."

35 『論語集注』「子路」: "庶而不富, 則民生不遂故, 制田里, 薄賦斂以富之."

36 『朱子語類』 권68 : "其初則甚嚴, 如「男正位乎外, 女正位乎內」, 直是有內外之辨; 君尊於上, 臣恭於下, 尊卑大小, 截然不可犯, 似若不和之甚. 然能使之各得其宜, 則其和也孰大於是! 至於天地萬物無不得其所, 亦只是利之和爾. 此只是就義中便有一個和"

37 김형철·이승환, 「의리와 정의」, 『철학연구』, 37집, 철학연구회, 1995. 51쪽.

38 문태현, 「정책윤리의 논거」, 『한국정책학회보』, 4-1호, 한국정책학회, 1995, 98쪽.

39 죽을 때까지 대부에 불과했던 孔子는 시대가 흐를수록 점점 지위가 높아진다. 公卿의 단계를 넘어 최종적으로 왕의 지위를 획득하게 된다. 다만 실제 지위가 없는 왕이기에 '素王' 즉 명예직 왕이 된다. 관련한 논의는 淺野 裕, 신정근 외 역, 『공자신화』 태학사, 1997. 에 대한 나의 서평 「누가 공자를 신으로 만드는가?」(『오늘의 동양사상』, 예문서원, 2009 근간)에서 비교적 자세하게 다루어졌다.

40 Peter K. Bol, 김영민 역, 『역사 속의 성리학』, 예문서원, 2010. 과 余英時, 이원석 역, 『주희의 역사세계』, 글항아리, 2015. 참고.

41 민병희, 「朱熹의 사회·정치적 구상으로서의 '學'」, 『東洋史學研究』 104집. 동양사학회, 2008, 109쪽 참고.

42 이는 본성을 악하다고 본 荀子가 여전히 교육을 통해 누구라도 선해질 수 있다고 본 것을 연상시킨다. 다만 그것이 거짓(僞)일 뿐 참된 선함은 아니라고 본 점에서 주자와 변별된다.

43 남송시대에는 기존의 신분제적 경직성이 많이 해체되어, 형식적으로는 태학에 평민의 자녀도 입학할 수 있게 되었다.

13장.

1 거자오광 지음, 이등연 외 옮김, 『중국사상사2』, 일빛, 2013, 290쪽.

2 余英時, 『朱熹的歷史世界』 上卷, 「緒說」, 三聯書店, 2004. 참조.

3 『程氏易傳』 离卦 「象傳」: "以德言則聖人, 以位言則王者."

4 『程氏易傳』 升卦 「象傳」: "升於位則由王公, 升於道則由聖賢."

5 『程氏易傳』 否卦 九五 「象傳」: "有大人之德而得至尊之正位, 故能休天下之否, 是以吉也, 无其位則雖有其道,將何爲乎, 故聖人之位, 謂之大寶."

6 각 괘의 여섯 효를 정치적 관계로 설명하는 것이 程頤의 고유한 특징은 아니지만, 분명히 그가 강조하는 특징임에는 틀림없다. 일반적으로 程頤의 정치적 해석에 있어서 초효는 신진기예 이효는 사대부 삼효는 입조하기 전의 중망이 있는 사대부 혹은 입조한 정치가 사효는 재상 오효는 황제 상효는 지위에서 물러난 황제 혹은 지위가 없어 위태로운 자 등으로 규정될 수 있다.

7 『程氏易傳』 乾卦 九二 : "利見大德之君, 以行其道, 君亦利見大德之臣, 以共成其功. 天下利見大德之人, 以被其澤."

8 『程氏易傳』 大过卦 九五 : "九五, 當大過之時, 本以中正, 居尊位, 然下无應助, 固不能成大過之功."

9 『程氏易傳』 困卦 九五 : "五雖在困而有剛中之德 下有九二剛中之賢 道同德合徐必相應而來 共濟天下之困"

10 『程氏易傳』 泰卦 卦辞 : "君推誠以任下, 臣盡誠以事君, 上下之志通, 朝廷之泰也."

11 『定氏易傳』 需卦 「象傳」: "居天位, 指五, 以正中, 兼二言, 故云正中."

12 『程氏易傳』 蒙卦 九二 : "有剛明之才而與六五之君, 相應, 中德, 又同, 當時之任者也, 必廣其含容, 哀矜昏愚, 則能發天下之蒙, 成治蒙之功, 其道, 廣, 其施, 博, 如是則吉也."

13 『程氏易傳』 泰卦 九二 : "二以陽剛得中, 上應於五, 五以柔順得中, 下應於二, 君臣, 同德, 是, 以剛中之才, 爲上所專任, 故二雖居臣位, 主治泰者也, 所謂上下交而其志同也, 故治泰之道, 主二而言."

14 『程氏易傳』 泰卦 六五 : "六五, 以陰柔, 居君位, 下應於九二剛明之賢, 五能倚任其賢臣而順從之, 如帝乙之歸妹然, 降其尊而順從於陽則以之守祉, 且元吉也, 元吉, 大吉而盡善者也, 謂成治泰之功也."

15 『程氏易傳』 臨卦 六五 : "五以柔中順體, 居尊位而下應於二, 剛中之臣, 是能倚任於二, 不勞而治, 以知臨下者也, 夫以一人之身, 臨乎天下之廣, 若區區自任, 豈能周於萬事, 故自任其知者, 適足爲不知, 唯能取天下之善, 任天下之聰明則无所不周, 是不自任其知則其知, 大矣, 五, 順應於九二剛中之賢, 任之以臨下, 乃己以明知, 臨天下, 大君之所宜也, 其吉, 可知."

16 『程氏易傳』蒙卦 卦辭 : "六五爲蒙之主而九二發蒙者也, 我, 謂二也, 二非蒙主, 五旣順巽於二, 二, 乃發蒙者也, 故主二而言, 匪我求童蒙, 童蒙, 求我, 五居尊位, 有柔順之德而方在童蒙, 與二, 爲正應而中德, 又同, 能用二之道, 以發其蒙也, 二以剛中之德, 在下, 爲君所信嚮, 當以道自守, 待君至誠求己而後, 應之, 則能用其道."

17 『二程集』, 「伊川先生年譜」, 中華書局, 1981, 342-343쪽 참조.

18 『朱熹集』「答陳同甫」 6書 : "老兄視漢高帝唐太宗之所爲, 而察其心果出於義耶? 出於利耶? 出於邪耶? 正耶? 若高帝, 則私意分數猶未甚熾, 然已不可謂之無. 太宗之心, 則吾恐其無一念之不出於人欲也."

19 『陳亮集』「與朱元晦秘書」 5書 : "亮非喜漢唐獲禽之多也. 正欲論當時御者之有罪耳. 高祖太宗本君子之射也, 惟御者之不純乎正, 故其射一出一入, 而終歸於禁暴戢亂. 愛人利物而不可掩者, 其本領宏大開廓故也." ; 『陳亮集』「又甲辰答書」 4書: "只如太宗, 亦只是發他英雄之心. 誤處本秒忽, 而後斷之以大義. 豈右其爲覇哉. 發出三綱五常之大本, 截斷英雄差誤之幾微. 而來諭乃謂其非三綱五常之正. 是殆以人觀之而不察其言也."

20 『朱熹集』「答陳同甫」 6書 : "直以其能假仁借義以行其私, 而當時與之爭者才能智術旣出其下, 又無有仁義之可借, 是以彼善於此而得以成其志耳."

21 『朱熹集』「答陳同甫」 8書 : "夫人只是這箇人, 道只是這箇道, 豈有三代漢唐之別? 但以儒者之學不傳, 而堯舜禹湯文武以來轉相授受之心不明於天下, 故漢唐之君雖或不能無暗合之時, 而其全體却只在利欲上. 此其所以堯舜三代自堯舜三代, 漢祖唐宗自漢祖唐宗, 終不能合而爲一也."

22 『朱熹集』「答陳同甫」 6書 : "若以其能建立國家 傳世久遠, 便謂其得天理之正, 此正是以成敗論是非, 但取其獲禽之多而不羞其詭遇之不出於正也."

23 陳亮을 '王覇竝用論者'라고 평가하는 견해에는, 陳榮捷(陳榮捷, 『宋明理學之概念與歷史』, 中研院文哲所, 民國85년, 67쪽 참조), 劉述先(劉述先, 『朱子哲學思想的發展與完成』, 學生書局, 民國71년, 368쪽 참조) 등이 있다. 반대로 그러한 평가는 주자에 의해 만들어진 것이며, 陳亮은 王道를 근본으로 여겼다고 평가하는 견해는, 牟宗三(牟宗三, 『政道與治道』, 學生書局, 民國72년, 246쪽 참조, 牟宗三은 특히 陳亮을 '生命偏重의 英雄主義'라고 규정한다.), Tillman(田浩, 『朱熹的思惟世界』, 允晨文化實業股份有限公司, 民國85년, 241쪽 참조, Tillman은 陳亮을 功利와 유가의 도덕을 하나로 본 '功利派儒者'라

고 규정한다.), 束景南(束景南, 『朱子大傳』, 福建教育出版社, 1996, 607-608쪽 참조) 등이 있다.

24 『陳亮集』「又甲辰答書」 4書 : "謂三代以道治天下, 漢唐以智力把持天下, 其說固已不能使人心服. 而近世諸儒遂謂三代專以天理行, 漢唐專以人欲行, 其間有與天理暗合者, 是以亦能久長. 信斯言也, 千五百年之間, 天地亦是架漏過時, 而人心亦是牽補度日. 萬物何以阜蕃, 而道何以常存乎? 故亮以爲漢唐之君, 本領非不洪大開廓, 故能以其國與天地竝立, 而人物賴以生息.")

25 『陳亮集』「又甲辰答書」 4書 : "曹孟德本領一有蹺欹. 便把捉天地不定, 成敗相尋, 更無着手處. 此卻是專以人欲行, 而其間或能有成者, 有分毫天理行乎其間也."

26 『陳亮集』「丙午復朱元晦秘書書」 8書 : "王覇可以雜用, 則天理人欲可以並行矣."

27 김영철, 『倫理學』, 學硏社, 1982, 192-200쪽 참조.

28 『陳亮集』「又書」 6書 : "本末感應, 只是一理. 使其田地根本, 無有是處, 安得有來諭之所謂小康者乎? 只曰獲禽之多, 而不曰隨種而收, 恐未免於偏矣."

29 『朱熹集』「答陳同甫」 6書 : "千五百年之間, 正坐如此, 所以只是架漏牽補, 過了時日. 其間雖或不無小康, 而堯舜三王周公孔子所傳之道, 未嘗一日得行於天地之間也. 若論道之常存, 却又初非人所能預. 只是此箇自是亙古亙今常在不滅之物, 雖千五百年被人作壞, 終殄滅他不得耳. 漢唐所謂賢君, 何嘗有一分氣力扶補得他耶?"

30 『陳亮集』「又甲辰答書」 4書 : "信斯言也, 千五百年之間, 天地亦是架漏過時, 而人心亦是牽補度日. 萬物何以阜蕃, 而道何以常存乎? … 天地之間何物非道."

31 田浩(Tillman), 『朱熹的思惟世界』, 允晨文化實業股份有限公司, 民國85년, 255쪽 참조.

32 이러한 의미에서 牟宗三은 한고조 당태종과 같은 영웅들을 Hegel의 '역사의 간계'와 같은 生命偏重意識에서 움직인 이들로 보았다. 牟宗三, 『政道與治道』, 學生書局, 民國72년, 242쪽 참조.

33 『陳亮集』「與朱元晦秘書」 5書 : "禹啓始以天下爲一家, 而自爲之. 有扈氏不以爲是也. 啓大戰而後勝之. 湯放桀于南巢而爲商. 武王伐紂取之而爲周. 武庚挾管蔡之隙, 求復故業. 諸嘗與武王共事者, 欲脩德以待其自定, 而周公違衆議, 擧兵而後勝之. … 後世之君, 徒知尊慕之, 而學者徒知誦習之, 而不知孔氏之勞, 蓋如此也."

34 『陳亮集』「又書」 6書 : "心有時而泯可也, 而謂千五百年常泯可乎? 法有時而廢可也, 而謂千五百年常廢可乎? 至於全體只在利欲上之語, 竊恐待漢唐之君太淺狹. 而世之君子有不厭於心者矣."

35 『陳亮集』「又書」 7書 : "秘書以爲三代以前, 都無利欲, 都無要富貴低人. 今詩書載得如此淨潔, 只此是正大本子. 亮以爲才有人心, 便有許多不淨潔."; 『陳亮集』「又甲辰答書」 4書 : "謂之雜霸者, 其道固本於王也."

36 劉述先, 『朱子哲學思想的發展與完成』, 學生書局, 民國71년, 379쪽 참조.

37 『陳亮集』「與朱元晦秘書」 5書 : "其本領開廓, 故其發處便可以震動一世, 不止如赤子入井時. 微眇不易擴耳. … 不得其位, 則此心何所從發於仁政哉?"

38 束景南, 『朱子大傳』, 福建教育出版社, 1996, 565쪽.

39 勞思光, 정인재 역, 『중국철학사』 (宋明篇), 探求堂, 1993, 419쪽.

40 『陳亮集』「上孝宗皇帝書」 : "始悟今世之儒士, 自以爲得正心誠意之學者, 皆風痺不知痛癢之人也. 擧一世安于君父之仇, 而方低頭拱手以談性命, 不知何者謂之性命乎?"

41 정해왕, 「陳亮의 實用主義에 관한 연구」, 『大同哲學』 제2집, 대동철학회, 1998, 69쪽 참조.

42 『朱子語類』 권51 : "義未嘗不利, 但不可先說道利, 不可先有求利之心."

43 Hoyt C. Tillman, 『Utilitarian Confucianism-Ch'en Liang's Challenge to Chu Hsi』, Harvard Univ Press, 1982, 151쪽 참조.

44 사실상 도덕이 이익을 가져다주는 관계로 보아온 전통은 선진시대부터 이미 있어왔다. 『左傳』에서는 "義로써 利를 만든다. 義로써 利를 세운다. 義는 利의 근본이다."라고 표현하였다. (각기 『左傳』「成公」2年 「成公」16年 「昭公」10年, "義以生利義以建利 義,利之本也.")

45 勞思光, 정인재 역, 『중국철학사』 (宋明篇), 探求堂, 1993, 409쪽 참조.

46 박경환, 「주자학적 도학의 완성과 사상적 도전들」, 『역사 속의 중국철학』, 예문서원, 1999, 308쪽.

47 문태현, 「정책윤리의 논거」, 『한국정책학회보』, 4-1호, 한국정책학회, 1995, 88쪽.

48 田浩(Tillman), 『朱熹的思惟世界』, 允晨文化實業股份有限公司, 民國85년, 244쪽 참조.

49 한편 주자가 한당의 군주를 비판하는 근거 중에 하나는 그들 정권의 탄생 자

체가 정당한 절차에 의거하지 않았기 때문이기도 하다. 당태종이 아버지인 李淵에게 궁녀를 사적으로 바친 것과 같은 일은 결과를 위해 수단은 아무래도 좋다는 식의 발상이라는 것이다. 당나라를 세운 李淵은 처음에는 역성혁명에 반대하는 입장이었다. 그런데 아들 李世民이 궁궐의 궁녀를 몰래 아버지에게 바쳐서 혁명에 동참하지 않을 수 없도록 만들었다고 한다.

50 1995년 7월 18일 검찰은 12.12사태에 의해서 정권을 획득한 전두환과 노태우 등에 대하여 '성공한 내란은 처벌할 수 없다'는 논리를 펴서 공소권 없음 판정을 내렸다. 검찰의 이와같은 불기소처분에 대하여 민주주의법학연구소 소속 교수들은 동년 7월 19일, 검찰의 결정이 혁명과 쿠데타를 구분하지 못한 해석의 오류이며 형법의 법리규정과 법정신에 부합하지 않는 판단이라는 내용의 반박성명을 내었다. 「조선일보」 1995년 7월 19일자 참조.

51 이용주, 「공리와 의리: 진량의 도론 및 반도학적 역사인식」, 『종교와문화』 4호, 서울대학교 종교문제연구소, 1998, 174쪽.

52 『朱熹集』 권11 「戊申封事」 : "蓋天下之大本者, 陛下之心也. 今日之急務, 則輔翼太子, 選任大臣, 振擧綱維, 變化風俗, 愛養民力, 修明軍政六者, 是也."

53 蔡方鹿, 『程顥程頤與中國文化』, 中華書局, 1996, 139쪽.

54 신채식, 「宋代官僚制硏究」 동국대학교 박사학위논문, 1980, 235-239쪽 참조

55 당송의 변혁에 대해서는 서울대학교 동양사학연구실, 『講座 中國史 III』, 지식산업사, 1989, 8-70쪽 참조

56 『朱熹集』 권15 : "蓋君猶表也, 民猶影也, 表正則影無不正矣. 君猶源也, 民猶流也, 源淸則流無不淸矣."

57 『朱子語類』 권108 : "天下事有大根本, 有小根本. 正君心是大本. 其餘萬事各有一根本, 如理財以養民爲本, 治兵以擇將爲本."

58 『管子』「牧民」"禮義廉恥, 是謂四維. 四維不張, 國乃滅亡."

59 『朱熹集』 권12 「己酉擬上封事」 : "臣聞四海之廣, 兆民至衆, 人各有意, 欲行其私. 而善爲治者, 乃能總攝而整齊之, 使之各循其理而莫敢不如吾志之所欲者, 則以先有綱紀以持之於上, 以後有風俗以驅之於下也. 何謂綱紀? 辨賢否以定上下之分, 核功罪以功賞罰之是也. 何謂風俗? 使人皆知善之可慕而必爲, 皆知不善之可羞而必去也."

60 『朱熹集』 권12 「己酉擬上封事」 : "然綱紀之所以振, 則以宰執秉持而不敢失, 臺諫補察而無所私, 人主又以其大公至正之心恭己於上而照臨之. 是以賢者必上, 不肖者必下, 有功者必賞, 有罪者必刑, 而萬事之統無所缺也."

61 『朱熹集』 권12 「己酉擬上封事」: “惟至公之道不行於上, 是以宰執臺諫有不得人, 黜陟刑賞多出私意, 而天下之俗遂至於靡然不知名節行檢之可貴, 而唯阿諛軟熟·奔競交結之爲務. … 此其形勢, 如將傾之屋, 輪奐丹雘, 雖未覺其有變於外, 而材木之心已皆蠹朽腐爛而不可復支持矣.”

62 『朱熹集』 권11 「壬午應詔封事」: “至於四海之利病, 臣則以爲繫於斯民之戚休; 斯民之戚休, 臣則以爲繫乎守令之賢否. 然而監司者, 守令之綱也; 朝廷者, 監司之本也. 欲斯民之皆得其所, 本原之地, 亦在乎朝廷而已.”

63 『朱熹集』 권13 「癸未垂拱奏箚3」: “中外之議, 咸謂國威未振, 邊備未飭, 倉廩未充, 士卒未練, 一旦緩急, 何以爲計? 臣獨以爲今日之憂非此之謂, 所可憂者, 乃大於此, 而恨議者未及之也. 臣竊觀今日諫諍之塗尙壅, 佞幸之勢方張, 爵賞易致而威罰不行, 民力已殫而國用未節. 以是四者觀之, 則業未可謂修, 朝廷未可謂正, 紀綱未可謂立, 凡古先聖王所以彊本折衝, 威制夷狄之道, 皆未可謂備. 是則臣之所深憂也.”

64 『孟子』 「離婁上」: “孟子曰 人不足與適也, 政不足間也. 惟大人爲能格君心之非. 君仁莫不仁, 君義莫不義, 君正莫不正. 一正君而國定矣.”

65 鄒永賢, 『朱熹思想叢論』, 厦門大學出版社, 1993, 32-38쪽 참조

66 『朱熹集』 권11 「戊申封事」: “臣謹按尙書, 舜告禹曰: 「人心惟危, 道心有微. 惟精惟一, 允執厥中.」 夫心之虛靈知覺, 一而已矣, 而以爲有人心道心之別者, 何哉? 蓋以其或生於形氣之私, 或原於性命之正, 而所以爲知覺者不同, 是以或危殆而不安, 或精微而難見耳. 然人莫不有是形, 故雖上智不能無人心; 亦莫不有是性, 故雖下愚不能無道心. 二者雜于方寸之間而不知所以治之, 則危者愈危, 微者愈微, 而天理之公卒無以勝乎人欲之私矣.; 精則察夫二者之間而不雜也, 一則守其本心之正而不離也, 從事於斯, 無少間斷, 必使道心常爲一身之主而人心每聽命焉, 則危者安·微者著, 而動靜云爲自無過不及之差矣.”

67 『朱熹集』 권14 「戊申延和奏箚」: “無乃燕閑蠖濩之中, 虛明應物之地, 所謂天理者有未純, 所謂人欲者有未盡而然歟? 天理有未純, 是以爲善常不能充其量; 人欲有未盡, 是以除惡常不能去其根. 爲善而不能充其量, 除惡而不能去其根, 是以雖以一念之頃, 而公私邪正·是非得失之幾未嘗不朋分角立而交戰於其中.”

68 『朱熹集』 권11 「戊申封事」: “且私之得名, 何爲也哉? 據己分之所獨有, 而不得以通乎其外之稱也. 故自匹夫而言, 則以一家爲私而不得以通乎其鄉; 自鄉人而言, 則以一鄉爲私而不得以通乎其國; 自諸侯而言, 則以一國爲私而不得以通乎天下. 至於天子, 則際天之所覆, 極地之所載, 莫非己分之所有而無外之不通矣, 又何

以私爲哉? 今之不能勝其一念之邪而至於有私心, 以不能正其家人近習之故而至於有私人, 以私心用私人, 則不能無私費, 於是內損經費之入, 外納羨餘之獻, 而至於有私財."

69 『朱熹集』 권11 「庚子應詔封事」: "古先聖王所以立師傅之官, 設賓友之位, 治諫爭之職, 凡以先後縱臾, 左右維持, 惟恐此心頃刻之間或失其正而已."

70 『朱熹集』 권11 「庚子應詔封事」: "陛下欲恤民, 則民生日蹙; 欲理財, 則財用日匱; 欲治軍, 則軍政日紊; 欲恢復土宇, 則未能北向以取中原尺寸之土; 欲報雪讎恥, 則未能係單于之頸而飲月氏之頭也."

71 『朱熹集』 권11 「庚子應詔封事」: "宰相·臺省·師傅·賓友·諫爭之臣皆失其職, 而陛下所與親密, 所與謀議者, 不過一二近習之臣也. 此一二小人者, 上則蠱惑陛下之心志, 使陛下不信先王之大道而悅於功利之卑說, 不樂莊士之讜言而安於私褻之鄙態, 下則招集天下士大夫之嗜利無恥者, 文武彙分, 各入其門. 所喜則陰爲引援, 擢寘淸顯, 所惡則密行訾毁, 公肆擠排. 交通貨賂, 則所盜者皆陛下之財; 命卿置將, 則所竊者皆陛下之柄. … 使天下之忠臣賢士深憂永歎, 不樂其生, 而貪利無恥·敢於爲惡之人四面紛然攘袂而起, 以求逞其所欲. 然則民又安可得而恤, 財又安可得而理, 軍政何自而修, 土宇何自而復? 而宗廟之讎恥, 又何時而可雪耶?"

72 『朱熹集』 권12 「己酉擬上封事」: "臣聞人主以論相爲職, 宰相以正君爲職, 二者各得其職, 然後體統正而朝廷尊, 天下之政必出於一, 而無多門之弊. 苟當論相者求其適己而不求其正己, 取其可愛而不取其可畏, 則人主失其職矣. 當正君者不以獻可替否爲事, 而以趨和承意爲能, 不以經世宰物爲心, 而以容身固寵爲術, 則宰相失其職矣."

73 이범학, 「南宋後期理學의 普及과 官學化의 背景」, 『韓國學論叢』 17집, 국민대 한국학연구소, 1994, 144쪽.

74 박지훈, 「南宋代 慶元黨禁과 韓侂胄」, 『京畿大論文集』 38집, 경기대학교, 1996, 91–92쪽.

75 『朱熹集』 권15 「經延講義」: "蓋欲治人者不可不先於治己, 欲體道者不可不先於知道. 此則天下國家之達道通義, 而爲人君者尤不可以不審. … 心得其正, 則身之所處可不陷於其所偏而無不修矣. 身無不修, 則推之天下國家亦擧而措之耳, 豈外此而求之智謀功利之末哉?"

76 이범학, 「南宋後期理學의 普及과 官學化의 背景」, 『韓國學論叢』 17집, 국민대 한국학연구소, 1994, 145쪽.

77 녕종은 주자의 시강직을 면한다는 조칙을 내리면서 "주자의 말은 대개 쓸모가 없다."라고 말했다 한다. 著者未詳, 『宋史全文』 권28, 『文淵閣 四庫全書』 제330, 331권, 상무인서관, 1983. 65쪽. 박지훈, 「南宋代 慶元黨禁과 韓侂胄」『京畿大論文集』, 38집, 경기대학교, 1996, 94쪽에서 재인용.

78 永康學 : 남송 시기 유학의 일파이다. 대표적인 인물인 陳亮이 永康(현 浙江省 金華) 출신이기 때문에 이러한 명칭이 생겼다. 영강학파에서는 '義利雙行', '王覇幷用'을 주창하면서 현실적 공효인 事功을 중시하였다.

79 永嘉學 : 남송 시기 유학의 일파이다. 이 학파에 속한 대표적 인물 다수가 浙東 永嘉(현 浙江省 溫州) 출신이기 때문에 이러한 명칭이 생겼다. 북송 慶曆 연간에 王開祖, 丁昌期 등의 학자로부터 남송의 鄭伯熊, 薛季宣, 陳傅良 등의 학자로 학맥이 이어졌으며 葉適이 그들의 사공학을 집대성하였다.

80 양종국, 『宋代士大夫社會研究』, 삼지원, 1996, 276쪽.

81 양종국, 『宋代士大夫社會研究』, 삼지원, 1996, 237쪽.

82 『朱熹集』「辛丑延和奏箚」: "士大夫之進見有時, 而近習之從容無間; 士大夫之禮貌既莊而難親, 其議論又苦而難入; 近習便僻側媚之態既足以蠱心志, 其胥史狡獪之術又足以眩聰明, 此其生熟甘苦既有所分, 則恐陛下未及施其駕馭之策而先已墮其數中矣. 是以比來陛下雖欲微抑此輩, 而此輩之勢日重; 雖欲兼採公論, 而士大夫之勢日輕. 重者既挾其重以竊陛下之權, 其輕而姦者又借力於陛下之所重, 以爲竊位固寵之計, 中外相應, 更濟其私."

83 『朱熹集』 권11 「戊申封事」: "然臣之愚終竊以爲此輩但當使之守門傳命, 供掃除之役, 不當假借崇長, 使得逞邪媚·作淫巧於內, 以蕩上心, 立門庭·招權勢於外, 以累聖政."

84 『朱熹集』 권11 「戊申封事」: "而公卿大臣拱手熟視, 無一言以救其失, 臣之痛心, 始者惟在於此."

85 『朱熹集』 권11 「戊申封事」: "直以一念之間未能撤其私邪之蔽, 而燕私之好·便嬖之流不能盡由於法度, 若用剛明公正之人以爲輔相, 則恐其有以妨吾之事, 害吾之人而不得肆, 是以選掄之際, 常先排擯此等, 寘之度外, 而後取凡疲懦軟熟·平日不敢直言正色之人而揣摩之, 又於其中得其至庸極陋, 決可保其不至於有所妨者, 然後擧而加之於位, 是以除書未出而其物色先定, 姓名未顯而中外已逆知其決非天下之第一流矣."

86 그는 당초 휘종과 흠종이 금나라로 끌려 갔을 때에 다른 사람들과 함께 잡혀 갔었다. 다른 사람들은 모두 돌아오지 못하였는데 그만이 부인 王氏와 월

남하자, 조정에서는 그를 금나라의 첩자라고 의심하였다. 그는 자신을 감시하던 이를 죽이고서 혼자 힘으로 월남하였다고 말하였지만, 조정에서는 대부분 그가 2800리의 길을 황하를 넘고 바다를 건너서 아무런 신고하는 이들도 없이 남하할 수 있었다는 것에 대해 의심스럽게 여겼다. 秦檜가 고종을 알현하며 한 첫 마디는 "만일 천하에 아무런 일도 없기를 바라신다면, 남쪽은 남쪽대로 북쪽은 북쪽대로 살아야 합니다"였다고 한다. 『宋史』, 「姦臣三」: "檜之歸也, 自言殺金人監己者奔舟而來. 朝士多謂檜與栗傳朴同拘, 而檜獨歸; 又自燕至楚二千八百里, 踰河越海, 豈無譏訶之者, 安得殺監而南? 就令從軍撻懶, 金人縱之, 必質妻屬, 安得與王氏偕? … 檜首言「如欲天下無事, 南自南, 北自北」"

87 박지훈, 「南宋 孝宗代 隆興和議와 和戰論」『東洋史學硏究』 61집, 동양사학회, 1996, 77–78쪽 참조.

88 『朱熹集』 권11 「戊申封事」: "綱紀不振於上, 是以風俗頹弊於下, 蓋其爲患之日久矣, 而浙中爲尤甚. 大率習爲軟美之態·依阿之言而以不分是非·不辨曲直爲得計, 下之事上, 固不敢少忤其意, 上之御下, 亦不敢稍咈其情. 惟其私意之所在, 則千塗萬轍, 經營計較, 必得而後已. 甚者以金珠爲脯醢, 以契劵爲詩文, 宰相可啗則啗宰相, 近習可通則通近習, 惟得之求, 無復廉耻. 父詔其子, 兄勉其弟, 一用此術, 而不復知有忠義名節之可貴."

89 송대의 관료는 등급에 따라, 크게 選人·京官·朝官으로 나눌 수 있다. 과거에 합격하여 관료가 되면 대개가 選人이 된다. 京官은 이름과 같이 수도에서만 근무하는 자들을 가리키는 것은 아니고, 외임이더라도 내임을 맡을 수 있는 등급의 관료를 가리킨다. 朝官은 정부조직의 고위관료를 가리킨다. 그런데 처음 選人의 기간을 磨勘年이라 하고 이 마감년이 다 되면 일반적으로 직속상관이 추천을 하게 되어 있다. 추천의 근거는 피추천자의 능력과 인품이었으며, 추천자를 擧主라고 하여 매우 중요하게 여겼다. 이후 점차 피추천인은 추천인의 門人이 되는 형식을 취하게 된다. 이처럼 송대 관료의 승진에 있어서 추천의 비중은 매우 컸다. 때문에 관료사회 내부에는 자연스레 비리가 싹틀 수 있는 여건이 형성되어 있었다. 송대 관료의 승진에 있어서 추전제에 대하여는, 신채식, 「宋代官僚制硏究」, 東國大 박사학위논문, 1980, 70–110쪽 참조.

90 『朱熹集』 권11 「戊申封事」: "陛下竭生靈之膏血以奉軍旅之費, 本非得已, 而爲軍士者, 顧乃未嘗得一溫飽, 甚者採薪織屨·掇拾糞壤以度朝夕, 其又甚者,至使妻女盛塗澤·倚市門以求食也. 怨詈謗讟, 悖逆絶理, 至有不可聞者. … 是皆爲將

帥者巧爲名色, 頭會箕斂, 陰奪取其糧賜以自封殖, 而行貨賄於近習, 以圖進用. 彼此旣厭足矣, 然後時以薄少號爲羨餘, 陰奉燕私之費, 以嫁士卒怨怒之毒於陛下. 且幸陛下一受其獻, 則後日雖知其罪, 而不得復有所問也."

91 『朱子語類』 권107 「內任 孝宗朝」 : 壽皇謂某曰: "命將, 國之大事, 非朝廷之公選, 卽諸軍之公薦, 決無他也." 某奏云: "陛下但見列薦於朝廷之上, 以爲是皆公選, 而不知皆結托來爾. 且如今之文臣列薦者, 陛下以爲果皆出於公乎? 不過有勢力者一書便可得." 壽皇曰: "果爾, 誠所當察. 卿其爲朕察之!"

92 유원준, 「南宋 經界法에 대하여(2)」, 『慶熙史學』 21집, 1997, 189쪽.

93 『朱子語類』 권109 「論取士」 : "古者公卿世及, 君臣恩意交結素深, 與國家共休戚, 故患亂相爲如此. 後世相遇如塗人, 及有患亂, 則渙然離散而已. 然今之公卿子孫, 亦不可用者, 只是不曾敎得, 故公卿之子孫莫不驕奢淫佚. 不得已而用草茅新進之士, 擧而加之公卿之位, 以爲苟勝於彼而已. 然所恃者, 以其知義理, 故勝之耳."

94 송대 사대부의 개념은 관료집단이라는 전통적 의미 이외에 布衣의 독서인층까지를 포함한 계층을 의미한다. 良賤의 분한이 약해진 송대사회에서 관료로 참여할 수 있는 열린 길이 바로 '과거'다. 과거는 응시자격이 배타적인 특권도 아니었고, 또 극복하기 불가능할 정도로 허용범위가 고착되어 있던 것도 아니었다. 때문에 실제로 많은 계층의 사람들이 과거를 응시하였고 또 실제로 사대부계층에 참여하기도 하였다. 그러나 국가가 운영하던 官學의 입학자격이 제한되었다던지, 상당수의 고관자제가 蔭補를 통하여 관료가 되었던 사실은 신분제적 질서가 아직도 중요한 의미를 지니고 있었음을 의미한다. 실제로 송대 후기로 갈수록 蔭補에 의해 관직에 오르는 비율이 증가하였으며 주자의 세 아들도 모두 蔭補로 관직에 올랐다. 양종국, 『宋代士大夫社會硏究』, 三知院, 1996. 97-132쪽과 신채식, 「宋代官僚制硏究」, 東國大 박사학위논문, 1980, 110-180쪽 참조.

95 『朱熹集』 권11 「戊申封事」 : "如此之人臨患難而能外死生, 則其在平世必能輕爵祿; 臨患難而能盡忠節, 則其在平世必能不詭隨. 平日無事之時得而用之, 則君心正於上, 風俗美於下, 足以逆折姦萌, 潛消禍本, 自然不至眞有伏節死義之事."

96 『朱熹集』 권11 「戊申封事」 : "一有剛毅正直`守道循理之士出乎其間, 則羣譏衆排, 指爲道學之人而加以矯激之罪, 上惑聖聰, 下鼓流俗."

97 葉適(1150-1223) : 남송 溫州 永嘉 사람으로, 자는 正則인데 水心先生이라고 불렸다. 효종 淳熙 5년에 진사가 되어 많은 사람을 천거하였다. 북벌을 주장

하여 여러 차례 금군과의 전투를 벌이기도 했다. 당대의 제상이었던 韓侂冑가 실각한 후에는 두문불출하며 저작에 힘썼다. 공리학을 주장하고 공리공담을 배척해 주자의 학설을 비판했다. 시호는 忠定이고 저작으로는 『水心文集』이 있다.

98 慶元黨禁에 대하여는 박지훈, 「南宋代 慶元黨禁과 韓侂冑」『京畿大論文集』, 38집, 경기대학교, 1996.과, 張品端의 「朱熹在"慶元黨禁"期間行迹考述」, 『朱子學刊』 8집, 上饒師範學院, 1996. 참조.

99 呂祖儉(?-1196) : 자는 子約, 호는 大愚, 婺州 金華 사람. 벼슬은 大夫侍丞에 이르렀다. 저서로는 『大愚文集』이 있다. 呂祖謙의 아우이다.

100 박지훈의 위의 논문 100-105쪽 참조

101 이범학, 「南宋後期理學의 普及과 官學化의 背景」, 『韓國學論叢』 17집, 국민대 한국학연구소, 1994. 116쪽.

102 『朱子語類』 권107 「內任」 : "或勸先生散了學徒, 閉戶省事以避禍者. 先生曰:「禍福之來, 命也. … 今爲避禍之說者, 固出於相愛. 然得某壁立萬仞, 豈不益爲吾道之光!"

14장.

1 『朱熹集』 권19 「條奏經界狀」 : "臣自早年卽爲縣吏, 實在泉·漳兩郡之間, 中歲爲農, 又得備諳田畝之事, 竊見經界一事, 最爲民間莫大之利."

2 『朱熹集』 권21 「經界申諸司狀」 : "版籍不正, 田稅不均, 雖若小事, 然其實最爲公私莫大之害. 蓋貧者無業而有稅, 則私家有輸納欠負·追呼監繫之苦; 富者有業而無稅, 則公家有隱瞞失陷·歲計不足之患."

3 유원준, 「南宋 經界法에 대하여(1)」, 『慶熙史學』 20집, 1996, 146-152쪽 참조.

4 『朱熹集』 권19 「條奏經界狀」 참조.

5 『朱熹集』 권21 「經界申諸司狀」 참조.

6 유원준, 「南宋 經界法에 대하여(2)」, 『慶熙史學』 21집, 1997, 190쪽.

7 『朱熹集』 권21 「經界申諸司狀」 : "蓋此法之行, 貧民下戶雖所深喜, 而豪民猾吏皆所不樂. 喜之者多單弱困苦無能之人, 故雖有誠懇而不能以言自達; 不樂者皆財力辨智有餘之人, 故其所懷雖實私意, 而善爲說詞以惑群聽. 甚者至以盜賊爲詞, 恐脅上下, 務以必濟其私. 而賢士大夫之喜安靜·厭紛擾者, 又或不能深察其

情而望風沮怯, 例爲不可行之說以助其勢."

8 유원준의 앞의 논문, 204–207쪽 참조.

9 『朱熹集』 권19 「條奏經界狀」: "此法之行, 其利在於官府細民, 而豪家大姓·猾吏姦民皆所不便."

10 "요즘의 현을 관장하는 자들 중에 진실로 백성을 사랑하는 마음이 있는 자가 열 명이라면, 열 명 모두 경계법을 이익으로 여긴다. 반면에 백성에 대해 마음이 없는 사람이 열 명이라면, 그 열 명은 모두 경계법을 해악으로 여긴다.[今之爲縣, 眞有愛民之心者十人, 則十人以經界爲利; 無意於民者十人, 則十人以經界爲害.]" 『朱子語類』 권106 「外任」

11 유원준의 앞의 논문, 180쪽.

12 『朱熹集』 권11 「庚子應詔封事」: "臣謹按, 南康爲郡, 土地瘠薄, 生物不暢, 水源乾淺, 易得枯涸, 人民稀少, 穀賤農傷, 固已爲貧國矣. 而其賦稅偏重, 比之他處或相倍蓰. 民間雖復盡力耕種, 所收之利或不足以了納稅賦, 須至別作營求, 乃可陪貼輸官. 是以人無固志, 生無定業, 不肯盡力農桑, 以爲子孫久遠之計. 幸遇豊年, 則賤糶禾穀, 以苟目前之安; 一有水旱, 則扶老携幼, 流移四出, 視其田廬, 無異逆旅之舍. 蓋出郊而四望, 則荒疇敗屋, 在處有之."

13 세금의 8–90%만 징수하고 나머지는 다 거두어들이지 않는 세금감면제도의 일종.

14 봄에 식량이 떨어지면 관에서 돈을 빌려주어 여름이나 가을에 비단으로 대납케 했다. 그후 관은 돈을 빌려주지 않고도 비단을 취하였는데 그 비단가를 정해놓고 돈으로 내게 했다. 1필에 10貫까지 해서 代納錢은 한 필에 6–7貫까지 했다. 本色에 비해 3배까지 하는 것이다.

15 돈으로 세금을 낼 때에 그 일부는 비단으로 내게 하는 것이다. 後唐 長興3년에 병사의 의복이 부족하여 세금의 일부를 비단으로 바치게 했던 것에서 유래한다.

16 재판에서 이기지 못한 이에게 부과하는 벌금 성격의 세금이다.

17 군부에서 한 달에 소요되는 경비를 정하여 놓은 것으로 마치 빗장을 걸어둔 듯 하다는 뜻이다. 그러나 후에는 경비를 세금으로 미리 걷는 등의 폐단이 있었다.

18 『朱熹集』 권11 「戊申封事」 참조.

19 『朱熹集』 권11 「戊申封事」 참조.

20 『朱子語類』 권110 「論兵」 : "今朝廷盡力養兵, 而兵常有不足之患. … 今天下財用費於養兵者十之八九, 一百萬貫養一萬人."

21 歸正人은 원래 한족으로 강북지역에 살다가 남송으로 귀순한 사람들을 가리키는데 삿된[邪] 지역에서 올바른[正] 곳으로 돌아왔다는 뜻이며, 歸明人은 원래 한족이 아니었으나 남송으로 귀순한 자로서 어두움[暗]에서 밝음[明]으로 귀순하였다는 의미에서 붙여진 이름이다. 『朱子語類』 「論民」 참조.

22 "어떤 이가 古今의 治亂에 대해 물었다. 선생께서 말씀하시기를 '古今의 禍亂에는 반드시 그 病根이 있다. 한나라는 환관과 외척이 당나라는 번진이 그 病根이었다. 지금의 病根은 귀정인들이 몰려와서 주현에서는 어떻게 대처해야할지를 모르는 데에 있다.'라고 하였다.[或問古今治亂者. 先生言:「古今禍亂, 必有病根. 漢宦官后戚, 唐藩鎭, 皆病根也. 今之病根, 在歸正人忽然放教他來, 州縣如何柰得他何!」" 『朱子語類』 권110 「論兵」

23 김용완, 「南宋流民에 對한 小考」, 『제주대학교 논문집』 17집, 제주대학교, 1984, 336-340쪽 참조.

24 『朱熹集』 권13 「辛丑延和奏箚」 참조, 그가 절동제거로 있을 무렵, 지방관이던 徐端輔라는 이가 무단으로 사원의 세금을 감면해 주었다. 그러나 이내 세수의 부족분을 채우기 위해 다른 지역에 과도한 세금을 부과한 일이 있었다. 이처럼 법에 의거하지 않은 세금의 감면은 새로운 폐단으로 나타난다고 주자는 주장했다.

25 『朱熹集』 권13 「辛丑延和奏箚」 : "却選本路官吏惻怛愛民·才力可仗者, 特許不拘文法, 時暫差權. 謂如治獄捕盜官不許差出之流. 仍依富弼`趙抃例, 選差得替待闕·宮廟持服官員, 時暫管幹, 事畢, 具名申奏, 量與推賞, 如減磨勘·陞名次之類. 庶幾官吏向前, 人蒙實利."

26 『朱熹集』 권11 「庚子應詔封事」 참조.

27 陳敷(1076-?) : 송대의 농학가. 호는 西山隐居全真子 혹은 庵全真子. 1076년에 태어났으나 언제 죽었는지는 알 수 없다. 평생토록 독서를 좋아하고 벼슬을 구하지 않았다. 진주에 머무르면서 농사를 열심히 지었고, 74세가 되던 1149년에 『農書』를 저술하였다. 명대에 『農書』는 『永樂大典』에 수록되었고 18세기에는 일본에까지 전해졌다.

28 『朱熹集』 권99 「公移」의 「勸農文」은 각각 1179년과 1192년에 씌여진 것이다.

29 守本順一郎은 이 「勸農文」의 존재가 바로 송대 사대부의 중소지주로서의 성격을 보여주는 것이라고 주장한다. 守本順一郎, 김수길 역, 『동양정치사상사

연구』, 동녘, 1985, 141-151쪽 참조.

30 『朱熹集』 권13 「辛丑延和奏箚」 참조.

31 매년 12월 社首와 保正副는 관할 지역의 호구를 조사하여 大人·小兒·米數 등을 장부에 기록한다. 5월 官에서는 清强官 1인·人吏 1인·斗子(저울 기술자) 1인을 파견해 本鄕의 鄕官과 함께 대출을 시작한다. 10인을 1保로 조직하여 연좌제를 실시해서 도망가는 이가 없도록 하고, 10인 이하로서 保를 갖추지 못하였을 때는 대출을 금한다. 대출시에는 社首·保正副·隊長·大保長 등이 신원을 서로 확인하고 장부와 대조해서 대출한다. 풍년에는 창고 두 개를 개방하여 대출하고 기근시에는 세 개의 창고 모두를 개방한다. 상환은 11월 하순 이전까지로 한다. 상환이 완결되면 총수량을 縣에 신고해 장부와 조회한다. 매년 총 69石 4斗의 관리비를 담당 공무원에게 지급한다. 창고에 손실이 발생했을 시에는 바로 수리하고 크게 개조해야할 때는 보고해서 임시로 미곡을 방출한다. 『朱熹集』「社倉事目」 참조.

32 송대 관료는 70세에 致仕할 때까지 때로는 官位만 있고 실제 직무가 없는 경우가 있다. 이런 관원을 閑官이라 부르며, 이들이 본적지에 거주할 때는 土居라 하고 본적지를 떠나 생활할 때는 寄居라고 했다. 이근명, 「南宋時代 福建社會의 變化와 經濟開發」 서울대 박사학위논문, 1997, 176쪽.

33 이근명의 위의 논문 179-180쪽.

34 『朱熹集』 권79 「婺州金華縣社倉記」 : "抑凡世俗之所以病乎此者, 不過王氏之青苗爲說耳. 以予觀於前賢之論而以今日之事驗之, 則青苗者, 其立法之本意固未爲不善也. 但其給之也以金而不以穀, 其處之也以縣而不以鄕, 其職之也以官吏而不以鄕人士君子, 其行之也以聚斂亟疾之意而不以慘怛忠利之心, 是以王氏能以行於一邑而不能以行於天下."

35 김안국, 「宋代 鄕約·社倉의 실시와 그 성격」, 서울대 석사학위논문, 1989, 33쪽.

36 이근명의 위의 논문 172쪽 〈표 2-3-1〉 참조. 그런데, 『朱熹集』에는 이 도표에 기록되지 않은 「建陽府建陽縣長灘社倉記」와 「邵武軍光澤縣社倉記」가 더 있다. 김안국은 그의 앞의 논문 46쪽 〈표 II〉에서 남송의 사창 51곳을 정리하였다.

37 조동원, 「朱熹(1130-1200)의 社會改革論」, 『歷史와 人間의 對應』, 지식산업사, 1989, 260쪽.

38 이범학은 주자의 사창법, 구황, 향약, 권농문, 경계안 등 일련의 향촌 재건을 위한 방안들이 陳亮과 葉適 등 사공파와의 대립과 영향을 통해 형성되었다

고 주장하였다. (이범학, 「宋代 朱子學의 成立과 發展」, 『講座中國史Ⅲ』, 지식산업사, 1989. 226쪽과 이범학, 「南宋後期理學의 普及과 官學化의 背景」, 『韓國學論叢』 17집, 국민대한국학연구소, 1994, 123쪽 참조) 그러나 사창은 1168년 처음 실시되었고 1181년에 황제에게 건의하였으며, 구황책을 가장 구체적으로 실시한 절동제거 시절은 1181년에서 1182년 9월까지였으며, 『朱熹集』에 실린 「勸農文」은 벌써 1179년에 작성된 것이 있다. 그런데 陳來의 『朱子書信編年考證』에 의하면 陳亮과는 1182년에 처음 편지를 주고받았고, 葉適에게는 1185년, 陳傅良에게는 1191년에 처음으로 편지를 보냈다. 그리고 1185년에 가서야 陳亮과 논쟁을 벌였다고 『朱子年譜』는 기록하고 있다. 이로 보건데 주자의 향촌재건을 위한 대안들에 사공파의 영향이 있었다고 보기는 어렵다. 반면, 주자 스스로 사창제가 王安石의 青苗法과 비슷하다고 밝히고 있는 점에서 어느 정도 王安石의 영향이 있었다고 생각할 수는 있다. 심지어 조동원은 「朱熹(1130–1200)의 社會改革論」에서 주자의 모든 사회개혁론이 王安石의 신법을 모방한 것이라고까지 결론짓고 있다.

39 김영진, 「宋代 士大夫의 地域社會에서의 活動」, 연세대학교 박사학위논문, 1996, 135쪽

40 Peter K. Bol, 「Neo–Confucianism and History」, 『中國史學』, No.6, 中國史學會, 1996. 4쪽.

41 이범학, 「南宋後期理學의 普及과 官學化의 背景」, 『韓國學論叢』 17집, 국민대한국학연구소, 1994. 126쪽 참조.

42 『宋史』 권427 「道學1」 : "度鄉村遠近爲伍保, 使之力役相助, 患亂相卹, 而姦僞無所容. 凡孤煢殘廢者, 責之親戚鄉黨, 使無失所. 行旅出於其途者, 疾病皆有所養. 鄉必有校, 暇時親至, 召父老與之語. 兒童所讀書, 親爲正句讀, 教者不善, 則爲易置. 擇子弟之秀者, 聚而教之. 鄉民爲社會, 爲立科條, 旌別善惡, 使有勸有恥. 在縣三歲, 民愛之如父母."

43 黃宗羲·全祖望, 『宋元學案』, 「明道學案」, 中華書局, 1985. 582쪽.

44 "빌려줄 수 있는데도 빌려주지 않거나 기한을 넘겨도 돌려주지 않거나 빌린 물건을 파손한 자들은 약정을 어긴 과실과 동등하게 논하여 장부에 기록한다.[可借而不借及踰期不還及損壞借物者, 論如犯約之過, 書于籍. 『朱熹集』 「增損呂氏鄉約」]"

45 향약을 운영하기 위한 조직으로는 '約正'과 '副約正' 그리고 달마다 돌아가면서 담당하는 서기직인 '直月'이 있다. 약정은 나이와 덕업을 갖춘 사람으로서

約人들의 추대를 통해 선출하도록 되어 있다. 부약정은 학문과 덕행을 갖춘 사람으로 두 명을 선출하여 약정을 돕도록 하고 있다. 서기는 향약에 가입하고자 하는 자와, 권장할 만한 덕업을 행한 자, 그리고 규찰해야할 과실을 범한 자를 각각의 장부에 기록하는 일을 맡는다.

46 김안국, 「宋代 鄕約·社倉의 실시와 그 성격」, 서울대 석사학위논문, 1989, 28-31쪽.

47 주자가 林擇之에게 답한 글에서 그는 "제가 崇安 땅의 수해 때문에 여러 관아의 요청으로 縣의 관리와 함께 구휼의 일을 의논하였습니다. 그래서 이리저리 쥐다 다녔으며 열흘이 지나서야 돌아왔습니다. 그런데 요즘의 산다하는 사람들은 아무도 백성들에게 관심이 없어서 일을 도모하기가 정말 어려웠습니다.[熹以崇安水災, 被諸司檄來, 與縣官議賑恤事, 因爲之遍走山谷間, 十日而後返. 大率今時肉食者漠然無意於民, 直是難與圖事.]"(『朱熹集』「答林擇之書」) 라고 토호세력에 대한 권유의 어려움을 털어놓고 있다.

48 김안국의 앞의 논문 36-37쪽 참조.

49 陳榮捷, 『朱子新探索』, 學生書局, 民國77년, 489쪽.

50 陳榮捷은 일종의 서당이라 할 수 있는 '精舍'도 '서원'의 역할을 담당했던 기구로 볼 수 있다고 여겼다. 陳榮捷, 『朱子新探索』, 學生書局, 民國77년, 490쪽 참조.

51 陳榮捷, 『朱子新探索』, 學生書局, 民國77년, 492쪽.

52 『朱熹集』 권74 「白鹿洞書院揭示」: "熹竊觀古昔聖賢所以教人爲學之意, 莫非使之講明義理, 以修其身, 然後推以及人, 非徒欲其務記覽·爲詞章, 以釣聲名取利祿而已也. 今人之爲學者, 則既反是矣."

53 백록동서원은 원래 唐나라의 은사였던 李渤이 사재를 털어서 건립한 것이고, 학생들에게 장학금까지 주었기 때문에 크게 학생들이 모여들었었다. 송의 태종도 직접 經書를 하사하였었는데 한 번 폐해지자 다시 흥기하지 못하고서 완전히 기세가 기울어갔다. 그런데 서원이 위치한 廬山 일대에는 수십에서 수백의 사찰과 도관이 있었다. 이런 현실을 바라보면서 주자는 심각한 위기감과 강렬한 책임감을 느꼈던 것이다. 『朱熹集』「白鹿洞牒」 참조.

54 『朱熹集』 권13 「辛丑延和奏箚」: "臣昨任南康軍日, 嘗具狀奏乞賜白鹿洞書院敕額, 及乞以太上皇帝御書石經幷版本九經注疏給賜本洞, 今亦未蒙施行, 而朝野喧傳, 相與譏笑, 以爲怪事."

55 작은 縣은 큰 邑의 성곽에 붙어 있다. 때문에 작은 縣을 가리킨다. 혹은 知州

所在地인 縣에는 이미 州學이 있기 때문에 縣學을 달리 설치하지 않는데 이것을 가리킨다. 이항로, 『朱子大全箚疑輯補』 卷13, 아름출판사, 1996. 참조.

56 『朱熹集』 권13 「辛丑延和奏箚」: "然竊意有司所以不能無疑於臣之請, 固未必皆如譏笑者之言, 殆必以爲州縣已有學校, 不必更爲煩費耳. 如其果然, 則臣請有以質之. 夫先王禮義之官與異端鬼教之居, 孰正孰邪? 三綱五常之教與無君無父之說, 孰利孰害? 今老佛之宮徧滿天下, 大郡至踰千計, 小邑亦或不下數十, 而公私增益, 其勢未已. 至於學校, 則一郡一縣僅一置焉, 而附郭之縣或不復有. 其盛衰多寡之相絕至於如此, 則於邪正利害之際亦已明矣."

57 이범학, 「南宋後期理學의 普及과 官學化의 背景」, 『韓國學論叢』 17집, 국민대 한국학연구소, 1994, 120쪽.

58 주자의 '대북정책'을 이해하기 위해 간략히 隆興和議에 대해 살펴보자. 1161년 9월에 금국의 完顔亮이 60만명을 거느리고 남하하여 남송을 침범하였다. 10월 남송과의 전투에서 크게 패한 금국 내부에서 兵亂이 일어나 完顔亮이 살해되었다. 이에 남송 조야에서는 主戰의 주장이 힘을 얻게 되었다. 정권의 안정을 위해서 전쟁에 대해 소극적이었던 고종은 1162년 6월, 북벌에 대해 적극적이었던 그의 양자인 효종에게 황위를 선양하였다. 張浚·李顯忠·邵宏淵 등을 중용한 효종은 1163년 금국을 공격 靈壁縣 虹縣 宿州 등을 되찾았다. 그러나 곧바로 5월 24일 李顯忠과 邵宏淵의 군대가 符離의 전투에서 대패하였다. 이 전쟁을 기점으로 효종의 북벌의지는 약화되었고 6월 4일 張浚은 벼슬을 그만두고 秦檜의 노선을 계승한 湯思退가 정권을 쥐게 되었다. 7월에 湯思退는 화의의 성사를 위해 국경의 수비를 철수하였다. 8월 20일 금국의 紇石烈志寧이 泗州·唐州·鄧州·海州와 세폐를 요구하는 서신을 보내왔다. 12월 魏杞는 금에 파견되어 화의를 새로 채결하였으니, 이것이 隆興和議이다. 화의는, 첫째, 남송은 금국에 대해 稱臣 대신에 숙질의 관계로 바꾼다. 둘째, 남송은 금국에 지급하던 歲貢을 歲幣로 바꾸고 은 20만량, 비단 20만필로 감축한다. 셋째, 남송과 금국은 紹興和議 때의 국경을 유지한다. 이상이 隆興和議의 내용이다. 隆興和議의 과정에 대해서는, 宋史提要編纂協力委員會, 『宋代史年表』, 東洋文庫, 1974, 98-113쪽과 박지훈, 「南宋 孝宗代 隆興和議와 和戰論」, 『東洋史學研究』 61집, 동양사학회, 1996, 71-78쪽 참조.

59 "이적의 경우는 인간과 금수의 중간 정도이다. 그래서 끝내 교화하기가 어렵다.[到得夷狄, 便在人與禽獸之間, 所以終難改.]" 『朱子語類』 「人物之性氣質之性」

60 이성규, 「中華思想과 民族主義」, 『哲學』 37집, 한국철학회, 1992, 46-47쪽.

61 이성규의 앞의 논문, 41쪽.

62 『朱熹集』 권13 「癸未垂拱奏箚」: "其曰君父之讎不與共戴天者, 乃天之所覆, 地之所載, 凡有君臣父子之性者, 發於至痛·不能自已之同情, 而非專出於一己之私也. 恭惟國家之與北虜, 乃陵廟之深讎, 言之痛切, 有非臣子所忍聞者, 其不可與共戴天明矣. 太上皇帝念此讎之未報, 雖享天位, 不以爲樂, 一旦擧而付之陛下者, 以陛下聰明智勇, 爲必能成此志也. 然則今日所當爲者, 非戰無以復讎, 非守無以制勝, 是皆天理之自然, 非人欲之私忿也."

63 『朱熹集』 권11 「壬午應詔封事」: "爲虜計則善矣, 而非吾臣子所宜言也."

64 박지훈은 대금 강경론자들의 성격을 분석하면서, 집권 세력인 沈該·湯思退 등이 강남의 선진지역인 江南·太湖 주변 출신인데 반해 대금 강경론자들은 경제적 후진지역인 四川·福建 등을 배경으로 하고 있다고 비교하였다. 다음으로 이들은 학술과 전통을 중시하는 교양인이자 학자들로서 덕치를 중요시하는 만큼 湯思退 등의 실무계 관료에 대한 반발과 반감을 보여준다고 설명하였다. 그리고 王十朋·王應辰·陳良翰 등 당시의 주전파들이 張浚과 개인적으로 교분이 있었다는 사실을 지적하였다. 박지훈, 「南宋 孝宗代 隆興和議와 和戰論」, 『東洋史學研究』 61집, 동양사학회, 1996, 79쪽 참조. 주자 역시 福建 출신의 학술과 전통을 중시하는 교양인으로서, 張浚의 아들 張栻과는 깊은 사상적 교유관계에 있었다.

65 『朱熹集』 권13 「癸未垂拱奏箚」: "臣竊觀今日之論國計者, 大概有三: 曰戰, 曰守, 曰和而已. 然天下之事利必有害, 得必有失, 是以三者之中, 又各有兩端焉. 蓋戰誠進取之勢, 而亦有輕擧之失; 守固自治之術, 而亦有持久之難. 至於和之策, 則下矣."

66 주자는 병력과 물자를 준비하여 회복과 복수를 도모하는 일도 역시 몇 년의 시간을 버는 유예책에 불과하다고 밝히고 있다. 그러나 이러한 유예책이, 화의를 통해서 땅을 청하고 이루어질 수도 없는 헛된 계책으로 구차하게 요행을 구하는 따위와는 비교될 수 없다고 밝히고 있다. 『朱熹集』 「壬午應詔封事」 참조.

67 전통적 사관은 송대의 외교정책을 평가하면서, 대부분 주전론자=애국주의자, 주화론자=매국분자 라는 식으로 설명하였다. 대륙의 연구성과들도 대체로 이러한 형식을 준수하였다. 그러나 최근의 연구들에서는 주화론의 時宜性을 강조하며, 화의를 긍정적으로 평가하려는 움직임을 보이고 있다. 유원준은 고종의 紹興和議를, 군권의 회수와 조세징수권의 확립을 체제 정비의 최우선 과제로 여긴 황제와, 외면적으로 義理를 주장하면서도 내면적으로

는 전쟁을 통해서 계속적으로 군권을 장악하려는 장군들과의 대립의 결과로 보았다. (유원준, 「南宋 經界法에 대하여(1)」『慶熙史學』 20집, 경희대학교사학회, 1996, 137-146쪽 참조) 이보다 더욱 적극적으로 화의를 평가하는 이가 박지훈이다. 그는 송대의 황제와 중신들이 재화의 희생을 감수하면서도 평화를 취해 결국은 상당한 효과를 얻었다고 평가한다. 그는 「宋名臣奏議」를 인용하면서 거란에 급여한 歲幣는 전쟁 시 군비의 1-2%에 불과하다고 밝혔다. 그리고 세폐의 부담이 군비를 초과하는 경제적 손실의 상황에서 채결된 강화의 경우에도 국가의 존망과 직결된 상황 등을 고려하지 않을 수 없다고 보았다. 반면 和議反對論은 현실분석이나 양측의 국력·군사력 등을 비교·계량하는 것을 경시하거나 무시한 측면이 있다고 평가했다. (박지훈, 「宋代 華夷論 硏究」, 이화여대 박사학위논문, 1989, 144-169쪽 참조)

68 『朱子語類』 권133 「夷狄」: "今朝廷之議, 不是戰, 便是和; 不和, 便戰. … 今五六十年間, 只以和爲可靠, 兵又不曾練得, 財又不曾蓄得, 說恢復底, 都是亂說耳. 恢復之計, 須是自家喫得些辛苦, 少做十年或二十年, 多做三十年. 豈有安坐無事, 而大功自致之理哉!"

69 『朱熹集』 권11 「戊申封事」: "況今天下雖若未有目前之急, 然民貧財匱, 兵惰將驕, 外有彊暴之夷虜, 內有愁怨之軍民, 其他難言之患, 隱於耳目之所不加, 思慮之所不接者."

70 『朱熹集』 권11 「戊申封事」: "又況此事之失, 已在隆興之初, 不合遽然罷兵講和, 遂使宴安酖毒之害日滋日長, 而坐薪嘗膽之志日遠日忘. 是以數年以來, 綱維解弛, 釁孽萌生, 區區東南, 事猶有不勝慮者, 何恢復之可圖乎? 故臣不敢隨例迎合, 苟爲大言以欺陛下. 而所望者, 則惟欲陛下先以東南之未治爲憂, 而正心克己, 以正朝廷·修政事."

71 紹興和議를 체결할 당시 고종은 "외국은 중국의 예로써 책망할 수 없다. 朕이 보건데 三代 이후에는 오직 漢文帝만이 匈奴를 待遇하는데 가장 체통을 유지하였으니 저들이 書辭를 거만하게 하면 計較하지 않았으며, 저들의 군대가 침범해 오면 막되 추격하지 아니하였다. 우리 중국의 예를 삼가 지키면서도 중국의 예로써 외국을 책망하지 않은 것이니, 이것이 가장 체통을 잘 지킨 것이다."라고 했다 한다. (『要錄』 紹興11年 6月 辛未條) 박지훈, 「宋代 華夷論 硏究」, 이화여대 박사학위논문, 1989, 134쪽에서 재인용.

72 "당초에 (금이 남침을) 출발하였을 때에는 이적이었지만 뜻을 얻은 지금은 우리와 무엇이 다르겠는가?[大抵當初出時是夷狄, 及志得意滿, 與我何異?]" 『朱子語類』「夷狄」

73 Hoyt C. Tillman. 「Proto-Nationalism in Twelfth-Century China? The Case of Ch'en Liang」, 『Harvard Journal of Asiatic Studies』, Harvard-Yenching Institute, 1988. 403-428쪽 참조.

74 『朱子語類』 권133

75 『朱子語類』 권133 「夷狄」

76 『朱子語類』에서 '壽皇'이라 쓰지 않고 '孝宗'이라 쓴 것을 보아, 이 말을 한 시기는 적어도 1194년 6월 이후라고 여겨진다. 바로 1194년 7월부터 韓侂冑가 중용되어 북벌을 강조한 것을 고려하자면, 주자의 이러한 발언은 시기적으로 '反韓侂冑' 분위기에서 나왔을 수 있음에 유의해야 한다.

77 "선생께서 깊이 탄식하시며 말씀하셨다. '내가 중원이 회복되는 것을 보고자 했는데, 지금은 늙어버렸으니 아마도 보지 못하겠구나!'[先生喟然歎曰:「某要見復中原, 今老矣, 不及見矣!」]" 『朱子語類』 「夷狄」

15장.

1 武内義雄, 『武内義雄全集』 4권, 角川書店, 1980, 152쪽, 장동우, 「朱熹 禮學에서 『朱子家禮』의 位相과 企劃 意圖」, 『정신문화연구』 제23권 제3호, 한국학중앙연구원, 2000, 4쪽에서 재인용.

2 『朱子語類』 권105 : 近思錄好看. 四子, 六經之階梯; 近思錄, 四子之階梯.

3 예학 관련 저작 이외에 그의 오경학 저작으로는 50 전후에 완성된 『周易本義』와 『易學啟蒙』 그리고 『詩經』에 대한 『詩集傳』이 있고 『書經』에 대해서는 그의 제자 蔡沉에게 위탁한 『書集傳』이 있다.

4 上山春平, 「朱子の『家禮』と『儀禮經傳通解』」, 『東方學報』 54집, 1983. 上山春平는 『小學』 등의 구체적 事로부터 『大學』·『中庸』 등의 형이상학적 理로 확장해 올라가는 것을 유학의 '下學而上達' 공부라고 보았다. 이는 주자가 구상한 공부의 과정에 부합하는 면이 있지만, 다음 절에서 다루게 될 주자 예학에서의 事와 理의 구조처럼 단순히 일방향적이라고만 보기에는 문제가 있다. 주자는 『儀禮』와 『禮記』 및 『易經』과 『易傳』의 관계를 동일하게 理와 事의 관계로 규정하면서 구체적 事를 외면한 채 관념적 理만을 주목하는 당대의 세태를 일관되게 비판한다. 주자의 理는 어디까지나 구체적이고 실제적인 事 속에서 구현되고 확인할 수 있는 것이다. 때문에 공부의 단계에서 하학으로부터 상달로

올라가는 길을 인정하지만, 구체와 실제로서의 事는 결코 사라지지 않는다. 주자가 말년에 예서를 편찬한 것은 〈사서〉의 理를 예학의 事 속에서 구현하고자 한 것이라고 평가할 수도 있다.

5 이승연, 「주자 예학의 현대적 독해」, 『동양사회사상』 제15집, 동양사회사상학회, 2007, 224쪽 참고.

6 『論語』「子路」: "名不正, 則言不順. 言不順, 則事不成. 事不成, 則禮樂不興. 禮樂不興, 則刑罰不中. 刑罰不中, 則民無所措手足."

7 『論語』「八佾」: "子曰, 人而不仁, 如禮何? 人而不仁, 如樂何?"

8 『論語集注』「學而」

9 『論語』「學而」

10 『朱子語類』 권22 : "要須是窮理始得. 見得這道理合用恁地, 便自不得不恁地. … 苟不知以臣事君合用如此, 終是不解和. 且如今人被些子燈花落手, 便說痛. 到灼艾時, 因甚不以爲痛? 只緣知道自家病合當灼艾, 出於情願, 自不以爲痛也."

11 『朱子語類』 권22 : "合於禮, 便是和. 如君臣之間, 君尊臣卑, 其分甚嚴. 若以勢觀之, 自是不和. 然其實卻是甘心爲之, 皆合於禮, 而理自和矣. 且天子之舞八佾, 諸侯六, 大夫四, 皆是當如此. 若天子舞天子之舞, 諸侯舞諸侯之舞, 大夫舞大夫之舞, 此便是和. 若諸侯僭天子, 大夫僭諸侯, 此便是失禮; 失禮便不和. 易言: '利者, 義之和也.' 若以理言之, 義自是箇斷制底氣象, 有凜然不可犯處, 似不和矣, 其實卻和. 若臣而僭君, 子而犯父, 不安其分, 便是不義; 不義則不和矣. 孟子云'未有仁而遺其親者也, 未有義而後其君者也', 卽是這意思, 只是箇依本分. 若依得本分時, 你得你底, 我得我底, 則自然和而有別. 若'上下交征利', 則上下相攘相奪, 便是不義不和, 而切於求利矣."

12 『說文解字』 示部 : "禮履也. 所以事神致福也."

13 그런데 전통시기 중국에서 하늘에 대한 제사는 하늘의 자식으로서 언제나 '천자'가 집전했기에 진정한 의미에서 政敎 분리는 없었고, 그렇기에 교황권과 황제권의 투쟁과 같은 역사는 존재하지 않았다.

14 『論語』「八佾」: "孔子謂季氏, 八佾舞於庭, 是可忍也, 孰不可忍也."

15 『論語』「陽貨」: "子曰, 禮云禮云, 玉帛云乎哉. 樂云樂云, 鍾鼓云乎哉."

16 한재훈, 『퇴계 이황의 예학 사상』, 소명출판, 2021, 35-51쪽 참고.

17 『論語』「季氏」: "孔子曰, 天下有道, 則禮樂征伐, 自天子出. 天下無道, 則禮樂

征伐, 自諸侯出." 僭越의 예법 사용은 정말로 그 예법을 쓸 수 있는 천자에 대한 사랑과 존중의 감정을 훼손한 것일 수 있으며, 공자가 비판한 것은 바로 이것이라고 말할 수도 있다. 그러나 타자에 대한 사랑과 존중이 왜 차등적으로 그것도 주나라 왕실을 중심으로 편성되어야 하는가는 다시 설명이 필요하다. 종법 질서는 그래서 감정기반적이라기보다 권력기반적이다.

18 『論語』「顔淵」: "顔淵問仁, 子曰克己復禮爲仁. 一日克己復禮, 天下歸仁焉. 爲仁由己而由人乎哉."

19 『論語或問』: "人受天地之中以生, 而仁義禮智之性具於其心. 仁雖專主於愛, 而實爲心體之全德; 禮則專主於敬, 而心之所以爲規矩者也. 然人有是身, 則耳目口體之間, 不能無私欲之累, 以違於禮而害夫仁. 人而不仁, 則自其一身莫適爲主, 而事物之間, 顚倒錯亂, 益無所不至矣. 此聖門之學, 所以汲汲於求仁, 而顔子之問, 夫子特以克己復禮告之, 蓋欲其克去有己之私欲, 而復於規矩之本然, 則夫本心之全德, 將不離乎此而無不盡也."

20 『朱子語類』 권35 : "世固有人硬欲行古禮者, 然後世情文不相稱."

21 『朱子語類』 권108 「論治道」: "古禮繁文, 不可考究. 欲取今見行禮儀增損用之, 庶其合於人情, 方爲有益."

22 『朱子語類』 권63 : "大凡禮制欲行今, 須有一箇簡易底道理. 若欲盡拘古禮, 則繁碎不便於人, 自是不行."

23 『朱子語類』 권84 「論考禮綱領」: "有聖人者作, 必將因今之禮而裁酌其中, 取其簡易易曉而可行, 必不至复取古人繁縟之禮而施之於今也."

24 上山春平는 이 두 저작에 더해 『小學』을 주자의 예서로 분류한다. 이 저작들은 행위자의 '심성'보다는 직접적으로 '행위'를 규율한다는 공통점을 지니고 있다. 그러나 『朱子家禮』의 관혼상제와 『通解』의 내용들이 통과의례적 혹은 부정기적 이벤트를 처리하기 위한 매뉴얼에 해당한다면(「家禮序」: "行之有時, 施之有所.") 『小學』의 灑掃應對는 일상적 습관을 통한 '덕성의 배양'에 주목적이 있다는 차이를 갖는다. 예가 의식(儀式, ritual)적 측면을 강조한다면 『小學』은 '禮'라기보다는 여전히 '學'이다.

25 『朱子家禮』의 형성과정과 진위문제에 대해서는 노인숙, 『가례와 한국의 예학』, 도서출판 문사철, 2020, 20–45쪽 참고.

26 『朱熹集』 권75

27 『論語』「先進」: "子曰: 先進於禮樂, 野人也. 後進於禮樂, 君子也. 如用之, 則吾從先進."

28 『論語集注』「先進」: "程子曰: "先進於禮樂, 文質得宜, 今反謂之質朴, 而以爲野人. 後進之於禮樂, 文過其質, 今反謂之彬彬, 而以爲君子. 蓋周末文勝, 故時人之言如此, 不自知其過於文也."

29 『禮記』「曲禮」: "禮不下庶人, 刑不上大夫."

30 『朱熹集』 권40 「乞修三禮箚子」

31 『朱熹集』 권14 「乞修三禮箚子」: "周官一書, 固爲禮之綱領, 至其儀法度數, 則儀禮乃其本經, 而禮記郊特牲冠義等篇乃其義說耳."

32 『通解』의 구성에서 인용된 전적에 대해서는 淸시기 江永의 『禮書綱目』, 〈전자판사고전서〉와 정경희, 「朱子禮學의 변화와 〈儀禮經傳通解〉」, 『진단학보』 36집, 진단학회, 1998, 221–222쪽 〈표2〉 참조.

33 『朱子語類』 권84 「論考禮綱領」: "本朝陸農師之徒, 大抵說禮都要先求其義. 豈知古人所以講明其義者, 蓋緣其儀皆在, 其具並存, 耳聞目見, 無非是禮, 所謂三千三百者, 較然可知, 故於此論說其義, 皆有據依. 若是如今古禮散失, 百無一二存者, 如何懸空於上面說義, 是說得甚麼義, 須是且將散失諸禮錯綜參考, 令節文度數一一著實, 方可推明其義. 若錯綜得實, 其義亦不待說而自明矣."; 『朱子語類』 권87 : "古者禮樂之書具在, 人皆識其器數, 却怕他不曉其義.... 今則禮樂之書皆亡, 學者却但言其義, 至以器數, 則不复曉, 蓋失其本矣."

34 『朱熹集』 권14 「乞修三禮箚子」: "周官一書, 固爲禮之綱領, 至其儀法度數, 則儀禮乃其本經, 而禮記郊特牲冠義等篇乃其義說耳. 前此猶有三禮通禮學究諸科, 禮雖不行, 而士猶得以誦習而知其說. 熙寧以來, 王安石變亂舊制, 廢罷儀禮, 而獨存禮記之科, 棄經任傳, 遺本宗末, 其失已甚."

35 이승연, 「주자 예학의 현대적 독해 – 주자 예학의 형식주의적 특성을 중심으로」, 『동양사회사상』 제15집, 동양사회사상학회, 2007 참고.

36 정경희, 「朱子禮學의 변화와 〈儀禮經傳通解〉」, 『진단학보』 36집, 진단학회, 1998, 225쪽 참고.

37 『儀禮經傳通解』, 「篇第目錄」, 〈朱子全書〉 권2, 上海: 上海古籍出版社, 合肥: 安徽教育出版社, 2002, 30쪽.

38 본래 사가례 형식의 예서는 위진남북조 시기부터 있어왔다. 국가례가 사가의 예법까지 관장하지 못하는 상황에서 현실적 필요에 의해 '서의' 형식의 예서가 간행된 것이다. 그런데 위진시기로부터 도교 풍속이 민간에서 행해지다가 수당대에 들어서면서 크게 성행하게 된다. 거기에 아울러 불교의 도입으로 불교적 예제가 민간에 넓게 확산하기에 이른다. 뿐만 아니라 오대십국의 혼

란기 그리고 북송의 멸망과 같은 극심한 사회적·신분적 질서의 변동은 유자들로 하여금 새로운 예법을 개발 시행해야 하는 필요에 직면하게 만들었다. 때문에 이러한 사가례가 반드시 국가례에 대한 대결의식을 지니고 있었다고 보기에는 무리가 있다. 이에 대해서는 장동우, 「朱熹 禮樂에서 『朱子家禮』의 位相과 企劃 意圖」, 『정신문화연구』 제23권 제3호(통권 80호), 한국학중앙연구원, 2000, 8-9쪽 참고.

39 위진남북조 시대에는 노비까지를 의미했던 '庶人'이 송대에는 '士'와 결합하여 '士庶' 혹은 '庶士'라는 명칭이 탄생하게 되었다. 이에 따라 신분 등급이 모호하게 됨으로써 평민층의 지위 향상이 수반되었다. (陽志剛. 「宋代禮俗與文化略論」, 『宋明思想和中華文明』, 學林出版社, 1995, 182-186쪽 참고.)

40 박례경, 「『朱子家禮』 속의 인간과 사회」, 『국학연구』 16호, 한국국학진흥원, 2010, 130쪽.

41 예컨대 『儀禮』 「燕禮」는 제후가 휘하의 경대부에게 베푸는 잔치에 대한 설명이다. 그런데 잔치에 참여하는 순서에 대해 鄭玄과 賈公彦은 경대부가 먼저 자리에 든다고 보았고 주자는 제후가 먼저 자리에 든다고 보았다. 이 연회가 누구를 위한 것인가 등에 대한 세심한 주의가 필요한 대목이다.

42 송대의 '家'는 당대 이전처럼 종법에 의해 묶인 거대한 '宗族'을 의미하지 않는다. 사마광의 『書儀』나 주자의 『朱子家禮』는 기본적으로 고조(4대)를 중점으로 하는 대가족제도를 위한 것이었다. 북송에서 남송으로 이주하는 과정에서 거대 문벌은 해체되고 5-8인을 구성원으로 하는 3대의 '상대적 소가족' - 지금으로서는 이 역시 대가족이 되겠지만 - 체제가 일반화 된다. 사가례는 이렇게 해체된 가족을 小宗 중심으로 다시 통합하고자 하는 의도를 지닌다.

43 이승연, 「개個와 가家 - 『주자가례』의 출현을 중심으로」, 『동양사회사상』 제3집, 동양사회사상학회, 2000, 191쪽.

44 박례경, 「『朱子家禮』 속의 인간과 사회」, 『국학연구』 16호, 한국국학진흥원, 2010, 121쪽.

45 국가례와 사가례의 연속성을 강조한 관점으로는 황원구, 「朱子家禮의 形成過程」, 『人文科學』 45집, 연세대학교 인문과학연구소, 1981. 참고.

46 『孟子』 「盡心上」 : "桃應問曰舜為天子, 皐陶為士, 瞽瞍殺人, 則如之何? 孟子曰執之而已矣. 然則舜不禁與? 曰夫舜惡得而禁之? 夫有所受之也. 然則舜如之何? 曰舜視棄天下, 猶棄敝蹝也. 竊負而逃, 遵海濱而處, 終身訢然, 樂而忘天下."

47 『淮南子』, 「齊俗訓」: "昔太公望周公旦受封而相見, 公望問周公曰, 何以治魯? 周公曰, 尊尊親親. 太公曰, 魯從此弱矣! 周公問太公曰, 何以治齊? 太公曰, 擧賢而上功. 周公曰, 後世必有劫殺之君!"

48 이에 대해서는 이봉규, 「규범의 근거로서 혈연적 연대와, 신분의 구분에 대한 古代儒家의 인식」, 『태동고전연구』 (태동고전연구소, 1993), 제10집, 829~838쪽과 박례경, 「규범의 근거로서 친친(親親) 존존(尊尊)의 정당화 문제」, 『동양철학연구』 (동양철학연구회, 2008), 제54집, 148~165쪽 참고.

49 『禮記』, 「祭義」, 先王之所以治天下者五. 貴有德 貴貴 貴老 敬長 慈幼. 此五者先王之所以定天下也. 貴有德何爲也 爲其近於道也. 貴貴爲其近於君也. 貴老爲其近於親也. 敬長爲其近於兄也. 慈幼爲其近於子也.

50 『中庸』 20장: "仁者人也, 親親爲大. 義者宜也, 尊賢爲大. 親親之殺, 尊賢之等, 禮所生也."

51 조선 시기 예송논쟁은 본질에 있어서 왕권과 신권 간의 투쟁이었다. 신권의 입장에서 '王士同禮'를 주장한 서인들은 주로 주자의 예학을 강조하고, 왕권의 입장에서 왕가례의 특수성을 주장한 남인들은 주로 〈육경〉과 고례에 의거했다. 이렇게 조선의 예송논쟁은 예학과 권력 간의 관계에 대한 실증적 예시가 되어준다. (이에 대해서는 손흥철, 「우암 송시열의 예송의 특징과 의미」, 『유학연구』 26집, 2012, 68−76쪽 참고.) 다만, 서인들은 주로 『朱子家禮』를 중시했지만 그 공간적 배경이 왕실이었다는 측면에서 예송논쟁과 『通解』의 비교 연구가 필요해 보인다.

52 황가의 자제가 치국평천하를 위해서는 우선적으로 수신제가해야 한다는 것이 아마도 『대학』의 원의에 가까울 것이다. [欲其明明德於天下者] 그러나 송대 도학파의 해석 속에서, 그 주체는 사대부로 확장되고 그 순서는 전도된 것이다. (12장 4절 참고)

맺음말.

1 陳來, 『仁學本體論』, 三聯書店, 2014. 이 책은 이원석 교수에 의해 『인학본체론』(글항아리, 2021)으로 국내에 번역되었다.

2 陳來, 이원석 역, 『인학본체론』, 글항아리, 2021의 670, 671, 677쪽.

3 앞의 책 679쪽.

4 같은 책 516쪽.

5 『論語』「先進」: 曰: "莫春者, 春服既成, 冠者五六人, 童子六七人, 浴乎沂, 風乎舞雩, 詠而歸." 夫子喟然歎曰: "吾與點也!"

6 『論語集注』「先進」: "曾點之學, 蓋有以見夫人欲盡處, 天理流行, 隨處充滿, 無少欠闕. 故其動靜之際, 從容如此. 而其言志, 則又不過卽其所居之位, 樂其日用之常, 初無舍己爲人之意. 而其胸次悠然, 直與天地萬物上下同流, 各得其所之妙, 隱然自見於言外."

7 본체와 경지의 관계에 주목한 글로는 박길수 교수의 「本體與境界之間」(북경대학 박사학위논문, 2012.)을 참고할 수 있다. 다만, 이 글은 왕양명의 철학을 주요 대상으로 삼았다.

8 안동시청 홈페이지(andong.go.kr) 참고.

9 도산서원 선비문화수련원 홈페이지(dosansunbi.kr) 참고.

10 성균관 홈페이지(skk.or.kr) 참고.

주자학, 본체에서 일상으로

초판 1쇄 인쇄 2024년 3월 30일
초판 1쇄 발행 2024년 4월 8일

지은이 주광호

펴낸곳 문진
주소 대전광역시 유성구 대학로 31 한진오피스텔 2004호
전화 042-933-6510 **팩스** 042-367-5510
이메일 woungsa@hanmail.net
홈페이지 munjin.co.kr

ISBN 979-11-87638-98-8 03150